阎崇年作品

清朝开创者

努尔哈赤传

阎崇年 著

（增订版）

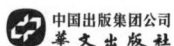
中国出版集团公司
华文出版社

图书在版编目（CIP）数据

努尔哈赤传 / 阎崇年著 . -- 增订版 . -- 北京：华文出版社，2022.9（2022.11重印）
　　ISBN 978-7-5075-5655-1

Ⅰ.①努… Ⅱ.①阎… Ⅲ.①努尔哈赤（1559-1626）-传记 Ⅳ.① K827=49

中国版本图书馆 CIP 数据核字（2022）第 129937 号

努尔哈赤传（增订版）

作　　者：	阎崇年
责任编辑：	胡慧华　寇　宁
出版发行：	华文出版社
地　　址：	北京市西城区广外大街 305 号 8 区 2 号楼
邮政编码：	100055
网　　址：	http://www.hwcbs.cn
电　　话：	总编室 010-58336239　责任编辑 010-58336197
	发行部 010-58336267
经　　销：	新华书店
制　　版：	北京禾风雅艺文化发展有限公司
印　　刷：	北京博海升彩色印刷有限公司
开　　本：	710mm×1000mm　1/16
印　　张：	40.25
字　　数：	550 千字
版　　次：	2022 年 9 月第 1 版
印　　次：	2022 年 11 月第 2 次印刷
标准书号：	ISBN 978-7-5075-5655-1
定　　价：	98.00 元

版权所有，侵权必究

阎崇年，北京社会科学院研究员，著名历史学家。获北京市有突出贡献专家称号、中国版权事业终生成就者奖，享受国务院颁发的特殊津贴。

研究清史、满学和北京史。论文集有《燕步集》《燕史集》《袁崇焕研究论集》《满学论集》《清史论集》等；专著有《努尔哈赤传》《清朝开国史》《森林帝国》《康熙大帝》《北京文化史》等。

自序（2013年版）

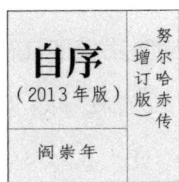

阎崇年

拙著《努尔哈赤传》是我研究清史的学术习作。初稿完成于"文革"期间。震天动地的"十年文革"，我既不是"保皇派"，也不是"造反派"，而是"逍遥派"，因此得以"逍遥"地读点书，写点书。"文革"结束后不久，承蒙北京出版社总编辑田耕先生不弃，要去书稿，准备出版。在出版社讨论选题的会上，据说有一位先生提出："三家村"——邓拓、吴晗、廖沫沙的书还没有出，哪能顾上出版一部写外国人的传记呢？这是一位可爱的好心人，虽然历史知识欠缺一些。于是，书稿就被拖了下来。

1981年，书稿就像飞机起飞前一样，开始滑行并排队，等待起飞指令；1982年，责编闻性真先生费心血，做编辑；1983年，《努尔哈赤传》正式出版。有朋友告诉我：《努尔哈赤传》是国内外第一部研究努尔哈赤的学术传记。

但是，由于时代的文化烙印，书中有"文革"语言和文风的残迹，姑存原貌，不必改它。很有意思的是，在那个红海洋时代，书中却没有引《语录》的话。难怪1959年批判我"右倾""白专"呢！

1993年，恰逢《努尔哈赤传》出版10年，吉林文史出版社要出版"清朝皇帝列传"丛书，我对拙著做了一些修改和补充，以《天命汗》为书名出版。

2003年，适逢《努尔哈赤传》出版20年，朱诚如先生主编《清朝通史》出版，我撰写《清太祖朝》和《清太宗朝》两卷，由是我对努尔哈赤的历史重新温习并对该书做了订补。

2013年，巧逢《努尔哈赤传》出版30年，中华书局出版我的《清朝开国史》，值此，我对努尔哈赤的研究再做修改和补充。

本想对《努尔哈赤传》做一次大修、大改、大增、大补，乃因时间所限，只有期待来日。

记得邓广铭先生跟我说过：一本书每10年修订一次，如修订5次，可能就是一本好书。我希望，2023年第五次修订《努尔哈赤传》出版。那时，我对《努尔哈赤传》一书，可能会是：多些心血，少些遗憾——这就是我的期待。

我期待这一天的到来。

于四合书屋

2013年12月30日

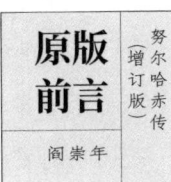

爱新觉罗·努尔哈赤是满族的民族英雄，是中国历史上杰出政治家和军事家，也是世界历史上的著名人物。

努尔哈赤，满文《玉牒》①写作ᠨᡠᡵᡤᠠᠴᡳ。其拉丁字转写为nurgaci，亦或写作nurhaci。本书援引满文，除个别几处外，均以拉丁字转写。nurgaci或nurhaci一词，不见于《无圈点老档》，即《旧满洲档》或《老满文原档》或《满文老档》。在满文体的《满洲实录》②、《清太祖武皇帝实录》、《清太祖高皇帝实录》、《清太祖本纪》中，清太祖的名字为贴签或讳阙。经我查验：黄签之下，空白无字。清史界有学者认为：清太祖起名时尚无满文，时用蒙古文，其名字或为蒙古文。据查，在蒙古文中找不到它的含义。也有的学者鉴于蒙古文是在回鹘字母基础上创制的，因之应从回鹘文去探求其语义。在回鹘文中，nur（努尔）是"光明"的意思；haji（哈吉）是"朝圣"的意思。清太祖的名字nurgaci或nurhaci，如由维吾尔语经蒙古语，而转被满语所吸收，那么在满语中应当出现这一词语。但是，在女真文和满文中，均未见nurgaci或nurhaci一词。可见上述诠释似不可通。另有一说认为努尔哈赤原意为"野猪皮"，据金启孮先生笺示：

---

① 《玉牒》（满文），康熙三十六年修，中国第一历史档案馆藏。
② 《满洲实录》（满文），中国第一历史档案馆藏。

唯幼时曾闻满文专家舍翁松贤前辈说过，努尔哈齐系"野猪皮"之义，舒尔哈齐为"小野猪皮"，雅尔哈齐为"豹皮"。其说必有根据。后闻西伯利亚通古斯各族民俗，小儿多喜以所穿之某种兽皮之衣，以为乳名，可反证松贤之说确实无误矣。

征之通古斯诸族民俗，罗曰褧《咸宾录》载，女真之俗，"好养豕，食肉衣皮"①，这与上述民俗相通。满语 nuheci（奴可齐），意为野猪皮。shurha〔舒尔哈〔齐〕〕，意为小野猪皮。yarha〔雅尔哈〔齐〕〕，意为豹皮。努尔哈赤的第十四子多尔衮，即 dorgon，意为獾。其侄阿敏之子固尔玛浑，即 gūlmahūn，意为兔子。其嫡长孙杜度，即 dudu，意为斑雀。其外甥库尔缠，即 kūrcan，意为灰鹤。上述努尔哈赤家族中兄弟、子孙、外甥的名字，都同动物有关。此外，满族一些人物的名字也同动物攸关，如马福塔，即 mafuta，意为公鹿；钮祜禄，niu hū lū 意为狼等。

朝鲜史籍记载清太祖的名字为"乙可赤""奴可赤"，似即 nurhaci 的对音。在《明神宗实录》里，努尔哈赤进京贡方物、奏表文，朝廷颁敕封、赐宴赏的记载均称其为"奴儿哈赤"。至于朝鲜称"奴可赤"，似为"奴儿哈赤"之急读。在满文创制以后，人们遂将"努尔哈赤"，对音写成满文体 nurhaci。于是，nurhaci 之原意便费解。总之，nurhaci 即努尔哈赤，按照满文的本意，是"野猪皮"的意思。后来这一名字在满洲文献中不见出现。在《无圈点老档》，即《旧满洲档》或《老满文原档》里，尊称努尔哈赤为 amba genggiyen han，即音译为"安巴庚寅汗"，意译为"大聪睿汗"。但在蒙古族中，尊称其为"大力八图鲁汗"②，即大力英雄汗；又尊称其为"昆都仑汗"，即恭敬汗。这都是尊其称而讳其名。崇德元年（1636），被尊谥为"承天广运圣德神功肇纪立极仁孝武皇帝"，庙号太祖；康

---

① 罗曰褧：《咸宾录》第2卷，中华书局标点本，1983年，第47页。
② 萨囊彻辰：《蒙古源流笺证》第8卷，沈曾植笺证，张尔田校补，海日楼遗书之一（沈氏藏版），孱守斋校补本，壬申年（1932），第13页。

熙元年（1662），又被尊谥为"承天广运圣德神功肇纪立极仁孝睿武弘文定业高皇帝"；雍正元年（1723），再被加谥"端毅"二字；乾隆元年（1736）复被加谥"钦安"二字，而谥号、庙号成为"承天广运圣德神功肇纪立极仁孝睿武端毅钦安弘文定业高皇帝"，共27个字。清太祖名字满文本义的考释，纯属学术范畴。上述陋释，或有疑词；仁者见仁，智者见智。需要的是逻辑理智，摒弃的是情感偏见。同时，在我国东北方言中，"齐"与"赤"同音，满文体nurhaci应音译作努尔哈齐，现从历史传承，仍译称努尔哈赤。再补充一句："赤"，东北音"ci"（齐），北京音"chi"（赤）。这是方言的差异。因《明神宗实录》作"赤"，后史学著作也多作"赤"，所以历史相沿，也通译作"赤"。至于"奴""儿"带有轻蔑的含义。于是，历史演变，分解如下：

Nu—r—ha—chi

奴—儿—哈—赤

努—尔—哈—赤（或齐）

木有根而枝杈附，水有源而流派出。记得白寿彝先生说过："研究学问要寻根溯源。"我学习和研究清史，先从清入关后的史料着手。但遇到诸如官庄旗地、八旗制度、清室先世、满洲语文等问题，这需要到清入关前的史料中去寻根溯源。在研究入关前的满族史、清代史时，努尔哈赤像一块巨大的磁石，吸引着我研究的兴趣。我把研究之浅得写成拙文《论努尔哈赤》[①]。文章经过长期尘封而公开发表后，蒙杨向奎先生函嘱写一本《努尔哈赤传》。此事，前后断断续续地历时6年多，三易书稿，不揣谫陋，滥竽纂述。对努尔哈赤的研究表明，努尔哈赤建立的大金（又称后金），实际上是清朝的雏形。后来清朝重大的治策与典制、善举与弊政，在这里能找到它的根源。在努尔哈赤建立大金（后金）的初始胚胎里，便已蕴含其后来兴盛与衰败的基因。从而得到一点启示：努尔哈赤是一把历史的

---

① 阎崇年：《论努尔哈赤》，《中央民族学院学报》1977年第4期。

钥匙，它可以打开清朝堂奥宫殿之门。

我国杰出的政治家和军事家努尔哈赤，借明朝后期东北地区做历史舞台，演出一幕又一幕的历史活剧，长达44年。努尔哈赤果敢而巧妙地利用当时民族、外交、阶级、党争的错综形势，明朝、蒙古、朝鲜、女真的复杂关系，凭借民众的力量，结束元明三百余年女真诸部分裂局面，完成女真统一大业；推动女真社会生产力发展，颁布女真改革措施，促进满族社会由奴隶制向封建制转换；创建八旗与创制满文，以物质和精神的纽带，密切其内部联系，促使满洲族形成为一个新的稳定的民族共同体；反抗明朝贵族的奴役，建立后金政权，规定各种治策，奠下后来建立清朝的基础；提升满族历史地位，改善民族文化素质，产生灿若群星的政治家、军事家、文学家、艺术家、科学家和语言学家；重新统一东北地区，为清朝前期抵御外来侵略，划定中国东北版图，提供了历史条件。因此，努尔哈赤为中国统一多民族国家的发展，为东北亚文明历史的进程，做出了重大的贡献。当然，像其他杰出历史人物一样，努尔哈赤也有其历史、阶级、民族的局限，但不可苛求。既然杰出人物是历史的，便应对其功过给予历史的说明。

对努尔哈赤的历史评价，历来众说纷纭，褒贬互异。明朝官私文献骂他为"奴贼"，清朝御用史家则奉他为"圣贤"。他们出于朝政角立、民族偏见、利益冲突、唯心史观，自然不能对努尔哈赤做出公允的评价。在评论努尔哈赤时，他们各执一端，或为了反题而舍弃正题，或为了正题而舍弃反题。清朝覆亡，民国建立。辛亥人士"驱除鞑虏，恢复中华"的旨趣，虽包含合理内核，却夹裹悖理杂质。在这种文化氛围下，努尔哈赤之研究，半是政治宣传，半是学术探索，不能把正题与反题中所含的真理要素疏整成为一个合题。中华人民共和国成立20年来，因"极左"作祟，帝王将相多在扫荡之列，也无法对努尔哈赤做深入认真的研究，更难对其做出公正的评价。所以，从清宣统帝退位至今70年来，却没有见到一篇评价努尔哈赤的学术论文，也没有见到一本记述努尔哈赤的学术传记。这个学术史上的空白，留待历史学家去填补。

本书主要依据《满文老档》、《清太祖武皇帝实录》、《清太祖高皇帝实录》《满洲实录》、《清太宗实录》、《明朝皇帝实录》和《李朝大王实录》中的有关史料，参酌官私记载、档案榜文、金石谱乘、文集图录、方志史册、文集笔记，进行左右采获，分类排比，错综评衡，考量诠释，以年为经，以事为纬，将努尔哈赤一生主要的言论与活动、事功与错失，做一个概略叙述，力求复原其本来面貌。但本书不是研究努尔哈赤的终结，恰恰相反，它只是研究努尔哈赤的开始。

前言（第二版）
（1993年版）

努尔哈赤传（增订版一）

阎崇年

在我国55个少数民族历史人物的星汉中，有两颗最明亮的民族英雄之星——一颗是蒙古族的元太祖成吉思汗，另一颗是满洲族的清太祖努尔哈赤。过去人们对成吉思汗知道较多，对努尔哈赤却所知较少。但是，成吉思汗奠基的元帝国，仅享祚98年，且距今久远；而努尔哈赤奠基的清帝国，则绵祚268年，并离今较近。爱新觉罗·努尔哈赤是中国历史上杰出的政治家、军事家和民族英雄。他的姓名与业绩，不仅垂诸中国史籍，而且载记于世界史册。因此，爱新觉罗·努尔哈赤是一位尤应被重视的杰出的历史人物。

努尔哈赤之所以成为杰出的英雄人物，是因为他依托于由地理与历史、社会与民族、家庭与自身的诸多条件编织的网络，这个网络的集结点则使他得到了事业的成功。

一个杰出人物的成长，必有一定的地理条件。所谓"地灵人杰"，"地灵"就是指的地理条件。我国史学界过去受斯大林在《辩证唯物主义与历史唯物主义》中轻视地理因素的褊隘理论影响，在研究历史人物时很少阐述与其有关的地理条件。历史上任何一位杰出人物的成长，都同其所处地理条件有着密切的关系，在古代尤其是这样，努尔哈赤就是一个例证。努尔哈赤出生于明建州左卫苏克素浒河部的赫图阿拉（今辽宁省新宾满族自治县永陵镇赫图阿拉村）。赫图阿拉处于四面环山的河谷平原之台地上①，这里土地肥沃，林木茂密，气候温和，雨水丰沛，农、林、牧、猎、采、渔多种经济发展，距辽东首府辽阳不远不近，既有通道达抚顺而便外联进取，又扼山隘锁重关以资御内固守，可以形成满洲崛兴的根据地②。而女真扈伦四部中的哈达部长王台、辉发部长王机砮、叶赫部长清佳努和扬佳努、乌拉部长布占泰等，他们之所以未能完成女真一统大业，地理条件是其重要的因素之一。仅以自然条件中的地理位置而言，哈达、辉发和叶赫距开原太近，或依附于明朝，或被明军攻破，不易独立发展。叶赫与哈达稍为强大，在5年之间，连遭明军3次重创，首领被杀，栅破民亡，"城中老小皆号泣"③。乌拉（今吉林省吉林市龙潭区乌拉街满族镇）则距辽阳太远，形不成打击明军的威慑力量。但建州不同于扈伦四部，它毗连抚顺，而为山河阻隔；地近辽阳，又为关山封闭。努尔哈赤在此暗自发展，黄衣称朕，明廷却昏昏然而不明真相④。后金汗努尔哈赤就是利用了建州的地理条件，以赫图阿拉为中心，辟建基地，创建政权，组建军队，壮大力量，从而奠下他一生事业的重要基础。

一个杰出人物的成长，除必有一定的地理即空间条件外，还必有一定的历史即时间条件。一些历史人物因生不逢时，其作用未能得到充分展现。人们说的"时势造英雄"，虽过分强调了"时势"，但亦有一定道理：因无时势，便无英雄。努尔哈赤降生于明嘉靖三十八年（1559），其后，经隆庆、万历、泰昌、天启、崇祯五朝，明朝进入后期，其时政治腐败，财政竭绌，边备废弛，民不聊生。嘉隆间"南倭北虏"⑤，弄得明廷疲惫不堪；万历帝二十几年不上朝，纪纲紊乱；泰昌帝登极一月，梓宫两哭，"三案"搅得明廷乌烟瘴气；天启帝是位好木匠，

---

① 《兴京厅乡土志》，第3卷。
② 《兴京二道河子旧老城·代序》日文版，首卷。
③ 瞿九思：《万历武功录》，第11卷。
④ 《明神宗实录》，第583卷，万历四十七年六月庚午。
⑤ 朱国祯：《涌幢小品》，第30卷，第12叶。

但不是个好皇帝；崇祯帝虽想励精图治，想做"中兴之君"，却刚愎自用，事与愿违，自毁长城，身社双亡。明朝后期的腐败，为努尔哈赤崛兴提供了历史的机缘。在历史上，契丹阿保机、女真阿骨打、蒙古铁木真的勃兴，都以其时中央王朝衰微为契机。在努尔哈赤兴起之前，建州女真首领李满住、董山、王杲、王兀堂和阿台，皆因未遇上述契机，均相继败死。仅以成化三年（1467）为例，其时李满住、董山等三卫合居，建州女真颇有统一之势；但明朝当时国势强盛，先将董山诱斩①，又派兵与朝鲜军会攻建州，"捣其巢穴，绝其种类"②，共擒斩1536人，李满住及其子李古纳哈也遇难。建州女真首领遭杀害，屯寨被血洗，部落残破殆尽，无法实现统一。在明朝中期，建州女真先后遭到朝鲜军3次侵袭，明军3次征剿。建州女真面对强盛的明帝国，无法崛兴，也不能产生努尔哈赤式的民族英雄。努尔哈赤是在其先辈洒满鲜血，崎岖曲折的道路上，借明末衰微之机，聚女真部民之力，愤然起兵反明，完成统一大业的。

一个杰出人物的成长，除必有一定的时空条件外，还必有一定的社会条件。努尔哈赤不是作为个人，而是作为群体利益的代表，出现在历史舞台上。他必须顺应历史的趋势，反映社会的需要，代表部民的利益。其时，女真地区的社会生产与商品交换都有很大的发展。女真所需的铁器、耕牛、布匹、食盐，所产的人参、皮张、马匹、东珠等，都需要通过"贡市"与"马市"进行交易。但是，一方面，明朝的错误政策影响女真的经济发展，借"贡市"诱杀建州左卫指挥使、右都督董山；又借"马市"计杀叶赫贝勒清佳努和扬佳努；还动辄停止贸易，使建州女真一次即腐烂10万斤人参。于是，努尔哈赤最终成为在专横而腐败的明王朝官员的凌辱与杀戮下，女真人利益的维护者。另一方面，女真的自身分裂与杀伐，也影响其经济发展，女真"各部蜂起，皆称王争长，互相战杀，甚且骨肉相残，强

---

① 《明宪宗实录》，第44卷，成化三年七月甲朔。
② 《李朝世祖大王实录》，第43卷，十三年九月丙子。

凌弱，众暴寡"①。有的女真首领，为着争夺直接同明廷"贡市"贸易的"敕书"，而大动干戈，攻战不已。所以，社会的有序协和，地区的经济发展，是历史运动的趋向。努尔哈赤的兴起，正是这种社会趋势的反映。

一个杰出人物的成长，除必有一定的时空与社会条件外，还必有一定的群体条件。努尔哈赤作为满族共同体的缔造者，自然要反映本民族的利益。在他起兵之前，女真分为四大部，建州女真又分为建州本部五部——苏克素浒河部、哲陈部、浑河部、董鄂部、完颜部和长白山三部——讷殷部、朱舍里部、鸭绿江部；海西女真，即扈伦四部——哈达部、辉发部、叶赫部、乌拉部；东海女真（分布在乌苏里江及其以东滨海地区）与黑龙江女真又各分为若干部。海西女真与建州女真为女真的主体部分，其各部首领都想重建女真的统一，但他们相继谢世。建州女真首领王杲被"槛车致阙下，磔于市"②，其子阿台也被杀；哈达首领王台死后，内讧不休；叶赫贝勒清佳努、扬佳努被诱杀于开原中固城关帝庙，其子布寨贝勒战死，纳林布禄贝勒病亡；乌拉贝勒满泰夜淫村妇被杀；辉发贝勒王机砮死后，子孙自乱。那些各自称雄的女真首领先后死去，这就为努尔哈赤的表演让出了历史舞台。

一个杰出人物的成长，除以上论述的条件外，还必有一定的家族条件。这主要是指其家族历史、家庭教养、文化环境和经济地位等。在经济文化落后、血缘纽带牢固的少数民族地区尤其是这样。家族先世显赫官爵的灵光，能佑助其后裔在族中树立威望，砥砺其后世建功立业；并借此向朝廷邀取爵赏，强固其在部族中之地位。努尔哈赤就是这样：他的先祖猛哥帖木儿受永乐帝封为建州左卫指挥使；二世祖董山受封为右都督，掌建州左卫印；三世伯祖妥罗官一品都督，执掌建州左卫，先后五次入朝；祖父觉昌安、父亲塔克世，与时任辽东总兵的李成梁关系密切，死于兵火，努尔哈赤因受"敕书三十道，马三十匹，复给都督敕书"③。

---

① 《满洲实录》，第1卷，第6叶。
② 《清史稿·王杲传》，第222卷，中华书局本，第9126叶。
③ 《清太祖武皇帝实录》，第1卷，第4叶。

后明封他为都督佥事、建州卫指挥使和龙虎将军等职爵。在建州女真中，具有如此条件者，努尔哈赤是独一无二的。但是，家族条件同以上其他四种条件一样，都是努尔哈赤事业成功的外在因素；其事业成功的内在因素，则在于他的自身条件。

杰出人物的成长，客观条件只提供了可能性，主观与客观条件相统一才能提供现实性。在努尔哈赤所处的时代，具备上述五种客观条件者，不仅其一人，但为什么只有努尔哈赤成为满族英雄、后金国汗？这就关系到努尔哈赤自身的性格特点。

独立人格：努尔哈赤10岁丧母，继母对他寡恩。后其父听从继母之言，分户出居，予产独薄。他少年便没有依赖心理，独立走上生活道路。努尔哈赤在挖人参、采蘑菇等劳动中，加强了独立心态；在往来抚顺"马市"等贸易中，磨炼了独立意志；在同蒙古人、汉人等交往中，增强了独立性格。独立人格与驯顺奴性是两种不同类型的心态，后者会使人庸碌无为，前者则能使人奋发进取。独立人格是努尔哈赤一生功业的起点，努尔哈赤因具备这种健康的独立人格，才能够以"十三副遗甲"愤然起兵，大战于萨尔浒，遐迩闻名，自称后金汗，建元天命。

丰富阅历：孔子说："父母在，不远游，游必有方。"[①] 不远交游，囿于狭境，思想封闭，难做大事。朱元璋不为游僧，恐其后未必成为明太祖。努尔哈赤囿于赫图阿拉，必定成不了后金汗。他不仅到抚顺贸易，还亲自到北京朝贡，先后八次。长途艰苦跋涉，往返四千余里，熟悉了汉区情状，目睹了京城繁华。这对于一个后来有所作为的人来说，是有巨大影响的。他还在明辽东总兵李成梁帐下做过仆从，又会蒙古语文，并略通汉语。其弟舒尔哈齐门联以汉字书写"迹处青山"，"身居绿林"[②]。在与努尔哈赤同时代的女真诸首领中，像他这样的文化润涵与见识阅历，是没有二例的。

勇敢沉着：面临重大之事与危难之时，努尔哈赤既勇敢，又沉静，这是政治家、

---

① 《论语·里仁》。
② 申忠一：《建州纪程图记》，图版9。

军事家的基本素质。努尔哈赤在作重大决策时,能高瞻远瞩,力排非议,扫除障碍,夺得成功。万历二十一年(1593),叶赫纠合哈达、乌拉、辉发等九部联军,兵3万,分3路,向建州古勒山而来。其时努尔哈赤兵不满万,侦骑报警,建州官兵,闻之色变。但努尔哈赤得到警报后,就寝酣睡。其妻富察氏把他推醒后,问道:"尔方寸乱耶,惧耶?九国兵来攻,岂酣寝时耶?"努尔哈赤从容答道:"人有所惧,虽寝,不成寐;我果惧,安能酣寝?前闻叶赫兵三路来侵,因无期,时以为念。既至,吾心安矣!"①努尔哈赤说完之后,呼呼入睡,安寝如故。翌日获古勒山大捷。

长于计略:努尔哈赤有心计,多谋略。如他攻抚顺:佯称赴市,潜以精兵,外攻内应,计略取胜。又如他对女真各部,远交近攻,分化瓦解,联大制小,各个征抚,逐步完成女真诸部的统一。再如他对明朝的两面政策:既朝贡称臣,又暗自称雄。此前的女真首领,哈达王台,只称臣不称雄,老病而死,未能完成女真的统一;建州王杲,只称雄不称臣,身首异处,也未能完成女真的统一。努尔哈赤则吸取建州女真的历史经验,依据彼己力量变数,对称臣与称雄的关系,分做四个时期,施行动态策略:初始,只称臣,不称雄;继而,明称臣,暗称雄;尔后,既称臣,又称雄;最后,不称臣,只称雄。

总之,努尔哈赤采取了既称臣又称雄的策略,暗自坐大,创建八旗,形成气候,反叛明朝,建元称汗,夺占辽东。

知人善任:努尔哈赤襟怀大度,不计小怨。他率兵攻翁科洛城时,先被守城的鄂尔果尼以矢射中,血流至足;又被守城的洛科以矢射颈,血流如注。伤愈后兵破此城,擒获鄂尔果尼与洛科,众将请对其施以乱箭穿胸之酷刑,以雪前恨。努尔哈赤说:"两敌交锋,志在取胜。彼为其主,乃射我,今为我用,不又为我射敌耶!如此勇敢之人,若临阵死于锋镝,犹将惜之,奈何以射我故而杀之乎!"②

---

① 《清太祖高皇帝实录》,第2卷,第14叶。
② 《清太祖努尔哈赤实录》,第1卷,第7叶。

于是，命给二人释缚，分别授为牛录额真。这样，逐渐形成以五大臣、八大贝勒为核心的坚强领导集团，率官将，统军民，完成女真一统大业。

综上，努尔哈赤成为杰出的女真英雄人物，其前述五方面的外在条件与五方面的内在条件，既相互联系，又错综联结。而外在条件与内在条件，所编织网络的集结点，就是清太祖努尔哈赤在通往杰出英雄人物道路上获得成功的秘密。

努尔哈赤对历史发展所作的贡献，略举其大端，有如下十项：

统一女真各部： 女真自金亡之后，各部纷争，不相统属，元明三百年来，未能实现统一。努尔哈赤自万历十一年（1583）起兵，于万历四十七年（1619）吞并叶赫，经过三十六年的征抚，"顺者以德服，逆者以兵临"①，基本统一了建州女真、海西女真、东海女真和黑龙江女真。后其子皇太极又继续扩大和巩固这种统一。女真各部的统一，结束了元明三百年来女真内部彼此杀伐、骨肉相残的混乱局面，促进了女真地区诸部的生产发展与经济交往，也有利于女真文化的发展。努尔哈赤在统一女真各部的过程中，依其不同情况，采取不同策略。他对东海女真的招抚，办法很是高明。东海虎尔哈部长纳喀达等率军民归附，他在衙门举办宴会后，让想留下的站一行，愿回家的另站一行，然后优赏留下者。许多原说回家的人，见如此厚赏便留下不回去了②。留下的人托回去的人捎口信给家人乡亲说："而上以招徕安集为念，收我等为羽翼，恩出望外，吾乡兄弟诸人，其即相率而来，无晚也！"③后来出现"望风争附"努尔哈赤的局面。

统一东北地区： 明初在东北地区设有奴儿干都司和辽东都司，以实施对这两个地区的管辖。但后来随着明朝的衰落，已不能对之实行有效的统治。努尔哈赤兴起后，不仅基本统一了女真各部，而且基本统一了东北地区。后皇太极继续统一东北地区。崇德七年即崇祯十五年（1642），皇太极诏告天下：

---

① 《清太祖武皇帝实录》，第1卷，第3叶。
② 《满文老档·太祖》，第7册，第69页，中华书局本，1990。
③ 《清太祖高皇帝实录》，第5卷，第26叶。

予缵承皇考太祖皇帝之业，嗣位以来，蒙天眷佑，自东北海滨，迄西北海滨，其间使犬、使鹿之邦，及产黑狐、黑貂之地，不事耕种、渔猎为生之俗，厄鲁特部落，以至斡难河源，远迩诸国，在在臣服。①

就是说，东到大海，南近长城，西达青海，北至贝加尔湖、外兴安岭、库页岛（今萨哈林岛）一线的广阔地域，明奴儿干都司、辽东都司和漠南蒙古辖境内的各族人民，均已被置于清初疆域的管辖之内，这就为后来康熙二十八年（1689）中俄《尼布楚条约》的签订奠下了基础。

创建八旗制度： 先是女真人狩猎时，各出一支箭，十人中立一总领，称为牛录（大箭的意思）额真（首领的意思），后以其为官名。努尔哈赤起兵后将部众分为若干牛录。万历二十九年（1601），努尔哈赤对建州军队进行整编，每三百人为一牛录，设牛录额真一员，共设四旗，分别以黄、白、红、蓝为标志。万历四十三年（1615），努尔哈赤又对建州军队进行扩编，将原有四旗析为八旗。规定每300人设一牛录额真（佐领）。每旗约有七千五百人，八旗共约有五六万人。增添的四旗，将原来旗帜的周围镶边，黄、白、蓝三色旗帜镶红边，红色旗帜镶白边。这样，共有8种不同颜色的旗帜，称为八旗，即八旗满洲。后来又逐渐增设八旗蒙古和八旗汉军，共二十四旗，但统称为八旗。八旗制度"以旗统军，以旗统民"②，同时还是统管行政、经济和宗族的组织。八旗的兵丁，"出则为兵，入则为民"③，平时耕猎，战时出征。努尔哈赤以八旗制度为纽带，把女真社会的军事、政治、经济、行政、司法和宗族统制起来。女真的部民，按照军事方式，分为固山、甲喇、牛录三级，加以编制，从而使分散的女真各部，联结成为一个组织严密、生气蓬勃的社会机体。

---

① 《清太宗文皇帝实录》，第61卷，第3叶。
② 《清朝文献通考》，第179卷，商务印书本，第6391页。
③ 《清太宗文皇帝实录》，第7卷，第5叶。

制定满族文字： 金亡后通晓女真文者日少，到明中期已逐渐失传，在邻近蒙古地区的女真人使用蒙古文。努尔哈赤兴起后，建州与朝鲜、明朝的公文，由汉人龚正陆用汉字书写。在向女真人发布军令、政令时，则用蒙古文，一般女真人既看不懂，又听不懂。努尔哈赤为适应其社会发展，遂倡议并主持创制满文。万历二十七年（1599），努尔哈赤命额尔德尼和噶盖用蒙古字母来拼写满语，创制满文，这就是无圈点满文，又称老满文。但满文初创，不甚完备。天聪六年（1632），皇太极又命达海对老满文加以改进，在字母旁加圈点，改进和固定了字母的发音与书写形式，并设计了10个拼写外来语（主要是汉语）借词的特定字母。这种改进后的满文叫加圈点满文，又称新满文。满语属阿尔泰语系满-通古斯语族，满文是拼音文字。它有6个元音字母，22个辅音字母，10个特定字母。字母不分大小写，在构成音节出现于词首、词中和词尾时，均有不同的书写形式。满文书写形式自上而下，行款自左至右。努尔哈赤主持制定满文，是满族发展史上的一块里程碑，是东北亚文明史上的一件大事，也是中华文化史上的一件大事。

促进满族形成： 女真各部的统一、东北地区的统一、八旗的创建、满文的创制、基地的发展、族群的扩大，使得新的满族共同体出现在中华民族大家庭之中。满族是以建州女真为核心，以女真为主体，吸收部分汉人、蒙古人、达斡尔人、鄂温克人、鄂伦春人、锡伯人、赫哲人、朝鲜人等组成的一个新的民族共同体。为了反映这个满族共同体的历史事实，需要将民族名称规范化。后金汗皇太极于天聪九年（1635）十月十三日（公历11月22日），诏谕满洲的名称：

> 我国原有满洲、哈达、乌喇、叶赫、辉发等名，向者无知之人，往往称为诸申。夫诸申之号，乃席北超墨尔根之裔，实与我国无涉。我国建号满洲，统绪绵远，相传奕世。自今以后，一切人等，止称我国满洲原名，不得仍前妄称。①

---

① 《清太宗文皇帝实录》，第25卷，第19~20叶。

从此,满洲族的名称正式出现在中国,也出现在世界的史册上。满洲族出现于中华民族大家庭以后,涌现出一大批政治家、军事家、文学家、艺术家、科学家、语言学家等,而满洲族肇兴的领袖就是努尔哈赤。

建立后金政权: 努尔哈赤怀有"射天之志",要建立政权。他在起兵征战之后,初步统一建州女真。于万历十五年(1587),在佛阿拉建城,并在此接见朝鲜使者。万历四十四年(1616),努尔哈赤在赫图阿拉,自践汗位,建立后金。两年之后,他发布"七大恨"告天,向明进攻,此时他已起兵33年。后金汗努尔哈赤陷抚顺、败杨镐,取开原、下铁岭,克沈阳、占辽阳,夺广宁、据义州。努尔哈赤作为一个边境地区满洲族的首领,以赫图阿拉为中心,参照蒙古政权、特别是中原汉族政权的范式,创建政权,从而建立巩固的基地,以支持其进一步的发展。其子皇太极,于天聪十年(1636)四月,即皇帝位,改元崇德,国号大清。顺治元年(1644),多尔衮辅佐顺治帝入关,后统一全国。清自天命元年(1616)至宣统三年(1911),共历296年。在中国历史上,少数民族建立全国政权的只有两个,一个是蒙古族,另一个是满洲族。努尔哈赤则是满洲族首领、清帝国的开创者和奠基人。

丰富兵坛经验: 努尔哈赤自25岁起兵,至68岁去世,戎马生涯长达44年,史称他"用兵如神"[①],是一位优秀的军事统帅。他缔造和指挥的八旗军,号令严肃,器械精利,纪律整肃,赏罚严明,兵马精强,勇猛拼搏,在17世纪前半叶,不仅是中国一支最富有战斗力的军队,而且是世界上一支最强大的骑兵。努尔哈赤统帅这支军队,先后取得古勒山之役、哈达之役、辉发之役、乌拉之役、抚清之役、萨尔浒之役、叶赫之役、开铁之役、沈辽之役和广宁之役十次大捷。他在军队组织、军队训练、军事指挥、军事艺术等方面,都为军事史的发展做出了贡献。特别是他在作战指挥艺术上,对许多军事原则,如重视侦察、临机善断、诱敌深

---

① 《光海君日记》,第144卷,十一年九月甲申。

入、据险设伏、巧用疑兵、驱骑驰突、纵向强攻、横向卷击、集中兵力、各个击破、一鼓作气、速战速决、用计行间、里应外合等，都能熟练运用并予以发挥，极大地丰富了中华古代军事思想的宝库。

制定抚蒙政策：努尔哈赤制定绥服蒙古的政策是清廷对蒙古治策的基石。先是，自秦、汉以降，匈奴一直是中央王朝北部的边患。为此，秦始皇连接六国长城而为万里长城。至有明一代，己巳与庚戌，京师两遭北骑困扰，蒙古问题始终未获彻底解决，故而徐达与戚继光又大修长城，包城砖，建敌台。努尔哈赤兴起后，对蒙古采取了完全不同于中原汉族皇帝的做法。他先绥服漠南东部蒙古，后皇太极又解决了漠南西部蒙古。康熙时归附了漠北喀尔喀蒙古。雍正时稳定青海蒙古。乾隆朝再定漠西厄鲁特蒙古。而清廷对蒙古的基本政策，是清太祖努尔哈赤制定的。这是中央政权（元朝除外）对蒙古治策的重大创革。努尔哈赤开始用编旗、联姻、会盟、封赏、入围、赈济、朝觐、重教等政策，加强对蒙古上层人物及部民的联系与统治。漠南蒙古编入八旗，成为其军政的重要支柱；喀尔喀蒙古实行旗盟制；厄鲁特蒙古实行外札萨克制。联姻不同于汉、唐的公主下嫁，而是互相婚娶，真正成为儿女亲家。重教也是一样，清尊奉喇嘛教，以加强同蒙、藏的联盟。清朝对蒙古的绥服，"抚驭宾贡，夐越汉唐"①。似可以说，中国二千年古代社会史上的匈奴、突厥、蒙古问题，到清朝才算解决。后康熙帝说："昔秦兴土石之工，修筑长城。我朝施恩于喀尔喀，使之防备朔方，较长城更为坚固。"②而清朝对蒙古的抚民固边政策，其经始者就是努尔哈赤。

发展社会生产：努尔哈赤认为建州女真不同于食肉衣皮的蒙古，是以渔猎、采集经济为主。他首先注重采猎经济，发明人参煮晒法，使部民获得厚利，"满洲民殷国富"③。他重视种田吃粮、植棉制衣，规定出征不违农时，如牛马毁坏庄稼，

---

① 《清史稿·藩部一》，第518卷，中华书局，第14319页。
② 《清圣祖实录》，第151卷，第19叶。
③ 《清太祖武皇帝实录》，第2卷，原清宫内府藏写本，台北广文书局影印本，1970年，第2叶。

牧者要受惩罚，部民收成好或坏的额真受到奖励或惩处，按丁授田，种植粮棉等。他关注采炼业，万历二十七年（1599），建州"始炒铁，开金、银矿"①，开始较大规模地采矿、冶炼。他尤重手工业生产，包括军器、造船、纺织、制瓷、煮盐、冶铸、火药等。明朝也称其"制造什物，极其精工"②。他对进入女真地区的工匠"欣然接待，厚给杂物，牛马亦给"③。他曾说："素称东珠、金、银为宝，何其为宝，寒者可衣乎？饥者可食乎？国中所养之贤人知（智）人所不知，匠人能人所不能，彼等实为宝也！"④他还关切商品交换，加强建州同明朝、蒙古和朝鲜的贸易，促进内外经济交流，推动其经济发展。

重视社会改革：努尔哈赤在44年的政治生涯中，不断地进行着社会改革。在政权机制方面，他逐步建立起以汗为首，以五大臣、八大贝勒为核心的领导集团，并通过固山、甲喇、牛录三级组织，将后金社会的军民统制起来。尔后，创立八和硕贝勒共议国政制，八和硕贝勒并肩同坐，共议大政，断理诉讼，举废国汗，即实行贵族共和制，但这一制度在他死后未能完全实施。在经济体制方面，他先后下令实行牛录屯田、计丁授田和按丁编庄制度，将牛录屯田转化为八旗旗地，奴隶制田庄转化为封建制田庄，从而形成封建八旗军事土地所有制。在社会文化方面，随着八旗军民迁居浑河、辽河流域，女真由牧猎经济转化为农耕经济，初步实现了满洲社会由牧猎文化向农耕文化的转变。

与一切走完其事业历程的杰出人物一样，他一生的事业，有准备期、兴始期、发展期、鼎盛期和衰暮期。努尔哈赤在二十五岁起兵之前，是其政治军事生涯的准备时期。从万历十一年（1583）含恨起兵，至万历二十一年（1593）打败联军，攻克图伦，统一建州，建佛阿拉，大战海西，是其政治军事生涯的兴始时期。从

---

① 《满洲实录》，第3卷。
② 《明清史料》，甲编，第1册，第50页。
③ 《李朝宣祖大王实录》，第134卷，三十四年二月己丑。
④ 《满文老档·太祖》，第23册，天命六年六月初七日，中华书局本，1990年。

万历二十一年（1593）打败联军，至万历四十四年（1616）登极称汗，统一海西，绥服蒙古，创建八旗，创制满文，是其政治军事生涯的发展时期。从天命元年（1616）黄衣称朕，至天命七年（1622）进占广宁，大败杨镐、袁应泰、熊廷弼、王化贞等，夺取沈辽，迁都辽阳，进兵辽西，攻取广宁，是其政治军事生涯的鼎盛时期。从天命七年（1622）辽西移民，至天命十一年（1626）兵败身死，强令剃发，迁民占田，辽民反抗，兵败宁远，是其政治军事生涯的衰暮时期。后金汗努尔哈赤的晚年，即他生命的最后五六年间，犯下了严重的错误。

滥施威权，治策失当，是努尔哈赤晚年的一个错误。八旗军攻陷沈、辽后，占据辽东，进兵辽西，所向披靡，十分顺利。但是，他在顺境之中，实行了两项失当之策：一是命令汉人剃发，另一是强令汉人迁移。先是，金初女真进占汉人居住区后，并未以汉人剃发作为降服的标志。后金汗努尔哈赤占领辽东后，强迫汉人剃发①，引起镇江等地汉民的反抗，辽东汉民成千上万地遭到屠杀。后多尔衮在关内强行剃发易服之策，造成了一场民族的大悲剧。先是，建州兵每攻破一部，即毁其城而迁其民。对迁来的部民，编丁入旗，均作安置。后金汗努尔哈赤占领广宁后，强迫辽西的汉民背井离乡，扶老携幼，哭声震野，迁往辽东。这就既损害了辽民切身利益，又破坏了正常社会秩序，从而引起辽东地区社会的动荡。

分田占房，清查粮食，是努尔哈赤晚年的又一个错误。八旗军攻占沈、辽后，下令在辽海地区实行"按丁授田"，即将汉民农田，以所谓"无主之田"为名，加以没收，分给八旗官兵。这种做法，虽给移居辽东地区的广大八旗官兵以田地，但对辽东众多汉民自耕农无疑是一种剥夺。后多尔衮率清军入关，沿袭乃父遗策，在京师占房，在京畿圈地。前述辽西汉民东迁后，无亲无友，无房无粮，命大户同大家合，小户同小家合，"房合住，粮合吃，田合耕"。实际上，大量迁居的

---

① 《满文老档·太祖》，第71册，中华书局，1990年，第693页。

汉民，耕无田，住无房，寒无衣，食无粮。他们"连年苦累不堪"①，生活极为悲惨。同时又命令清查粮食，申报存粮，按口定量，不许私卖。辽东汉民地区为自给自足的自然经济，房、田、粮是他们最基本的生存手段。后金汗在这三项关系汉民生计的重大问题上，举措轻率，严重错误，造成社会震荡。

轻薄文士，屠杀汉儒，是努尔哈赤晚年的另一个错误。后金汗努尔哈赤弓马起家，崇尚骑射。他虽主持创制满文，但厚武薄文，对巴克什珍视不够。额尔德尼创满文，兼通蒙古、汉文，赐号"巴克什"，为满洲之"圣人"，后被杀②；满文另一创制者噶盖，也在创制满文的同年被杀③。他们是否有该杀之罪，姑且不论，即或有之，高墙圈禁，让其继续研究满洲文字与满洲文化，教书授徒，翻译汉籍，亦会对社会更有益处。努尔哈赤进入辽沈地区后，虽对汉族工匠加以保护，给以优遇；但对汉族儒士未能给予特殊的保护与重用，屠杀过多，吃了大亏。史称努尔哈赤"诛戮汉人，抚养满洲"④。抚养满洲，重用满员，于理可通；而诛戮汉人，屠杀汉儒，实为错举。皇太极承袭汗位后，才调整了对汉官、汉儒的政策，他们逐渐受到重用。后来，汉族知识分子受到清廷重用并参与决策，这是清夺取并巩固全国政权的一个重要因素。

骄傲轻敌，兵败宁远，是努尔哈赤晚年的再一个错误。后金汗努尔哈赤一生戎马驰骋四十四年，几乎没有打过败仗，可谓历史上的常胜统帅。但他占领广宁后，年事已高，体力衰弱，深居简出，怠于理政。他对宁远守将袁崇焕没有真知灼见，对宁远城守炮械也没有侦知实情。他只看到明经略易人等因素，而未全面分析彼己，便贸然进兵，图克期攻取。但是，宁远不同于广宁，袁崇焕也不同于王化贞。努尔哈赤以矛制炮，以短击长，以劳攻逸，以动图静，吞下了骄兵必败的苦果。

---

① 《明清史料》，甲编，第8册，第765页。
② 《满文老档·太祖》，第50册，天命八年五月初五日，中华书局，1990年。
③ 《清史稿·噶盖传》，第228卷，第9254页。
④ 《清太宗实录》，第64卷，第8叶。

后金有一位叫刘学成的人，上书分析宁远之败的原因。他说："因汗轻视宁远，故天使汗劳苦。"①刘学成直言陈明：后金汗努尔哈赤骄傲轻敌，兵败宁远。《左传》曰："君以此始，必以此终。"②努尔哈赤以兵马起家称汗，又以兵败宁远身死，这是历史的偶然，还是历史的必然？！

我曾经说过：有人把杰出的人物称作创始人。因为他的见识要比别人的远大些，他的胸怀要比别人的宽广些，他的洞察力要比别人的深邃些，他的毅力要比别人的坚韧些，他的愿望要比别人的强烈些，为实现其愿望所采取的手段要比别人的高明些，所付出的努力要比别人的更多些，而他对人类的影响也要比别人的深远些。清太祖努尔哈赤正是如此。他对女真社会生产力发展所造成的各部统一与社会改革的需要加以指明，把女真人对明朝专制统治者实行民族压迫的不满情绪加以集中，他应担负起满足这些需要发起者的责任。他在将上述的社会需要、群体愿望，由可能转变为现实、由意向转化为实际的过程中，能够刚毅沉着，豁达机智，知人善任，赏罚分明，组成坚强稳定的领导集团。他对女真、蒙古、朝鲜、明朝，分别采取不同的政策。其时，南有明朝，西有蒙古，东有朝鲜，北有海西，陷于四面包围之中——努尔哈赤没有四面出击，而是佯顺明朝，结好朝鲜，笼络蒙古，用兵海西；对海西女真各部又采取远交近攻，先弱后强，联大灭小，各个吞并的策略；进而形势坐大，黄衣称朕，挥师西进，定鼎盛京。他通过建立八旗和创制满文，以物质和精神这两条纽带，去组织、协调、激发、聚结女真的社会活力，实现历史赋予的女真各部统一与社会改革的任务，并为大清帝国建立和清军入关统一中原奠下基石。因此，努尔哈赤是中国历史上，也是世界历史上杰出的政治家。

清太祖努尔哈赤于16世纪后期和17世纪初期，活跃在中华统一多民族大家

---

① 《满文老档·太祖》第71册，天命十一年三月十九日，中华书局，1990年。
② 《左传》，宣公十二年。

庭的历史舞台上，他一生十功四过，瑕不掩瑜。爱新觉罗·努尔哈赤是中华民族发展史上杰出的政治家、军事家和民族英雄。

序言（第五版）

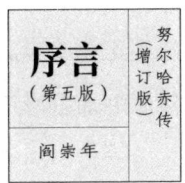

阎崇年

《努尔哈赤传》的初稿，纂于1966～1976年期间。那是一个文化特殊的特殊年代。这个时期，给我们留下至为深刻而永不磨灭的印记。我本人在这十年当中，有幸的是，写下一部《努尔哈赤传》书稿。

《努尔哈赤传》于1983年由北京出版社首次出版。后朋友查阅国际文献目录才知道并告诉我：《努尔哈赤传》是中外第一部研究清太祖努尔哈赤的学术专著。因此，《努尔哈赤传》的出版，引起了国内外史学界、学术界、文化界、民族学界、满学界的关注。是为《努尔哈赤传》的第一个版本。1992年，台北文史哲出版社出版了繁体字、竖排版的《努尔哈赤传》，是为本书的第一个海外版本。

本书初版后的十年间，正值改革开放，我受邀到日本、美国、蒙古国等国家，以及中国台湾、中国香港等地区，进行学术访问和学术交流，看到原未经眼的图书档案，增长原未历练的学术见识。这时，吉林文史出版社正在筹划出版一套"清代皇帝列传丛书"，约我撰写第一本清太祖努尔哈赤传。我在《努尔哈赤传》（第一版）的基础上，修订、补充约10万余字，因其丛书的书名通用清朝皇帝年号，故而改名为《天命汗》，于1993年出版。是为《努尔哈赤传》的第二个版本。

而后的十年，朱诚如先生主编《清朝通史》，邀我撰写清太祖朝史和清太宗朝史各一卷，每卷50万字。撰写一百多万字的两卷书，既费时，又费力，时间紧，且费神。这也好，我重新检视《努尔哈赤传》，并从皇太极对后金社会的改革和发展，反观努尔哈赤的功过、得失、错误，甚至罪恶。这样，我对努尔哈赤重新认识，对原书加以修正和增补，这就是北京出版社的《努尔哈赤传》（第三版）。是为《努尔哈赤传》的第三个版本。

时间又过了十年。2013 年，一些朋友在筹划出版《阎崇年集》，共 25 卷。这又给了我一次机会，对《努尔哈赤传》再做修订，并由中国友谊出版公司出版，是为《努尔哈赤传》的第四个版本。

屈指一算，又过十年。现在，值《阎崇年文集》出版之际，我再对《努尔哈赤传》做修订、增补并出版，是为《努尔哈赤传》的第五个版本。

从 1963 年，我确定并着手研究清朝开国的历史，到 2022 年，我连续地、不间断地收集资料、分析研究、切磋交流、阐析论述清朝开创者、奠基人——努尔哈赤，并撰著《努尔哈赤传》，不敢间断，不敢懈怠，孜孜以求，4 次修订，回首算来，近六十年矣。六十年间，文化环境不断变化，留下印记。拙著《努尔哈赤传》，同中外古今所有著作一样，无不打上时代之文化印记。

下一个十年，并不算很远。我内心祈望：如能在 2033 年，出版《努尔哈赤传》第六版，这将由哪家出版社付梓，要看缘分，顺其自然；不过，在其出版之时，邀约一些朋友，坐一坐，喝杯茶，当是学坛的一段佳话。

还是北京大学历史学系教授兼系主任、曾任中国史学会主席团成员、中国宋史学会会长、著名历史学家邓广铭先生说的那句堪为至理名言：一本书，出版后，如果能每十年修订一次，修订和出版五次，这一定是一本好书，可以传世之书！愚虽不才，却心向往之。

是为《努尔哈赤传》（第五版）序言。

第一章　先世家族

一　元猛哥帖木儿的后裔　　003
二　建州左卫指挥使世家　　036

第二章　早年生涯

一　明嘉靖朝的困扰　　065
二　青少年时期生活　　074

第三章　壮志初展

一　父祖蒙难　　089
二　含恨起兵　　095
三　整合建州　　102
四　开始称王　　111

第四章　统一海西

一　历史的机遇　　123
二　古勒山之役　　129
三　攻破哈达　　137
四　灭亡辉发　　146
五　并取乌拉　　150
六　吞并叶赫　　162

第五章　东征北讨

一　统一东海诸女真　　181
二　进兵黑龙江女真　　192
三　对"野人"女真的政策　　200

第六章　征抚蒙古

一　辽东蒙古的衰落　　211
二　同科尔沁部姻盟　　216
三　同内喀尔喀部会盟　　225
四　向察哈尔部进击　　231

第七章　结好朝鲜

一　亦恩亦怨　　241
二　亦友亦敌　　249
三　亦理亦节　　257

第八章　制定满文

一　满文的初创　　273
二　满文的改进　　280
三　满文的贡献　　285

第九章　创建八旗

一　建立八旗　　295
二　八旗制度　　302
三　八旗得失　　315

第十章　建立后金

  一　万历皇帝的腐败　　321
  二　对明的两面政策　　333
  三　在赫图阿拉称汗　　346
  四　后金的社会结构　　358
  五　后金汗的统治术　　369

第十一章　萨尔浒大战

  一　"七大恨"誓师　　379
  二　计袭抚顺城　　384
  三　巧拔清河堡　　389
  四　萨尔浒之战　　393

第十二章　进兵辽沈

  一　智取开、铁　　423
  二　善待时机　　431
  三　夺取沈、辽　　439
  四　占领广宁　　449

第十三章　计丁授田

  一　建州社会经济的发展　　463
  二　"计丁授田"汗谕的颁布　　474

第十四章　辽沈治策

  一　迁都沈阳　　487

二　辽沈弊政　　　　　　494
　　三　辽民反抗　　　　　　501

第十五章　宁远兵败
　　一　袁崇焕营筑宁远城　　507
　　二　后金汗宁远城兵败　　516

第十六章　汗位之争
　　一　幽弟杀子　　　　　　533
　　二　改革政体　　　　　　542

第十七章　忧愤而死
　　一　疽发而亡　　　　　　551
　　二　兄弟姊妹　　　　　　558
　　三　后妃子女　　　　　　560

努尔哈赤大事纪年　　　　565
明朝、后金与朝鲜纪年对照表　594
努尔哈赤研究文献　　　　602
附录　　　　　　　　　　608

第一章 先世家族

一 元猛哥帖木儿的后裔

在女真各部互争雄长、社会激荡的动乱岁月里,明世宗嘉靖三十八年(1559),塔克世和额穆齐的长子努尔哈赤,在明建州左卫苏克素浒河部赫图阿拉(今辽宁省新宾满族自治县永陵镇赫图阿拉村)诞生了①。

在叙述努尔哈赤的先世家族之前,如果先从女真人中广泛流传的一个发生于白山黑水间优美动人的神话故事说起,那么对女真的了解不仅会清晰亲切,而且会饶有兴味。

祖国东北最高山脉长白山,它的主峰白头山②插向天际,时而隐没入浩茫的云海,时而显露出洁白的峰巅。《满洲源流考》记载:"长白山,满洲语谓之果

---

① 《清太祖武皇帝实录》、《满洲实录》、《清太祖高皇帝实录》和《清皇室四谱》等书,记载努尔哈赤生年均作"己未岁明嘉靖三十八年";但李民寏《建州闻见录》却载"或云甲寅生",甲寅年为嘉靖三十三年(1554)。
② 朝鲜《龙飞御天歌》第1卷:"长白山,一名白头山。"《李朝肃宗大王实录》十七年十一月丙寅:"长白山,胡人(满族人)或称白头山,以长白故也。"又三十九年正月庚子,长白山"山体皆沙石,而草木不生,积雪四时不消,白头之名,似以此也"。

勒敏珊延阿琳。"①《柳边纪略》亦载:"长白山,土名歌尔民商坚阿邻。"②以上两书所载,俱为满语长白山的对音,以《满洲源流考》音译更为准确。"果勒敏"或"歌尔民"为满语 golmin 的对音,意为长;"珊延"或"商坚"为满语 sanyan 的对音,意为白;"阿琳"或"阿邻"为满语 alin 的对音,意为山;合意为长白山。长白山的白头峰,海拔2794米,峰顶四时积雪,一片白皑,云雾朦胧。长白之山,山顶有池③,称为天池。康熙十六年(1677),康熙帝以"长白山乃祖宗发祥之地,今无确知之人",遂遣内大臣武默纳等四人,往长白山进行考察④。武默纳等往返历时三个半月,回到京师,奏报长白山天池的状态和景色:

> 遥望山形长阔,近观地势颇圆,所见片片白光皆冰雪也。山高约有百里,山顶有池,五峰围绕,临水而立,碧水澄清,波纹荡漾,殊为可观。⑤

长白山天池是中国海拔最高、面积最大、湖水最深、景色最美的火山口湖。天池海拔2189.1米,水面略呈椭圆形,水边周长13.1千米,水面面积9.82平方千米,池水平均深度为204米,最深处为373米⑥。一池天水,三江水源。《长白山记》载:"鸭绿、混同、爱滹三江出焉,鸭绿江自山南西流入辽东之南海,混同江自

---

① 《满洲源流考》第2卷,《四库全书》文津阁影印本,商务印书馆,2005年,第18叶。
② 杨宾:《柳边纪略》第1卷,《辽海丛书》影印本,辽沈书社,1985年,第7页。
③ 方象瑛:《封长白山记》,《小方壶斋舆地丛钞》第4帙。
④ 《清圣祖实录》第69卷,第3叶、康熙十六年九月丙子记载:"先是,上谕内大臣觉罗武默纳、侍卫费耀色等曰:'长白山乃祖宗发祥之地,今无确知之人。尔等前赴镇守乌喇将军处,选熟识路径者导往,详视明白,以便酌行祀礼。'……至是,武默纳等自长白山还京复命。上曰:'长白山发祥重地,奇迹甚多,山灵宜加封号,永著祀典,以昭国家茂膺神贶之意。著礼部会同内阁,详议以闻。'"
⑤ 武默纳:《谨题为遵旨看验长白山事》,载《柳边纪略》第1卷,《辽海丛书》影印本,辽沈书社,1985年,第8页。
⑥ 王季平主编:《长白山志》,吉林文史出版社,1989年,第134页。

山北流入北海，爱滹江东流入东海。三江孕奇育秀，产珠玑珍贝，为世宝重。其山风劲气寒，奇木灵药，应时挺出。"① 朝鲜《龙飞御天歌》亦载："其顶有大泽，南流为鸭绿江，北流为苏下江，东流为豆漫江。"② 上引二文的鸭绿江又作鸭渌江，混同江即松花江，爱滹江即图们江。鸭绿江源出长白山，以其色如鸭头绿故名③。长白山天池为图们、鸭绿和松花三江之源。从长白山发源的图们江、鸭绿江、松花江三条大江，图们江向北转东流入日本海，鸭绿江向南流进黄海，松花江北流在依兰西北会牡丹江，又同乌苏里江在伯力（今哈巴罗夫斯克）与黑龙江合流后，注入鄂霍次克海。

在天池之东，有布库里山，山下有布勒瑚里湖，"池深而圆，形如荷盖"。布勒瑚里湖，清水粼粼，景色迷人。长白山和布勒瑚里湖以它奇伟秀丽的景色和神话般的迷人魅力，吸引着勤劳智慧的女真人。在女真人中流传着一个神话故事。这个故事在《旧满洲档》（即《老满文原档》或《无圈点老档》）里做了载述，就是皇太极派主将霸奇兰和萨穆什哈率兵出征黑龙江虎尔哈部归来时④ 带回的招降头目穆克什克（穆希克）陈述说：

> 我父祖世代生活在布库里山布勒瑚里池地方。古来传说，在那布勒瑚里池中，曾有三个女子恩古伦、正古伦、佛古伦，临池沐浴，佛古伦吞下神鹊衔来的果实，后来生下了布库里雍顺。⑤

这个神话故事，在清初内国史院满文档案中，记载为天聪九年（1635）出征

---

① 阮葵生：《长白山记》，《小方壶斋舆地丛钞》第4帙。
② [朝]《龙飞御天歌》第1卷，朝鲜古书刊行会本。
③ 罗日褧：《咸宾录》第2卷，中华书局，1983年，第41页。
④ 《清太宗文皇帝实录》第23卷，天聪九年五月乙卯，中华书局影印本，1985年，第6叶。
⑤ 《旧满洲档》，东洋文库本，天聪九年五月初六日。

黑龙江，招降人穆希克（穆克什克）讲述了一个神话故事：

> 我祖父世居布库里山下布尔瑚里湖。在我处无记载，相传有天女三：恩固伦、正固伦、佛固伦，浴于布库里池，季女佛固伦得神鹊所送朱果衔口中，不意吞入腹中成孕，生布库里雍顺，其同族系满洲国人矣。①

这个神话故事，后在纂修《清太祖武皇帝实录》时，稍做整理，增加情节，润色修辞，移了地点——在长白山东北布库里山下，其记载是：

> 满洲原起于长白山之东北布库里山下，一泊名布尔湖里②。初，天降三仙女，浴于泊，长名恩古伦，次名正古伦，三名佛古伦，浴毕上岸，有神鹊衔一朱果，置佛古伦衣上，色甚鲜妍。佛古伦爱之，不忍释手，遂衔口中，甫着衣，其果入腹中，即感而成孕。告二姊曰："吾觉腹重，不能同升，奈何？"二姊曰："吾等曾服丹药，谅无死理；此乃天意，俟尔身轻，上升未晚。"遂别去。③

后来佛库伦（佛古伦）生下一个男孩，姓爱新觉罗氏，名布库里雍顺。布库里雍顺长大成人，举止非凡，相貌奇伟。佛库伦给他一条船，让他乘船顺牡丹江而下，穿过丛林峡谷，到了牡丹江与松花江汇流处的斡朵里（今黑龙江省哈尔滨

---

① 《清初内国史院满文档案译编》上册，光明日报出版社，1989年，第161页。
② 布尔湖里湖的地理位置，许多专家做了考证和推论，一说在距黑龙江一百余里的布里瑚里湖，一说在长白山天池，还有一说在今吉林省白山市东南圆池等。
③ 《清太祖武皇帝实录》第1卷，第1叶（台湾广文书局影印本）；参见《满洲实录》第1卷，第6～9叶（中华书局影印本）；《清太祖高皇帝实录》第1卷，第2叶（中华书局影印本）；《皇朝开国方略》卷首上，第2叶（光绪刻本）。

市依兰县依兰镇境）地方。以后仙女佛库伦升天去了。这个仙女所生的布库里雍顺，就成为满洲的始祖。

神话故事是"通过人民的幻想用一种不自觉的艺术方式加工过的自然和社会形式本身"①。自然现象常和社会现象发生联系，因此在神话里常常是表现了加工过的自然界，也表现了加工过的社会现象。

佛库伦吞朱果的满族神话，在汉族中也能找到它的影子——殷商的始祖简狄，吞玄鸟卵而生契的故事。故事说：

> 殷契，母曰简狄，有娀氏之女，为帝喾次妃。三人行浴，见玄鸟堕其卵，简狄取吞之，因孕生契。②

满族的神话与汉族的神话，如出一源，极为相似——既有奇异多彩的幻想，又有历史事实的影子。它除了反映满族先世同样经过了只知其母、不知其父和以鹊为神、图腾崇拜的原始社会历史以外，还表明了满族人民对他们共同祖先的崇敬心情。这个神话故事蕴含着一个启示：黑龙江和长白山一带的广阔地域，是努尔哈赤先世历史久远、气势磅礴的历史活动的舞台。

努尔哈赤的直系祖先，史料最早的记载是元末的猛哥帖木儿。《燕山君日记》记载："斡朵里乃大金支裔也。"③可见猛哥帖木儿乃是大金的后裔。元朝在后世称为建州女真的地区，设置5个万户府，任命5个万户④。猛哥帖木儿曾是元末的5个万户中的1个万户。到了明初，居住在三姓（今黑龙江省依兰县境）附

---

① 《马克思恩格斯全集》第12卷，人民出版社，1965年，第761页。
② 司马迁：《史记·殷本纪》第3卷，中华书局点校本，1959年，第91页。
③ [朝]《燕山君日记》第50卷，九年九月辛巳，日本学习院东洋文化研究所刊本，1959年，第22叶。
④ 万户，官名，金初设置，为世袭军政之职；元代相沿，隶属于枢密院或行省，统领千户、百户、镇抚等。

近5个万户中的3个万户，就是胡里改万户古论·阿哈出、斡朵里万户夹温·猛哥帖木儿和托温万户高·卜儿阀。朝鲜《龙飞御天歌》记载：

> 如女真，则斡朵里、豆漫、夹温·猛哥贴①木儿，火儿阿、豆漫、古论·阿哈出，托温、豆漫、高·卜儿阀。朵，都果切；斡朵里，地名，在海西江之东，火儿阿江之西。火儿阿，亦地名，在二江合流之东，盖因江为名也。托温，亦地名，在二江合流之下，二江皆自西而北流，三城相次沿江。夹温，姓也；哥，居何切，猛哥贴木儿，名也。古论，姓也；阿哈出，名也。高，姓也；阀，阿葛切，卜儿阀，名也。②

上文的斡朵里、火儿阿（即胡里改）、托温，为地名，分别是三城。豆漫的汉译是万户，为元代职官，上文所说的就是斡朵里、火儿阿、托温3个万户。夹温·猛哥帖木儿、古论·阿哈出、高·卜儿阀中的夹温、古论、高分别是姓，猛哥帖木儿、阿哈出、卜儿阀分别是人名，3个万户，分领其地，分统部众。斡朵里万户夹温·猛哥帖木儿，火儿阿万户古论·阿哈出，托温万户高·卜儿阀，他们的所在地——斡朵里猛哥帖木儿部，在牡丹江入松花江江口以西；火儿阿阿哈出部，在牡丹江入松花江江口以东；托温部在二江合流以下。三地因江而名，3个万户，互相为邻。三江都自西而转向北流，斡朵里、火儿阿、托温三城，相次沿江，相互联系。

在这个地区，环居的女真三部，夹温·猛哥帖木儿的斡朵里部、古论·阿哈出的胡里改部和高·卜儿阀的托温部，习称为"移兰豆漫"。《龙飞御天歌》对"移兰豆漫"的注解是："斡朵里、火儿阿、托温三城，其俗谓之'移兰豆漫'，

---

① "贴"，《李朝实录》和《明实录》作"帖"，故本书行文作"帖"，引述原文时如原文作"贴"则照原文引用。
② [朝]《龙飞御天歌》第7卷，朝鲜古书刊行会本，第53章。

犹言三万户也。盖以万户三人，分领其地，故名之。"①"移兰豆漫"的"移兰"，为满语 ilan 的对音，意为三；"豆漫"为满语 tumen 的对音，意为万，合译为万户。"移兰豆漫"即3个万户府。万户的官职是世代相袭的。斡朵里部夹温·猛哥帖木儿的祖辈世袭为斡朵里万户府的万户，统领所属女真军民，为元朝政府，渔猎采集纳贡，镇抚北边地域。猛哥帖木儿驻地的斡朵里城，曾是辽、金、元三朝的北方重镇②。这个地域，自然条件较好，居住人口较少。

洪武元年（1368），朱元璋举着"驱逐胡虏，恢复中华，立纲陈纪，救济斯民"③的旗号，统领农民军，推翻元朝，建立明朝，年号洪武，建都应天（今南京）。以此为标志，东北地区成为明朝疆土，东北民众成为明朝臣民。

洪武帝在位31年期间，在辽东地区，有两件大事，值得特书，因这两件事与努尔哈赤的崛兴有着直接而重大的关系。

洪武帝在东北地区，首要之务是清除辽东故元遗兵。先是，明军逼近大都，元顺帝等北走上都（今内蒙古自治区锡林郭勒盟正蓝旗东境）。洪武二年（1369），明派常遇春、李文忠率军攻占元上都，元顺帝败走应昌（今内蒙古自治区克什克腾旗达里诺尔湖西）。洪武三年（1370），元顺帝于四月二十八日病死，其太子爱猷识理达腊继位，称必力克图汗，年号宣光，史称"北元"。不久，徐达率明军大破扩廓帖木儿于沈儿峪，李文忠军攻占应昌。"北元"爱猷识理达腊在随从数十骑陪同下，逃往和林（喀喇和林）④。虽然蒙古地区故元势力大为削弱，但是辽东地区故元势力仍很强大。明洪武帝决心要接管故元辽东疆土。洪武四年（1371），故元辽阳行省平章刘益，以"辽东州郡地图，并籍其兵马钱粮之数，

---

① 前引《龙飞御天歌》第7卷注。
②《元史·地理志二》载，元初设军民万户府五，抚镇北边。一曰桃温，一曰胡里改，一曰斡朵怜（即斡朵里），一曰脱斡怜，一曰孛苦江。各有司存，分领混同江南北之地。
③《明太祖实录》第26卷，吴元年十月丙寅，台北历史语言研究所校勘本，1962年，第10叶。
④ 和林，今蒙古国乌兰巴托西南，一名喀喇和林。元太祖时曾都于此。

遣右丞董遵、佥院杨贤奉表来降"①。由是，明设置定辽都卫指挥使司。洪武五年（1372），故元平章高家奴继降，使明"不劳寸兵，坐底平定"②。洪武八年（1375），北元中书右丞相、河南王扩廓帖木儿死。同年十月，明改定辽都卫为辽东都指挥使司③，后管辖辽东地区，再后达到25卫、138所、2州、1盟④。洪武十一年（1378），北元必力克图汗爱猷识理达腊死。明设辽东都指挥使司和北元必力克图汗死，这两件事情标志着辽东北元势力大衰。

明朝加紧对辽东的征抚活动。洪武十四年（1381），明大将军徐达出兵大胜，辽东北元势力动摇。同年，故元将校刘敬祖等三十余人降明，随之故元军官不断降明。在此大势之下，部分女真头人也纷纷投明。洪武十八年（1385），明廷将粮米七十五万二千二百余石海运到辽东⑤。这对辽东地区改善生计、救济斯民有积极意义。翌年，故元降将高家奴从朝鲜以绮缎、布匹购马⑥，达3000匹，充实军力。不久，故"元太尉纳哈出拥众数十万屯金山⑦，数为辽东边害"⑧。洪武二十年（1387），大将军冯胜率师20万北征，进军辽东，伐纳哈出，到达伊通河一带。纳哈出势绌不敌，请降，出酒，伺机，谋遁。冯胜之婿常茂骤起，砍其臂，寻乃降，明军获得巨大胜利。纳哈出降，明军得其部众三十余万人，"羊、马、驴、驼、辎重，亘百余里"⑨。

---

① 《明太祖实录》第61卷，洪武四年二月壬午，台北历史语言研究所校勘本，1962年，第5叶。
② 《明太祖实录》第76卷，洪武五年九月丁巳，台北历史语言研究所校勘本，1962年，第1叶。
③ 《明太祖实录》第101卷，洪武八年十月癸丑，台北历史语言研究所校勘本，1962年，第4叶。
④ 万历《四镇三关志·辽镇》第1卷，明万历四年（1576）刻本，国家图书馆藏。
⑤ 《明太祖实录》第173卷，洪武十八年五月己丑，台北历史语言研究所校勘本，1962年，第2叶。
⑥ 《明太祖实录》，第179卷，洪武十九年十二月戊子，台北历史语言研究所校勘本，1962年，第6～7叶。
⑦ 金山，据《明一统志》：山在开原西北三百五十里辽河北岸。今辽宁省沈阳市康平县境。
⑧ 《明史·冯胜传》第129卷，中华书局点校本，1974年，第3798页。
⑨ 《明太祖实录》第182卷，洪武二十年六月丁未，台北历史语言研究所校勘本，1962年，第6叶。

大将军冯胜奏报，获纳哈出暨降附将校四千七百余人，国公、郡王、太尉、司徒、平章、行省丞相、参知政院等大小官员六千四百余人，以及金银铜印100颗，金银虎符及牌面125等，取得东北泛扫，兵民来归，"喜溢臣民，欢腾远迩"的局面①。故元遗兵，相继降附，东北地区，归属明朝。明对北元，经过二十年征抚，取得重大胜利。

综上，明洪武朝在东北地区，征抚兼施，取得成就，这为建州女真南迁，准备了基本历史条件。

洪武帝在东北地区，重要之责是处理同朝鲜的关系。先是，高丽末期，社会危机，动荡不安，异常严重。洪武元年（1368），朱元璋即皇帝位后，高丽恭愍王王颛遣使到应天（今南京）表贺，贡方物，且请封②。洪武二年（1369），明封高丽王王颛为国王，并赐金印、诰文和《大统历》等③。朝鲜恭愍王停用故元至正年号，改用洪武年号，"反元亲明"。洪武七年（1374），恭愍王王颛被弑身亡，随之其"庙堂亲明派多被清除"④。此后，高丽王朝，王权更替，二十余年，三易其主。此期间，高丽王趁辽东政权交替之际，曾多次出兵，越过鸭绿江，兵至辽阳、五老山城（今桓仁满族自治县境）⑤。

朝鲜政变势力同"故元遗兵"相结，辽东军政事态更为复杂。洪武二十年（1387），明廷命户部咨高丽王：

---

① 《明太祖实录》第184卷，洪武二十年八月丁丑，台北历史语言研究所校勘本，1962年，第5～6叶。
② 《明史·朝鲜传》第319卷，中华书局点校本，1974年，8279页。
③ 《明太祖实录》第44卷，洪武二年八月丙子，台北历史语言研究所校勘本，1962年，第5～6叶。
④ [日]河内良弘：《明代女真史の研究》，同朋舍，1992年，第12页。
⑤ [朝]郑麟趾：《高丽史》第43卷，恭愍王二十年九月辛亥，国书刊行会本，日本明治四十一年（1908），第644页。

以铁岭北、东、西之地，旧属开元，其土著军民女直、鞑靼、高丽人等，辽东统之；铁岭之南，旧属高丽，人民悉听本国管属。疆境既正，各安其守，不得复有所侵越。①

高丽接到明朝户部咨文后，高丽王辛禑上明朝表言："文高和定等州，本为高丽旧壤，铁岭之地，实其世守，乞仍以为统属。"明洪武帝因谕礼部尚书李原名曰：

数州之地，如高丽所言，似合隶之；以理势言之，旧既为元所统，今当属于辽。况今铁岭已置卫，自屯兵马，守其民，各有统属。高丽之言，未足为信。且高丽地壤，旧以鸭绿江为界，从古自为声教，然数被中国累朝征伐者，为其自生衅端也。今复以铁岭为辞，是欲生衅矣。远邦小夷，固宜不与之较，但其诈伪之情，不可不察。礼部宜以朕所言，咨其国王，俾各安分，毋生衅端。②

明洪武二十四年（1391），高丽大将军李成桂发动政变，夺取权力，自立为王。此事，《明史·太祖本纪》记载："高丽李成桂幽其主瑶而自立，以国人表来请命，诏听之，更其国号曰朝鲜。"③但是，《明太祖实录》将此事分作两条著录：其一，洪武二十一年（1388）十月庚申条记载："高丽国王王禑遣其臣禹仁烈等，上表请逊位于其子昌。上曰：前者闻其王被囚，今表请逊位，必其臣李成桂之谋，东

---

① 《明太祖实录》第187卷，洪武二十年十二月壬申，台北历史语言研究所校勘本，1962年，第6叶。
② 《明太祖实录》第190卷，洪武二十一年四月壬戌，台北历史语言研究所校勘本，1962年，第3叶。
③ 《明史·太祖本纪》第3卷，中华书局点校本，1974年，第50页。

夷狄诈，多类此，姑俟之，以观其变。"其二，洪武二十五年闰十二月乙酉条记载："高丽权知国事李成桂，欲更其国号，遣使来请命。上曰：东夷之号，惟朝鲜之称最羡（古同"美"），且其来远矣，宜更其国号曰朝鲜。"① 河内良弘教授的《明代女真史の研究》，也将其析为两条载录：洪武二十五年（1392）七月十七日，李成桂即位；洪武二十六年（1393）二月十五日，定国号为朝鲜②。由此可见，《明史·太祖本纪》误将发生在两年的两件事，合并在一年，并作一件事加以记述。

从此，"朝鲜"这一国名，出现在朝鲜的史册上，也出现在明清的史册上。朝鲜的李朝，从太祖李成桂始，经历中国明清两个朝代，特别是在明朝，臣属于明，用明正朔，王朝统一，政权稳定。李朝的建立，清除了高丽末期"亲元反明"的势力。朝鲜李朝及其与明朝的关系，尤其是对建州女真的演变，兴衰分合，迁徙变化，有着直接而重大的影响。

在洪武朝，猛哥帖木儿仍任斡朵里万户府的万户。明初，故元势力的掠扰、兀狄哈人的侵扰、社会秩序的失衡、民族之间的纷争、部族之间的攻战、区域局势的动荡，使东北地区社会呈现混乱局面。约于明洪武五年（1372）前后，猛哥帖木儿率领斡朵里女真部民，溯牡丹江而上，避乱流徙，几经辗转，饱历艰辛，先移居凤州（今吉林省梅河口市境），又南迁到珲春河流域居住。约在洪武九年（1376）至十七年（1384）之间，猛哥帖木儿又率部众，离开珲春河畔，南渡豆满江（即图们江），进入朝鲜东北庆源、镜城一带居住。洪武二十一年（1388），再南移到图们江下游斡木河③（今朝鲜会宁）一带地方居住④。斡木河谷左临下门

---

① 《明太祖实录》第223卷，洪武二十五年闰十二月乙酉，台北历史语言研究所校勘本，1962年，第4叶。
② [日]河内良弘：《明代女真史の研究》，同朋舍，1992年，第752页。
③ [朝]《东国舆地胜览》记载：会宁府，胡言"斡木河"，又称阿木河、阿木火，一云吾音会，后为会宁镇，亦称会宁。
④ [朝]《李朝太宗大王实录》第9卷，五年五月庚戌，日本学习院东洋文化研究所刊本，1959年，第19叶。

岭，右靠玉峰山，既适农耕，又宜牧猎。史载：

> 豆满江之南，沃野数百余里，耕则禾稼必盛，牧则牛马必肥，可为生民永建乃家之地。①

猛哥帖木儿在斡木河地带，既农耕植谷，也打围狩猎。朝鲜《李朝实录》也记载：

> 礼曹参议安鲁生，回自京师，赍礼部咨文。……洪武二十一年间，根指挥使侯史家奴等，于斡朵里，开设衙门。②

明指挥佥事、千户侯史家奴，奉命开设衙门的地点在斡朵里，就是三姓（今依兰县）。在洪武时期，明朝势力已经达到并控制建州女真的故乡之地。元末明初斡朵里女真，既是明代建州女真史的起点，也是明代满洲兴起史的原点。

辽东时局，女真变迁，同明廷之政局，关系极为密切。明洪武帝朱元璋死后，因长子朱标先死，皇位由长孙朱允炆继承，年号建文。建文帝即位不久，实行削藩，燕王朱棣发动"靖难之役"。血战4年，政局翻盘，朱棣夺取政权，改年号为永乐。朱棣在"靖难之役"期间，太监起着重要作用。在永乐朝太监地位凸显，开启了明朝重用太监的先河。尔后，正统的王振，成化的汪直，正德的刘瑾，天启的魏忠贤等，都滥觞于此。在太监中，郑和七下西洋，亦失哈八下奴儿干，侯显"五使绝域"，李达等出使西域，则是明朝史、中华史、世界史上的四大壮举。

---

① [朝]《李朝世宗大王实录》第77卷，十九年五月辛丑，日本学习院东洋文化研究所刊本，1959年，第18叶。
② [朝]《李朝太宗大王实录》第13卷，七年三月己巳，日本学习院东洋文化研究所刊本，1959年，第12叶。

郑和之事不在本书范围，亦失哈之事后面另叙述，这两件大事主要发生在永乐朝。

永乐帝在位22年间，招抚女真，值得特书，而这件事与努尔哈赤崛兴有着直接而重大的关系。

首先是设奴儿干都司。因建州女真隶属于奴儿干都司，故在这里把奴儿干都司的设置及其辖下的女真四大部，作一个简要的插叙。明初，女真分为四大部，这就是建州女真、海西女真、黑龙江女真①和东海女真（又叫"野人"女真）。明廷为了统治女真等族部民，洪武八年（1375）设置辽东都指挥使司②，总辖东北地区（包括山东北部）的军政。

永乐帝在洪武年间基本征抚故元遗兵的基础上，继续统一东北地区，北达黑龙江入海口。永乐元年（1403），永乐帝派遣邢枢等官员，"往谕奴儿干，至吉烈迷诸部，招抚之"③。永乐二年（1404），设置奴儿干卫④。永乐三年（1405），《明太宗实录》记载："奴儿干卫指挥同知把剌答哈及兀者左卫头目木答忽等九十七人来朝，赐之钞币。"⑤礼部在南京会同馆，设宴招待奴儿干卫下女真诸部来朝贡的首领。永乐七年（1409）四月，在黑龙江下游奴儿干地域居住的"野人"女真首领向明廷朝贡。闰四月，明朝设置奴儿干都指挥使司，任命康旺为都指挥同知，王肇舟为都指挥佥事⑥。治所在辽、金奴儿干城旧址，即黑龙江下游亨滚河口对岸附近特林地方，亦即庙街（今尼古拉耶夫斯克）地方。曹廷杰、间宫林藏、内藤虎次郎、和田清、杨旸等都考定在黑龙江入海口附近，并有永宁寺的碑记和遗迹为证。

---

① 孟森：《明元清系通纪》前编第三，中华书局，2006年，第25页。
②《明太祖实录》第101卷，洪武八年十月癸丑，台北历史语言研究所勘本，1962年，第4叶。
③ 严从简：《殊域周咨录·女直》第24卷，中华书局点校本，1993年，第733页。
④《明太宗实录》第28卷，永乐二年二月癸酉，台北历史语言研究所校勘本，1962年，第1叶。
⑤《明太宗实录》第40卷，永乐三年三月己亥，台北历史语言研究所校勘本，1962年，第1叶。
⑥《明太宗实录》，第91卷，永乐七年闰四月己酉，台北历史语言研究所校勘本，1962年，第1叶。

奴儿干都司是明朝的地方军政机构,辖卫384、所24、站7、寨1①;外卫世官"凡袭替、升授、优给、优养及属所军政,掌印、金书报都指挥使司,达所隶都督府,移兵部"②。其辖境东起鄂霍次克海,西迄鄂嫩河,南濒日本海,北达外兴安岭。奴儿干都司的设置,加强了明廷对黑龙江和乌苏里江流域三大部女真以及吉烈速、达斡尔、鄂温克、鄂伦春、赫哲等族各部的辖治。后来猛哥帖木儿的六世孙努尔哈赤兴起,统一女真各部,就囊括了奴儿干都司辖下的建州女真、海西女真、黑龙江女真和"野人"女真。

奴儿干都司设置之后,"野人"女真与明廷往来更为密切。永乐九年(1411),永乐帝派太监亦失哈、都指挥同知康旺等,"率官军一千余人,巨船二十五艘"前往该地,"开设奴儿干都司"③。永乐十年(1412),又命内官亦失哈等,"自海西抵奴儿干,及海外苦夷诸民,赐男妇以衣服、器用,给以谷米,宴以酒食"④。苦夷就是库页,在今俄国萨哈林岛地域。奴儿干都司的辖区,东濒海,西接兀良哈,南临朝鲜,北至奴儿干北海⑤。奴儿干北海,即今鄂霍次克海。明朝奴儿干地区所辖的卫所,时有变化,各书记载,亦显差异,据《明实录》记载统计,从永乐到嘉靖,先后在上述地区,共设立370个卫,20个所⑥。

永乐十年(1412),《明太宗实录》记载:奴儿干等处女直(真)野人头目准土奴、塔失等178人来朝,贡方物,设置十一卫,"命准土奴等为指挥、千百户,赐诰印、冠带、袭衣及钞币有差"⑦。十二年,《明太宗实录》又记载:"置

---

① 《明史·兵志二》第90卷,中华书局点校本,1974年,第2222~2227页。
② 《明史·职官志五》第76卷,中华书局点校本,1974年,第1873页。
③ 《敕修永宁寺记》,载《历史的见证——明代奴儿干永宁寺碑文考释》附录,见《历史研究》1974年第1期。
④ 罗福颐:《满洲金石志》第6卷,"满日文化协会"印行本,民国二十六年(1937),第36页。
⑤ 陈循等:《寰宇通志》第118卷,明景泰刻本,天津图书馆藏,又见玄览堂丛书本。
⑥ 李鸿彬:《清朝开国史略》,齐鲁书社,1997年,第11页。
⑦ 《明太宗实录》第131卷,永乐十年八月丙寅,台北历史语言研究所校勘本,1962年,第2叶。

辽东境外满泾等四十五站，敕其提领那可孟常等曰：朝廷说奴儿干都司并各卫，凡使命往来，所经之地，旧有站赤者，复设各站头目，悉恭命毋怠。"①就是对原先元朝时的站赤，加以整顿、完善、增设、管理和使用。同年，《明太宗实录》再记载："奴儿干都司都指挥同知康旺等来朝，贡貂鼠皮等物，赐赉有差。"②永乐十二年（1414），永乐帝谕允奴儿干都指挥使司都指挥同知康旺之奏请，向奴儿干都司增派兵300名③。

奴儿干都指挥使司的实际存在，不仅有上引记载为文证，而且有下述碑记作物证：

一、永乐十一年（1413），明朝官员在奴儿干都司治所之地，竖立《敕修奴儿干永宁寺碑记》石碑，碑高5尺3寸6分，广2尺5寸，30行，行64字。题额"永宁寺记"，正书。④

二、宣德八年（1433），重修永宁寺，竖立《重建永宁寺记》石碑，碑高6尺2寸，广3尺6寸7分，30行，行44字。额题"重建永宁寺记"，正书。⑤

以上两通碑记证明：明朝在黑龙江下游地域设立了相当于省级的军政机构——奴儿干都指挥使司，任命官员，驻扎军队，开通站赤，按时朝贡，派员巡视，进行管辖，从而证明黑龙江下游地域，直至黑龙江入海口及口外库页岛（今萨哈林岛）是明朝所辖的疆土。

永乐十九年（1421），《明太宗实录》记载："奴儿干等处都指挥王肇舟等……五百六十五人来朝，贡马，赐宴及钞币有差。"⑥这个数字，相当可观，说明永

---

① 《明太宗实录》第133卷，永乐十年十月丁卯，台北历史语言研究所校勘本，1962年，第2叶。
② 《明太宗实录》第155卷，永乐十二年九月辛未朔，台北历史语言研究所校勘本，1962年，第1叶。
③ 《明太宗实录》第156卷，永乐十二年闰九月壬子，台北历史语言研究所校勘本，1962年，第2叶。
④ 罗福颐：《满洲金石志》第1卷，"满日文化协会"印行本，民国二十六年（1937），第23页。
⑤ 罗福颐：《满洲金石志》第1卷，"满日文化协会"印行本，民国二十六年（1937），第23页。
⑥ 《明太宗实录》第242卷，永乐十九年十月癸巳，台北历史语言研究所校勘本，1962年，第1叶。

乐帝对"野人"女真的招抚政策取得了成功。

永乐帝死后，其孙宣德帝继承祖业。奴儿干都司女真等官员按期朝贡，并受朝廷赐赏。如宣德即位年（1425）、三年（1428）、五年（1430）、七年（1432）、九年（1434）①，太监亦失哈、都指挥康旺等都往来于北京和奴儿干②。《重修奴儿干永宁寺碑记》载述：

> 永乐中，上命内官亦失哈等，□锐驾大航五至其国，抚育□安，设奴儿干都司。……宣德初，复遣太监亦失哈，部众再至，以□念圣天子与天同体。……仏（古同"佛"）寺大会而还。七年，上命太监亦失哈同都指挥康政，率官军二千、巨舡五十，再至。③

从永乐到宣德，明朝南北有两件大事：一件是太监郑和七下西洋，另一件是太监亦失哈八下奴儿干。郑和下西洋与亦失哈下奴儿干，都是"明初盛事"④。太监亦失哈八下奴儿干的重大历史意义，可与太监郑和七下西洋相媲美而毫不逊色⑤。郑和为回族人，亦失哈为海西（女真）人⑥，康旺为鞑靼（蒙古）人⑦。对郑和、亦失哈、康旺这3位少数民族的杰出之人，《明史》郑和有传，亦失哈仅在曹吉

---

① 《明宣宗实录》第108卷，宣德九年二月壬申，台北历史语言研究所校勘本，1962年，第12叶。
② 《明宣宗实录》第1卷，即位年十一月丙午朔；第35卷，宣德三年正月庚寅和壬辰；第69卷，宣德五年八月庚午；第84卷，宣德六年十月乙未；第90卷，宣德七年五月丙寅。
③ ［日］江嶋寿雄：《明代清初の女直史研究》，日本中国书店，1999年，第61页。
④ 《明史·郑和传》第304卷，中华书局点校本，1974年，第7768页。
⑤ ［日］江嶋寿雄：《明代清初の女直史研究》，日本中国书店，1999年，第62页。
⑥ 《明英宗实录》第186卷，正统十四年十二月壬子，台北历史语言研究所校勘本，1962年，第4叶。
⑦ 《明宣宗实录》第84卷，第1叶，宣德六年十月乙未："命奴儿干都司都指挥使康旺致仕，以其子福代为本司都指挥同。旺，本鞑靼人，洪武间以父荫为三万卫千户，自永乐以来，频奉使奴儿干之地，累升至都指挥使，至是复命往奴儿干设都司，旺辞疾，乞以福代，故有是命。"

祥传后附载，康旺则《明史》阙载。

明代女真地区的官员，包括都督、都指挥、指挥、千户、百户、镇抚等职，仍照旧俗，各统其属，按期朝贡，"给与印信"①。其官职世袭，父死子继、父老子替，都须由明廷谕准。

"野人"女真的朝贡，因路途遥远，不固定期限。朝贡的物品，主要是土特产，如海东青、马匹、貂皮、猞猁狲皮、珍珠等。回赐的物品有彩缎、衣物、钞币等。

其次是招抚海西女真。"野人"女真的部族变动，也影响着海西女真。明朝海西女真的一大特点是由黑龙江、松花江地域逐渐向南迁徙。迁徙原因，主要是气候变冷、时局动荡、战争频仍和部族内讧②。总之，女真的不同部落、不同地域、不同集团、不同家族，互相纷争，彼此冲突，出现"强凌弱、众暴寡"的动乱局面。特别是"野人"女真，时常侵袭建州女真和海西女真，"数与山寨仇杀，百十战不休"③。争战，抢掠，兼并，厮杀，促使海西女真、建州女真为躲避"野人"女真的侵扰，并加强同辽东及关内的经济联系，避害趋利，向南迁移。永乐初年，海西女真诸部归附明朝，明廷广设卫所，封官赏赉，定期朝贡，进行管辖。海西女真逐渐形成扈伦四部——哈达部、叶赫部、乌拉部、辉发部。后来，海西女真即扈伦四部与努尔哈赤发生都要统一女真各部的激烈争战，从而为努尔哈赤展示政治才华与军事智慧提供了历史的舞台。

扈伦四部，分说为四：

一说哈达部。哈达部的历史，永乐初年，见于记载。永乐四年（1406），明廷在松花江北岸呼兰河流域设立塔山卫，命塔剌赤为指挥同知。史载：

> 女直野人头目塔剌赤、亦里伴哥等四十五人来朝，置塔山卫，以塔

---

① 《明英宗实录》第43卷，正统三年六月戊辰，台北历史语言研究所校勘本，1962年，第6叶。
② 阎崇年：《清朝开国史》上卷，中华书局，2013年，第24～25页。
③ 卢琼：《东戍见闻录》，《辽海丛书》影印本，辽沈书社，1985年，第456页。

剌赤等为指挥同知,卫所镇抚千百户,赐诰印、冠带、袭衣及钞币有差。①

后来,塔山卫内部不协,需要调整。正统十一年(1446)十月丁巳(二十一日),明廷为协调塔山卫内部矛盾,增设塔山左卫,命弗剌出为都指挥。

  设女直塔山左卫,给印。命塔山卫都指挥弗剌出掌印,管事。从呕罕河卫都督你哈答奏请也。②

事隔二十二天,明廷为弗剌出任塔山左卫都指挥事,发出敕谕:

  设塔山左卫。敕谕塔山卫都指挥佥事弗剌出曰:尔弗剌出,世居边境,忠事朝廷,自我先朝洊(古同"荐")膺官赏。比者尔累奏所管人民颇多,或有声息驰报未便,请设卫给印,以图补报;呕罕河卫都督同知你哈答,又奏保尔效力多年,善抚人民;辽东总兵等官,亦审实以闻。今特准尔所请,设塔山左卫,给与印信,命尔掌印管事。尔宜深体朕恩,坚守臣节,遵守礼法,抚绥部属,或有远夷奸诈之徒,蛊诱尔部属为恶者,即便擒治,尔其钦哉。③

随之,颁发"塔山左卫之印"。此印,有历史遗物可见④。

塔山左卫,地处冲要,在开原以北,扼贡路咽喉,为"江上诸夷入贡必由之

---

① 《明太宗实录》第51卷,永乐四年二月己巳,台北历史语言研究所校勘本,1962年,第1叶。
② 《明英宗实录》第146卷,正统十一年十月丁巳,台北历史语言研究所校勘本,1962年,第7叶。
③ 《明英宗实录》第147卷,正统十一年十一月己卯,台北历史语言研究所校勘本,1962年,第4叶。
④ 见罗福颐:《满洲金石志》,印文:"'塔山左卫之印',礼部造。正统十二年。"

路"①。塔山左卫所处又是西部蒙古东犯海西的必争之地。成化年间，塔山左卫在蒙古势力的胁迫下，开始南移，寻求明廷保护。弘治初年，塔山左卫已迁到今吉林省松原、农安一带，部族势力逐渐强大。不久，明廷命速黑忒为都指挥，掌印管事。嘉靖十二年（1533），塔山左卫发生内乱，速黑忒被杀，克什纳袭职。不久，克什纳在家族内讧中遇害，由其侄子王忠任塔山左卫都督。该部因受"野人"女真的袭扰，便由今松原、农安一带，率部南迁，到开原北、靖安堡广顺关外的哈达河（小清河上游）地域，定居生活。因哈达地近明广顺关，地偏南，明人称之为南关。哈达部牧猎范围，由哈达河中上游，拓延到柴河中游以东地区。该部因地近哈达河，因河得名②，后称之为哈达部。哈达部贝勒居住在山城。这就是海西女真扈伦四部之一的哈达部。

二说叶赫部。永乐初年，海西女真诸部归附，明朝政府广设卫所。永乐四年（1406）二月，明廷在松花江北岸设塔鲁木卫，任命打叶为塔鲁木卫的指挥，并赐诰印、冠带、袭衣和钞币。于此，《明太宗实录》记载：

> 女直野人头目打叶等七十人来朝，命置塔鲁③木、苏温河、阿速江、速平江四卫，以打叶（葉）④等为指挥、卫镇抚、千百户等官，赐诰印、冠带、袭衣及钞币有差。⑤

---

① 《明世宗实录》第123卷，嘉靖十年三月甲辰，台北历史语言研究所校勘本，1962年，第16叶。
② 哈达部之名，一说因哈达山得名，另一说因哈达河得名，因山名河，因河名山，皆通。
③ 原文作"塔等木"，《明实录·太宗实录校勘记》载，"塔等木"，广本、抱本"等"作"鲁"，是也。据此，引文改"等"为"鲁"。
④ 原文作"打絮"，《明实录·太宗实录校勘记》载，"絮"，广本、抱本作"葉"（叶），疑是也。据此，引文改"絮"为"叶"（葉）。
⑤ 《明太宗实录》，第51卷，永乐四年二月庚寅，台北历史语言研究所校勘本，1962年，第5叶。

约在成化十九年（1483）前，打叶后人不再袭职，改由奇尔噶尼①为塔鲁木卫指挥。正德八年（1513），奇尔噶尼因"入寇被杀"，其子褚孔格（革）②"听抚入贡，辄求升袭，并给印与敕"，但要"俟一年以上不扰边境，方许给之"③。嘉靖三年（1524），褚孔革赴京朝贡，史载：

> 海西塔鲁木卫女直都督竹孔革等三百七十八人来朝，贡马，赐宴，及彩币、袭衣、绢钞有差。④

尔后，褚孔革率部众由松花江地带南迁，到开原北的叶赫河地域定居，其范围自叶赫河流域，东北达伊通河上游，以及东辽河上游等地，该部因地近叶赫河而得名，后称之为叶赫部。因叶赫部地近明镇北关，地偏北，明人称之为北关。叶赫部贝勒居住在山城。这就是海西女真扈伦四部之一的叶赫部。

三说乌拉部。正当塔山左卫都督王忠率部南下时，他的叔伯侄子补烟（又作布颜），也率其部众南下，在乌拉河（牡丹江）沿岸定居，兴筑大城，称雄一方。乌拉部的范围，在松花江以南，以及拉发河流域，其中心在今吉林省吉林市龙潭区乌拉乡满族镇。该部因地近乌拉河，因河得名，后称之为乌拉部。乌拉部贝勒居住在临水平原之城。在扈伦四部中，哈达、叶赫、辉发三部都是山城，只有乌拉部是在临江平地筑城。这就是海西女真扈伦四部之一的乌拉部。

四说辉发部。永乐七年（1409）三月，明朝在依兰设忽鲁哈（忽儿海）卫，

---

① 奇尔噶尼，《明实录》作"的儿哈你"，《清太祖高皇帝实录》和《满洲实录》均作"齐尔噶尼"，《清太祖武皇帝实录》作"奇里哈尼"，为同一人名的异译。

② 褚孔革，一名多译，《清太祖武皇帝实录·诸部源流》作"出孔格"，《满洲实录·诸部源流》作"楚孔革"，《清太祖高皇帝实录》第6卷作"褚孔格"，而《明武宗实录》第5卷作"祝孔革"，《明世宗实录》第103卷则作"竹孔革"等。

③《明武宗实录》第103卷，正德八年八月己亥，台北历史语言研究所校勘本，1962年，第2叶。

④《明世宗实录》第36卷，嘉靖三年二月庚子，台北历史语言研究所校勘本，1962年，第1叶。

命恼纳、塔失为指挥使,一卫二雄,争夺卫印。五月,明从忽鲁哈卫中分出一个弗提卫,令恼纳掌忽鲁哈卫,塔失领弗提卫。塔失死后,传至王机砮。嘉靖年间,王机砮迁到辉发河畔的扈尔奇山,筑城居住,耕猎生活。辉发的耕牧范围,主要在辉发河沿岸地域,向南抵达柳河流域。该部因地近辉发河,因河得名,后称之为辉发部。辉发部贝勒居住在山城。这就是海西女真扈伦四部之一的辉发部。

哈达部、叶赫部、乌拉部、辉发部,史称海西四部,又称扈伦四部。扈伦即忽喇温的音转,即海西女真驻居地,这说明扈伦四部原是由海西迁来的。大体到嘉靖年间,扈伦四部各部的南迁分合,基本上稳定下来。海西女真四部,沿着辽东北边聚居,小分散,大集中,居住在开原以北。而努尔哈赤所属建州女真的建州三卫——建州卫、建州左卫和建州右卫,主要分布在抚顺关以东,沿苏克素浒河、浑河一带居住,还有一部分居住在浑江即婆猪江地带。婆猪江,又称佟佳江,今浑江(汇入鸭绿江),在今辽宁省桓仁满族自治县境。

女真的卫所、朝贡、贡品、马市等,分别介绍,略述如下:

卫所,是明朝设置管理地方军事与行政事务的机构,其官员由明廷直接委任,对各部落"官其长为都督、都指挥、指挥、千户、百户、镇抚等职,给与印信,仍旧俗,各统其属"①。卫所官职世袭,父死子继、父老子替、兄终弟续,其任免、晋升、赏赐等都由明廷敕准。明朝授给奴儿干都司属下卫所的官印,时有发现,如有"毛怜卫指挥使司之印"②即是一例。

朝贡,明廷规定,女真三大部各卫所的朝贡,"野人"女真因道途远甚朝贡不常,"海西、建州岁一遣人朝贡"③。贡使往回都要沿途"应付马驴车辆,廪给口粮"④。

---

① 李贤等:《大明一统志》第89卷,"女直",明天顺五年(1461)刻本,万寿堂刊,首都图书馆藏,第5页。
② 见《青丘学丛》第15号,印文为:"'毛怜卫指挥使司之印',礼部造,永乐三年十二月 日"。
③ 申时行等:万历《大明会典》第107卷,中华书局本,1989年,第579页。
④ 申时行等:万历《大明会典》第108卷,中华书局本,1989年,第586页。

自永乐至万历（后金建立前）"俱来朝贡"。朝贡有行政、经贸、族群和文化四重作用：于行政，卫所官员要按照朝廷规定的期限赴京述职；于经贸，卫所官员要向明朝政府交纳贡赋，并进行"两平交易"①；于族群，通过朝贡密切中原与边远族群的联系；于文化，进行双向文化交流，既了解中原文化，又影响本族文化。据统计，仅嘉靖十五年（1536），入京的贡使就达2140余名②。卫所朝贡人员到京后，由礼部会同馆接待，明会同馆在南京为南馆，在北京为北馆。会同馆为贡使供"房舍铺陈"，以安顿住宿，并"照例支送酒肉茶面饮食之物"，如"有疾即与医药"③。在会同馆的京师北馆为6所，额设馆夫即厨夫"三百名，专造饭食，以供使客"④。

贡品，是方物，即地方名贵土特产，如马匹、貂鼠皮、猞猁狲皮、人参、海东青、东珠等。朝廷对朝贡者按照官秩大小给予抚赏。各卫所贡使来京所带贡品外的货物，"领赏毕日，许于会同馆开市三日"⑤。

马市，明廷在辽东通往女真地区的交通重镇开设"马市"，以便女真和汉人以及东北各族之间进行商业交易。因初以"市马"即交易马匹而得名。马市开设始于永乐三年（1405）三月，当时明廷应蒙古福余卫指挥使喃不花等的奏请，以到京师需两个月的路程，又天气炎热，乞就近易马，"令就广宁、开原择水草便处立市，俟马至官给其直"⑥。时马市有3处："一于开原城南以待海西女直；一于开原城东；一于广宁以待朵颜三卫，各去城四十里。"⑦后马市贸易发展，增设一些马市，如天顺八年（1464）为建州女真开设抚顺马市。成化时在古城堡南对海西女真增设

---

① 申时行等：万历《大明会典》第111卷，中华书局本，1989年，第594页。
② 李鸿彬：《清朝开国史略》，齐鲁书社，1997年，第12页。
③ 申时行等：万历《大明会典》第109卷，中华书局本，1989年，第587页。
④ 申时行等：万历《大明会典》第145卷，中华书局本，1989年，第735页。
⑤ 申时行等：万历《大明会典》第111卷，中华书局本，1989年，第594页。
⑥《明太宗实录》第40卷，永乐三年三月癸卯，台北历史语言研究所校勘本，1962年，第2叶。
⑦ 毕恭：《辽东志》第3卷，《辽海丛书》影印本，辽沈书社，1985年，第29叶。

马市一处，嘉靖二年（1523）迁至庆云堡（铁岭东北）北。万历初年，又在清河、叆阳、宽奠增设马市①。万历二十三年（1595）在义州开设木市。

明朝马市管理，有具体规定。《辽东志》记载："夷人买卖，开原每月初一日至初五日一次，广宁每月初一日至初五日一次、十六日至二十日一次，各夷将马匹物货，赴官验放，入市交易，不许通事人等将各夷侮弄、亏少马价及偷盗货物，亦不许拨置夷人以失物为由诈骗财物，敢有擅放夷人入城，及纵容无货人入市，有货者在内过宿，规取小利，透漏边情，违者俱问，发两广烟瘴地面充军，遇赦不宥。"②

马市分官市和私市，其区别是"凡马到市，官买之余，听诸人为市"③。交易双方，女真"以马易盐、米，彼得食用之物，我得攻战之具"④，于是，军品如马匹，由官市交易；民品如食物，由私市交易。马市贸易很繁荣，交易的商品，来自蒙古和女真的，有各种牲畜、皮毛、人参、药材等土产品；来自汉族地区的，有铁制生产工具，如铧、铲。有生产资料，如耕牛、种子；有生活用品，如锅、米、盐、绢、布、缎、衣等。明廷派官管理马市贸易，初期的交易都是以物易物，到永乐十五年（1417）改定"马价"，实行货币交易。主管马市的官员，除了检查入市货物，还要征税，叫作"马市抽分"。辽宁省档案馆珍藏明代辽东马市贸易"抽分清册"，内容丰富，资料珍贵。从这些"抽分清册"中可以看出：

其一，市场繁荣。女真前来马市交易的人数增多，每次入市的人数多达数千，如海西女真部督孟格布禄、歹商等从广顺关入市，一次竟达1100人⑤。建州女真

---

① 参见《巡按辽东御史刘台条上三事》之第二事，《明神宗实录》第46卷，万历四年正月丁未条，第5~6叶。
② 毕恭：《辽东志》第3卷，《辽海丛书》影印本，辽沈书社，1985年，第30叶。
③《明宣宗实录》第113卷，宣德九年十月丁巳，台北历史语言研究所校勘本，1962年，第6叶。
④《明孝宗实录》第195卷，弘治十六年正月甲午，台北历史语言研究所校勘本，1962年，第7叶。
⑤ 万历十二年《广顺、镇北、新安等关易换货物抽分银两表册》，载《明档》，乙107号，辽宁省档案馆藏。

朱长革等一次进入抚顺关互市的就有250人①。

其二，市期延长。马市开放的日期，从以前每月1次或2次，每次5天，而发展到几乎成了日市，每天都开放交易。

其三，物品变化。大量的耕牛和生产工具进入女真地区。据《抽分清册》107号记录统计，运进海西女真的耕牛216头，铧子4292件②。

总之，从上述三个特点，可以看出南迁后的女真各部，部族相对安定，经济有所发展，交易更为密切。

当然，努尔哈赤崛兴的直接因素，是建州女真的迁徙与发展，特别是招抚建州女真。以下回到叙述永乐帝与建州女真，特别是与建州女真猛哥帖木儿的关系。

先是，约于洪武初，元朝三万户之一的阿哈出溯牡丹江南迁，到图们江地带居住。朱棣为燕王时，曾北征故元势力，兵至斡朵里城地带。据朝鲜史书记载，朱棣"为燕王时，纳于虚出女"③。于虚出即阿哈出。

永乐元年（1403）十一月，阿哈出在朱棣"靖难之役"夺取皇位后不久，到应天（南京）"朝贡"。明廷在胡里改部诏设建州卫军民指挥使司，命阿哈出为指挥使。史载：

女直野人头目呵④哈出等来朝，设建州卫军民指挥使司，以⑤阿哈出

---

① 万历十二年《广顺、镇北、新安等关易换货物抽分银两表册》，载《明档》，乙105号，辽宁省档案馆藏。
② 万历十二年《广顺、镇北、新安等关易换货物抽分银两表册》，载《明档》，乙107号，辽宁省档案馆藏。
③ [朝]《李朝太宗大王实录》第8卷，四年十二月庚午，日本学习院东洋文化研究所刊本，1959年。
④ "呵"字，原文如此。《明实录·太宗实录校勘记》该条对"呵"字未作校勘记。据同条记载任命"阿哈出为指挥使"，又据《明太宗实录》第107卷永乐八年八月乙卯作"阿哈出"，再据《李朝实录》相关记载也作"阿哈出"，故此处"呵"字应作"阿"字。
⑤《明实录·太宗实录校勘记》载，"阿哈出为指挥使"，"广本阿上有以字，是也"。

为指挥使，余为千百户所镇抚，赐诰印、冠带、袭衣及钞币有差。①

是为明朝始设建州卫，并任命阿哈出为建州卫指挥使。第二年，明廷正式建置建州卫②。永乐四年（1406），阿哈出因兀狄哈侵扰，与朝鲜关系不谐，又率部众由图们江地带，西迁到辉发河上游的凤州（今吉林省梅河口市境）居住。在这里交代一下：阿哈出于永乐九年（1411）逝世，由其子释加奴袭官。释加奴约在永乐十八年（1420）去世，由其子李满住承袭，统辖建州卫。李满住是建州卫的重要人物，受到努尔哈赤等的仰慕，后面还要叙述。

朱棣还曾向女真首领，垂询女真地方的情状。据《北征录》记载：

上曰：女直有山，其巅有木色白，草木皆白，产虎、豹亦白，所为长白山也。天下山川多有奇异，但人迹不至，不能知耳。此地去辽东可千余里，朕尝问女直人，故知之。③

尽管女真人聚居的长白山地带，并非"草木皆白"，但是朱棣能询知其一二，而不至于瞽盲昏然。

明成祖朱棣设置建州卫后，继续招抚女真各部。永乐二年（1404），派辽东千户王可仁前往豆满江（图们江）等地，安抚建州女真④。他在招抚女真诸部的敕谕中说：

---

① 《明太宗实录》第25卷，永乐元年十一月辛丑，台北历史语言研究所校勘本，1962年，第6叶。
② 《明太宗实录》第25卷，永乐元年十一月辛丑，台北历史语言研究所校勘本，1962年，第6叶。
③ 金幼孜：《北征录》上卷，明万历四十六年（1618）金铛刻本，国家图书馆藏，第10页。
④ [朝]《李朝太宗大王实录》第7卷，四年三月戊辰，日本学习院东洋文化研究所刊本，1959年，第11叶。

今朕即大位，天下太平，四海内外，皆同一家。恐尔等不知，不相统属，强凌弱，众暴寡，何有宁息之时？今听朕言，给与印信，自相统属，打围放牧，各安生业，经商买卖，从便往来，共享太平之福。①

此谕之意，另有所敕，《明太宗实录》做了记载：

遣使赍敕谕兀良哈、靼靶、野人诸部曰：朕命统承天位，天下一家，薄海内外，俱效职贡。近边将言：尔诸酋长咸有归向之诚，朕用嘉之。特令百户裴牙失里，赍敕谕尔：其各居边境，永安生业，商贾贸易，一从所便。欲来朝者，与使臣偕至。②

明永乐帝在阿哈出朝贡时，了解猛哥帖木儿的情况，于是派钦差千户王教化等持谕前往斡木河，招抚猛哥帖木儿，表彰他"能恭敬朕命，归心朝廷，朕甚嘉之"。永乐帝谕称：

敕谕万户猛哥帖木儿等：前者阿哈出来朝言，尔聪明识达天道，已遣使赍敕谕尔。使者回复言，尔能恭敬朕命，归心朝廷，朕甚嘉之。今再遣千户王教化等，赐尔等彩段表里，尔可亲自来朝，与尔名分、赏赐，令尔抚安军民，打围牧放，从便生理。其余头目人等，合与名分者，可与同来。若有合与名分，在彼管事，不能来者，可明白开写来奏，一体

---

① [朝]《李朝太宗大王实录》第7卷，四年四月甲戌，日本学习院东洋文化研究所刊本，1959年，第11叶。
②《明太宗实录》第14卷，洪武三十五年十一月壬寅，台北历史语言研究所校勘本，1962年，第7叶。

给与名分、赏赐。故敕。①

猛哥帖木儿受谕后，随钦差千户王教化等，于永乐三年（1405）底到南京入朝。明成祖"授猛哥贴木〔儿〕建州卫都指挥使，赐印信、钑花金带，赐其妻幞卓②、衣服、金银、绮帛"③。

猛哥帖木儿④有一个大的家族。他的父亲挥厚，为元末万户；母亲，为也吾巨。挥厚去世后，其母改嫁挥厚异母弟包奇，又生同母弟於虚里、凡察等。猛哥帖木儿受明廷敕封，位望大增，更加提高了他在家族中、部落中和在建州左卫女真部中的地位。猛哥帖木儿有一支正军1000名的精强队伍，并分作中军、左军、右军三军，自率中军，其同母异父弟凡察领左军，其子权豆（或作阿谷、阿古）领右军。三军平时耕牧围猎，战时驱骑出征。朝鲜咸吉道都节制使金宗瑞，以久在斡木河地界，熟知建州女真情形，受命向国王李祹启达猛哥帖木儿家族的情状：

> 凡察之母，金伊（官名）甫哥之女也吾巨，先嫁豆万（官名）挥厚，生猛哥帖木儿，挥厚死后嫁挥厚异母弟容绍（官名）包奇，生於虚里、於沙哥、凡察。包哥本妻之子吾沙哥、加时波、要知，则凡察与猛哥

---

① [朝]《李朝太宗大王实录》第9卷，五年三月丙午，日本学习院东洋文化研究所刊本，1959年，第8叶。
② "幞卓"，《玉篇》"幞，巾幞"，《说文》："卓，高也。"幞卓，即幞头。《新唐书·车服志》："幞头起于后周。"《朱子语类·杂仪》：唐人幞头，初止以纱为之，后以纱软，砍木作一山子，在前衬起。《东京梦华录》：幞头两脚步稍屈而上者，名"朝天巾"。明王圻《三才图绘》载幞头诸形状。所以，幞头高而立如山形，又称幞卓，可见幞卓即幞头、头巾，非猛哥帖木儿之妻名也。
③ [朝]《李朝太宗大王实录》第11卷，六年三月丙申，日本学习院东洋文化研究所刊本，1959年。
④ 在《明太宗实录》、《明仁宗实录》和《明宣宗实录》中，"猛哥帖木儿"有三：其一是建州猛哥帖木儿，其二是瓦剌平章猛哥帖木儿，其三是吐鲁番城指挥金事猛哥帖木儿。

帖木儿，非同父弟明矣！然猛哥帖木儿生时，如有兴兵之事，则必使凡察领左军，权豆领右军，自将中军，或分兵与凡察，故一部之人，素不贱恶。①

朝鲜《李朝实录》又记载，猛哥帖木儿是明永乐帝的亲戚：

猛哥帖木儿，皇后之亲也。遣人招来者，皇后之愿欲也。骨肉相见，人之大伦也。②

永乐九年（1411）四月，猛哥帖木儿因与朝鲜有摩擦，加之兀狄哈侵袭，便率部众前往凤州③，与建州卫阿哈出同住一地。猛哥帖木儿迁到凤州后，更加密切了同明廷的关系。永乐十年（1412），猛哥帖木儿入京朝贡述职，明廷考虑到他和阿哈出原皆为元朝的万户，现在却是建州卫管辖的部属，显然不妥。因此，增设建州左卫，命猛哥帖木儿领其卫，任指挥使④。

猛哥帖木儿以皇妃"骨肉之亲"和建州左卫指挥使的双重身份，于永乐二十年（1422），被征调率领部属随从永乐帝反击鞑靼部阿鲁台纵兵"劫掠"的漠北亲征。此前，"故元遗兵"曾在辽东放肆抢掠，民众不安："鞑靼兵四十万屯于沈阳路，辽东城门昼不开。"⑤战争结束后，猛哥帖木儿到了北京。时辽东地区屡受鞑靼

---

① [朝]《李朝世宗大王实录》第82卷，二十年七月辛亥，日本学习院东洋文化研究所刊本，1959年，第12～13叶。
② [朝]《李朝太宗大王实录》第10卷，五年九月己酉，日本学习院东洋文化研究所刊本，1959年，第13叶。
③ [朝]《李朝太宗大王实录》第21卷，十一年四月丙辰，日本学习院东洋文化研究所刊本，1959年。
④ 建州左卫设置的年代，诸说不一。此据《明会典》卷一二五、《满洲源流考》卷七等。
⑤ [朝]《李朝太宗大王实录》第10卷，三年十二月辛丑；同书又见第10卷，五年九月己酉，日本学习院东洋文化研究所刊本，1959年，第13叶。

和兀良哈铁骑的蹂躏，猛哥帖木儿担心再罹骚扰，请求迁回斡木河。同年九月，永乐帝敕准猛哥帖木儿复还朝鲜斡木河地面居住。

永乐二十一年（1423），猛哥帖木儿"率正军一千名，妇人小儿共六千二百五十名"，分批返回斡木河"旧居耕农"①。他迁住斡木河之后，仍同明朝政府保持密切的臣属关系，并为明廷悉心任事。如在五年之间，猛哥帖木儿曾三次到北京"朝贡"。

永乐十一年（1413）十月甲戌（二十八日）史载：②

> 建州等卫都指挥李显忠、指挥使猛哥帖木儿等来朝，贡马及方物，特厚赉之。③

永乐十四年（1416）二月壬午（十九日）又载：

> 赐建州左卫指挥猛哥帖木儿等宴。④

永乐十五年（1417）二月己巳（十二日）再载：

> 建州左卫指挥猛哥帖木儿奏举其头目卜颜帖木儿、速哥等，堪任以职，命为指挥千百户。⑤

---

① [朝]《李朝世宗大王实录》第20卷，五年四月乙亥，日本学习院东洋文化研究所刊本，1959年，第11叶。
② 《明太宗实录》第144卷，永乐十一年十月甲戌，台北历史语言研究所校勘本，1962年，第2叶。
③ 《明太宗实录》第144卷，永乐十一年十月甲戌，台北历史语言研究所校勘本，1962年，第2叶。
④ 《明太宗实录》第173卷，永乐十四年二月壬午，台北历史语言研究所校勘本，1962年，第1叶。
⑤ 《明太宗实录》第185卷，永乐十五年二月己巳，台北历史语言研究所校勘本，1962年，第2叶。

大体同时，永乐二十年（1422），建州卫李满住也向明廷请求迁往别处安居。翌年初，明廷谕准李满住迁往婆猪江多回坪等处居住。①永乐二十二年（1424）四月，李满住率部众到达婆猪江西岸兀敕山南麓瓮村一带居住。

永乐帝在位22年，死后其子朱高炽继位，年号洪熙，是为洪熙帝，继位8个月零27天，崩于皇宫钦安殿，年四十八；孙朱瞻基继位，年号宣德，是为宣德帝，在位10年，驾崩，年三十八。宣德期间，建州女真发生一起重大事件，就是斡木河事件。

先是，在宣德元年（1426）正月"朝贡"时，猛哥帖木儿受到朝廷封赐：

> 命建州左卫指挥佥事猛哥帖木儿为都督佥事，赐冠带。②

猛哥帖木儿被封为都督佥事。《明史·职官志五》记载：都督佥事，武职，正二品。宣德八年（1433）二月"朝贡"时，猛哥帖木儿又被封为右都督、都指挥佥事。③《明史·职官志五》记载：左、右都督，武职，正一品。在这次"朝贡"之后，猛哥帖木儿和弟凡察、长子权豆（阿谷或阿古），并随同明辽东都指挥佥事裴俊等一起返回斡木河，协助明廷管束杨木答兀的人马，引发斡木河之变。

宣德斡木河之难。事情发生在宣德八年癸丑（1433），地点在斡木河，因称宣德斡木河之变。这对建州左卫来说，是一场重大灾难，故又称斡木河之难。杨木答兀为辽东女真豪族，在开原任千户。④他在不受管束、屠城剽掠后，"挈家

---

① [朝]《李朝世宗大王实录》第10卷，五年四月乙亥，日本学习院东洋文化研究所刊本，1959年，第27叶。
② 《明宣宗实录》第13卷，宣德元年正月壬子，台北历史语言研究所校勘本，1962年，第5叶。
③ 《明宣宗实录》第99卷，宣德八年二月戊戌，台北历史语言研究所校勘本，1962年，第3叶。
④ [日]河内良弘：《童猛哥帖木儿与建州左卫》，载《朝鲜学报》第65辑。

逃窜"至斡木河。①《东国舆地胜览》记载：斡木河"本高句丽旧地，胡音斡木河，一云吾音会"②。明廷派辽东都指挥同知裴俊一行往斡木河招抚杨木答兀时，发生了"斡木河之变"。先是，明廷敕谕：

> 皇帝敕谕建州左卫掌卫司右都督猛哥帖木儿及男阿谷（即童权豆或权豆）并大小头目人等：比先杨木答兀一起漫散出去军官，已陆续招还复业。近闻高早化等六十九家，见尔处地方居住。兹遣指挥同知裴俊、千户赵镇、古老，百户王茂，赍敕谕前来，招其回还。敕谕至日，尔等即令高早化等六十九家，尽数收拾，同指挥阿谷、裴俊等送回原卫所，安生乐业，尤见尔报效朝廷之诚心。尔等其钦承朕命毋怠。③

猛哥帖木儿忠于明廷，承命不怠。不久，宣德八年（1433）六月，明辽东都指挥同知裴俊奉旨，率领官军一百六十一名，赍敕前往斡木河，收取杨木答兀所掠人口。裴俊一行于八月二十七日，到斡木河地带下营。猛哥帖木儿率弟凡察、子权豆及兵马往会裴俊一行。闰八月十五日，杨木答兀伙同古州女真部（即"七姓野人"）阿答兀等三百余人马，群骑冲突，前来抢杀。猛哥帖木儿及弟都指挥凡察、子指挥权豆等，奋力保卫裴俊一行。经过激战，杨木答兀等势绌力穷，夺路而逃。但是，凡察、权豆及明军4人受伤，所载赍赐物品及马28匹被杨木答兀抢去。猛哥帖木儿同裴俊追赶杨木答兀至河的北岸。后杨木答兀纠合八百余人马，披挂明甲，气焰汹汹，到猛哥帖木儿、凡察、权豆等住家和裴俊营寨，攻破

---

① 毕恭：《辽东志》第7卷，《辽海丛书》影印本，辽沈书社，1985年，第3叶。
② 《东国舆地胜览》第50卷，《会宁都护府》条。斡木河，又称阿木河、阿木火，亦称吾音会，后为会宁镇。图们江东，朝鲜境内。
③ [朝]《李朝世宗大王实录》第61卷，十五年闰八月戊午，日本学习院东洋文化研究所刊本，1959年，第33叶。

栅墙，包围房舍，放火焚烧，肆行抢掠，致"猛哥帖木儿、阿谷等男子俱被杀死，妇女尽行抢去"①。猛哥帖木儿次子董山（童仓）被掳走，弟凡察负伤出逃②。建州左卫受到了重创，寨破人亡，劫难空前。

明宣德八年（1433）的斡木河之变，是女真发展史上意义重大又影响深远的历史事件，并引发了一连串出人意料的历史事变。斡木河之变的历史影响在于：

第一，斡木河之变使女真建州部，完全摆脱李朝的控制，由朝鲜咸吉道的斡木河，几经曲折，千辛万苦，返回明朝辽东苏子河流域，密切同汉族经济文化的双向交往，加快了其社会发展的步伐。

第二，斡木河之变使女真建州左卫部的首领，更加忠于明廷，受明封赏，进京朝贡，扩大了其在女真诸部中的影响。

第三，斡木河之变促使建州三卫女真合住在一起，增强了女真建州部的凝聚，经过兴衰荣辱、繁衍积蓄，逐渐发展成为女真诸部统一的核心。

第四，斡木河之变使女真建州左卫部，迁住苏子河流域，以其自然条件与地理位置的优越，后来成为建州女真崛起的基地。

第五，斡木河之变使建州左卫指挥猛哥帖木儿的后裔，历过六代经营，至努尔哈赤时，在苏子河畔的赫图阿拉，点燃了一个火种——这个火种后来燃遍辽东，继而进关，燃遍中国，影响世界。

总之，斡木河之变及由其引发的建州左卫女真举部迁徙辽东，成为女真－满洲崛兴的历史起点。

前述建州左卫指挥使猛哥帖木儿，在斡木河之变中，忠于朝廷，身死部破。

---

① [朝]《李朝世宗大王实录》第62卷，十五年十一月己巳，日本学习院东洋文化研究所刊本，1959年，第19叶。
② [朝]《李朝世宗大王实录》第62卷，十五年十月戊寅，日本学习院东洋文化研究所刊本，1959年。

猛哥帖木儿生前曾受明廷封赐印信、衣袭、绮帛、金带，并曾先后多次①到京"朝贡"。猛哥帖木儿"归心朝廷"的诚耿忠心，对他的包括努尔哈赤在内的后裔们，产生了深远的影响。

---

① 建州猛哥帖木儿进京"朝贡"暨相关活动，《明实录》记载时间为永乐十一年十月甲戌，永乐十四年二月壬午，永乐十五年二月己巳，永乐二十二年十二月甲子，洪熙元年十二月丁亥，宣德元年正月壬子、癸丑，宣德三年正月癸卯，宣德八年二月戊子、丁酉、戊戌、戊申，宣德九年二月癸酉和宣德九年四月庚申，凡十四见。

二 建州左卫指挥使世家

努尔哈赤的二世祖是董山（童仓）。在猛哥帖木儿及权豆（阿古）被杀，董山被掳，栅舍被焚的翌年，凡察到北京"朝贡"。

此前，明朝官书对凡察的记载，征引如下。宣德七年（1432）二月，"建州左卫土官都督佥事猛哥帖木儿遣弟指挥佥事凡察等，贡马及方物"①。事过12天，明廷"赐建州左卫土官指挥佥事凡察等钞币、绢布有差"②。同年三月，明廷再封凡察为都指挥佥事："建州左卫指挥佥事凡察，以招抚远夷归附，升为都指挥佥事，且赐敕劳之。"③宣德八年（1433）二月，明廷再升猛哥帖木儿和凡察的官职："升建州左卫土官都督佥事猛哥帖木儿为右都督、都指挥佥事，凡察为都指挥使。"④

一年之间，两次晋升。晋升膺福，福里孕祸。不久，发生前述的斡木河之变，猛哥帖木儿被杀，凡察出逃。明朝对猛哥帖木儿、凡察兄弟，在斡木河事件中，

---

① 《明宣宗实录》第87卷，宣德七年二月丁酉，台北历史语言研究所校勘本，1962年，第2叶。
② 《明宣宗实录》第87卷，宣德七年二月庚戌，台北历史语言研究所校勘本，1962年，第5叶。
③ 《明宣宗实录》第88卷，宣德七年三月壬戌，台北历史语言研究所校勘本，1962年，第5叶。
④ 《明宣宗实录》第99卷，宣德八年二月戊戌，台北历史语言研究所校勘本，1962年，第3叶。

忠于朝廷的壮举，给予肯定，并予升奖。猛哥帖木儿已经罹难，就封升其弟凡察为都督佥事，史载：

> 升建州左卫都指挥佥事凡察为都督佥事，仍掌卫事，余升秩有差。先是，遣都指挥裴俊往斡木河诏谕，遇寇与战，而众寡不敌，凡察等率众往援，杀贼有功，故超升之。①

建州左卫猛哥帖木儿死后，其子董山（童仓）被兀狄哈掳去。明廷命凡察（猛哥帖木儿异父同母弟）执掌建州左卫事务。凡察深感在斡木河实难久居，而想返回明境定居。由于朝鲜反对，几经艰难周折，凡察于正统五年（1440）六月率部经婆猪江，九月达到苏子河与李满住会合。明廷得知这一信息后，将凡察所领的建州左卫部众，安置在以苏子河（苏克素浒河）上游赫图阿拉（今辽宁省新宾满族自治县永陵镇境）为中心，包括今梅河口市以南，桓仁满族自治县以西的丘陵河谷地带居住。

在斡木河之变中，建州左卫的卫印"失落"，朝廷重新颁发建州左卫新印。于是，凡察继猛哥帖木儿之后，成为建州左卫的掌印首领。

然而，董山（童仓）被掳后不久，得到毛怜卫指挥哈儿秃赎回②。董山（童仓）等被赎回后，家寨破败，难以生存，便投靠凡察。这段时日，凡察、董山（童仓）、权豆遗孀及其遗腹子之间产生了新的纠结：

> 猛哥帖木儿死后，童仓与权豆妻皆被掳未还，凡察乘其隙，亟归京师，受都督佥事之职，又受印信而还，斡朵里一部人心稍附之。及权豆妻与

---

① 《明宣宗实录》第108卷，宣德九年二月癸酉，台北历史语言研究所校勘本，1962年，第12叶。
② [朝]《李朝世宗大王实录》第80卷，二十年正月辛卯，日本学习院东洋文化研究所刊本，1959年。

童仓生还，且得遗腹之子，一部人心归于权豆之子与童仓。其后，权豆之妻轻薄、善骂詈，童仓愚弱，一部稍稍失望。其赴京也，朝廷薄童仓而厚凡察，赐凡察以玉带，且令凡察曰："汝生时管一部，死后并印信与童仓。"以此，一部之人不得已附于凡察，然其心则或附童仓，或附权豆之子，时未有定。①

董山（童仓）因在斡木河不得安稳，十分艰难，奏请迁往辽东，与"李满住（阿哈出之孙）一处住坐"。正统二年（1437）十一月，董山和凡察经明廷允准迁往辽东居住。事情原委，《明英宗实录》记载：

建州左卫都督猛可帖木儿子童仓奏：臣父为七姓野人所杀，臣与叔都督凡察及百户高早化等五百余家，潜住朝鲜地，欲与俱出，辽东居住，恐被朝鲜国拘留，乞赐矜悯。上敕朝鲜国王李祹，俾将凡察等家送至毛怜卫，复敕毛怜卫都指挥同知郎卜儿罕，令人护送出境，毋致侵害。②

先是，永乐二十一年（1423），李满住因避兵乱，奏请移到婆猪江（即佟佳江）一带居住，得到明廷准许。翌年，建州卫都督李满住率领四百余户移往婆猪江瓮村等处居住③。宣德八年（1433）六月，李满住因遭朝鲜侵袭，由瓮村迁到兀敕山北的吾弥府（今辽宁省桓仁满族自治县古城子村）。正统三年（1438）初，李满住又率部迁徙到浑河上游，"浑河水草便利，不近边城，可令居住"④。六

---

① [朝]《李朝世宗大王实录》第82卷，二十年七月辛亥，日本学习院东洋文化研究所刊本，1959年，第13叶。
② 《明英宗实录》36卷，正统二年十一月戊戌，台北历史语言研究所校勘本，1962年，第3叶。
③ [朝]《李朝世宗大王实录》第25卷，六年七月乙亥，日本学习院东洋文化研究所刊本，1959年。
④ 《明英宗实录》第43卷，正统三年六月戊辰，台北历史语言研究所校勘本，1962年，第6叶。

月再移住灶突山（今辽宁省新宾满族自治县永陵镇烟筒山），随之而来的还有他的叔父猛哥不花领有的毛怜卫。

其后，凡察等率所部三百余户，历尽曲折，冲破阻挠，迁到浑河支流苏克素浒河（苏子河）一带，与李满住合住在一起①。董山（童仓）和凡察迁居辽东婆猪江、苏克素浒河地域表明，建州女真经过半个世纪的离合辗转，又重新聚集在一处。这片群山环绕的苏克素浒河谷地域，后来成为努尔哈赤崛起的基地。

凡察、董山（童仓）迁到辽东苏子河地域后，凡察手中有建州左卫的新印，而董山（童仓）手中有明廷给其父猛哥帖木儿的旧印，叔侄之间，一卫二印，便发生了"卫印之争"。

董山（童仓）是猛哥帖木儿的次子。他迁往苏克素浒河时22岁②，体格魁伟，仪表威严，所属部众，心多倾附。一卫新旧两印，叔侄纷争不已。《明英宗实录》记载：

> 敕建州左卫都督凡察及故都督猛哥帖木儿子指挥董山曰：往闻猛哥帖木儿为七姓野人戕害，掠去原降印信。宣德年间又复颁降，令凡察掌之。前董山来朝云，"旧印已获"。近凡察来朝又奏，"欲留新印"。一卫二印，于法非宜。敕至，尔等即协同署事仍将旧印遣人送缴，庶几事体归一，部属信从。③

朝廷态度明确，一方不肯交印。为此，明廷在此宣谕：

> 谕建州左卫都督凡察、指挥董山曰：比尔凡察奏，本卫印为七姓野

---

① [朝]《李朝世宗大王实录》第89卷，二十二年六月丁亥，日本学习院东洋文化研究所刊本，1959年。
② [日]河内良弘：《童凡察与建州左卫》，载日本《朝鲜学报》，第66辑。
③《明英宗实录》第38卷，正统三年正月癸丑，台北历史语言研究所校勘本，1962年，第8叶。

人抢去，朝廷给与新印，后董山来朝奏已赎回旧印，凡察来朝又请留新印，已允所言，令凡察暂掌新印，与董山同署卫事，遣人进缴旧印。今尔凡察又奏旧印传自父、祖，欲俱留之。朕惟朝廷自祖宗建立天下，诸司无一卫二印之理，此必尔二人以私意相争，然朝廷法度，已有定制，尔等必当遵守。敕至，尔凡察仍掌旧印，尔董山护封如旧，协心管事，即将新印遣人进缴，不许虚文延缓，以取罪愆。①

新印既不愿交，旧印也不想交。明廷再次发出谕旨，其内容主要有两点：一是命凡察交出新印，和睦相处；二是派辽东总兵了解凡察与董山（童仓）叔侄不和的原因；三是访查舆情，查看民意如何；四是提出解决问题的方案建议。这份敕谕说：

敕谕建州左卫都督佥事凡察、董山等：尔等世居边陲，旧为亲戚，正宜同心协力，抚率部属，用图长久。往岁冬，因尔一卫存留二印，已尝遣敕谕尔凡察、董山协同署事，将新印进缴。今尔凡察乃奏，董山不应署事。都指挥李章加等又奏保凡察独掌卫事，此事朕处置已定，岂容故违。敕至，尔等即遵依前敕，存留旧印，随将新印缴来，务在安分辑睦，毋为小人所惑，自取罪愆。尔凡察所奏，取回人口，已敕边将如例给粮接济，尔等其钦承之。复敕辽东总兵官、都督佥事曹义等，遣人往察其二人不和之故，及多人之情，并计议处置之方，奏闻，处之。②

正统六年（1441）八月，明辽东总兵官、都督佥事曹义先向凡察和董山（童仓）宣旨，两人仍然各执一词，再亲到开原，在两方协调，宣谕法制，晓以利害。

---

① 《明英宗实录》第73卷，正统五年十一月乙丑，台北历史语言研究所校勘本，1962年，第9~10叶。
② 《明英宗实录》第80卷，正统六年六月癸酉，台北历史语言研究所校勘本，1962年，第3叶。

看其民意，偏向董山，凡察虽勉强同意交出新印，但情绪怏怏，如果强行去做，恐难长治久安。为此，曹义依据明初海西女真叔侄争印的处置办法，向朝廷奏报：

> 永乐中海西野人都指挥恼纳、塔失叔侄争印，太宗皇帝令恼纳掌忽鲁哈卫，塔失掌弗提卫，其人民各随所属。今兹事体，与彼颇同，请设建州右卫，以处凡察，庶消争衅，以靖边陲。上命俟其来朝议之。①

正统七年（1442）二月，凡察和董山（童仓）到京朝贡，朝廷做出解决"叔侄争印"的新决策。《明英宗实录》记载：

> 分建州左卫，设建州右卫，升都督佥事董山为都督同知，掌左卫事，都督佥事凡察为都督同知，掌右卫事。董山收掌旧印，凡察给新印收掌，并升建州左卫指挥使。……
> 自今宜谨守法度，各安生业，毋事争斗，以取罪愆。②

正统七年（1442），明廷分建州左卫为二，增设建州右卫，董山（童仓）领建州左卫事，并升建州左卫指挥使、都督同知；凡察掌建州右卫事，升为都督同知。从此，建州女真分为建州卫、建州左卫和建州右卫，史称"建州三卫"。时掌建州卫印的李满住，娶权豆（董山之兄）的孀妇为妻；掌建州左卫印的董山（童仓），又求娶李满住之女为妻③。而建州右卫印信，则归董山（童仓）之叔凡察收掌（颁发新印）。因此，虽有建州三卫之名，实际上他们却居住一处，同族联姻，都是

---

① 《明英宗实录》第82卷，正统六年八月丙子，台北历史语言研究所校勘本，1962年，第5叶。
② 《明英宗实录》第89卷，正统七年二月甲辰，台北历史语言研究所校勘本，1962年，第6叶。
③ ［朝］《李朝世宗大王实录》第82卷，二十年八月甲辰，日本学习院东洋文化研究所刊本，1959年。

明政府辖治下的建州女真部。建州三卫后来成为满洲发展的核心，也是努尔哈赤崛起的本营。

清朝皇帝的帝系，明朝、清朝、朝鲜的记载，有所差异。后金－清在明万历二十七年（1599）以前没有文字，主要靠记忆和口传，难免失误。《清太祖武皇帝实录》、《清太祖高皇帝实录》和《满洲实录》的记载，汉文翻译，略有不同。兹以晚出的《清太祖高皇帝实录》为据，列举如下。

努尔哈赤家世表
（参考）

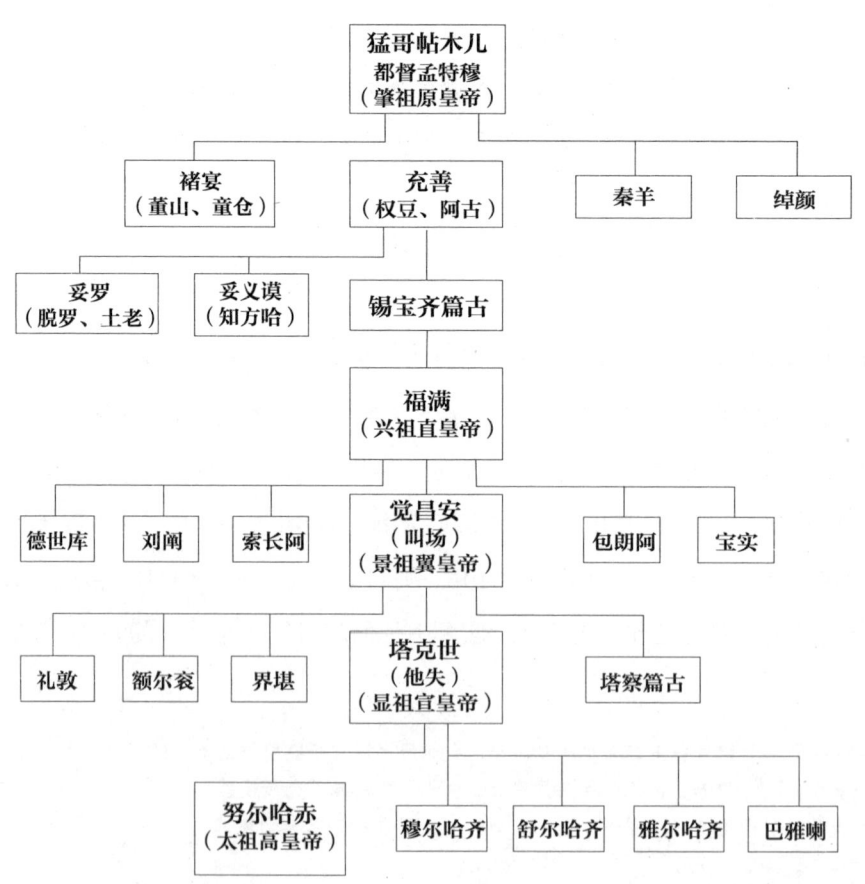

肇祖居虎拦哈达山下赫图阿喇地。生子二：长充善，次褚宴。充善生子三：长妥罗，次妥义谟，次锡宝齐篇古。锡宝齐篇古生子一，即兴祖直皇帝讳□□（福满）。兴祖生子六：长德世库，次刘阐，次索长阿，次即景祖翼皇帝讳□□□（觉昌安），次包朗阿，次宝实。①

清太祖努尔哈赤的家世，史料缺乏，诸说不同，上表所列，只供参酌。②

下面再回过来叙述努尔哈赤的五世祖董山（童仓）。

董山（童仓）迁往苏克素浒河三卫合住后，官至右都督，势力复大振。他乘建州卫指挥使李满住年迈之机，起而兼管三卫，颇有统一建州女真之势。但是，明朝中期，国力强盛，明廷在加强对女真等族管辖的同时，又使其"各有雄长，不使归一"③，彼此掣肘，尔争我杀。这种"分其枝，离其势，互令争长仇杀，以贻中国之安"④的政策，是明朝统治者对女真族的传统政策。同时，明辽东镇守太监、总兵官等，常对女真抚安无方，横加勒索，滥杀贡使，关闭马市，"启衅冒功"⑤，这就激起女真首领的不满，以"寇掠"相报复。明廷则派兵攻杀，朝鲜也相呼应。仅建州女真迁居辽东的半个世纪间，先后受到朝鲜三次（其中一次与明朝合军）、明军三次袭创⑥。其中最为惨重的是继宣德八年（1433）猛哥帖木儿蒙难后，成化三年（1467）董山（童仓）再度蒙难。

成化丁亥之难发生在明成化三年（1467），即丁亥年，故又称丁亥之难。先是，董山（童仓）等女真贵族借口反对明朝政府的压迫，不时出兵辽东地区"犯抢"，

---

① 《清太祖高皇帝实录》第1卷，中华书局影印本，1986年，第5叶。
② [日] 河内良弘：《明代女真史の研究》，同朋舍，1992年，第35页。
③ 《杨宗伯奏疏》第1卷，《明经世文编》影印本，1962年，第1叶。
④ 董其昌辑：《神庙留中奏疏汇要》第1卷，明钞本，国家图书馆藏。
⑤ 王世贞：《弇山堂别集》第99卷，中华书局本，1985年，第1765页。
⑥ 朝鲜军为明宣德八年（1433）、正统二年（1437）和成化三年（1467）；明军为成化三年（1467）、成化十四年（1478）和成化十五年（1479）。

掠夺耕牛、马匹、衣物、粮食和人口,给辽东人民带来灾难。明廷的一份咨文中称:"建州三卫女直,结构诸夷,悖逆天道,累犯辽东边境,致廑圣虑,特命当职等统调大军,捣其巢穴,绝其种类。"① 成化三年(1467),建州左卫都督同知董山(童仓),入京朝贡,返程被执,羁之广宁(今辽宁省北镇市)。同年九月②,明军会合朝鲜军,合攻建州,董山(童仓)被杀于广宁羁所③。明廷派太监监军黄顺、左都御史李秉、武靖侯④赵辅等统八万余官兵,列为左右两哨,分作5路——监军黄顺、都御史李秉、总兵赵辅统26000人,出鸦鹘关往苏子河,为中路;副总兵韩赟统13000兵,发向通远堡,为右翼;总兵裴显统13000兵,发向碱厂,为左翼;总兵王瑛等各统13000兵,分别发向抚顺所和铁岭卫,是为后军。东面,朝鲜以绫城君具致宽为都体察使,康纯、吴子庆、鱼有沼、崔适和李克均为裨将,领兵15000,分五道进攻。建州女真腹背受敌,左右被攻,力寡势弱,恃山林为险阻,藉弓矢以御守。经过顽强抵御,建州女真损失惨重。

是役,据明军左哨和右哨的奏报,两哨共斩首681人,擒获94人,俘获151人,夺回被掳男妇1165人,总计2091人⑤。明武靖侯赵辅在《平夷赋并序》中,详述了对建州女真之凶狠、残暴、酷烈:

> 神枪发而火雷迅击,信炮举而山岳震摇。尽虏首之所有,罔一夷而见逃。剖其心而碎其脑,粉其骨而涂其膏。强壮尽戮,老稚尽俘。若土

---

① [朝]《李朝世祖大王实录》第43卷,十三年九月丙子,日本学习院东洋文化研究所刊本,1959年。
② 罗日褧《咸宾录》第2卷作成化二年,误。
③ 唐邦治:《清皇室四谱》第3卷,文海出版社,1966年,第1页;《明宪宗实录》第44卷,台北历史语言研究所校勘本,1962年,第2叶。
④ 马文升《抚安东夷记》作"武靖侯",其时为伯,后晋为侯。
⑤《明宪宗实录》第47卷,成化三年十月甲寅、壬戌,台北历史语言研究所校勘本,1962年,第4~5叶,第6~7叶。

崩而烬灭，犹瓦解而冰消。空其藏而潴其宅，杜其穴而火其巢。①

朝鲜军未同明朝军会师。据朝鲜《李朝世祖大王实录》记载右厢大将康纯和左厢大将鱼有沼，奉书于承政院以启曰：

臣领兵于九月二十六日，与右厢大将南怡，自满浦入攻婆猪江。斩李满住及古纳哈、豆里之子甫罗充等二十四名；擒满住、古纳哈等妻子及妇女二十四口；射杀未斩头一百七十五名；获汉人男一名、女五口，并兵械、器仗、牛马；焚家舍积谷。退陈以后待辽兵，累日无声息，故本月初二日还师，初三日渡江。又左厢大将鱼有沼自高沙里入攻阿弥府，斩二十一级；射杀未斩头五十；获汉女一口，并兵仗、器械、牛马；焚家舍九十七区。亦与辽东兵不遇。②

朝鲜军得胜之后，大将康纯与国王李瑈有一段对话。康纯令砍斫大树，剥去树皮，露出白木，大字书曰：

朝鲜大将康纯领精兵一万，攻建州！

朝鲜国王李瑈的态度，《李朝世祖大王实录》又记载：

世祖对康纯曰："攻"字未快，"灭"字最好！③

---

① 赵辅：《平夷赋并序》，载《全辽志》第6卷，《辽海丛书》影印本，辽沈书社，1985年，第25叶。
② [朝]《李朝世祖大王实录》第44卷，十三年十月壬寅，日本学习院东洋文化研究所刊本，1959年，第6叶。
③ [朝]《李朝世祖大王实录》第44卷，十三年十一月辛巳，日本学习院东洋文化研究所刊本，1959年，第42叶。

建州女真受到明军和朝鲜军的双重攻剿，遭受巨大灾难，栅舍被焚烧，部民被杀俘，粮食遭烧掠，首领遭斩杀，焚荡殆尽，部落残破，罹难空前，无法统一。

成化己亥之难。事变发生在明成化十五年（1479），史称成化之变。这一年为己亥年，又称己亥之变。此变，事出之因，各有说法。

明廷说：建州肆行抢掠。大太监王直、辽东巡抚陈钺奏请发兵，扫荡建州，以靖边陲。他们说："（建州）声言来寇辽东，且言往年建州三卫，构海西、毛怜，累犯边境，朝廷授以都督、都指挥之职，诸夷因起争端，纷纷扰乱，亦欲挟制以求显职，与其加升而招侮，莫若整兵而征讨。"①

建州说：明朝禁止贸易。在朝廷会议上，兵部尚书余子俊等则认为："驭夷之道，守备为本。我太祖载诸祖训，永以为法。建州女直，叛服不常，朝廷或开马市，以掣其党，或许买铁器，以结其心，皆羁縻之义，非示之弱也。今钺等历数其罪，意欲捣其巢穴，此军国大务，非臣等所敢专。"② 在这里，"开马市"和"买铁器"两端，都是说的贸易。可见，边衅的原因之一，是贸易渠道不畅。

文官说：武官邀立边功。时大太监汪直执掌司礼监，左都御史兼提督团营王越、辽东巡抚陈钺等，党附汪直，内外勾结，"启衅召敌"③。

最后，成化帝采信汪直、王越、陈钺等之言，决定发兵，征讨建州。汪直，《明史·宦官传》记载：

十五年秋，诏直巡边，率飞骑日驰数百里，御史、主事等官迎拜马首，棰挞守令。各边都御史畏直，服橐鞬迎谒，供张百里外。至辽东，陈钺郊迎蒲伏，厨传尤盛，左右皆有贿。直大悦。……兵部侍郎马文升方抚

---

① 《明宪宗实录》第195卷，成化十五年十月丁亥，台北历史语言研究所校勘本，1962年，第2叶。
② 《明宪宗实录》第195卷，成化十五年十月丁亥，台北历史语言研究所校勘本，1962年，第2叶。
③ 《明史·强珍传》第180卷，中华书局点校本，1974年，第4776页。

谕辽东，直至不为礼，又轻铖，被陷坐戍，由是直威势倾天下。"①

陈铖激变辽东，为御史强珍所劾，御史许进也率同官论之。"汪直怒，构珍下狱，摘进他疏伪字，廷杖之几殆"②。自然，御史谏言，无助于事。

历史说：前因结下后果。先是，赵辅贪功，留下后患："往年已招降都督董山等，而又杀之，已为失信；近复捣其巢穴，概杀无辜，故彼仇恨不服"云云③。建州女真骚扰辽东，既有经济原因，也有政治原因。前赵辅征建州，上奏报功称："征建州叛贼，斩首七百三十五级。"④赵辅因军功，由伯升为侯，却留下后患。历史教训，经常重复。辽东监察御史强珍的奏疏，则提供了历史反思：

巡按辽东监察御史强珍奏：建州班师之后，虏即入叆阳、清河二堡之境，四散杀掠男妇五百余名，头畜无算，实由前巡抚都御史、今户部尚书陈铖启衅邀功，以致虏报复旧怨。其守堡指挥王英、白祥，及分守副总兵、都指挥吴瓒，右参将崔胜等，俱不能防御，而镇守总兵等官、太监韦朗、都督缑谦等，又各畏罪贪功，隐匿前事，直待朝廷论功升赏。陈铖回京之后，始以奏闻，实为欺罔，请皆逮问，以正其罪。兵部尚书余子俊等覆奏，引《皇明祖训》，参铖累犯死罪，不宜再纵，当从珍言。上命吴瓒、崔胜戴罪杀贼，韦朗停岁赐食米半年，缑谦、陈铖各停俸一年，余皆属珍逮问之。⑤

---

①《明史·宦官·汪直传》第304卷，中华书局点校本，1974年，第7780页。
②《明史·许进传》第186卷，中华书局点校本，1974年，第4925页。
③《明宪宗实录》第179卷，成化十四年六月戊戌，台北历史语言研究所校勘本，1962年，第3叶。
④《明宪宗实录》第211卷，成化十六年十二月己未，台北历史语言研究所校勘本，1962年，第3~4叶。
⑤《明宪宗实录》第204卷，成化十六年六月戊午，台北历史语言研究所校勘本，1962年，第3叶。

后强珍遭汪直报复，械至京，受拷掠，戍辽东。汪直败，珍复官。

此役，事变经过，简述如下。

对建州三卫是剿是抚，庙堂之上，意见不一。大太监汪直、辽东巡抚陈钺等主剿。陈钺奏："宜复调军，捣其巢穴，以除边患。"事下廷议，兵部尚书余子俊等主抚。他奏言："建州、海西诸虏，比蒙恩谕，多已改悔。今钺以传闻之故，复请加兵，恐起旧衅。乞令钺等严敕所部，如侦了虏众犯边情状，不妄则击之；出境既远，可勿穷追。"① 余子俊在同奏中并建议，对女真诸部应区别对待："诸夷有来朝不犯边者，勿令惊疑。"而汪直、陈钺等"乃遣使招诱建州夷人郎秃等四十人来贡，欲置之死。且言建州三卫，法当殄灭，若今日纵还，明日复为边患。……直等械郎秃等至，遂令都察院锦衣卫禁锢之"②。主战派大太监汪直、左都御史王越、辽东巡抚陈钺等，"急功名"③，虚构事实，制造事端，开启边衅。

明对建州决策，主战派的意见，终于得到成化帝的谕准，发兵征讨建州女真。明成化十五年（1479）十月丁亥（初五日），明廷命太监汪直监督军务，抚宁侯朱永佩靖虏将军印、为总兵官，后命陈钺以巡抚辽东、右副都御史参赞军务，统率大军，征剿建州，攻其不备，捣其巢穴④。

同月丙申（十四日），命朝鲜国王李娎出兵，配合明军，夹击建州。敕文曰：

> 建州女直，逆天背恩，累寇边陲，守臣交请剪灭，朕念彼中亦有向化者，戈铤所至，玉石不分，爰遣大臣抚谕，贷其反侧之愆，听其来京

---

① 《明宪宗实录》第183卷，成化十四年十月辛丑，台北历史语言研究所校勘本，1962年，第2～3叶。
② 《明宪宗实录》第196卷，成化十五年闰十月壬申，台北历史语言研究所校勘本，1962年，第3～4叶。
③ 《明史·王越传》第171卷，中华书局点校本，1974年，第4574页。
④ 《明宪宗实录》第195卷，成化十五年十月丁亥，台北历史语言研究所校勘本，1962年，第2叶。

谢罪，悉越常例，升赏宴待而归。曾未期岁，贼首伏当加等，复纠丑类，侵犯我边，虽被官军驱逐出境，而未遭挫衄。廷议皆谓此贼冥顽弗悛，罪在不宥，已令监督总兵等官，选领精兵，刻期征剿。我师压境，王宜遣兵，遥相应援。贼有奔窜至国境者，必擒而俘献之。逆虏既除，则王敌忾之功愈茂，而声名永享，于无穷报酬之典，朕必不尔缓也。①

朝鲜国王李娎接到敕文后，派陪臣右赞成鱼有沼等，出兵策应，行至满浦、镇江，因江河冰封而后期。后继遣左议政尹弼商等率军从侧翼进攻建州。

这场征讨建州女真之役，自十月丁亥（初五日）命将出征，中经闰十月，到十一月丁未（二十六日），其结局，《明宪宗实录》载抚宁侯朱永等奏报：

建州贼巢，在万山中，山林高峻，道路险狭，臣等分为五路，出抚顺关，半月抵其境。贼据险迎敌，官军四面夹攻，且发轻骑，焚其巢穴，贼大败，擒斩六百九十五级，俘获四百八十六人，破四百五十余寨，获牛马千余，盔甲、军器无算。②

此役，汪直领头功，陈钺由右副都御使升为右都御使，其他升官、晋级、加俸、纪功、受赏者达2662人③。

朝鲜国王李娎也向明廷奏捷称：

---

① 《明宪宗实录》第195卷，成化十五年十月丙申，台北历史语言研究所校勘本，1962年，第5叶。
② 《明宪宗实录》第197卷，成化十五年十一月丁未，台北历史语言研究所校勘本，1962年，第6叶。
③ 《明宪宗实录》第198卷，成化十五年十二辛未，台北历史语言研究所校勘本，1962年，第5叶。又，《明实录·宪宗实录校勘记》卷一百九十八校勘记："一十五百，旧校改十为千。"依校改数字统计。

遣左议政尹弼商、节度使金峤等引兵渡江，进捣贼巢，斩首十六级，生擒男妇十五人，并获辽东被掳妇女七人，及驱其牛马，毁其庐舍。①

成化己亥之难，在建州女真史上，是继宣德癸丑之难（斡木河之难）、成化丁亥之难后，建州女真受到的再一次极沉重的打击。建州女真三部，遭受三次重击，从此之后，衰落百年。

边事体大，不可不慎。或抚或剿，理宜慎重。朝廷发兵，有理有节，征讨过当，引发报复。明成化时，马文升、余文俊等主抚，汪直、陈钺等主剿。成化年间，两次建州之役，兵部尚书余子俊等曾忠直奏言：

今推诚抚安，事将就绪，若欲加兵，则抚安成命，不足为恩，适足为仇，无以示信。况六月兴师，兵法所忌，宜令总兵、巡抚等官，按兵境上，以戒不虞，仍与文升等协和定议，以抚安为主，少苏边困，果有深入为寇，方许征讨。②

明兵部尚书余子俊于辽东的边政，几次奏言，提出建议：其一，推诚抚安，边事慎重；其二，以抚为主，勿轻用兵；其三，区别良莠，玉石分清；其四，陈兵边上，犯则击之；其五，有理有节，不轻捣巢；其六，不以小事，开启边衅。《明史·余子俊传》详其西北之功，而略其东北之绩，但撰者公允评论道："余子俊尽心边计，数世赖之。"③

对于边事，必须十分用心，不许纤毫任意，免贻后患，祸及子孙。鉴于此，于谦说："刚柔兼济，宽猛适宜；本之以廉明，济之以通便；毋生事而激变，毋

---

① 《明宪宗实录》第200卷，成化十六年二月壬申，台北历史语言研究所校勘本，1962年，第5叶。
② 《明宪宗实录》第179卷，成化十四年六月戊戌，台北历史语言研究所校勘本，1962年，第3叶。
③ 《明史·余子俊传》第178卷，中华书局点校本，1974年，第4746页。

纵恶而长奸；毋贪小利以堕贼计，毋邀近功而防远图。"① 于谦总结历史经验之言，值得后人仔细体味。

以上建州女真所受的3次大灾难，对努尔哈赤后来崛兴有重大影响。

努尔哈赤的三世祖为锡宝齐篇古。董山（童仓）有三子：长妥罗（脱罗），次妥义谟，次锡宝齐篇古。董山（童仓）于成化三年丁亥之难死后，妥罗（脱罗）继父为建州左卫都指挥同知。此事，《明宪宗实录》记载：

> 建州左卫都指挥佟那和劄等奏：乞命都督董山子脱罗，李古纳哈侄完者秃，各袭其父、伯之职。事下兵部，尚书白圭等言：董山等世受国恩，享有爵土，罔思敬顺，自取诛戮。脱罗等乃叛逆遗孽，法当诛夷，然既听其悔过来朝，待以不死矣，予夺之宜，惟圣明裁处。上曰：虏酋背负恩义，罪当族灭，今首恶已诛，余皆悔过向化，朕体上天好生之德，悉加宽宥。脱罗等既众人奏保，其授（脱）罗都指挥同知，完者秃都指挥佥事，令统束本卫人民，依前朝贡，再犯不贷。②

朝鲜史籍也记载脱罗为董山（童仓）之子③。

妥罗（脱罗）任职于建州左卫，主要在成化和弘治两朝。弘治中，妥罗（脱罗）晋为一品都督④。在成化朝，查《明宪宗实录》，有9处记载妥罗（脱罗）之事，

---

① 于谦：《于谦集》，中国文史出版社，2000年，第119页。
② 《明宪宗实录》第69卷，成化五年七月乙巳，台北历史语言研究所校勘本，1962年，第5~6叶。
③ [朝]《李朝成宗大王实录》十四年九月戊戌条记载，建州卫都指挥李达罕之子李多之哈向朝鲜礼曹说："吐老（妥罗）镇左卫"，"吐老是童仓（董山）之子"，"童仓，满住之壻（婿）"。
④ [朝]《燕山君日记》第31卷，四年十月戊子，日本学习院东洋文化研究所刊本，1959年，第11叶。

其中记载妥罗（脱罗）7次到北京朝贡①。在弘治朝，查《明孝宗实录》，妥罗（脱罗）曾5次入京朝贡②。妥罗（脱罗）执掌建州左卫印时，因其部受明军"获其部属头畜，焚其庐舍积聚"③，遭到惨烈重创，元气一时难复。他又软弱柔顺，建州女真仍处于分裂状态。正德元年（1506），妥罗（脱罗）死去。明廷以妥罗（脱罗）之子脱原保袭其父职。

  故都督佥事脱罗子脱原保（为）都指挥使。④

  建州左卫指挥使脱原保，在正德朝，查《明武宗实录》记载，曾先后6次入京"朝贡"⑤。他曾于嘉靖二年（1523），最后一次进京"朝贡"⑥，仍同明朝保持密切的关系。妥罗（脱罗）的三弟锡宝齐篇古，其事迹不详于文献记载。锡宝齐篇古只有一子，名叫福满。

  努尔哈赤的曾祖是福满，后来清朝尊他为兴祖直皇帝。福满有六子：长德世库，居觉尔察地；次刘阐，居阿哈河洛地；三索长阿，居河洛噶善地；四觉昌安

---

① 《明宪宗实录》记妥罗（脱罗）7次到北京朝贡是：（1）第75卷，第4叶，成化六年正月辛卯；（2）第112卷，第2叶，成化九年正月乙巳；（3）第149卷，第1叶，成化十二年正月癸丑；（4）第181卷，第14叶，成化十四年八月戊午；（5）第237卷，第3叶，成化十九年二月戊寅；（6）第237卷，第3叶，成化二十一年正月丁亥；（7）第275卷，第3叶，成化二十二年二月乙酉。
② 《明孝宗实录》记妥罗（脱罗）5次到北京朝贡是：（1）第23卷，第5叶，弘治二年二月壬寅；（2）第72卷，第3叶，弘治六年二月丙午；（3）第84卷，第6叶，弘治七年正月戊午；（4）第168卷，第5叶，弘治十三年十一月甲戌；（5）第185卷，第1叶，弘治十五年三月丁丑。
③ 《明宪宗实录》第50卷，成化四年正月戊辰，台北历史语言研究所校勘本，1962年，第2叶。
④ 《明武宗实录》第12卷，正德元年四月癸亥，台北历史语言研究所校勘本，1962年，第8叶。
⑤ 《明武宗实录》记妥罗（脱罗）之子脱原保6次到北京朝贡是：（1）第23卷，第1叶，正德二年二月戊寅；（2）第35卷，第6叶，正德三年二月已丑；（3）第48卷，第2叶，正德四年三月丁酉；（4）第62卷，第14叶，正德五年四月甲寅；（5）第122卷，第1叶，正德十年三月已未；（6）第197卷，第3～4叶，正德十六年三月甲子。
⑥ 脱原保在嘉靖元年四月癸未和二年六月戊申，两次到京朝贡。尔后，不见于明朝官方记载。

（叫场），居赫图阿拉地；五包朗阿，居尼麻喇地；六宝实，居章甲地。六人各筑城分居。而赫图阿拉城，与五城相距，近者五里，远者二十里。福满六子，又共生二十二子。福满子孙凡二十八人。《清太祖武皇帝实录》记载："六子六处，各立城池，称为六王，乃六祖也。"①福满六子，环卫而居，彼此护卫，声息相通，成为建州女真中一个大宗族②。福满的六子，后称为宁古塔贝勒。"宁古塔"是满语 ningguta 的对音，意为六；"贝勒"是满语 beile 的对音，初意为"大人""首长"，为女真贵族之称号。崇德元年（1636）定封爵，贝勒在亲王、郡王之下。福满诸子孙聚族分居，耕田采猎，牧放孳息，在苏克素浒河地域是一个稍有势力的大宗族。

努尔哈赤的祖父是觉昌安（叫场），后来清朝尊他为景祖翼皇帝。觉昌安继承先业，居住在赫图阿拉。"赫图"是满语 hetu 的对音，意为横；"阿拉"是满语 ala 的对音，意为岗。赫图阿拉意为横岗，在今辽宁省抚顺市新宾满族自治县永陵镇赫图阿拉村③。天聪八年（1634），皇太极谕定："赫图阿喇城，曰天眷兴京。"④从此，赫图阿拉城称为兴京。觉昌安（叫场）家族在苏克素浒河谷地带，耕田种粮，纺织麻布，打猎采集，并到抚顺马市贸易。据《定辽后卫经历司呈报马市抽分与抚赏夷人用银物清册》记载，觉昌安（叫场）从万历六年（1578）五月初三日至七月十二日，在共 69 天的时间里，先后纳抽分税银与受抚赏银物凡三次：

（五月）初三日，落雨。夷人叫场等四十五名，到市与买卖人［原

---

① 《清太祖武皇帝实录》第 1 卷，原清宫内府藏写本，台北广文书局影印本，1970 年，第 3 叶。
② 《索绰罗氏谱书统宗》，载李林编：《满族家谱选编》，辽宁民族出版社，1988 年，第 52 页。
③ 2007 年 7 月，我到新宾赫图阿拉考察，同县委栾德翔书记谈话，语及时称"老城村"的村名。我问为什么叫"老城村"，答自古以来就这么叫。我说自古其名叫"赫图阿喇"即"赫图阿拉"。《兴京二道河子旧老城》（日文版）印行后，更多人称赫图阿拉为老城村。栾德翔书记说那好，马上通过相应程序把名称改过来。当年 7 月 24 日，恢复其"赫图阿拉"原名。
④ 《清太宗文皇帝实录》第 18 卷，天聪八年四月辛酉，中华书局影印本，1985 年，第 9 叶。

档残缺]猪牛等物，换过麻布、粮食等货。一号起[原档残缺]抽税银五两二分四厘。①

（五月）初三日。抚赏买卖夷人叫场等二十三名，牛二只、价银七钱五分，猪一只、价银一钱，盐一百五十五斤、价银六钱二分，共用银一两四钱七分。②

（七月）十二日。抚赏买卖夷人叫场等二十一名，牛一只、价值二钱八分，猪三只、价银三钱七分，兀剌一双、价银七分，红布四匹、价银四钱八分，盐二百七十斤、价银一两八分，共用银二两二钱八分。③

觉昌安（叫场）率45人到市买卖，其人数同叶赫贝勒率众千余人到市买卖相比，虽相差甚大，但被载入"明档"，这说明他是建州女真苏克素浒河部的一个小部的首领。觉昌安（叫场）"有才智"④，在族中享有威望，与明辽东总兵官李成梁关系密切。他利用家族的优势，逐步扩大势力范围。其时，近地部落有硕色纳和加虎两个强族：

是时，近地部落中，有名硕色纳者，生子九，俱强悍；又有名加虎者，生子七，俱轻捷多力，尝身披铠甲，连跃九牛。二族恃其强，侵凌诸路。⑤

觉昌安（叫场）不畏强族，凭借智勇，率领宁古塔兄弟及子侄，前往征战硕色纳和加虎：

---

① 辽宁省档案馆：《明代辽东档案汇编》（下），辽沈书社，1985年，第809页。
② 辽宁省档案馆：《明代辽东档案汇编》（下），辽沈书社，1985年，第812页。
③ 辽宁省档案馆：《明代辽东档案汇编》（下），辽沈书社，1985年，第814页。
④《清太祖武皇帝实录》第1卷，原清宫内府藏写本，台北广文书局影印本，1970年，第2叶。
⑤《清太祖努尔哈赤实录》第1卷，上海书店影印本，1989年，第2页。

破硕色纳子九人，灭加虎子七人，尽收五岭迤东，苏克苏浒河迤西，
二百里内诸部，六贝勒由此强盛。①

　　觉昌安（叫场）族盛势众，颇孚众望。他有五子：长礼敦，次额尔衮，三界堪，四塔克世（他失），五塔察篇古。觉昌安（叫场）的第四子塔克世（他失），是努尔哈赤之父，后被清朝尊为显祖宣皇帝。

　　努尔哈赤的先世，从猛哥帖木儿，中经董山（童仓）、妥罗（脱罗）、脱原保、锡宝齐篇古、福满、觉昌安（叫场），至塔克世（他失），凡八代，历时二百年，由斡朵里，到凤州，再到斡木河，又迁婆猪江，复迁于苏克素浒河谷，几经周折，历尽艰难，数分数合，屡盛屡衰，最后定居在赫图阿拉。这里的自然条件和地理位置，比海西女真、黑龙江女真和东海女真居住的地区更为优越。兹举四点。

　　第一，位置适中。建州女真就地理区位而言，既不像海西女真同明朝辽东那么近，也不像黑龙江女真和东海女真同明朝辽东那么远；因为太近，不易发展，稍有异常，就遭攻剿；因为太远，音信阻隔，集结力量，难以形成。

　　第二，资源丰富。因明清没有留下详细资料和数据，借用当代新宾县志记载：全县地貌形态，具有峰峦叠嶂、山高谷深、森林茂密、诸河川流的特点，其山地占总面积的72.9%，境内最低点海拔128.3米，最高山峰海拔1334.6米，高500米以上山有1249座，有大小河流1753条，其中苏子河流域面积占全县总面积的47%，森林覆盖率为51.3%，有野生植物资源700多种，其中以木材、食用菌、人参等丰富而闻名；野生动物资源——飞禽有83种、走兽有30余种等。民谚形容："野狼成帮，野猪成群。"② 新宾地区有山有水，有丘陵有平原，可耕田可狩猎，可捕鱼可采集，这就为努尔哈赤兴起提供了一个难得的独立发展的基地。

----

① 《清太祖高皇帝实录》第1卷，中华书局影印本，1986年，第5叶。
② 房守志主编：《新宾满族自治县志》，辽沈书社，1993年。

第三，气候适宜。赫图阿拉地区，四季分明，气候适宜，雨水丰沛，适宜人居。这些都是比较而言。建州女真从北纬约46°附近的依兰，南迁到北纬41.5°的赫图阿拉，到今辽宁省东南部，气温有了较大的差异。赫图阿拉地带，年降雨量在770毫米，丰水年达到1108毫米。这里，森林茂密，枝叶繁盛，空气湿润，物产独丰。初到赫图阿拉考察，有如身在江南之感。赫图阿拉，气象不凡，地杰人灵，是指谓也。

第四，交通便利。赫图阿拉向东，穿过阿布达里冈山谷，即到今桓仁满族自治县，再沿佟佳江河谷，即到鸭绿江，江对岸便是朝鲜；向南，沿山谷可通明辽东首府——辽阳；向西，沿苏子河、浑河河谷，可达沈阳；向北，可达辽北重镇开原，开原北即是哈达、辉发、叶赫。这四条通道，皆是山路，利于骑兵，不利于步兵，更不利于辎重炮兵。所以，赫图阿拉的交通，利于森林文化的长于骑射的八旗军，而不利于明军的步兵和车兵。

第五，可攻可守。这里既开阔，又封闭，进可攻，退可守。努尔哈赤之所以坐大而不被明朝发觉，一个重要原因是得益于封闭；萨尔浒大战后金胜利的一个重要原因，则是得益于地利。

第六，处于夹缝。赫图阿拉位于山区与平原、农耕与森林、汉族与满族、明朝与朝鲜之间，努尔哈赤在夹缝中曲折发展，逐步前进，成了气候。

总之，建州女真在女真四大部中，"居中雄长，地最要害"[1]。它比邻抚顺，接近汉族聚居地区，便于和汉族互市通商，既输进铁制农具、耕牛和先进生产技术，又输出马匹、貂皮、人参、药材，加快了本部经济发展的步伐[2]。女真社会经济的发展，"贡市"和"马市"贸易的扩大，各部经济联系的加强，到16世纪末和17世纪上半叶，出现各部统一与社会变革的趋势。建州女真由于历史与地理、

---

[1] 黄道周：《博物典汇·四夷附奴酋》第20卷，清刻本，第12页。
[2] 毕恭：《辽东志》第7卷，《辽海丛书》影印本，辽沈书社，1985年，第4叶。

经济与文化、军事与政治、社会与民族、首领与部民的条件,并巧借明朝衰落、蒙古分裂、朝鲜势弱,以及海西女真诸部争雄而未能形成合力,成为女真各部统一与社会改革的核心。建州左卫指挥使世家出身的努尔哈赤,凭借时代机遇,得益地理优势,组织部民力量,运用巧妙策略,施展个人魅力,跨入女真各部统一与社会改革的历史之门,而成为大清帝国的奠基人和开创者。

【附】
努尔哈赤兴起前大事年表

洪武元年（1368）	明朝建立,明军攻占大都,元亡。
洪武二年（1369）	明军攻陷元上都。
	明封王颛为高丽国王即恭愍王,用洪武年号,停用元至正年号。
洪武三年（1370）	元顺帝在应昌死。
洪武四年（1371）	明设辽东卫指挥使司。
洪武十八年（1385）	猛哥帖木儿因松花江地区动乱,迁住朝鲜东北境。
	明封王禑为高丽国王。
洪武二十年（1387）	明大将军冯胜出兵辽东,故元丞相纳哈出降。
洪武二十一年（1388）	明蓝玉率军达捕鱼儿海（呼伦贝尔境）,获故元嗣君家眷等数万人。
洪武二十二年（1389）	明设泰宁、福余、朵颜三卫。
洪武二十五年（1392）	朝鲜李成桂幽其主恭让王王瑶自立,奏报明廷,请更国号。
洪武二十六年（1393）	明太祖谕李成桂："更其国号曰朝鲜。"

永乐元年（1403）	女真首领阿哈出受明招抚，明设建州卫。
永乐三年（1405）	猛哥帖木儿朝贡，明封其为建州卫都指挥使。释加奴（阿哈出之子）为第二代建州卫指挥使。
永乐四年（1406）	明设开原、广宁马市。
永乐七年（1409）	明设奴儿干都指挥使司。
永乐九年（1411）	猛哥帖木儿移住凤州。明派太监亦失哈率官军千人、巨船25艘到奴儿干。
永乐十年（1412）	明设建州左卫，以猛哥帖木儿为都指挥使。
永乐十一年（1413）	明敕修奴儿干永宁寺碑。
永乐二十年（1422）	永乐帝率军北征，猛哥帖木儿率军从征。
永乐二十一年（1423）	猛哥帖木儿迁住朝鲜会宁斡木河地方居住。
永乐二十二年（1424）	李满住（阿哈出之孙、释加奴之子）移住婆猪江瓮村（今桓仁满族自治县境）地带居住。
洪熙元年（1425）	李满住到北京朝贡。
宣德元年（1426）	明封李满住为建州卫都指挥佥事。
宣德七年（1432）	猛哥帖木儿遣弟凡察到京，贡马及方物，受赏赐钞币、绢布等。
	明派太监亦失哈等率官军二千、巨舡50艘，再至奴儿干。
宣德八年（1433）	明升建州左卫猛哥帖木儿为右都督、凡察为都指挥使。
	朝鲜军一万五千余人袭击婆猪江（今桓仁满族自治县地方）李满住居住地。
	猛哥帖木儿及子权豆（阿古）等在斡木河事变中遇难。明重建永宁寺碑。

宣德九年（1434）	建州左卫凡察袭建州左卫印信。
正统二年（1437）	朝鲜军七千七百余人袭击李满住在吾弥府住地。
正统三年（1438）	李满住向浑河灶突山赫图阿拉地带移住。
正统四年（1439）	明廷规定女真朝贡的贡期、人数，并禁止贸易耕牛、铁器。
正统五年（1440）	建州左卫董山（童仓）、凡察等经奏准，移向李满住处同住。
正统六年（1441）	董山（童仓）与凡察叔侄为争夺建州左卫印事，奏向明廷。
正统七年（1442）	明廷析置建州左卫为建州右卫。叔凡察领建州右卫印，侄董山（童仓）领建州左卫印。从此始有建州卫、建州左卫、建州右卫的"建州三卫"。明修筑自宁远北，经广宁、白土厂、牛庄至开原的边墙。
正统十四年（1449）	明发生土木之变。
景泰二年（1451）	李满住移居婆猪江兀喇山城瓮村（今辽宁桓仁满族自治县境）。
天顺四年（1460）	朝鲜申叔舟率军八千余袭击女真部落。
天顺八年（1464）	明开设抚顺马市。
成化三年（1467）	三月，建州卫李古纳哈、左卫董山（童仓）、右卫纳朗哈到北京朝贡。 六月，董山（童仓）回程经广宁被囚禁，后被杀。 九月，明赵辅、李秉率军五万，联合朝鲜军，血洗建州，李满住及子李古纳哈等被杀。后董山（童仓）在北京被杀。
成化四年（1468）	建州左卫重羊等朝贡马匹及貂皮，赐衣服、彩段等

	物有差。
成化五年（1469）	建州卫（完者秃）、建州左卫（脱罗），次年建州右卫（卜花秃）重建。
成化十二年（1476）	明兵部侍郎马文升出关，整饬辽东军务，禁女真贸易耕牛、铁器等。
成化十五年（1479）	正月，建州左卫都指挥重羊等到京师朝贡，赐宴并衣服、彩段等物。十月，明朝军与朝鲜军对建州女真进行攻剿。
成化十七年（1481）	明筑辽东凤凰山等处城堡。
成化十九年（1483）	建州左卫都督妥罗（脱罗）等朝贡马匹及貂皮，赐宴并金织衣、彩段等物有差。
成化二十年（1484）	明马文升为左副都御史、巡抚辽东，凡三至辽。
嘉靖八年（1529）	建州女真首领王杲约于是年生。
嘉靖十五年（1536）	日本国丰臣秀吉生，后发动侵朝战争。
嘉靖二十六年（1547）	俄国伊万四世被立为沙皇。
嘉靖三十八年（1559）	清太祖努尔哈赤生。
嘉靖四十一年（1562）	建州王杲结土蛮犯东州、凤凰，明辽东副总兵黑春兵败死。王杲犯辽阳、掠抚顺。
隆庆二年（1568）	明升险山参将李成梁为辽阳副总兵。
隆庆四年（1570）	明升李成梁为辽东总兵。
隆庆六年（1572）	明再开抚顺马市。
万历元年（1573）	建州都指挥王杲诱杀明备御裴承祖，李成梁谋讨之。
万历二年（1574）	明辽东总兵李成梁率军火攻王杲古勒寨。王杲兵败遁走。
万历三年（1575）	建州卫、建州左卫、建州右卫都督到北京朝贡。七月，

	哈达首领王台缚王杲献明，槛车送北京，旋磔死。明授王台龙虎将军。同年，在开原、抚顺、清河、瑷阳、宽甸始通市盐、布。
万历八年（1580）	李成梁征讨建州王兀堂，大胜。王兀堂由是不振。
万历十年（1582）	九月，李成梁围攻王杲子阿台于古勒寨。哈达贝勒王台病死。俄国叶尔马克等哥萨克越过乌拉尔山，进入西伯利亚地带。
万历十一年（1583）	正月，王杲子阿台等犯辽东，李成梁提兵败之。二月，李成梁率军攻古勒寨。阿台、阿海战死。努尔哈赤祖父觉昌安、父塔克世在寨中遇难。五月，努尔哈赤起兵，时25岁。

第二章 早年生涯

一 明嘉靖朝的困扰

努尔哈赤后来起兵统一女真各部的外在因素,是明嘉靖朝统治的衰落与腐朽。因为建州女真毕竟是明朝全国政治棋盘上的一枚棋子,它的左右进退,要受明朝总政治形势和总经济形态的制约和影响。当中央王朝统一和强固之时,少数民族首领起而称雄统一,是不可能成事的,或有则被剿灭。李满住和董山被杀即是例证。当中央王朝衰落之时,少数民族首领起兵统一称雄,则是可能的。到努尔哈赤降生的时候,明王朝已经像一座柱斜梁倾的大厦,岌岌乎将要倒塌。明嘉靖朝的败落腐朽,主要表现于两个方面、四个焦点——外部的"南倭"与"北虏"和内部的"廷衰"与"边弛",明王朝已经到了内外交困、四面楚歌的局面。

"南倭"与"北虏"拖得明朝兵民疲弊,府藏匮竭。"世庙时,南倭、北虏并急"[①],频繁告警,朝廷震惊。"南倭""北虏"是嘉靖朝衰落的重要原因,也是其衰落的严重结果。

---

① 朱国祯:《涌幢小品》第30卷,上海进步书局石印本,第12叶。

"南倭"之患，明初以来①，日甚一日。如洪武二年（1369）六月，"倭人入寇山东海滨郡县，掠民男女而去。"到洪武三年（1370）六月，"倭夷寇山东，转掠温、台、明州傍海之民，遂寇福建沿海郡县。"②至嘉靖年间，千里滨海，同时告警。倭寇闯入，烧杀抢掠，许多城乡受到兵火的焚劫。明朝长期进行御倭战争，岁无宁日，重耗库藏。戚继光《征兵考实》详述倭患之严重，文字稍长，引录于下：

> 时东南沿海卫所，军政不举，武备尽弛，海禁亦懈。奸商猾民，因而勾引番船，剽掠海中。又托官豪庇引，有司莫敢谁何。遂乘间节破黄岩、崇德、桐乡、乍浦、昌国、临山、慈溪等城十余处。寻引舟南犯淮、扬、吴、淞诸郡，焚燔庐舍，掳子女财帛数千万。兵士吏民，战死逃亡，不下数十万。所被攻陷郡邑，以檄书上闻。世宗震怒，推刃大臣，乃以御史胡宗宪总督浙、直戎务。敕东南帑藏，悉从调取；天下兵勇，便宜征用。于是南调湖广土兵、广东徭兵、广西狼兵、四川苗兵、福建赖兵、崇明沙兵、邵林僧兵，北调山东枪手、河南毛民、田州瓦民、北边骑兵、北平射手，凡称胜兵者辄致之。然皆临敌驰檄，远者万里，近亦数千里，至必经年……徒扰掠为害。故谚云："贼为梳，兵为篦。"而土官且利其廪饩赏赉，举乾没而润橐中，竟无分毫转给，而又不约以律，乃任其抢夺，而莫之禁。东南髓膏始涂于寇，终竭于兵。③

戚继光的上述文字，写于嘉靖三十九年（1560），即努尔哈赤出生一年之后。其时正值嘉靖中期，倭患酿成大祸。"自鲁迄粤，海疆糜沸，江浙受祸尤酷"④：

---

① 《明太祖实录》第38卷，洪武二年六月，台北历史语言研究所校勘本，1962年，第14叶。
② 《明太祖实录》第53卷，洪武三年六月，台北历史语言研究所校勘本，1962年，第12叶。
③ 《戚少保年谱耆编》第1卷，中华书局，2003年，第45～46页。
④ 《嘉靖东南平倭通录·柳跋》，"中国历史研究资料丛书"本，上海书店印行，1982年。

略扬州，杀同知，居民遭焚劫；薄苏州，城门闭，乡民绕城哭①。受倭患的城镇，"四郊庐舍，鞠为煨烬；千队貔貅，空填沟壑。既受无辜之驱命，复浚有生之脂膏。闻者兴怜，见者陨涕"②。遭倭难的地区，"兵火之后，百姓流移。死者未葬，流者未复。蓬蒿塞路，风雨晦明。神号鬼泣，终夜不辍"③。浙东浙西、江南江北，海疆千里，同时传警，倭帆所指，皆为残破。倭盗滋扰的杭、苏、宁、淮、扬等地带，明廷的陵寝、陪都、赋源和运道，警报频传，同时告急。总之，"南倭"之患，使得衰落的嘉靖朝更加衰败。

"北虏"之患，正统之后，尤为剧烈。据《明史·鞑靼传》载："当洪、永、宣世，国家全盛，颇受戎索，然畔服亦靡常。正统后，边备废弛，声灵不振。诸部长多以雄杰之姿，恃其暴强，迭出与中夏抗。"④正统己巳之变与嘉靖庚戌之变，皇帝被俘，京师被困，声威大减，元气大伤。据《边政考》载录资料统计，嘉靖朝蒙古贵族骑兵入犯55次，为天顺、成化、弘治、正德四朝入犯总数的两倍⑤。这种严重局面的形成，同嘉靖帝的失策不无关系。蒙古俺答汗等多次派使叩关，请求贡市。嘉靖帝不仅傲慢答之，而且斩其来使。俺答汗愤而派骑兵犯扰，明朝官军摆边防守。宣大总督苏佑言："先年摆边，诚为无益。宣府之边，千有余里，一镇之军，不过七八万，每里七八十人，岂足守御？又分有信地，人不敢离；虏聚而多，我分而寡，势自不支。一处溃入，千里之守，俱为虚设。虏既入边，我兵反后。此摆边之失也。"⑥朝廷不调整蒙古贡市政策，也不纠其消极摆边之失，而是责令守边官员："如无破虏奇绩，大臣不许回京，并镇、巡官一律坐罪。"⑦

---

① 《明史·任环传》第205卷，中华书局点校本，1974年，第5418页。
② 采九德：《倭变事略·序》，"中国历史研究资料丛书"本，上海书店印行，1982年。
③ 玉垒山人：《金山倭变小志》，不分卷，"中国历史研究资料丛书"本，上海书店印行，1982年。
④ 《明史·鞑靼传》第327卷，中华书局点校本，1974年，第8494页。
⑤ 张雨：《边政考》第5卷，明嘉靖刻本。
⑥ 《明世宗实录》第398卷，台北历史语言研究所校勘本，1962年，第4叶。
⑦ 《明世宗实录》第251卷，台北历史语言研究所校勘本，1962年，第3叶。

守边将领前有强敌,后有严律,"诸将既畏虏而不敢进,复畏律而不敢退。不得已自污以求去,或诈病以欺君"①。

其时,"九边宣、大、山西有俺答诸部,陕西三边有吉能诸部,蓟、辽有土蛮诸部及黄台吉支党"②,内中俺答成为嘉靖朝肘腋之患。仅在努尔哈赤出生的前后十余年间,蒙古兵屡犯京畿,京师五次戒严③。宣大总督方逢时疏言:"俺答益称雄桀,攻克诸部,虎踞朔庭,东连察罕,西胁番回,五十余年以攻我,中土之民,困于征输,边鄙之民,死于锋镝。……致我三军战斗,暴骨满野,万姓流离,横尸载道,城廓丘墟,刍粮耗竭,外罹惨祸,内虞他梗,边臣首领不保,朝廷为之旰食。"④明廷为抵御俺答汗骑兵南犯,"增兵增饷,选卫修垣,万姓疲劳,海内虚耗"⑤。嘉靖二十九年(1550)"庚戌之变"后,仅嘉靖三十年(1551)至三十六年(1557),所发京边用银共三千二百七十一万余两;其时"浙直以被倭,川贵以采木,山陕宣大以兵荒,不惟诸军兴征发停格,即岁入二百万之额且亏其三之一"⑥。即每年实际岁入不过一百三十余万两,而支出却达四百五十余万两。尽管后来俺答纳款贡市,如万历二十一年(1593)"天下财赋岁入不过四百万,北虏款贡浸淫至今岁费三百六十万,罄天下之财,仅足以当虏贡"⑦。

"南倭"与"北虏"之患,连年不断。王世贞指出:"自庚戌始,而西北之兵,

---

① 《明世宗实录》第285卷,台北历史语言研究所校勘本,1962年,第3叶。
② 《明神宗实录》第9卷,万历元年正月庚寅,台北历史语言研究所校勘本,1962年,第2叶。
③ 谈迁:《国榷》第57卷,嘉靖二十一年七月丁巳;《国榷》第58卷,嘉靖二十三年十月辛巳;《国榷》第59卷,嘉靖二十九年八月丁丑;《明史·世宗本纪二》第18卷,嘉靖三十四年九月戊午;《国榷》第64卷,嘉靖四十二年十月丁卯。
④ 《明神宗实录》第5卷,万历五年九月甲寅朔,内阁文库本。
⑤ 《明神宗实录》第67卷,万历五年九月庚午,台北历史语言研究所校勘本,1962年,第5叶。
⑥ 《明世宗实录》第456卷,嘉靖三十七年二月戊戌,台北历史语言研究所校勘本,1962年,第3~4叶。
⑦ 《明神宗实录》第262卷,万历二十一年七月辛酉,台北历史语言研究所校勘本,1962年,第4~5叶。

亡日不与虏战；自壬子始，而东南之兵，亡日不与倭战。兵日以战，挫削日以继。"庚戌，为嘉靖二十九年（1550）；壬子，为嘉靖三十一年（1552）。庚戌和壬子，都值嘉靖中期；东南的"倭犯"和西北的"虏犯"，给明廷以双重打击。这就使得明朝兵马疲惫，帑藏匮竭，"百姓嗷嗷，海内骚动"①。历史表明，"南倭"与"北虏"是嘉靖朝没落的重要外在因素；而"廷衰"与"边弛"则是嘉靖朝没落的重要内在因素。

"廷衰"与"边弛"使得明朝官疲兵弊，内朽外虚。到嘉靖时，朝廷腐败，边警告急。"廷衰"与"边弛"既是嘉靖朝败落的重要原因，也是嘉靖帝腐朽的严重后果。

"廷衰"之弊，明初受胎，朝甚一朝。自明太祖朱元璋罢相后，皇权强化。皇帝得不到宰相制约，又依恃阉佞，君权更为集中。皇权愈集中，腐败愈严重。到努尔哈赤出生时，明朝已走过近二百年的历程，朝廷腐败，百弊丛生。嘉靖帝一意修玄，大兴土木，生活糜烂，败坏吏治。他迷鬼神，日事斋醮："修设斋醮，连日不止，耗尽财用，溷渎宫廷。"②道士邵元节投其所好，预宴奉天殿，受紫衣玉带，"拜礼部尚书，赐一品服"③。道士陶仲文，起自管库，以符水祷祀见幸，"帝有疾，既而瘳，喜仲文祈祷功，特授少保、礼部尚书，久之，加少傅"，后加少师，仍兼少傅、少保，"一人兼领三孤，终明世，惟仲文而已"④。其时，大臣争媚取容，神仙祷祀日亟。淮王献白雁，总督献灵芝，杀人在逃的国子生王金"厚结中使，得芝万本，聚为一山，号万岁芝山"⑤，自进后，受为太医院御医。甚至罢官闲居十余年的原参议顾可学，自言能炼男女之尿为长生药，因得"超拜

---

① 《明世宗实录》第351卷，嘉靖二十一年八月己亥，台北历史语言研究所校勘本，1962年，第1叶。
② 《明世宗实录》第30卷，嘉靖二年八月庚子，台北历史语言研究所校勘本，1962年，第2叶。
③ 《明史·邵元节传》第307卷，中华书局点校本，1974年，第7895页。
④ 《明史·陶仲文传》第307卷，中华书局点校本，1974年，第7897页。
⑤ 《明史·王金传》第307卷，中华书局点校本，1974年，第7901页。

工部尚书，寻改礼部，再加至太子太保"①。时人有"千场万场尿，换得一尚书"②之谚。他好大喜功，繁兴土木，天地分祀，修葺西苑，建三殿，缮二宫。如朝鲜进香使郑百朋在京所见云：

> 方大兴土木之役，其于阙门之内，土木瓦石等物积如后丘山，千官由其罅隙出入，而礼部尚书夏言董其役事。又于阙内，方造延禧、敬圣二宫，此为皇帝祈祷之所，皆穷极奢侈云。九庙之梁，别作于他处。而至于迎梁之日，阁老及千官，皇帝落点随卫，而皆插花于头，肩荷红袱。梁之数七，而皆以金为饰。担一梁之人，厥数百余。……又闻赴役之人，一日三万余人，而皆偿民佣之。故匠人则日给银七分，军人则日给银三分，耗费极矣云。③

他生活糜烂④，广采宫女，动辄千计。宫女受欺凌，遭笞楚，便演出一场"壬寅宫变"之闹剧。壬寅即嘉靖二十一年（1542），宫婢杨金英等谋缢杀嘉靖帝。据朝鲜使臣至京见闻，后奏其国王云：

> 臣等九月二十二日到北京，见东西角头，将宫女十六人尸首。问之，则宫婢杨金英等十六人共谋，二十一日夜，乘皇帝醉卧，以黄绒绳用力缢项，事甚危急，宫人张芙蓉觇知其谋，往告方皇后。皇后奔救，则气

---

① 《明史·顾可学传》第307卷，中华书局点校本，1974年，第7902页。
② 沈德符：《万历野获编·补遗》第2卷，中华书局点校本，1959年，第856页。
③ [朝]《李朝中宗大王实录》第80卷，三十一年十一月癸酉，日本学习院东洋文化研究所刊本，1959年。
④ 沈德符《万历野获编·万寿宫灾》第29卷载："（万历）四十年冬十一月之二十五日辛亥，夜火大作，凡乘舆、一切服舆及先朝异宝，尽付一炬。相传上是夕被酒，与新幸宫姬尚美人者，于貂帐中试小烟火，延灼遂炽……尚氏承恩时年仅十三，至册封妃则已十八矣。"

息垂绝,良久复苏。命召六部尚书会议定罪。盖以皇帝虽宠宫人,若有微过,少不容恕,辄加捶楚,因此殒命者,多至二百余人,蓄怨积苦,发此凶谋。①

时嘉靖帝鼻孔流血,气息已绝。经御医许绅"急调峻药下之,辰时下药,未时忽作声,去紫血数升,遂能言"②。嘉靖帝自"壬寅宫变"后,不再住大内,而移居西苑。他先自甲午即嘉靖十三年(1534),不视常朝。此后更"日求长生,郊庙不亲,朝讲尽废,君臣不相接"③。所以,史称"世宗自甲午以后,三十余年不视常朝"。嘉靖帝退居西内,专祈长生,简选文武大臣及词臣,入直西苑,供奉青词④。严嵩以善青词,而结主知。严嵩一意媚上,专直西内,久居权要,流毒天下。有明一代,巨奸大恶,多为阉宦,"惟世宗朝,阉宦敛迹,而严嵩父子济恶,贪饕无厌"⑤。严嵩获罪,其子世蕃斩于市,"籍其家,黄金可三万余两,白金二百万余两,他珍宝服玩所直又数百万"⑥。严嵩被抄没家产后,在祖茔旁搭屋栖居,就死在茔旁。

另一谄媚官员袁炜,中进士后,善写青词,如嘉靖帝宠物猫死后,要官员写挽词,其他官员推辞说写不好,或待润色,袁炜则写"有'化狮作龙'语,帝大喜悦"⑦。

---

① [朝]《李朝中宗大王实录》第99卷,三十七年十月癸亥,日本学习院东洋文化研究所刊本,1959年。
② 《明史·吴杰传附许绅传》第299卷,中华书局点校本,1974年,第7650页。
③ 《明史·陶仲文传》第307卷,中华书局点校本,1974年,第7896页。
④ 梁绍壬《两般秋雨盦随笔》第1卷:"青词,乃醮坛请祷之词,明世宗朝,大臣词臣,悉从事于此,以希天眷。有极工者曾见一联云:撷灵蓍之草以成爻,天数五,地数五,五五二十五数,数生于道,道合元始天尊,尊无二上;截嶰竹之筒以协律,阳声六,阴声六,六六三十六声,声闻于天,天生嘉靖皇帝,帝统万年。"
⑤ 《明史·奸臣传》第308卷,中华书局点校本,1974年,第7905页。
⑥ 《明史·严嵩传》第308卷,中华书局点校本,1974年,第7921页。
⑦ 《明史·袁炜传》第193卷,中华书局点校本,1974年,第5118页。

但众臣耻之。袁炜因巧于谄媚逢迎，官至礼部尚书、户部尚书兼武英殿大学士，入阁典机务，又加太子太傅、建极殿大学士。后回籍，死途中。

上述嘉靖朝内廷衰朽的数例。

其"廷衰"与"边弛"，相为表里。"边弛"之弊，嘉靖以来，日甚一日。明朝北部之患，洪武、永乐、宣德三朝，主动征抚，安疆定边；正统、景泰、天顺三朝，皇帝被俘，边祸严重；成化、弘治、正德三朝，北事平缓，尚无大警；嘉靖、隆庆、万历三朝，边门屡叩，北患愈急。仅嘉靖朝，北患大者，55起，是天顺、成化、弘治、正德四朝总数的两倍①。北患日深，是因边事久废；边事久废，则因纪纲败坏。那个"面瘦颐尖，颧高鼻长，眼尾上斜，殊无风采"的嘉靖帝，在继皇位、"大礼议"得意之后，用张（璁）桂（萼），宠严嵩，亲奸佞，疏贤能，外肆大兴更张，内演壬寅宫变，三十余年不视朝，天下吏贪将弱，民不聊生，水旱靡时，盗贼滋炽。谣云："嘉靖者，言家家皆净，而无财用也。"②财用不足，信用才士，"点金"成钱，以充国帑——"朕亦信之，以其足代民膏血也"③。不消说小民无法生活，即便是宗室也难为生计。代府奉国将军朱聪浸于嘉靖四十年（1561）二月至京上奏："臣等身系封城，动作有禁，无产可鬻，无人可依，数日之中，曾不一食。老幼嗷嗷，艰难万状。有年逾三十而不能婚配，有暴露十年而不得殡埋，有行乞市井，有佣作民间，有流移他乡，有饿死道路。名虽宗室，苦甚穷民。"④朝廷连宗室生计都缺乏善策，边事则更难妥善筹划。明朝中叶以后，辽东军备日弛。内臣贪黩，边将骄纵，牧地侵占，苑马倒失，屯制破坏，军伍逃亡。辽东明初实行军屯制，"军士守城十二，屯田十八"⑤；但至嘉靖朝，军屯之制，

---

① 张雨：《边政考》第5卷，明嘉靖刻本。
② 海瑞：《海瑞集》上册，中华书局，1962年，第218页。
③ 沈德符：《万历野获编》第27卷，中华书局点校本，1959年，第698页。
④ 《明世宗实录》第493卷，台北历史语言研究所校勘本，1962年，第6叶。
⑤ 毕恭：《辽东志》第7卷，《辽海丛书》影印本，辽沈书社，1985年，第6叶。

逐渐破坏，"辽东屯田半废，近行营田之法，拨军耕种，致行伍空虚"①。辽东边备废弛，官兵掩败为胜，滥杀冒功。"寇入塞，或敛兵避。既退，始尾袭老弱，或乘虚捣零部，诱杀附塞者充首功，习以为常。"②这种倒行逆施，既使辽东明军愈加兵衰势弱，也使辽东边民愈加离心背明。

总之，"南倭"之祸，"北虏"之扰，内廷之衰，边备之弛，都表明嘉靖年间明朝已经由强盛走向衰落。如《明史·世宗本纪》论曰：

> 将疲于边，贼讧于内，而崇尚道教，享祀弗经，营建繁兴，府藏告匮。百余年富庶治平之业，因以渐替。③

"因以渐替"，即是说明朝至嘉靖已由盛转衰。明朝衰落，这就为满族的兴起提供了客观条件。至于由什么人利用这个客观条件，登上历史舞台，演出有声有色的活剧，还需要有其主观条件。努尔哈赤的前述家世及青少年时期的经历，是他个人诸方面条件中的一个基本因素。

---

① 《明穆宗实录》第13卷，隆庆元年十月戊子，台北历史语言研究所校勘本，1962年，第3叶。
② 《明史·郝杰传》第221卷，中华书局点校本，1974年，第5822页。
③ 《明史·世宗本纪二》第18卷，中华书点校本，1974年，第250～251页。

二 青少年时期生活

努尔哈赤出生在建州女真苏克素浒河部赫图阿拉,一个不太富裕的家庭里。赫图阿拉是一座平顶冈丘,北濒苏克素浒河(苏子河),东临苏克素浒河的支流皇寺河,西近苏克素浒河的支流加哈河,南为里加河(其水注索尔科河后汇加哈河入苏克素浒河)。赫图阿拉四面近水,三壁陡峭,平地兀凸,冈顶平展,是一座鬼斧神工的山寨城。它四面环水之外,又四面临山:东为皇寺山,南为鸡鸣山,西为烟筒山(呼兰哈达)①,北面则群峰起伏而一望无际。在赫图阿拉出生的努尔哈赤,其部名苏克素浒河部,是因地处苏克素浒河而得名。苏克素浒河发源于长白山西麓,流到今抚顺东营盘地方与浑河汇合后,再汇太子河,泻入渤海湾。苏克素浒河穿过千沟万壑与茂密丛林,到赫图阿拉附近形成一片宽敞的平原。苏克素浒河其时水量较大,可以行船,水产丰富。苏克素浒河谷地,土层深厚,土壤肥沃,雨量充沛,气候宜农。沿河的两岸,谷地丘陵,都被垦殖。山坡丘陵,树木繁盛,人参、松子②、榛子、山禽、野兽,给人们提供了丰富的山珍林产、

---

① 《兴京二道河子旧老城》,日文版,建国大学刊印,1939年,第55页。
② 马文升《抚安东夷记》载,建州为明廷岁取人参、松子之地。

飞禽走兽。平原谷地，春日融融的季节，耕牛布散，禾谷丰茂。

努尔哈赤的曾祖福满，后追谥为兴祖直皇帝，有子六：一为德世库，居住在觉尔察地方；二为刘阐，居住在阿哈河洛地方；三为索长阿，居住在河洛噶善地方；四为觉昌安（叫场），后追谥为景祖翼皇帝，居住在赫图阿拉地方；五为包朗阿，居住在尼麻喇地方；六为宝实，居住在章甲地方。而"赫图阿喇城，与五城相距，近者五里，远着二十里，环卫而居，称为宁古塔贝勒，是为六祖"①。

努尔哈赤的祖父觉昌安（叫场），后被尊为景祖。觉昌安生有五子，长名礼敦，因勇敢，被称为巴图鲁（汉语意为英雄）；次额尔衮，次界堪，次塔克世（他失），次塔察篇古。

努尔哈赤的父亲塔克世，有五子一女。他的正妻是阿古都督的女儿，姓喜塔拉氏②，名额穆齐，后来清朝尊谥喜塔拉氏为宣皇后。喜塔拉氏诞育三子一女：长子努尔哈赤，三子舒尔哈齐，四子雅尔哈齐和一个女儿③。塔克世的继妻那拉氏，名肯姐，是哈达贝勒万所养的族女，为人刻薄，只生育一个子女，即第五子巴雅喇。塔克世的另一个妻子李佳氏，为古鲁礼之女，也养育一个儿子，即第二子穆尔哈齐。

努尔哈赤的宗族是一个大的宗族，且在地方，颇有势力。如当地的硕色纳，有九子，俱强悍；加虎，有七子，亦俱强悍，他们惹是生非，欺凌诸部。觉昌安率领宁古塔六贝勒前往，破硕色纳子九人和家虎子七人，收附赫图阿拉周围二百里内诸部，宁古塔六贝勒"由此强盛"④。

努尔哈赤的家庭，在当时建州女真族中是一个中产之家。他的祖父觉昌安能率数十女真人至抚顺马市贸易，受到明廷的抚赏，能同海西女真部最强首领万汗

---

① 《清太祖高皇帝实录》第1卷，中华书局影印本，1986年，第4叶。
② 《永陵喜塔腊氏谱书》，李林编：《满族家谱选编（一）》，辽宁民族出版社，1988年。
③ 《满洲实录》第7卷："帝御八角殿，召御妹阿吉格福晋及众公主。"
④ 《清太祖高皇帝实录》第1卷，中华书局影印本，1986年，第5叶。

联姻，能蓄养"阿哈"。"阿哈"是满语 aha 的对音，有时也叫包衣阿哈或包衣，其满文体为 booi aha 或 booi。阿哈、包衣阿哈或包衣就是奴隶。他们在家里担水、砍柴、舂米、烧饭；在田地里春耕植谷，秋成刈获；还进行采集放牧，打猎捕鱼。觉昌安还能同明辽东总兵李成梁相过从，这都表明其家为女真族的中产之家。像其他女真人家一样，塔克世家住的是用泥、木和草盖的房屋，房舍及院子外面围有木栅院墙。住室内南、西、北三面，砌有火炕，俗称"转围炕"，也叫"卍"字炕。这种三面炕的起源，可从鄂温克、鄂伦春、赫哲等族习俗中得到启示。其住室内，人们睡在三面，中间为火塘。在东北寒冷的冬天，三面炕上睡觉的人，都可以距离相等地得到火炕的温暖。这应是三面火炕的民俗学来源。住室的窗户从外关，窗纸糊在窗外，烟筒叫呼兰①，是满语 hulan 的对音。它用中空的圆木制作，设在房后面。室内的配置，后来杨宾在《柳边纪略》中记载："开户多东南，土炕高尺五寸，周南、西、北三面，空其东。就南、北炕头作灶，上下男女各据炕一面。夜卧，南为尊，西次之，北为卑。"②

晚上睡觉时，"头临炕边，脚抵窗。无论男女尊卑，皆并头；如足向人，则谓之不敬"；"头不近窗者，天寒窗际冰霜晓且盈寸，近窗衾裯亦为寒气所逼，每不干，乃知头临炕边亦不得已也"③。屋内西炕墙上，供祭祖的"板子"，并设祭盘，祭祀祖先。院落的东南角，立一根一丈多高的木杆，俗称"索罗杆子"，供祭神、祭天之用。这种习俗，先影响到盛京清宁宫④，后影响于北京坤宁宫。宫的正门改在偏东一间，此间东北角隔出一小间，内设大锅二口，以煮祭肉；外设包锡大桌，以备宰猪⑤。正门西三间，内南、西、北有连通长炕，朝祭在西炕，夕祭在

---

① 《满洲源流考》第 20 卷第 1 叶载："呼兰，木之中空者，剜使直达，截成孤柱，树外，引烟出之，而虚其旁窍以出烟，雨雪不能入，比室皆然。"
② 杨宾：《柳边纪略》第 1 卷，《辽海丛书》影印本，辽沈书社，1985 年，第 13 叶。
③ 杨宾：《柳边纪略》第 4 卷，《辽海丛书》影印本，辽沈书社，1985 年，第 7 叶。
④ 金梁：《光宣小纪》，自刊本，第 129 叶。
⑤ 《钦定满洲祭神祭天典礼》第 1 卷，文渊阁《四库全书》影印本，第 15 叶。

北炕①。宫的窗纸糊在窗外。宫前设立祭天神杆,即"索罗杆子"。觉昌安(叫场)、塔克世(他失)信奉萨满教②。萨满教是东北亚和我国东北满-通古斯语系民族中普遍信奉的一种原始宗教。萨满又称萨摩、叉马,其满文体为 saman,汉意为巫。萨满祭祷与设杆祭天结合,后来发展为堂子。"堂子"是满文 tangse 的汉语音译,为其祭天祀神之所,"堂子是萨满祭祀,主要是祭天"③。实际上,立杆祭天、祭神,杆子是大木树林的象征,所以满洲立杆祭天是森林部民祭祀的一个特点。

当时女真人家的习俗,男子剃发垂辫,身穿袍褂,袖口前长后短,俗称马蹄袖,身束腰带,足登靰鞡④。妇女为天足,着长衫,袖口狭窄,后俗称旗袍。女真人男女都擅长骑射。男孩降生后,悬挂弓箭于门前,象征着他未来成为一个长于骑射的能手。六七岁的男孩,就用斐阑习射。"斐阑"是满语 filan 的对音,汉意是榆柳制作的小弓。《满洲源流考》记载:"小儿以榆柳为弓,曰斐阑。剡荆蒿为矢,翦雉翟鸡翎为羽,曰钮勘。"⑤"钮勘"为满语 niokan 的对音,汉意是荆柳作杆带翎的小箭。他们稍为长大,就骑马弯弓,驰射山林。骑射之余,儿童们围坐摊掷罗罗。"罗罗",又叫"罗丹",分别为满文 lolo 和 lodan 的对音,是一种儿童游戏用的背式骨,常用猪、獐、鹿、麋的前腿腕骨制成,染上颜色,以其仰偃横侧为胜负。有一首诗描述这种游戏云:

投石军中以戏称,手弹腕骨俗相仍。

---

① 吴振棫:《养吉斋丛录》第 7 卷,北京古籍出版社,1983 年,第 65 页。
② 萨满教是一种原始宗教,认为世界有三层:天堂为诸神所居,地面为人类所居,地狱为魔鬼所居。萨满为人驱邪治病、祈神求子或跳神祭祖时,穿戴神衣神帽,口念咒语,半闭双目,打大鼓,振腰铃,装出鬼神附体的样子。当时女真人普遍信奉萨满教。
③ 莫东寅:《清初满族的萨满教》,载《满族史论丛》,人民出版社,1958 年,第 190 页。
④ 靰鞡:是一种用猪皮或马皮作靴、用乌拉草作垫料的鞋。时东北地区各族人普遍穿这种暖鞋。靰鞡又称作"护腊",《柳边纪略》第 3 卷,第 13 叶载:"护腊,草履也,絮毛子草于中,可御寒。……以木椎数十下,则柔软于绵矣。语云:'辽东三件宝:貂鼠、人参、护腊草。'"
⑤《满洲源流考》第 20 卷,辽宁民族出版社,1988 年,第 1 页。

> 得全四色方愉快，何必三枭始绝胜。
> 闺秀争能守炉火，儿童较远骤寒冰。
> 无端胜负纷忧喜，獐鹿那知有许能。①

这种摊掷戏骨，也是儿童军事游戏，常以智巧取胜。努尔哈赤少年时代就是在上述的环境中成长，锻炼得强健勇敢，机智沉着，吃苦耐劳，弓马娴熟。

努尔哈赤的家庭，原是建州女真中的一个中产之家。但是，他的青少年时期，诸种磨难和不幸相继而来。一次一次磨难，使懦弱者更怯弱，但使坚强者更刚强。努尔哈赤正是顶着磨难的煎熬，逐渐地成长起来。在努尔哈赤的青少年时期，曾先后受到三次大的磨难，这就是童年丧母亲、少年处异乡、青年死父祖。

努尔哈赤青少年时期受到的第一次大磨难，是他在十岁时生母故去，继母那拉氏又待他寡恩。《满洲实录》记载：

> 汗十岁时丧母。继母妒之，父惑于继母言，遂分居，年已十九矣，家产所予独薄。②

努尔哈赤生母故去，继母又生同父异母弟，他在家中处于一种困难的境遇。《满文老档》记载："英明汗自幼贫苦。"③这载述当合实情。他在青少年时期曾参加劳动。在三月至五月、七月至十月的采集季节里，努尔哈赤同伙伴们一起，进入莽莽的林海，搭棚栖居，每棚能住三四人，白天采集，夜晚棚宿。他挖人参、采松子、摘榛子、拾蘑菇，赶抚顺马市贸易，用赚来的钱维持或贴补生活。这一时期因参加劳动，接触部民，对他日后的政治生涯有着很大的影响。

---

① 《满洲源流考》第20卷，辽宁民族出版社，1988年，第378页。
② 《满洲实录》第1卷，中华书局影印本，1986年，第5叶。
③ 《满文老档·太祖》第4册，中华书局译注本，1990年，第41页。

当时，汉人与女真、蒙古的贸易，集中在镇北关（在开原城东北七十里）、清河关（在开原城西南六十里）、广顺关（在开原城东六十里靖安堡）、新安关（在开原城西六十里庆云堡）和抚顺关（东城东三十里）等地。这种集市叫"马市"，规定："每月初一日至初五日，十六日至二十二日开二次。各夷止将马匹并土产货物，赴彼处委官验放入市，许赍有货物者，与彼两平交易。"①当"市圈"②开市时，汉人、女真人、蒙古人等熙熙攘攘，融汇一市。女真人带着人参、松子、榛子、蘑菇、木耳、蜂蜜、东珠、麻布、马匹、貂皮、猞猁狲皮等参加贸易。他们从汉人那里买去耕牛、铧子、木杴等生产工具，布匹、铁锅、食盐、水靴、针线等生活用品。通过互市贸易，使汉族和女真族加强了经济文化交流，促进了经济发展，丰富了物质生活，密切了各族人民之间的友好往来。

努尔哈赤经常往来于抚顺关马市进行贸易。他广交汉人，了解汉族农耕经济，熟悉明朝政治动向；结识汉族读书儒生，受到汉族文化熏陶。他在集市贸易的交往中，熟知辽东地区的山川形胜与道里险夷。他在同蒙古人和汉人的广泛接触中，学会了蒙古语文，并粗懂汉语、略识汉字。黄道周说努尔哈赤"好看三国、水浒二传，自谓有谋略"③。如朝鲜人申忠一到佛阿拉，见舒尔哈齐家的大门上有一副残破的对联，上联剩下的字是"迹处青山"，下联剩下的字是"身居绿林"④。这反映出他们喜爱汉文章回小说，受汉族儒家文化影响较深。总之，抚顺关马市贸易像一所大学校，使努尔哈赤从中学习社会和经济、政治和文化、民俗和语言、军事和地理，从而增长了见识，丰富了智慧，开阔了胸怀，磨炼了意志。

努尔哈赤青少年时期受到的第二次大磨难，是他在明军攻破建州女真王杲寨后，到了辽东总兵李成梁帐下。先是，建州右卫指挥使王杲，"为人聪慧，有才

---

① 申时行等：《明会典》第129卷，中华书局，1989年，第14叶。
② 《清史稿·杨吉砮传》："明制，凡诸部互市，筑墙规市场，谓之'市圈'。"
③ 黄道周：《博物典汇·四夷附奴酋》第20卷，清刻本，第15叶。
④ 《兴京二道河子旧老城》，图版9，日文版，建国大学刊印，1939年。

辩，能解番、汉语言字义"①，兵强马壮，自恃雄长。他先于嘉靖四十一年（1562）设伏擒杀明辽东副总兵黑春；又于万历二年（1574）七月，会同来力红杀明游击斐承祖等。明绝王杲市赏，杲因纠众入犯。明辽东总兵李成梁败王杲兵，十月，率军疾攻王杲寨。王杲寨险阻，城坚栅密，精兵守卫。李成梁督兵具炮石、火器，斧其栅，攻其寨：

> 环而攻之，会大风起，遂纵火焚烧杲室屋五百余间及刍茭，烟火相望，诸房大败北。我兵乘胜先登，斩首捕虏凡一千一百四级，夺获马牛凡五百二十五头，盔甲凡九百八十一副。②

王杲兵败后，翌年走投哈达部。哈达首领王台率子扈尔干缚王杲献明边官。后王杲被"槛车致阙下，磔于市"③，时年47岁。

李成梁攻破王杲寨，王杲被明廷磔死，这对努尔哈赤产生了巨大的影响：

第一，王杲与王台，或叛明称雄，或忠明称臣，都未能统一女真。后努尔哈赤取其所长而弃其所短，采取既称臣又称雄的两面策略。

第二，王杲寨破人亡，年仅47岁。这为十年后努尔哈赤登上建州政治舞台铺平了道路。

第三，王杲死后，努尔哈赤到了李成梁的帐下。努尔哈赤投奔李成梁的原因，或言其流落抚顺贸易后为李成梁收养；或言其王杲寨破遭俘后为李成梁收降。尽管努尔哈赤到李成梁帐下的原因与时间众说不一，但他确曾在李成梁帐下待过，史籍载述颇多，择要列录于下：

《三朝辽事实录》记载：

---

① 瞿九思：《万历武功录·王杲列传》第11卷，万历四十年（1612）刻本。
② 瞿九思：《万历武功录·王杲列传》第11卷，万历四十年（1612）刻本。
③ 《清史稿·王杲传》第222卷，中华书局标点本，1974年，第9126页。

奴方十五六岁,请死,成梁哀之。①

《皇明通纪辑要》记载:

奴与速同为俘虏。②

上文"奴",指努尔哈赤;"速",指努尔哈赤之胞弟舒尔哈齐。

《神庙留中奏疏汇要》记载:

自奴首以孤俘,纵为龙虎将军。③

《姚宫詹文集》记载:

时奴儿哈赤年十五六,抱成梁马足,请死。成梁怜之,不杀,留帐下。④

《山中闻见录》记载:

太祖既长,身长八尺,智力过人,隶成梁标下。每战必先登,屡立功,成梁厚待之。⑤

---

① 王在晋:《三朝辽事实录·总略》首卷,万历四十年(1612)刻本,第14叶。
② 马晋允:《皇明通纪辑要》第19卷,高丽活字本,北京大学图书馆善本部藏。
③ 《神庙留中奏疏汇要》第3卷,南京大学图书馆铅印本。
④ 《姚宫詹文集》第1卷,平露堂刻本,第13～14叶;又见《明经世文编》第501卷,中华书局影印本,1962年,第5528页。
⑤ 彭孙贻:《山中闻见录》第1卷,上虞罗氏刻本,民国十三年(1924),第1叶。

《辽筹》记载:

> 主将李如柏世居辽。其先宁远公又儿子畜奴贼。①

《全边略记·辽东略》记载:

> 李成梁雏畜(奴儿)哈赤,及长,以祖、父殉国,予指挥,与南关埒。②

《叶赫国贝勒家乘》记载:

> 壬午,十年,秋九月,辛亥朔,太祖如叶赫国。时上脱李成梁难而奔我,贝勒仰佳努识上为非常人,加礼优待。③

叶赫贝勒扬吉努(扬佳努)器重努尔哈赤,以爱女妻之,并赠马匹、甲胄,派兵护送回赫图阿拉。

另如《明史钞略·李成梁传》④等书也有相似记载。有人认为此事出于明人手笔,不足征信。但康熙时徐乾学纂《叶赫国贝勒家乘》和乾隆时阿桂等修《清朝开国方略》⑤,均有所记载。甚至在满族中流传着的《关于罕王的传说》⑥中,也记述了努尔哈赤的这段"经历":

---

① 张鼐:《辽筹·题熊侍御疏牍叙》,不分卷,钞本。
② 方孔炤:《全边略记》第10卷,钞本,中国国家图书馆善本部藏。
③ 《叶赫国贝勒家乘》,不分卷,清钞本,第2叶。
④ 《明史钞略·李成梁传》,转引自《中国通史讲义·明之灭亡》。
⑤ 《清朝开国方略》第1卷,清刻本,第10叶。
⑥ 参见《满族简史》(初稿),在转录《关于罕王的传说》时,文字略有改动。

那时候明朝天下大乱，各处反乱。罕王下山后投到李总兵的部下。李总兵见大罕长得标致可爱，聪明伶俐，便把他留在帐下，当个书童，用来伺候自己。

有一天晚上，总兵洗脚，对他的爱妾骄傲地说："你看，我之所以能当总兵，正是因为脚上长了这七个黑痣！"其爱妾对他说："咱帐下书童的脚下却长了七个红痣！"总兵闻听，不免大吃一惊。这明明是天子的象征。前些时候才接到圣旨，说是紫微星下降，东北有天子象，谕我严密缉捕。原来要捉拿的人就在眼前。总兵暗暗下令做囚车，准备解送罕王进京，问罪斩首。

总兵之妾，平素最喜欢罕王。她看到总兵要这般处理，心里十分懊悔。有心要救罕王，却又无可奈何。于是把掌门的侍从找来，与他商量这件事。掌门的侍从当即答道："三十六计，走为上计。"定下计议，便急忙把罕王唤来，说给他事情的原委，让他赶快逃跑。罕王听说之后，出了一身冷汗，十分感激地说："夫人相救，实是再生父母。他年得志，先敬夫人，后敬父母。"罕王拜谢夫人，惶急地盗了一匹大青马，出了后门，骑上青马就朝长白山跑去。这时跟随罕王的，还有他平常喂的那只狗。

罕王逃跑之后，李总兵的爱妾就在柳枝上，挂上白绫，把脖子往里一套，天鼓一响就死了。据说满族在每年黄米下来那天，总是要插柳枝的，其原因就在这里。

第二天，总兵不见了罕王。他正在惶惑之际，忽而发现自己的爱妾吊死在那里。李总兵立即省悟，顿时勃然大怒。在盛怒之下，把她全身脱光，重打四十（满族祭祖时有一段时间灭灯，传说是祭祀夫人的；因其死时赤身，为了避羞，熄灯祭祀）。然后派兵去追赶，定要捉回。

且说罕王逃了一夜，又饥又渴，人困马乏。他正要下马休息，忽听后面喊杀连天，觉察追兵已到，便策马逃跑。但是，追兵越来越近，后面万箭齐发，射死了大青马。罕王惋伤地说："如果以后能得天下，决忘不了'大青'（清）！"所以后来罕王起国号叫"大清（青）"。罕王的战马已死，只好徒步逃奔，眼看追兵要赶上。正在危难之时，忽然发现路旁有一棵空心树。罕王急中生智，便钻到树洞里，恰巧飞来许多乌鸦，群集其上。追兵到此，见群鸦落在树上，就继续往前赶去。罕王安全脱险。等追兵走远以后，罕王从树洞中出来，又躲到荒草芦苇中。他看见伴随自己的，仅有一只狗。罕王疲劳至极，一躺下就睡着啦。

追兵赶了一阵，什么也没有赶到；搜查多时，又四无人迹。于是纵火烧荒，然后收兵回营。

罕王一睡下来，就如泥人一般；遍地的大火，眼看要烧到身边。这时跟随他的那条狗，跑到河边，浸湿全身，然后跑回来，在罕王的四周打滚。这样往返多次，终于把罕王四周的草全部弄湿。罕王因此没有被火烧死，但小狗却由于劳累过度，死在罕王身旁。

罕王睁眼醒来，举目四望，一片灰烬。跟随自己的那只狗又死在旁边，浑身通湿。自己马上就明白啦。罕王对狗发誓说："今后子孙万代，永远不吃狗肉，不穿狗皮。"①这就是满族忌吃狗肉、忌穿狗皮的缘由。②

罕王逃到长白山里，用木杆来挖野菜、掘人参，以维持生活。在山里，罕王想起自己在种种危急关头，能化险为夷，俱是天公保佑。想到这里，

---

① 满族习俗，忌杀狗、忌吃狗肉、忌戴狗皮帽子、忌铺狗皮褥子和忌穿狗皮衣服。
② 《康熙顺天府志》第1卷记载：黑狗台，在顺天府良乡县（引者按：今北京市房山区良乡镇）县南五里许。相传金时里人王恭，畜犬甚驯，出必随。一日，恭醉卧于道旁草间，野火延烧，犬身浥盐沟河水，以濡其草。恭寤，见草尽湿，始知火灭由于犬，而犬以力竭毙矣。遂负归，筑台葬之。上述义犬救王恭的传说与义犬救老汗王的传说，有相似之处，兹引之，供赏析。

罕王立起手中的杆子来祭天。同时又想起乌鸦救驾之事,也依样感激,就在杆子上挂些东西,让乌鸦来吃,是报答乌鸦相救的意思。后沿袭下来,遂成为风俗。

后来,罕王带领人马下山,攻占了沈阳。

上面引述了一个关于后金汗努尔哈赤青少年时代的传说。传说中叙述满族木杆祭天,前已述及;关于对乌鸦的尊崇,属原始图腾崇拜的遗风;至于对狗的尊崇,除兼有原始图腾崇拜的遗风外,还同满洲尚狩猎,狗与其主至关密切的民俗有关。但传说不同于历史,它富有神秘的色彩;传说也不同于神话,它带有历史的印迹。罕王的传说,曲折地反映了满族杰出首领努尔哈赤青少年时期片断历史的影子。

努尔哈赤青少年时期受到的第三次大磨难,是他的祖父觉昌安(叫场)和父亲塔克世(他失),在明军攻阿台的古勒寨时,死于兵火。这是他以父祖"十三副遗甲"含恨起兵的直接原因。

总之,每一个伟大民族的每一个社会时代,都需要并会创造出自己的伟大人物。16世纪末和17世纪上半叶,明朝统治日趋没落,满洲处于上升时期。这样的社会时势,为满族出现伟大人物提供了历史舞台。努尔哈赤家道中衰后青少年时刻苦奋斗与丰富阅历的燧石,激发出他勇敢、胆识、坚毅和智慧的火花。而其先世屡任明朝建州左卫指挥使煊赫官职的历史火把,一旦被这火花所点燃,就照亮了他以"十三副遗甲"含恨起兵,走上历史舞台的道路。

第三章 壮志初展

一 父祖蒙难

努尔哈赤的崛起，正值女真社会的部族矛盾与民族矛盾纷繁复杂、交互盘错之际。部落间的斗争日趋尖锐，部族间的战争愈演愈烈。如《满洲实录》所载：

> 各部蜂起，皆称王争长，互相战杀。甚且骨肉相残，强凌弱，众暴寡。[1]

建州女真到十六世纪末期，原来的"建州三卫"，实际上已经融汇成建州五部——苏克素浒河部、浑河部、完颜（王甲）部、董鄂部、哲陈部和长白山三部——讷殷部、朱舍里部、鸭绿江部。

其时，建州女真的巨族小族、强部弱部，或各据城寨，或自主屯堡，争雄长，相攻掠。《听雨丛谈》记载：

---

[1]《满洲实录》第1卷，中华书局影印本，1986年，第6叶。

数十姓世族，则各据城寨，小族亦自主屯堡，互相雄长，各臣其民，均有城郭。①

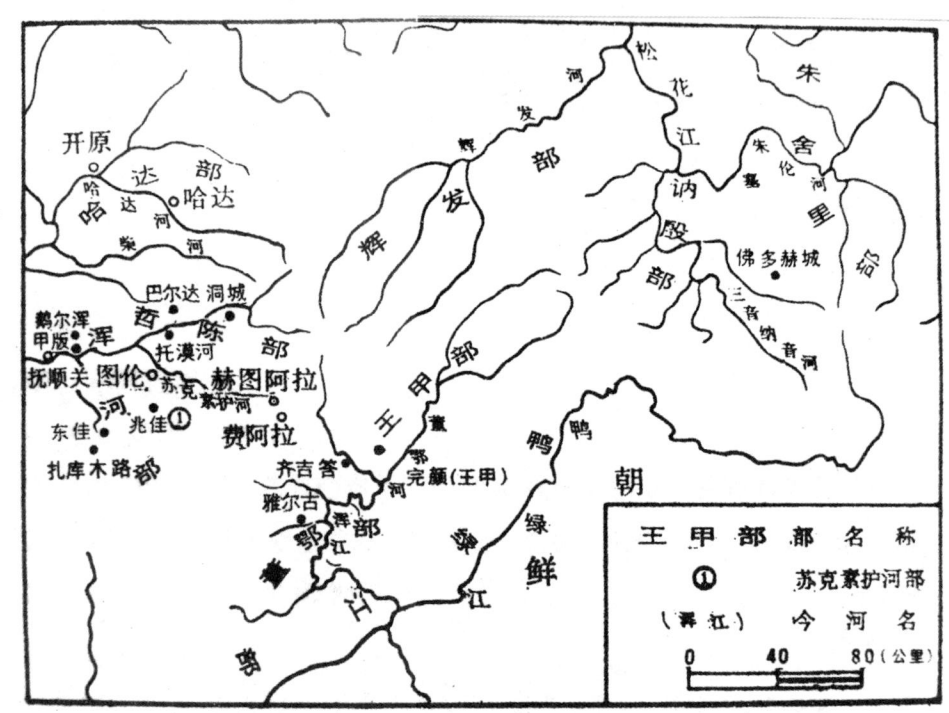

十六世纪末至十七世纪初建州女真部分布图

但在建州女真诸部中，到万历初，以王杲势力最强。王杲曾"犯辽阳，劫孤山，略抚顺、汤站，前后杀指挥王国柱、陈其孚②、戴冕、王重爵、杨五美，把总温栾、于栾、王守廉、田耕、刘一鸣等，凡数十辈"③，枭雄诸部。万历二年（1574），王杲以明绝贡市，部众坐困，大举犯辽、沈。明辽东总兵李成梁等统兵"毁其巢穴，

----

① 福格：《听雨丛谈》第1卷，中华书局点校本，1984年，第2页。
② 瞿九思：《万历武功录·王杲列传》作"陈其学"。
③ 《清史稿·王杲传》第222卷，中华书局标点本，1977年，第9124页。

斩首一千余级"①。翌年，王杲再出兵犯边，为明军所败。王杲投奔海西女真哈达部王台。王台缚王杲以献。努尔哈赤之父塔克世（他失）、祖觉昌安（叫场），曾参与此事。先是，觉昌安（叫场）、塔克世（他失）父子通于明辽东总兵李成梁。侯汝谅在《东夷悔过入贡疏》中载述："建州贼首差草场、叫场等部落之王胡子、小麻子等四名到关"②，行与明通好之事。觉昌安（叫场）和塔克世（他失）父子两代，都同李成梁结好，故史称成梁与其"有香火之情"③。另如《筹辽硕画》亦载："叫场、他失皆忠顺，为中国出力。"④可见他们父子均忠顺于明朝。特别是在明军进攻王杲寨时，塔克世（他失）对明有所贡献。史称塔克世（他失）以助明攻除王杲之功，受封为建州左卫指挥使⑤。

王杲死后，子阿台（阿太）、阿海（阿亥）分据古勒寨⑥和莽子寨，相为犄角，彼此联络。哈达部王台缚献王杲后，受明封为龙虎将军，但于万历十年（1582）死去，其子扈尔干（虎尔罕赤）怯弱。阿台、阿海怨王台缚献其父，要向虎尔罕赤报仇。同年，阿台、阿海约叶赫部清佳努和扬佳努共攻哈达。明辽东总兵李成梁提兵至曹子谷，大破之，斩俘1563级。李成梁为"缚阿台，以绝祸本"，于万历十一年（1583）率兵攻打阿台与阿海：

> 明辽东总督周詠，巡抚李松与宁远伯成梁，决策往征之。成梁乃勒兵从抚顺王刚台出塞百里，直捣古勒寨。寨陡峻，三面壁立……麾

---

① 《明神宗实录》第2卷，万历二年十一月辛未朔，内阁文库本。
② 侯汝谅：《东夷悔过入贡疏》，载《清朝全史》上一，中华书局，民国三年（1914），第79页。
③ 《明神宗实录》第580卷，万历四十七年三月癸卯，台北历史语言研究所校勘本，1962年，第18叶。
④ 程开祜：《东夷奴儿哈赤考》，载《筹辽硕画》首卷，民国二十五年（1936）影印本，首都图书馆藏。
⑤ 马晋允：《皇明通纪辑要》第19卷，高丽活字本，北京大学图书馆善本部藏。
⑥ 古勒寨：在苏克素浒河南岸、扎喀关西南，今新宾上夹河镇古楼村。

诸军火攻两昼夜，射阿台殪；而别将秦得倚已破阿海寨，诛海。①

是役，古勒寨与莽子寨共破，阿台与阿海并死。明军共得2222级，并曹子谷之战，总共三千余级。明以此功告捷郊庙，录周詠、李松、李成梁之功。

时苏克素浒河部图伦城主尼堪外兰，受到明朝的扶植，辽东总兵李成梁利用他为傀儡，企图通过他加强对建州女真各部的统治。尼堪外兰导明军古勒寨攻打阿台。阿台之妻是觉昌安的孙女（努尔哈赤伯父礼敦之女）②。觉昌安见古勒寨被围日久，想救出孙女免遭兵火，又想去劝说阿台降附，就同他的儿子塔克世到了古勒寨。塔克世留在外面等候，觉昌安独身进入寨里。因伫候时间较久，塔克世也进寨探视。明军攻城益急，觉昌安和塔克世父子都被围在寨内。

明宁远伯、辽东总兵李成梁攻城不克，要绑缚尼堪外兰问败军辱师之罪。尼堪外兰害怕，愿亲往城下招抚。他到城下后高喊骗道："天朝大兵既来，岂有释汝班师之理！汝等不如杀阿太（阿台）归顺。太师有令，若能杀阿太（阿台）者，即令为此城之主！"③阿台部下有人信以为真，便杀死阿台投降④。李成梁在古勒寨降顺后，"诱城内人出，不分男妇老幼尽屠之"⑤！努尔哈赤的祖父觉昌安和父亲塔克世，在混乱中也被攻陷古勒寨的明军所误杀。

---

① 彭孙贻：《山中闻见录·王杲》，上虞罗氏刻本，民国十三年（1924）。
② 孟森《清太祖起兵为父祖复仇事详考》载："阿台前妻，生女为景祖第四子妇；阿台后妻又为景祖长子之女。"此述有一信二疑：一信为阿台之妻是觉昌安子礼敦之女，史言凿凿。二疑为：阿台前妻后妻说，未见记载，当属推论；阿台之女是景祖第四子塔克世之妻，即努尔哈赤之生母。《万历武功录·王杲传》载，王杲死于万历三年（1575），时年47岁。努尔哈赤生于嘉靖三十八年（1559），其时王杲31岁。其子之女为努尔哈赤之生母，于情理不合。故此断存疑。
③《满洲实录》第1卷，中华书局影印本，1986年，第7叶。
④ 阿台之死，诸书记载不一，另如《明史纪事本末·补遗》第1卷载："成梁用火攻冲其坚，经两昼夜，阿台中流矢死"；《万历武功录》第11卷载："李成梁出边百余里，追袭至古勒寨，击破之，斩阿台、阿海等首虏。"
⑤《清太祖武皇帝实录》第1卷，原清宫内府藏写本，台北广文书局影印本，1970年，第9叶。

古勒寨之役，努尔哈赤父、祖死于城内。《清太祖武皇帝实录》载述较明人记述为详，引录如下：

> 宁远伯李成梁，攻古勒城主阿太、夏吉城主阿亥。成梁于二月，率辽阳、广宁兵，与尼康外郎约，以号带为记，二路进攻。成梁亲围阿太城，命辽阳副将围阿亥城。城中见兵至，遂弃城遁，半得脱出，半被截围，遂克其城，杀阿亥。复与成梁合兵，围古勒城。其城倚山险，阿太御守甚坚，屡屡亲出，绕城冲杀，围兵折伤甚多，不能攻克。成梁因数尼康外郎谗构，以致折兵之罪，欲缚之。尼康外郎惧，愿往招抚，即至城边，赚之曰："天朝大兵既来，岂有释汝班师之理，汝等不如杀阿太归顺。太师有令，若能杀阿太者，即令为此城之主。"城中人信其言，遂杀阿太而降。成梁诱城内人出，不分男妇老幼尽屠之。
>
> 阿太妻系太祖大父李敦之女。祖觉常刚，闻古勒被围，恐孙女被陷，同子塔石往救之。既至，见大兵攻城甚急，遂令塔石候于城外，独身进城，欲携孙女以归，阿太不从。塔石候良久，亦进城探视。及城陷，被尼康外郎唆使大明兵，并杀觉常刚父子。①

上引《清太祖武皇帝实录》文，古勒城即古勒寨，夏古城即莽子寨，觉常刚即觉昌安，塔石即塔克世，李敦即礼敦，尼康外郎即尼堪外兰。在古勒寨之役中，努尔哈赤的祖父和父亲被明军所杀。

努尔哈赤惊闻父祖蒙难的噩耗，捶胸顿足，悲痛欲绝。他往诘明朝边吏曰：

---

① 《清太祖武皇帝实录》第1卷，原清官内府藏写本，台北广文书局影印本，1970年，第9～10叶。

我祖、父何故被害？汝等乃我不共戴天之仇也！汝何辞？①

明朝边官遣使谢罪称："非有意也，误耳！"遂还其祖、父遗体，并与"敕书三十道，马三十匹，复给都督敕书"②。

但是，明朝一面对努尔哈赤进行抚慰，一面又帮助尼堪外兰在甲版筑城，扶植他做"建州主"。当时建州女真的许多部，见尼堪外兰势力很大，又受到明朝的支持，都投靠尼堪外兰。即使努尔哈赤同族的宁古塔诸祖的子孙，也对天立誓，要杀害努尔哈赤，投附尼堪外兰。努尔哈赤对明朝扶持尼堪外兰极为不满，但又无力兴兵攻明，便将杀死其祖、父之仇，倾泻到尼堪外兰身上。他对明朝边官说："杀我祖、父者，实尼康外郎唆使之也，但执此人与我，即甘心焉！"③明边吏婉辞拒绝了他的要求。努尔哈赤便椎牛祭天，含恨起兵。

---

① 《清太祖努尔哈赤实录》第1卷，上海书店影印本，1989年，第4叶。
② 《清太祖高皇帝实录》第1卷，中华书局影印本，1986年，第10叶。
③ 《清太祖武皇帝实录》第1卷，原清宫内府藏写本，台北广文书局影印本，1970年，第10叶。

二 含恨起兵

突然降临的灾难,会刺激有大志者,奋扬精神,整顿内部,积聚力量,争取胜利。努尔哈赤正是这样一位满洲青年中的有大志者。

努尔哈赤要报祖、父之仇,杀尼堪外兰,需要组成一支队伍。他巧妙地把对尼堪外兰不满的人拉到自己一边。如苏克素浒河部萨尔浒寨主卦喇①,曾因尼堪外兰诬陷,受到明朝抚顺边关的责治。卦喇之弟诺米纳、嘉木湖寨主噶哈善、沾河寨主常书及其弟扬书等,俱愤恨尼堪外兰。他们投归努尔哈赤后说:"念吾等先众来归,毋视为编氓②,望待之如骨肉手足。"③努尔哈赤同四位寨主对天盟誓,共同反抗尼堪外兰。

万历十一年(1583)五月,努尔哈赤借报祖、父之仇为名,以塔克世"遗甲十三副",率兵百余人,向尼堪外兰的驻地图伦④城发动进攻。图伦城,其满文

---

① 《清太祖武皇帝实录》第1卷载"撒儿湖酋长瓜喇",《满洲实录》第1卷载"萨尔浒部长卦喇";《清太祖高皇帝实录》却载"撒尔湖城主诺米纳之兄瓜喇"。此从前二书。
② 编氓:满文体为jusen,即诸申。
③ 《满洲实录》第1卷,中华书局影印本,1986年,第8叶。
④ 《盛京吉林黑龙江等处标注战迹舆图》二排四上:图伦城在苏克素浒河与浑河会流东南,萨尔浒城之东,界凡渡口之南。图伦在今新宾汤图附近。

体为 turun hoton，turun（图伦）意为蘘，hoton 意为城。是役，打败尼堪外兰，攻克图伦城①。但是，努尔哈赤原约诺米纳率兵会攻图伦城，而诺米纳背约不赴。先是，索长阿（努尔哈赤之三伯祖父）子龙敦言于诺米纳兄弟："尼堪外兰筑甲版城，得到明朝的支持和哈达的帮助，你们为何附和努尔哈赤而去攻打尼堪外兰呢？"所以，诺米纳背盟而不以兵来会，尼堪外兰又预知消息，携带妻子离开图伦城，逃至甲版城。努尔哈赤攻克图伦城后胜利而归，时年25岁。

从此，崭露头角的努尔哈赤，采取"顺者以德服，逆者以兵临"②的策略，揭开了吞并和统一建州女真各部战争的帷幕。

努尔哈赤起兵之初，势单力薄，需团聚宗族，共同对敌。其祖父兄弟6人、共有子22人，其父兄弟5人，所以其父祖、伯叔、兄弟、宗侄多至数十人。努尔哈赤起兵初始，宗族之内，多人不从。如努尔哈赤伯祖德世库、刘阐、索长阿，叔祖宝实等子孙，忌其才能，"誓于堂子，同谋害上"③。又如努尔哈赤六叔祖宝实之子康嘉等三人同谋，纠合外部"劫上所属瑚济寨而去"④。努尔哈赤采取宽宏态度，嘉善斥恶，团聚本族，发展实力。《满文老档》后来载述：

> 聪睿恭敬汗自幼生活贫苦，心存公正，沉默寡言，善于劝阻族人殴斗。劝而不从，则责其用壮逞强者，并科以重罪。其知错、听从劝告者，则嘉之。重罪从轻，从容完结。其见善者，纵是仇敌，论功擢之。其犯罪者，即为亲戚，亦必杀之。因一贯公正善良，故本族伯叔、兄弟等无论何事，

---

① 萧一山《清代通史》上卷第15页云："遂克图伦得兵百人，甲十三副。"《清太祖高皇帝实录》载："上克图伦城而归。当是时，兵百人，甲三十副而已。"《清太祖武皇帝实录》载："太祖兵不满百，甲仅三十副，克秃隆而回。"《满洲实录》亦载："太祖兵不满百，甲仅三十副，克图伦而回。"由上可知，"实录"所载为努尔哈赤其时所有之兵械，而非所获之兵械。
② 《清太祖高皇帝实录》第1卷，中华书局影印本，1986年，第9叶。
③ 《清太祖高皇帝实录》第1卷，中华书局影印本，1986年，第13叶。
④ 《清太祖高皇帝实录》第1卷，中华书局影印本，1986年，第15叶。

俱委聪睿恭敬汗予以了结。①

在努尔哈赤起兵之时，既团结宗族，又知人善任。他的身边有两个重要人物，如同左膀右臂，即额亦都和安费扬古：

额亦都，"世居长白山地方，幼时父母为仇家所害"②，藏匿邻村得以免死。额亦都十三岁，拔刀杀死仇人后，逃往建州苏克素浒河部嘉木湖寨，依姑母度日。后遇努尔哈赤，言语投契，要跟从努尔哈赤，他的姑母不许。额亦都说："大丈夫生世间，能碌碌终乎？"③翌日，额亦都不告而别，遂从努尔哈赤行。额亦都之所以断然跟从努尔哈赤，史载："额亦都识为真主，请事太祖。"④这显然有所渲染，但额亦都当时确已认识到，跟随努尔哈赤能够做出一番事业。努尔哈赤攻图伦城，额亦都奋勇先登。额亦都对努尔哈赤，忠心效力，患难与共，曾小心护卫努尔哈赤，甚至夜间和努尔哈赤互换睡处，以防努尔哈赤遭暗算⑤。后努尔哈赤以第四女穆库什嫁给额亦都。额亦都跟随努尔哈赤四十余年，骁勇百战，"屡被重创，遍体疮痍"⑥，深受信任，为后金开国五大臣之一。

安费扬古，世居瑚济寨。他的父亲完布禄，跟从努尔哈赤，有章甲、尼麻喇人诱其背叛，不从；又劫其孙以相要挟，但终无贰。努尔哈赤起兵后，安费扬古即跟从努尔哈赤。努尔哈赤率兵克图伦，攻甲版，安费扬古皆临阵，奋勇向前，不畏矢石。安费扬古跟随努尔哈赤四十余年，每遇强敌，挺身突入，冲锋陷阵，尤为杰出，为后金开国五大臣之一。

---

① 《满文老档·太祖》第4册，中华书局译注本，1990年，第41～42页。
② 《八旗满洲氏族通谱》第5卷，辽沈书社，1989年，第1页。
③ 《清代碑传全集·额亦都传》第3卷，上海古籍出版社，1987年，第24页。
④ 《清史列传·额亦都》第4卷，上海中华书局，民国十七年（1928），第2页。
⑤ 《镶黄旗满洲钮祜禄氏弘毅公家谱》，哈佛燕京图书馆藏本。
⑥ 《弘毅公额亦都碑文》，载李凤民《清弘毅公额亦都残碑简报》，见《沈阳故宫博物馆论文集 1979～1982》，1983年。

这一年，努尔哈赤以带领额亦都、安费扬古等不到百人的队伍，打败尼堪外兰、夺取图伦城为起点，开始统一苏克素浒河部。努尔哈赤家族所在的苏克素浒河部，分布于苏克素浒河（苏子河）下游到该河注入浑河处的一带地方。苏克素浒河部萨尔浒城主卦喇之弟诺米纳，曾同努尔哈赤歃盟，但因见尼堪外兰依恃明朝而势力较强，便背弃盟誓，"阴助尼堪外兰，漏师期，尼堪外兰得遁去"①，努尔哈赤对诺米纳虽怀恨在心，但他不用力攻，而用计取。他暗自定下破诺米纳、取萨尔浒之计。

时值诺米纳、鼐喀达派人来约，会攻浑河部巴尔达城。努尔哈赤佯同诺米纳等约盟，合兵攻巴尔达城。临战时，他要诺米纳先攻，诺米纳不从。这时，努尔哈赤便使用预设之计，轻而易举地除掉了诺米纳。据记载：

> 太祖曰："尔既不攻，可将盔甲、器械与我兵攻之。"诺密（米）纳不识其计，将器械尽付之。兵器既得，太祖执诺米纳、鼐喀达杀之，遂取萨尔浒城而回。②

努尔哈赤虽杀了诺米纳、鼐喀达，但对他的部民不加伤害，让他们照旧住在萨尔浒城，并修整城栅。在统一女真各部战争中，努尔哈赤用兵的一个特点是，不仅用步骑强攻，而且以计谋智取。他很快统一苏克素浒河部，势力渐强，威信日增。

万历十二年（1584），努尔哈赤起兵一年后，对附近城寨主动出击。

正月，努尔哈赤伐李岱，攻兆佳。其时，天寒地冻，大雪纷飞，岭高路险，城在山上。努尔哈赤督众凿山为蹬，鱼贯攀登。但李岱已预知有备，严守以待。

---

① 《清史稿·安费扬古传》第225卷，中华书局标点本，1977年，第9186页。
② 《满洲实录》第1卷，中华书局影印本，1986年，第10叶。

兵士中有人畏难，要姑且回兵。努尔哈赤不允，曰："吾固知其有备而来，何遽回耶？"① 遂督兵猛攻，攻克之，获李岱。

六月，努尔哈赤又伐萨木占，攻马尔墩。先是，努尔哈赤的妹夫噶哈善，被其继母之弟萨木占等邀杀于路。努尔哈赤闻讯后，披甲跃马，引弓疾驰，抢回其遗体殓葬之。努尔哈赤为给噶哈善复仇，率兵四百，往攻马尔墩寨②。寨踞山顶，势险备严。努尔哈赤设木牌、蔽矢石，分三组、并列进。寨上飞石檑木齐下，兵士难以仰攻。努尔哈赤冒着矢石，弯弓发矢，射中寨上一头目纳申，穿面贯耳，又射倒四人，守兵遂怯。努尔哈赤连攻四日，夜间乘敌疏防，率兵跣足缘崖，崎岖而上，攻取马尔墩。这是努尔哈赤起兵一年来，继图伦、兆佳之后夺取的第三座城寨——马尔墩寨。

努尔哈赤既要攻取外部的敌人城寨，又要应付内部的逆境。他在内部的不利条件下，也能善机变，少树敌，逐渐由弱变强。

如在四月初一日半夜，努尔哈赤听到窗外有脚步声，便起身佩刀执弓，将子女藏在僻静处，让他的妻子装作上厕所的样子，他紧跟在后面，用妻子的身体荫蔽自己，潜伏在烟囱的侧后。努尔哈赤借闪电见一人逼近，以刀背击仆，喝令近侍洛汉把他捆起来。洛汉要把那人杀掉。努尔哈赤暗想：要是杀了他，其主人会以我杀人为名，派兵攻我，而我兵少难敌，于是佯言道："尔必来偷牛！"那人回答道："偷牛是实，并无他意。"近侍洛汉插话道："此贼实害我主，诈言偷牛，可杀之，以戒后人！"努尔哈赤断然道："此贼实系偷牛，谅无别意！"③ 于是将那人释放。

又如在五月一个阴云密布的黑夜，有一个叫义苏的人排栅潜入。努尔哈赤发觉后，着短甲，持弓矢，假装外出如厕的样子，藏在烟囱的后面。闪电一烛，他

---

① 《清太祖高皇帝实录》第1卷，中华书局影印本，1986年，第16叶。
② 马尔墩寨，今辽宁新宾上夹河镇马尔墩村，寨在马尔墩岭上。
③ 《满洲实录》第1卷，中华书局影印本，1986年，第12叶。

看见贼人逼近，扣弦一箭，被贼人躲过；再发一箭，射中其足，后把义苏捆缚鞭挞。族中兄弟要把义苏杀死，努尔哈赤道：

  我若杀之，其主假杀人为名，必来加兵，掠我粮石。粮石被掠，部属缺食，必至叛散。部落散，则孤立矣。彼必乘虚来攻，我等弓箭、器械不足，何以御敌？又恐别部议我杀人启衅，不如释之为便。①

  说完便把义苏释放。努尔哈赤释义苏、少树敌，临事机变、深沉大度，是为着积蓄力量，准备条件，继统一苏克素浒部之后，将董鄂等部吞并。

  董鄂部②位置在董鄂河（今浑江）流域，与苏克素浒河部为邻。九月，努尔哈赤得知董鄂部"自相扰乱"的消息后，要乘时往攻。诸将谏阻说："兵不可轻入他人之境，胜则可，倘有疏失，奈何？"努尔哈赤力排众议，说："我不先发，倘彼重相和睦，必加兵于我矣！"③他说服诸将后，率兵五百人，携带蟒血毒箭，往征董鄂部主阿海巴颜驻地齐吉答城。阿海巴颜聚兵四百，闭门守城。努尔哈赤统兵围攻城栅，并纵火焚毁城上悬楼和城外庐舍。城将陷，天降大雪，还师。

  在还师途中，又进攻翁科洛城。翁科洛人得知消息，敛兵城里，紧闭城门。努尔哈赤兵临城下后，下令放火焚烧城上悬楼和环城房屋。他登房跨脊，往城里弯射。城中有一人叫鄂尔果尼，引弓发矢，射中努尔哈赤，穿胄伤肉，深有指许。他拔下箭镞，血流至脚，即用所拔之箭，反射城下，一人应弦而倒，受伤不顾，乘机反攻，表现了顽强的战斗精神。努尔哈赤虽已负箭伤，仍弯射不止。城中另一人名洛科，乘浓烟潜近，暗发一箭，正中努尔哈赤颈部，砉然一响，箭镞穿透

---

① 《清太祖武皇帝实录》第1卷，原清宫内府藏写本，台北广文书局影印本，1970年，第16叶。
② 董鄂部，居住在董鄂河（今浑江）及其西岸诸支流一带，东北邻讷殷部，西界苏克素浒河部，南接鸭绿江部，北抵辉发部。
③ 《满洲实录》第1卷，中华书局影印本，1986年，第14叶。

锁子甲围领,镞卷如双钩,伤创寸余。他拔下矢镞,带出两块血肉,血涌如注。别人见努尔哈赤负重伤,要登房把他搀扶下来。努尔哈赤说:"尔等勿得近前,恐敌知觉,待我从容自下。"① 他一手捂住伤口,一手挂弓下房。努尔哈赤从容下来后,因箭镞创伤颈静脉,血流不止,几次昏迷,只得弃城而回。

努尔哈赤伤创愈合后,又率兵去攻打翁科洛城。城陷后,俘获鄂尔果尼和洛科。众将把鄂尔果尼和洛科绑缚,让他们跪在努尔哈赤面前,请求对其施以乱箭穿胸的酷刑,以雪翁科洛城箭伤之恨。但是,努尔哈赤说:

> 两敌交锋,志在取胜。彼为其主,乃射我,今为我用,不又为我射敌耶!如此勇敢之人,若临阵死于锋镝,犹将惜之,奈何以射我故而杀之乎!②

努尔哈赤没有杀掉鄂尔果尼和洛科,亲自给他们解绑,并分别授他们为牛录额真③,不计前仇,加以厚养,且封官职,充分信用。努尔哈赤不计私怨、宽宏大度的襟怀,深深地感动了诸将——对敌勇士,虽犯大罪,尚且重用,何况我等!于是,努尔哈赤的胸怀与心智,既加强了其部伍官兵的心齐力一,也加快了其统一建州女真的步伐。

---

① 《满洲实录》第1卷,中华书局影印本,1986年,第15叶。
② 《清太祖高皇帝实录》第1卷,中华书局影印本,1986年,第21叶。
③ 牛录额真:牛录,满文体为niru,意为大箭;额真,满文体为ejen,意为主。牛录额真初为建州官名,后定三百人为一牛录。牛录额真后称"佐领"。

三 整合建州

努尔哈赤起兵后,东西征战,南北驰突,重新整合女真的事业一步步地取得进展。他继对苏克素浒河部、董鄂部获取重大胜利后,又兵指哲陈部,在统一建州女真的道路上策马奔驰。

万历十三年(1585),伐哲陈部①。哲陈部分布于浑河上游流域,是苏克素浒部的左邻。这年二月,努尔哈赤率披甲之士25人、士卒50人攻哲陈部界凡寨。因敌人预知有备,毫无所获。当回军至界凡南的太兰岗时,萨尔浒、界凡、东佳和巴尔达城之主,合兵四百余追袭。界凡城主讷申、巴穆尼疾驰逼近,努尔哈赤单骑拨马迎敌。讷申策骑猛扑,砍断努尔哈赤马鞭,努尔哈赤拨转马头,奋力挥刀砍向讷申,将讷申后背砍为两段;又转身回射,巴穆尼中箭落马毙命,追兵也因之惊怯呆立。

努尔哈赤见敌众已寡,乘敌惊魂未定,一面指挥步骑退却,一面驻马讷申尸旁。讷申部众呼叫道:"人已死,何不去?欲食其肉耶!汝回,我辈欲收主尸。"

---

① 哲陈部,东接王甲(完颜)部,南邻苏克素浒河部,西界浑河部,北邻哈达部。

努尔哈赤回答道:"讷申系我仇〔人〕,幸得杀之,肉亦可食!"①言毕,他作殿后,缓骑退却。努尔哈赤率七人如伏,将身体隐蔽,仅"露其盔,似伏兵"②。敌军丧其首领,又疑有伏兵,边喊边退。努尔哈赤引兵徐返,敌兵未敢再追。

同年四月,努尔哈赤率马步兵五百人再征哲陈部。因途中遇大水,他令步骑回军,只留绵(棉)甲50人、铁甲30人,共80人继进。到浑河畔时,因嘉哈的苏枯赖虎潜报消息,于是托漠河、章甲、巴尔达、萨尔浒、界凡五城主,急集兵八百余人凭浑河、抵南山、陈界凡,驻兵以待。敌人的兵力,十倍于己,以逸待劳,气势汹汹,颇为险恶。他的部属、五叔祖包朗阿之孙扎亲和桑古里③,见敌兵众多,气焰高涨,吓得解下身上甲胄,交给别人,准备逃跑。努尔哈赤怒斥道:"汝等平昔在家,每自称雄于族中,今见敌兵何故心怯解甲与人?"④说罢,他亲自执櫜,弟穆尔哈齐和近侍颜布禄、兀凌噶,总共只有四人,往前冲击,奋勇弯射,杀二十余人。敌兵惊惶阵乱,涉河争遁。

经过一阵厮杀,努尔哈赤汗流浃背,气喘吁吁。他用手断扣,卸甲稍憩。旋又着胄纵骑疾追,斩杀45级。驰至界凡险隘吉林崖,登崖遥望敌兵15人一股奔崖而来。努尔哈赤取下盔缨,隐身待敌。等敌人逼近时,他先倾力射出一箭,敌中为首一人中箭,穿脊而死。穆尔哈齐继发一箭,又射死一人。余敌崩乱,逃至山崖,坠崖而死。努尔哈赤全胜回师。

两军相逢勇者胜。勇敢,是战胜强敌的一个法宝,是努尔哈赤的重要品质,也是他夺取浑河之役胜利的基本原因。浑河之役,努尔哈赤发挥勇敢与机智的品

---

① 《满洲实录》第2卷,中华书局影印本,1986年,第3叶。
② 《清太祖武皇帝实录》第1卷,原清宫内府藏写本,台北广文书局影印本,1970年,第20叶。
③ 《满洲实录》第2卷,第4叶:"有札亲、桑古哩二人(宝朗阿之孙也)";《清太祖武皇帝实录》第1卷,第21叶:"有夹陈、桑古里二人(豹郎刚之孙也)";《清太祖高皇帝实录》第2卷,第3叶:"包郎阿孙扎亲、桑古里二人";中华书局标点本《清史稿·太祖本纪》作"包朗阿之孙扎亲桑古里"为一人,误,应在"亲"与"桑"之间加顿号,作二人。
④ 《满洲实录》第2卷,中华书局影印本,1986年,第2叶。

质，运用伏击与猎射的战法，创造了女真战争史上以少胜多的奇迹。他在总结浑河之役时说："今日之战，以四人而败八百之众，此天助我以胜之也！"① 这为浑河之役不仅染上了夸张的笔墨，而且涂上了神秘的色彩。

两年之后，努尔哈赤派额亦都率兵再征哲陈部巴尔达城。额亦都夺取巴尔达城之战，打得异常勇敢、顽强、激烈、精彩。《满文老档》作了如下载述：

巴图鲁姑夫独攻巴尔达城，克之。取该城时，骑墙鏖战，身被敌乱箭射中，贯于城上，不能下，挥刀断之，遂乃入城。于该城所获敕书、户口、诸申，尽赐与彼。其离城逃往哈达复来归附于汗之户口，乃以彼户口缺，尽赐与彼。因克该城，汗亲来迎，杀二牛赐宴，又以巴尔达城备鞍辔之栗色名马，赐与彼。该城之役，受透皮肉伤五十处，且红肿伤处甚多。②

上文中的巴图鲁姑夫，就是额亦都。因额亦都娶努尔哈赤之女为妻，故尊称之。这段文字后加修饰，成为额亦都生平的传记资料。《清史列传·额亦都》中有一段生动的记述：

（额亦都）督兵取巴尔达城，至浑河，河涨不能涉，以绳联军士，鱼贯而渡。夜薄其城，率骁卒先登。城中兵猝惊起拒，跨堞而战，飞矢贯股著于堞，挥刀断矢，战益力。被五十余创，不退，卒拔其城而还③。

---

① 《清太祖高皇帝实录》第2卷，中华书局影印本，1986年，第4叶。
② 《满文老档·太宗》第48册，中华书局译注本，1990年，第1221～1222页。
③ 《清史列传·额亦都》第4卷，中华书局标点本，1987年，第2页。

额亦都师还，努尔哈赤迎于郊，行抱见礼，大宴劳师，将所有俘获赐赏，并赐号"巴图鲁"。巴图鲁，为满文 baturu 的对音，是勇士、英雄的意思。

至此，灭掉哲陈部。

虽然努尔哈赤先后统一苏克素浒河部、董鄂部和哲陈部，但起兵已经三年，仇人尼堪外兰尚未擒获，埋藏在心底的隐恨并未消除。一股复仇的烈火在他胸中燃烧着。擒斩尼堪外兰，洗雪父祖之仇，成为努尔哈赤下一个奋斗目标。

万历十四年（1586）七月，努尔哈赤率兵征讨尼堪外兰驻地鹅尔浑城。先是，万历十一年（1583）五月，努尔哈赤攻克图伦城时，尼堪外兰逃往甲版城。同年秋，尼堪外兰又携妻子、近属及部众等，从甲版徙至鹅尔浑，并筑城驻居。鹅尔浑城在浑河北岸，属浑河部①，距明边较图伦为近，易受明军庇护。鹅尔浑城近明边墙，西通抚顺。努尔哈赤心急如焚，星夜兼驰，率兵往攻鹅尔浑城。努尔哈赤兵到径攻，城攻陷后，因尼堪外兰外出而没有索获。努尔哈赤登城遥望，见城外逃遁的四十余人中，为首一人头戴毡帽，身穿青绵（棉）甲，疑为尼堪外兰。他下城纵骥，眼冒仇火，单骑直入，身陷重围。他被乱矢中胸贯肩，受创三十余处，仍奋死力战，射死八人，斩杀一人。他在余敌溃散后，返回鹅尔浑城。

---

① 刘选民《清开国初征服诸部疆域考》记述，浑河部居苏克素浒河与浑河会流处至明边墙之浑河流域及伊勒登河流域，东邻苏克素浒河部、哲陈部，北接哈达部，其西与西南则以明边墙为界。

努尔哈赤统一建州女真军事活动表

时间（万历）		重要军事活动
十一年（1583）	五月	克图伦城。
	八月	取萨尔浒城，复叛。
十二年（1584）	正月	征李岱，克兆佳城。
	六月	攻取马尔墩山寨。
	九月	攻董鄂部齐吉答城，寻罢。
十三年（1585）	二月	攻界凡，斩其城主讷申、巴穆尼。
	四月	征哲陈，中途战于界凡南山。
	九月	攻苏克素浒河部安土瓜尔佳城，斩其城主。
十四年（1586）	五月	克浑河部播一混寨。
	七月	攻哲陈部托漠河城，寻罢兵。
	同月	克鹅尔浑城，寻斩尼堪外兰。
十五年（1587）	六月	征哲陈，克山寨，获并斩其寨主阿尔泰。
	八月	克巴尔达城。
	同月	攻克哲陈部洞城，城主扎海降。
十六年（1588）	九月	克完颜（王甲）城，斩城主戴度墨尔根。
十七年（1589）	正月	克兆佳城，斩城主宁古亲。
十九年（1591）	正月	收鸭绿江部。
二十一年（1593）	十月	收服朱舍里部。
	闰十一月	攻讷殷部佛多和山城，围战三月而下。

回到鹅尔浑城以后，努尔哈赤得知尼堪外兰被明军保护起来的消息时，愤怒的乌云遮住了理智之光。努尔哈赤因仇恨而失去理智，杀死城内19名汉人，对捉住的6名中箭汉人，把箭镞重新插入伤口，让他们带箭去向明朝边官传信，索要尼堪外兰；不然，要带兵征明！明朝见努尔哈赤势力日渐强大，留着尼堪外兰这个傀儡已成赘疣，就决定抛弃他。明边官回复："尼堪外兰既然归我，怎能我绑缚送你呢！你们可以自己来，杀之，可以也。"努尔哈赤曰："尔等叵测，将诳我耶？"明使者又言："毋亲往，以少兵来，即执与汝。"于是，努尔哈赤派斋萨率四十人去索要尼堪外兰。尼堪外兰见建州兵来，要登台躲避。明兵撤去梯子，执尼堪外兰，付与斋萨，斩之，而归①。

努尔哈赤从攻尼堪外兰、克图伦城，开始了统一建州女真的战争。尼堪外兰被斩首标志着他统一建州女真的战争，已经取得决定性的胜利。

万历十五年（1587）六月，他征哲陈，克山寨，获寨主阿尔泰并斩之。翌年九月，他又克完颜（王甲）城，斩城主戴度墨尔根，灭完颜（王甲）部。这样，努尔哈赤历时五年，先后并取苏克素浒河部、董鄂部、浑河部、哲陈部和完颜部，重新整合建州女真本部，到万历二十一年（1593），又先后夺取长白山三部——讷殷部、朱舍里部②和鸭绿江部③。至此，明建州左卫都督佥事努尔哈赤，在10年之间，将蜂起称雄的"各部环满洲而居者，皆为削平"④，使整个建州女真重新整合归一。

努尔哈赤在统一建州女真过程中，万历十六年（1588）有苏完部长索尔果及子费英东、董鄂部长克辙巴颜之孙何和礼、雅尔古寨扈喇虎及子扈尔汉，各率其所属军民族众至赫图阿拉归顺。费英东、何和礼、扈尔汉后来同额亦都、安费扬

---

① 《清太祖高皇帝实录》第2卷，中华书局影印本，1986年，第5～6叶。
② 《清太祖武皇帝实录》第1卷，原清宫内府藏写本，台北广文书局影印本，1970年，第26叶。
③ 《清太祖武皇帝实录》第1卷，原清宫内府藏写本，台北广文书局影印本，1970年，第33叶。
④ 《清太祖武皇帝实录》第1卷，原清宫内府藏写本，台北广文书局影印本，1970年，第24叶。

古共为后金开国五大臣。额亦都和安费扬古，前已略述；费英东、何和礼和扈尔汉，下做概述。

费英东，瓜尔佳氏，为苏完部长索尔果次子。"瓜尔佳为满洲著姓，而居苏完者尤著"①，苏完部长索尔果有子十八，其族繁盛。费英东随其父索尔果率500户，归顺努尔哈赤。努尔哈赤将长子褚英之女，与费英东为妻。史称其"自少从征诸国，三十余年。身先士卒，摧锋陷阵，战必胜，攻必克，屡奏肤功"②。费英东在归附努尔哈赤之后，赤诚忠耿，自励直言。《清史列传·费英东》记载：

见人不善，必先自斥责，而后劾人；见人之善，必先自奖劝，而后举之。被劾者，无怨言；被举者，亦无骄色。③

费英东忠直、强谏、智谋、勇敢的品格，深得努尔哈赤的信任，并建立了殊勋。他小努尔哈赤6岁，享年57岁。

何和礼，又作何和里，董鄂氏，以地为姓。其祖克辙巴颜、父额勒吉、兄屯珠鲁世为部长。万历十年（1582），何和礼代兄掌其部。何和礼所部素强，兵精马壮。其归附之事，《啸亭杂录》记载：

高皇初起兵时，满洲军士尚寡。时董鄂温顺公讳何和理者，为浑春部长，兵马精壮，雄长一方。上欲藉其军力，乃延之，至兴京，款以宾礼，而以公主妻之。公乃率众归降，兵马五万余，我国赖以缔造。④

---

① 《八旗满洲氏族通谱·费英东传》第1卷，辽沈书社，1989年，第1页。
② 《八旗满洲氏族通谱·费英东传》第1卷，辽沈书社，1989年，第12页。
③ 《清史列传·费英东》第4卷，中华书局标点本，1987年，第1页。
④ 昭梿：《啸亭杂录》第2卷，上海文瑞楼印行本，清宣统元年（1909），第52页。

上文所记兵马数字颇有张饰；其部亦非浑春（其先曾居浑春即珲春），而是董鄂。何和礼归附努尔哈赤，努尔哈赤以长女给他为妻。何和礼原有妻，长于骑射。其妻率故地兵马，求同何和礼战。经努尔哈赤谕和，其原妻始罢兵降附①。何和礼后随努尔哈赤征战三十六年，温顺勇勤，功绩显赫。何和礼比努尔哈赤小三岁，享六十四。

扈尔汉，佟佳氏，世居雅尔古寨②。年十三，从其父扈喇虎归努尔哈赤。努尔哈赤喜爱扈尔汉少年英发，收为养子，赐姓爱新觉罗。稍长，努尔哈赤收其为侍卫，优加恩宠。扈尔汉"感上抚育恩，誓以戎行效死，每出战，辄为先锋"③。扈尔汉忠心耿耿，效力内外，列为后金开国五大臣之一。扈尔汉比努尔哈赤小18岁，享年48岁。

努尔哈赤其时30岁，诸子尚幼，赖额亦都、安费扬古、费英东、何和礼、扈尔汉等诸将，相忠悃、共甘苦、同赴难、并死生。自努尔哈赤起兵，仅五六年的时间，内外局势为之大变：

第一，克图伦城，斩尼堪外兰，洗雪了父、祖被害之仇。

第二，统一建州各部，加强了建州女真的军事与政治、经济与社会的实力。

第三，改善了同明的关系，明"岁输银八百两、蟒缎十五匹，通和好焉"④。

第四，明于抚顺、清河、宽甸、瑷阳四关口设市，以通商贾，易有无，加强了建州经济实力。

总之，《清太祖武皇帝实录》于努尔哈赤起兵5年后的建州女真社会，及其同明朝的关系，做了如下的记述：

---

① 《清史稿·何和礼传》第225卷，中华书局标点本，1977年，第9183页。
② 《清代碑传全集·扈尔汉传》第3卷，上海古籍出版社，1987年，第27页。
③ 《清史列传·扈尔汉》第4卷，中华书局标点本，1987年，第3页。
④ 《清太祖高皇帝实录》第2卷，中华书局影印本，1986年，第6叶。

太祖遂招徕各部，环满洲而居者，皆为削平，国势日盛。与大明通好，遣人朝贡，执五百道敕书①，领年例赏物。本地所产，有明珠、人参、黑狐、玄狐、红狐、貂鼠、猞猁狲、虎、豹、海獭、水獭、青鼠、黄鼠等皮，以备国用。抚顺、清河、宽奠、瑷阳四处关口，互市交易，照例取赏。因此，满洲民殷国富。②

上录稍作张饰的文字，如"满洲民殷国富"云等，不需讨论，以此作为本节"整合建州"的终结和下节"开始称王"的铺垫。

---

① 其时努尔哈赤所持有的敕书不足500道。
② 《清太祖武皇帝实录》第1卷，原清宫内府藏写本，台北广文书局影印本，1970年，第24～25叶。

四 开始称王

努尔哈赤在统一建州女真进程中，为着兴基立业，巩固权位，暗自发展，扩张势力，在做着两件事情，这就是兴建佛阿拉城①和开始"自中称王"。

万历十五年（1587）正月，努尔哈赤在苏克素浒河部呼兰哈达下东南与硕里隘口间的南冈上筑城，这就是后来的佛阿拉城，也称费阿拉城。佛阿拉城的满文体为 fe ala hoton，满文 fe 汉意译为旧，满文 ala 汉意译为冈，满文 hoton 汉意译为城。满文 fe ala hoton，汉意译为旧山城，但习称为旧老城。这是因为后金-清的都城，由第一个都城兴京赫图阿拉，一迁至东京辽阳，二迁至盛京沈阳，三迁至燕京即京师北京，所以习称赫图阿拉作"老城"，而称佛阿拉（一作费阿拉）作"旧老城"。

佛阿拉的形胜，东依鸡鸣山，南傍哈尔撒山，西偎烟筒山（呼兰哈达，又作灶突山、虎拦哈达），北临苏克素浒河（苏子河）支流加哈河与索尔科河，即两河之间三角形河谷平原南缘的呼兰哈达上。它的东、南、西三面崖壁，仅西北一

---

① 佛阿拉城，见诸史册，一城五称：即佛阿拉、费阿拉、虎拦哈达南冈、奴酋城和二道河子城。

面开敞。东有首里口即硕里口河（今黄土岗子河），东北流入索尔科河；西北有二道河，注入加哈河。索尔科河与加哈河交汇后，北流入苏克素浒河。佛阿拉的位置，在赫图阿拉西南约八里处①的呼兰哈达南冈上（今新宾满族自治县永陵镇二道河子村）。

努尔哈赤从其祖居地赫图阿拉，迁至新筑城的佛阿拉，似因为：

第一，努尔哈赤基本统一建州女真后，开始出现以努尔哈赤及其弟舒尔哈齐为首的新的女真军事贵族，其地位、等级、权势、军事、利益等，均发生了变化，需要兴建与之相适应的城垣、堂子、楼宇、屋舍。所以，要选择新的城址，按照新的等级，规划新的格局，做出新的安排。

第二，努尔哈赤基本统一建州女真前，赫图阿拉已为其诸祖、伯叔、昆弟和侄辈所安居多年，在此重新规划房舍，势必触犯诸多宗族利益，引发新的宗族矛盾。如另选新址，重新规划，则既不妨害原宗族的利益，又能满足新贵族的需要。

第三，努尔哈赤基本统一建州女真后，下一步是同明廷和扈伦四部打交道，在彼强己弱的情势下，需要选择一个既便隐蔽，又便出击的新基地。

第四，努尔哈赤基本统一建州女真后，城墙、汗府、衙门、军队、眷属、部民，需要重新安置、扩充、规划、建设，原有住居之地，无法重大调整，选择一块新地，容易进行新规划、新布局、新建筑、新分配。

所以，从政治、军事、宗族、社会等方面筹划，兴筑佛阿拉城是努尔哈赤的一个重大决策。决策已定，便开始兴筑佛阿拉城。《清太祖武皇帝实录》载："丁亥年，太祖于首里口、虎拦哈达下东南河二道——一名夹哈，一名首里，夹河中一平山，筑城三层，启建楼台。"②丁亥年，即万历十五年（1587）。《清太祖高皇帝实录》所载，与上述文字大致相同。但满文《满洲实录》载述文字略异：

---

① 佛阿拉，在呼兰哈达南冈上，今新宾永陵镇二道河子村，西北距今永陵镇十五里，北距今赫图阿拉村八里。
② 《清太祖武皇帝实录》第1卷，原清宫内府藏写本，台北广文书局影印本，1970年，第23叶。

fulahūn	ulgiyon	aniya,	taidzu	sure	beile,
丁	亥	年	太祖	淑勒	贝勒
sali	anggaci	hūlan	hadai	sun	dekdere
硕里	隘口	虎拦	哈达	横	稍高
julergi	giyaha	birai	juwe	siden	ala de
南面	加哈	河	二	间	冈 于
jlarsa	hoton	sahafl	yamun	locse	tai araha。①
三层	城	筑	衙门	楼	台 建

即"丁亥年，太祖淑勒贝勒，于虎拦哈达下东南，硕里隘口与加哈河两界中之平冈，筑城三层，兴建衙门和楼台"。这里的记载，同《清太祖实录》相斠，不仅声明"硕里口"为"硕里隘口"，而且增记了"兴建衙门"。此外，《清朝开国方略》将佛阿拉城兴建的时间，系至"丁亥年，春正月"②，较前引各书更为具体。

清太祖朝"高皇帝实录""武皇帝实录""满洲实录"的三种实录，记载佛阿拉城过于疏略，《满文老档》又失之于缺载。《盛京通志》在清代志书中，对佛阿拉城垣与城门的载述最早且最详：

老城（在治城赫图阿拉）城南八里，周围十一里六十步，南、东二门，西南、东北二门。城内西有小城，周围二里一百二十步，东、南二门。城内东有堂子，周围一里零九十八步，西一门。城外有套城，自城北起，至城西南止，计九里九十步，西、西南、北、西北四门。③

---

① 《满洲实录》（满文），不分卷，丁亥年，中国第一历史档案馆藏。
② 《清朝开国方略》第2卷，清乾隆五十一年（1786）刻本，第1页。
③ 康熙《盛京通志·城池志》第10卷，康熙二十三年（1684）刻本。

但是，清代的康熙、雍正、乾隆《盛京通志》和光绪《兴京厅乡土志》对佛阿拉城的记述均语焉不详，且康熙《盛京通志》称其"建置之年无考"，可见其纂修者未见《清太祖实录》。然而，朝鲜南部主簿申忠一，于万历二十三年十二月（1596年1月）奉命至"奴酋城"，即佛阿拉。他在《申忠一书启及图录》，即《建州纪程图记》中，对佛阿拉作了详细的记述。

一、外城周仅十里，内城周二马场许。

一、外城先以石筑，上数三尺许，次布椽木；又以石筑，上数三尺，又布椽木；如是而终。高可十余尺，内外皆以黏泥涂之。无雉堞、射台、隔台、壕子。

一、外城门以木板为之，又无锁钥。门闭后，以木横张，如我国将军木之制。上设敌楼，盖之以草。内城门与外城同，而无门楼。

一、内城之筑，亦同外城，而有雉堞、无隔台。自东门过南门至西门，城上设候望板屋，而无上盖，设梯上下。

一、内城内，又设木栅，栅内奴酋居之。

一、内城中，胡家百余；外城中，胡家才三百余，外城外四面，胡家四百余。

一、内城中，亲近族类居之；外城中，诸将及族党居之；外城外，居生者皆军人云。

一、外城下底，广可四五尺，上可一二尺；内城下底，广可七八尺，上广同。

一、城中泉井仅四五处，而源流不长，故城中之人，伐冰于川，担曳输入，朝夕不绝。

一、昏晓只击鼓三通，别无巡更、坐更之事。外城门闭，而内城不闭。①

---

① [朝]申忠一：《建州纪程图记》，图版9、10，载《兴京二道河子旧老城》，日文版，建国大学刊印，1939年。

《建州纪程图记》载，佛阿拉城分为三重。第一重为栅城，以木栅围筑城垣，略呈圆形①，比金太祖阿骨打栽柳禁围的"皇帝寨"②更为谨严。栅城内为努尔哈赤行使权力和住居之所。城中有神殿、鼓楼、客厅、楼宇和行廊等建筑，楼宇高二层，上覆鸳鸯瓦，也有的盖草，墙抹石灰，柱椽彩绘。第二重为内城，周围二里余，城墙以木石杂筑，有雉堞、望楼。内城中居民百余户，由努尔哈赤"亲近族类居之"③。在城东设有堂子④。第三重为外城，周约十里，城垣"先以石筑，上数三尺许，次布椽木，又以石筑，上数三尺，又布椽木，如是而终。高可十余尺，内外皆以黏泥涂之。无雉堞、射台、隔台、壕子。……外城门以木板为之，又无锁钥，门闭后，以木横张"⑤。外城门上设敌楼，盖之以草。外城中居民三百余户，由努尔哈赤诸将及族属居之。外城外居民四百余户，由军人、工匠等居之。佛阿拉城居民总计约近千户。但是，作为努尔哈赤长达16年治居之所的佛阿拉城，不能算作后金的第一个都城⑥，而是建州女真的城堡、建州左卫的治城。

努尔哈赤在佛阿拉城"自中称王"⑦，建立王权。他在佛阿拉"称王"，据记载是在万历十五年（1587）六月，"上始定国政，禁悖乱，戢盗贼，法制以立"⑧。同时建立了一支纪律严明的军队。努尔哈赤还制定初具规模的礼仪。如他出入栅城时，在城门设乐队，吹打奏乐，以显示隆重与威严。因此，佛阿拉成为当时女

---

① [朝]申忠一：《建州纪程图记》，图版8，载《兴京二道河子旧老城》，日文版，建国大学刊印，1939年。
② 转引自顾炎武：《历代宅京记》第30卷，中华书局点校本，1984年。
③ [朝]申忠一：《建州纪程图记》，图版10，载《兴京二道河子旧老城》，日文版，建国大学刊印，1939年。
④ 光绪《兴京厅乡土志》（稿本）第3卷，光绪三十二年（1906）编，民国年间油印本，第28页。
⑤ [朝]申忠一：《建州纪程图记》，图版9，载《兴京二道河子旧老城》，日文版，建国大学刊印，1939年。
⑥ 参见拙著《后金都城佛阿拉驳议》，《清史研究通讯》1988年第1期。
⑦ 朝鲜《李朝宣祖大王实录》二十二年七月丁巳："左卫酋长老乙可赤（即努尔哈赤）兄弟，以建州卫酋长李以难等为麾下属。老乙可赤则自中称王。其弟则称船将。"
⑧ 《清太祖高皇帝实录》第2卷，中华书局影印本，1986年，第6叶。

真政治、经济和军事的中心。

努尔哈赤在栅城的客厅里接见申忠一。从申忠一的记述中，可以窥见努尔哈赤"称王"后生活细节的一斑。努尔哈赤长得"不肥不瘦，躯干壮健，鼻直而大，面铁而长"①。这是至今所见唯一记述努尔哈赤形象的文献资料。他头戴貂皮帽，"上防耳掩，防上钉象毛如拳许。又以人造莲花台，台上作人形，亦饰于象毛前"。脖子护着貂皮围巾。身穿貂皮缘饰的五彩龙纹衣。腰系金丝带，佩帨巾、刀子、砺石、獐角，足纳鹿皮靰鞡靴。他们男子都剃发，只在脑后留发，分结两条辫子垂下，口髭仅留十余根，其余都镊去。在接见申忠一时，努尔哈赤坐在中厅的黑漆椅子上②，诸将佩剑卫立。宴会时，大厅内外，吹洞箫，弹琵琶，爬柳箕，拍手唱歌，以助酒兴。酒行数巡后，努尔哈赤高兴地离开椅子，"自弹琵琶，耸动其身；舞罢，优人八名，各呈其才"③。说到宴会的舞蹈，后杨宾在《柳边纪略》中有一段载述，可与上述对照。现引录于下：

> 满洲有大宴会，主家男女必更迭起舞。大率举一袖于额，反一袖于背，盘旋作势，曰"莽势"；中一人歌，众皆以"空""齐"二字和之，谓之曰"空齐"。④

宴会后，努尔哈赤给朝鲜国王的回帖交与申忠一。回帖是由汉人龚正陆（又作龚正六，其女真名歪乃）所书写的。

---

① [朝]申忠一：《建州纪程图记》，图版16，载《兴京二道河子旧老城》，日文版，建国大学刊印，1939年。
② 《满文老档·太祖》天命四年五月初五："在此以前，贝勒们设宴，不坐凳子，而是坐在地上。"诸将不能坐在椅子上。天命四年（1619）以后，贝勒设宴方许坐凳子。
③ [朝]申忠一：《建州纪程图记》，图版11，载《兴京二道河子旧老城》，日文版，建国大学刊印，1939年。
④ 杨宾：《柳边纪略》第3卷，《辽海丛书》影印本，辽沈书社，1985年，第15页。

龚正陆，女真称歪乃，浙江绍兴人，客居辽东，被抢到佛阿拉。努尔哈赤让他掌管文书，参与机密，教子读书，称为"师傅"。在朝鲜文献中，保存有他的资料，如：

> 折（浙）江绍兴府会稽县人龚正六，年少客于辽东，被抢在其处，有子姓群妾，家产致万金。老乙可赤号为师傅，方教老乙可赤儿子书，而老乙可赤极其厚待。房中识字者，只有此人，而文理未尽通矣。①

> 歪乃本上国（明朝）人，来于奴酋处，掌文书云，而文理不通。此人之外，更无解文者，且无学习者。②

> 有汉人龚正陆者，掳在其中，稍解文字。因房中无解文之人，凡干文书，皆出于此人之手，故文字字画前后如一云云。③

汉族人龚正陆在佛阿拉执掌文书，教授学生，参加议政，干预机密，为女真统一事业和满汉文化交流作出了贡献。

龚正陆代努尔哈赤给朝鲜国王李昖写的回帖称，"我屡次学好，保守天朝九百五十于（余）里边疆"，回帖后署"篆之以建州左卫之印"④。

建州左卫指挥使努尔哈赤，起兵十年之后，兵力由"遗甲十三副"发展到一万五千余人⑤，统一建州女真，在佛阿拉"称王"。他的事业之所以蒸蒸日上，有

---

① [朝]《李朝宣祖大王实录》第70卷，二十八年十二月癸卯，日本学习院东洋文化研究所刊本，1959年。
② [朝]申忠一：《建州纪程图记》，图版11，载《兴京二道河子旧老城》，日文版，建国大学刊印，1939年。
③ [朝]《李朝宣祖大王实录》第127卷，三十三年七月戊午，日本学习院东洋文化研究所刊本，1959年。
④ [朝]申忠一：《建州纪程图记》，图版15，载《兴京二道河子旧老城》，日文版，建国大学刊印，1939年。
⑤ [朝]《李朝宣祖大王实录》二十八年十一月戊子，朝鲜人河世国到佛阿拉所见："大概目睹，则老乙可赤麾下万余名，小乙可赤麾下五千余名。"

两方面值得注意的因素：一方面是自己策略的正确，另一方面是李成梁策略的错误。

一点一滴地壮大自己，一寨一部地吃掉敌人，这是努尔哈赤在统一建州女真时采取的内部策略。他善于把一切可以利用、争取、笼络、团结的力量，凝聚到自己的周围。如前面叙述的同诺米纳、噶哈善等盟誓是一例。但对他们则区别对待：诺米纳背盟通敌，就设计除掉；噶哈善忠诚效力，就结为姻亲。又如鄂尔果尼和洛科是另一例。对敌人营垒里虽有箭镞之仇而又放下武器的人，他不仅"宥其死，赡养之"，而且封官信用。随着自己力量的不断壮大，便由近及远，先弱后强，一寨一城，一族一部地并取建州女真各部。既向明朝称臣纳贡、互市通好，又在内部暗自独立、发展实力，这是努尔哈赤统一建州女真时采取的外部策略。如何处理同明廷的关系？这是摆在努尔哈赤面前的最严肃的政治课题，也是其事业成败的关键。努尔哈赤曾目睹建州女真首领两例失败的教训：王杲枭雄纵兵犯边，被斩首京师；尼堪外兰仰人鼻息，被明廷唾弃。努尔哈赤则采取阳做明廷官员、暗自发展势力的两面政策，从而避开明廷边官的注意，完成了对建州女真的统一。

明朝辽东总兵李成梁（1526—1618）[①]的骄傲和失算，为努尔哈赤统一建州女真提供了一个有利的客观因素。

其一，纵观隋唐以降千年历史，中原皇朝，东北之患，在契丹，在女真，在蒙古。契丹建辽，女真建金，蒙古建元，都是例证。元亡，"北元"及其残余势力，使得东北不宁，朝廷用兵。军事打击重点，首先指向蒙古。

其二，明朝张居正为相，谭纶掌总戎，戚继光守蓟，李成梁镇辽。戚继光在蓟镇，修长城、建敌台、严练兵、备器械，"蓟门守甚固，敌无由入，尽转而之辽，故成梁擅战功"[②]。李成梁镇辽，独奏肤功，震耀一时，剖符受封，承廷臣拜贺，"贵极而骄，奢侈无度"[③]。李成梁胜多而骄，得多则失。这为努尔哈赤崛兴促

[①] 李成梁的享年，史有异说。此据李泽绵所著《李成梁及其家族》。
[②] 《明史·戚继光传》第212卷，中华书局点校本，1974年，第5616页。
[③] 《明史·李成梁传》第238卷，中华书局点校本，1974年，第6190页。

成了一个机遇。

其三，李成梁虽屡获奇功，但他毕竟是一介武夫，且功高年迈，骄奢懈怠，喜欢逢迎，不求新取。于女真——只表面看到哈达和叶赫，而偏偏忽视了建州的努尔哈赤。

其四，朝鲜兵曹判书李德馨向其国王进启努尔哈赤称："其志不在于小，助成声势者李成亮（梁）也。渠多刷（送）还人口于抚顺所，故成亮（梁）奏闻奖许，驯致桀骜云耳。"① 李成梁被努尔哈赤的"恭顺"所麻痹。他认为努尔哈赤既恭顺听命，也成不了气候。从万历十一年（1583）至十九年（1591），这一年李成梁解任，适值努尔哈赤统一建州女真时期，李成梁却把重兵投向"北元"势力和海西女真，屡获大捷。李成梁的骄傲和轻敌、奏捷与失算，给努尔哈赤造成两方面的有利条件：一方面努尔哈赤利用这个时机，几乎未受到外力干扰，统一建州女真，形成一支万人铁骑，并建立"王权"；另一方面海西女真受李成梁重创，实力削弱，元气损伤，从而使建州与海西的力量对比，发生了有利于努尔哈赤的显著变化。同时，李成梁对海西女真的屠戮和焚掠，激起女真人对明朝当政者的不满。

其五，东北亚局势发生重大变动。日本丰臣秀吉发动侵朝战争，朝鲜抗倭，明廷援朝，前后八年。明辽军主力援朝，辽东成为"军事空虚地带"。这就给努尔哈赤吞并海西女真创造了外部条件。

所以，上述五点，为努尔哈赤统一海西女真提供了难得的有利条件。因此，努尔哈赤在统一建州女真之后，就以佛阿拉为基地，开始了统一海西女真的斗争。

---

① [朝]《李朝宣祖大王实录》第70卷，二十八年十二月癸卯，日本学习院东洋文化研究所刊本，1959年。

第四章 统一海西

一 历史的机遇

明代的海西女真，以其初地海西，居处海西即松花江地域而得名。海西女真枝派纷繁，居住分散，后不断地南移、兼并。至嘉靖年间，海西女真逐渐整合为四大部，而总称之为扈伦四部，即哈达、辉发、乌拉、叶赫。扈伦四部的地域范围，东临东海女真、朝鲜，东南接建州女真，南界明开原、铁岭边墙，西为漠南蒙古科尔沁部、郭尔罗斯部，北至混同江一带。其俗种耕稼、善驰猎，有室庐，作山寨。[①]这与乐住种、善绩纺，长骑射、喜治生的建州女真之俗，无大差异。自明成化以降，建州与海西的势力，几经曲折，此消彼长。但是，努尔哈赤在进兵海西之前，面临着颇为有利的形势。

第一，海西诸部内讧厮杀，消耗部落军事实力，改变了它同建州的力量对比。先是，建州阿哈出、董山称雄女真。成化三年（1467），明军征剿，首领被杀，寨焚部破，建州遭到特大打击。尔后，海西女真活跃起来。海西女真中以哈达和叶赫二部最强。叶赫部首领褚孔格（竹孔革）等，屡犯边，阻贡道。而哈达部首领速黑

---

① 卢琼：《东戍见闻录》，载《辽东志》第7卷《艺文志》，《辽海丛书》影印本，辽沈书社，1985年。

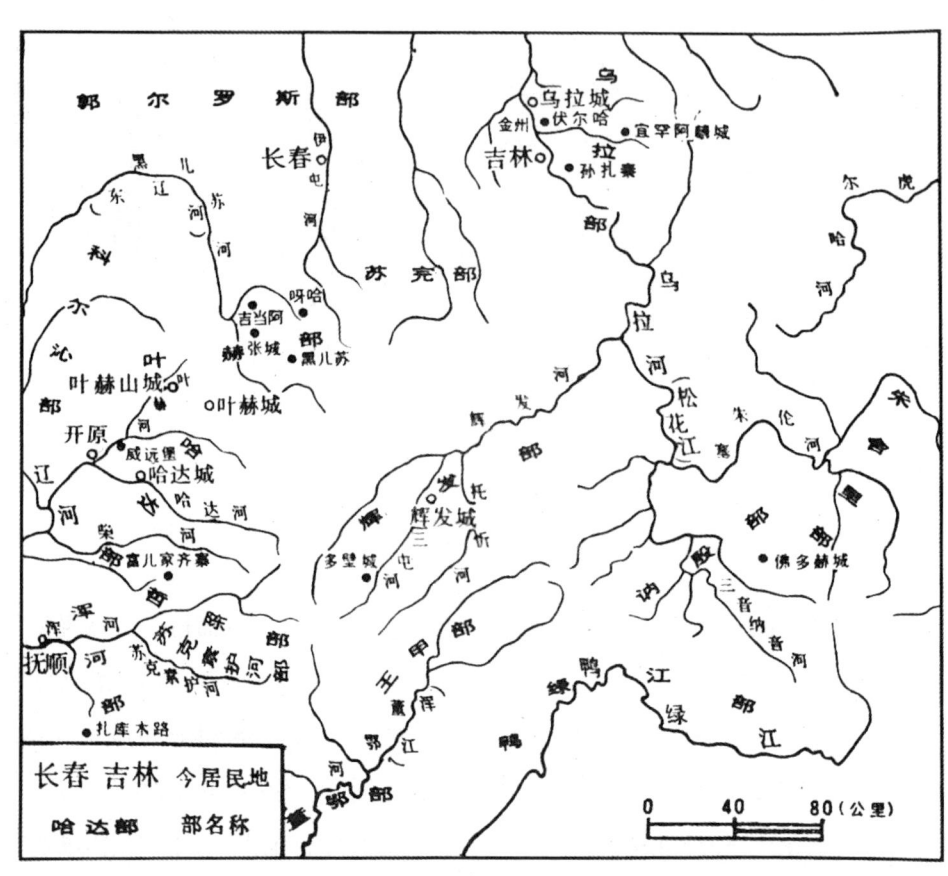

十六世纪末至十七世纪初扈伦四部分布示意图

忒恭谨修贡，日益强盛；又杀猛克（开原城外山贼）而保贡路，进右都督、受金带大帽。哈达、叶赫两强相争，哈达首领王忠杀叶赫首领褚孔格。王忠死，侄王台继，愈忠于明，盛极一时。但是，王台于努尔哈赤起兵前一年忧病而死，其长子扈尔干亦相继死。王台死后，"而王台之四子又起内讧，甚至里通北关"[①]。王台同时，北关叶赫有褚孔格之孙清佳努（逞加奴）、扬佳努（仰家奴）兄弟日益强大。叶赫首领清佳努、扬佳努欲借王台死后其部内讧之机，报王忠杀其祖父之仇，并雄长于

---

① [日]鸳渊一：《海西女真之发展》，载《海西女真史料》，吉林文史出版社，1986，第552页。

海西。但他们兄弟未能保持权力归一①，以同南关哈达抗衡，而身死寨破。其继承者布寨和纳林布禄，前者被杀，后者病死。至于扈伦四部中的另两部——辉发部原本较弱，又内讧不休；乌拉部距开原远，部长满泰又荒淫无度，毫无谋略。所以，在扈伦四部中，明朝或借哈达，或借叶赫，以钳制建州。但由于李成梁之政策错误，哈达之内争不已，叶赫之二部角立，海西女真中形不成部族中心力量。女真力量中心的移动，经过历史的轮回，即由建州董山转向叶赫褚孔格，由褚孔格转向哈达王台，再由王台转向建州努尔哈赤。于是，新形势使建州努尔哈赤逐渐成为女真诸部的中心。

第二，明对海西残酷袭杀，削弱两关军政实力，突出了建州女真的军事地位。在扈伦四部中，以叶赫、哈达势力为强。它们是明朝用以牵制、抗衡建州的主要力量。但是，明军在五年之间，却给叶赫、哈达以三次沉重打击。

万历十一年（1583）十二月，明设"市圈计"②，诱叶赫贝勒清佳努和扬佳努至开原中固城③而袭杀之。是计，辽东巡抚李松、总兵李成梁，令"三军皆解甲易服"④，设伏以待叶赫贝勒清佳努和扬佳努。清佳努和扬佳努先率二千余骑，擐甲诣镇北关。明辽东官员及通事责其既来听抚，为何骑甲数千如林。清佳努和扬佳努请以三百余人随从，获允。清佳努和扬佳努入圈后，信炮鸣，伏兵起，全被斩杀。李成梁闻炮声，拥精兵斩俘其部众一千二百五十一级，夺马一千零七十三匹。故史载，明"设策潜兵斩获逞、仰二奴酋共三百一十一颗，及塞上屯夷一千二百五十二颗"⑤。叶赫首领清佳努和扬佳努被杀害，并死亡一千五百余

---

① 《皇朝开国方略》第6卷，清乾隆五十一年（1786）刻本，第12叶。
② "市圈计"：明巡抚李松、总兵李成梁等，利用诸部到圈定市场之机，伪以赐赏约会，诱杀叶赫贝勒清佳努、扬佳努等三百余人，称为"市圈计"。
③ 康熙《开原县志》上卷："中固城，（开原）城南四十里，明永乐五年建，为抚顺站。弘治十六年，参将胡忠奏准，展筑高一丈八尺，周围七百三十五丈，池深二丈八尺。"
④ 瞿九思：《万历武功录·逞加奴仰加奴列传》第11卷，中华书局影印本，1962年，第23叶。
⑤ 《明神宗实录》第11卷，万历十一年十二月甲戌，内阁文库本。

部众，部族蒙受空前灾难。

万历十五年（1587）十月，辽东巡抚顾养谦引兵攻孟格布禄。孟格布禄为王台妾温姐所生，王台死后其外妇子康古陆娶温姐为妻，温姐又为叶赫部所出，所以他们俱亲叶赫，而与王台之孙（扈尔干之子）歹商相隙。明恐孟格布禄同叶赫联结势大难制，决计以兵相攻之。顾养谦以降丁为向导，引兵出塞，攻哈达部孟格布禄。孟格布禄依恃叶赫，负固坚守。明军奋力强攻，"拔其二栅，斩首五百余级"①。明廷又革除孟格布禄原袭其先父王台龙虎将军之崇勋②，使其势单力孤。

万历十六年（1588）三月③，李成梁率兵攻打叶赫布寨和纳林布禄。叶赫贝勒清佳努和扬佳努被明军计杀后，清佳努子布寨、扬佳努子纳林布禄，分别袭为叶赫二贝勒，日渐强盛。李成梁以哈达势弱，谋伐叶赫以杀其势。于是，辽东总兵李成梁率师直捣叶赫山城。山城数重，累攻不下。明军发巨炮，破外郭，进拔二城，共"斩首五百五十四颗，得获马器以七八百计"。叶赫罹受重难，"城中老少皆号泣"。

第三，明朝辽东主力入朝，进行援朝抗倭战争，松弛了它对建州的军事遏制。

万历二十年（1592）至万历二十六年（1598），朝鲜发生抗倭战争。先是，在明嘉靖时，日本国地方实力派织田信长（1534—1582），势力强大，兼并各部，进占京都。他在统一日本的过程中，于明万历十年（1582），在本能寺被其家臣明智光秀谋杀。大将丰臣秀吉（1537—1598），继续织田信长的统一事业，以大阪为基地，加强集权，四处征战，笼络诸侯，势力强大，逐渐结束了延续百年的战国分裂局面。日本关白④丰臣秀吉在初步完成统一日本后，又开始进行对外侵

---

① 《明史纪事本末·补遗》第1卷，中华书局，1977年，第1404页。
② 《明神宗实录》（内阁文库本）第15卷，万历十五年十月丁丑："擒获夷人一骑并收猛骨部夷八百余名口，其猛骨原授龙虎将军抚赏所应革除。"
③ 三月：《明史·李成梁传》作"五月"。
④ 关白：是日本丰臣秀吉的官衔。

略战争,其侵略矛头首先指向朝鲜。万历二十年(1592),丰臣秀吉发动侵略朝鲜的战争,其目的是要奴役朝鲜,并以朝鲜为跳板,进一步侵略中国。丰臣秀吉派15万日军,从釜山登陆,"倭奴猖獗,大肆侵凌,攻陷王城,掠占平壤"①。朝鲜生民蒙受涂炭,八道几乎全部沦陷。朝鲜国王李昖出奔义州,遣使向明朝告急求援。明廷鉴于同朝鲜为"唇齿之国,有急当相救"②。派宋应昌为经略,李如松为征东提督,率士马四万余③大举入朝。翌年正月,李如松援朝之师与朝鲜军民配合作战,复平壤、克开城、攻王京,旋又败绩于碧蹄馆④。

努尔哈赤也禀报明兵部尚书石星,请求领兵前往驰援。据朝鲜史籍记载:

> 今朝鲜既被倭奴侵夺,日后必犯建州。奴儿哈赤部下原有马兵三四万,步兵四五万,皆精勇惯战。如今朝贡回还,对我都督说知,他是忠勇好汉,必然感怒,情愿拣选精兵,待严冬冰合,即便渡江,征杀倭奴,报效皇朝。⑤

但是,努尔哈赤援朝杀倭之请,受到明廷和朝鲜两方的拒绝。后来努尔哈赤说:"壬辰(1592)年间,朝鲜被侵于倭奴,吾欲领兵驰救,禀报于石尚书,

---

① [朝]《李朝宣祖大王实录》第30卷,日本学习院东洋文化研究所刊本,1959年,第1叶。
② [朝]《李朝宣祖大王实录》第27卷,日本学习院东洋文化研究所刊本,1959年,第18叶。
③ 明朝出兵数字,各书记载不同,如《明史纪事本末·援朝鲜》载,明廷遣"如松将诸镇士马四万余"援朝鲜;《李朝宣祖大王实录》二十五年十月壬子载,"天兵共计四万八千五名,将领、中军、千把总不计在数内";《光海君日记》即位年二月甲戌载,明朝"派文武大臣二员,统帅辽阳各镇精兵十万,往助讨贼";《明史·朝鲜传》作"扬言大兵十万且至";《李朝宣祖大王实录》二十五年九月甲戌载,"宋应昌率兵马七万,今月初七日辞朝"等。
④ 碧蹄馆:为朝鲜京畿道高阳郡之馆邑,地处朝鲜通中国交通之要冲,李朝赴明朝之使节于此驻息。
⑤ [朝]《李朝宣祖大王实录》第30卷,日本学习院东洋文化研究所刊本,1959年,第16叶。

不见回答，故不得相援。"①明廷不允建州援朝抗倭的请求，而"诏如松提督蓟、辽、保定、山东诸军"渡江赴朝。在前后六年援朝抗倭战争期间，明朝"以东征调发，行伍空虚"②；兵入朝鲜，"辽阳精锐，尽死于此"③，这就为努尔哈赤出兵海西提供了机会。

总之，在16世纪80年代至90年代初，辽东明军、扈伦四部和建州女真三种力量发生着急剧的变化。明朝不仅辽东主力赴朝、精锐受创，而且自李成梁解任后，"十年之间，更易八帅，边备益弛"④；扈伦四部内讧自耗，屡遭重创，趋向衰落；建州女真却诸部归一，生机盎然，崛起辽东。努尔哈赤以佛阿拉为基地，利用建州统一后的强大实力，抓住明辽东军力虚弱，哈达、叶赫内讧自乱的时机，以古勒山之战为信号，顺利地进行了统一海西女真，即扈伦四部的战争。

---

① [朝]《李朝宣祖大王实录》第72卷，日本学习院东洋文化研究所刊本，1959年，第19叶。
② 《明神宗实录》第348卷，万历二十八年六月庚寅，台北历史语言研究所校勘本，1962年，第19页。
③ 《东林事略》，不分卷，《荆驼逸史》丛书，清道光活字本，第2页。
④ 《明史·李成梁传》第238卷，中华书局点校本，1974年，第6191页。

二 古勒山之役

努尔哈赤统一建州女真的胜利,影响着海西女真内部的相互关系,及其同建州的军政关系。这种复杂的矛盾,在运用政治、通使、联姻、盟誓等手段无法解决时,便诉诸兵马骑射,爆发了古勒山之战。

古勒山之战的爆发,并不是偶然的。建州、哈达、叶赫之间的矛盾,是导致古勒山之战发生的一个重要原因。其时,哈达贝勒孟格布禄诸兄弟俱已死,只有其长兄扈尔干之子歹商(戴善)同他角力争局①,且叔侄不和,势同水火。孟格布禄亲叶赫,而歹商亲建州。叶赫贝勒布寨和纳林布禄欲图哈达,其障碍是歹商,歹商则依附建州努尔哈赤。于是,叶赫二贝勒将矛头指向歹商的支持者努尔哈赤,企图达到一石二鸟之目的:既削弱建州,又驯服哈达。所以,叶赫贝勒布寨和纳林布禄便以矢镞射向建州的努尔哈赤。

万历十九年(1591)正月,叶赫贝勒纳林布禄遣使宜尔当阿和摆斯汉至佛阿拉,对努尔哈赤道:

---

① 冯瑗:《开原图说》下卷,万历钞本。

乌喇、哈达、叶赫、辉发、满洲，言语相通，势同一国，岂有五主分建之理？今所有国土，尔多我寡，盍将额尔敏、扎库木二地，以一与我！

努尔哈赤回答道：

我乃满洲，尔乃扈伦；尔国虽大，我岂肯取？我国即广，尔岂得分？且土地非牛马比，岂可割裂分给？尔等皆执政之臣，不能各谏尔主，奈何觍颜来告耶！①

说毕，令叶赫使臣返回。

叶赫贝勒纳林布禄碰了钉子之后，仍不甘心，他召集叶赫、哈达、辉发三部贝勒会议，决定各部同时遣使至建州。努尔哈赤在佛阿拉客厅里宴请三部使臣。酒席间，叶赫贝勒纳林布禄的使臣图尔德，同努尔哈赤展开一场激烈的舌战。

图尔德曰："我主有言，欲相告，恐触怒见责，奈何？"

努尔哈赤曰："尔不过述尔主之言耳！所言善，吾听之；如出恶言，吾亦遣人于汝主前，以恶言报之。吾岂尔责乎！"

图尔德曰："我主云：'欲分尔地，尔不与；欲令尔归附，尔又不从。倘两国兴兵，我能入尔境，尔安能蹈我地耶！'"

努尔哈赤闻听这番政治讹诈之后，勃然震怒，举刀断案，道：

尔主弟兄，何常亲与人，交马接刃，碎烂甲胄，经此一战耶？昔孟革卜卤、戴鄂，叔侄自相扰乱，如二童争骨（满洲儿童每掷骨为戏故云云）。尔等乘乱袭取，何故视我如彼之易也！尔地四周，果有边垣之阻耶？

---

① 《清太祖高皇帝实录》第2卷，中华书局影印本，1986年，第10叶。

吾即昼不能亡，夜亦能至彼处，尔其奈我何？徒张大言，胡为乎？昔我父被大明误杀，与我敕书三十道、马三十匹，送还尸首，生受左都督敕书，续封龙虎将军大敕一道，每年给银八百两、蟒缎十五疋。汝父亦被大明所杀，其尸骸汝得收取否？①

会后，努尔哈赤命写出回帖，遣官送交叶赫贝勒布寨和纳林布禄。

战争是政治的继续。纳林布禄对努尔哈赤，既不能用联姻手段笼络，又不能以政治讹诈压服，便只有诉诸武力。但是，狡猾的纳林布禄先放一把小火，对建州进行试探。

万历二十一年（1593）六月，叶赫纠合哈达、乌拉、辉发四部兵马，劫建州户布察寨。努尔哈赤闻讯后率兵往追，直抵哈达部富尔佳齐寨。建州兵与哈达兵在富尔佳齐相遇。努尔哈赤令步骑前行，独身殿后，以诱敌入伏。这时追兵突至，前一人举刀猛扑，努尔哈赤回身扣弦，射中马腹，敌骑遁去；另三个联骑举刀冲来。当努尔哈赤坐骑惊跃几乎落马坠地之际，"三骑挥刀来犯，安费扬古截击，尽斩之"②！努尔哈赤赖右脚扳鞍得以复乘，并急发一矢，孟格布禄坐骑中箭倒地。他的仆从把自己的马让给主人，主仆骑从逃回。努尔哈赤化险为夷后，率马兵3人，步兵20人迎敌，杀敌兵12人，获甲6副、马18匹，胜利而归。这场富尔佳齐战斗，吹响了古勒山大战的号角。

九月，以叶赫贝勒布寨、纳林布禄为首，纠集哈达贝勒孟格布禄、乌拉贝勒满泰之弟布占泰、辉发贝勒拜音达里四部，长白山朱舍里、讷殷二部，蒙古科尔沁和锡伯、卦尔察三部，共九部，结成联盟，合兵3万，分作3路，向建州佛阿拉，摇山震岳而来。叶赫贝勒没有从对建州政治失算和军事受挫中汲取教训，想以九部联

---

① 《清太祖武皇帝实录》第1卷，原清宫内府藏写本，台北广文书局影印本，1970年，第27叶。
② 《清史稿·安费扬古传》第225卷，中华书局标点本，1977年，第9186页。

军的强大兵力，战胜建州，制服努尔哈赤，以实现其称雄女真诸部的目的。由叶赫贝勒统率的九部联军，自青龙山西麓三道关，即扎喀关①东进。入夜，九部联军到浑河北岸，大军备餐，举火煮饭，锅灶遍野，火密如星。建州探骑武理堪驰报：敌军饭罢起行，夜渡沙济岭，向古勒山②而来。古勒山，又称古楼岭，《兴京厅乡土志》载：

  古楼岭在治城西一百里，古楼村界内。山位西而偏南，为大河南一带保障。苏子河贴其背下流，水势至此甚大。山络纵横，四披断崖峭壁，语难形状。其阵式如枕，酷类驼背。斜横即为南支干路，逾岭往萨尔浒等处要路。古楼村河南，一半依附其下。③

敌军蜂拥而来，拂晓将要压境。

九部联军压境，态势极为严重，时势却对努尔哈赤颇为有利。这是因为明廷以朝鲜事忙于议和、班师，而叶赫、哈达又屡遭重创，元气未复。努尔哈赤充分利用时机和地形，做好迎战准备。"夫地形者，兵之助也"④，努尔哈赤根据地形险隘，进行了军事部署：在敌兵来路上，道旁埋伏精兵；在高阳崖岭上，安放滚木礌石；在丛林空隙间，砍树立桩设障；在沿河峡路上，设置横木阻挡。布置就绪后，待天明出战。努尔哈赤就寝酣睡，他的妻子富察氏把他推醒，问道："尔方寸乱耶，惧耶？九国兵来攻，岂酣寝时耶？"努尔哈赤答道：

  人有所惧，虽寝，不成寐；我果惧，安能酣寝？前闻叶赫兵三路来侵，

---

① 民国《兴京县志》第11卷，民国十四年（1925）铅印本，第56页。
② 《盛京吉林黑龙江等处标注战迹舆图》二排四上：古勒山山麓有古勒寨，在苏克素浒河南岸，扎喀关西南，图伦城东南。今新宾满族自治县上夹河镇古楼村。
③ 光绪《兴京厅乡土志》第3卷，光绪三十二年（1906）修，1962年油印本，第39页。
④ 《孙子兵法·地形篇》，广益书局石印本。

因无期，时以为念。既至，吾心安矣。吾若有负于叶赫，天必厌之，安得不惧？今我顺天命，安疆土，彼不我悦，纠九国之兵，以害无咎之人，知天必不祐也！①

努尔哈赤说完之后，安寝如故。不难看出，沉着冷静是努尔哈赤身临险境的一项宝贵的修养。他说"天"不佑海西而佑建州，自然是个天命主义者。如果抛弃"天命"的外壳，那么沉着冷静的内核蕴含着对形势的观察、彼己的分析、军力的谋算、胜负的判断。这使他深信：即将降临的古勒山恶战，对建州可能是喜剧，而对海西必定是悲剧。

第二天拂晓，用完早饭，努尔哈赤率领诸王大臣祭堂子②，拜祝曰："皇天后土，上下神祇，努尔哈赤与叶赫，本无衅端，守境安居，彼来构怨，纠合兵众，侵凌无辜，天其鉴之。"又拜祝曰："愿敌人垂首，我军奋扬，人不遗鞭，马无颠踬，惟祈默佑，助我戎行！"③他在借助天神的威灵，发布檄文，鼓舞士气，统率兵马，疾驰出征。

时建州派出的侦察武理堪，"擒叶赫一卒，讯之，言'敌众三万'"④！建州兵闻之色变。

兵法云："合军聚众，务在激气……临境强敌，务在厉气。"⑤就是说，在统兵迎敌，临战之前，要激励士气，鼓舞斗志。努尔哈赤是懂得这个道理的。他深知强敌逼境，将士怯畏，要激励士气，光靠祈祷神保佑是不够的。应当向将士们分析军事形势，以增强其必胜信心。他说道：

---

① 《清太祖高皇帝实录》第2卷，中华书局影印本，1986年，第14～15叶。
② 祭堂子：堂子是满族行祭天、祭神之庙堂，凡元旦、出征、凯旋等重大节日和活动，均在堂子祭神、祭天，叫作祭堂子。
③ 《清太祖高皇帝实录》第2卷，中华书局影印本，1986年，第15叶。
④ 《清史列传·武理堪》第4卷，中华书局标点本，1987年，第182页。
⑤ 《孙膑兵法·延气》，文物出版社，1975年，第72页。

尔众无忧！我不使汝等至于苦战。吾立险要之处，诱彼来战——彼若来时，吾迎而敌之；诱而不来，吾等步行，四面分列，徐徐进攻。来兵部长甚多，杂乱不一。谅此乌合之众，退缩不前，领兵前进者，必头目也。吾等即接战之，但伤其一二头目，彼兵自走。我兵虽少，并力一战，可必胜矣！①

努尔哈赤正确地分析了己之所长——立险扼要，以逸待劳；彼之所短——贝勒甚多，乌合之众。他又制定了战术原则：据险诱敌，伤其头目，集中兵力，奋勇合击。这就安定了军心，激励了士气。建州兵将士，人衔枚，马勒口，准备迎接一场血战。

努尔哈赤告祭、训示后，统率大军，向西急驰。军行至扎喀关以东郊野，得扎喀关的城守萧护和山坦的军报：九部联军于辰时已至，先围攻扎喀城，不克；又退攻黑济格城，不利。是夕，九部军与建州军均在做翌日决战的准备。

翌晨，努尔哈赤自率亲军登上古勒山，对黑济格城，据险结阵。时九部联军又攻黑济格城，仍未下。叶赫贝勒布寨和纳林布禄求进图胜心切，但两城未克，大军受阻，急烦难耐。胸有成竹的努尔哈赤，派巴图鲁额亦都率精骑百人，径冲向九部军阵。叶赫兵见建州兵来，罢攻城之勇，转向额亦都。额亦都佯败，且战且退。联军乘机前进，但沿途受砍倒树障所阻，兵士不能成列，首尾像长蛇似的缓进。叶赫贝勒布寨和纳林布禄、蒙古科尔沁贝勒明安、乌拉贝勒满泰之弟布占泰等统率九部联军，恰中努尔哈赤派额亦都"领兵一百挑战"②，诱敌布寨至古勒山下隘口之计，联军追击额亦都于古勒山下隘口，叶赫贝勒布寨和纳林布禄等统率九部联军，"围古勒山，并力杀来，势如潮涌，其锐莫当"③。额亦都拨转

---

①《满洲实录》第2卷，中华书局影印本，1986年，第14叶。
②《清太祖武皇帝实录》第1卷，原清官内府藏写本，台北广文书局影印本，1970年，第32叶。
③《正白旗满洲叶赫纳喇氏宗谱》，不分卷，抄本。

马头,"以百骑挑战,敌悉众来犯,奋击斩九人"[①],敌前锋稍却。叶赫贝勒布寨被额亦都挑战激怒,策马挥刀,直前冲入。努尔哈赤遥见布寨勇猛冲杀,正在仓皇之际,布寨驱骑过猛,战马触木桩蹿倒。建州兵士武谈迅猛扑去,骑在布寨身上,将他杀死[②]。后北关(叶赫)"请卜酉尸,奴酋剖其半归之。于是,北关遂与奴酋为不共戴天之仇"[③]。纳林布禄贝勒见其兄被杀,惊呼一声,昏倒在地。叶赫兵见其一个贝勒被杀,另一个贝勒昏倒,皆恸哭失声。他们急忙救起纳林布禄,裹携布寨尸体[④],掉转马头,夺路而逃。其他贝勒、台吉心胆俱丧,弃众奔溃。蒙古科尔沁贝勒明安"马被陷,弃鞍,赤身体,无片衣,骑骒马"[⑤],狼狈逃脱。

两军相逢,夺其魁,摧其坚,以解其体,这是瓦解敌军的重要手段。努尔哈赤见叶赫贝勒布寨被杀,九部联军四散溃乱,便督率古勒山上之精兵和古勒山谷之伏兵,如山崩,似河决,一刹那间,横向卷击,骑涛呼啸,矢石如雨,杀得尸横马倒,山谷殷红。九部联军溃败的惨象是目不忍睹的:被屠戮,被蹂躏,兵马填江,积尸莽野[⑥]。

古勒山之役的战果是,建州军斩杀叶赫贝勒布寨及其以下4000人,俘虏乌

---

① 《钮祜禄氏弘毅公传》,载《清代碑传全集》第3卷,上海古籍出版社影印本,1987年。
② 《清太祖高皇帝实录》第2卷,中华书局影印本,1986年,第17叶。
③ 《明神宗实录》第528卷,万历四十三年正月乙亥,台北历史语言研究所校勘本,1962年,第12叶。
④ 王在晋《三朝辽事实录·总略》第15页记载另一说:"北关(叶赫)请卜寨(布寨)尸,奴儿哈赤剖其半归之。北关、建州遂为不解之仇。"
⑤ 《满洲实录》第2卷,中华书局影印本,1986年,第14叶。
⑥ 朝鲜《李朝宣祖大王实录》三十八年七月戊子:"如许(叶赫)酋罗里(纳林布禄)、忽温(乌拉)酋卓古(布占泰)等,往往癸巳年间相与谋曰:'老可赤(努尔哈赤)本以无名常胡之子,崛起为酋长,合并诸部,其势渐至强大。我辈世积威名,差与为伍。'不意合兵来攻老酋,期于荡灭之际,老酋得谍大惊,先使精兵埋伏道旁,又于岭崖多设机械以待,而沿江峡路阻隘,故敌兵不得成列,首尾如长蛇而至。老酋之兵所在放石,兵马填江而死者不知其数,后军惊溃,先锋悉为老酋所获。于是罗里兄夫者(布寨)战死,忽酋卓古亦被擒而来。"

拉贝勒满泰之弟布占泰，缴获战马3000匹，铠甲1000副。古勒山之役，努尔哈赤据险诱敌，"先斩蛇头"，纵向强击，横向卷击，集中兵力，以少敌多，大败九部联军。

古勒山之战就军事指挥艺术而论，争战双方的两个统帅布寨和努尔哈赤，一个是愚蠢、鲁莽、焦躁、骄傲、图侥幸、凭声势、暗己彼、无谋智、狎玩命运、乌合之众、不讲战术、兵败身死；另一个是机智、沉着、冷静、谨慎、务实际、靠劲旅、明彼己、有韬略、部署周密、据险诱敌、以逸待劳、获得胜利。古勒山之役表明，既然叶赫贝勒布寨不是建州左卫指挥使努尔哈赤的对手，那么，布寨之死不仅是其个人的悲剧，而且映现出海西女真扈伦四部各部首领的影子。

著名的古勒山之战，是明代女真各部统一战争史的一个转折点。它打破九部军事联盟，改变建州女真和海西女真的力量对比，表明女真的中心由海西而转为建州，成为扈伦四部灭亡的起点。努尔哈赤自此"军威大震，远迩慑服"[①]。他利用古勒山之战后的有利形势，对扈伦四部——哈达、辉发、乌拉、叶赫展开攻势，远交近攻，先弱后强，精心策划，各个击破。

---

① 《清太祖高皇帝实录》第2卷，中华书局影印本，1986年，第18叶。

三 攻破哈达

哈达部，明永乐四年（1406），明政府在松花江北岸呼兰河流域设塔山卫①，命塔剌赤任指挥同知。正统十一年（1446），明廷为协调塔山卫内部的矛盾，而增设塔山左卫，命弗剌出为都指挥。该卫的地理特点，既地处冲要，"为迤北江上诸夷，入贡必由之路"②；又势踞形胜，为东部蒙古攻略海西女真的必争之地。因此，成化年间，塔山左卫在蒙古势力的胁迫下，开始往南迁移，寻求明廷保护。弘治初年，该卫迁到今扶余、农安一带。不久，明廷命速黑忒为都指挥，掌印管事。至嘉靖初，哈达部首领速黑忒始显于世。《全边略记》载：

> 嘉靖十年三月，女直左都督速黑忒，自称有杀猛克功，乞蟒衣、玉带等物。诏赐狮子彩一袭，金带、大帽各一。猛克者，开原城外山贼也，常邀各夷归路，夺其赏，速黑忒杀之。速黑忒居松花江，离开原四百余里，

---

① 《全辽志》第6卷记载："我朝永乐二年，头目来朝，置海西卫云。"查《辽东志》第9卷和《全辽志》第6卷"外夷卫所"及《明史·兵志》均无"海西卫"。
② 《明世宗实录》第123卷，嘉靖十年三月甲辰，台北历史语言研究所校勘本，1962年，第16叶。

为迤北江上诸夷必由之路,人马强盛,诸部畏之。往年各夷疑阻,速黑忒独至,顷又有功,朝廷因而抚之,示特赉之意。"①

速黑忒为海西女真,以斩猛克功,得晋右都督。《东夷考略》记载:"嘉靖初,海西夷酋速黑忒强,以修贡谨及捕叛夷猛克,特进右都督,赐金带、大帽。"②嘉靖十二年(1533),塔山左卫发生内乱,速黑忒被杀,克什纳袭职,后其在家族内讧中遇害,由其子王忠任塔山左卫都督。王忠承父遗志,仍忠于明。因受"野人"女真侵袭,王忠率部由今扶余、农安一带南下,迁到小清河上游地域,开原靖安堡广顺关外,哈达地方定居。该部驻牧范围,由哈达河中上游,拓展到柴河中游以东地区。王忠死,侄王台(即万汗)继为贝勒。"王台益强,能得众,居开原东北。贡市在广顺关③,地近南,称南关。"④

哈达为满语 hada 的对音,其意译为山峰、石崖。哈达以居山城,并临哈达河,而得部名。其时,明人称之为南关,而女真人称之为哈达。哈达部南徙至开原广顺关外,居住在哈达河⑤(今清河)流域,也有一部分居住在柴河一带。它东邻辉发,西至开原,南接建州,北界叶赫。哈达部的治所,是坐落在哈达河北岸的哈达城⑥(有迁徙)。哈达城,在今开原县城东九十里,俗称古城子,地势险要,依山而建,南临清河,城呈环形,土石修筑,周约三里,广顺关外,

---

① 方孔炤:《辽东略》,载《全边略记》第 10 卷,钞本,国家图书馆善本部藏。
② 茗上愚公:《东夷考略·女真》,钞本,国家图书馆善本部藏。
③ 《全辽志》第 1 卷:"广顺关,开原城东六十里。"
④ 茗上愚公:《东夷考略·海西》,钞本,国家图书馆善本部藏。
⑤ 哈达河,《辽东志》作小清河。似哈达部迁居此河一带之后,以其部名为该河之名。
⑥ 哈达城有三:哈达新城、哈达旧城和哈达石城。《盛京通志》第 15 卷第 9 页"哈达新城在衣车峰之上";《吉林通志》第 18 卷第 25 页"哈达石城在衣车峰山下";《盛京吉林黑龙江等处标注战迹舆图》二排四上:哈达旧城在哈达河北岸,哈达石城西南。哈达旧城系哈达贝勒王台之治城。

西距广顺关四十里。①

哈达部民，姓那拉（纳喇）氏。部民南迁后，过着定居、农耕的生活，"颇有室屋、耕田之业，绝不与匈奴逐水草相类"②。哈达盛时，《三朝辽事实录》记载："嘉、隆间，有王忠者，为塔山前卫夷酋，部众强盛，凡建州、海西、毛怜等一百八十二卫、二十所、五十六站，皆畏其兵威。"③万历初年，其贝勒万，明称王台，善驭部众，势力强大，"延袤千里，保塞甚盛"④。王台忠顺明朝，"北收二奴，南制建州"⑤。这就是北面能控制叶赫，南面能控制建州，处于重要的地位。

王台之女嫁给建州努尔哈赤伯祖索长阿之子吴泰为妻，又纳叶赫贝勒清佳努妹温姐为妾，与左右邻部联姻。王台盛时之舆图，"东尽灰扒、兀喇，南尽汤河、建州，北尽仰、逞二奴，延袤几千余里"⑥。其时，王杲称雄建州，欲同鞑靼东西遥应窥塞，但王台效忠明廷，支拄其间。王台忠于明廷的显例，是他在万历二年（1574）擒献王杲：

万历甲戌，东房王台擒叛首王杲以献，台、官已为都督，当加一品勋阶。吏部议上，拟加柱国。有旨，加台龙虎将军。台大感悦⑦。

上文甲戌，为万历二年（1574）。王台受明殊荣，想依靠明朝以统一女真各部。但是，明廷坚持"分而治之"的政策，并不予以支持。王台晚年志骄意满，内外交困，

---

① 《开原县志》，辽宁人民出版社，1995年，第539页；又见高清林：《五朝重镇开原》，中央文献出版社，2004年，第188页。
② 瞿九思：《万历武功录·王台列传》第11卷，中华书局影印本，1962年，第1叶。
③ 王在晋：《三朝辽事实录·总略》卷首，江苏省立国学图书馆藏本。
④ 《清史稿·万传》第223卷，中华书局标点本，1977年，第9131页。
⑤ 《明神宗实录》第203卷，万历十六年九月戊寅，台北历史语言研究所校勘本，1962年，第7叶。
⑥ 瞿九思：《万历武功录·王台列传》第11卷，中华书局影印本，1962年，第4～5叶。
⑦ 于慎行：《穀山笔麈》第11卷，中华书局点校本，1984年，第121页。

《满洲实录》记载晚年的王台：

> 贿赂公行，是非颠倒，反曲为直。上既贪婪，下亦效尤。凡差遣人役，侵渔诸部，但见鹰犬可意者，莫不索取。得之，既于万汗前誉之；稍不如意，即于万汗前毁之。万汗不察民隐，帷听谮言，民不堪命，往往叛投叶赫，并先附诸部尽叛，国势渐弱。①

王台部属叛离，忧病交加，于万历十年（1582），即努尔哈赤起兵前一年死去。

王台有六子：长子扈尔干②，次子三马兔，三子煖太，四子纲实，五子孟格布禄，六子即外妇子康古六。其二、三、四子皆前死，于是长子扈尔干继为哈达贝勒。扈尔干袭受贝勒后，"外迫强敌，内虞众叛"③，面临着极为困难与复杂的局面——遗产之争、叶赫攻掠。

遗产之争，是王台殁后哈达走向衰落的初兆。王台死，康古六与扈尔干争父业。扈尔干怒道："若，阿翁奸生儿也，岂以若今欲我颜行而处乎？若不善避我，我杀若。"④于是，康古六逃往叶赫，叶赫贝勒清佳努以女妻之。这时努尔哈赤正起兵。万历十一年（1583）八月，扈尔干之兵由兆佳城长李岱为向导，劫努尔哈赤所属瑚济寨而去。努尔哈赤部将安费扬古和巴逊以12人追击，杀哈达兵40人，复所掠而还⑤。扈尔干不久而死。五子孟格布禄年十九，继为哈达贝勒，袭龙虎将军、左都督。康古六闻扈尔干死，还哈达，烝温姐。温姐，为叶赫贝勒清佳努妹，王

---

① 《满洲实录》第1卷，中华书局影印本，1986年，第6叶。
② 扈尔干：又称虎尔罕赤、虎儿罕赤、虎儿罕、忽儿罕、虎儿哈赤。
③ 《明神宗实录》第131卷，万历十年十二月壬辰，台北历史语言研究所校勘本，1962年，第4叶。
④ 瞿九思：《虎儿罕赤传》，载《万历武功录》第11卷，中华书局影印本，1962年。
⑤ 《清太祖高皇帝实录》第1卷，中华书局影印本，1986年，第15叶。

台之妾，孟格布禄生母。王台衰暮，而温姐盛年，有姿色，"素舞智而荒淫"①，常与康古六通。至是，康古六遂娶温姐而室之。

叶赫攻掠，是扈尔干殁后哈达更趋衰落的征兆。扈尔干有子歹商（戴善或戴鄯），与孟格布禄、康古六三人，鼎析王台遗产。但是，康古六为报扈尔干之怨，释憾于其子歹商；孟格布禄以母之故，助康古六，同攻歹商。而叶赫贝勒清佳努、扬佳努兄弟，谋攻王台子孙而报两部的世仇。仅万历十一年（1583），叶赫贝勒清佳努和扬佳努值哈达贝勒王台、扈尔干两丧相继之机，先后纠挟蒙古恍惚太、瓮阿岱万骑攻掠哈达，哈达兵败。自此，叶赫兵屡至，肆焚掠不已。但是，翌年，明辽东巡抚李松、总兵李成梁诱斩清佳努、扬佳努兄弟，哈达受叶赫之难暂告纾缓。

内讧外扰，导致哈达部一蹶不振。孟格布禄虽袭父职龙虎将军、左都督，但年幼弱，"众心未附"②，便依母族，亲叶赫。康古六妻后母温姐，娶清佳努女，同歹商结仇，也依附叶赫。且康古六既纳父遗妾温姐，复娶叶赫贝勒清佳努女，因弃其室兄纲实之妻孙姐并与其侄吾把太，再强夺其侄歹商之妻③。内讧加剧，外敌益扰。叶赫清佳努子布寨、扬佳努子纳林布禄分别继为贝勒后，乘哈达内讧之隙图报怨。万历十五年（1587），纳林布禄以恍惚太万骑攻哈达，并阴结其姑温姐，嗾孟格布禄同康古六，共图歹商。万历十六年（1588），歹商受到四重打击：康古六诱歹商所部叛离，掠其牲畜和货财；孟格布禄将其妻孥从纳林布禄迁往叶赫，更急图歹商；恍惚太以数千骑围歹商；叶赫贝勒纳林布禄掠歹商妻而去。

明廷折衡，因不能力挽哈达衰败之颓势，而采取变通之策。明朝在歹商、孟格布禄和康古六之间采取支持歹商的政策，冀使歹商内倚明廷，东结建州，北折叶赫。明辽镇督抚官张国彦分析哈达与辽东形势道：

---

① 瞿九思：《温姐传》，载《万历武功录》第11卷，中华书局影印本，1962年。
② 瞿九思：《猛骨孛罗传》，载《万历武功录》第11卷，中华书局影印本，1962年。
③ 瞿九思：《康古六传》，载《万历武功录》第11卷，中华书局影印本，1962年。

> 歹商不立，则无海西；无海西，则二孽（布寨和纳林布禄）南连北结，而开原危；开原危，则全辽之祸不可胜道。①

明廷鉴于上述政策，采取如下措施：

第一，打击叶赫。王台子孙不和的外因在于叶赫，削弱叶赫冀可使歹商立、哈达和。万历十六年（1588），辽东巡抚顾养谦决策征讨叶赫部布寨和纳林布禄，总兵李成梁提兵至叶赫城下，虽攻城斩级，却未克而返②。叶赫受明军重创，其两贝勒愿同哈达均分敕书。

第二，扶植歹商。明朝先派军袭康古六营，执获康古六和温姐而归；又谕孟格布禄："和岱善，还所掠，否则断若母头矣！"但是，此计未能奏效。于是，明朝改议释谕康古六和孟格布禄——遂释康古六并谕之曰："中国立岱善，以万故；囚汝，以助北关侵岱善也。汝亦万子，不忍杀。今释汝，和诸酋，修父业。岱善安危，汝则任之。"③康古六听命。明并令歹商以叔父事康古六，以祖母事温姐，刑牲盟，相和解。又敕孟格布禄还掠歹商妻子、部民、牲畜。

第三，均分敕书。叶赫与哈达，哈达的歹商、康古六和孟格布禄之所争，主要是部民、牲畜和敕书，尤以敕书为甚。敕书之争，《万历武功录》述其原委曰：

> 故事，两关皆海西遗种；国初收为属夷，给敕书凡九百九十九道——南关凡六百九十九道，北关凡三百道④，每一道验马一匹入贡。中间两关互有强弱，故敕书亦因之以多寡有异耳。初逞、仰兵力强盛，以故北

---

① 《明神宗实录》第190卷，万历十五年九月癸丑，台北历史语言研究所校勘本，1962年，第6叶。
② 冯瑗：《海西夷南关枝派图说》，载《开原图说》上卷。此役，明人记载多有张饰。
③ 《清史稿·万传》第223卷，中华书局标点本，1977年，第9133页。
④ 此敕书两关占有之数，非为"国初"，似应为万历初。

关敕书独多。后王台盛，复大半归南关，而北关才得四之一耳。及台与虎儿罕赤死，延及歹商，势亦衰落，而卜寨、那林孛罗强，先已得八十道，竟欲以百二为请，于是制置使欲均平，南关凡五百道，北关凡四百九十九道。五百，以一百八十一道给康古六，以一百八十二道给猛骨孛罗，以一百三十七道给歹商。①

明廷欲在哈达与叶赫、哈达之歹商、孟格布禄与康古六之间摆平关系，并支持歹商。但这只是明朝的一厢情愿。同年，康古六偕温姐归故寨，不久康古六病死，寻温姐因乳病亦死。后叶赫贝勒攻杀歹商，而收其敕书。哈达部只剩下孟格布禄，在叶赫与建州间求生存。

前述，在建州努尔哈赤兴起和哈达王台殁后的十年间，建州与哈达的历史轨迹，趋势相反——建州从分散到统一，从衰落到强盛；哈达则由统一而分散，由强盛而衰落。那么，在尔后的十年间，内讧与衰落的哈达，对抗统一与强盛的建州，必然导致一个结果：哈达由一次一次地遭到失败，至一步一步地走向覆亡。

努尔哈赤对哈达采取分化的策略，瓦解哈达，壮大自己。如哈达的索塔兰率所部归建州，努尔哈赤把族女嫁给他为妻；雅虎率18户附建州，努尔哈赤授其为牛录额真。同时，对孟格布禄的骚扰也予以还击，富尔佳齐一战是为一例（前已述及），但是，努尔哈赤并不取攻势。

古勒山之战以后，叶赫贝勒兵攻哈达，欲吞并之。哈达贝勒孟格布禄力不能敌。万历二十七年（1599），孟格布禄送三个儿子到佛阿拉做人质，向建州乞师②。努尔哈赤派费英东和噶盖领兵二千助哈达，驻防其地。叶赫不愿意哈达倒向建州

---

① 瞿九思：《歹商传》，载《万历武功录》第11卷，中华书局影印本，1962年。
② 孟格布禄质三子于建州：《满洲实录》《清太祖武皇帝实录》系于万历二十七年，称"是时"；《清史稿·万传》系于万历二十七年秋；但《清太祖高皇帝实录》于万历二十七年秋九月丁未朔，称"先是"，确切时间未定。

一边，设法离间哈达与建州的关系。叶赫贝勒纳林布禄通过明朝开原通事，致书哈达贝勒孟格布禄称："尔若执满洲来援二将，赎所质三子，尽歼其兵二千人，我妻汝以所求之女，修前好焉！"①孟格布禄应允，约于开原往议，但机密泄漏。努尔哈赤见时机已到，决定发兵征哈达。

万历二十七年（1599）九月，努尔哈赤统兵征哈达。其弟舒尔哈齐自请为先锋，领兵一千做前队，直抵哈达城下，哈达兵出城迎战。舒尔哈齐见哈达城坚兵盛，按兵不战，道："彼兵出矣！"努尔哈赤怒道："此来岂为城中无备耶！"②说毕，亲自带兵沿城环攻。城上发矢投石，建州兵死伤很多。建州军团团围城，日夜猛攻。经过六昼夜的激战，攻陷哈达城。扬古利生擒哈达贝勒孟格布禄。孟格布禄匍匐进见努尔哈赤，努尔哈赤将自己的貂帽和豹裘赐给孟格布禄，并把他带回佛阿拉监养。哈达部所属城寨完全招服。建州对哈达的器械、财物、妻子秋毫无犯，降民编入户籍，迁之以归。

努尔哈赤将孟格布禄加以监养后，"寻诬猛奴私事，射杀之"③。孟格布禄被杀之讯传至明廷，万历帝宣谕建州，责问努尔哈赤取哈达、杀孟格布禄之事。努尔哈赤表示，愿意归还孟格布禄次子革把库及其部民120户，并愿意以女莽古济给孟格布禄之子吴尔古代为妻，且于抚顺关外刑白马盟誓，抚保吴尔古代之寨。

万历二十九年（1601），努尔哈赤将吴尔古代送回哈达，并以女妻之。但叶赫贝勒纳林布禄，又乘机攻扰哈达。其时，哈达大饥，向明乞粮，开原守将不与，只得"以妻子、奴仆、牲畜易而食之"④。努尔哈赤乘时将哈达灭亡，并其部众，有其屯寨，收其牲畜，夺其敕书⑤。

---

① 《清太祖高皇帝实录》第3卷，中华书局影印本，1986年，第3叶。
② 《满洲实录》第3卷，中华书局影印本，1986年，第3叶。
③ 海滨野史：《建州私志》上卷，北平图书馆刊印，民国二十二年（1933）。
④ 《清太祖武皇帝实录》第2卷，原清宫内府藏写本，台北广文书局影印本，1970年，第4叶。
⑤ 努尔哈赤灭哈达后所得哈达敕书为：原康古六一百八十一道，孟格布禄一百八十二道，共三百六十三道。

努尔哈赤灭亡哈达，明朝失掉南关，扈伦四部被打开一个缺口。努尔哈赤吞并哈达，是他统一女真各部道路上的一块里程碑——"自此益强，遂不可制"[①]。他的下一个争夺目标，是辉发部。

---

① 《明神宗实录》第366卷，万历二十九年十二月辛未，台北历史语言研究所校勘本，1962年，第5叶。

四 灭亡辉发

辉发部，辉发贝勒的先世居住在松花江与黑龙江交汇地域，属尼马察部人。先是，明永乐七年（1409）三月，明朝在依兰设忽儿海卫，命恼纳、塔失为指挥使，一卫二雄，争夺卫印。五月，明从忽儿海卫中分出弗提卫，恼纳领忽儿海卫，塔失领弗提卫。史载："永乐中，海西野人都指挥恼纳哈、塔失叔侄争印。太宗令恼纳哈掌忽鲁哈卫，塔失掌弗提卫，其人臣各随所属，庶消争衅，以靖边陲。"[①]据考证，弗提卫址在今黑龙江省凌海市西古城，地近松花江口。后弗提卫内一部分人逆松花江往西南迁徙。嘉靖年间，其首领星古力率部民移居渣鲁[②]地方。星古力后同扈伦人噶扬噶、图墨土二人，杀七牛祭天[③]，并附其姓，改姓益克得里为那拉（纳喇）。其子二，长留臣，次备臣，备臣生纳领噶和耐宽，纳领噶生拉哈都督，拉哈都督生噶哈禅都督，噶哈禅都督生齐讷根达尔汉，齐纳根达尔汉生

---

① 方孔炤：《辽东略》，载《全边略记》第10卷，钞本，国家图书馆善本部藏。
② 渣鲁：又作张或璋，其地一说在今吉林省伊通满族自治县营城子南碱场；另一说在松花江北岸呼兰河一带。
③《清太祖武皇帝实录》第1卷，原清宫内府藏写本，台北广文书局影印本，1970年，第8叶。

王机砮。由星古力七传至王机砮。王机砮收服邻近诸部，势力日盛。嘉靖时期，王机砮率众迁到辉发河畔的扈尔奇山，筑城居住。该部驻牧范围，由辉发河沿岸，南达柳河流域。

辉发①，为满语 huifa 的对音。huifa 的汉译意为野茶汁，青色，可做染料。以意推求，辉发河水色青，似野茶之汁，该部因地近辉发河，因河得名，称之为辉发部。辉发部贝勒居住在山城。辉发部的地理条件，既有利于其生息，又限制其拓展。它临山依水，水草肥美，物产丰饶，宜农宜牧，或渔或猎；凭山筑城，形势极险②，城下临水，易守难攻。它东面和南面是建州，西界哈达和叶赫，北接乌拉，左右为分水岭和长白山所阻，介于哈达、叶赫、乌拉和建州四强之间，难以发展。

王机砮死，其长子前死，其孙拜音达里杀了他的七个叔父，自立为辉发贝勒。由此，其堂兄弟及一些族人逃到叶赫纳林布禄贝勒那里，他的部属也在准备叛逃。拜音达里将其所属七臣之子送往建州作人质，乞请建州援兵。努尔哈赤发兵千人往援，"攻破叛变的辉发村庄，抚定尚未叛逃去叶赫之人"③。但是，拜音达里在建州兵帮助平息叛乱之后，并不想同建州联盟，而是想中立于建州与叶赫之间④。辉发自哈达灭亡后，地理上夹在建州与叶赫之间，政治上采取中立于建州与叶赫的两面政策，结果得罪了双方。

拜音达里在建州与叶赫之间来回摇摆的错误政策，加速了辉发的灭亡。叶赫贝勒纳林布禄见辉发质子于建州，便遣使告拜音达里道：

尔若撤回所质之人，吾即反尔授来族众。⑤

---

① 辉发：又作回波、灰扒、晦发等。
② [朝]《李朝宣祖大王实录》第217卷，四十年九月丙午，日本学习院东洋文化研究所刊本，1959年。
③《满文老档·太祖》第1册，丁未年（万历三十五年）九月，中华书局译注本，1990年。
④《满文老档·太祖》第1册，中华书局译注本，1990年，第4页。
⑤《满洲实录》第3卷，中华书局影印本，1986年，第9叶。

拜音达里信以为真，遂撤回在建州的七臣之子，并以其子与纳林布禄为质。但是，纳林布禄背弃诺言，不送还叛逃的辉发部众。拜音达里又派人去建州向努尔哈赤道：

> 我曾为叶赫纳林布禄所诳骗，今欲永赖聪睿恭敬汗谋生，请将尔许嫁常书之女改适与我为婚。①

努尔哈赤为了争取辉发，孤立叶赫，便解除原来其女的婚约，改许给辉发贝勒拜音达里，但拜音达里又怕与建州联姻而得罪叶赫，所以背约不娶。拜音达里患得患失，左顾右盼，出尔反尔，首鼠两端，招致杀身之祸。

万历三十五年（1607）九月，努尔哈赤以拜音达里两次"兵助叶赫"和"背约不娶"为借口，亲自统兵进攻辉发山城②。辉发山城，又称扈尔奇山城，形势险峻。先时，蒙古察哈尔部"土门渣沙兔汗，自将来围其城，攻不能克，遂回"③。后为防御建州军队进攻，拜音达里令筑城三重，恃险固守。努尔哈赤率兵攻辉发，兵至色和里岭，遇雨一昼夜，继而启行。建州军至扈尔奇山城下，外攻内应，克取胜利。此役，努尔哈赤早做内应准备，据《李朝宣祖大王实录》记载：

> 老酋欲图回波，暗使精兵数十骑，扮作商人，身持货物，送于回波，留连作商。又送数十人，依此行事。数十数十以至于百余人，详探彼中事机，以为内应。后猝发大兵，奋至回波。内应者作乱开门，迎兵驱入，城中大乱，以至于失守。然回波兵以死应敌，极力大战，竟虽败没，老

---

① 《满文老档·太祖》第 1 册，中华书局译注本，1990 年，第 5 页。
② 辉发山城：位于今吉林省辉南县朝阳镇东北三十五里的辉发山上。
③ 《清太祖武皇帝实录》第 1 卷，原清宫内府藏写本，台北广文书局影印本，1970 年，第 9 叶。

军亦折损。①

上文的"回波"即辉发,"老军"即努尔哈赤的建州军。努尔哈赤督兵里应外合,攻破扈尔奇山城后,俘获辉发贝勒拜音达里父子而杀之,并屠其兵,迁其民,亡其部。至此,辉发继哈达之后而亡。

努尔哈赤灭亡辉发后,又把统一扈伦四部的重点转向乌拉部。

---

① [朝]《李朝宣祖大王实录》第217卷,四十年十月丙子,日本学习院东洋文化研究所刊本,1959年。

五 并取乌拉

乌拉部，姓那拉（纳喇）氏，居住在乌拉河（今松花江上游）流域，因滨乌拉河，故称乌拉部。乌拉，为满语 ula 的对音，汉意译为江或河。同哈达部临哈达河而为部名一样，乌拉部临乌拉河而为部名。乌拉部与哈达部共祖纳奇卜禄（纳齐卜禄），曾居于松花江海西地域。在明成化、弘治、正德年间，曾数次南徙。其南牧原因，主要有四：第一，部众繁衍而首领分裂；第二，脱脱骑兵恣行侵逼；第三，新居较暖而宜于耕牧；第四，地近明边而便于贡市。至纳奇卜禄（纳齐卜禄）之孙加麻喀朱古[①]时，有子都尔机、扎拉布、速黑忒和绥屯。速黑忒显于世，后形成哈达一支；都尔机后裔，形成乌拉一支。

都尔机子古对朱颜，古对朱颜子太兰，太兰子布颜（补烟）。布颜（补烟）时，抚众筑城，日渐强盛，"补烟尽收兀喇诸部，率众于兀喇河洪尼处，筑城，

[①]《乌拉哈萨虎贝勒后辈档册》与《满文谱图》将加麻喀朱古作兄弟二人，即佳玛喀和撮托。《清太祖武皇帝实录》、《满洲实录》和《清太祖高皇帝实录》均作一人，即分别为加麻哈芍朱户、嘉玛喀硕珠古、加麻喀朱古。

称王"①。布颜卒，其子布干（补干）继之②。布干（补干）卒，子满泰（满太）继为贝勒③，满泰（满太）弟为布占泰。

乌拉部首领布颜，筑部城，称贝勒。乌拉部城，位于乌拉河东岸，与金州城隔河相望，相距2里④。其地在今吉林省吉林市北70里处的龙潭区乌拉街镇。后杨宾在《柳边纪略》中，记载乌拉城址为：

> 吴喇国旧城（人号大吴喇，以今之船厂亦名吴喇故也），周十五里，四门。内有小城，周二里，东西各一门。中有土台。城临江。⑤

康熙《盛京通志》的《城池志》亦载：

> 乌喇城，（乌喇船厂城）城北七十里，混同江之东，旧布占太（泰）贝勒所居。周围十五里，四面有门。内有小城，周围二里，东西各一门。有土台，高八步，周围百步。⑥

乌拉部盛时疆域，东邻朝鲜，南接哈达，西为叶赫，北达牡丹江口及其以北、以东地带。

在扈伦四部中，至努尔哈赤兴起时，乌拉疆域最广，兵马最众，部民最多，

---

① 《清太祖武皇帝实录》第1卷，原清宫内府藏写本，台北广文书局影印本，1970年，第3叶。
② 《满洲实录》和《清太祖武皇帝实录》未载布颜有几子，但《清太祖高皇帝实录》载其有二子："长布干，次博克多。"《乌拉哈萨虎贝勒后辈档册》和《满文谱图》载布颜有六子，即布干、布勒希、布三代、布云、乌三代和博克多。
③ 《乌拉哈萨虎贝勒后辈档册》与《满文谱图》载布干有三子：长子布丹、次子满泰、三子布占泰。
④ 《满文老档·太祖》第2册，中华书局译注本，1990年，第10～13页。
⑤ 杨宾：《柳边纪略》第1卷，《辽海丛书》影印本，辽沈书社，1985年，第7页。
⑥ 康熙《盛京通志》第10卷，康熙二十三年（1684）刻本，第11页。

城池最大。但是，乌拉在扈伦四部中，离建州最远。所以，在古勒山之战以前，努尔哈赤忙于建州内部的统一，同乌拉的联系和矛盾较少。自古勒山战后，努尔哈赤的铁骑驰出建州，踏向海西。但建州东北为辉发，西北为叶赫，西为哈达，他为着不使自己四面受敌，就远交近攻，争取乌拉。乌拉贝勒满泰之弟布占泰，在古勒山之役中兵败被擒。布占泰被缚跪见努尔哈赤道："今被擒，生死只在贝勒！"努尔哈赤在怒斥九部联军犯境之后，转为态度温和地道："今既来见，岂肯杀汝！语云：'生人之名胜于杀，与人之名胜于取！'"①说毕，即令给布占泰释缚，并赐猞猁狲裘，留栅收养。于此，朝鲜《李朝宣祖大王实录》也作了记载："老酋解缚优待，留居城中，作为少酋女婿。"②努尔哈赤不仅对布占泰加以优礼，还将其弟舒尔哈齐女与之为妻。

布占泰在佛阿拉留养四年。其间，布占泰之兄乌拉贝勒满泰欲以马百匹，赎还其弟，但努尔哈赤不许，他在建州时，家眷上下等共二十余口。然而，乌拉的内乱，促使努尔哈赤将布占泰送还本部。此乱及布占泰返回乌拉原委，《满洲实录》记载：

> 先阵中所擒布占泰，恩养四载。至是七月，太祖欲放归，令图尔坤煌占、博尔坤斐扬古二人护送，未至其国，时布占泰兄满泰父子二人，往所属苏斡延锡兰处修边凿壕。父子淫其村内二妇，其夫夜入，将满泰父子杀之。及布占泰至日，满泰叔父兴尼雅贝勒，谋杀布占泰，欲夺其位。其护送二大臣，保守门户甚严，不能加害。于是，兴尼雅投叶赫而去。布占泰遂继兄位，为乌拉国主，护送二人辞回。十二月，布占泰感太祖二次再生，恩犹父子，将妹滹奈送太祖弟舒尔哈齐贝勒为妻，即日设宴成配。③

---

① 《清太祖武皇帝实录》第1卷，原清官内府藏写本，台北广文书局影印本，1970年，第33叶。
② [朝]《李朝宣祖大王实录》第189卷，三十八年七月戊子，日本学习院东洋文化研究所刊本，1959年。
③ 《满洲实录》第2卷，第99叶；又见《满泰被害真相》，《长白学画》1990年第6期。

满泰贝勒被杀，可疑之点有五：

第一，满泰作为乌拉贝勒，看中部属女子，可纳为小福晋；无须夜入村庄，奸淫民妇。且父子同夜淫妇，同其身份不符，并与情理不通。

第二，乌拉贝勒拥有亲军，随侍左右。满泰贝勒父子同夜被村夫夜入而杀，事属蹊跷。

第三，兴尼雅在满泰死后，又欲杀布占泰而夺其位，透露了兴尼雅阴谋其事的政治野心。

第四，布占泰继兄为乌拉贝勒，兴尼雅逃往叶赫，更表明他同满泰兄弟间是一场乌拉贝勒权位之争。

第五，努尔哈赤恩养布占泰4年，以舒尔哈齐女妻之，又扶助其取得乌拉贝勒之位，从而密切了建州同乌拉的联盟，并强化了建州对乌拉的控制。

努尔哈赤为笼络布占泰，巩固建州与乌拉的联盟，曾先后与布占泰5次联姻①7次盟誓。布占泰对努尔哈赤虽感不杀之恩、扶位之助，但外亲内忌，并不服输。他以世积威名自负，时值不惑盛年，羞与建州为伍，更不愿屈从于人。布占泰继兄为乌拉贝勒后，整饬部伍，施展谋略，朝鲜史书称："忽贼行军有纪律，为谋亦甚凶狡。"②他想东山再起，形成乌拉与建州、叶赫鼎立的局面。布占泰西联蒙古，南结叶赫，东略六镇③，以与努尔哈赤争雄。

在努尔哈赤招抚图们江地域女真诸部时，布占泰也在这一地区扩张势力。万历三十一年（1603），布占泰出兵钟城乌碣岭地域，铁骑如云，戈甲炫耀，"焚

---

① 五次联姻：万历二十四年（1596），布占泰以其妹与舒尔哈齐为妻；万历二十六年（1598），以舒尔哈齐女娥恩哲与布占泰为妻；万历二十九年（1601），布占泰以侄女阿巴亥与努尔哈赤为妻；万历三十一年（1603），再以舒尔哈齐女顾实泰与布占泰为妻；万历三十六年（1608），复以第四女穆库什与布占泰为妻。
② [朝]《李朝宣祖大王实录》第187卷，三十八年五月己亥，日本学习院东洋文化研究所刊本，1959年。
③ 六镇：朝鲜咸镜道沿图们江畔的会宁、稳城、钟城、庆源、庆兴和茂山，史称六镇。

荡藩胡，烟火涨天"①，俘获牛马五百余头匹、男女数千余名。万历三十二年（1604），布占泰声势日隆，"极其诪张"②。万历三十三年（1605），布占泰出兵攻陷距钟城西18里之潼关，"潼关乃六镇咽喉之地，一道成败所系，顷日全城陷没，极其残酷"③。于是，布占泰与努尔哈赤的争夺，在六镇地带，势同水火。朝鲜咸镜道观察使李时发驰启道：

> 臣近观老酋（努尔哈赤）所为，自去年以来，设置一部于南略耳，囊括山外，以为己有，其志实非寻常。今又诱胁水下藩落，欲使远近之胡尽附于己。江外诸胡积苦于忽胡（乌拉布占泰）之侵掠，无不乐附于老酋。故去冬以后，投入于山外者，其数已多，而此后尤当望风争附。此胡举措，实非忽胡之比。④

由上，乌拉布占泰在图们江六镇地带的战掠，既使朝鲜深受其害，也使诸胡深切痛愤，更使建州深为忌恨。努尔哈赤说："忽贼杀掠藩胡，寇犯朝鲜，我实痛之。"⑤然而，建州与乌拉军事冲突的爆发点，在于下述事件：万历三十四年（1606），乌拉派兵"围县城诸处藩部，横行焚荡"⑥。县城地域即瓦尔喀所居

---

① [朝]《李朝宣祖大王实录》第166卷，三十六年九月甲寅，日本学习院东洋文化研究所刊本，1959年。
② [朝]《李朝宣祖大王实录》第177卷，三十七年八月癸巳，日本学习院东洋文化研究所刊本，1959年。
③ [朝]《李朝宣祖大王实录》第186卷，三十八年四月甲寅，日本学习院东洋文化研究所刊本，1959年。
④ [朝]《李朝宣祖大王实录》第209卷，四十年三月庚辰，日本学习院东洋文化研究所刊本，1959年。
⑤ [朝]《李朝宣祖大王修正实录》第208卷，四十年二月甲午，日本学习院东洋文化研究所刊本，1959年。
⑥ [朝]《李朝宣祖大王实录》第201卷，三十九年七月甲戌，日本学习院东洋文化研究所刊本，1959年。

斐优城一带。斐优城主策穆特赫因受布占泰兵害,亲谒努尔哈赤,请求派兵往援。努尔哈赤派兵至斐优城,建州兵与乌拉兵在乌碣岩相遇,爆发了女真史上著名的乌碣岩大战。

万历三十五年(1607)正月,努尔哈赤派弟舒尔哈齐、长子褚英、次子代善、大臣费英东、侍卫扈尔汉和将领扬古利等率兵三千,到东海瓦尔喀部斐优城护送新归附的部众回建州①。同时,又遣官往朝鲜,说明布占泰之兵,杀掠藩胡,殃及朝鲜;为避乌拉之扰,其城主等相率已去②云云。建州遣使通书朝鲜,意在为借道朝鲜、搬接策穆特赫而取得朝鲜的谅解。但是,乌拉布占泰派其叔博克多和大将常柱、胡里布统兵万人,前往朝鲜钟城图们江地带阻截建州军。建州军在搬接策穆特赫回程路上,"布占泰变了心,要杀害护送人口的丈人和两位妻兄,因而在中途拦截"③。建州的三千军队和乌拉的1万军队,三月在图们江畔钟城附近的乌碣岩④展开大战,史称乌碣岩大战。布占泰与舒尔哈齐,"既为妇翁,又为两女之婿"⑤,舒尔哈齐临阵同常书和纳各布率兵止于山下,畏葸不前。但扈尔汉、扬古利在山上竖栅扎营,派兵守护带来的500户,统200人同乌拉军前锋格斗。随后褚英与代善各率兵五百,分两翼夹击。褚英率先冲入敌阵,时天寒风雪,驰突厮杀。代善擒斩乌拉主将博克多。建州兵骁勇冲杀,自午至暮,愈战愈烈,

---

① 《清太祖武皇帝实录》第2卷,原清宫内府藏写本,台北广文书局影印本,第15~16叶。
② [朝]《李朝宣祖大王实录》第208卷,四十年二月己亥,日本学习院东洋文化研究所刊本,1959年。
③ 《满文老档译注》第Ⅰ册,丁未年(万历三十五年)三月,东洋文库,1955年。
④ 乌碣岩,见有如下三种名称:甲、乌碣岩,如《李朝宣祖大王修正实录》四十年二月甲午:"建州卫胡酋老乙可赤与忽剌温大战于钟城乌碣岩,大破之。"乙、门岩,如《光海君日记》元年三月辛卯,乌拉"门岩之败,一军涂地,僵尸相枕于我境者,本国边臣亲计其数,亦且二千六百余名,而舆尸远遁,老兵追奔逐北,深入而还,其死于胡地者,边人皆言五六千云,故至今传者,咸以为忽兵之败死不下七八千"。又如《光海君日记》元年十二月丙寅,努尔哈赤"自得利门岩之后,威行迤东诸部"。丙、文岩,如《光海君日记》二年十一月己未,乌拉自"文岩大败之后,仅余六百,不暇自保,岂图他国乎?"
⑤ 孟森:《明清史论著集刊》上册,中华书局,1959年,第179页。

乌拉军将死兵败。乌拉兵丢马匹、弃器械，一败涂地，尸相枕藉。《李朝宣祖大王实录》记载是役云：

> 老（努尔哈赤）、忽（布占泰）两军，大战于江边。忽兵不能抵敌，其北走之状，如天崩地裂云。
>
> 侦探人得闻忽贼大败，尽弃器械马匹，奔忙逃遁，死伤不知其几许。老兵则仍留战场，散遣军马，收拾忽兵遗弃杂物。①

是役，建州兵斩杀乌拉主将博克多贝勒以下三千余级，获马5000匹，甲3000副，取得重大军事胜利。

在乌碣岩之战中，努尔哈赤和布占泰第一次单独地进行较量。表明"悍勇无双"的布占泰，并不是"老谋深算"的努尔哈赤之对手。乌碣岩大战不仅进一步增强建州力量并削弱乌拉力量，而且打通了建州通向乌苏里江流域和黑龙江中下游流域的宽广长廊。

乌碣岩大战之后，建州兵威更盛，雄于诸部②。努尔哈赤要与叶赫抗衡，统一乌苏里江以东地区和黑龙江中下游流域，乌拉就成为其前进道路上的一棵大树。砍倒大树，扫除障碍，才能打开通路。他把征服乌拉比作砍伐树木，说道：

> 欲伐大木，岂能骤折？必以斧斤伐之，渐至微细，然后能折。相等之国，欲一举取之，岂能尽灭乎？且将所属城郭，尽削平之，独存其都城。如此，则无仆何以为主？无民何以为君？③

---

① [朝]《李朝宣祖大王实录》第209卷，四十年三月辛卯，日本学习院东洋文化研究所刊本，1959年。
② [朝]《光海君日记》第14卷，元年三月辛卯，日本学习院东洋文化研究所刊本，1959年。
③《满洲实录》第3卷，中华书局影印本，1986年，第14叶。

这是一个既生动形象又富于哲理的比喻。为砍倒乌拉这棵大树，从万历二十一年（1593）布占泰被擒，至万历四十一年（1613）乌拉覆亡的整整20年间，努尔哈赤交替使用联姻誓盟与武力征伐的两手政策。总的说来，它可分为3个阶段：

第一阶段——政治怀柔。从古勒山之战到舒尔哈齐第二次以女与布占泰为妻，他以恩养、宴赏、婚媾、盟誓等手段，对乌拉施行"远交"之计，以腾出手来对哈达和辉发采取"近攻"之策。

第二阶段——政治怀柔与武力征伐并用。从舒尔哈齐第二次嫁女给布占泰为始，至努尔哈赤将亲生女穆库什嫁给布占泰为终，中经乌碣岩和宜罕阿麟城①两次大战。宜罕阿麟城之役，努尔哈赤派长子褚英、侄阿敏率军五千，大败乌拉兵，斩杀千人，获甲三百。上述两次交战，乌拉元气大伤，哈达、辉发又相继灭亡，形势对建州颇为有利，从而开始以武力征讨为主、夺取乌拉的第三阶段。

第三阶段——努尔哈赤曾两次率兵亲征乌拉。

万历四十年（1612）九月，努尔哈赤借口布占泰屡背盟约和以鸣镝穿射侄女娥恩哲②，亲自披明甲、乘白马，率第五子莽古尔泰、第八子皇太极，统兵征乌拉。建州军盔甲鲜明，兵雄马壮，沿乌拉河而下，连克河西六城，在距乌拉城西门2里的金州城驻营。建州兵放火烧庄，尽焚敌粮。布占泰乘独木舟到乌拉河中流，叩头恳求建州兵熄灭烧粮之火，撤退围城之兵。努尔哈赤乘马走进水齐马胸的乌拉河中，对布占泰发表了愤怒而长篇的讲话：

---

① 宜罕阿麟城，其满文体为 ihan alin hoton。ihan 意为牛，alin 意为山，hoton 意为城，故又对音意译为宜罕山城。
②《满洲实录》第3卷，第14叶和《清太祖武皇帝实录》第2卷，第13叶均作"以骲箭射太祖侄女娥恩哲"，《满文老档·太祖》壬子年九月作"他用骲箭射汗给他为妻的娥恩哲格格"；但《清太祖高皇帝实录》第4卷，第2叶作"以鸣镝射所娶上女"，《清史稿·布占泰传》作"以鸣镝射所娶太祖女"。所以，后列二书，记载不确。

布占泰，你在战场上被擒应死，从宽收养，释回乌拉为贝勒。我把三个女儿嫁给你，你曾七次立誓说"天高地厚"，可竟变了心，两次袭击并掳掠我属下虎尔哈路。你布占泰扬言要强娶恩养父我给过聘礼的叶赫女子。我的女儿是给国主作福晋，才出嫁他国，岂是给你用骲箭射的吗？我的女儿如果做错了事，你要向我说明。你能举出动手打我爱新觉罗的先例吗？百世可能不知，十世以来的事也不知道吗？如果有人动手打我爱新觉罗的先例，那你是正确的，我兵来攻是错误的。如果没有那种先例，你布占泰为何用骲箭射我女儿呢？她死后还要蒙受被骲箭射过的恶名吗？活着就闷在心里吗？古人说："人若折名，甚于折骨。"如果看到绳子就以为是毒蛇，见到疮脓就以为是海水，这次出兵非所乐为。听到你用骲箭射我女儿的消息，十分愤恨，才领兵前来。①

努尔哈赤斥责布占泰后，命他送人质至建州，遂还营。后留兵千人驻戍，大军撤回。

诚然，努尔哈赤出兵乌拉，并非完全为其侄女受辱，如他多次受叶赫凌辱，未见兴师问罪；其主要的原因是，在建州的政治棋盘上，下一步要吃掉的棋子就是乌拉。

万历四十一年（1613）正月，建州利用乌拉贵族众叛亲离、乌拉城孤立无援和部民"无不乐附于老酋"②的形势，再次征讨乌拉。建州出兵的借口有四：

（一）布占泰屡背盟约。

（二）幽禁努尔哈赤与舒尔哈齐之女。

（三）强娶努尔哈赤所聘叶赫贝勒布寨之女。

---

① 见《满文老档·太祖》壬子年（万历四十年）九月。
② [朝]《李朝宣祖大王实录》第209卷，四十年三月庚辰，日本学习院东洋文化研究所刊本，1959年。

（四）送人质于叶赫。

于是，努尔哈赤带领次子代善、侄阿敏，大将费英东、额亦都、安费扬古、何和礼、扈尔汉及将士3万人，张黄盖、吹喇叭、奏唢呐、打锣鼓，向乌拉进军。

建州军进攻乌拉，连克乌拉河附近的孙孔泰、郭多、俄漠三城。布占泰亲率3万兵马，越伏尔哈城①，列阵以待。在此紧要关头，领兵诸将欲奋勇抵敌，努尔哈赤却以为"岂有伐大国，能遽使之无孑遗"②，并重申"砍伐大树"之前谕。努尔哈赤高估了敌方实力，而低估了己方力量。在两军相峙，攻而不欲，退而不忍，徘徊犹豫之际，代善③冒着违背父汗之命的罪名，率领诸将强谏道：

> 初所虑者，如何诱布占泰兵出城。今其兵已至郊野，反不出击斩杀。若知如此，何必喂饱马匹，整备盔甲、鞍辔、弓箭、刀枪，即自家中前来。今日不战，俟布占泰得娶叶赫之女再征讨之，将何为耶？其辱孰能忍之！④

努尔哈赤采纳代善等议，下令同乌拉兵在河岸郊原野战，速决取胜。

乌拉城，城高大，且坚固。城临松花江东岸。康熙《盛京通志》载，乌拉城为"布占太（泰）贝勒所居，周围十五里，四面有门；内有小城，周围二里，东西各一门；有土台⑤，高八步，周围百步"⑥。布占泰凭城布军，列阵以待，迎击

---

① 《盛京吉林黑龙江等处标注战迹舆图》三排三下：伏尔哈城在乌拉河东，宜罕阿麟城西，乌拉城南，宜罕河北岸，宜罕山上。
② 《清太祖武皇帝实录》第2卷，原清官内府藏写本，台北广文书局影印本，1970年，第17叶。
③ 《清代碑传全集·和硕礼亲王代善传》第1卷，上海古籍出版社影印本，1987年，第17页。
④ 《满文老档·太祖》第2册，中华书局译注本，1990年，第16~17页。
⑤ 杨宾：《柳边纪略》第1卷第7页："吴喇国旧城，周十五里，四门；内有小城，周二里，东西各一门；中有土台。"
⑥ 康熙《盛京通志》第10卷，康熙二十三年（1684）刻本，第11页。

建州军进攻。建州军与乌拉军相距百步左右,下马步战,厮杀一片,矢如风发电落,声似狂飙雷鸣。努尔哈赤率先乘骑突阵,挺身而入,诸将、军士坚甲利刃,铁骑驰突。建州军鼓勇纵击,乌拉军拼死力敌。布占泰所率3万之军,力不能御,四散溃败。败散的乌拉兵,十损六七,抛戈弃甲,尸横遍地,血洒原野。建州兵越过伏尔哈城,乘胜进夺乌拉城门。布占泰次子达穆拉率兵守城,拒门坚御。代善之军,最为奋勇①。安费扬古率攻城军,一面用云梯登城,一面用准备好的土袋,兵士们迅速地抛向城下,土与城平。攻城军登上城墙,先锋军夺门而入。努尔哈赤登城,坐在西门城楼上,两旁树立旗帜。时布占泰领败兵不满百人,奔城而来。他见城已失陷,遂大惊,急回奔,遭代善领兵阻截。布占泰"见势不能敌,遂冲突而走,折兵大半,余皆溃散。布占太仅以身免,投夜黑国去"②。

乌拉城之役,努尔哈赤统率建州军,"破敌三万,斩杀万人,获甲七千副"③,攻占乌拉城,灭亡乌拉部。乌拉部始建于永乐五年(1407),至此206年,传九代,十贝勒,灭亡。

乌拉之役,布占泰失败与努尔哈赤获胜,原因固多,其中一点是:乌拉贝勒布占泰未取以逸待劳,避其锋锐,凭城固守,伺机克敌之策;努尔哈赤则取先击外围,引敌出城,利用机会,鼓勇速胜之策。在这里,机会尤为重要:

作天下之事,本乎机;而成天下之事,存乎会。机以动之,会以合之。古今之所有事,率由是也。④

---

① 陈康祺:《郎潜纪闻》第5卷,中华书局点校本,1984年,第9页。
② 《清太祖武皇帝实录》第2卷,原清官内府藏写本,台北广文书局影印本,第15—16叶。
③ 《满文老档·太祖》第2册,中华书局译注本,1990年,第17页。
④ 嘉靖《通州志略·杨序》首卷,嘉靖二十八年(1549)刻本,日本尊经阁文库藏,首都图书馆复印本。

努尔哈赤听纳代善等谏言，动机合会，悉锐速决，取得攻克乌拉城、灭亡乌拉部之大胜。

努尔哈赤灭亡乌拉部后，在乌拉城居住10天，赏赉将士，"分配俘虏，编成万户"①，带回建州。他在"砍倒"乌拉部这棵大树之后，又马不停蹄地兵指扈伦四部中最后的一部——叶赫部。

---

① 《满文老档·太祖》第3册，癸丑年（万历四十一年）正月，中华书局译注本，1990年。

六 吞并叶赫

叶赫部，永乐四年（1406），明廷在松花江北岸设塔鲁木卫，任命打叶为该卫指挥。《明太宗实录》记载：

> 女直野人头目打叶等七十人来朝，命置塔等①木、苏温河、阿速江、速平江四卫，以打絮②等为指挥、卫镇抚、千百户等官，赐诰印、冠带、袭衣及钞币有差。③

约在成化十九年（1483）前，打叶的后人不再袭职，改由奇尔噶尼（的儿哈你）为塔鲁木卫指挥。而后，奇尔噶尼因"入寇被杀"，其子褚孔格（竹孔革）"听抚入贡"④。

---

① 《明实录·太宗实录校勘记》："塔等木"，广本、抱本"等"作"鲁"，是也。
② 《明实录·太宗实录校勘记》："絮"，广本、抱本作"葉"（叶），疑是也。
③ 《明太宗实录》第51卷，永乐四年二月庚寅，台北历史语言研究所校勘本，1962年，第5叶。
④ 《明武宗实录》第103卷，正德八年八月己亥，台北历史语言研究所校勘本，1962年，第2叶。

褚孔格对明朝时顺时犯。以正德八年（1513）为例，正月，海西女真褚孔格等屡犯边，阻各夷朝贡①。

六月，明兵部侍郎石玠到开原，遣大通事马俊出境，抚谕诸夷。褚孔格等听抚，率部2000人入关，各修职贡②。

八月，褚孔格到北京入贡，《明武宗实录》记载：

> 兵部奏。海西卫夷人竹孔革等四人，听抚入贡，辄求升袭，并给印与敕，从之则示弱，不从则兴怨，臣等会廷臣议，以为竹孔革之父的儿哈你，本塔鲁木卫指挥佥事，以入寇被杀，今竹孔革既悔罪归顺，宜免勘，暂准袭其父职，以敕付辽东镇巡官收贮，俟一年以上不扰边境方许给之。③

明廷对褚孔格要考察一年，如不犯边，忠顺朝廷，才能给予敕书与印信。

武宗正德帝死，世宗嘉靖帝立。塔鲁木卫都督褚孔格的名字，出现在嘉靖朝的史册上。嘉靖三年（1524），褚孔格赴京朝贡，升为都督佥事，史载：

> 以塔鲁木卫都督佥事竹孔革升职久，给金带、大帽各一，从其请也。④

尔后，海西女真各部，向明廷朝贡，按《明世宗实录》之记载，往来不断，下举三例：

---

① 《明武宗实录》第96卷，正德八年正月戊子，台北历史语言研究所校勘本，1962年，第3叶。
② 《明武宗实录》第101卷，正德八年六月辛亥，台北历史语言研究所校勘本，1962年，第5叶。
③ 《明武宗实录》第103卷，正德八年八月己亥，台北历史语言研究所校勘本，1962年，第2叶。
④ 《明世宗实录》第36卷，嘉靖三年二月己未，台北历史语言研究所校勘本，1962年，第7叶。

海西塔鲁木卫女直都督竹孔革等三百七十八人来朝，贡马，赐宴，及彩币、袭衣、绢、钞有差。①

海西塔鲁木卫女直都督佥事竹孔革等，法因河卫女直都指挥佥事土剌等，建州卫女直都指挥佥事广武等凡二百五十人，各来贡马，赐宴赉如例。②

海西塔鲁木、建州等卫女直都督方巾撒哈、竹孔革等七百五十二人入贡，诏晏赉如例。③

不久，褚孔格率领部众，由松花江往南迁徙，到开原以北叶赫河一带定居。该部驻牧范围，大致在叶赫河流域，东北达伊通河上游，以及东辽河上游等地。叶赫褚孔格兴起，哈达速黑忒死去。速黑忒子王忠继为哈达贝勒，哈达王忠与叶赫褚孔格"以敕书不平为争"④。褚孔格为王忠所杀，敕书等被哈达夺去。从此，叶赫与哈达两部，结下多年不解之怨。褚孔格死后，子太杵（台出）继续经营叶赫部，至其子清佳努（逞加奴）和扬佳努（仰加奴）时⑤，叶赫部复振。

叶赫，为满文 Yehe 的对音，其汉意译为盔顶。它不是蒙古语的对音。叶赫部名称的来源，或因其居住山城，城高似盔顶。叶赫河似也因其部民居于河畔而得名。叶赫部地近北，向明廷朝贡，取道镇北关⑥，所以明称之为北关。它东邻辉发，南接哈达，西南临开原，西界蒙古，北与乌拉相近。叶赫部民"屋居火食，

---

① 《明世宗实录》第36卷，嘉靖三年二月庚子，台北历史语言研究所校勘本，1962年，第1叶。
② 《明世宗实录》第48卷，嘉靖四年二月甲辰，台北历史语言研究所校勘本，1962年，第6叶。
③ 《明世宗实录》第110卷，嘉靖九年二月乙亥，台北历史语言研究所校勘本，1962年，第9叶。
④ 《明神宗实录》第203卷，万历十六年九月戊寅，台北历史语言研究所校勘本，1962年，第7叶。
⑤ 颛腾颛：《叶赫那兰氏八旗族谱》载，"二奴"为太杵二弟台坦柱之子。
⑥ 冯瑗：《开原图说》下卷《海西夷北关枝派图说》载："镇北堡十里为白马儿山，山有关，即镇北关也。关外即夷人境。东北三十里，曰啰啰寨，寨东北又三十里，曰夜黑寨，即白羊骨寨。而金台失寨又在台住焉。自寨至关六十里，至堡七十里，至开原城一百二十里。以二酋巢在镇北关北，故开原人呼为北关。"

差与内地同。而户知稼穑，不专以射猎为生"，又有"参、貂、马尾之利"①，有着耕、猎、牧、渔、采的多种经济。然其建寨于叶赫东、西二城②，与南关争夺贡敕之利更为激烈。

叶赫部始祖的祖属，史有三说。一是蒙古人说，《清太祖武皇帝实录》载："夜黑国始祖蒙古人，姓土墨忒，所居地名张，灭胡笼国内纳喇姓部，遂居其地，因姓纳喇。后移居夜黑河，故名夜黑。"③一是女真人说，魏源（字默深）《圣武记》载："扈伦国之部四（扈伦亦作呼伦）——曰叶赫、曰哈达、曰辉发、曰乌拉，皆金代部落之遗，城郭土著射猎之国，非蒙古行国比也。"④魏默深所记与《清实录》所载，似为相左。三是蒙古入赘女真人说，《叶赫那兰氏八旗族谱》载："叶赫地方贝勒始祖，原系蒙古人，姓土默特氏。初自明永乐年间，带兵入扈伦国招赘，遂有其地，因取姓曰纳兰氏。明宣德二年，迁于叶赫利河涯建城，故号曰叶赫国。"⑤在上述三说中，虽各有史料来源，也各有相当道理；但《清太祖武皇帝实录》记载过于疏略，《圣武记》书出甚晚且过于笼统；《叶赫那兰氏八旗族谱》载述本族谱系，其史料价值尤应重视。据《清太祖武皇帝实录》和《叶赫那兰氏八旗族谱》，参酌明清官私记载，似可认为：叶赫与蒙古土地接壤，往来频繁。蒙古人招赘于女真，入其部，有其地，取姓那拉（纳喇、那兰）氏，史有其事，不足为怪。这并非民族征服，而是民族赘姻。且叶赫有十五部，就其总体上看，从历史上说，都是女真人。但其中一部，始祖有蒙古人血统，尔后孳衍繁盛，其子孙为叶赫贝勒⑥。至清佳努和扬佳努贝勒时，叶赫复兴，势力强大。

叶赫贝勒清佳努与扬佳努，能抚驭部从，依险筑二城——清佳努居西城，扬

---

① 冯瑗：《海西夷北关枝派图说》，载《开原图说》下卷，"玄览堂丛书"本，民国二十九年（1940）。
② 刘选民《清开国初征服诸部疆域考》：《盛京通志》谓叶赫山城在叶赫城西北三里。
③ 《清太祖武皇帝实录》第1卷，原清官内府藏写本，台北广文书局影印本，1970年，第8叶。
④ 魏源：《圣武记》第1卷，中华书局点校本，1984年，第2页。
⑤ 额腾额：《叶赫那兰氏八旗族谱》，清钞本，第1页。
⑥ 参见拙文《〈明珠及妻觉罗氏诰封碑文〉考述》，载《四平民族研究》，1987年，第2期。

佳努居东城①。康熙《盛京通志》载，叶赫城"旧叶赫贝勒所居，周围四里，东西各一门。叶赫山城，叶赫城西北三里，周围四里，南北各一门；内有一小城，周围二里，南北各一门"②。叶赫西城，地理形胜，临水依山③。它位于叶赫河北岸300米处山丘上。城依山兴筑，故称叶赫山城。城垣土石杂筑，分为内外二城。外城周约五里余，依地势围筑④。内城修在外城中东南部的平顶山丘上，随地势围筑，呈不规则形，周约近2里。叶赫西城以东4里处，为叶赫东城⑤。它北临叶赫河，南偎岭岗。城依岗兴筑，城垣土石杂筑，亦有木栅垣，共为四重城。外城面水依山，形势优越，周长约7里。其中部偏南为内城，内城兴建在一个凸起的台地之上，高出地面约10米，再筑以高耸墙垣，更加突兀险峻，伟岸壮观。它周长近2里，墙随地形，颇不规整。外城之外，内城之内，各筑木城，以固御守。

叶赫贝勒清佳努与扬佳努，分据西、东二城，实力渐强。隆庆末，清佳努与扬佳努尝率二万余骑，逐水草至上辽河，后又联结土蛮部，声势日隆。万历十年（1582），王台死，清佳努与扬佳努欲借机报仇、索书，即洗雪王忠杀戮褚孔格之怨仇，索回哈达所掠700道敕书。于是，谋攻王台子扈尔干，扈尔干哭泣思父，并率兵死守。清佳努与扬佳努又与阿台合，称兵汉塞。明以停止贡市相胁，但无济于事，便由辽东巡抚李松等设计诱斩清佳努与扬佳努。是计，巡抚李松、总兵李成梁、备御霍九皋构设，使清佳努与扬佳努提兵二千余骑，擐甲诣镇北关。霍九皋诮让其甲骑如林，清佳努与扬佳努请以三百余人诣圈门。李松应允，遂令三军解甲易服入城埋伏，并约以信炮为号桴鼓而前。清佳努与扬佳努入伏后，霍九皋扯其下马，以激其愤。清佳努与扬佳努果然愤怒，将挥剑砍伤霍九皋。于是，

---

① 叶赫二城，今址在吉林省四平市梨树县叶赫满族镇叶赫河两岸台地上。
② 康熙《盛京通志》第10卷，康熙二十三年（1684）刻本，第11页。
③ 叶赫西城址，在今吉林省四平市梨树县叶赫满族镇张家村大窝堡屯东南三里、老爷庙屯东北一里处。
④ 《叶赫古城》，载《梨树县文物志》，铅印本，第124页。
⑤ 叶赫东城址，在今吉林省四平市梨树县叶赫满族镇叶赫村西。

信炮鸣，伏兵起，斩杀清佳努及其子兀孙孛罗、扬佳努及其子哈儿哈麻并三百余级。是时，李成梁闻信炮声，拥精兵驰叶赫城，与叶赫兵大战，斩杀千余级，"诸虏皆出寨门叩头，愿从猛骨孛罗约束，即刑白马，钻刀歃血，誓称自今宁万死不敢复入塞"①。

清佳努子布寨②、扬佳努子纳林布禄③分别继为贝勒，谋掠哈达，以报世仇。万历十六年（1588），李成梁出师威远堡，驰行60里，至叶赫城下。布寨弃西城，入纳林布禄城，合兵东城，坚壁以守。是役，《万历武功录》载：

> 我军如墙而进，直捣其城下。虏退入壁，坚闭拒守。矢石如雨，我军多死伤。其外大城以石，石城外为木栅，而内又为木城，城内外大壕凡三道。其中坚则一山特起，凿山坂周回，使峻绝，而垒石城其上。城之内又为木城，木城中有八角明楼，则其置妻子资财所也。上下内外，凡为城四层，木栅一层。其中控弦之士以万，甲胄者以千计，刀剑矢石滚木甚具。我兵攻之两日，撤其外栅，破其城二层，其中坚坚甚，不可破。而我仰攻先登之士，辄死于大石滚木。大将军乃急下令收兵，而以大炮击其中坚，凡再发炮，内有铅弹，弹所经，城坏板、穿楼、大木断、壁颓，而中多洞胸死者，斩把当亥等首凡五百五十四级，夺获被卤凡八人，胡马凡九十八匹，盔凡二百七十五顶，甲凡二百八十一副，臂手凡八千三副。我官军亡陈勋等五十三人，伤吴希汉等五百三十五人，汉马死者凡一百一十三匹。于是，城中老小皆号泣。我军复以车载云梯如楼橹直立之，与其中城齐，欲置大炮其上，击中城。虏皆丧胆，二首始出城下马，匍匐悲号，告大将军幸哀怜我，赦除前过，即欲与南关分敕入贡。大将

---

① 瞿九思：《逞加奴仰加奴列传》，载《万历武功录》第11卷，中华书局影印本，1962年。
② 布寨：又作卜寨、布斋、布戒，《李朝实录》作夫者。
③ 纳林布禄：又作那林布禄、那林孛罗、那林卜罗，《李朝实录》作罗里。

军于是许诺。已，二酋复疑贰，乃言将军果不欲即杀我，愿将军烧云梯，勿复击大炮，毋尽发我窨粮。大将军度云梯重，挽车者疲，不能还，乃烧之，止大炮不复击，而令军中毋复发其窨粮，遂罢兵而还。①

此役，明朝、叶赫、建州三方，其得失各不相同：

第一，李成梁浮冒战功。上引《万历武功录》长文，扬武张饰，浮词溢美。《满洲实录》载，李成梁"率兵攻纳林布禄东城，失利而回"②。《开原图说》载："李宁远奉旨讨北关不克。"③明御史胡克俭亦劾其割死军级报验，掩败冒功④。李成梁撤兵后，让哈达孟格布禄从其父王台遗下敕书中，拿出199道给叶赫，使南、北二关敕书均平，也说明李总兵讨叶赫没有成功。

第二，叶赫部受到重创。叶赫虽从哈达得到199道敕书，但较哈达少1道，即南关500道，而北关499道。更有甚者，叶赫东城的城垣、楼宇受到严重破坏，军兵死伤惨重，受到继清佳砮与扬佳砮被杀之后又一次沉重的打击。

第三，建州部坐收渔利。明朝、哈达、叶赫之间，矛盾错综，争夺繁杂。尤其是李成梁之攻战，使努尔哈赤坐收其利。明兵部言"李成梁前后大捷共计十次，斩首五六千级"⑤，先后杀王杲、王兀堂、阿台、阿海、清佳砮和扬佳砮等，在客观上为努尔哈赤崛起扫清道路。这正如章太炎所云：

然成梁已戮王杲，数年复大破迤东都督王兀堂，诛阿台，无几又与

---

① 瞿九思：《卜寨那林孛罗列传》，载《万历武功录》第11卷，中华书局影印本，1962年。
②《满洲实录》第1卷，中华书局影印本，1986年，第7叶。
③ 冯瑗：《海西夷南关枝派图说》，载《开原图说》下卷，"玄览堂丛书"本，民国二十九年（1940）。
④ 据《万历武功录》记载统计，明军死伤尚比叶赫多34人。
⑤《明神宗实录》第141卷，万历十一年九月己亥，台北历史语言研究所校勘本，1962年，第7叶。

巡抚李松诛北关首领清佳砮、杨吉砮，斩其骑兵千五百人，群夷詟服。而奴儿哈赤以枭雄之姿，晏然乘诸部虚耗，蚕食以尽。藩翰既溃，祸及全辽，则是成梁之功，适为建州之驱除也。①

布寨和纳林布禄受李成梁重创，元气再损；恰在这时，努尔哈赤已统一建州女真。但叶赫二贝勒对建州的实力估计不足，在劫寨和谈判失败之后，纠合九部联军，发动古勒山之役（前已述及）。布寨在古勒山下丧生，"北关请卜酋尸，奴酋剖其半归之。于是北关遂与奴酋为不共戴天之仇"②。布寨死后，"素性刚暴"的纳林布禄败回叶赫城，"因念兄仇，昼夜哭泣，不进饮食，郁郁成疾"③，后来死去④。布寨子布扬古、纳林布禄弟金台石继为贝勒。

布扬古、金台石分别继为叶赫贝勒后，海西、建州和明朝呈现着错综复杂的关系。

第一，叶赫：一方面南靠明朝，西联蒙古，北结乌拉，以同建州抗衡；另一方面又与建州结姻、歃盟、通使，以争取时间，集聚力量。如古勒山之败后，万历二十五年（1597），叶赫等遣使至建州告曰："吾等不道，兵败名辱，自今以后，愿复缔前好，重以婚媾。"叶赫贝勒布扬古愿以其妹给努尔哈赤为妻，金台石愿以其女给努尔哈赤之次子代善为妻。努尔哈赤允诺，并备鞍马、甲胄作聘礼。他们杀牛宰马祀天，设卮酒、块土及肉、血、骨各一器皿，歃盟曰："既盟以后，若弃婚姻，背盟好，其如此土，如此骨，如此血，永坠厥命；若始终不渝，饮此酒，

---

① 章太炎：《清建国别记》，铅印本，民国十三年（1924），第37页。
② 《明神宗实录》第528卷，万历四十三年正月己亥，台北历史语言研究所校勘本，1962年，第12叶。
③ 徐乾学：《叶赫国贝勒家乘》，清钞本，国家图书馆善本部藏，第10叶。
④ 冯瑗《开原图说》下卷：纳林布禄于万历三十六年病死。永禄《正白旗满洲叶赫纳喇氏宗谱》载"戊戌二十六年春二月，贝勒纳林布禄薨"，误。

食此肉，福禄永昌！"①叶赫二贝勒同建州的婚盟，是为达到其政治目的的一种权术，随着双方实力的消长，可以随意毁约背盟。

第二，明朝：先是支持哈达，利用哈达以左制叶赫，右控建州。但是，建州灭哈达后，明廷失去南关，转而支持北关。明礼部左侍郎何宗彦解释支持北关政策的原因说："有北关在，可牵奴酋（即努尔哈赤）之后，辽沈或可恃以无恙。"②明朝扶持北关，以便使叶赫在西，通过叶赫联络乌拉在北，协同朝鲜在东，辽军在南，形成一个对建州的圆形包围圈。

第三，建州：努尔哈赤巧妙地臣属明朝，结好朝鲜，姻盟叶赫，而灭哈达、并辉发、吞乌拉、略东海，以壮大军事实力，解除后顾之忧。在哈达、辉发、乌拉灭亡之后，叶赫陷于孤立。他对叶赫的策略变守势为攻势，以军事进攻，鲸吞叶赫，实现其统一扈伦四部之目的。

万历四十一年（1613），乌拉亡后布占泰逃往叶赫，建州三次遣使告叶赫缚布占泰以献，但叶赫不从。九月，努尔哈赤统兵4万再征③叶赫。建州兵北入苏完境，迂回至北面攻入叶赫④，收取张与吉当阿二路居民，继围兀苏城。城中守将山谈、扈石木，看到建州军"师众如林，不绝如流，盔甲鲜明，如三冬冰雪"⑤，开门迎降。努尔哈赤对降将赐东珠、金佛帽和衣物，并以金杯赐酒。随后，建州军又连下呀哈城、黑儿苏城等大小十九城寨，因叶赫预知军期，有备，乃焚庐舍、携降民而回。

建州进攻叶赫，叶赫贝勒金台石和布扬古求诉于明："哈达、辉发、兀喇已

---

① 《清太祖高皇帝实录》第2卷，中华书局影印本，1986年，第20叶。
② 《明神宗实录》第586卷，万历四十七年九月辛卯，台北历史语言研究所校勘本，1962年，第20叶。
③ 《清太祖武皇帝实录》第2卷，第6叶："甲辰年正月初八日率兵往攻，十一日至夜黑国二城，一曰张，一曰阿气郎，俱克之，收二城七寨、人畜二千余，即班师。"是为首征叶赫。
④ 刘选民：《清开国初征服诸部疆域考》，《燕京学报》1938年第23期。
⑤ 《图本档》第2卷，中国第一历史档案馆藏，第2页。

被尽取矣！今复侵吾地，欲削平诸部，然后侵汝大明，取辽阳为都城，开原、铁岭为牧地。"①明派游击马时楠、周大岐率兵千人，携带火器，助叶赫戍守其东、西二城。同时，明遣使告诫努尔哈赤道："自今以后，勿侵叶赫。若从吾言，是推吾之爱而罢兵也；若不从吾言而侵之，势将及我也！"②明廷的强硬态度与公开干预，迫使努尔哈赤只得缓图攻取叶赫之机。不久，努尔哈赤至抚顺所，投书李永芳，长篇大论地述说其征伐叶赫的合理性，略谓："侵叶赫，以叶赫背盟，女已字，悔不遣；又匿布占泰；故与明无怨，何遽欲相侵？"③建州想割断明朝与叶赫的联系，以免在进攻叶赫时腹背受敌。但由于它们的各自利益所在，这是难以办到的。努尔哈赤不仅向明申说其兵攻叶赫的理由，而且派其第七子阿巴泰率所属阿都等三十余人求质于明，以缓解关系，但遭部议拒绝。叶赫既得到明朝的公然支持，便将已许努尔哈赤之女改适蒙古巴哈达尔汉贝勒之长子莽古尔岱台吉。叶赫贝勒想依恃明朝，联姻蒙古，以对抗建州。这个年已33岁尚未出嫁的叶赫老女，串联着哈达、辉发、乌拉、叶赫、建州和蒙古的戏剧性关系。

先是，万历二十五年（1597），叶赫与建州睦和，布扬古贝勒以妹（布寨之女）许给努尔哈赤为妻，旋悔婚，不于归，闺留叶赫，后为老女。此老女姻涉哈达、辉发、乌拉和蒙古。

其一，哈达：叶赫贝勒诱哈达贝勒孟格布禄云："尔若执满洲来援二将，赎所质三子，尽歼其兵二千人，我妻汝以所求之女。"④此女即原许与努尔哈赤而未娶之女。孟格布禄惑其言，努尔哈赤得其情，出兵哈达，攻破南关。

其二，辉发：贝勒拜音达里求努尔哈赤赐女为婚，既获允准，背约不娶；而欲娶叶赫老女。努尔哈赤以此为借口启戎，亲率兵，灭辉发。

---

① 《清太祖武皇帝实录》第2卷，原清官内府藏写本，台北广文书局影印本，1970年，第19叶。
② 《清太祖高皇帝实录》第4卷，中华书局影印本，1986年，第10叶。
③ 《清史稿校注·杨吉砮传》第10册，第220卷，台湾商务印书馆，1999年，第7892页。
④ 《清太祖高皇帝实录》第3卷，中华书局影印本，1986年，第3叶。

其三，乌拉：《清太祖努尔哈赤实录》记载，努尔哈赤闻"布占泰以其女萨哈簾、子绰尔启鼐及十七臣之子，送叶赫为质，娶上所聘女，又幽上二女。上遂亲率大兵往征之"①。

其四，蒙古：《东夷考略》记载："四十三年五月，白羊骨竟以老女许婚煖兔子蟒谷儿大，且执建州夷六人。开原谕止不听。七月，遂成婚。奴儿哈赤发兵三千屯南关，气氛甚恶。御史王雅量疏称：'向救北关，恐藩篱一撤，奴酋与煖兔合，而辽不支。今奴、煖争昏，势不骤合，而北关依强援于煖兔，适为中国利。请设防辽东，按甲不动，以观奴酋进止。奴或不听宣谕，我督北关阴约煖兔从南关入，大兵从清河、抚顺分道而东，兼以东山之民张牙露爪，思甘心奴利其貂、参，顺呼响应。金、白角之，朝鲜、我兵犄之，奴亡可翘足待。'已而，奴儿哈赤罢搆，北关获全。"②

上述叶赫老女婚媾双方为叶赫与建州，实际则嫁给蒙古喀尔喀部巴哈达尔汉（明作煖兔）之子莽古尔岱。《清太祖武皇帝实录》万历四十三年（1615）六月书云：

初，夜黑布羊姑以妹许太祖，受其聘礼，又欲与蒙古胯儿胯部蟒狐儿太台吉（乃八哈搭儿憨子也）。诸王臣曰："闻夜黑将汗聘之女欲与蒙古，所可恨者，莫过于是。当此未与之先，可速起兵；若已与之，乘未嫁时，攻其城而夺之。况此女汗所聘者，非诸王可比，既闻之，安得坐视他适？"皆力谏兴兵不已。太祖曰："或有大事，可加兵于彼；以违婚之事兴兵，则不可。盖天生此女，非无意也，因而坏哈达、辉发、兀喇，使各国不睦，干戈扰攘至此。大明助夜黑，令其女不与我而与蒙

---

① 《清太祖努尔哈赤实录》第4卷，上海书店影印本，1989年，第22页。
② 茅瑞征：《海西》，载《东夷考略》，不分卷，传抄本，国家图书馆善本部藏。

古,是坏夜黑,酿大变,欲以此事激我忿怒,故如是也。今尽力征之,虽得其女,谅不久而亡,反成灾患。无论与何人,亦不能久,启衅坏国已极,死期将至矣!"诸王臣反复谏之,必欲兴兵。太祖曰:"吾以怒而兴师,汝等犹当谏之。况吾所聘之女,为他人娶,岂有不恨之理?予尚弃其忿恨,置身局外以罢兵;汝等反苦为雠校,令吾怨怒,何也?聘女者不恨,汝等深恨何焉?岂因忿遂从汝等之言乎?汝等且止。"言毕,令调到人马皆回。其女聘与蒙古,未及一年,果亡。诸王臣奏曰:"此女迄今三十三岁,已受聘二十年矣,被大明遣兵为夜黑防御,夜黑遂倚其势,转嫁与蒙古,今可侵大明。"太祖不允。[①]

努尔哈赤以理制情,据理谕众,不以老女兵兴蒙古,也不以老女兵犯明朝。此忿之源,在于叶赫。

在扈伦四部中,以叶赫部最强,又受明朝的支持。努尔哈赤继对叶赫两次征讨之后,于万历四十七年即天命四年(1619),再次发兵攻打叶赫。正月初二日,努尔哈赤命大贝勒代善率将16员、兵5000人,往守扎喀关,防止明军偷袭建州;亲率倾国之师起行。初七日,深入叶赫界。建州兵自克亦特城、粘罕寨焚掠,至叶赫城东十里,俘获大量人民、畜产、粮食和财物,尽焚叶赫城十里外之大小屯寨二十余处。叶赫向明乞师,明开原总兵马林率合城兵驰救。建州军为避免两面受敌,班师而回。叶赫为着报答明朝,派兵二千应援萨尔浒之战(后文叙述)的明军。时努尔哈赤谋使所属诈降叶赫金台石,金台石不应。于是,建州在取得萨尔浒大捷之后,乘机发兵再征叶赫。

善于捕捉战机,是一个军事家必备的军事素质。所谓战机,是利于己而不利于彼的争战时机。它可以是战场上已经显现的,也可以是通过努力创造的。捕捉

---

① 《清太祖武皇帝实录》第2卷,原清宫内府藏写本,台北广文书局影印本,1970年,第23叶。

战机，需要军事家独具慧眼；创造战机，需要军事家运筹帷幄。经过建州与叶赫的多次较量，建州向叶赫发起总攻击的时机已经成熟。这些条件主要是：第一，扈伦四部仅存之叶赫，既势力孤单，又力量削弱；第二，辽东明军在萨尔浒之役中一败涂地，无力增援叶赫；第三，蒙古无力相援；第四，建州势如张弦之弓，待扣之箭。于是，努尔哈赤决定亲率倾国之师，谋定算成，进攻叶赫，洗雪叶赫老女之耻，了结叶赫未结之局，解除攻明后顾之忧，实现统一扈伦夙愿。

万历四十七年即天命四年（1619）八月，努尔哈赤召集诸王贝勒大臣会议，商讨对叶赫的作战计划，并誓言："此举如不克平叶赫，吾必不反（返）国也！"① 时叶赫贝勒金台石住东城，贝勒布扬古住西城，两城相距四里。诸王贝勒大臣会议决定：大贝勒代善、二贝勒阿敏（舒尔哈齐之子）、三贝勒莽古尔泰、四贝勒皇太极等率护军健骑，扬言征讨蒙古②，绕路潜行，奔向叶赫贝勒布扬古驻地西城；又命额亦都等领前锋军，"扮为蒙古兵"，驰奔叶赫贝勒金台石驻地东城；努尔哈赤亲率八固山额真，直督大军，随后进围金台石城。大军于十九日出发，即断绝往来信息。

叶赫贝勒金台石驻地东城，依山修筑，坚固险要。它原为金台石之兄纳林布禄驻地，瞿九思记述东城言：

> 其外大城以石，石城外为木栅，而内又为木城。城内外大壕凡三道，其中坚则一山特起，凿山坂周回，使峻绝，而垒石城其上。城之内，又为木城，木城中，有八角明楼，则其置妻子、资财所也。上下内外，凡为城四层，

---

① 徐乾学：《叶赫国贝勒家乘》，清钞本，国家图书馆善本部藏，第14叶。
② 《清史稿·杨吉砮传》作"声言向沈阳，以缀明师"；《三朝辽事实录》第1卷，第35页作"奴酋佯缀我师，拥众数万骑直抵金台失寨"。沈阳在建州西，叶赫在沈阳北；而蒙古在沈阳西、北，故"声言向沈阳"似不合情理。

木栅一层。其中控弦之士以万，甲胄者以千计，刀剑、矢石、滚木甚具。①

东城为叶赫城之役攻坚所在。

二十二日，后金军进至叶赫城下。叶赫贝勒金台石、布扬古各统兵出城，鸣角操鼓，准备迎战。后金军盔甲鲜明，剑戟林立，钲鼓相闻，河谷震荡。两军混战多时，叶赫贝勒见势不能敌，令鸣角收兵，入城坚守。代善等四大贝勒督率护军围布扬古所住西城。努尔哈赤率额亦都等督军围金台石所住东城。

金台石城被围后，后金军毁其栅城，堕其外城。后金军呼金台石投降，不听，答道："吾非明兵比，等丈夫也！肯束手归乎？与其降汝，宁战而死耳！"②东城守军誓死抵御，坚守内城。努尔哈赤见敌军负险顽抗，激励将士道："今日仍不克，则罢兵归矣！"众军齐喊道："愿赴死战！"努尔哈赤命军士布楯列梯，冒矢登城。城上射矢镞，发巨石，推滚木，掷火器；后金军二三十人并排登城，但死伤惨重。努尔哈赤又命穴其城。费英东和军士们冒飞矢，迎礌石，奋力攻城，鼓勇向前。史载：费英东"从征叶赫，城上矢石雨下，公奋臂先登，遂拔其城"③。又载：军兵们"于城下掘穴，置药，乃陷"④。努尔哈赤指挥后金官兵，穴城，登城，上下交攻，攻陷内城。内城陷后，后金兵士拥入城中冲杀，叶赫兵四面溃散。金台石见内城陷，携妻孥与幼子登上禁城八角楼。

后金军进围禁城台楼。因金台石是皇太极的舅父，皇太极从西城驰骑至东城，向金台石劝降。金台石对皇太极道：听到你说收养的一句善言，舅父我就下来；如果说不收养，要杀我怎么能下去呢？死就死在家里。⑤皇太极给金台石以"生

---

① 瞿九思：《万历武功录·卜寨那林孛罗列传》，见第11卷，中华书局影印本，1962年，第29叶。
② 《清太祖高皇帝实录》第6卷，第25叶；徐乾学：《叶赫国贝勒家乘》，清钞本，第16叶。
③ 《开原关氏宗谱序》，载《盛京开原关氏宗谱》，不分卷，民国三十二年（1943）刊本。
④ 徐乾学：《叶赫国贝勒家乘》，清钞本，国家图书馆善本部藏，第16叶。
⑤ 《满文老档·太祖》第12册，天命四年八月，中华书局译注本，1990年。

杀惟父皇命"的回答。金台石又请求让近臣阿尔塔石往见努尔哈赤,观察其脸色后作决定。阿尔塔石被允准带至努尔哈赤面前,努尔哈赤怒数其罪责以后,以鸣镝射之。阿尔塔石回去后,金台石仍不降。皇太极再派金台石子德尔格勒至台楼下劝降。金台石终不从。皇太极要将德尔格勒缚而杀之,努尔哈赤说道:"子招父降而不从,父之罪也;父当诛,勿杀其子。"① 金台石三次拒降,后金兵持斧毁台楼。金台石之妻携子沙浑下台楼降。金台石走投无路,对皇太极道:

大丈夫岂肯受制于人乎？吾甥庶念汝母及诸舅氏骨肉至戚,弟全吾子孙足矣。吾誓不生也！②

言毕,金台石引弓杀守台军士,夺路直入后室,举火自焚未死,被俘而缢杀之。东城既陷,西城闻风丧胆。布扬古孤城无援,军心涣散；四大贝勒督兵匝围,攻城益急。布扬古令其叔吴达哈(布寨之胞弟)领兵巡御四门,吴达哈见东城陷落,大势已去,遂"携妻孥开门出降"③。四大贝勒兵由是得以长驱而入,径围布扬古居所。大贝勒代善劝布扬古降,布扬古因疑惧而不敢出来。代善对布扬古以刀划酒誓道：

今汝等降,我若杀之,殃及我；汝俾我誓,饮誓酒而仍不降,惟汝等殃。汝等不降,破汝城,必杀无赦！④

代善向布扬古做了降后不杀的保证,自饮誓酒一半,送给布扬古饮另一半。

---

① 《清太祖高皇帝实录》第6卷,中华书局影印本,1986年,第28叶。
② 徐乾学：《叶赫国贝勒家乘》,清钞本,国家图书馆善本部藏,第16叶。
③ 徐乾学：《叶赫国贝勒家乘》,清钞本,国家图书馆善本部藏,第19叶。
④ 《清太祖高皇帝实录》第6卷,中华书局影印本,1986年,第29叶。

布扬古命开居所之门①而降。努尔哈赤因扈伦四部全亡,留着布扬古无用,便借跪拜礼节不恭为由,将他缢杀。

叶赫东西二城降后②,其所属各城俱降。时明游击马时楠,率助守叶赫二城兵1000人,也被后金军歼灭。努尔哈赤同叶赫打交道历时36年,终于将共传八世十一贝勒的叶赫部灭亡。叶赫亡,明朝失去北关。

后金对叶赫降民,"父子兄弟不分,亲戚不离,原封不动地带来了。不动女人穿着的衣襟,不夺男子带的弓箭,各家的财物,由各主收拾保存"③。叶赫部民被迁徙至建州,入籍编旗,成为后金的臣民。

努尔哈赤相继灭亡哈达、辉发、乌拉和叶赫四部。《清史稿》论及此段史事曰:

> 太祖渐强盛,四部合攻之,兵败纵散,以次覆灭。太祖与四部皆有连,夺其地,歼其酋,显庸其族裔。④

这段话论述了两层意思:其一,努尔哈赤灭亡扈伦四部之原因;其二,努尔哈赤安置扈伦部民之政策。其前者,还论及"疆场之事,不以婚媾道,有时乃藉口以启戎,自古则然"。就是说婚姻服从并服务于政治。其后者,所论略是。努尔哈赤对破灭扈伦四部——之首,皆为其所歼;之主,皆为其所毁;之敕,皆为其所夺;之地,皆为其所有;之畜,皆为其所获;之财,皆为其所得;之兵,皆为其所辖;之民,皆为其所籍。

---

① 康熙《盛京通志》第15卷,第9叶载:"叶赫山城,叶赫城西北三里,周围四里,南北各一门;内有一小城,周围二里,南北各一门。"
② 《明神宗实录》第586卷,万历四十七年九月甲申:"据辽东总兵李如桢塘报称:奴酋于前月二十一日寅时攻陷金台失、白羊骨二寨,各到部为照,北关已破。"北关灭亡之日,应以《满文老档》记载为据。
③ 《满文老档·太祖》第12册,天命四年八月二十二日,中华书局译注本,1990年。
④ 《清史稿》第223卷,中华书局标点本,1977年,第9151页。

海西女真扈伦四部——哈达、辉发、乌拉、叶赫，在古勒山之役以后，相继被建州灭亡。努尔哈赤之所以能够灭亡扈伦四部，除了客观上的有利条件之外，就主观条件来说，是他精神专注，不敢旁骛，志在必取，谨慎从事，壮大自身，孤弱敌人；采取了先弱后强，由近及远，利用矛盾，联大灭小，集中兵力，各个击破的策略。

他攻破扈伦四部，像伐树一样，目标集中，倾尽全力，一棵一棵地、一斧一斧地砍。如利用哈达与叶赫的矛盾及王台死后子孙内讧的忧困局面，先砍倒近邻哈达，继哈达之后又砍倒四部中最弱的辉发。对实力相对雄厚的乌拉则谨慎一些。最后放倒的一棵大树是扈伦四部中最强盛的叶赫。努尔哈赤就是这样有策略、有步骤地吞并了扈伦四部，统一了海西女真。

努尔哈赤以战争手段，统一了扈伦四部。这是女真族的内战。同一民族的内战，有的造成民族分裂，有的则促成民族统一。如果有杰出的政治家、军事家出现，削平割据群雄，取得最后胜利，那么民族内部分裂局面就会结束，而实现其民族统一。在中国古代社会史上，出现民族分裂局面，通过民族战争，达到民族统一，各朝各族，例不胜举。有战争，才有统一；无战争，便无统一。努尔哈赤利用族内战争，统一扈伦四部，为女真大一统的事业，展现了聪明与才智。同时，给女真各部带来发展机遇。

努尔哈赤在统一海西女真的同时，又逐步地并附"野人"女真。

第五章 东征北讨

一 统一东海诸女真

"野人"女真的一支东海女真,居住在黑龙江支流松花江和乌苏里江流域及乌苏里江以东滨海地区。东海女真主要有三部,如《清太祖高皇帝实录》所载:"东海之渥集部、瓦尔喀部、库尔喀部。"[1] 渥集部又称窝集部、兀吉部[2],为满语 weji 的对音,是密林的意思。渥集部历史久远,"汉、魏之沃沮,元之乌者、吾者,明之兀者,其部族不一,而地甚广袤,以音与地求之,盖即窝集也"[3]。

明朝永乐元年(1403),设立兀者卫,后增设兀者左卫、兀者右卫、兀者前卫、兀者后卫,相关记载,多不胜举。如永乐元年(1403),兀者首领西阳哈、锁失哈等到应天(南京)来朝贡马,明廷设置兀者卫,并授西阳哈等官职,赐诰印、冠带等,于此,《明太宗实录》记载:

---

[1]《清太祖高皇帝实录》第1卷,中华书局影印本,1986年,第8叶。
[2]《清太祖高皇帝实录》第1卷,第8叶作"渥集";《满洲实录》第1卷,第6叶作"窝集";《清太祖武皇帝实录》第1卷,第6叶作"兀吉"。
[3] 孙文良校注:《满洲源流考》第13卷,辽宁民族出版社,1988年,第4页。

忽剌温等处女直野人头目西阳哈、锁失哈等来朝，贡马百三十匹，置尤者卫①，以西阳哈为指挥使，锁失哈为指挥同知，吉里纳等六人为指挥佥事，余为卫、镇、抚、千户、百户所，镇、抚赐诰印、冠带、袭衣及钞币有差。②

兀者卫等后来演变为明末清初的渥集部，主要居住在松花江与乌苏里江汇流处以上，两江之间的广大流域地区。它东濒乌苏里江，西接乌拉部，南界朱舍里部等，北临使犬部。瓦尔喀部主要居住在图们江流域及乌苏里江以东滨海地区，东迄海滨及沿海岛屿之地。库尔喀部的居住区域，文献记载疏略，各书所述不一。如《清开国初征服诸部疆域考》载：

虎尔喀部在渥集部之西北，其所属路城名称，稀见于史籍。《战迹舆图》置"库尔喀部"于黑龙江中流，精奇里江与呼玛尔河间之黑龙江流域。呼玛尔河上源有库尔喀河，盖因河得名也。其地有呼玛尔城、乌鲁苏城、穆鲁苏苏城及额苏哩城（今海兰泡附近）等。又《东华录》所记天聪间征虎尔喀部收取壮丁，常呼之曰"黑龙江地虎尔喀部"；大抵虎尔喀部包括自松花江、黑龙江会流处以北，呼玛尔河黑龙江会流处以南，其东南接渥集部，东北接萨哈连部，西抵小兴安岭，接索伦部。③

但也有人意见相左，将库尔喀部置于乌苏里江以东滨海地区④。其实，库尔喀、

---

① 《明实录·太宗实录校勘记》："尤者卫，广本、抱本尤作兀，是也。"同书其他记载，均作"兀者"，而不作"尤者"，故应以"兀者"为是，"尤者"为误。
② 《明太宗实录》第26卷，永乐元年十二月辛巳，台北历史语言研究所校勘本，1962年，第3叶。
③ 刘选民：《清开国初征服诸部疆域考》，《燕京学报》1938年第23期。
④ [苏]格·瓦·麦利霍夫：《满洲人在东北》，商务印书馆译本，1974年，第43页。

虎尔喀、胡儿胯、瑚里哈等在《满文老档》中作hurha，即虎尔哈。在文献记载中，常出现"黑龙江虎尔哈""渥集虎尔哈""东海虎尔哈"等。它分布区域很广。大体说来，黑龙江虎尔哈部主要居住地区，东邻渥集部，西接索伦部，南界乌拉部，北抵萨哈连部。前引刘选民《清开国初征服诸部疆域考》中虎尔哈部居住地区，即主要指黑龙江虎尔哈。总之，东海女真除女真族之外，还有赫哲、虎尔哈等。努尔哈赤要统一女真，就要并服东海女真各部。

统一东海女真，先从临近建州女真的瓦尔喀部开始，约在万历二十四年（1596），努尔哈赤派费英东率兵"初征瓦尔喀，取噶嘉路"①，揭开了统一乌苏里江流域及其以东滨海地区的序幕。

万历二十六年（1598），努尔哈赤派其五弟巴雅喇、长子褚英和将领噶盖、费英东等领兵一千，征讨安褚拉库路（今松花江上游二道江一带），星夜兼驰，兵到后攻取20个屯寨，收服所属屯落②；同时攻取内河路（今松花江上游一带）。因他们立下功劳，赐巴雅喇为卓礼克图，褚英为洪巴图鲁。

万历二十七年（1599）正月，东海渥集部虎尔哈路路长王格、张格归附努尔哈赤，贡纳"黑、白、红三色狐皮，黑、白二色貂皮"③。自此，渥集部之虎尔哈路每岁交纳贡献。他们中的部长博济里等六人求婚，努尔哈赤因其率先归附，将六位大臣之女分别嫁给他们做妻子，以联姻方式巩固建州女真与东海女真的关系。

王格、张格向建州贡纳的貂皮，是东海女真的重要特产。在乌苏里的莽林中，有古老的红松、柞树、杨树、桦树和杉树等，树木杂陈，风景如画。丛林河湖畔地带的貂鼠，因其皮毛珍贵，是女真人的最佳捕获物。秋天捕貂的季节，人们或

---

① 《清史列传·费英东》第4卷，中华书局标点本，1987年，第1页。
② 《清史稿·巴雅喇传》作"取屯寨二十，降万余人"；《清太祖武皇帝实录》第1卷，第36叶作"获人畜万余而回"；《满洲实录》第2卷，第16叶作"获人畜万余而回"。是知《清史稿·巴雅喇传》有误。
③ 《清太祖高皇帝实录》第3卷，中华书局影印本，1986年，第1叶。

用猎犬捕貂，或编栅结网捕貂。编栅结网捕貂，是用树枝编成栅栏，栅栏中留一小口，口中吊着一个用马尾结的活套。捕貂人把栅网安放在貂鼠经过的路上。当貂鼠从栅网的圆口中穿过时，便被马尾网套住。部民狩猎时，以猎犬捕貂，《朔方备乘》中有如下记载：

> 捕貂以犬，非犬则不得貂。虞者往还，尝自减其食以饲犬，犬前驱停嗅深草间即貂穴也，伏伺擒之；或鹜窜树末，则人、犬皆息以待其下。犬惜其毛，不伤以齿；貂亦不复戕动，纳于囊，徐俟其死。①

捕貂人把貂皮剥下晾干，用桦树皮包好收藏，以备交易和贡纳。王格、张格用部民狩猎的润泽香郁、丰厚纯黑的上等貂皮纳贡，表明了渥集部虎尔哈路的归服。从此，建州加速了对乌苏里江流域各部的统一进程。

万历二十九年（1601）春，朝鲜《李朝宣祖大王实录》记述建州对渥集用兵情状，"老酋选勇行赏之说，尤为可虞"②；并载，城底藩胡"队队成群，携妻挈子，显有搬家移入之状"③。这说明努尔哈赤对渥集部瓦尔喀诸路恩威并施的措置，产生石击波涌的影响。

万历三十五年（1607）正月，东海女真瓦尔喀部斐优城（珲春市北二十里古城）④主策穆特黑至建州，对努尔哈赤说道："吾等因地方遥阻，附乌喇；乌喇贝勒布占泰，遇吾等虐甚，乞移家来附。"⑤努尔哈赤决定派兵去搬接他们至建州。

---

① 何秋涛：《朔方备乘》第45卷，宝善书局石印本，第6叶。
② [朝]《李朝宣祖大王实录》第135卷，三十四年三月辛亥，日本学习院东洋文化研究所刊本，1959年。
③ [朝]《李朝宣祖大王实录》第135卷，三十四年三月辛亥，日本学习院东洋文化研究所刊本，1959年。
④ 《吉林通志》第24卷，光绪十七年（1891）刻本，第29叶。
⑤ 《清太祖高皇帝实录》第3卷，中华书局影印本，1986年，第9叶。

同年，建州兵在搬接斐优城部众的归途中，受到乌拉贝勒布占泰军队的阻截，两军进行了乌碣岩之战，建州军击败乌拉军，遂乘胜夺取高岭会宁路，打开了通往乌苏里江流域及其以东地区的大门。此后，建州以宁古塔（今黑龙江省宁安市）为基地，向北往黑龙江中下游，向东往乌苏里江流域进军。

在乌碣岩之战以后，渥集部的赫席黑、俄漠和苏鲁、佛讷赫托克索三路[①]。仍然服从乌拉贝勒布占泰。对此，努尔哈赤说：

> 我等乃一国也，只因地方窎远，且为乌拉国所阻，故尔等附于乌拉国为生。今我一国之汗已兴师击败乌拉兵，尔等应降我一国之汗矣。[②]

但他们仍不归附建州。建州为着孤立乌拉，这年五月，派巴雅喇、额亦都、费英东、扈尔汉等统兵一千，征讨东海渥集部，攻取赫席黑、俄漠和苏鲁及佛讷赫托克索三路[③]，"获人畜二千而回"[④]。

万历三十六年（1608）九月，建州兵向东北进击，受到渥集部虎尔哈路部民的抗拒。何秋涛在《东海诸部内属述略》中载：

> 戊申年九月，窝集部之呼尔哈路千人，侵我宁古塔城。我驻防萨齐库路兵百击败之，斩百人，生擒十二人，获马四百匹，甲百副，余众悉降。既降人有逃至窝集部之瑚叶路者，匿弗以献。[⑤]

---

① 《吉林通志》第12卷载，赫席黑在敦化境内，俄漠和苏鲁即敦化北之额默和索罗站，佛讷赫托克索在敦化西北、宁古塔（宁安）西南。
② 《满文老档·太祖》第1册，丁未年（万历三十五年）三月，中华书局译注本，1990年。
③ 《图本档》第2卷，中国第一历史档案馆藏，第13页。
④ 《清太祖武皇帝实录》第2卷，第3叶和《满洲实录》第3卷，第9叶均作"获人畜二千而回"；但《清太祖高皇帝实录》第3卷，第12叶作"俘二千人而还"。
⑤ 何秋涛：《朔方备乘》第1卷，宝善书局石印本，第2叶。

此段史事,《清太祖实录》阙载,而《满文老档》载述较详:

前己酉年九月,获悉呼尔哈路之一千兵,来侵聪睿恭敬汗所属之宁古塔城。驻萨齐库之聪睿恭敬汗兵百人,即前往迎战。击败呼尔哈之一千兵,生擒其大臣十二人,斩人一百,获马四百匹、甲百副。其后,呼叶路人收留由已降聪睿恭敬汗之国中出逃之人。①

于是,努尔哈赤以滹野路收纳其已降之虎尔哈路人为由,派兵往征之。

万历三十七年(1609)十二月,努尔哈赤在臣服邻朝鲜而居的瓦尔喀部之后,命侍卫扈尔汉统兵千人,向东北深入,伐取渥集部所属滹野路。滹野为满文 huye 的对音,意为射雕的隐身穴。滹野路即明正统后设置的呼夜(兀也)卫。它在珲春东北,乌苏里江上游支流瑚叶河(今俄罗斯滨海地区刀毕河)一带②。扈尔汉击取滹野路,俘虏二千③,在那里过了年节后,二月返回建州。扈尔汉因这次军功而被赏给甲胄、马匹,并被赐号达尔汉侍卫。

万历三十八年(1610)十一月,因绥芬路路长图楞降附建州后,被渥集部雅揽路人掳掠,努尔哈赤遂命额亦都率兵千人,到图们江北岸,绥芬河和牡丹江一带,招抚渥集部的那木都鲁、绥芬、宁古塔、尼马察四路。其首领康果礼(康武理)、喀克都里、昂古、明噶图等降附,并举家迁至建州,归顺了努尔哈赤,额亦都又乘胜率兵击取雅揽路。雅揽路以河得名,《吉林通志》载:"雅兰河出锡赫特山,南行二百余里入海。"④明永乐六年(1408)置牙鲁卫⑤,该卫设在临近海边的牙鲁河

---

①《满文老档·太祖》第1册,中华书局译注本,1990年,第8页。
②《盛京吉林黑龙江等处标注战迹舆图》,三排上,辽宁大学历史系铅印本,1981年。
③《满文老档·太祖》第1册,己酉年(万历三十七年)十二月,中华书局译注本,1990年。
④《吉林通志》第12卷,光绪十七年(1891)刻本,第22叶。
⑤《明太宗实录》第77卷,永乐六年三月丁卯,台北历史语言研究所校勘本,1962年,第5叶。

流域，牙鲁河清代称雅兰河。雅揽路即今俄罗斯符拉迪沃斯托克（海参崴）东北雅兰河一带。额亦都击取雅揽路，"获人畜万余而回"①。是役之后，努尔哈赤将那木都鲁等降民，"编二佐领，令康武理与伊第三弟喀克都理各统其一"②。

万历三十九年（1611）七月，努尔哈赤派其第七子阿巴泰和费英东、安费扬古带兵千人，征讨渥集部之乌尔古宸、木伦二路。《吉林通志》记载："乌尔古宸路，一作库尔布新，河名也；在兴凯湖东北入乌苏里江，路亦以河名也。"③木伦路因穆棱河得名，《满洲源流考》载："穆伦河在宁古塔城东四百里，出穆伦窝集，东流入乌苏里江。"④木伦路部民居住在今穆棱河流域及穆棱河与乌苏里江会流处附近。所以《圣武记》载"穆林河会乌苏里江，入混同江，在宁古塔东北"⑤，木伦路即在穆棱河流域。

先是，努尔哈赤赏给宁古塔路首领僧格、尼喀礼的甲40副放在绥芬路，但被乌尔古宸、木伦路的人袭击绥芬路时夺去。努尔哈赤派博济里去通知他们说：将那四十副甲，四十匹马驮来！⑥但他们没有理会。于是，建州兵到之后，将乌尔古宸和木伦二路收取，并"获得俘虏一千"⑦。

同年十二月，派何和礼、额亦都、扈尔汉率兵二千，征伐东海虎尔哈部扎库塔城。扎库塔为满文 jakūta 的对音，意为"各八"。扎库塔城在图们江北岸，珲春河、海兰河之西，距珲春城120里⑧。这次征讨的原因，是扎库塔城主对建州和乌拉采

---

① 《清太祖武皇帝实录》第2卷，第12叶，《满洲实录》第3卷，第11叶和《图本档》第2卷，第17叶，均作"获人畜万余而回"；《清太祖高皇帝实录》第3卷，第16叶作"俘万余人而还"，《清史列传·额亦都》和《满文老档·太祖》庚戌年十二月均作"俘万人而还"。
② 《八旗满洲氏族通谱》第21卷，辽沈书社，1989年，第1页。
③ 《吉林通志》第12卷，光绪十七年（1891）刻本，第21叶。
④ 《满洲源流考》第13卷，台湾商务印书馆，文渊阁《四库全书》影印本，1986年，第6叶。
⑤ 魏源：《圣武记》第1卷，中华书局点校本，1984年，第7页。
⑥ 《满文老档·太祖》第2册，辛亥年（万历三十九年），中华书局译注本，1990年。
⑦ 《满文老档·太祖》第2册，辛亥年（万历三十九年）七月，中华书局译注本，1990年。
⑧ 《吉林通志》第24卷，光绪十七年（1891）刻本，第28叶。

取中立政策。努尔哈赤要求东海女真各部首领，在建州与乌拉之间，只能倒向建州，不许有其他选择。他发兵惩罚扎库塔城主，兵到之后，围城3天，遭到守城军民的顽强抵抗。城陷后，"斩首一千，获俘二千"①，并招抚附近地区居民。

万历四十二年（1614）十一月，努尔哈赤派兵500人，十二月袭击了锡林；随后前进，袭击雅揽路②。雅揽路的位置前已叙及，锡林路的位置，各书记载不一：

> 西临路亦以河得名，《吉林通志》谓在珲春东南境西林河；实应改作珲春东境。《满洲源流考》谓在宁古塔境，尤属支离。《战迹舆图》以西璘路在西璘河流域，南流入海，在雅兰河之西。③

锡林为满文 sirin 的对音，意为铜。锡林路之位置，以《盛京吉林黑龙江等处标注战迹舆图》所指为是。锡林路在锡林河流域，因河得名。锡林河在符拉迪沃斯托克（海参崴）之东，雅兰河以西，南流入日本海。前引《满文老档》所记进军路线，即为证据。这次出征，建州军"收降民二百户，人畜一千而回"④。

万历四十三年（1615）十一月，努尔哈赤派兵2000人，征讨东海渥集部额赫库伦。额赫库伦部民"住在东边的东海之北"⑤，即今俄罗斯乌苏里江以东滨海地区纳赫塔赫河地方。建州兵行至顾纳喀库伦，招降不服，分兵两路，越壕三道，拆毁栅栏，攻入城内。建州军阵斩800人，俘获万人，收服其居民，编户五百而回⑥。但是，"俘

---

① 《满文老档·太祖》第2册，辛亥年（万历三十九年）十二月，中华书局译注本，1990年。
② 《满文老档·太祖》第3册，甲寅年（万历四十二年）十一月，中华书局译注本，1990年。
③ 刘选民：《清开国初征服诸部疆域考》，《燕京学报》1938年第23期。
④ 《清太祖武皇帝实录》第2卷，第7叶；又见《满文老档·太祖》第3卷，第27叶。
⑤ 《满文老档·太祖》第4册，乙卯年（万历四十三年）二月二十日，中华书局译注本，1990年。
⑥ 《满文老档·太祖》第Ⅰ册，万历四十三年（乙卯年）十二月，东洋文库本，日本昭和三十年（1955），第50页。

获万人"《满洲实录》和《清太祖武皇帝实录》均作"俘获万余"①，显然是包括人口和牲畜在内。此役，争战相当激烈。《满文老档》作了详细载述，兹引如下：

> 十一月，遣兵二千；十二月二十日，征额赫库伦。横跨自河口以上至河源以下一百三十里处。八旗兵分两路并进，招固纳喀库伦人降服。是夜宿营，至次日仍未降。时又有四旗兵来会，乃复招之曰："愿降则降，不降即攻之！"夫其城民宣称投降，却聚其城外之兵入城。聚兵三日，仍不投降。六旗兵遂披甲，执旗，分翼，吹螺，列一字阵，越三层壕，拆毁其栅，攻入城中，歼其城内五百兵。有三百兵逃出，即选精骑追赶，杀之于郊野。是役，俘获万人，乃编户五百。②

此前，额赫库伦人曾对其周边诸部夸言道："据言满洲兵强勇。若言强勇乃我也！可捎信告之，遣兵来战。"努尔哈赤派兵来攻，部破地空。额赫库伦之部，"所谓库伦，其意曰城"③。额赫城部众兵强，却以败告终。努尔哈赤攻额赫库伦得手，便派兵征服东海北部未附之民。

万历四十五年即天命二年（1617）正月，努尔哈赤派兵400人，攻取沿海散居未服的诸部人④；二月，"遂将东海沿岸散居之民尽取之"⑤；三月，"造大刀船，渡过海湾，逮住占据海岛未服的诸部人"⑥。

万历四十六年即天命三年（1618）十月，派兵搬接东海虎尔哈纳喀达为首的

---

① 《满洲实录》第4卷，第5叶；《清太祖武皇帝实录》第2卷，第21叶。
② 《满文老档·太祖》第4册，中华书局译注本，1990年，第33页。
③ 《满文老档·太祖》第4册，乙卯年（万历四十三年）十二月，中华书局译注本，1990年。
④ 《满文老档·太祖》第Ⅰ册，第5卷，天命二年正月十八日，东洋文库本，1955年。
⑤ 《清太祖武皇帝实录》第2卷，原清官内府藏写本，台北广文书局影印本，1970年，第30叶。
⑥ 《满文老档·太祖》第Ⅰ册，第5卷，天命二年三月，东洋文库本，1955年。

百户降顺部民至建州①。后金对东海女真政策取得重大成果。

万历四十七年即天命四年（1619），努尔哈赤在正月和六月，先后两次派穆哈连带兵千人，收取东海虎尔哈部民。六月初八日，穆哈连"带来千户，男二千人，六千余口"②。他亲自出城迎接，并命搭8个凉棚，摆200桌酒席，杀20头牛，举行盛宴款待穆哈连及归顺的各部大小首领。

天启五年即天命十年（1625），后金在集中精力夺取辽沈地区并巩固对其统治，连续6年未曾大规模地向东海女真用兵之后，又先后6次发兵征讨东海女真。这是努尔哈赤对东海女真用兵最勤的一年。如：

第一次，正月，派遣博尔晋辖"带兵二千，征讨住在东海边的瓦尔喀"③。

第二次，先是，上年十二月，派喀尔达等统兵征讨瓦尔喀，"初九日进入柯伊，逮住和勒必、齐什纳、彻木德和三人，以后在柯伊获男子一百，新、旧人口三百七十"④。至三月初四日⑤，喀尔达、富喀纳、塔羽等率兵招降瓦尔喀部等332人而回，得到后金汗的接见。

第三次，四月初四日，迎接族弟王善、副将达朱户、车尔格统兵1500人征讨瓦尔喀部凯归，努尔哈赤与三臣行抱见礼后，宴赏军士及降民，旋又命宰牛羊

---

① 《满文老档·太祖》第Ⅰ册，第7卷，天命三年十月初十日，东洋文库本，1955年。
② 《满文老档·太祖》第Ⅰ册，第9卷，天命四年六月初八日，东洋文库本，1955年。
③ 《满文老档·太祖》第Ⅱ册，第64卷，天命十年正月初七日，东洋文库本，1955年。
④ 《满文老档·太祖》第Ⅲ册，第64卷，天命十年正月二十一日，东洋文库本，1955年。
⑤ 《清太祖高皇帝实录》第9卷，第11叶载："庚午，上自东京启行，夜驻虎皮驿。辛未，至沈阳。初，上命喀尔达、富喀纳、塔羽引兵征东海瓦尔喀部。是日，率降附之众三百三十人归。"按：庚午为二十二，辛未为二十三。但是，《满洲实录》第8卷第2叶载："于初三日出东京，驻虎皮驿。初四日，至沈阳。是日，有前遣去喀尔达……"《清太祖武皇帝实录》第4卷第6叶载："于初三日出东京，宿虎皮驿。初四日，至沈阳，是日，有前遣去刚儿搭……"《满文老档·太祖》天命十年载："三月初三，汗向沈阳迁移，在辰刻从东京出发，给他的父祖坟墓，供杭州细绸，在二衙门杀牛五头，烧了纸钱。随后向沈阳去，在虎皮驿住宿。初四……在沈阳的河渡口，出征瓦尔喀的培羽、喀尔达、富喀纳向汗叩头谒见了。"据上可知，《清太祖高皇帝实录》此条日期误。

40头，摆400桌酒席，备400瓶烧酒、黄酒，宴劳出征将士和编户降民。后又赐出征的披甲兵士每名银5两，跟马人每名银2两①。

第四次，八月，出城至浑河岸迎接宴劳前遣博尔晋辖等统兵二千，往征东海南路虎尔哈，招降500户而还的诸将及招来的头目。

第五次，同月，再出城宴迎前遣雅护、喀穆达尼，率兵征东海北路卦尔察部，获其部民二千而还的诸将等。②

第六次，十月初四日，出城迎接其第三子阿拜、第六子塔拜、第九子巴布泰，统兵一千征东海北路虎尔哈部，获一千五百部民而归，并赐宴犒师③。

努尔哈赤对东海女真前后用兵达30年，基本上统一了东海女真各部。日本稻叶君山说："在西纪一六一六年（万历四十四年，天命元年）以前，太祖之兵，及于乌苏利江东方沿海。"④朝鲜《光海君日记》当年记述努尔哈赤在东海一带势力时指出："东至北海之滨，并为其所有。"⑤努尔哈赤在东起日本海，西迄松花江，南达摩阔崴湾，濒临图们江口，北抵鄂伦河这一广大疆域内，基本上统一了东海女真诸部等，并取代明朝而实行统辖。后来皇太极多次征抚，东海女真岁岁入贡，在在臣服。

---

① 《满文老档·太祖》第65册，天命十年四月十三日和十八日，中华书局译注本，1990年。
② 《清太祖高皇帝实录》第9卷，中华书局影印本，1986年，第13叶。
③ 《清太祖高皇帝实录》第9卷，中华书局影印本，1986年，第18叶。
④ [日]稻叶君山：《清朝全史》上（一），中华书局，民国三年（1914），第88页。
⑤ [朝]《光海君日记》第23卷，元年十二月丙寅。鼎足山本、太白山本，俱同。

二 进兵黑龙江女真

"野人"女真的另一支黑龙江女真,因居住在黑龙江流域而得名。在黑龙江流域,居住着黑龙江虎尔哈部、萨哈连部、萨哈尔察部、使犬部、使鹿部和索伦部等。在这一地区,有水量丰沛的河流、广阔的草甸、葱郁的丛林、茂密的灌木。灌木林中有红瑞山茱萸和红果山楂,绣绒菊和山葡萄。在杨树、柳树、松树和桦树的林荫中,布散着女真人、达斡尔人、鄂温克人、鄂伦春人、赫哲人、费雅喀人和索伦人的村屯。他们靠狩猎、畜牧、采集、种植和捕鱼为生。捕鱼时,人们乘坐用树干做龙骨、用树脂黏合桦树皮制作的刀船,划着铲形船桨,以鱼叉捕获鲟鱼和鳇鱼等。鱼叉被皮条的一端拴着,皮条的另一端系在捕鱼者腰上。捕鱼时,捕鱼人迅速而准确地向鱼叉去,一旦叉上鱼之后,鱼叉被鱼带着疾游,但因鱼叉为皮条所系,鱼便被捕获。捕鱼之外还采东珠。《满洲源流考》记载:

> 东珠出混同江及乌拉、宁古塔诸河中,匀圆莹白,大可半寸,小者亦如菽颗,王公等冠顶饰之,以多少分等秩,昭宝贵焉。①

---

① 《满洲源流考》第19卷,文津阁《四库全书》影印本,商务印书馆,2005年,第1叶。

长满水藻、绿苔的河汊里,是捞采东珠的好地方。采珠人在每年四月至八月的采珠季节里,乘葳瓠(独木舟)并负袋潜水采珠。他们潜在水中,捞出河蚌,装入袋中,上岸取暖后,再潜到水里。将捞取的河蚌敲开,寻找珍珠。往往在几十个、几百个甚至几千个蚌壳里才能挖出一颗东珠。他们把采到的东珠经处理后,装在鱼皮袋囊或桦树皮盒里,以备贡赋或市易。

上述地区的部民,元亡后受明廷的管辖。努尔哈赤建元之后,在统一东海女真的同时,为从明朝管辖中接管对黑龙江流域的统治权,曾多次发兵征讨黑龙江女真。他首先兵指萨哈连部。

萨哈连部因居住在萨哈连乌拉流域而得名,萨哈连为满语 sahaliyan 的对音,是黑色的意思;乌拉为满语 vla 的对音,是江或河的意思。萨哈连乌拉即黑龙江①,亦称"黑水"。萨哈连部的居住区域,《东三省舆地图说》载:"萨哈连部即今黑龙江爱珲城以下至黑河口西岸,及自三姓音达穆河以下至乌苏里江口松花江南岸各地方。"②《盛京吉林黑龙江等处标注战迹舆图》把它标注在精奇里江瑷珲城东、黑龙江北岸一带③。《清开国初征服诸部疆域考》载,萨哈连部分布在精奇里江和牛满河流域④。萨哈连部居住在黑龙江中游⑤流域。其部东至乌苏里江口,接使犬部,西邻索伦部,南至黑龙江虎尔哈部,北界使鹿部。

万历四十四年,即天命元年(1616),后金汗努尔哈赤发兵征讨萨哈连部。关于这次兵事,不仅《满文老档》、《清太祖实录》和《满洲实录》均有载述,

---

① 《满洲源流考》第 13 卷:"满洲语萨哈连乌拉,即黑龙江。"
② 《东三省舆地图说》,《辽海丛书》影印本,辽沈书社,1985 年,第 28 叶。
③ 《盛京吉林黑龙江等处标注战迹舆图》,五排三下,辽宁大学历史系铅印本,1981 年。
④ 刘选民:《清开国初征服诸部疆域考》,《燕京学报》1938 年第 23 期。
⑤ 黑龙江全长 4444 余公里,从石勒喀河与额尔古纳河汇流处至精奇里江(结雅河)同黑龙江会流处一段,为黑龙江的上游;乌苏里江与黑龙江会流处以下至海一段,为黑龙江的下游;中间的一段,为黑龙江的中游。

证明确有其事[1]；而且《满文老档》留下了详细的记载：

第一，征讨原因：

萨哈连乌拉的萨哈连部和虎尔哈部商议说："我们把来这里做生意的三十人，并同我们兄弟带来的四十人，全部杀死，一同叛乱。"在五月把那七十人杀了。那时有九人脱逃，使这个惨杀的消息，在六月二十八日传到英明汗的耳中。大英明汗愤慨地说："派兵征讨！"

第二，会议师期：

诸贝勒大臣谏阻说："夏季多雨泥泞，大兵行动不便，最好在冬季结冰再进攻。"但是汗反驳说："在夏天如果不去，到秋天他们把粮食埋藏各处，自己抛弃屯寨去阴达珲塔库喇喇部。我们的兵回来后，他们又返回故地，取出埋藏的粮食吃……这个夏天，我们兵如果去，他们只顾自己逃避，没有时间埋藏粮食。他们以为在这个夏季大兵不会来，他们将安闲不备，所以现在出兵，能一举全胜。"

第三，军事准备：

七月初一日，发布命令："从每一牛录挑选强壮的马各六匹，把一千匹马放在田野中养肥。"初九日，又命令："从每牛录派出制造独木船者各三人。派六百人去兀尔简河发源处的密林中，造独木船二百艘。"

---

[1] 格·瓦·麦利霍夫《满洲人在东北》第47～48页载："尽管在像《努尔哈赤实录》这样的文献资料中有证明此次远征［引者注：指后金征讨萨哈连部］的记载，仍不免令人产生一定疑问：此次远征是否确有其事。"

第四，作战经过：

七月十九日，命令："达尔汉侍卫扈尔汉、硕翁科罗巴图鲁安费扬古率兵二千人，到兀尔简河后，领兵一千四百名，乘独木船二百艘前进①，另六百名骑兵在陆上行走。"当日出发，第八天到达造独木船的地方。扈尔汉和安费扬古率兵乘独木船在乌拉河上前进，骑兵在陆上前进。第十八天，前进的水陆兵会合。又前进二昼夜，八月十九日到达目的地。袭击茂克春大人居住在河北岸的十六个屯寨，全部夺取了。博济里大人居住在河南岸的十一个屯寨，也全部夺取了。将在萨哈连江南岸的萨哈连部的九个屯寨夺取了。一共夺取了三十六个屯寨。在萨哈连江南岸的佛多罗衮寨驻营。……从前萨哈连江和松阿里江在十一月十五日至二十日后才结冰。大英明汗出兵那年，十月初就结了冰，所以汗的兵在初五日渡过了萨哈连乌拉。……夺取了萨哈连部内十一个屯寨，然后全部返回了。

第五，胜利回师：

在十一月初七日，带领路长四十人回到汗城。②

后金汗在继续征讨萨哈连部之后，又招降萨哈尔察部。萨哈尔察为满语 sahalca 的对音，是黑色貂皮的意思。萨哈尔察部民居住在牛满河（今布列亚河）地区，其部长萨哈连归附后金，并成了后金的额驸③。万历四十六年即天命三年

---

① 《清史稿·兵志六》："天命元年，以水师循乌勒简河征东海萨哈连部落。"按：此为清水师之始。
② 《满文老档·太祖》第Ⅰ册，第 5 卷，天命元年七月至十一月，东洋文库本，1955 年。
③ 额驸：后金和清代制度，皇族女儿之夫称为"额驸"。

（1618），努尔哈赤率军攻打抚顺，萨哈连额驸随军出征，备受器重。在野营的夜晚，努尔哈赤向萨哈连讲述"金朝往事"①。天启六年即天命十一年（1626）十二月，黑龙江二十六人②，携带名犬及黑狐、元狐、红狐皮、黑貂皮、水獭皮、青鼠皮等物，到沈阳朝贡③。翌年，"萨哈尔察部落六十人来贡，贡貂、狐、猞猁狲皮"④。萨哈尔察部向后金汗努尔哈赤称臣、朝贡，表明其承认后金汗为他们的最高统治者，部民已归附后金管辖，土地已列入后金版图。

后金汗在初步臣服萨哈尔察部同时，又征服黑龙江下游地区的使犬部和使鹿部。

使犬部，其满文体为 indahūn takūrara golo，音译作阴答珲塔库拉拉。indahūn 意为犬，takūra 意为使，golo 意为路。使犬部的居住范围，大致在乌苏里江下游地区，松花江与黑龙江会流处以下沿混同江两岸，和使鹿部相接。它主要分为三部：奇雅喀喇部、赫哲喀喇部和额登喀喇部⑤。奇雅喀喇部，其地在乌苏里江口以南一带⑥。赫哲喀喇部，《满洲氏族源流考》载："自宁古塔东北行千五百里，居松花江、混同江两岸者曰赫哲喀喇；又东北行四五百里，居乌苏里、松花、混同三江汇流左右者，亦曰赫哲喀喇。"⑦额登喀喇部，其地在赫哲喀喇之东北，混同江两岸⑧。

居住在黑龙江下游一带的使犬部，包括达斡尔人、赫哲人、鄂伦春人、鄂温克人等。他们畜犬，而且数量很大，一户能畜养几十只、几百只。使犬部因以得名。

---

① 《清太祖高皇帝实录》第 5 卷，中华书局影印本，1986 年，第 14 叶。
② 王先谦：《东华录·天聪一》第 1 卷，光绪二十五年（1899）石印本，第 24 页。
③ 《清太宗文皇帝实录》第 1 卷，中华书局影印本，1985 年，第 20 叶。
④ 《清太宗文皇帝实录》第 3 卷，中华书局影印本，1985 年，第 38 叶。
⑤ 何秋涛：《朔方备乘》第 1 卷，宝善书局石印本，第 7 叶。
⑥ 刘选民：《清开国初征服诸部疆域考》，《燕京学报》1938 年第 23 期。
⑦ 《满洲氏族源流考》，载《圣武记》第 1 卷，上海中华书局据古微堂原刻校刊本，第 8 页。
⑧ 《东三省舆地图说》，《辽海丛书》影印本，辽沈书社，1985 年，第 28 页。

犬的主要食物是鱼，也食野兔、田鼠等。犬被用来狩猎、拉船和拖爬犁①。夏季逆水而进，用犬拉纤行船；冬季冰雪狩猎，用犬拖曳爬犁②。以犬拉纤时，用四只或六只犬，犬脖子上戴着套圈，套圈系着皮条，皮条的另一端系在船上，犬拖着船在逆水中航行。犬拉爬犁也是一样的③。猎人要行猎时，将食品、猎具等装在爬犁上，爬犁前部拴上皮条，皮条的另一端系在犬的颈套上。在数只拉爬犁的犬中，有一只"辕犬"被套在最前面作为先导，其他犬相随而行。犬会伶俐而协同地听着主人的吆喝声，按着驭手的意思，左行或右行，快速或缓慢，奔驰或停止。因此，狗在使犬部的部民中有着特殊的地位。他们的习俗是不吃狗肉、不穿狗皮，甚至把狗当作图腾而加以崇拜。

使犬部人的主要经济生活是狩猎和捕鱼。狩猎除捕捉野猪、驼鹿④、猞猁狲等外，也猎捕水獭。水獭喜栖息在多鱼的河里。它胆小、狡猾、伶俐，月夜时常叼着鱼在河中嬉游。水獭排粪时要钻出水面，而且经常到固定的地点去。猎人摸着水獭这一习性，在它排粪时经过的河滩上安放夹子或圈套。水獭往返中，被猎人捕获。猎人捕到水獭后，把皮剥落风干，装在用桦树皮制作的箱子里，以备交换或贡献。但他们主要靠捕鱼为生。黑龙江渔产丰富，其中有鲑鱼、鲟鱼、鲶鱼、鲤鱼、鳇鱼、狗鱼、文鱼和大马哈鱼等，为他们提供了丰富的资源。他们既用鱼叉捕鱼，也用渔网捕鱼。鱼的用处很多，鱼肉用作食物，鱼骨制作器物，鱼油可以点灯，鱼皮能缝制衣服。他们用各色的鱼皮，经过鞣制变软，缝合成色彩鲜艳的鱼皮衣。因其以鱼皮为衣，所以使犬部又叫鱼皮部或鱼皮达子。

---

① 《满洲源流考》第20卷，第1页："法喇：似车无轮，似榻无足，覆席如龛，引绳如御，利行冰雪中，俗呼扒犁，以其底平似犁，盖土人为汉语耳。"
② 罗曰褧：《咸宾录》第2卷："狗车形如船，以数十狗拽之，往来递运。"
③ 陶宗仪：《南村辍耕录》第8卷："征东行省每岁委官至奴儿干，给散囚粮，须用站车，每车以四狗挽之。"
④ 驼鹿：满语 kandahan，即堪达汉、犴达罕，是鹿的一种，它体形壮大，颈短尾秃，耳长角白，鼻长下垂，因其肩上凸起很高一块，状似驼峰，故汉语称作驼鹿。

后金汗在征讨萨哈连部的同时，又征抚使犬部。万历四十四年即天命元年（1616），努尔哈赤发兵征讨使犬部。《清太祖高皇帝实录》载："招服使犬路、诺洛路、石拉忻路路长四十人。"①后金军水陆并进，深入千里之处，兵锋所指，"莫不慴伏"②。

使鹿部的居住范围，《盛京吉林黑龙江等处标注战迹舆图》载：其部在使犬部之北和东，混同江下游以东滨海，包括库页岛全部③。使鹿部主要有费雅喀部、奇勒尔部等，也包括吉烈迷。费雅喀部在额登喀喇东北七八百里④，即在混同江以东。奇勒尔部，《吉林通志》载："奇勒尔亦曰奇楞，在宁古塔东北二千余里亨滚河等处，即使鹿鄂伦春游牧处所。"⑤其居地在黑龙江口一带。

在征抚使犬部的同时，努尔哈赤并没有忘记在黑龙江口和库页岛一带使鹿部的部民。库页岛今称萨哈林岛，为俄语 Сахалин 的对音。萨哈林即萨哈连的音转。库页岛的面积有76500平方千米，为中国台湾面积的二倍多。它土地狭长，南北长950公里。这里森林茂密，渔产丰富，盛产鲱鱼、鳕鱼、鲑鱼、鲈鱼和海蟹等。库页岛气候较寒冷，但南部港口为不冻港。岛上居住的吉烈迷和苦夷人等，"以鹿为家畜"，所以又称为使鹿部。

库页岛又称苦兀，《寰宇通志》载："苦兀在奴儿干海东。"⑥永乐十年（1412），明在库页岛设立囊哈儿卫⑦。同年，明成祖朱棣派亦失哈等到库页岛视察。努尔哈赤为接管明朝在黑龙江下游直到库页岛的疆土，曾不断地向这一地区用兵。后

---

① 《清太祖高皇帝实录》第5卷，中华书局影印本，1986年，第7叶。
② [朝]《李朝宣祖大王实录》第142卷，三十四年十月壬辰，日本学习院东洋文化研究所刊本，1959年。
③ 《盛京吉林黑龙江等处标注战绩舆图》，五排一上，辽宁大学历史系铅印本，1981年。
④ 何秋涛：《朔方备乘》第1卷，宝善堂局石印本，第7叶。
⑤ 《吉林通志》第12卷，光绪十七年（1891）刻本，第26叶。
⑥ 《寰宇通志》第116卷，明景泰刻本，天津图书馆藏，又见"玄览堂丛书"本，第11叶。
⑦ 《明太宗实录》第131卷，第2叶，永乐十年八月丙寅，台北历史语言研究所校勘本，1962年。

来库页岛内附,"每岁进貂皮,设姓长、乡长、子弟以统之"①。

总之,努尔哈赤对黑龙江女真用兵长达十年之久,逐步地替代了明廷对这一地区的管辖。但是,日本学者阿南惟敬说:"可以认为,天聪八年清太宗征服虎尔哈,是清朝对黑龙江之最初用兵。这比俄国的波雅科夫出现在黑龙江,早了约有十年。"②阿南惟敬教授指出后金军队在黑龙江流域出现比俄国波雅科夫为早,这无疑是正确的。然而,后金在黑龙江地区的最初用兵,是万历四十四年即天命元年(1616),不是崇祯七年即天聪八年(1634)。

综上,努尔哈赤对东海女真和黑龙江女真多年用兵,版图其土地,籍录其部民,收贡其特产,敕命其官长,从而在乌苏里江和黑龙江中下游广大地域,迅速而有效地取代了明朝的管辖。努尔哈赤统一"野人"女真——东海女真和黑龙江女真的成功,是由于采取了"且征且抚"③、征抚兼施的政策。

---

① 《库页岛志略》第1卷,"近代史资料丛书"本,文海出版社,1970年,第15页。
② [日]阿南惟敬:《清の太宗の黑龙江征讨について》,载《清初军事史论考》,甲阳书房,日本昭和五十五年(1980)。
③ 何秋涛:《朔方备乘》第1卷,宝善书局石印本,第1叶。

三 对"野人"女真的政策

努尔哈赤对"野人"女真的经营先后约30年。这30年大致可以分作3个阶段。

第一阶段从万历二十四年（1596）至万历三十四年（1606）。这个时期形势的特点是，建州东邻朝鲜，西接叶赫，南为明朝，北界乌拉，四面被围，尤与叶赫、乌拉鼎立争雄。努尔哈赤仅在图们江流域蚕食东海女真，动作谨慎，以抚为主，未敢兴兵远袭。渥集部王格、张格二路长入贡，瓦尔喀部斐优城主策穆特黑越乌拉投附，都是其主抚政策初获成效的验证。

第二阶段从万历三十四年（1606）至万历四十四年即天命元年（1616）。这个时期以乌碣岩之役为转折点，建州军长驱直入，伸向乌苏里江以东滨海地区，征抚兼施，取得辉煌成果。

第三阶段从万历四十四年即天命元年（1616）至天启六年即天命十一年（1626）。这个时期建立后金政权，统一海西女真，努尔哈赤虽把注意力转向明朝，但他除继续并服东海女真外，开始统一黑龙江女真，势力扩展至黑龙江中下游地区，从而达到其经营"野人"女真之极盛时期。

努尔哈赤在上述经营"野人"女真的整个过程中，贯穿着"征抚并用，以抚

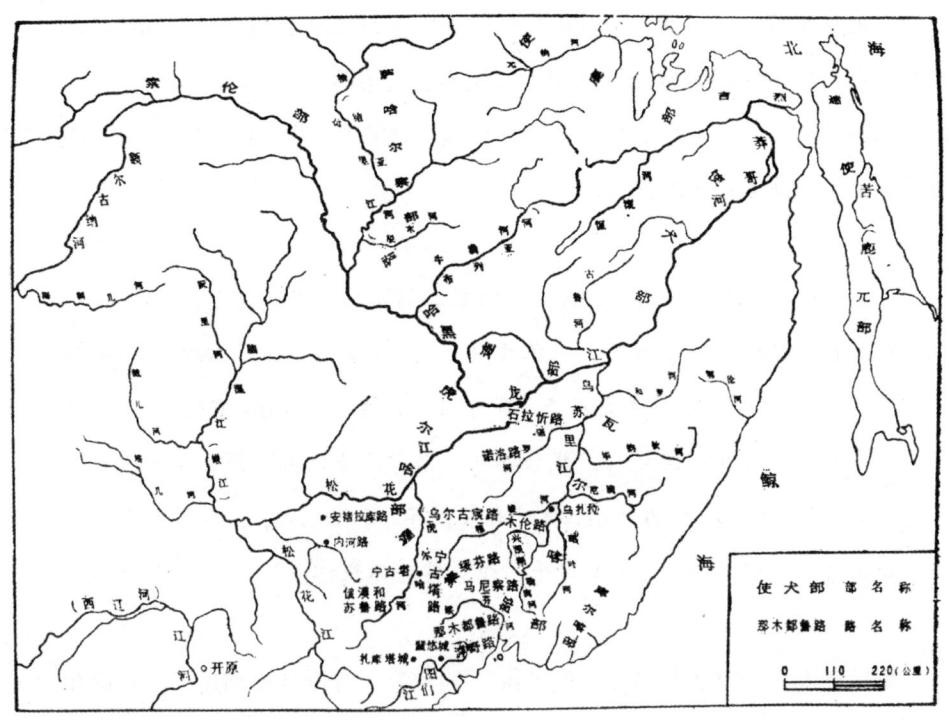

十六世纪末至十七世纪初东北地区"野人"女真等部分布图

为主"的政策。这种政策的基本出发点是壮大自己,孤立敌人;而要壮大自己,必先树羽翼于同部。"野人"女真与建州女真为种族同、射猎同、饮食同、居处同、言语同、习俗同①。因此,他为着丰满羽翼,壮大军力,稳固后方,崛起辽东,就要并取"野人"女真。魏源在《圣武记》中说:

> 夫草昧之初,以一城一旅敌中原,必先树羽翼于同部。故得朝鲜人十,不若得蒙古人一;得蒙古人十,不若得满洲部落人一:族类同则语言同,水土同,衣冠、居住同,城郭、土著、射猎、习俗同。②

---

① 毕恭:《辽东志》第9卷,《辽海丛书》影印本,辽沈书社,1985年,第5叶。
② 魏源:《圣武记》第1卷,中华书局点校本,1984年,第9页。

因为努尔哈赤含恨起兵，其恼恨集中于明朝统治者，所以他对同族群的"野人"女真诸部，始终采取征抚并用，以抚为主的策略。这种政策，后来皇太极得以继承和发展。《清太宗文皇帝实录》对这一政策有很好的说明，如皇太极对霸奇兰等率军往征黑龙江地方时，谕之曰：

> 尔等此行，道路遥远，务奋力直前，慎毋惮劳而稍怠也。俘获之人，须用善言抚慰，饮食甘苦，一体共之，则人无疑畏，归附必众。且此地人民，语音与我国同，携之而来，皆可以为我用。攻略时，宜语之曰："尔之先世，本皆我一国之人，载籍甚明，尔等向未之知，是以甘于自外。我皇上久欲遣人，详为开示，特时有未暇耳。今日之来，盖为尔等计也。"如此谕之，彼有不翻然来归者乎？尔等其勉体朕意。①

而且皇太极对上述政策在不同情况下的实施，有过具体阐述。他对萨尔纠等率兵往攻库尔喀时说："如得胜时，勿贪得而轻杀，勿妄取以为俘。抗拒者，谕之使降；杀伤我兵者，诛之；其归附者，编为户口，令贡海豹皮。"②显然，前述政策的最初制定者是其汗父努尔哈赤。

努尔哈赤对"野人"女真的征讨，前已略及；其安抚策略如联姻、筵宴、赏赐、移民、安置、封官等，在这里加以简述。

后金汗对"野人"女真各部上层人物总是千方百计地施以恩惠，争取他们归附自己。他对前来归顺的各部首领，先是亲自迎接，大摆筵宴；接着是赏赐奴仆、绸缎、牛马、房田、甲胄；继又授予各种不同的官职；还把宗室的女儿嫁给他们做妻子；并且答应在他们返回之后，如果受到别部的欺凌和掠夺，便

---

① 《清太宗文皇帝实录》第21卷，中华书局影印本，1985年，第14～15叶。
② 《清太宗文皇帝实录》第48卷，中华书局影印本，1985年，第5叶。

派兵给予保护。建州同"野人"女真各部逐渐地建立起亲戚关系和臣属关系。他的这种施恩做得极为细致。如虎尔哈博济里等路长来归时,《满文老档》记载:

> 想到在寒冷时博济里要穿好衣服,所以大英明汗将自己穿的前胸吊貂皮、后背吊猞猁猁皮的皮端罩给他;还想到博济里从远处来,乘马疲惫了,所以给有鞍辔的马以便骑来。①

路长们到达建州之后,《清太祖高皇帝实录》又记载:

> 路长各授官有差,其众俱给奴仆、牛马、田庐、衣服、器具,无室者并给以妻。②

他的这一套争取各部上层人物归顺的办法,是百试百中、屡行屡效的。

后金汗对"野人"女真的招抚政策,同乌拉贝勒布占泰的杀掠政策,形成鲜明对照。如朝鲜咸镜道观察使李时发在驰启中,对比努尔哈赤(老酋)和布占泰(忽胡)的政策时说:

> 臣近观老酋所为,自去年以来,设置一部于南略耳,囊括山外,以为己有,其志实非寻常。今又诱胁水下藩落,欲使远近之胡尽附于己。江外诸胡积苦于忽胡之侵掠,无不乐附于老酋,故去冬以后,投入于山外者其数已多,而此后尤当望风争附。此胡举措,实非忽胡之比。③

---

① 《满文老档·太祖》第Ⅰ册,天命三年十月,东洋文库本,1955年,第7卷。
② 《清太祖高皇帝实录》第5卷,中华书局影印本,1986年,第9~10叶。
③ [朝]《李朝宣祖大王实录》,第209卷,四十年三月庚辰,日本学习院东洋文化研究所刊本,1959年。

显然，乌拉贝勒布占泰对"野人"女真之贪婪侵暴政策，与努尔哈赤对"野人"女真之安抚招徕政策不可同日而语。后金汗对"野人"女真的这一政策，《满文老档》中有一段详细的记述，虽文字较长，但读起来并不乏味：

> 十月初十日，听说东海虎尔哈部长纳喀达率民百户来归，派二百人去迎接，于二十日到达。英明汗去衙门，虎尔哈部人叩头谒见后赐宴。宴毕，要回家去的人站一行，愿留住的人另站一行。优厚赏给愿留者为首八人，阿哈（男女）各十对、牛马各十头，用豹皮镶边的挂蟒缎面的皮袄、长皮端罩、貂皮帽、皂靴、雕花腰带、蟒缎无扇肩朝衣、蟒缎褂，四季穿的衣服、布衫、裤和褥、衾等；其次的给阿哈（男女）各五对、牛马各五头、衣服各五件；再次的给阿哈（男女）各三对、牛马各三头、衣服各三件；最末的给阿哈（男女）各一对、牛马各一头、衣服各一件。来的百户人不论长幼都按等充足地给了。汗亲自去衙门赏赐五天，把房屋和生活用品锅、席、缸、瓦瓶、杯、碗、碟、匙、筷子、水桶、箕、盆等，全都充足地赏给。看见那样赏给，原说回家的人，又有许多留下不回去了。①

留下的人托回去的人捎口信给家乡兄弟亲友说："国之军士，欲攻伐以杀我等，俘掠我家产，而上以招徕安集为念，收我等为羽翼，恩出望外，吾乡兄弟诸人，其即相率而来，无晚也！"②

上引记述虽不免有粉饰之词，但从中可以看出努尔哈赤精心编导的这场招抚喜剧的演出，获得了惊人的成功。

后金汗还对归附的"野人"女真部民，给予永久的政治与经济特权，以笼络

---

① 《满文老档·太祖》第7册，天命三年十月初十日，中华书局译注本，1990年。
② 《清太祖高皇帝实录》第5卷，中华书局影印本，1986年，第26叶。

其更多的部民降顺。如他对虎尔哈部归顺部民说：

> 阿尔奇纳、彻齐克墨尔根、巴木布里、色勒交是虎尔哈路的部长，住在东海的岛上，与鱼、鸟共同生活。抛弃父祖的坟墓、出生地、喝的水，翻山涉水地走一个月的路程来，还有比这更可怜的吗？这来投顺的功劳，从那里跟随来的人，其子孙万代都免纳贡赋；若误犯死罪，免死；若犯罚财物的罪，免罚。永沐仁爱之道。①

他接着宣布一张享有这种特权的47人的名单。按照当时的制度，"把这汗谕写在文书上，八贝勒以下，诸备御以上，挂在脖子上"②，俨然一枚大胸章。

后金汗努尔哈赤对招抚的"野人"女真，迁其部民，编丁入旗，首领授官，分辖其众。建州由对抗海西、蒙古，进而对抗明朝，其兵源严重不足。努尔哈赤将征抚的"野人"女真部民，大量迁至建州，编入牛录。如万历三十七年（1609）间，他命在东海地区"尽撤藩胡，得精兵五六千，作为腹心之军"③。这些兵士悍勇、健壮，娴弓马、耐饥寒，为建州军补充了新生力量。他尤为信用其首领，如库尔喀部长郎柱，率先附建州。子扬古利"日见信任，妻以女④，号为'额驸'。旗制定，隶满洲正黄旗"⑤。扬古利位仅亚于八贝勒，为一等总兵官；后来其子塔瞻擢内大臣，孙爱星阿官至领侍卫内大臣。其弟冷格里为左翼总兵官⑥；幼弟纳穆泰后为八大臣之一；从弟谭布于崇祯十二年即崇德四年（1639），与索海等率兵攻取

---

① 译自《满文老档·太祖》第70册，天命十年，中华书局译注本，1990年。
② 译自《满文老档·太祖》第69册，天命十年，中华书局译注本，1990年。
③ [朝]《光海君日记》第23卷，元年十二月丙寅，日本学习院东洋文化研究所刊本，1959年。
④ 《清皇室四谱·皇女》载：清太祖生女八、养女及养孙女二，无一嫁与扬古利，疑误，应为"妻以族女"。
⑤ 《清史稿·扬古利传》第226卷，中华书局标点本，1977年，第9191页。
⑥ 《清史稿·冷格里传》第227卷，中华书局标点本，1977年，第9241页。

雅克萨，败索伦部长博穆博果尔①。

又如渥集部绥芬路屯长康果礼等率兵壮千余归附，"分其众为六牛录，以康果礼、喀克都里、伊勒占、苏尔休、哈哈纳、绰和诺世领牛录额真"②。努尔哈赤以其弟穆尔哈齐女妻康果礼，号"和硕额驸"，又以其"能管辖兵，为三等总兵官，免三次死罪"③。皇太极时康果礼位列十六大臣，任护军统领。康果礼弟喀克都里，也为三等总兵官，后位列八大臣，领正白旗。另一屯长哈哈纳，被努尔哈赤妻以宗女，后佐镶红旗。其子费扬古以平定吴三桂叛乱功，被康熙帝授为副都统④。而尼马察部长泰松阿子叶克书，归附后授为牛录额真。皇太极时位列十六大臣，为固山额真；其子道喇，康熙时任固山额真。

再如东海女真一部长克彻尼，为东京城守臣，《清太宗文皇帝实录》载述：

> 庚戌，车驾过东京，由城外行。守臣克彻尼夫妇，迎至河口，朝见，请上幸其第。上曰："朕尝谕诸贝勒大臣，凡出行之次，各裹餱⑤粮，毋得于民间取给饮食，致滋扰累。已誓诸天地，朕奈何自蹈之耶！"克彻尼夫妇叩头固请，曰："臣家生业，皆蒙恩赐与，非民间比也。"上不忍拒，遂幸其家。克彻尼夫妇具以进。克彻尼者，东海一部长也。其妻乃太祖舅氏之女，于上为表姑云。⑥

复如东海瓦尔喀一部长阿哥巴颜，《清雍正朝镶红旗档》载记，署理镶红旗

---

① 何秋涛：《朔方备乘》第14卷，宝善书局石印本，第4页。
② 《清史稿·康果礼传》第227卷，中华书局标点本，1977年，第9225页。
③ 《满文老档·太祖》第67册，天命十年，中华书局译注本，1990年。
④ 见《清史稿·康果礼传附哈哈纳》，与《清史列传·费扬古》并非一人。
⑤ 餱：音hóu，音同侯，意同糇。《说文解字》："糇，干食也。"段注："干者曰糇。"糇粮就是干粮。
⑥ 《清太宗文皇帝实录》第5卷，中华书局影印本，1985年，第10～11叶。

满洲都统事务、尚书孙查齐等为补授佐领事谨奏：

> 臣旗佐领兼二等阿达哈哈番①钟海病故。窃查：该佐领，初阿哥巴颜率瓦尔喀部来投太祖，以肇兴之功编为牛录，委以阿哥巴颜之长子、首位十扎尔固齐阿兰柱管理。嗣后，依次由阿兰柱之次子布兰柱，布兰柱之三子布尔哈，阿兰柱之三子谭泰，谭泰之子图理，阿兰柱之四子恩和讷之孙齐勒管理。其后，齐勒之孙钟海继之。今钟海出缺，为补授佐领谨奏。②

实际上，努尔哈赤对"野人"女真降民中授官之人，远不止以上数例；且其授官影响所及，至有清一代。仅据《满文老档》第六十七至第七十卷的不完全统计，仅天启五年即天命十年（1625），对"野人"女真各部首领及其部民晋官和恩赏的名单多至492人，约占升赏名单总人数784人的62%。可见努尔哈赤"征抚并用，以抚为主"政策的明显效应。

但是，在征抚"野人"女真时，其军纪并不像后金汗所"谕旨"的那样，而是异常残酷。如一次出征瓦尔喀的八旗军士，行至必音屯，将居民4人砍去手脚后杀死，又穿刺19人的耳、鼻③。

总之，努尔哈赤在统一建州女真和海西女真之后，运用且战且抚、征抚并用、以抚为主的策略，迅速地统一了"野人"女真的主要部分。后来他的继承者皇太极，又经过多次征抚，统一了整个乌苏里江和黑龙江流域诸部的部民，明代奴儿干都司的辖境完全被置于后金的管辖之下，后金取代明朝，有力地管辖着黑龙江及其支流乌苏里江流域的广大地区。

---

① 阿达哈哈番：为满语 adaha hafan 的音译，汉意译为轻车都尉，后定为三品世职。
② 刘厚生译：《清雍正朝镶红旗档》，东北师范大学出版社，1985年，第4页。
③ 《满文老档·太祖》第Ⅲ册，第65卷，天命十年四月，东洋文库本，日本昭和三十三年（1958）。

后金汗努尔哈赤在统一建州女真、海西女真和东海女真("野人"女真)之后,为了向明朝发动进攻,同时着力征抚漠南蒙古诸部。

第六章 征抚蒙古

一 辽东蒙古的衰落

明兴元亡之后,元主自北平出塞,遁回蒙古草原。但故元势力仍有"引弓之士,不下百万众也"①。元主退回漠北地区,习称北元。北元蒙古贵族仍维持其旧日统治,实行封建割据。他们不甘心于自己的失败,不时地犯扰内地,企望重新入居中原,图谋恢复元朝。明朝为解除蒙古在北方的威胁,曾多次出兵朔漠,力图消灭北元势力。明初,徐达4次北伐②,朱棣7次亲征③,曾取开平,占应昌,败王保保,降纳哈出。明朝击败北元势力,他们逐渐地分别与明朝建立了臣属关系。

但是,北元势力虽被击败,而未被消灭。这同明太祖对故元势力的政策不无关系。当明洪武帝朱元璋派右丞相、大将军徐达攻元大都时,徐达请示道:"元都克,而其主北走,将究追之乎?"明洪武帝答曰:

---

① 谷应泰:《明史纪事本末》第10卷,中华书局,1977年,第149页。
② 《明史·太祖纪二》载徐达4次北伐为:洪武三年、洪武五年、洪武六年和洪武十四年。
③ 《明史·太祖纪三》和《明史·成祖纪二》、《明史·成祖纪三》载朱棣7次亲征为:洪武二十三年、洪武二十九年、永乐八年、永乐十二年、永乐二十年、永乐二十一年和永乐二十二年。

> 元起朔方，世祖始有中夏。乘气运之盛，理自当兴。彼气运既去，理固当衰。其成其败，俱系于天。若纵其北归，天命厌绝，彼自澌尽，不必穷兵追之。但其出塞之后，即固守疆围，防其侵扰耳。①

但是，蒙古贵族势力并未因其气运衰败，而自澌自尽。蒙古贵族势力在不断地骚扰北陲，破墙而入，内犯中原，困围京师。尤以正统之后，明代北患益甚。《明史·鞑靼传》记载：

> 当洪、永、宣世，国家全盛，颇受戎索，然畔服亦靡常。正统后，边备废弛，声灵不振。诸部长多以雄杰之姿，恃其暴强，迭出与中夏抗。边境之祸，遂与明终始云。②

严格说来，明中后期，蒙古衰微，满洲崛兴，故北境之扰，重在满洲，不在蒙古。但就明朝北边形势而言，前期为蒙古，后期为满洲。其前期，明北边，蒙古骑犯，甚为严重。

辽东地区蒙古势力，此伏彼起，为患酷烈。洪武时，故元丞相纳哈出"拥二十万众据金山，数窥伺辽"③，后被蓝玉招降。永乐时，阿鲁台为瓦剌所败，"乃率其属东走兀良哈，驻牧辽塞"④；朱棣以亲征阿鲁台，死于榆木川。正统时，英宗朱祁镇，土木堡之役，兵败而被俘；成化时，蒙古鞑靼部长孛来，"诱兀良哈九万骑入辽河"⑤，纵骑掳掠；嘉靖时，蒙古俺达兵临京师城下，京城九门，

---

① 《明太祖实录》第32卷，台北历史语言研究所校勘本，1962年，第3叶。
② 《明史·鞑靼传》第327卷，中华书局点校本，1974年，第8494页。
③ 《明史·鞑靼传》第327卷，中华书局点校本，1974年，第8465页。
④ 《明史·鞑靼传》第327卷，中华书局点校本，1974年，第8469页。
⑤ 《明史·鞑靼传》第327卷，中华书局点校本，1974年，第8472页。

白日关闭。至隆庆以后，即努尔哈赤青少年时期，辽东蒙古势力枝蘖纷繁，先后陵替，相互交错，举其大者，主要有：

土蛮部，土蛮为打来孙长子，其弟为委正，其长子为卜言台周，次子为介赛，侄为黄台吉，族弟为土墨台猪等。时土蛮（称小王子）最强，"控弦十余万"①，屡躏辽东，"大入小入，岁为边患"②。《穀山笔麈》亦载："土蛮部落，故元之后裔，于顺义王，君也。直蓟、辽边，众数十万，其下有六酋。自西虏通贡以来，惟三卫、海西诸夷，假土蛮之势，以扰蓟、辽，故东北多事耳。"③

速把亥部，速把亥为虎喇哈赤次子，其季弟为炒花，其妹夫为花大。速把亥在嘉靖时徙至辽阳北，联结土蛮等，累略辽塞："嘉、隆以来，虏患何岁亡之？甚至杀大将军如艾草菅。甚哉！速把亥之为祸首也。"④

黑石炭部，黑石炭为字只第五子，与速把亥等联骑，剽掠辽左。瞿九思在《万历武功录·黑石炭列传》后评论曰，黑石炭"贻我辽左数十年大患，介胄至生虮虱"⑤。

董狐狸部，董狐狸即董忽力，为革兰台第五子，其弟为兀鲁思罕、长秃，驻牧宁前外边，牧马辽河，屡犯蓟门。

阿牙台皮部，阿牙台皮长子煖兔、次子拱兔，万历初年"两兔尤桀骜甚"⑥。

此外，有虎墩兔⑦、青把都、哈卜慎、长昂等诸部。

---

① 瞿九思：《万历武功录·土蛮列传上》载："土蛮，打来孙长男也，所部皆朵颜蟒惠伯户、鹅毛、壮兔等，控弦之士六万，最精壮。嘉靖中，移徙黄河北，常引速把亥入海、盖、开原。顷之，大会矮塔必、兀鲁台周十余万骑，祭旗蠹，声欲入河东广宁，后从长勇堡、静远堡入，杀略沈阳迤南、辽阳迤北。……是岁嘉靖三十八年也。"是年为努尔哈赤出生之年。
② 瞿九思：《万历武功录·卜言台周……列传》第10卷，中华书局影印本，1962年，第13叶。
③ 于慎行：《穀山笔麈》第18卷，中华书局点校本，1984年，第127页。
④ 瞿九思：《万历武功录·速把亥列传》第12卷，中华书局影印本，1962年，第28叶。
⑤ 瞿九思：《万历武功录·黑石炭列传》第13卷，中华书局影印本，1962年，第11叶。
⑥ 瞿九思：《万历武功录·煖兔拱兔列传》第13卷，中华书局影印本，1962年，第23叶。
⑦ 《明史·鞑靼传》载："虎墩兔者，居插汉儿地，亦曰插汉儿王子，元裔也。其祖打来孙，始驻牧宣塞外，俺答方强，俱为所并，乃徙帐于辽，收福余杂部，数入掠蓟西，四传至虎墩兔，遂益盛。"

当时在辽东地区，同明朝相对抗的政治势力，主要有蒙古和女真。而对辽东掳掠甚者，则为蒙古诸部贵族的铁骑。在努尔哈赤起兵前10年，即从万历元年至十年，蒙古土蛮、速把亥等部贵族对辽东地区的扰犯，编年缕列①，分述如下：

万历元年（1573），正月，黑石炭、速把亥犯辽阳；四月，土蛮犯铁岭，十月，董狐狸之弟兀鲁思罕犯寺儿山台；十二月，董狐狸之弟长秃犯边。同年，明廷升赏辽东获功阵亡官兵1140员名，并修筑城堡边墙②。

万历二年（1574），以土蛮、速把亥等犯辽东，金、复、盖三卫被"杀掠数万，村堡荡然"③。

万历三年（1575），正月，土蛮、速把亥10万骑驰辽阳；十一月，土蛮、速把亥、炒花等以2万骑突锦、义。

万历四年（1576），二月，土蛮、黑石炭、速把亥5万骑饮马辽河；十月，速把亥、炒花、委正等3万骑犯威远堡。

万历五年（1577），土蛮等几无月不犯：二月，饮马旧辽阳；五月，20万众走凌河（即大小凌河）。

万历六年（1578），正月，黑石炭大举窥塞；十二月，速把亥等3万余骑犯东昌堡。

万历七年（1579），十月，土蛮等4万骑犯前屯。

万历八年（1580），土蛮等"二十余万，空巢而来，略广宁"④。

万历九年（1581），正月，大㕦2万余骑犯辽东；十月，土蛮等十余万攻广宁。

---

① 据《明神宗实录》、《万历武功录》和《明史·鞑靼传》等资料列出。
② 《明神宗实录》第15卷，万历元年（1573）七月丙申，兵部侍郎汪道昆奏："阅过辽东全镇修完城堡一百三十七座，铺城九座，关厢四座，路台、屯堡、门角、台圈、烟墩、山城一千九百三十四座，边墙二十八万二千三百七十三丈九尺，路壕二万九千九百四十一丈，俱各坚固，足堪经久。"
③ 《明神宗实录》第30卷，万历二年十月丁巳，台北历史语言研究所校勘本，1962年，第4叶。
④ 瞿九思：《土蛮列传上》，载《万历武功录》第10卷，中华书局影印本，1962年，第21页。

万历十年（1582），四月，速把亥犯义州。

以上史实说明，辽东地区蒙古贵族势力连年攻掠，形势严重。但是，万历初年，张居正为相，"居正用李成梁镇辽，戚继光镇蓟门"[①]。李成梁在任辽事22年间，率骑迎击蒙古兵，力战却敌，斩杀5188级[②]。蒙古骑兵屡受重创，土蛮、速把亥等又相继死去，其余部分枝众多，各相雄长。明廷采取分其枝，纳其款，顺者市赏，犯边攻剿的策略，辽东蒙古势力或受挫，或分化，逐渐走向衰落，这个历史的趋势一直持续下来。

到16世纪末，辽东地区明朝军队同蒙古骑兵斗争的结果，历史在朝着他们各自愿望相反的方向发展。虽然，蒙古贵族兴兵屡犯，严重地削弱明朝辽军的力量；同时，李成梁"前后大捷共计10次，斩首五六千级"[③]，又沉重地打击了蒙古诸部。但是，他们相互争斗的结果，尤其是李成梁的战功，恰为努尔哈赤做了"嫁衣裳"。因为土蛮等和李成梁厮杀的结局，不仅使双方都退出了角斗场，而且为努尔哈赤登上历史舞台铺平了道路。

---

① 《明史·张居正传》第213卷，中华书局点校本，1974年，第5646页。
② 据《明史·李成梁传》统计。
③ 《明神宗实录》第141卷，万历十一年九月己亥，台北历史语言研究所校勘本，1962年，第7叶。

二 同科尔沁部姻盟

明代后期，蒙古已逐渐形成三大部：生活在蒙古草原西部直至准噶尔盆地一带的漠西厄鲁特蒙古，即"西蒙古"；生活在贝加尔湖以南、河套以北的漠北喀尔喀蒙古，即喀尔喀蒙古，也称"外蒙古"；生活在蒙古草原东部、大漠以南的漠南蒙古，即"内蒙古"。同明朝汉族聚居地带近邻的漠南蒙古（内蒙古）诸部，西北有游牧于黄河河套地区的鄂尔多斯部，正北有驻牧在山西偏边关外归化城的土默特部，东北则有蓟辽边外的喀喇沁部、察哈尔部、内喀尔喀部和科尔沁部等。漠南蒙古东西诸部，介于明朝与后金之间，其中有的部同后金接壤，因此后金最早同漠南蒙古东部诸部发生政治、军事与文化的联系。

漠南蒙古自明初以来，已经遭受二百余年兵燹之难。明朝政府与故元势力之间，蒙古各部之间，长期无休止的战争，导致了漠南蒙古社会经济的破坏和部民生活的贫困，使许多贫苦牧民陷于"爨无炊""衣无帛""食无盐"的悲惨境遇。蒙古族部民要求结束战乱割据局面，渴望得到安定统一。但是，明朝后期极为腐败，无力重新统一蒙古地区；蒙古各部贵族长期内讧，也无法实现其内部统一。因此，努尔哈赤征抚漠南蒙古，既利用了蒙古人民渴求统一的愿望，又利用了蒙古贵族不满明朝的心态，也利用了蒙古王公分裂割据的条件，还利用了明朝衰落腐败的时势。时蒙古封建王公在进行分裂争斗，从一己利益出发，忽而联合一些蒙古王公去反对另一些蒙古王公；忽而翻云覆雨，昨天的盟友变成了今天的敌人，昨天

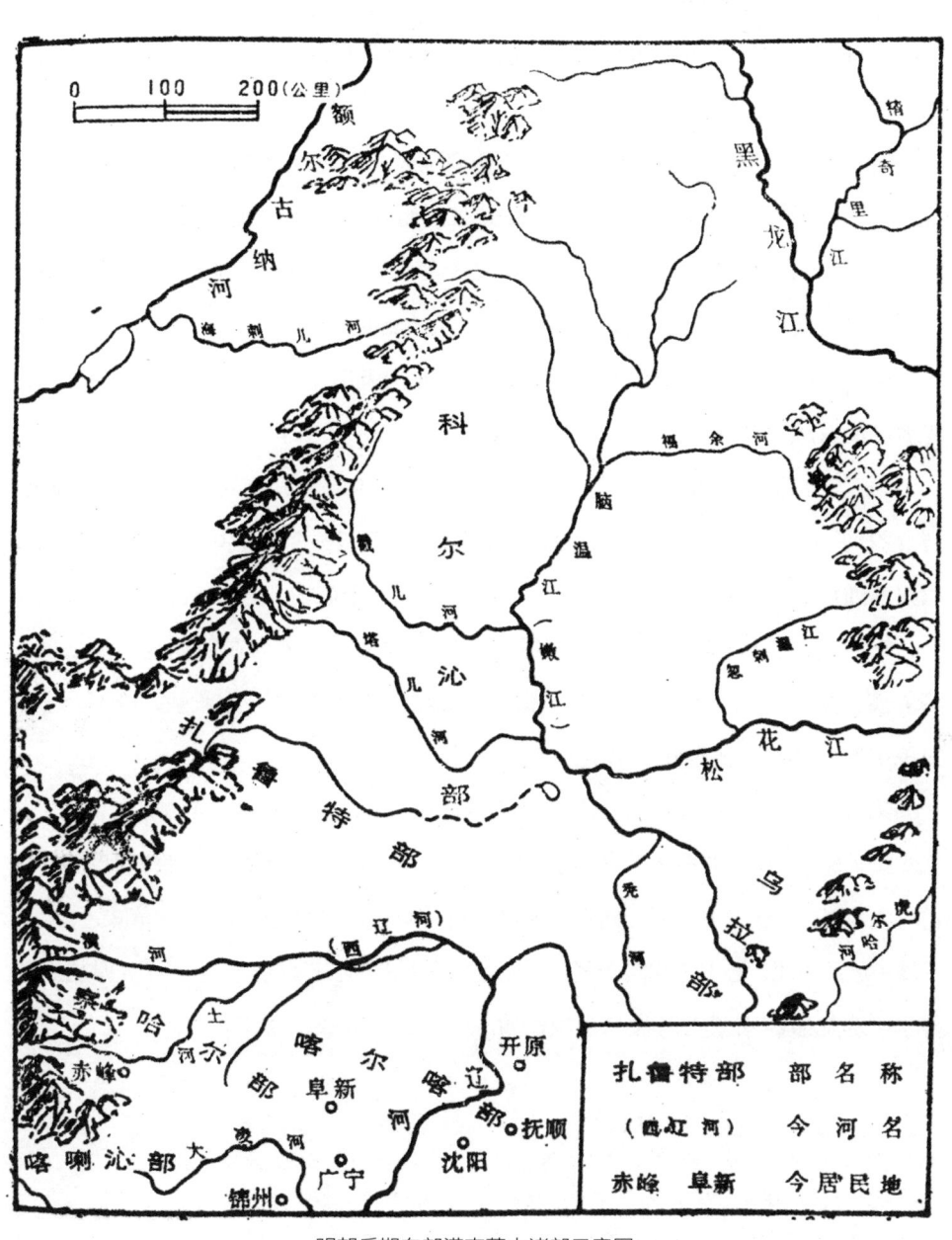

明朝后期东部漠南蒙古诸部示意图

的敌人又变成了今天的盟友。努尔哈赤利用漠南蒙古同明廷的结盟与矛盾、各部之间的分裂与内讧，对于各部蒙古王公，有的分化瓦解，有的武力征讨，或者征抚并用，先后逐一征抚东部漠南蒙古。

后金兴起，努尔哈赤之所以决意征抚漠南蒙古，这是因为：

第一，漠南蒙古同海西女真关系密切，如叶赫贝勒"金台什孙女为虎墩兔妇"①，蒙古内喀尔喀巴哈达尔汉贝勒之子莽古尔代夺娶努尔哈赤"已聘叶赫锦泰希贝勒之女"②，征抚漠南蒙古有助于女真内部的统一。

第二，漠南蒙古位于后金的右翼，只有征抚漠南蒙古，才能解除建州进入辽沈地区的后顾之忧。

第三，漠南蒙古的林丹汗等，与明朝缔结了共同抵御后金的盟约，"钻刀歃血，立有盟词"："愿助兵灭奴，并力恢复天朝疆土。若奴兵到，憨兵不到，断革旧赏；倘奴酋通赂，背盟阴合，罪显罚。"③只有拆散这个联盟，才能南犯明朝。

第四，征服漠南蒙古，可以打通进入长城的走廊。因为在明朝与后金之间，隔着漠南蒙古，只有征抚蒙古，才能突破长城，进入中原。后来皇太极军队多次入掠中原，都是绕道通过蒙古地区而进入塞内的。

第五，最后的一个原因是，后金为夺取明统，深感兵力不足，需要征抚蒙古，扩充八旗兵源。而女真与蒙古为同语系、同风俗、同宗教、同尚武。努尔哈赤曾说："蒙古与我两国，其语言亦各异，而衣饰风习盖同一国也。"④魏源所说"夫草昧之初，以一城一旅敌中原，必先树羽翼于同部。故得朝鲜人十，不若得蒙古人一"⑤，即是此理。努尔哈赤征服漠南蒙古，先从漠南蒙古东部的科尔沁部开始。

---

①《明史·鞑靼传》第327卷，中华书局点校本，1974年，第8492页。
②《满文老档·太祖》第13册，中华书局译注本，1990年，第118页。
③王在晋：《三朝辽事实录》第7卷，天启二年二月，江苏省立国学图书馆藏本。
④《满文老档·太祖》，第13册，天命四年九月，中华书局译注本，1990年。
⑤魏源：《开国龙兴记一》，载《圣武记》第1卷，中华书局点校本，1984年。

漠南蒙古的科尔沁部，驻牧于嫩江流域。它东邻乌拉，东南近叶赫，西南界扎鲁特，南接内喀尔喀，北临嫩江上游地区。《圣武记》载：

> 科尔沁部在喜峰口外，东西距八百七十里，南北距二千有百里，南界盛京边墙，北界索伦[①]。本元太祖弟哈萨尔之后，明初置兀良哈三卫之一也，后自立国曰科尔沁。明洪熙间，为厄鲁特所破，东避嫩江，以同族有阿鲁科尔沁，因号嫩江科尔沁以自别。其扎赉特、杜尔伯特、郭尔罗斯三部，皆科尔沁一部所分，兄弟同牧，皆属插汉部。[②]

插汉部即察哈尔部，科尔沁部与察哈尔部，二部久不睦，有"不共之仇"[③]。科尔沁部为同察哈尔部争雄，就与势力较强的叶赫、乌拉结盟。万历二十一年（1593），科尔沁部明安贝勒等率蒙古兵万骑，同叶赫、哈达、乌拉、辉发、锡伯、卦尔察、朱舍里、讷殷共九部之师，直指建州。攻黑济格城不下，陈兵古勒山。九部兵大败，明安贝勒骑裸马尴尬地逃回。翌年，"北科尔沁部蒙古贝勒明安、喀尔喀五部贝勒老萨，始遣使通好"[④]。科尔沁部初次遣使建州。此后，"蒙古各部长遣使往来不绝"[⑤]。

科尔沁部虽然在古勒山之役遭到失败后，遣使建州和好，但并不认输。万历三十六年（1608）三月，建州兵往乌拉部的宜罕阿麟城，"科尔沁蒙古翁阿岱贝勒与乌拉布占泰合兵"[⑥]，科尔沁军遥望建州兵强马壮，自知力不能敌，便撤兵

---

① 参见《清史稿·藩部一·科尔沁部》，指其最盛时之疆界。
② 魏源：《国朝绥服蒙古记一》，载《圣武记》第3卷，中华书局点校本，1984年，第97～98页。
③ 王在晋：《三朝辽事实录》第4卷，天启二年六月，江苏省立国学图书馆藏本。
④《清太祖高皇帝实录》第2卷，中华书局影印本，1986年，第19叶。
⑤《满洲实录》第2卷，中华书局影印本，1986年，第15叶。
⑥《满文老档·太祖》第Ⅰ册，第1卷，戊申年（万历三十六年）三月，东洋文库译注本，日本昭和三十年（1955）。

请盟，联姻结好。努尔哈赤从大局出发，不念科尔沁两次动兵旧恶。说："俗言：'一朝为恶而有余，终身为善而不足。'"①建州同意与科尔沁弃旧怨，结姻盟。万历四十年（1612），努尔哈赤闻科尔沁明安贝勒的女儿博尔济吉特氏"颇有丰姿，遣使欲娶之。明安贝勒遂绝先许之婿，送其女来"②。努尔哈赤以礼亲迎，大宴成婚。明安贝勒是蒙古封建王公中第一个与建州联姻者，对后世影响深远。其后，万历四十三年（1615）正月，努尔哈赤又娶科尔沁孔果尔贝勒女博尔济吉特氏为妻③。

恩格斯有一句名言：对封建王公说来，"结婚是一种政治的行为，是一种借新的联姻来扩大自己势力的机会；起决定作用的是家世的利益，而决不是个人的意愿。"④建州女真贵族同科尔沁蒙古王公联姻，便是一个很好的例证。努尔哈赤不仅娶科尔沁两贝勒的女儿为妻，他的儿子也相继纳蒙古王公的女儿做妻子。仅万历四十二年（1614），努尔哈赤的4个儿子，次子代善娶扎鲁特部钟嫩贝勒女为妻，第五子莽古尔泰娶扎鲁特部纳齐贝勒妹为妻，第八子皇太极娶科尔沁部莽古思贝勒女为妻⑤，

---

① 《满洲实录》第3卷，中华书局影印本，1986年，第10叶。
② 《清太祖武皇帝实录》第2卷，原清宫内府藏写本，台北广文书局影印本，1970年，第13叶。
③ 《满文老档·太祖》第Ⅰ册，第4卷，乙卯年（万历四十三年）正月，东洋文库译注本，日本昭和三十年（1955）。
④ 《马克思恩格斯全集》第21卷，人民出版社，1965年，第91~92页。
⑤ 《清皇室四谱》第2卷载：清太宗皇太极后妃14人，其中蒙古族7人：孝端文皇后，博尔济吉特氏，科尔沁贝勒莽古思女；孝庄文皇后，博尔济吉特氏，科尔沁贝勒塞桑女，为孝端文皇后之侄女，是清世祖福临的生母；敏惠恭和元妃，博尔济吉特氏，为孝庄文皇后之姐；懿靖大贵妃，博尔济吉特氏，阿霸垓额齐克诺颜贝勒女；康惠淑妃，博尔济吉特氏，阿霸垓博第塞楚祜尔塔布囊女；侧妃，博尔济吉特氏，扎鲁特巴雅尔图戴青女。另有庶妃，奇垒氏，察哈尔部人。清世祖福临后妃19人，其中蒙古族6人；废后，博尔济吉特氏，科尔沁吴克善亲王女，孝庄文皇后之侄女；孝惠章皇后，博尔济吉特氏，科尔沁贝勒绰尔济女，为世祖废后之从侄女；恭靖妃，博尔济吉特氏，鄂尔特尼郡王博罗特女；淑惠妃，博尔济吉特氏，孝惠章皇后之妹；端顺妃，博尔济吉特氏，阿霸垓布达希台吉女；悼妃，博尔济吉特氏，科尔沁曼珠习礼亲王女，孝惠章皇后之姑。蒙古科尔沁博尔济吉特氏，影响清太祖、太宗、世祖和圣祖四朝政治，尤以世祖、圣祖两朝为甚。

第十子德格类娶扎鲁特部额尔济格贝勒女为妻①。尔后，第十二子阿济格娶科尔沁部孔果尔女为妻②，第十四子多尔衮娶桑阿尔寨台吉女为妻③。努尔哈赤在位时，同科尔沁联姻10次，其中娶入9次、嫁出1次；其子皇太极继续实行上述联姻政策，皇太极在位时，同科尔沁联姻18次，其中娶入10次、嫁出8次。蒙古科尔沁部等与后金政权，通过联姻，巩固同盟，以加强自己的势力，来对抗察哈尔部。

察哈尔部林丹汗为统一漠南蒙古，行使大汗权力，防止后金扩张，先后讨伐与后金结盟的科尔沁等部。这种驱鱼于渊的做法，更加促使科尔沁投附后金。科尔沁部翁果岱子奥巴台吉，于天启五年即天命十年（1625）八月遣使送信至建州，报告察哈尔部在"草枯前将夹击科尔沁"④，请求后金汗努尔哈赤出兵援助。不久，林丹汗派兵指向科尔沁，围攻奥巴台吉的驻地格勒珠尔根城。奥巴向后金告急，努尔哈赤派其子莽古尔泰率精骑五千前往援救。时林丹汗"围鄂巴⑤城已数日，攻之不下。闻满洲援兵至，仓皇夜遁，遗驼马无算，围遂解"⑥。后奥巴台吉亲自跪见努尔哈赤，努尔哈赤将舒尔哈齐第四子图伦之女嫁给奥巴做妻子。随后，努尔哈赤与奥巴刑白马黑牛，祭告天地，盟誓结好。从奥巴台吉的誓词中，可以看出蒙古贵族内部的纷争及奥巴台吉投附后金的原因。其誓词曰：

> 我以公忠之心，向察哈尔、喀尔喀。自扎萨克图汗以来，我科尔沁诸贝勒，无纤微过恶，欲求安好而不可得。杀伐我，侵掠我，殆无已时。将我科尔沁诸贝勒翦除无遗，其后我达赖台吉，以无辜被杀。介赛又以

---

① 《清太祖高皇帝实录》第4卷，中华书局影印本，1986年，第12叶。
② 《清太祖武皇帝实录》第4卷，原清宫内府藏写本，台北广文书局影印本，1970年，第8叶。
③ 《清太祖努尔哈赤实录》第9卷，上海书店影印本，1989年，第68页。
④ 《满文老档·太祖》第65册，天命十年八月初九日，中华书局译注本，1990年。
⑤ 鄂巴城即奥巴城。
⑥ 《满洲实录》第8卷，天命十年十一月，中华书局影印本，1986年，第36叶。

兵来杀我六贝勒。我欲相安无事，而彼不从。将无辜之人，恣行杀掠；吾等拒之，又谓我敢于相抗。察哈尔、喀尔喀，合兵而来，欲行杀掠，仰蒙天祐，又赖皇帝助我，幸而获免。我不敢忘天祐及皇帝助，以故来此，与皇帝会，昭告天地，订盟好。①

努尔哈赤的誓言则明确地表示，他同奥巴结盟，是为了对抗察哈尔部及与察哈尔订有盟约的明朝。其誓言曰：

我以公直处世，被明及察哈尔、喀尔喀辄肆陵侮，不能堪，乃昭告于天，天祐我。又察哈尔、喀尔喀，合兵侵掠科尔沁奥巴台吉。奥巴台吉亦蒙天祐，今奥巴台吉怨恨察哈尔、喀尔喀二部落，来此同谋国事，乃天以我两人被困厄，俾相合也。②

奥巴与努尔哈赤俱以"受害者"的身份，在浑河岸，对天焚香，贡献牺牲，行三跪九叩首礼，宣誓言，结盟好。

后金汗还以召见、赏赉、赐宴、封赐等形式，抚绥科尔沁部王公。万历四十三年（1615）九月，科尔沁贝勒明安第四子桑噶尔斋台吉至建州，送马10匹，叩头谒见。努尔哈赤赐给甲10副，并厚赏缎、布③。同年十月，明安贝勒长子伊格都齐台吉又至建州，送马40匹，叩头谒见。努尔哈赤赐给甲15副，并厚赏缎、布④。

---

① 《清太祖高皇帝实录》第10卷，中华书局影印本，1986年，第13叶。
② 《清太祖高皇帝实录》第10卷，中华书局影印本，1986年，第12叶。
③ 《满文老档·太祖》第Ⅰ册，第4卷，乙卯年（万历四十三年）九月，东洋文库译注本，日本昭和三十年（1955）。
④ 《满文老档·太祖》第Ⅰ册，第4卷，乙卯年（万历四十三年）十月，东洋文库译注本，日本昭和三十年（1955）。

次年十二月，明安贝勒之子哈坦巴图鲁台吉带马匹至建州叩谒①；又次年，明安贝勒第五子巴特玛台吉带僚友50人，送马50匹，到建州叩谒②。他们受到努尔哈赤的赏赐。万历四十五年即天命二年（1617）正月，科尔沁明安贝勒到建州"朝贡"，努尔哈赤对其岳翁，郊迎百里，行马上抱见礼，设野宴洗尘。入城后，"每日小宴，越一日大宴，留一月，赠礼甚厚"③。当明安返回时，他又送行30里，骑兵列队，夹道欢送，厚赠礼物，至为隆重。明安后隶满洲正黄旗。其次子多尔济为额驸，后授内大臣，预议政；幼子朗素后官至领侍卫内大臣；孙鄂齐尔后管銮仪卫事，授领侍卫内大臣；明安长子昂洪，后封为三等男。科尔沁部的布颜代贝勒，天命七年（1622）同明安率所属归后金，娶公主，为额驸，后隶满洲镶红旗，以军功晋任固山额真。布当亦随明安投后金，后授二等参将世职，隶满洲正蓝旗，晋三等男。

天启二年即天命七年（1622）二月，明安带领兀尔宰图、锁诺木等16位贝勒及喀尔喀等部台吉，"各率所属军民，三千余户，并驱其畜产"④，归附后金。从此别立"蒙古一旗"⑤，奠定了尔后蒙古八旗的基础⑥。同时，由于蒙古科尔沁部归附后金最早，博尔济吉特氏与爱新觉罗氏世为懿亲。清太祖、太宗、世祖和圣祖先后有四后、十三妃出自科尔沁等部。蒙古科尔沁部博尔济吉特氏影响清初五朝——天命、天聪、崇德、顺治、康熙，四帝——天命汗、崇德帝、顺治帝、康熙帝的政治，其中以皇太极孝庄文皇后博尔济吉特氏尤为突出。

---

① 《满文老档·太祖》第5册，天命元年十二月，中华书局译注本，1990年。
② 《满文老档·太祖》第5册，天命二年十月十四日，中华书局译注本，1990年。
③ 《清太祖武皇帝实录》第2卷，原清官内府藏写本，台北广文书局影印本，1970年，第30叶。
④ 《清太祖高皇帝实录》第8卷，中华书局影印本，1986年，第14叶。
⑤ 《清史稿·明安传》第229卷，中华书局标点本，1977年，第9272页。
⑥ "蒙古牛录"始见于《满洲实录》第7卷，第6叶载：天命六年十一月喀尔喀古尔布什台吉归后金，努尔哈赤"以聪古图公主妻古尔布什，赐名青卓礼克图，给满洲一牛录三百人，并蒙古一牛录，共二牛录，授为总兵"。《清太祖高皇帝实录》和《清太祖武皇帝实录》亦同载。

由清太祖努尔哈赤奠定的对蒙古科尔沁部的政策，后来得到了完全的成功。对此，魏源在《国朝绥服蒙古记》中评论道：

> 科尔沁从龙佐命，世为肺附，与国休戚。孝端文皇后、孝庄文皇后、孝惠章皇后皆科尔沁女，故世祖当草创初，冲龄践阼，中外帖然，繄蒙古外戚懿戴之力。自天命至乾隆初，额驸尚主者八，有大征伐，辄属橐前驱，劳在王室，非直亲懿而已。故顺治十有一年，上以诸札萨克蒙古久不见，恐壅上下之情，特赐敕存问，令有所欲请，随时奏闻："朕世世为天子，尔等亦世世为王，屏藩百世。"①

因此，漠南蒙古科尔沁部成为后金的政治同盟和军事支柱，也成为清朝的联袂懿亲和军政屏藩。努尔哈赤采用分化抚绥与武力征讨的两手政策，在蒙古科尔沁部取得成功。

后金汗在与科尔沁部姻盟之同时，又与内喀尔喀部② 会盟。

---

① 魏源：《国朝绥服蒙古记一》，载《圣武记》第3卷，中华书局点校本，1984年，第99页。
② 福格：《听雨丛谈·同名蒙古部》载："喀尔喀，一居京旗，为旧喀尔喀；一居漠北，为外扎萨克四部；一居喜峰口、张家口外，为内扎萨克左右旗。"

三 同内喀尔喀部会盟

漠南蒙古内喀尔喀部，即五鄂拓克喀尔喀部，"喀尔喀部为达延汗第五子阿尔楚博罗特之后，因其子虎喇哈赤有子五人，故称喀尔喀五部"①。由是，喀尔喀分裂为5个鄂拓克②，即五部。它主要驻牧在西喇木伦河和老哈河一带③，东界海西女真叶赫部，西接察哈尔部，南近广宁④，北为科尔沁部。内喀尔喀部，其外有明朝、察哈尔和后金，同他们既相互利用，又相互矛盾，或争或贡，亦盟亦分；其内五部之间，时而互相联合，时而彼此倾轧，争掠频繁，内讧不休，因而大大削弱了自身实力。努尔哈赤利用其内外之困的窘境与彼此之间的矛盾，进行分化瓦解，逐部争取，以达到自己的目的。

内喀尔喀巴岳特部达尔汉贝勒之子恩格德尔，率先归附建州。先是，万历二十二年（1594），内喀尔喀部贝勒老萨同科尔沁贝勒明安最早遣使通聘努尔哈赤，

---

① 冯瑗：《开原图说》下卷，"玄览堂丛书"本，民国二十九年（1940）。
② 鄂拓克：为蒙古语的汉译，是蒙古兀鲁思（万户）下小领地的名称，又是兀鲁思的基本军事单位。17世纪以后，鄂拓克的名称为旗，旗便取代"鄂拓克"一词。
③ 五鄂拓克：今辽宁省阜新蒙古族自治县一带地区。
④ 广宁：今辽宁省北镇市。

"甲午年，蒙古廓儿沁部明安贝勒、胯儿胯部捞扎贝勒，始遣使往来"①。甲午年为万历二十二年（1594），10年后，恩格德尔又到建州。万历三十三年（1605），恩格德尔向努尔哈赤朝聘献马，"蒙古喀尔喀把岳忒部落达尔汉巴图鲁贝勒之子台吉恩格德尔来朝，献马二十匹"②。万历三十四年十二月（1607年1月），恩格德尔又引领喀尔喀五部之使，"进驼马来谒，尊太祖为昆都仑汗（即华言恭敬之意），从此蒙古相往不绝"③。努尔哈赤为进一步笼络恩格德尔，万历四十五年即天命二年（1617），将舒尔哈齐第四女嫁给他做妻子，称巴岳特格格。恩格德尔成为后金的"额驸"④。他受到后金汗的特殊礼遇。天启四年即天命九年（1624）正旦，恩格德尔与巴岳特格格来朝，努尔哈赤御八角殿，其朝拜顺序，《满文老档》记载：

> 大贝勒先叩头，其次恩格德尔额驸率众蒙古贝勒叩头，第三阿敏贝勒、第四莽古尔泰贝勒、第五四贝勒、第六阿济格阿哥、第七多铎阿哥、第八阿巴泰阿哥……⑤

上文的"大贝勒"为代善，"四贝勒"为皇太极。

恩格德尔朝觐后，要求偕公主留居建州。后金汗允其所请，并与之盟誓，

---

① 《清太祖武皇帝实录》第1卷，原清宫内府藏写本，台北广文书局影印本，1970年，第33叶。
② 《清太祖高皇帝实录》第3卷，中华书局影印本，1986年，第9叶。
③ 《清太祖武皇帝实录》第2卷，原清宫内府藏写本，台北广文书局影印本，1970年，第7叶。
④ 恩格德尔成为额驸：《满洲实录》作"二月，以皇弟达尔汉巴图鲁郡主逊戴，与蒙古喀尔喀巴约特部恩格德尔台吉为妻"；《清太祖武皇帝实录》作"二月，以皇弟打喇汉把土鲁郡主孙带，与蒙古胯儿胯部巴约卫恩格得里台吉为妻"；《清太祖高皇帝实录》作"二月丙申朔，上以弟达尔汉巴图鲁贝勒舒尔哈齐女，妻蒙古喀尔喀把岳忒部落台吉恩格德尔"，应以"二月"为是。又，"武录""巴约卫"，的"卫"，《高录》作"忒"，《满录》作"特"，可知《武录》的"卫"应作"忒"或"特"。
⑤ 《满文老档·太祖》第60册，天命九年正月初一日，中华书局译注本，1990年。

誓词曰：

> 皇天眷祐，俾恩格德尔，远离其父及昆弟，怀德而来，以我为父，以我诸子为昆弟，弃生长之乡，视我土如其土焉。若不念其归附，抚以恩，穹苍不佑，殃必及矣。今天作之合，俾为我婿，以恩抚之。①

后金汗对恩格德尔台吉等，除联姻、赐券②、盟誓和宴赏外，还赐给田庄和奴仆。赏给恩格德尔及其弟莽果尔代，"七男丁的诸申③庄各二个，十男丁的尼堪④庄各二个，在手下使唤的诸申（男女）各五对，担水砍柴的尼堪（男女）各五对"⑤。又赐其子侄戴青等6个台吉以四男丁的诸申庄4个，三男丁的诸申庄2个，十男丁的尼堪庄6个，共20个田庄。俱使他们成为后金的封建主。

恩格德尔及其弟莽果尔代被授为总兵官，后隶满洲正黄旗⑥。恩格德尔子额尔克戴青，初任侍卫，顺治时位列议政大臣，管銮仪卫，擢领侍卫内大臣，爵至一等公。

但是，内喀尔喀诸部对后金的政治态度并不完全一致。努尔哈赤对蒙古内喀尔喀五鄂拓克，既利用他们内部的矛盾，又利用他们同察哈尔的矛盾，还利用他们同明朝的矛盾，区别对待，逐部瓦解。后金瓦解内喀尔喀各部的一个重要办法是，对其逃人或归附者宴迎、赏赉、安置、封官、结亲。他们来到建州后，经济生活、政治权利和社会地位，均较前有着明显的提高。这就吸引更多的蒙古人逃归或投

---

① 《清太祖高皇帝实录》第9卷，中华书局影印本，1986年，第2叶。
② 赐券，即免罪券，其制词曰："若罪尔恩格德尔，惟篡逆，乃罪；此外一切罪属误犯，念异地来归之婿，俱勿罪。"
③ 诸申庄：即女真庄。
④ 尼堪庄：即汉人庄。
⑤ 《满文老档·太祖》第61册，天命九年正月二十一日，中华书局译注本，1990年。
⑥ 《清史稿·恩格德尔传》第229卷，中华书局点校本，1977年，第9277页。

附后金。《满文老档》中这类记载比比皆是。如天命六年（1621）十一月二十一日，有蒙古喀尔喀部男女96人，带马1匹、牛36头、羊47只、车26辆逃至后金，后金"汗亲自去衙门，为来的逃人摆宴"①。

对归附的内喀尔喀台吉更为礼遇。天命六年（1621）十一月，内喀尔喀古尔布什和莽果尔台吉率所属600户，驱赶牲畜投附后金。《清太祖高皇帝实录》对这件事作了详细记载：

> 上御殿，二台吉朝见毕，大宴之。各赐：貂裘三，猞猁狲裘二，虎裘二，貉裘二，狐裘一，貂镶朝衣五，镶獭裘二，镶青鼠裘三，蟒衣九，蟒缎六，缎三十五，布五百，金以两计者十，银以两计者五百，雕鞍一，沙鱼皮鞍七，玲珑撒袋一，撒袋兼弓矢者八，甲胄十，僮仆、牛马、房舍、田亩及一切器具等物毕备。上以女②妻台吉古尔布什，赐名青卓礼克图③。给以满洲牛录一、凡三百人，并蒙古牛录一，授为总兵，又以族弟济白里杜济获女④，"满录"作"以宗弟济伯哩都济呼女妻之"。妻台吉莽果尔，亦授为总兵。⑤

上引文字说明，努尔哈赤不惜以爱女、金银、官爵、财物、房田和奴仆，给予内喀尔喀部归服的台吉，以瓦解内喀尔喀诸部。

但是，内喀尔喀部有的贝勒在明朝与后金之间，对明朝既挟赏又靠拢，对后金既恃强又仇视。内喀尔喀扎鲁特部贝勒介赛，不理睬后金对内喀尔喀诸部初奏效验的瓦解，继续与后金对抗。介赛为虎喇哈赤次子兀班之孙，驻牧于开原西北

---

① 《满文老档·太祖》第29册，天命六年十一月二十一日，中华书局译注本，1990年。
② 《清皇室四谱》第4卷，第4页载，此女为努尔哈赤幼女，即第八女。
③ 青卓礼克图：其满文为 cing joriktu，系借自蒙古语，汉意译为"诚勇"。
④ 此"以族弟济白里杜济获女"，"武录"作"以宗弟吉白里杜吉胡女妻之"。
⑤ 《清太祖高皇帝实录》第8卷，中华书局影印本，1986年，第10叶。

新安关外。在内喀尔喀五部中,介赛骑兵众,牲畜多,最强盛。史载:

> 蒙古喀尔喀五部,兵众畜旺部富,原属介赛统辖。介赛因是逞雄,藐视各部,欺压劫掠已甚。各部视介赛为鬼魅,介赛也不视自身为人,自喻为飞翔于天空之雄鹰,山林之猛虎。①

介赛自恃兵强马壮,曾与明朝"三次立誓"②,又曾夺取后金汗已给聘礼的叶赫贝勒布赛之女,并袭击建州村屯,囚系后金使臣。万历四十七年即天命四年(1619)七月,后金汗在统兵夺取铁岭时,介赛、巴克等领兵万人,埋伏在城外高粱地里,配合明军同八旗军作战。努尔哈赤命众贝勒大臣,率兵奋击介赛,介赛兵败,八旗军追至辽河。是役,擒获介赛③及其2个儿子、2个弟弟、3个女婿、诸贝勒、诸将二十余人,兵200人④。后金获取大胜。但努尔哈赤没有杀死介赛,而把他囚在城楼内,作为人质,以争取同该部结盟⑤。两年后,喀尔喀部以牲畜万头赎介赛,并送其二子一女为质。后金汗与介赛盟誓,设宴赐赏,命诸贝勒送介赛至10里以外,并以其所质之女与大贝勒代善为妻,结为姻盟⑥。

经过对喀尔喀诸部的笼络、瓦解、战争、结姻等,终于使喀尔喀五部在政策上发生了重大变化:由联合明朝抗御后金,转变为联合后金对抗明朝。这集中地表现为后金与喀尔喀五部的会盟。天命四年(1619)十一月,努尔哈赤命大臣额

---

① 《满文老档·太祖》第11册,天命四年七月二十五日,中华书局译注本,1990年。
② 《满文老档·太祖》第25册,天命六年八月初八日,中华书局译注本,1990年。
③ 《清太祖高皇帝实录》第6卷,第21叶载:"上一夕梦天鹅、白鹤及众鸟,翱翔上下。上罗之,得白鹤一,曰:'得蒙古介赛矣!'呼未竟,遂觉……翌日,复语众贝勒,皆对曰:'此吉兆也!'"后果擒介赛。这说明努尔哈赤把擒获介赛看作一件大事。
④ 《满文老档·太祖》第15册,天命五年四月十七日,中华书局译注本,1990年。
⑤ 祁韵士:《内蒙古要略》,载《皇朝藩部要略》第1卷,筠渌山房本,全国图书馆文献缩微复制中心,1993年。
⑥ 《清太祖高皇帝实录》第8卷,中华书局影印本,1986年,第9叶。

克星格、绰护尔、雅希禅、库尔缠和希福五人，携带誓词，与喀尔喀五部贝勒的使臣，会于冈干色得里黑孤树处，对天刑白马，对地宰黑牛，设酒一碗、肉一碗、土一碗、血一碗、骨一碗，对天地盟誓曰：

> 今满洲十旗执政贝勒，与蒙古国五部执政贝勒，蒙天地眷佑，俾我两国相与盟好，合谋并力，与明修怨。如其与明释旧恨，结和好，亦必合谋，然后许之。若满洲渝盟，不偕五部落贝勒合谋，先与明和，或明欲败二国之好，密遣离间而不相闻，皇天后土，其降之罚，夺满洲十旗执政贝勒算，溅血，暴骨以死。若明欲与蒙古五部落贝勒和好，密遣离间，不以其言告我满洲英明皇帝者，五部落执政贝勒：杜棱洪巴图鲁、奥巴戴青、厄参、巴拜、阿索忐晋、芒古尔代、厄布格德衣台吉、乌巴什杜棱、古尔布什、代达尔汉、莽古尔代戴青、毕登土、叶尔登、绰虎尔、达尔汉巴图鲁、恩格德尔、桑阿拉寨、布他齐杜棱、桑阿喇塞、巴呀喇土、朵勒济、内齐、卫征、俄尔寨土、布尔哈土、额滕、厄尔济格等众贝勒，皇天后土，亦降之罚，夺其算，溅血，蒙土，暴骨以死。吾二国同践盟言，天地祐之，其饮是酒，食是肉，二国执政贝勒，尚克永命，子孙百世，及于万年，二国如一，共享太平。①

上面所引后金与喀尔喀五部誓词，色彩神秘，但它清楚地表明，努尔哈赤的策略是满蒙联合，共同抗明。他们战和同步——"如征明，愿合议而征；如讲和，愿合议而和"②。虽然后来这个联盟有过反复，但所列内喀尔喀五部27位贝勒、台吉的长名单，确是努尔哈赤对漠南蒙古政策的一个胜利。然而，漠南蒙古的察哈尔部，却仍联合明朝，抗御后金。因此，后金汗对漠南蒙古的注意力转向察哈尔部。

---

① 《清太祖高皇帝实录》第6卷，中华书局影印本，1986年，第33～35叶。
② 《旧满洲档译注》，天聪元年正月，中国台湾刊印本，1977年。

四 向察哈尔部进击

漠南蒙古的察哈尔部，即插汉、察汉、擦汉儿、擦汉脑儿[1]等。察哈尔为蒙古语"边"的音译；明嘉靖时达赉逊库登汗，受俺答汗的逼迫，徙牧于辽东边外，以地近边而得部名。先是，元太祖成吉思汗的第十五世孙巴图蒙克被推举为大元可汗，即达延汗。达延汗统一东部蒙古各部，迫使瓦剌西迁，以漠南、漠北地区为左右翼6万户分封子弟，并设帐于察哈尔部。此后，察哈尔部领主世袭蒙古汗位，号称蒙古各部的共主。后来蒙古可汗实际上成了察哈尔部的汗。达延汗子图鲁博罗特，图鲁博罗特子博迪阿喇克，博迪阿喇克子达赉逊库登，达赉逊库登子图们，图们子布延，布延子莽和克，莽和克子林丹[2]。林丹（1592—1634），名库图克图，明人称作虎墩兔。万历三十二年（1600），察哈尔部林丹汗立[3]。他驻帐广宁以北，被其七世祖达延汗的幽灵所纠缠，力图继承大元可汗的事业，统一诸部，称雄蒙古。

---

[1]《明神宗实录》第373卷，万历三十年六月戊申："擦汉脑儿，原系元裔，住牧旧大宁獓母林等处，部落繁衍，介在蓟、辽之间。"
[2] 高文德、蔡志纯：《蒙古世系》，中国社会科学出版社，1979年，第24页。
[3] 张穆：《蒙古游牧记》第7卷，同治年间刻本。

时明朝、后金和察哈尔部,都要统一辽东地区。但后金势力的扩张威胁着察哈尔部,察哈尔部的强大又妨碍后金抚绥漠南蒙古;而在明朝看来,察哈尔部与后金相比较,主要威胁来自后金。因此,在明朝、后金和察哈尔部的鼎足矛盾中,明廷与后金的矛盾是主要的。后金为着对抗明朝,必须先征抚察哈尔部;明朝为了对付后金,便利用林丹汗与努尔哈赤的矛盾,同察哈尔部联合抵御后金的进攻。明朝联合林丹汗,共同抵御后金,其条件是增加对林丹汗的岁币[1],并把原由明朝直接给予漠南东部蒙古诸部的岁币,转交给林丹汗控制。明廷每年给林丹汗银4000两,后增至81000两,进行笼络,以示羁縻[2]。

后金汗与林丹汗之关系变化,可分为初期、中期和后期三个阶段。

初期,努尔哈赤在进入辽沈地区之前,忙于统一女真诸部,无暇顾及察哈尔部。其时,察哈尔部实力雄厚。其势力范围,"东起辽东,西至洮河,皆受此虏约束"[3],拥有八大部、二十四营,号称四十万蒙古。《山中闻见录》也作了类似载述:"东起辽西,西尽辽河,皆受插〔汉〕要约。"[4]林丹汗"帐房千余"[5],牧地辽阔,牧畜孳盛,部众繁衍,兵强马壮,依恃明朝,对后金态度骄横。万历四十八年即天命五年(1620)正月,后金汗遣使赍书报察哈尔部林丹汗。其书曰:

> 阅察哈尔汗来书,称四十万蒙古国主、巴图鲁成吉思汗,致书水滨三万满洲国主、神武英明皇帝云云。尔奈何以四十万蒙古之众,骄吾国耶?我闻明洪武时,取尔大都,尔蒙古以四十万众,败亡殆尽,逃窜得脱者,仅六万人,且此六万之众,又不尽属于尔,属鄂尔多斯者万人,

---

[1] 岁币:即明朝每年以赏赐的名义,给蒙古王公定额的物资和金银。
[2] 《明史·鞑靼传》第327卷,中华书局点校本,1974年,第8493页。
[3] 沈曾植等:《蒙古源流笺证》第8卷,海日楼遗书,屠守斋校补本,壬申年(1932)刊本。
[4] 彭孙贻:《西人志》,载《山中闻见录》第8卷,上虞罗氏刻本,1924年。
[5] 《明神宗实录》第373卷,万历三十年六月戊申,台北历史语言研究所校勘本,1962年,第9叶。

属十二土默特者万人，属阿索忒、雍谢布、喀喇沁者万人，此右三万之众，固各有所主也，于尔何与哉？即左三万之众，亦岂尽为尔有？以不足三万人之国，乃远引陈言，骄语四十万，而轻吾国为三万人，天地岂不知之！

其书又曰：

吾固不若尔四十万之众也，不若尔之勇也，因吾国之少且弱也。遂仰蒙天地眷佑，以哈达、辉发、乌喇、叶赫暨明之抚顺、清河、开原、铁岭等八处，悉授予焉！

昔吾未征明之先，尔曾与明构兵，尽失其铠胄、驼马、器械，仅得脱去。其后再构兵，格根戴青贝勒之从臣，并十余人被杀，毫无所获而回。尔侵明者二，有何虏获，克何名城，败何劲旅乎？夫明岂真以此赏厚汝耶？以我征伐之故，兵威所震，男子亡于锋镝，妇女守其孤嫠。明畏我，姑以利诱汝耳！且明与朝鲜，言语虽殊，服制相类，二国尚结为同心；尔与我，言语虽殊，服制亦类，尔果有知识，来书宜云："明，吾深仇也，皇兄征之，天地眷佑，俾堕其城，破其众，愿与天地眷佑之主合谋，以伐深仇之明。如是立言，岂不甚善与！"①

这封笔锋犀利的赍书，努尔哈赤试图祭起元顺帝的亡灵，并历数其兵败之辱，以激发林丹汗的隐愤，拆散察哈尔部与明朝的联盟；并通过炫耀八旗军威，拉拢察哈尔部倒向后金一边，共同对抗明朝。但是，林丹汗与努尔哈赤在辽东地区现实利益的冲突，抹去了孛儿只斤氏与朱姓贵族历史矛盾的旧账。林丹汗以囚械其

---

① 《清太祖高皇帝实录》第7卷，中华书局影印本，1986年，第2~4叶。

来使，对努尔哈赤赍书作出回答。

中期，努尔哈赤进入辽沈地区，下沈阳、占辽阳、破广宁、陷义州，后金势力渐大，明朝力渐不支。明朝重要官员如蓟辽总督王在晋、总督王象乾，关外道袁崇焕等，都先后主张加紧对蒙古抚款，并与之结盟，以抗击后金。明廷面对东部后金与西部蒙古，其东西策略即东对后金、西对蒙古的策略，后来袁崇焕概括为："外战东夷，内抚西虏。"①袁崇焕在给天启帝的上疏中，详细分析了明朝、后金、蒙古的三方关系，并提出明廷应采取之对策：

> 虎带甲可数十万，强与弱，奴非虎敌；然奴百战枭雄，虎无纪律，乱与整，虎又非奴敌。臣故亲出，厚遗其领赏之人，嘱其无与奴野战，脱有急，移于我之近边，彼此声势相倚。量虎必感皇上多年豢养之恩，且自图存，必不折而入奴。若哈喇慎之三十六家，最称狡猾。自督臣王象乾一抚之后，顺多逆少。今日之计，我方有事于东，不得不修好西虏，即未必可用，然不为我害，即以为我用矣。岁费金钱数十万，其亦不虚掷乎！西款不坏，我得一意防奴。②

在此期间，总督王象乾曾令王喇嘛、游击张定，往致三十六家。天启二年即天命七年（1622）四月，明与喀喇沁结盟。寻祖大寿致察哈尔首领之一拱兔，朱梅致敖汉部首领都令，不久与敖汉等部结盟。林丹汗"见各部内附，亦孤而求款"，同年八月，明朝与察哈尔部结盟③。八月，王在晋令山海道阎鸣泰、关外道袁崇焕同抚夷官李增等出关，与林丹汗的使臣贵英恰盟誓，盟词曰："愿助兵灭奴，并力恢复天朝疆土。若奴兵到，憨兵不到，断革旧赏；倘奴酋通赂，背盟阴合，

---

① 《今史》第4卷，崇祯元年七月二十三日，清刻本。
② 《明熹宗实录》第72卷，天启六年六月戊子，台北历史语言研究所校勘本，1962年，第18叶。
③ 王在晋：《三朝辽事实录》第11卷，天启二年九月，江苏省立国学图书馆藏本。

罹显罚。"①袁崇焕致书林丹汗,晓之以大义;吊唁汗母忧,通之以殷勤;贻书其喇嘛,用之以影响——"保得边疆无事,便是本性圆明"②。这就加强和延续了明朝与蒙古的联盟。

然而,林丹汗作茧自缚。他掠土地,劫牛羊,穷奢极欲,暴虐无道,"鼠然悖慢,耳目不忍睹闻"③。他自恃兵马强盛,横行漠南,破喀喇沁,灭土默特。但是,其内部分崩离析。史载察哈尔部属五路头目的妻子,被林丹汗重臣贵英强占,受害头目含愤投巴林部首领炒花,"炒花不能养,投奴酋。奴酋用之守广宁"④。察哈尔的敖汉部、奈曼部因对林丹汗不满,其使者往来于后金⑤;林丹汗之孙扎尔布台吉、色楞台吉逃往科尔沁,又从科尔沁至后金,向努尔哈赤叩首行礼⑥。林丹汗为抵御努尔哈赤对其附近部落的瓦解,从天启六年即天命十一年(1626)起,先后讨伐与后金结为姻盟的科尔沁等部。科尔沁等部在后金等援助下,打退了林丹汗的军事进攻。

后期,即后金的后期,其时,孙承宗、王象乾、袁崇焕或去官,或去世,明"抚西虏"之策未能继续。此间,明朝、后金和蒙古之间的关系发生了变化。明朝与蒙古不稳固的同盟,被后金打开了缺口。林丹汗更加孤立。努尔哈赤便向蒙古发动军事攻势。天启六年即天命十一年(1626)四月,后金汗努尔哈赤督率大军,八路并进,攻击巴林部。后金军前锋渡西喇木伦河,"获畜产无算,驱之不尽,乃还"⑦。是为后金军事进攻蒙古之始⑧。不久,敖汉部首领都令、色令与奈

---

① 王在晋:《三朝辽事实录》第7卷,天启二年八月,江苏省立国学图书馆藏本。
② 陈伯陶:《明季东莞五忠传·袁崇焕传》上卷,东莞养和书局印本,民国十二年(1923)。
③《明史·鞑靼传》第327卷,中华书局点校本,1974年,第8493页。
④ 王在晋:《三朝辽事实录》第11卷,天启二年九月,江苏省立国学图书馆藏本。
⑤《满文老档·太祖》第38册,天命七年三月初六日,中华书局译注本,1990年。
⑥《满文老档·太祖》第65册,天命十年八月初十日,中华书局译注本,1990年。
⑦《清太祖高皇实录》第10卷,中华书局影印本,1986年,第9叶。
⑧ 祁韵士:《内蒙古要略一》,载《皇朝藩部要略》第1卷,筠渌山房本,全国图书馆文献缩微复制中心,1993年。

曼部首领黄把都儿"折入于奴"①。努尔哈赤殁后，其子皇太极继续征抚漠南蒙古。天启七年即天聪元年（1627），喀喇沁部与后金会盟，双方"刑白马乌牛，誓告天地"②。林丹汗已四面楚歌。于是，后金汗皇太极先后四征林丹汗。

努尔哈赤之子皇太极对林丹汗的四次军事进攻，在后金、明朝与蒙古关系史上，是重大的历史事件。

其一，崇祯元年即天聪二年（1628）二月，皇太极率精骑进攻察哈尔部，先兵至敖木伦地方，击其所属多罗特部落，俘获一万一千二百余人③。

其二，同年九月，皇太极再率精骑攻击察哈尔军，兵至兴安岭，十月返回沈阳④。

其三，崇祯五年即天聪六年（1632），皇太极统领满洲八旗，以及投顺后金的科尔沁、敖汉、奈曼和喀喇沁等部蒙古骑兵，大举进攻察哈尔部⑤。后金军过西喇木伦河，越兴安岭，次大儿湖之古里河⑥，又进至都勒河。察哈尔林丹汗闻后金军来攻，"大惧，谕部众弃本土西奔，遣人赴归化城，驱富民及牲畜渡黄河，国人仓卒逃遁，尽委辎重而去"⑦。林丹汗闻讯而溃，"星夜西遁"⑧；皇太极回师东返，旋归沈阳。

其四，崇祯七年即天聪八年（1634），林丹汗败遁后，众叛亲离，走投无路，"杀人以食，自相屠戮"⑨，后窜至青海打草滩，患痘症而死。次年，后金军继续追击察哈尔部余众，俘获林丹汗之子额哲，林丹汗遗孀苏泰太后出降，并获"制

---

① 王在晋：《三朝辽事实录》第17卷，天启七年六月，江苏省立国学图书馆藏本。
② 《清太宗文皇帝实录》第4卷，中华书局影印本，1985年，第17叶。
③ 《清太宗文皇帝实录》第4卷，中华书局影印本，1985年，第7叶。
④ 王先谦：《东华录·天聪一》，天聪二年十月，光绪二十五年（1899）石印本。
⑤ 蒋良骐：《东华录·天聪朝》，天聪六年四月，清木刻本。
⑥ 《清太宗文皇帝实录》第4卷，中华书局影印本，1985年，第28叶。
⑦ 王先谦：《东华录·天聪七》，天聪六年四月，光绪二十五年（1899）石印本。
⑧ 《清太宗文皇帝实录》第12卷，中华书局影印本，1985年，第2叶。
⑨ 《清太宗文皇帝实录》第19卷，中华书局影印本，1985年，第4叶。

诰之宝"①。后金先后四征察哈尔部，察哈尔部被后金吞并。随着林丹汗的走死，漠南蒙古西部的鄂尔多斯部、土默特部等也相继降附后金。

察哈尔部被后金征服，明朝失去北面屏障，边事越发不可收拾。《明史·鞑靼传》载："明未亡，而插先毙，诸部皆折入于大清。国计愈困，边事愈棘，朝议愈纷，明亦遂不可为矣！"②

在征抚漠南蒙古过程中，努尔哈赤的一个大手段是：不仅利用蒙古诸部首领之间的矛盾，而且利用该部各个贵族之间的内讧，采取不同策略，实行区别对待，实行分化瓦解，进行征抚兼施，从而一个王公一个王公地、一个部落一个部落地降抚。漠南蒙古降顺后金，进"九白之贡"③，表示臣服。后金征抚漠南蒙古，后来逐渐组成蒙古八旗，打通从西北进入中原的道路，改变后金与明朝的力量对比，占领更为广阔的地域，拥有更为雄厚的兵员，在战场上取得较为优势的地位。

伴随着统一女真各部和征抚漠南蒙古事业的发展，努尔哈赤同时处理同东部为邻的朝鲜的关系。这是他棘手的问题——处理得体，军事西进，可无后顾之忧；处理失策，腹背受敌，必会影响全局。因此，努尔哈赤要结好朝鲜。

---

① 蒋良骐《东华录》第3卷，天聪九年八月："多尔衮等凯旋，获历代传国玉玺。相传兹玺元顺帝携逃沙漠，后遂遗失。越二百余年，牧羊者见羊三日不食，以蹄刨地，掘得之。后归林丹汗，今得于苏泰太后所，其文汉篆'制诰之宝'四字。"
②《明史·鞑靼传》第327卷，中华书局点校本，1974年，第8444页。
③ "九白之贡"，福格《听雨丛谈》第2卷记载："蒙古地在沙漠，罕有出产。每爵献白马八匹、白驼一匹，谓之九白贡。"

第七章 结好朝鲜

一 亦恩亦怨

努尔哈赤起兵后的四面处境是：南有大明，西有蒙古，北有扈伦，东有朝鲜。他面临的一道难题是，妥善地处理同朝鲜的关系；否则，处在明朝和朝鲜的夹缝之中的他，便会腹背受敌，处境更加危难。努尔哈赤如果向南、西、北三面出击，则东有后顾之忧朝鲜。因此，努尔哈赤处理同朝鲜的关系有三个视窗，即历史的、现实的、政治的视窗。历史视窗是，自猛哥帖木儿迁住斡木河起，到努尔哈赤起兵前，所发生的历史恩怨；现实视窗是，自努尔哈赤起兵到建立天命政权前，所发生的现实纠结；政治视窗是，自天命元年（1616）到十一年（1626），要从政治高度处理双方关系。前者，努尔哈赤与朝鲜的历史关系是亦恩亦怨；中者，努尔哈赤与朝鲜的现实关系是亦友亦敌；后者，努尔哈赤对朝鲜的策略是亦理亦节。在不同历史阶段，对不同复杂情势，努尔哈赤在历史经验和现实利益的基础上，从政治大局出发，制定不同策略，处理双方关系；但努尔哈赤处理东邻朝鲜关系的政治智慧是不变的——结好朝鲜。

先从建州与朝鲜关系的历史恩怨说起。

建州与朝鲜，有鸭绿江、图们江、珲春江的一水之隔，虽彼此为邻、相互往来，却关系复杂、亦恩亦怨。建州同朝鲜的关系，《明史·朝鲜传》记载：

> 朝鲜，箕子所封国也。汉以前曰朝鲜。……汉末，有扶余人高氏据其地，改国号曰高丽，又曰高句丽，居平壤，即乐浪也。已，为唐所破，东徙。后唐时，王建代高氏，兼并新罗、百济地，徙居松岳，曰东京，而以平壤为西京。其国北邻契丹，西则女直，南曰日本。元至元中，西京内属，置东宁路总管府，尽慈岭为界。①

上引文字，所列史实，为明、清官方的历史观点。朱元璋建立明朝之后，朝鲜与明朝的关系，发生了重大变化。这种变化，不仅关系到明朝与朝鲜的关系，而且关系到建州与朝鲜的关系。

明初，高丽国王为王颛，时明太祖朱元璋登极称帝，建立明朝，王颛派遣使臣到应天（今南京），上表恭贺，贡方物，且请封。明洪武帝朱元璋遂派官去该国王京，赐金印、诰文，封王颛为高丽国王。而后，赐"六经""四书""通鉴"等文化典籍。洪武七年（1374），朝鲜权相李仁人杀王颛，因王颛无子，而立宠臣辛旽之子禑。后经曲折，到洪武十八年（1385），洪武帝朱元璋特遣使臣往朝鲜"封王禑为高丽国王"②。

明洪武二十年（1387），明朝与朝鲜关系密切，于两国发生的问题，彼此理解，获得解决。如"元末，辽、沈兵起，民避乱，转徙高丽。至是，因市马，帝令就索之，遂以辽、沈流民三百余口来归"③。朱元璋作为雄才大略之君主，于幅员国土，则坚守不让。洪武二十年（1387）十二月，洪武帝命户部咨文高丽国王辛禑曰：

---

①《明史·朝鲜传》第320卷，中华书局点校本，1974年，第8279页。
②《明太祖实录》第174卷，洪武十八年七月甲戌，台北历史语言研究所校勘本，1962年，第3叶。
③《明史·朝鲜传》第320卷，中华书局点校本，1974年，第8282页。

以铁岭北、东、西之地,旧属开元,其土著军民女直、鞑靼、高丽人等,辽东统之;铁岭之南,旧属高丽,人民悉听本国管属。疆境既正,各安其守,不得复有所侵越。①

事过4个月,即洪武二十一年(1388)四月,辛禑上表,乞铁岭等地,仍归其统属。洪武帝谕礼部尚书李原名,转咨朝鲜国王,文曰:

数州之地,如高丽所言,似合隶之;以理势言之,旧既为元所统,今当属于辽,况今铁岭已置卫,自屯兵马,守其民,各有统属。高丽之言,未足为信。且高丽地壤,旧以鸭绿江为界,从古自为声教。然数被中国累朝征伐者,为其自生衅端也。今复以铁岭为辞,是欲生衅矣,远邦小夷,固宜不与之较,但其诈伪之情,不可不察。礼部宜以朕所言,咨其国王,俾各安分,毋生衅端。②

同年,高丽大将李成桂发动政变,废国王辛禑,以其子昌继之。洪武二十二年(1389),李成桂又废昌,而立定昌国院君瑶。二十四年(1391),李成桂再废瑶,自立为王。二十五年(1392),李成桂值明太祖朱元璋太子朱标薨逝之机,遣使表慰,并请更改国号。此事,《明太祖实录》记载:

高丽权知国事李成桂,欲更其国号,遣使来请命。上曰:东夷之号,惟朝鲜之称最美,且其来远矣,宜更其国号曰朝鲜。③

---

① 《明太祖实录》第187卷,洪武二十年十二月壬申,台北历史语言研究所校勘本,1962年,第6叶。
② 《明太祖实录》第190卷,洪武二十一年四月壬戌,台北历史语言研究所校勘本,1962年,第3叶。
③ 《明太祖实录》第223卷,洪武二十五年闰十二月乙酉,台北历史语言研究所校勘本,1962年,第5叶。

从此，朝鲜之国名，不仅出现在朝鲜的史册上，而且书写在明清的史册上。后来，明朝与朝鲜，在有明一代，邦交友好，往来不断，特别是在抗倭援朝期间，更是唇齿相依，共铸友邦情谊。历代朝鲜国王，对于明王朝，守信义，贯始终。于此，后来清康熙帝不计前怨，以博大胸怀论述道："当明末造，固守臣节，始终未尝贰明。"①

正是由于朝鲜与明朝保持这种宗主友邦关系，一方面决定了朝鲜对努尔哈赤的政治态度，另一方面决定了努尔哈赤对朝鲜的政策。

本来，建州与朝鲜友好相处，彼此交往，互通有无。先是，努尔哈赤的先祖猛哥帖木儿，曾得到明廷的谕准和朝鲜的同意，到图们江（豆满江）南岸斡木河地带（今朝鲜会宁地域）居住，耕牧渔猎，生息繁衍。双方关系，相处亦好。但是，建州与朝鲜的关系，交相纠结，亦恩亦怨，主要表现在：

第一，罹难纠缠，惊动朝廷。斡木河之变突发后，猛哥帖木儿与其长子权豆（阿谷）等死于兵难，其子董山（童仓）被掳，部破、寨焚、人亡、物毁，已然无法继续在斡木河地区生活下去。在此危难之际，朝鲜未予安抚、救济，反而借机对猛哥帖木儿之弟凡察、之子董山（童仓）等返回明朝，加以搅扰、阻挠、限制和纠缠。后董山（童仓）被赎回，凡察、董山（童仓）等经明朝皇帝允准，先后率领受难的部民，迁移到鸭绿江西岸，今辽宁怀仁一带居住。《李朝世宗大王实录》记载：

> 凡察前日入朝时，到婆猪江李满住家，累日留连，一同类人，潜说欲移居婆猪江，已送户人于婆猪江农作。……若凡察与李满住作党，则不无后虑。……此人终必为患，不可不早为之计。②

---

① 魏源：《圣武记》第6卷，中华书局点校本，1984年，第255页。
② [朝]《李朝世宗大王实录》第64卷。十六年六月乙亥，日本学习院东洋文化研究所刊本，1959年。

因此，朝鲜咸吉道监司金宗瑞上疏，谏言对凡察返回明朝，实行"追讨"。凡察等在搬移的曲折过程中，不断受到朝鲜方面阻挠，史载：

> 凡察所遣之人，厚赐衣食，待之以恩，羁縻抚绥，勿使出境。①

朝鲜官方以恩赐为名，对其返回明朝，制造麻烦，限制出境。为此，明廷特发谕旨给建州卫都指挥李满住等曰：

> 今建州左卫都督凡察等，欲率领部下大小官民人等，及百户枣火等五十家，俱来尔处居住，已敕其同毛怜卫都指挥郎不儿罕等，一同前来居住。特谕告尔等知之。②

但是，朝鲜方面还是阻挠。于是，明廷再发谕旨：

> （朝鲜）咸吉道监司李叔畤驰启："今五月初九日，李满住率军人五十名，陪圣旨出来。辞曰：皇帝敕谕建州左卫都督凡察及大小头目人等，今指挥李兀黑来奏，尔等见在阿木河地面居住，与朝鲜国境相接。本国军马亦有在彼住坐，往来搅扰，不得安稳，十分艰难，今欲遵奉比先敕旨，移来建州卫，与都指挥李满住一处住坐过活，缘彼朝鲜阻当，不肯放来。朕以朝鲜国王恪守藩邦，谨遵法度，敬天事上，罔有违礼……如或朝鲜军马阻当，不肯放来，尔等即将备细缘由具奏。"③

---

① [朝]《李朝世宗大王实录》第65卷，十六年八月己未，日本学习院东洋文化研究所刊本，1959年。
② [朝]《李朝世宗大王实录》第67卷，十七年二月丙寅，日本学习院东洋文化研究所刊本，1959年。
③ [朝]《李朝世宗大王实录》第77卷，十九年五月辛丑，日本学习院东洋文化研究所刊本，1959年。

后来，凡察等冲破围阻，历尽苦难，终于到婆猪江（今浑江）地带，同李满住合居一处。再后，董山（童仓）被赎出，经明廷旨准，历尽艰苦，冲破拦阻，也迁到李满住处居住。

由是，在猛哥帖木儿家族的子孙中，留下在朝鲜的几片恩恩怨怨的旧影。

第二，助明攻剿，结下仇怨。 成化年间，明军攻剿建州，朝鲜出兵助剿，李满住父子、部众，以及董山（童仓）暨部众等，遭到明朝军与朝鲜军的夹攻，李满住父子蒙难，屯寨被焚毁，部民遭劫杀。建州三卫部民，所受劫难，百年难复。李满住、凡察、董山（童仓）的后裔，为了部族复仇，在鸭绿江畔，边境袭扰，时隐时现，时静时动，经常不断。建州女真骚扰、抢掠辽东和朝鲜边境地区民众的财产、牲畜、人口、粮食，明朝接到的奏报，朝鲜收到的咨文，接二连三，频繁不断。

第三，经济依赖，互市朝鲜。 建州的渔猎、采集、农耕、纺织等经济，需同朝鲜互通有无。明朝对女真，尤其是对建州女真，常以停止贡市相要挟、作制裁。女真发展农作，离不开铁铧、铁犁、耕牛、农具，需要从朝鲜进口。挖采人参，在深山老林，往往越界；而朝鲜参民，也时有越界。建州衣服奇缺，有时从死人身上剥脱衣服，带回穿用。后来军队进入长城内掳掠，掳获衣服是其一项重要的战利品。日常用的纸张、歉收时的粮食、生活中的食盐等，都是女真生活的必需品。因为朝鲜对建州女真的关系受到明朝的影响，政策时松时紧，马市时开时关，影响着后金与朝鲜双方的关系。努尔哈赤曾亲自派人，携带貂皮等物，前往朝鲜，以物易物，进行交换。

第四，日本侵朝，出兵相助。 万历年间，日本发兵侵略朝鲜。一时间，朝鲜八道尽失，两京陷没，国王出逃避难，生民遭受涂炭。此时，努尔哈赤正值统一海西女真扈伦四部之时，毅然向明朝兵部尚书石星申请出兵朝鲜，攻打倭寇。同时，努尔哈赤咨文朝鲜，表示出兵支援。由于明朝和朝鲜双方，虽急需努尔哈赤的军队，却顾及建州力量壮大，尾大不掉，因而明朝没有允诺努尔哈赤的请求，朝鲜

也没有理会努尔哈赤的善意。努尔哈赤的善意和善举,遭到拒绝,未能实现。但是,朝鲜深记明朝的恩德:

> 我国之于天朝,有君臣父子之恩义,若非皇恩,壬辰之恢复未可为期也。……况再造东韩之恩,何可忘也。①

但对建州努尔哈赤的善意,却鲜见于朝鲜的史册。

第五,遇事协商,友好往来。 早在万历二十三年(1595),建州女真人越境采参,被朝鲜边将斩杀。努尔哈赤表示气愤,双方关系紧张。朝鲜为缓和局势,一面表示严惩边将,一面遣使建州修好。朝鲜派南部主簿申忠一到建州佛阿拉。努尔哈赤隆重接待申忠一,双方紧张态势,得到暂时缓解。申忠一为刺探情报,沿途所经,绘制地图,并就见闻,分条记载,附于图后,而成为《建州纪程图记》②,向其国王进呈。《建州纪程图记》是研究努尔哈赤兴起初期建州社会的珍贵第一手资料。万历二十四年(1596),朝鲜派官员二人,随明朝官员,总计200人,到达建州,受到努尔哈赤的隆重礼遇,盛情接待,以示友好。此事,史书记载:

> 二月,大明国遣官一员,高丽国亦遣官二员,从者共二百人来。太祖令部兵尽甲,亲迎至妙弘廓地界,接入大城,以礼相叙。公事毕,辞别而去。③

---

① [朝]《李朝仁祖大王实录》第10卷,三年十月庚寅,日本学习院东洋文化研究所刊本,1959年,第18叶。
② [朝]申忠一:《建州纪程图记》,又名《申忠一书启》,载《兴京二道河子旧老城》,日文版,建国大学刊印,1939年。
③ 《清太祖武皇帝实录》第1卷,万历二十四年(1596)二月,原清宫内府藏写本,台北广文书局影印本,1970年,第34叶。

即使遇到边民麻烦事件，也往往通过正常渠道，妥善解决。如万历三十七年（1609）二月，发生建州与朝鲜边民移动事件，经明朝、建州、朝鲜三方妥善处理，问题得到解决。此事史载：

> 太祖遣使申奏大明国曰："邻朝鲜境斡儿哈部众，皆吾所属，有入朝鲜者，乞传谕查与，故奏。"万历皇帝遣使谕朝鲜国，查千余户与之。[①]

总之，从猛哥帖木儿以降，建州同朝鲜的历史恩怨，成为努尔哈赤制定对朝鲜政策的一个历史考量。后金与朝鲜的现实利益与矛盾，直接影响着努尔哈赤同朝鲜亦友亦敌的关系。

[①]《清太祖武皇帝实录》第2卷，万历三十七年（1609）二月，原清宫内府藏写本，台北广文书局影印本，1970年，第11叶。

二 亦友亦敌

努尔哈赤建立后金，不仅是同明朝关系的转折点，而且是同朝鲜关系的转折点。

总的战略考虑，努尔哈赤对朝鲜的策略是：多方努力，争取中立。具体分析，朝鲜与后金的关系，有如下几点：

第一，出兵助明，攻打后金。 天命四年即万历四十七年（1619）三月，在前述的萨尔浒大战中，朝鲜派姜弘立为元帅、金景瑞为副帅，统领13000军队，会同明军，攻剿赫图阿拉。战争的结果，明军大败，姜弘立等投降，《清太祖高皇帝实录》记载：

> 宏立①知明兵败，大惊，遂按兵，偃旗帜，遣通事执旗来告曰："此来非吾愿也，昔倭侵我国，据我城郭，夺我疆土，急难之时，赖明助我，获退倭兵。今以报德之故，奉调至此。尔抚我，我当归附。"……四大

---

① 姜弘立，因乾隆帝名弘历，为避其名讳，清官书称作"姜宏立"。

贝勒定议，乃曰："尔等降，先令主将来，否则必战。"宏立复遣使来告曰："吾若今夕即往，恐军乱逃窜。其令副元帅先往，宿贝勒营，以示信。诘朝，吾率众降。"遂尽执明兵，掷于山下，归我明游击乔一琦，自缢死。于是，朝鲜副元帅先诣众贝勒降。翼日，姜宏立率兵五千下山降。众贝勒宴劳之，送宏立及所部将士，先诣都城。上御殿，登座。朝鲜都元帅姜宏立及副元帅等，匍匐谒见。上优以宾礼，数赐宴，厚遇之，士卒悉留豢养①焉。②

三月初七日，后金取得萨尔浒大战胜利的八旗军队，回到赫图阿拉，庆功封赏，分配财物。时过14天即三月二十一日，努尔哈赤借此事件，令朝鲜降将、翻译等四人，携带书"七大恨"，通使朝鲜，没有扬威，而是解释，讲明事因，希望睦邻。史书记载：

书曰："昔者金、元二国之主，并三四国，归于一统。虽如此亦未得享国长久，吾亦知之。今动干戈，非吾乐举，因明国欺凌已甚，故兴此兵。吾自来若有意与明国结怨，穹苍鉴之。今天之眷顾我者，岂私我而薄明国耶？亦不过是者是，非者非，以直断之，故祐我而罪明国。尔兵来助明国，吾料其非本心也，乃因尔国有倭难时，明国曾救之，故报答前情，不得不然耳！昔者金大定帝时，有朝鲜官赵惟忠，以四十余城叛附。帝曰："吾征徽、钦二帝时，尔朝鲜王不助宋，亦不助金，是中立国也。"遂不纳。由此观之，吾二国原无仇隙。今阵擒尔官十员，特念尔王故留之。继此以往，结局惟在王矣！且天地间国不一也，岂有使

---

① 今辽宁省抚顺市新宾地区有高丽营（高力营）等地名，是萨尔浒之战收降的朝鲜官兵后来逐渐建立家庭，还有韩润、韩义家族等后裔，逐渐融入八旗满洲，后来成为满族的一个部分。
② 《清太祖高皇帝实录》第6卷，中华书局影印本，1986年，第4叶。

大国独存，令小国皆亡耶？吾意明朝大国，必奉行天道。今违天背理，欺凌我国，横逆极矣，王岂不知？又闻明国欲令子侄主吾二国，辱人太甚。今王之意以为吾二国原无衅隙，同仇明国耶，抑以为既助明国，不忍背之耶？愿闻其详。"①

努尔哈赤的态度还是争取朝鲜，希望其在明朝与后金之间，或倾向后金，或保持中立。但是，事过两个多月，朝鲜国王以平安道观察使朴化的名义，致建州卫马法②足下，其回书云：

朝鲜国平安道观察使朴化致书于建州卫马法足下：吾二国地土相连，大明为君，吾二国为臣，经二百余载，毫无怨恶。今贵国与大明为仇，因而征战，生民涂炭，不特邻邦即四方皆动干戈矣，亦非贵邦之善事也！大明与我国，犹如父子，父之言子，岂敢拒？盖大义也。吾亦不愿此举，其如不从何？事属已往，今不必言，若等情由，闻张应京等四人来言方知，然邻国亦自有交道也。③

朝鲜来书，坚持奉明事大，不守中立政策。努尔哈赤的意愿，碰到挫折。因此，努尔哈赤回书朝鲜国王李倧，再次申明立场，遣使与朝鲜国王，书曰：

满洲皇帝致书朝鲜国王，如尔仍欲助明，则已不然，凡辽人之避兵渡镇江而窜者，可尽反之。今辽东官民，皆已剃发归顺，其降顺各官，

---

① 《满洲实录》第5卷，中华书局影印本，1986年，第82～85叶。
② 马法：为满语音译，意译为长者。《清太祖高皇帝实录》作"满洲国主"，《清太祖武皇帝实录》作"建州卫马法"，《满洲实录》作"满洲国主马法"，均不承认其为"金国汗"。
③ 《清太祖武皇帝实录》第3卷，原清宫内府藏写本，台北广文书局影印本，1970年，第12叶。

悉还原职；尔若纳我已附辽民，匿而不还，惟明是助，异日勿我怨也。①

这一来一往的文书，埋下了后来双方战争的根因。

第二，战后关系，极力调整。天命六年即天启元年（1621）三月，努尔哈赤夺占沈阳、辽阳，先迁都辽阳，后迁都沈阳，后金与朝鲜的关系，发生历史性变化。努尔哈赤仍望争取朝鲜在明朝与后金之间中立。但是，朝鲜国王仍然我行我素，奉明正朔，拒绝中立。这就加剧了双方的紧张关系。朝鲜之所以如此，是因为朝鲜国王李倧，自推翻光海君政权、取得王位以来，推行"事大主义"政策，就是尊明帝为宗主，奉明朝正朔，既不保持中立，更不依靠后金。在此基本政策下，同毛文龙密切联系。

第三，助毛文龙，结下芥蒂。毛文龙，浙江钱塘（今杭州市）人。少不羁，为乡曲所轻，走塞外，潦倒行间者十余年②。明失广宁，收集辽民，拉起队伍，抵御后金。

毛文龙做出一件惊人的举动，就是镇江③辽民反抗后金的事件。此事，《满洲实录》记载：

镇江中军陈良策，与民潜通于明海岛大将毛文龙，令堡外民呐喊，诈言敌来，城中人闻之皆溃，良策乘乱执城守游击佟养真④，杀其子佟丰年，并从者六十人，叛投毛文龙。其汤站、险山二堡民，亦执守堡官陈九阶、李世科以叛。⑤

---

① 《清太祖高皇帝实录》第7卷，中华书局影印本，1986年，第22叶。
② 谷应泰：《明史纪事本末·毛帅东江》第4册，中华书局标点本，1974年，第1461页。
③ 镇江，今辽宁省丹东市振安区九连城镇。
④ 《清史稿·佟图赖传》："养真改曰养正，避世宗嫌名也。"为避雍正帝胤禛名讳，佟养真改为佟养正。
⑤ 《满洲实录》第7卷，中华书局影印本，1986年，第33～34叶。

此事,《明熹宗实录》记载:

> 初,辽抚王化贞,遣都司毛文龙,率二百二十余人,由海东规取镇江,至朝鲜弥串堡,侦知伪署游击佟养真,抄杀黄嘴、商山等处,城中空虚。时右卫生员王一宁,往朝鲜借兵适回,文龙延与共计,令千总陈忠乘夜渡江,潜通镇江中军陈良策为内应,夜半袭擒养真及子松年等贼党六十人,收兵万人,旧额兵八百人,南卫震动。[①]

毛文龙部将乘虚袭杀后金镇江守将,获得胜利。上报巡抚王化贞,又呈奏朝廷,后明授毛文龙为总兵官、左都督、挂将军印、赐尚方剑,设军镇于皮岛。皮岛又称东江,"在登、莱大海中,绵亘八十里,不生草木,远南岸,近北岸,北岸海面八十里即抵大清界,其东北海则朝鲜也"[②]。岛上之兵,本是辽河地区人民,自辽沈失陷后,辽民多逃入岛中。毛文龙笼络逃难辽民,收其为兵,分布哨船,既接朝鲜,又联登州,遂成为一股势力。皮岛之事,由此而起。

镇江事件引发明朝与后金双方回响:明朝拟大举而动(后未实行);后金则进行报复。努尔哈赤得报后,命四贝勒皇太极、二贝勒阿敏率领官兵三千,迁移镇江沿海居民于内地;又命大贝勒代善、三贝勒莽古尔泰领兵二千,迁移金州居民到复州。

尔后,毛文龙多次举兵,多次失败。其一,天启四年即天命九年(1624)五月,毛文龙遣将沿鸭绿江、长白山,袭后金东部,为守将击败,官兵尽被歼;其二,同年八月,毛文龙遣兵从义州城西渡江,入岛中屯田,后金军则潜师袭击,斩五百余级,岛中粮米悉被焚毁;其三,天启五年即天命十年(1625)六

---

① 《明熹宗实录》第13卷,天启元年八月丙子,台北历史语言研究所校勘本,1962年,第9叶。
② 《明史·袁崇焕传》第259卷,中华书局点校本,1974年,第6715页。

月，毛文龙遣兵袭耀州之官屯寨，败归；其四，天启六年即天命十一年（1626）五月，毛文龙遣兵袭鞍山驿，丧其卒千余；其五，又遣兵袭萨尔浒，为后金军所却①。

毛文龙以皮岛作基地，不断袭扰后金，直接影响了后金与朝鲜的关系。天命六年即天启元年（1621）十一月十八日，努尔哈赤命二贝勒阿敏率军，渡过鸭绿江，攻剿毛文龙。史载：

> 上命二贝勒阿敏统兵五千，渡镇江，入朝鲜境，攻剿明将毛文龙。二贝勒至镇江，遂乘夜入朝鲜，斩游击刘姓者，及兵一千五百级，文龙仅以身免。乃班师。②

毛文龙在当时、在尔后、在现今，都是一个有争议的人物。《明史纪事本末》纂者谷应泰评论说："毛总兵灭敌则不足，牵敌则有余。"③ 对毛文龙的功过，不仅在国内，而且在朝鲜，都有不同的评论。如朝鲜知事李廷龟，借资政殿讲《孟子》时，对仁祖李倧曰：

> （毛）都督不修兵器，不炼军士，少无讨虏之意，一不交战而谓之十八大捷，仅获六胡而谓之六万级，其所奏闻天朝，无非欺罔之言也。④

毛文龙对朝鲜严重骚扰，人民益贫，仓廪益虚：

---

① 《明史·袁崇焕传附毛文龙传》第259卷，中华书局点校本，1974年，第6715页。
② 《清太祖高皇帝实录》第8卷，中华书局影印本，1896年，第10叶。
③ 谷应泰：《明史纪事本末·毛帅东江》第4册，中华书局标点本，1974年，第1453页。
④ [朝]《李朝仁祖大王实录》第9卷，三年五月己未，日本学习院东洋文化研究所刊本，1959年，第14叶。

（毛将）既伪陈擒馘欺罔皇上，又虚辞恐吓诈瞒本国，肝肺毕露，明若观火……毛将十余万众，及老弱男妇，仅数十万，糊口之资，皆取办于本国，而以贸贩为名，令本值相当。生之者寡，食之者众。一人之耕，十人之食，民益贫而仓廪益虚。①

朝鲜对毛文龙和后金，处于极为矛盾的状态：一方面，毛文龙为明朝皇帝任命的总兵官，而明朝又是朝鲜的宗主国，且朝鲜在日军侵略最危急时刻受明军相助，所以不能拒绝毛文龙；另一方面，毛文龙不断向朝鲜索粮索饷，进行骚扰，也为朝鲜所不满。同时，朝鲜又要同明朝结盟，防御后金势力越境而受到威胁。然而，后金不能容忍毛文龙，于是，再度出兵越境，攻打毛文龙。天命九年即天启四年（1624）八月，努尔哈赤再次命将出兵，追击毛文龙。史载：

帝闻毛文龙兵渡朝鲜义州城西鸭绿江，入岛中屯田，命整白旗固山副将冷格里，镶红旗固山游击兼副将事兀善，领兵一千，往袭之。于途中获一谍者，诘之告曰："昼则渡江，入岛收获；夜则敛兵过江，宿于义州西岸。"冷格里连夜领兵，从于山僻处前进，遂隐伏至天明，料大明兵已渡江，遂纵兵前进。大明侦探未及举炮传烽，冷格里即渡夹江②，突至其岛。大明兵将大惊，俱抛戈溃走。冷格里等于陆地，掩杀五百余人，其余夺船渡江，皆溺死。冷格里等尽焚其粮而回。③

努尔哈赤的上述两次出兵，主要目的是追剿毛文龙，可进则进，可止则止，

---

① [朝]《李朝仁祖大王实录》第12卷，四年四月丙戌，日本学习院东洋文化研究所刊本，1959年，第28叶。
② 夹江，为镇江支流，镇江为鸭绿江支流。
③ 《清太祖武皇帝实录》第4卷，原清宫内府藏写本，台北广文书局影印本，1970年，第15叶。

事有分寸,行有进止,因而没有殃及朝鲜,可谓进止得当。

总之,朝鲜国王李倧对明朝的"事大"政策,毛文龙以朝鲜为基地骚扰后金,使努尔哈赤在寻找机会,对朝鲜采取进一步的举措。此时,朝鲜韩润、韩义堂兄弟投顺后金,为努尔哈赤和皇太极提供了一个新的机会。如何利用这个机会,皇太极是亦理亦兵①,努尔哈赤则是亦理亦节,也就是有理有节。

---

① 参见拙著《清朝开国史》下卷,中华书局,2014年。

三 亦理亦节

在后金天命时期，朝金双方关系，发生根本变化。此期，以三件大事为主轴，影响了后金与朝鲜的关系。这三件大事是：其一，朝鲜出兵助明，官兵全部降金；其二，毛文龙驻朝鲜，双方关系纠结；其三，韩润投降后金，后续影响巨大。朝鲜出兵助明、支持毛文龙，前面已述，本节阐述重点，在于韩润投金。

先是，在努尔哈赤兴起之时，李朝宫廷政争在激化。朝鲜与努尔哈赤天命时期对应国王是光海君（在位14年）和仁祖（在位26年）初期。朝鲜宣祖李昖、光海君李珲、仁祖李倧三王，王权交替，宫廷内讧，政局动荡，乱事迭起。与朝鲜相反，李倧登位的第二年（1624），也就是李适发动政变之年，努尔哈赤不仅统一女真诸部，而且已经占领沈阳和辽阳，并攻破广宁，据有辽河东西土地。其时，朝鲜对明朝与后金的关系，政见分歧，极为严重：一种政见是宣祖李昖实行的"事大主义"政策，即奉大明为宗主国，用明朝正朔（即纪年）；另一种是光海君实行的"两面睦好"政策，在明朝与后金之间维持"两面平衡"，特别是同后金维系睦邻之邦。李倧继位之初，无视后金强大并巩固的事实，也无视努尔哈赤已占据辽东的态势，却实行所谓"仁祖反正"，就是恢复到宣祖李昖时期的"事大主义"

政策,也就是"亲明背金"的政策,其表现是:不仅因出兵萨尔浒而使双方关系日趋紧张并趋向恶化,而且因支持毛文龙,进而导致朝鲜韩润、韩义投奔努尔哈赤,以至于导致皇太极两次出兵朝鲜,即丁卯之役和丙子之役,于朝鲜和后金关系,有着重大而深远的影响。

先是,在朝鲜发生壬辰战争期间,宣祖李昖退到鸭绿江畔的义州(今朝鲜新义州市),立李珲为世子,在国内奉宗庙、社稷。李昖既没有立嫡子永昌君李㼁,也没有立长子临海君李珒,而是立了自己恩宠和信任的李珲为世子,且奏报明朝迟迟不被承认,这就埋下了日后朝鲜宫廷斗争的祸根。李珲作为世子,直到李昖病故前,长达十余年,未得明朝册立。李昖病故,朝鲜国陪臣李好闵等23员到北京,赍进表笺、方物,为其故王李昖告讣、请谥。因在其丧期,而使臣辞宴,不开市,受颁赏,而返回①。李珲的世子与嗣立,均未得到明朝万历皇帝的册封。此事,《明神宗实录》记载:

> 礼科给事中胡忻题:朝鲜国王李昖两子,临海君珒居长,光海君珲居次,今国王即世,其妃金氏为次子请封,光海君珲业以署国事,告讣。夫使该国安陋承舛不禀,俟我天朝则可废置,自繇诚秉礼慕义,惟天朝之命是听,安得不以典礼相要束,而骨肉相怨梯之祸哉。上曰:立国以长,万古纲常,该国素称礼义之邦,岂可擅行废立,移文该国耆老大臣,会同军民人等,秉公详议,临海何以当废,光海何以当立,万口一辞,然后奏请定夺。②

明朝礼部奏议:从既定事实出发,册封光海君李珲为朝鲜国王。史载:

---

① 《明神宗实录》第445卷,万历三十六年四月己卯,台北历史语言研究所校勘本,1962年,第6叶。
② 《明神宗实录》第445卷,万历三十六年四月壬午,台北历史语言研究所校勘本,1962年,第7叶。

礼部言：朝鲜次子袭封，已经多官勘实，臣部疏请，不啻再三，伏望蚤涣纶音，以信令甲。得旨：舍长立少，原非纲常正理，但临海君既已久废，光海君臣民共推，情有可亮，且事在夷邦，姑从其便，准与册封，其差官照隆庆元年例行。①

李昖病故后，李珲继位，是为光海君。光海君继位后，请明册封。明万历帝以"立国以长，万古纲常"②为由，疏请再三，一再慎重，拖而不决，直到万历三十七年（1611）二月，才派官前往朝鲜册封光海君。

予故朝鲜国王李昖，谥昭敬。仍册封承袭国王李珲及妃柳氏诰命。命行人熊化，赍赐之。③

光海君对明朝和后金，采取两面政策：对明朝"事大"即尊奉宗主；对后金"通小"即暗中联系。这样，于朝鲜，减少同后金的摩擦，求得国内安定；于明朝，尊为宗主奉明正朔，不忘援朝之恩。但是，光海君的王位虽然册定，事情却拖了太久，久则生变，上层分裂。

光海君既已得到明朝万历皇帝的册立，为巩固王位，先废掉母后仁穆大妃，又杀死仁穆大妃所生、年仅八岁的嫡长子永昌大君李㼁和宣祖庶长子临海君李珒。此事被称作"废母杀弟"。时朝鲜宫廷势力的"西人党"李适等，以光海君"废母杀弟"相号召，于天启三年即天命八年（1623）三月十二日，发动宫廷政变，废黜光海君李珲，而拥立绫阳君李倧，是为仁祖。史称这次成功的政变为"仁祖反正"。仁祖李倧一反光海君对外的两面政策，而采取"一边倒"的政策：对明

---

① 《明神宗实录》第451卷，万历三十六年十月庚辰，台北历史语言研究所校勘本，第4叶。
② 《明神宗实录》第445卷，万历三十六年四月壬午，台北历史语言研究所校勘本，第7叶。
③ 《明神宗实录》第455卷，万历三十七年二月乙卯，台北历史语言研究所校勘本，第1叶。

朝奉行"事大主义",对后金断绝一切交往。李倧忽略了基本的政治事实:努尔哈赤已然统一女真,已然建立八旗,已然建元称朕,已然占领辽东。这就引发了一连串的历史事变。后来李倧与皇太极发生的丁卯之役和丙子之役——朝鲜人民蒙受两次战争灾难,对李朝历史发生划时代影响①。

李倧登上王位之后,上下交困,内外不满,宫廷局势非常严峻。在外部,亲明朝疏后金,并支持毛文龙,引起后金的不满与不安;在内部,原光海君势力即"大北势力",与仁祖政变后因利益分配不均而形成的"西人势力",双方不满。由是,内外不满,彼此利用,于仁祖二年即明天启四年、后金天命九年(1624)正月己卯(二十四日),发生政变。这次政变的首领,一个是朝鲜副元帅李适②,在仁祖初政时被疏离,心存芥蒂;另一个是韩明廉③,原为总兵官,在仁祖初被降为参将,内心不满,在找机会,施展阴谋。于是,李适与韩明廉等合谋,举兵政变,杀死禁府督事高德祥等,仁祖李倧被迫撤离王京。但是,在胜利的形势面前,李适等内讧,李适和韩明廉等被执,并被诛杀。韩明廉被杀后,其子韩润、侄韩义,逃匿隐藏,一年之后,投奔后金。

此次政变,事实经过,《李朝仁祖大王实录》二月记载:

乙酉(初一日),毛都督将发大兵来讨李适、韩明廉之反军。

丁亥(初三日),禁府请枭示李适之妻。

壬辰(初八日),初,备边司以逆适称兵之状,移咨于毛都督。至是,又请委差赍咨,备陈"贼锋迫京,冀出援师"之意,上从之。已而,

---

① 参阅《清朝开国史》下卷之相关专章论述。
② 李适,《清太祖高皇帝实录》作李国,《内阁藏本满文老档》译注本也作李国,《清太祖武皇帝实录》作李果,《满洲实录》也作李果,《满文老档》译注本作李适,《李朝仁祖大王实录》作"李适(音阔,kuò)"。
③ 韩明廉:廉,又作兼,也作谦,亦作琏,《李朝仁祖大王实录》作"琏"。

接伴使尹毅立驰启言："都督闻贼报，使游击王辅，点兵于蛇浦。"辅谓臣曰："都督令俺领兵一万进剿，而军兵未及出来。"臣以"此贼将不日就诛，不足烦天兵进讨"答之云。盖毅立之意，毛兵若出陆，则恐有难处之忧也。……上闻贼兵已迫，以慈殿陆行为忧，欲幸江都，议于大臣。大臣亦请幸江都。……夜，礼曹判书李廷龟奉庙社主先行，慈殿、中殿皆乘驾轿而出。小顷，上乘小舆出明正门，骑马而行。……大驾进次汉江津头，无一舡叙待，有数只舡隐在彼岸，招之不来。驻驾江头，计无所出。武士禹尚中，拔剑游水而渡，斩舡中一人，携舡而还。全罗兵使李景稷、尹等亦得一舫。躬自刺舡而至。随驾从人争渡纷沓，景稷拔剑挥呵，众皆却立。上遂登舟，踞胡床。

丙申（十二日），兵曹启曰：各衙门军官及诸将校、豪悍之徒，所经一路，劫夺公私马匹，略无忌惮，人心骚扰，怨谤盈路。

戊戌（十四日），两司合启曰：都元帅张晚"未尝遮前蹑后，一挫贼锋，终至都城不守，车驾南狩"云云。

己亥（十五日），贼将李守白、奇益献等斩适、明琏等，来献行朝。初贼比至立川之境，徒党散落，其下李守白、奇益献四十余人，乘夜以火攻之，遂斩适、旃遴、明琏及其子侄仁发、顺生等。……贼将李守白、奇益献等面缚诣军门，请罪，以适、明琏等六贼首级悬竿头以献。上大张军威，亲临受之。

庚子（十六日），兴安君李瑅伏诛。①

---

① 李瑅，《李朝仁祖大王实录》第 4 卷，第 30 叶，二年二月庚子记载："宣祖大王后宫出也，封兴安君，为人庸暗，且有悖行。至是，与适内外相应，阴谋不轨，出于诸贼之供。台谏请安置南方，上不从，置之宫中。南幸之日，命使随驾，瑅逃入贼中，犒馈适军。适加以伪号、称旨、除官。及适败，与适出走，适之被斩，逃匿有日，至是捕得。沈器远、申景禛与张晚相议，即于军中缢杀之。"

丙午（二十二日），午，大驾自崇礼门入……入庆德宫。

戊申（二十四日），备边司启曰："顷见都督咨文，则欲发兵二万以助讨逆，虽因贼变败散，未果出兵，而为国助顺之意，不可不谢。且观咨内事意，则贼适叛状，未能详知。宜以贼适构逆之状，明白措辞，仍以'小贼虽或跳梁，逆顺所在，旋即殄灭'等语，及于揭帖中。"上从之。①

从上文既可以看出朝鲜、明朝、后金三方的关系，也可以看出毛文龙、朝鲜、后金三方的关系，还可以看出朝鲜内部光海君与仁祖及仁祖内部"北方"势力与"西人"势力以及"西人"内部拥王派与反王派之间的错综复杂关系。努尔哈赤在上述复杂变幻的关系中，巧妙地利用韩润②、韩义③投归后金事件，做出一篇大文章，演出一台大活剧，从而演绎着一系列的历史事变。

韩润、韩义是朝鲜官宦子弟中，最早投归后金的人。韩润、韩义堂兄弟投归后金这件事，努尔哈赤显然是出于政治考虑，他抓住机会，利用时势，从朝鲜营垒中，寻找可以利用之人。努尔哈赤对率先来投奔的朝鲜官宦子弟韩润、韩义堂兄弟，隆重接待，优礼有加，对韩润、韩义授予官职，给予妻妾、奴仆、田宅、牛马、衣服、器物等。于此，《清太祖武皇帝实录》记载：

正月，朝鲜国韩润、韩义来降。润父韩明廉，与总兵官李果，谋篡兴兵，攻王京。国王遣兵迎之，为明廉等所败，遂弃城而走。二人领兵入城。有李果部下中军，执二人，杀之。明廉子润与侄义脱走来归，帝赐韩润游击之职、韩义备御之职，仍给妻奴、房田、牛马、财帛、衣服，

---

① [朝]《李朝仁祖大王实录》第4卷，二年二月乙酉至戊申，日本学习院东洋文化研究所刊本，第13~35叶。
② 韩润："润"又作云、运。
③ 韩义："义"又作尼、泥、季、基。

一切应用之物。①

此事，《内阁藏本满文老档》记载更详，征引如下：

　　毛巴里、萨木什喀、吴善等前往朝鲜方向搜寻踪迹，获名韩润、韩义之二朝鲜人带来。经讯之，告曰："韩润之父韩明廉，在朝鲜先王时曾任总兵官，因得罪新王，降为参将。有名李国者，乃新王继位之功臣。然新王并未留彼于身边，而遣往外省任总兵官。故李国怨恨新王，与我父韩明廉共谋，举兵攻打新王，途中连克三处之兵。王闻之，离位南逃。我军得京城，正欲寻王杀之。不料，因李国总兵官之中军哗变，李国与我父皆被杀。我二人力战得脱，无处投身，欲投汗而来，藏身于义州所属之箭匠家中，拟俟渡口结冰后前来。因毛文龙之哨卡密布，至今始得前来。"汗闻之，悯其来归，著韩润为游击，其堂弟韩义为备御，给足所用之诸物。②

另有剃发汉人王四明从后金逃到朝鲜云：

　　韩姓人兄弟，以甲子十二月投入奴穴，自称其父谋叛伏诛，尽输本国事情，又诳被拘诸将姜弘立等，以父母妻子尽被诛夷，为诱贼东抢之计云。其后剃汉之归毛营者，所言皆与此合。则其为韩润兄弟甚明，本国之忧尤大矣。③

---

① 《清太祖武皇帝实录》第 4 卷，原清官内府藏写本，台北广文书局影印本，第 15～16 叶。
② 《内阁藏本满文老档·太祖》第 19 册，天命十年正月初二日，辽宁民族出版社译注本，2009，第 229 页。
③ [朝]《李朝仁祖大王实录》第 12 卷，四年四月丙戌，日本学习院东洋文化研究所刊本，1959 年，第 28～29 叶。

在韩润、韩义投归后金的第二年，努尔哈赤死，皇太极继位。皇太极于天聪元年（1627）和崇德元年（1636），先后两次用兵朝鲜，韩润作为八旗军的向导，发挥了特殊的作用。为说明努尔哈赤接纳韩润投靠后金的作用，下面引述一段史料，可以清楚证明这一点。

韩润兄弟投奔后金，产生一系列后果。

其一，促使姜弘立降金。先是，萨尔浒之战被俘的朝鲜都元帅姜弘立、副元帅金景瑞的状况，据原金景瑞帐下金进，投后金八年，逃回朝鲜，言其中情形：

> 副元帅金景瑞病死已三年矣。都元帅姜弘立尚不剃发，故不给狄女，嫁以汉女生男。韩润兄弟变姓投奴，老汗极其厚待，即以胡女嫁之云。①

另据《李朝仁祖大王实录》记载：

> 九月朔丙午，备边司启曰："即见义州府尹李莞状启，韩贼投虏之说颇似详实。姜弘立等闻韩贼期满之说，误认其老母妻子被诛，则必诚心附贼，如李陵之辜恩负德。如使弘立之子或其奴子，持各人家信，潜入虏中，令弘立等得知其家属无恙，想必觉悟，图报于本国，而韩贼不得兽其凶计。"从之。于是，将资送姜弘立子璹，朴兰英子霙，而霙则除实职以遣之。适其时毛将因事生怒，故恐为执言之地，竟不果行。②

---

① [朝]《李朝仁祖大王实录》第13卷，四年六月丙申，日本学习院东洋文化研究所刊本，1959年，第13叶。
② [朝]《李朝仁祖大王实录》第10卷，三年九月丙午朔，日本学习院东洋文化研究所刊本，1959年，第1叶。

其二，报告毛文龙军情。韩润兄弟向后金提供毛文龙的信息，《满文老档》记载：

> 初六日，来投之朝鲜人韩润、韩义奏称："义州城有南来之援兵千余人，本地兵民老幼合计不足二千人，城大兵少，守之不易。我曾暗中与本地人约定：金国出兵时，我骑白马，执白纛，于军前唤尔等，众人会合擒其主将后出降，否则于夜间出降。众皆应允。至于毛文龙，自去年八月驻于铁山，船皆在岛上，兵不足七八千人，皆乃乌合之众。内地前来之商人极多，财积如山。人数虽多，取之甚易。况且由义州出发，过一夜，次日晨即可至毛文龙处。安州城有兵民四五千人，亦乃乌合之众，若闻义州失守，则彼自然鸟散。即使守城，亦可招降也。京城之南二十里处，有由北迁来之瓦尔喀百余人，他处亦有许多。彼等皆为金国之人，当可索还其人。毛文龙所遣之人，多在黄海道，京城之内亦有许多，亦可称前去捉拿其人。先王愿和，故使者不断，新王倚恃毛文龙，不遣使者。今亦可先发一欲和之书，尔后发兵至平壤，令新王亲自前来议和。新王自继位以来，人心不服，思念旧主。我父韩明廉与李国总兵官仅率兵三千，即大获全胜，夺其京城。兵民皆无随新王而去者，六名常随外郎等曾执档册迎于五十里之外。不幸，我等因内乱而败，今闻大金国汗之兵率朝鲜官员而来，谁不乐降。我情愿来归，视汗如天地父母。但有一句谎言，焉将存也，实乃一劳永逸之时机也。"①

这里，透露了"三个虚实"和"二个策略"。三个虚实是：其一，朝鲜内部

---

① 《内阁藏本满文老档·太祖》第19册，天命十年正月初六日，辽宁民族出版社译注本，2009年，第229~230页。

虚实信息；其二，毛文龙与朝鲜关系之虚实；其三，毛文龙之虚实。两个策略原则是：对朝鲜与毛文龙的不同策略。这成为后来皇太极攻打毛文龙以及两次用兵朝鲜的信息储存、事实依据和策略基础。

其三，利用内线做向导。据朝鲜史书记载：

> 奴兵昨夜攻陷义州，而前昌城府使朴姓人、宣沙浦佥使吴姓人及韩润，皆在阵中，姜弘立、李英芳①则为大将，贼将八人，而势甚炽盛云。②

朝鲜其他史书如《乱中杂录》也记载韩润导引后金军入朝鲜：

> （韩润）焚火军器，一城大乱，反民开门。③

韩润为了复仇，前导后金军兵，进入朝鲜，据义州，到黄州，李倧主持会议，商讨战守之策。情势危急，接到驰报：

> 三公驰启曰："朴兰英、吴信男为贼先导，攻陷本国，至于此极。此人等皆偾事被掳之将，朝廷怜其不忘本国，犹着巾帽，特施大恩，德至厚也。渠等仇敌宗国，忍行此举。请姜弘立、朴兰英二子，并令严囚。其余子侄，亦如察问，从律处置。"上曰："弘立之来，尤未昭著，兰英之前导，亦不十分真的，囚其子侄，似未妥当矣。"备局复以此陈启，

---

① 李英芳，当作李永芳。《清太宗实录》天聪元年（1627）三月辛巳记载：后金总兵官李永芳随阿敏等军到朝鲜黄州，因和议之事，向阿敏建言，而遭阿敏斥责："我岂不能杀尔蛮奴，尔何得多言。"李永芳自是终无一言。
② [朝]《李朝仁祖大王实录》第15卷，五年正月乙酉，日本学习院东洋文化研究所刊本，1959年，第7叶。
③ 李鸿彬：《满族崛起与清帝国建立》，天津古籍出版社，2003年，第35页、第81页。

上命招置阙下。①

姜弘立、韩润等作为向导，引后金兵入朝，对后金与朝鲜双方，均产生极大的作用和影响。

其四，引领金军，进兵朝鲜。天聪元年即天启七年（1627）正月，皇太极派阿敏等统兵征毛文龙，兵到朝鲜。阿敏等率军渡鸭绿江后，进逼朝鲜义州（今新义州市）。义州军人抵御，阿敏等采取外攻内应的策略，这个引领者、内应者，就有韩润。史载：

韩润兄弟亦随姜弘立渡来，驻在义州云矣。②

韩润兄弟，不仅引领后金军入朝鲜，而且作为内应导致城破。史载：

（韩润）变着华服，潜引贼入城。及晓，贼薄城驰突，反民开城纳贼，城遂陷。③

朝鲜韩润一行，潜入城里，以为内应。他还令人登南山呼曰："城中将士，解甲出降，南土军兵，悉出归乡，不然铁骑蹂躏，乱杀靡遗。"是夜，后金兵攻义州城，树立云梯，突然攻城。阿敏命巴图鲁艾搏率八旗精锐，攀梯登城。总兵楞额礼与副将阿山、叶臣等率80人，继之登城。时镇节度使李莞酒醉不醒，军

---

① [朝]《李朝仁祖大王实录》第15卷，五年正月丙戌，日本学习院东洋文化研究所刊本，1959年，第11叶。
② [朝]《李朝仁祖大王实录》第15卷，五年正月戊子，日本学习院东洋文化研究所刊本，1959年，第7叶。
③ [朝]《春坡堂日月录》第12卷，第11页，转引自刘家驹：《清朝初期的中韩关系》，文史哲出版社，1986年，第30页。

伍废弛，李莞、崔梦亮①等仓促应战。此时韩润率先潜入官兵，作为内应，焚火冒烟，城中大乱，打开城门，遂克义州，杀府尹李莞，通判崔梦亮等自尽。城中有明兵1万、朝鲜兵2万，后金军攻克义州后，屠其兵卒，俘其居民。《李朝仁祖大王实录》记载："众寡不敌，力不能支，李莞、崔梦亮等抗贼不屈，同被磔杀，大小将官，数万民兵，屠戮无遗。"②是日，后金官兵，驻军义州。

十七日，后金兵以朝鲜降将姜弘立、韩润为向导，进抵定州。阿敏派人向该城守将金搢投致朝鲜国王书，书曰："我方统大兵来，尔国要和好，差官认罪，火速来讲。"朝鲜答书称："我国与尔，本来无怨恨。我国臣事皇朝，二百余年。皇朝伐尔国时，要我兵马。既有天子敕命，何敢违也？……尔若息兵通好，则必以礼义相接，不可以兵戈相胁。"③阿敏见朝鲜定州守将拒绝和议，便发动进攻，一举下定州。阿敏掳获定州节度使金搢、郭山节度使朴惟健等。

其五，降金编旗，效忠新主。韩润、韩义堂兄弟投归努尔哈赤后，随着后金事业的发展，不断有朝鲜人员归顺。有学者据《八旗满洲氏族通谱》记载统计，八旗满洲中包括李、金、朴、韩等朝鲜姓氏有四十四姓④。其中最早且最重要的就是韩润。碑刻资料于韩润的记载是：

韩云，尔原系朝鲜人。以尔弃彼来归，故授为二等阿达哈哈番。后三次围锦州时，松山马兵来夺我红衣炮，尔于梅勒章京瞻前杀入对阵，

---

① 《清太宗文皇帝实录》第2卷，天聪元年三月辛巳作"崔鸣亮"，《李朝仁祖大王实录》第16卷，第2叶，五年四月丁酉朔作"崔梦亮"，从后者。
② [朝]《李朝仁祖大王实录》第16卷，五年四月丁酉朔，日本学习院东洋文化研究所刊本，1959年，第2叶。
③ [朝]《李朝仁祖大王实录》第16卷，五年四月丁酉朔，日本学习院东洋文化研究所刊本，1959年，第3叶。
④ 李贤淑：《论朝鲜李适之乱与韩润的来投》，载傅波主编《从兴京到盛京——努尔哈赤崛起轨迹探源》，辽宁民族出版社，2008年，第461页。

败之；落雨之日，击松山洪军门来犯左翼兵，尔同固山额真叶格书对阵，败之；击洪军门三营兵，尔又同固山额真叶格书对阵，败之；定鼎燕京、入山海关之日，击流贼马步兵二十万，尔又同固山额真、和硕额夫杜磊对阵，败之；追及流贼至庆都县，尔同和硕额夫、固山额真叶格书对阵，败之；嘉尔由二等阿达哈哈番，升为一等阿达哈哈番。①

后每逢重大节庆，累加韩云至二等阿思哈哈番，世世罔替。康熙十七年(1678)，特为其立御祭碑。

总之，在努尔哈赤时期，虽然跟朝鲜有矛盾，但始终没有加之以兵。两次用兵朝鲜，都是为毛文龙，且不涉及朝鲜。李倧曾问："此贼为擒毛将而来耶，抑专为我国耶？"②

据《清太祖高皇帝实录》记载，努尔哈赤派军追剿毛文龙，重要的有两次：

其一，天命六年即天启元年(1621)十一月，为报复毛文龙在同年七月袭镇江，杀守将佟养真之举。《清太祖高皇帝实录》记载：

> 乙卯(十八日)，上命二贝勒阿敏统兵五千，渡镇江，入朝鲜境，攻剿明将毛文龙。二贝勒至镇江，遂乘夜入朝鲜，斩游击刘姓者，及兵一千五百级，文龙仅以身免。乃班师。③

二贝勒阿敏率军渡鸭绿江，进入朝鲜境，斩首1500级，毛文龙仅以身免。

其二，天命九年即天启四年(1624)八月，努尔哈赤为报复毛文龙部，在同

---

① 盛昱：《雪屐寻碑录》第6卷，《辽海丛书》影印本，辽沈书社，1985年，第16叶。
② [朝]《李朝仁祖大王实录》第15卷，四年正月乙酉，日本学习院东洋文化研究所刊本，1959年，第7叶。
③ 《清太祖高皇帝实录》第8卷，天命六年十一月乙卯，中华书局影印本，1986年，第10叶。

年五月派军沿鸭绿江、长白山到后金东部原辉发地带。《清太祖高皇帝实录》记载：

> 上闻明将毛文龙兵，渡朝鲜义州城西鸭绿江，入岛中屯田。命左翼正白旗梅勒额真副将楞额礼，右翼镶红旗梅勒额真游击署副将吴善，引兵千人，袭之。途中，获间谍，讯知：明兵昼则渡江，入岛收获；夜则收兵复渡江，宿义州江岸，楞额礼乘夜进兵，潜伏山僻处。平旦，度明兵已渡江，纵兵驰。明侦者未及声炮、举烽燧，楞额礼已渡镇江支流，突至其岛。明将士大惊，悉弃戈奔溃。楞额礼等于陆地追逐，斩五百余级，其余争入舟，堕水尽溺而死。楞额礼等尽焚岛中之粮而还。

此次，后金将领楞额礼、吴善率军渡鸭绿江，夜宿义州，斩五百余级、焚岛中储粮而返。

以上两次努尔哈赤派军进入朝鲜境，没有深入，获胜即返，如李倧所思"为擒毛将而来"，非"专为我国"而来！这两次出兵，都表现了努尔哈赤"亦理亦节"、有理有节的策略原则，其目的在于争取朝鲜中立，结好邻邦朝鲜，以集中力量，对付明朝。

努尔哈赤在处理对外关系的同时，对内则注重文化，制定满文。努尔哈赤着手主持制定无圈点老满文，为满族文化发展，为满族共同体的形成，做了一件在满族发展史上具有划时代意义的创举。

第八章 制定满文

一 满文的初创

努尔哈赤主持制定无圈点老满文，是我国满族发展史上一件大事，也是他的一大功绩。

满文是满族语言的文字符号。满语，属于阿尔泰语系。我国同属于阿尔泰语系的北方少数民族语言，又分成不同的语种，这在语言学上叫作语族。阿尔泰语系它主要分为三个语族：即阿尔泰语系突厥语族，包括维吾尔语、哈萨克语、柯尔克孜语、乌孜别克语等；阿尔泰语系蒙古语族，包括蒙古语、达斡尔语、布里亚特语、裕固语（东部）等；阿尔泰语系满语族①，包括满语、鄂温克语、鄂伦春语、锡伯语、赫哲语等。满族的先世女真人，讲的就是阿尔泰语系满语族的语言。

女真族在金代参照汉字创制了女真文。它有女真大字和女真小字两种。女真大字为完颜希尹所造，金太祖于天辅三年（1119）颁行。《金史·完颜希尹传》记载：

---

① 另有一种意见：把满语列为阿尔泰语系满－通古斯语族。

金人初无文字，国势日强，与邻国交好，乃用契丹字。太祖命希尹撰本国字，备制度。希尹乃依仿汉人楷字，因契丹字制度，合本国语，制女直字。天辅三年八月，字书成，太祖大悦，命颁行之。赐希尹马一匹、衣一袭。其后熙宗亦制女直字，与希尹所制字俱行用，希尹所撰谓之女直大字，熙宗所撰谓之小字。①

金熙宗于天眷元年（1138），制成"女直小字"②，后杀完颜希尹。皇统五年（1145），"初用御制小字"③，女真小字颁行。大定四年（1164），金世宗"诏以女直字译书籍"④，后设"女直进士科"，而"用女直文字以为程文"⑤，并在中都设"女直国子学"，诸路设"女直府学"，以新进士充教授。到大定二十三年（1183）九月，译"《易》、《书》、《论语》、《孟子》、《老子》、《扬子》、《文中子》、《刘子》及《新唐书》"⑥成，命颁行之。而所译《史记》、《汉书》和《贞观政要》等书，也已流行。

但是，女真字是在变换了契丹大字的基础上创制的，而契丹大字又仿了汉字，所以女真字是一种方块字，与蒙古拼音文字有所不同。随着金亡元兴，蒙古族成为统治民族，蒙古语与女真语又同属于阿尔泰语系，在女真地区先是蒙古文和女真文并行，而后女真文逐渐衰落下去。到元朝末年，懂女真文的人已经为数不多。

明初，著名的《永宁寺碑记》，是用汉文、蒙古文和女真文三种文字镌刻的，

---

① 《金史·完颜希尹传》第73卷，中华书局点校本，1975年，第1684页。
② 《金史·熙宗纪》第4卷，中华书局点校本，1975年，第72页。
③ 《金史·熙宗纪》第4卷，中华书局点校本，1975年，第81页。
④ 《金史·徒单镒传》第99卷，中华书局点校本，1975年，第2185页。
⑤ 《金史·选举一》第51卷，中华书局点校本，1975年，第1130页。
⑥ 《金史·世宗纪下》第8卷，中华书局点校本，1975年，第184页。

其中女真文的书写人为"辽东女真康安"①。明成祖招抚女真吾都里、兀良哈、兀狄哈时,"其敕谕用女真书字"②。

但是,明中叶以后,女真人已不懂女真文。如《明英宗实录》记载:

> 玄城卫指挥撒升哈、脱脱木答鲁等奏:"臣等四十卫无识女直字者,乞自后敕文之类第用达达字。"从之。③

达达字即蒙古文字。这说明15世纪中叶,女真文字已失传,而借用蒙古文字。不仅明朝与女真的敕书用蒙古文,而且朝鲜同建州的公文也用蒙古文。如弘治三年（1490）,朝鲜兵曹通书建州右卫酋长罗下的公文,"用女真字,〔以〕蒙古字翻译书之"④。

努尔哈赤兴起之后,建州与明朝和朝鲜的公文,由汉人龚正陆用汉文书写,"凡干文书,皆出于此人之手"⑤。努尔哈赤会蒙古文,又粗通汉文,唯独缺少女真文字。所以,他在女真社会中的公文和政令,先由龚正陆用汉文起草,再译成蒙古文发出或公布。"时满洲未有文字,文移往来,必须习蒙古书,译蒙古语通之。"⑥女真人讲女真语,写蒙古文,这种语言与文字的矛盾,已不能满足女真社会发展的需要,甚至已经成为满族共同体形成的一个障碍。努尔哈赤为着适应建州社会军事、政治、经济、文化和外事迅速发展的需要,遂倡议并主持创制记录满族语

---

① 《明代奴儿干永宁寺碑记校释——以历史的铁证揭穿苏修的谎言》,《中央民族学院学报》1976年第1期。
② [朝]《李朝太宗大王实录》第5卷,三年六月辛未,日本学习院东洋文化研究所刊本,1959年。
③ 《明英宗实录》第113卷,正统九年二月甲午,台北历史语言研究所勘本,1962年,第5叶。
④ [朝]《李朝成宗大王实录》第241卷,二十一年六月戊子,日本学习院东洋文化研究所刊本,1959年。
⑤ [朝]《李朝宣祖大王实录》第3卷,三十三年七月戊午,日本学习院东洋文化研究所刊本,1959年。
⑥ 《满洲实录》第3卷,中华书局影印本,1986年,第2叶。

言的文字符号——满文。

万历二十七年（1599）二月，努尔哈赤命额尔德尼和噶盖创制满文。《清太祖高皇帝实录》记载：

> 上欲以蒙古字制为国语颁行。巴克什额尔德尼、扎尔固齐噶盖辞曰："蒙古文字，臣等习而知之。相传久矣，未能更制也！"
>
> 上曰："汉人读汉文，凡习汉字与未习汉字者，皆知之；蒙古人读蒙古文，虽未习蒙古字者，亦皆知之。今我国之语，必译为蒙古语读之，则未习蒙古语者，不能知也！如何以我国之语制字为难，反以习他国之语为易耶？"
>
> 额尔德尼、噶盖对曰："以我国语制字最善，但更制之法，臣等未明，故难耳！"
>
> 上曰："无难也！但以蒙古字，合我国之语音，联缀成句，即可因文见义矣。吾筹此已悉，尔等试书之。何为不可？"
>
> 于是，上独断："将蒙古字制为国语，创立满文，颁行国中。满文传布自此始。"[1]

前录引文，努尔哈赤说明两点：

其一，创制满文的意义在于，使满族的语言与文字臻于统一，会满文者，既能听懂，又能看懂。

其二，创制满文的方法在于，参照蒙文字母，协和女真语音，拼读成满洲语句，撰制满洲文字。

究竟怎样以蒙文字母，连缀女真语音呢？据天聪七年（1633）满文旧档记载：

---

[1]《清太祖高皇帝实录》第3卷，中华书局影印本，1986年，第2叶。

初无满洲字。父汗在世时，欲创制满洲书，巴克什额尔德尼辞以不能。父汗曰："何谓不能？如阿字下合妈字，非阿妈乎？额字下合谟字，非额谟乎？吾意已定，汝勿辞。"①

上述记载，《满洲实录》和《清太祖武皇帝实录》均录入，但《清太祖高皇帝实录》对用蒙文拼写的记述，付诸阙如。上面引文中的"父汗"即努尔哈赤。

于是，额尔德尼和噶盖遵照努尔哈赤提出的创制满文的基本原则，仿照蒙古文字母，根据满语语音特点，创制满文。这种草创的满文，没有圈点，后人称之为"无圈点满文"或"老满文"。从此，满族有了自己的拼音文字。满文制成后，努尔哈赤下令在统一的女真地区颁行。

额尔德尼和噶盖，在努尔哈赤指导下撰制满文，他们是满族杰出的语言学家。额尔德尼，满洲正黄旗人，姓那拉氏，世居都英额，少年明敏，兼通蒙古文和汉文。他投归建州后，被赐号巴克什。巴克什，为满语 baksi 的对音，是学者、博士的意思。额尔德尼随从努尔哈赤"征讨蒙古诸部，能因其土俗、语言、文字，传宣诏令，招纳降附，著有劳绩"②。额尔德尼一生虽建树武勋，但其主要功绩为创制满文。与额尔德尼同时创制满文的还有噶盖。

噶盖，姓伊尔根觉罗氏，世居呼纳赫，屡次立功，"位亚费英东"③。他受命创制满文，同年被杀。噶盖死后，额尔德尼"遵上指授，独任拟制"④。满文制成，后亦被杀⑤。但是，《八旗通志·额尔德尼传》载"天聪八年，额尔德尼巴克什奉命迎察哈尔归附之众"⑥云云。《满文老档》载额尔德尼死于天命八年（1623），

---

① 《旧满洲档》（《满文原档》），原清官内务府藏本。
② 《清史列传·额尔德尼》第 4 卷，中华书局标点本，1987 年，第 9 页。
③ 《清史稿·额尔德尼附噶盖传》第 228 卷，中华书局标点本，1977 年，第 9254 页。
④ 《清史列传·额尔德尼》第 4 卷，中华书局标点本，1987 年，第 9 页。
⑤ 《满文老档·太祖》第 50 册，天命八年五月，中华书局译注本，1990 年。
⑥ 《八旗通志初集》第 336 卷，东北师范大学出版社，1985 年，第 5326 页。

《八旗通志》却载其于天聪八年（1634）尚在人世。二者孰正孰误？

其一，《清代碑传全集·额尔德尼传》载："初，奉命偕理事大臣噶盖创制国书。后哈达贝勒孟格布禄以谋逆伏诛，噶盖坐其党死。额尔德尼遂独任之。既成，颁行国中，国书传布自此始。额尔德尼既卒，太宗复命儒臣达海、库尔缠等述其义而增益之。"①达海改进老满文，事在崇祯五年即天聪六年（1632），上文却载额尔德尼此时已死。

其二，《清太宗文皇帝实录》天聪七年（1633）十月记载："……额尔德尼遂遵谕编成满书。我国初无满字，额尔德尼乃一代杰出之人，今也则亡，彼所造之书，义或有在，其后巴克什库尔缠所增。"②上文载明，天聪七年额尔德尼已死。

其三，《清史列传·额尔德尼》所载与上引《清太宗文皇帝实录》文同。《清史稿·额尔德尼传》载"太宗时，额尔德尼已前卒"③，明确记载其天聪八年时已不在人世。

其四，《清太宗文皇帝实录》天聪八年（1634）十一月戊辰载：

先是，遣额尔德尼囊苏喇嘛、哈尔松阿，往迎察哈尔国归附之众。至是还，奏称渡黄河三日，方遇塞冷车臣寨桑、祁他特车尔贝寨桑、塞冷都马尔寨桑、沙布古英寨桑、阿玉石台吉、巴特玛台吉、古鲁思希布台吉兄弟、班第库鲁克……计五千户、二万口。④

显然，《八旗通志·额尔德尼传》中"天聪八年，额尔德尼巴克什奉命迎察哈尔归附之众"，源自上引《清太宗文皇帝实录》之文。但是，误将额尔德尼囊

---

① 《清代碑传全集》第4卷，上海古籍出版社影印本，1987年，第28页。
② 《清太宗文皇帝实录》第16卷，中华书局影印本，1985年，第4叶。
③ 《清史稿·额尔德尼传》第228卷，中华书局标点本，1977年，第9254页。
④ 《清太宗文皇帝实录》第16卷，中华书局影印本，1985年，第6叶。

苏喇嘛与额尔德尼混为一人，由是铸成史文之疏误。实际上，应据《满文老档》所载，额尔德尼死于天命八年（1623）五月。额尔德尼虽以微末之罪受诛，其功业却与世长存。清太宗皇太极曾谕文馆儒臣云："额尔德尼乃一代杰出之人！"①这个评价是公允的。

---

① 《清太宗文皇帝实录》第21卷，中华书局影印本，1985年，第8~9叶。

二 满文的改进

努尔哈赤主持下由额尔德尼和噶盖创制的无圈点满文,在统一的女真地区推行三十三年,发挥了巨大的作用。但是,初创满文缺乏经验,同时蒙古语和满语的语音又存在差别,因而无圈点满文有一些亟待改进的问题。如字母数量不够,清、浊辅音不分,上下字无别,字形不统一,语法不规范,结构不严谨等。因此,天聪六年即崇祯五年(1632),皇太极又命巴克什达海改进老满文。《满文老档》记载:

> 十二字头原无圈点,上下字无别,故塔、达,特、德,扎、哲,雅、叶等字,雷同不分,如同一体。书中平常语言,视其文义,尚易通晓。至于人名、地名,常致错误。①

皇太极命达海对无圈点老满文,"可酌加圈点,以分析之,则音义明晓,于

---

① 《满文老档·太宗》第45册,天聪六年正月十七日,中华书局译注本,1990年。

字学更有裨益矣"①。

达海,满洲正蓝旗人,世居觉尔察,以地为氏。他"九岁读书,能通满、汉文义。弱冠,太祖高皇帝召直文馆②,凡国家与明及蒙古、朝鲜词命,悉出其手;有诏旨应兼汉文音者,亦承命传宣,悉当上意。旋奉命译《明会典》及《素书》、《三略》"③。后达海与纳扎通奸,拟罪当死,但努尔哈赤惜才,命杀死纳札,将达海锁柱拘禁④。清太宗时,达海为文馆领袖,受命改进无圈点满文。他"酌加圈点,又以国书与汉字对音未全者,于十二字头正字之外增添外字,犹有不能尽协者,则以两字连写,切成其切音,较汉字更为精当,由是国书之用益备"⑤。达海又译《通鉴》、《六韬》、《孟子》、《三国志》⑥、《大乘经》、《刑部会典》、《素书》、《万宝全书》等⑦,积劳成疾,未竟而卒,时在天聪六年即崇祯五年(1632)七月十四日⑧,年仅38岁。

达海巴克什一生勤敏清廉,死殓时"求靴无完者"⑨,连一双完好的靴子也没有。达海巴克什短暂而勤奋的一生,对满汉文化交流作出了重大贡献。改进无圈点满文为有圈点满文,即改进老满文为新满文,则是其一生中最杰出的业绩。所以史载"达海以增定国书,满洲群推为圣人"⑩。后至康熙时,勒石纪绩,表彰其功。康熙帝旨称:"达海巴克式,通满汉文字,于满书加添圈点,俾得分明。

---

① 《清太宗文皇帝实录》第11卷,中华书局影印本,1985年,第19叶。
② 《清史稿·达海传》载:"太宗始置文馆,命分两直:达海及刚林、苏开、顾尔马浑、托布戚译汉字书籍;库尔缠、吴巴什、查素喀、胡球、詹霸记注国政。"是知清太祖时尚未置文馆。
③ 《清史列传·达海》第4卷,中华书局标点本,1987年,第10页。
④ 《满文老档·太祖》第14册,天命五年三月二十五日,中华书局译注本,1990年。
⑤ 《清史列传·达海》第4卷,中华书局标点本,1987年,第10页。
⑥ 《三国志》:实为罗贯中的《三国演义》。
⑦ 《清太宗文皇帝实录》第12卷,中华书局影印本,1985年,第14~15叶。
⑧ 达海卒之月、日:《满文老档》载八月一日奏闻;《清太宗实录》为七月十四日;《八旗通志·大海巴克什传》载为"六月,达海病,逾月,病殁……数日遂卒";本书从《清太宗实录》所记。
⑨ 《清史稿·达海传》第228卷,中华书局标点本,1977年,第9257页。
⑩ 《清史稿·达海传》第228卷,中华书局标点本,1977年,第9258页。

又照汉字，增造字样，于今赖之。念其效力年久，著有劳绩，著追立石碑。"①其碑文，今存世②。

达海在整理额尔德尼、噶盖所创制的无圈点老满文时，主要作了如下改进：

第一，编制"十二字头"。《国朝耆献类征》载："达海继之，增为十二字头。"③《清史稿·达海传》也载："达海治国书，补额尔德尼、噶盖所未备，增为十二字头。"④达海为便于教授满文，编制了"十二字头"⑤（详见后文）。

第二，字旁各加圈、点。例如，蒙古文"ha"与"ga"读音没有区别，但满语"aha"（阿哈）为"奴"，而"aga"（阿戛）为"雨"。达海在"ha"与"ga"旁各加圈、点，即把老满文的 ᠠᡥᠠ（aha，阿哈，意为奴）加圈，写成 ᠠᡥᠠ°，而把老满文的 ᠠᡤᠠ（aga，阿戛，意为雨）加点，写成 ᠠᡤᠠ·。这样，因其各加圈、点，而使"奴"和"雨"两字有所区别。

第三，固定字形。对字母的书写形式加以固定，使之规范化。如在老满文中，元音 u 的词首、词中、词尾共有十余种写法；但在新满文中，其词首、词中、词尾基本上各有一种写法。

第四，确定音义。改进字母发音，固定文字含义。如在老满文中，元音 o、u、ū 经常相互混用，辅音 k、g、h 书写有时非常相似，在新满文中，o、u、ū 则加以区别，k、g、h 的字形书写也各不相同。

第五，创制特定字母。设计了10个专为拼写外来语（主要是汉语）的特定字母，以拼写人名、地名、职官等。

经过达海改进后的满文，后人称之为"有圈点满文"或"新满文"，于是满

---

① 《清圣祖仁皇帝实录》第29卷，中华书局影印本，1985年，第2叶。
② 《清代碑传全集·达海传》第4卷，上海古籍出版社影印本，1987年，第28页。
③ 李桓等：《国朝耆献类征·达海传》第1卷，光绪十六年（1890）刻本，第14叶。
④ 《清史稿·达海传》第228卷，中华书局标点本，1977年，第9257页。
⑤ 《满文老档·太宗》第45册，天聪六年正月十七日，中华书局译注本，1990年。

文较前更为完备①。

改进后的满文，按语言学音素来说，有6个元音字母，22个辅音字母，10个专门用来拼写外来语的特定字母，共38个字母。字母不分大小写，但元音字母以及辅音与元音相结合所构成的音节，出现在词首、词中、词尾或单独使用时，都有不同的书写形式。还有过去习称满语"十二字头"，即6个元音和辅音与元音拼成的复合音（约相当于汉语拼音的音节），共131个，这就是"第一字头"；而"第一字头"内的各个音节分别与元音及辅音ᠶ[i]、ᠶ[r]、ᡩ(.ᡩ)[n]、ᠶ[y]、ᡨ或ᠶ[q'或k']、ᡬ(ᡭ)[s]、ᡝ[t]、ᡩ[b]、ᠣ[o]、ᠯ[l]、ᡬ[m]相结合所构成的音节，共11个字头。以上总合为12个字头。"十二字头"笼统地包括了满文中的元音、辅音、特定字母以及其他音节。

满文的语法，名词有格、数的范畴，动词有体、态、时、式等范畴。句子成分的顺序是，谓语在句子最后，宾语在动词谓语之前，定语在被修饰词语之前。

满文的书写规范是：字序从上到下，行序从左向右。

满文的创制与演变过程，吴振棫《养吉斋丛录》卷二一，有较详细记载，兹征引如下：

太祖天命四年②，欲创造国书。命额尔德尼、噶盖以蒙古字合成我国语音，连缀成句，编为国语。满文盖自此始。达海继之，增十二字头。太宗复命加十二字头、圈点。又以国书与汉字对音未全者，于十二字头正字之外，增添外字。犹有不能尽叶者，则以两字连写切成。其后，又有库尔缠增补之字。

---

① 满族人民逐渐采用汉文，满文的使用范围越来越少。现在满族大都使用汉语文，只有黑龙江省爱辉、富余等地的部分满族老人还能讲满语。但满文图书国内今存1015种，满文档案仅中国第一历史档案馆馆藏即为1528228件（册）。
② 上述引文中，满文创于天命四年（1619），误；应为万历二十七年（1599）。

原努尔哈赤时创制的满文，没加圈点，称作老满文，又称作无圈点满文；皇太极时改进的满文，加圈加点，称作新满文，又称作加圈点满文。满文的创制和改进，有着重大的价值和意义。

三 满文的贡献

满文的创制,促进了后金教育和文化事业的发展。

第一,满洲有了文字。当时,在东北地域的族群,都没有文字。或者说,当时阿尔泰语系满-通古斯语族的诸多族群,都没有文字。因此,在阿尔泰语系满-通古斯语族的诸族群,破天荒地有了自己的文字。他们之间,不仅可以进行语言交流,而且可以运用文字交流。满文的创制和颁行,是满族文化发展史上的里程碑。从此,满族人民有了自己的文字,可以用它来交流思想,书写公文,记载政事,编写历史,传播知识,翻译汉籍。这不仅加强了满族人民的思想交流,而且促进了满汉之间的文化交流。满文撰制后在女真地区的推行,使女真各部和女真人民之间的交往更为密切,这对满族共同体的形成,无疑是一条重要精神和文化的纽带。特别是后金执政者,用满文翻译大量的汉文典籍,汲取中原王朝治国经验,加速了满族社会的封建化。同时,满文记录和保存了大量的文化遗产,丰富了中华民族的文化宝库。

第二,进行满文教习。由努尔哈赤主持、额尔德尼和噶盖撰制的无圈点老满文,流传至今的历史文献主要为《满文老档》①。据《满文老档》记载，创制满文为学校教育提供了重要手段，努尔哈赤下达文书，在八旗官员中选择师傅，创办学校，令青少年入学读书。《满文老档》载努尔哈赤的文书云：

> 命准托依、博布黑、萨哈廉、乌巴泰、雅星阿、科贝、札海、浑岱等八人为八旗之师傅，八位巴克什尚精心教习尔等门下及所收之弟子。教之通晓者赏之，弟子不勤学不通晓书文者罪之。门下弟子，如不勤学，尔等可告于诸贝勒。该八位师傅，无须涉足他事。②

第三，满文记载政事。满文创制后，用满文来记载政事、军事、文事、外事等。当时后金纸张非常匮乏，如在夺取明朝地方衙门后，获得废旧公文，在其行文行间空白处，或在其背面无字处，书写公文，记载大事，这就是后来见到的满文档案。著名的老满文档案，即无圈点满文档案，后来加以整理和托裱，而成为《老满文原档》，或称《旧满洲档》《无圈点老档》《满文原档》，今存台北。该档以《旧满洲档》为书名影印出版，又以《满文原档》为书名出版。乾隆时许多人已不认识老满文，而撰写成新满文，加以装裱成册，而被称为《满文老档》。

第四，逐渐推出新书。康熙间，御纂《清文鉴》成，付诸臣展译，并发朱笔稿本七函。盖于清文精研意蕴如是。至乾隆间，高宗以当时编纂诸臣未列三合切音汉字，且注中采掇经传，恐后人不明其义，妄行附会。复命廷臣重加增订，凡

---

① 《满文老档》是用无圈点老满文和有圈点新满文两种字体书写的清努尔哈赤和皇太极两朝的编年体史料长编。后在乾隆四十年（1775），命将原来无圈点字档和有圈点字档，重抄和转抄正、草各2部，共4部，每部装订为26函，180本。由清内阁大库庋藏，现存中国第一历史档案馆。乾隆四十三年（1778），又命各重抄1部，其函、本同前，藏盛京崇谟阁，现存辽宁省档案馆。至是，《满文老档》共有7部。《旧满洲档》又称《无圈点老档》《满文原档》，1部，40册，现存台北。

② 《满文老档·太祖》第24册，天命六年七月十一日，中华书局译注本，1990年。

二合、三合切音，不失毫厘。诠解务用常谈，令读者了了。又续入新定国语五千余句。若古官名、冠服、器用、花果、鸟兽等，别为《补编》四卷，附于末，而清文于是大备。此外，尚有《满洲蒙古文鉴》《同文韵统》《清汉对音字式》《清文启蒙》及翻译"四书""五经"，习国书者，皆当浏览。近时则稗官小说，多有翻译成书者矣。①

第五，翻译满文《三国演义》等。如"太宗崇德四年（1639），命达海译《通鉴》《六韬》《孟子》《三国志》《大乘经》，未竣而卒。顺治七年（1650），翻译《三国演义》告成，大学士范文程等赏鞍马、银币。又闻：额勒登保初以侍卫从超勇公海兰察②帐下，每战辄陷阵，海公曰：'而将材可造，须略识古兵法。'以翻清《三国演义》授之，卒为经略，荡平三省教匪。是国朝满洲武将不识汉文者，类多得力于此。且罗贯中大半引申于陈寿，非尽空凿，故朝廷开局译为官书，以资教胄。"③

第六，文化西渐的独特贡献。满文的创制者原先没有预料到的是，后来满洲文化的外向交流，远远超出预料之外。因满文同方块字的汉字不同，而是拼音文字，在后来同西方文化交流中，满文起了特殊的重要作用。如清初西方耶稣会士到京城皇宫，他们的文字是拼音文字，于是，他们很快学会并掌握了满语文，而后用满语文向康熙皇帝讲解几何学、代数学、三角学、天文学、物理学、化学、医药学、人体解剖学等。由于清定都北京后，一批满文专家、学者，熟读儒家经典，如《论语》《孟子》《诗经》《书经》《易经》《春秋》等，以及《三国演义》《红楼梦》《西厢记》等，并把它们翻译成满文。这样，西方耶稣会士等将满文本的上述诸

---

① 吴振棫：《养吉斋丛录》第21卷，北京古籍出版社，1983年，第227页。
② 《清史稿·海兰察传》记载，海兰察，世居黑龙江地域，乾隆时征调，历平准、大小金川、征缅、战廓尔喀、赴台等役，能以少胜多，屡克险要，勇而有智略，后升参赞大臣、都统、御前大臣、内大臣、领侍卫内大臣、一等公，四次图形紫光阁，入祀昭忠祠。
③ 魏源：《圣武记》卷下，中华书局，1984年，第523页。

经典著作，再翻译成西方文字（如拉丁文、法文、英文、俄文）等，这些对于中华传统文化传播到西方，起着特殊的文化桥梁作用。也可以说，满文是中西文化交流的一道重要的津梁。

努尔哈赤在主持制定了无圈点老满文后，又创建了八旗制度。

附 满文字母表

满文元音字母表

拉丁字母转写	a	e	i	o	u	ū
国际音标	ɑ	ə	i	ɔ	u	ʊ
独立形式						
词首						
词中						
词尾						

满文辅音字母表（一）

拉丁字母	词头形式	词中	词尾
n	･→	･← ←	⟨ ･⟨
k	⇨ (a o ū)	⇉ ⇇	⇴
k	⇀ (e i u)	↷	⌐
g	⇨ (a o ū)	⇉	
g	⇀ (e i u)	↷	
h	⇨ (a o ū)	⇉	
h	⇀ (e i u)	⇀	
b	⊕	⊕	⊖
p	⊕	↓	
s	⊥	⇌	⇁
s	⇀	⇀	⇁
t	⊙ (a o i)	⊓ ⇃	⇂
t	⊥ (e u)	⊓	
d	⊙ (a o i)	⊓⋅	
d	⊥ (e u)	⊓⋅	
l	⌐	⊬	⊬
m	⊥	↑	⊕

满文辅音字母表（二）

拉丁字母	词头形式	词中	词尾
c	ᠴ	ᠴ	
j	ᠵ	ᠵ	
y	ᠶ	ᠶ	
r		ᠷ	ᠷ
f	ᡶ (a e)	ᡶ	
	ᡶ (i o u ū)	ᡶ	
w	ᠸ (a e)	ᠸ	
ng		ᠩ	ᠩ

满文特定字母表

拉丁字母	k'	g'	h'	ts'	ts'y	dz	ž	sy	cy'	jy
词头形式	ᠣ	ᠣ	ᠣ	᠊	ᠴ	᠊	᠆	ᠴ	ᠴ	ᠵ
词中	ᠣ	ᠣ	ᠣ	᠊	ᠴ	᠊	᠊	ᠴ	ᠴ	ᠵ
词尾										

第九章 创建八旗

一 建立八旗

努尔哈赤创建八旗制度，既是我国满族发展史上一件大事，也是中国帝制史上的一件大事，还是他的一大历史功绩。

八旗制度的发生和发展，有一个漫长的过程。它始于女真族的狩猎和出师制度的生产组织和军事组织。《满洲实录》记其起源道：

> 前此，凡遇行师、出猎，不论人之多寡，照依族寨而行。满洲人出猎开围之际，各出箭一枝，十人中立一总领，属九人而行，各照方向，不许错乱，此总领呼为牛录（汉语大箭）额真（额真汉语主也），于是以牛录额真为官名。①

牛录，为满语 niru 的对音，是大箭的意思；额真，为满语 ejen 的对音，是主的意思。牛录额真即大箭主，原是狩猎时的十人之长，起源甚早，后演变为官名。

---

① 《满洲实录》第3卷，中华书局影印本，1986年，第3～4叶。

随着女真社会生产的发展，军事行动的频繁，牛录组织日益扩大、逐渐完善。到女真社会出现财富与权力分配不均，并产生权益分化和阶级对抗之后，牛录不仅是狩猎生产组织，而且演变成贵族首领发动掠夺战争或进行军事防御的工具。

女真的军事组织，早见于《金史·兵志》记载："金之初年，诸部之民无它徭役，壮者皆兵，平居则听以佃渔射猎习为劳事，有警则下令部内及遣使诣诸孛堇征兵，凡步骑之仗糗皆取备焉。"其军事组织形式，"部卒之数，初无定制，至太祖即位之二年，既以二千五百破耶律谢十，始命以三百户为谋克，谋克十为猛安。继而诸部来降，率用猛安、谋克之名，以授其首领而部伍其人"①。

建州女真的军事组织、在努尔哈赤先祖猛哥帖木儿时即已有之。时其军队分为左军、右军和中军。据朝鲜《李朝世宗大王实录》记载："猛哥帖木儿生时，如有兴兵之事，则必使凡察领左军，权豆领右军，自将中军，或分兵与凡察，故一部之人，素不贱恶。"②但是，这段记述过于简略，也未见牛录额真的记载。到万历十一年（1583）努尔哈赤起兵，攻克图伦城，"当是时，兵百人，甲十三副"③。这百人军队的组织细节，没有留下文字记载。

牛录额真成为官名，最早见诸《满洲实录》和《清太祖实录》万历十二年（1584）的记载。努尔哈赤起兵已经一年，他的军队至少发展到500人，"上率兵五百，征董鄂部主阿海巴颜"④。因军队较多，便出现三百人一牛录的军事组织。《清太祖高皇帝实录》载："擢鄂尔果尼、罗科为牛录额真，统辖三百人。"⑤从此，牛录额真已经不是出师行猎的临时性的十人之长，而成为女真的一种官名。牛录不仅是围猎组织，同时也是军事组织。

---

① 《金史·兵志》第44卷，中华书局点校本，1975年，第992页。
② [朝]《李朝世宗大王实录》第82卷，二十年七月辛亥，日本学习院东洋文化研究所刊本，1959年。
③ 《清太祖高皇帝实录》第1卷，中华书局影印本，1986年，第13叶。
④ 《清太祖高皇帝实录》第1卷，中华书局影印本，1986年，第20叶。
⑤ 《清太祖高皇帝实录》第1卷，中华书局影印本，1986年，第22叶。

万历十七年（1589），努尔哈赤统一建州女真的战争已经进行6年，随着统治区域的扩大，管辖部民的增多，以及王权的建立，他便组织了一支军队。这支军队，当时分为4个兵种：环刀军，铁锤军，弗赤[①]军和能射军。这仅见于《李朝宣祖大王实录》，现抄录如下：

> 左卫酋长老乙可赤兄弟，以建州卫酋长李以难等为麾下属。老乙可赤则自中称王，其弟则称船将。多造弓矢等物，分其军四运：一曰环刀军，二曰铁锤军，三曰弗赤军，四曰能射军。间间练习，胁制群胡。[②]

老乙可赤即努尔哈赤，其弟为舒尔哈齐，降建州卫酋长李以难等，隶之麾下。他多造弓矢，分为四军，练习骑射，严定军纪。四军编制，实即后来四旗、八旗的基础。

建州四军的军队数量，《李朝宣祖大王实录》记载，万历二十年（1592），"奴儿哈赤部下原有马兵三四万，步兵四五万，皆精勇惯战"[③]。但这话出自建州贡民马三非等之口，可能有所夸大。三年后，朝鲜通事河世国到佛阿拉，大概目睹："老乙可赤麾下万余名，小乙可赤麾下五千余名，常在城中，而常时习阵千余名，各持战马着甲，城外十里许练兵。而老乙可赤战马则七百余匹，小乙可赤战马四百余匹，并为考点矣。"[④]这时努尔哈赤已统一建州女真，上述目测数字较为可靠。

---

① 李民寏《建州闻见录》载：铁弗皮牌，以张牛皮四五重为盾牌，矢不能穿。"弗赤"可能就是铁弗皮牌。
② [朝]《李朝宣祖大王实录》第23卷，二十二年七月丁巳，日本学习院东洋文化研究所刊本，1959年。
③ [朝]《李朝宣祖大王实录》第30卷，二十五年九月甲戌，日本学习院东洋文化研究所刊本，1959年。
④ [朝]《李朝宣祖大王实录》第69卷，二十八年十一月戊子，日本学习院东洋文化研究所刊本，1959年。

万历二十四年（1596），明朝官员余希元到佛阿拉，入城前，有建州骑兵四五千左右成列随行，又有"步兵万数，分左右列立道旁者，至建州城而止"①。由上推算，当时建州的步骑兵约有二三万人。这些军队，已按旗编制。《满洲实录》在记述万历二十一年（1593）古勒山之役时，作如下记载："太祖兵到，立阵于古呼山险要之处，与赫济格城相对。令诸王大臣等各率固山兵，分头预备。"②而《清太祖高皇帝实录》也作了同样记载："上至古勒山，对黑济格城，据险结阵。令各旗贝勒大臣，整兵以待。"③据此可知，努尔哈赤早已将建州士兵编成各旗④，并已早有军旗。万历二十四年（1596），朝鲜人申忠一到佛阿拉，所见建州军旗："旗用青、黄、赤、白、黑，各付二幅，长可二尺许。"⑤

努尔哈赤始设四旗一事，清朝有的史籍⑥系于万历二十九年（1601）。据《清太祖高皇帝实录》所载：

> 上以诸国徕服人众，复编三百人为一牛录，每牛录设额真一。先是，我国凡出兵校猎，不计人之多寡，各随族党屯寨而行。猎时，每人各取一矢，凡十人，设长一，领之，各分队伍，毋敢紊乱者。其长称为牛录额真。至是，遂以名官。⑦

---

① [朝]《李朝宣祖大王实录》第73卷，二十九年三月甲申，日本学习院东洋文化研究所刊本，1959年。
② 《满洲实录》第2卷，中华书局影印本，1986年，第14叶。
③ 《清太祖高皇帝实录》第2卷，中华书局影印本，1986年，第17叶。
④ 《清太祖武皇帝实录》第1卷，原清宫内府藏写本，台北广文书局影印本，1970年，第32叶。
⑤ [朝]《李朝宣祖大王实录》第71卷，二十九年正月丁酉，日本学习院东洋文化研究所刊本，1959年。
⑥ 乾隆《大清会典则例》第171卷载："太祖高皇帝辛丑年，满洲生齿日繁，诸国归服人众，设四旗以统之，以纯色为辨，曰黄旗，曰白旗，曰红旗，曰蓝旗。"
⑦ 《清太祖高皇帝实录》第3卷，中华书局影印本，1986年，第6叶。

此事《清太祖武皇帝实录》亦记载：

> 是年，太祖将所聚之众，每三百人内，立一牛禄厄真管属。前此，凡遇行师出猎，不论人之多寡，照依族寨而行。满洲人出猎开围之际，各出箭一枝，十人中立一总领，属九人而行，各照方向，不许错乱。此总领，呼为牛禄（华言大箭）厄真（厄真，华言主也）。于是，以牛禄厄真为官名。①

上文的"是年"，即为万历二十九年（1601）。

实际上，努尔哈赤在这一年对建州军队进行了一次整编。他"复编三百人为一牛录"，每牛录设额真一员，或并划一旗色，以黄、白、红、蓝四色为旗的标志。这次重要改革，为尔后八旗制度的确立奠下基础。

万历四十三年（1615）十一月，努尔哈赤除建州外，已统一哈达、辉发和乌拉，史载其降俘乌拉卒骑，"不下数万人"②，又征抚大量东海女真部民。建州之幅员益广，步骑增多，"归附日众，乃析为八"③，除原有四旗，再增设四旗，共为八旗。《清太祖高皇帝实录》记载：

> 上既削平诸国，每三百人设一牛录额真，五牛录设一甲喇额真，五甲喇设一固山额真，每固山额真左右设两梅勒额真。初设有四旗，旗以纯色为别，曰黄、曰红、曰蓝、曰白。至是添设四旗，参用其色镶之，共为八旗。④

---

① 《清太祖武皇帝实录》第 2 卷，原清宫内府藏写本，台北广文书局影印本，1970 年，第 4 叶。
② [朝]《光海君日记》第 79 卷，六年六月丙午，日本学习院东洋文化研究所刊本，1959 年。
③ 昭梿：《啸亭杂录》第 10 卷，中华书局点校本，1980 年，第 13 页。
④ 《清太祖高皇帝实录》第 4 卷，中华书局影印本，1986 年，第 20 叶。

《满文老档》对牛录额真以下官员，记述更为具体：

> 牛录额真以下设岱子二人、章京四人和噶珊拨什库四人。四名章京分领三百男丁编成的达旦。①

牛录额真，后称牛录章京，入关后称佐领②。岱子，为满语 daise 的对音，是副职的意思。章京，为满语 janggin 的对音，是办事员的意思。噶珊拨什库，噶珊为满语 gašan 的对音，是村的意思，拨什库为满语 bošokū 的对音，是领催的意思；噶珊拨什库即村领催，后称领催。达旦，为满语 tatan 的对音，是窝铺的意思，相当于连，后被取消。甲喇额真，其满语体为 jalan i ejen，jalan 原意为草节、竹节之节，为承启固山额真与牛录额真之间的官职，辖五个牛录，所以满文又称 sunja niru i ejen，意为五牛录之主，后称甲喇章京，入关后称参领。固山额真，固山为满语 gūsa 的对音，是旗的意思，其满语体为 gūsa i ejen，意为旗之主，后称固山章京，入关后称都统。梅勒额真，梅勒为满语 meiren 的对音，是两侧、副手的意思，其满语体为 meiren i ejen，意为副（旗）主，后称梅勒章京，入关后称副都统。

固山是满洲户口和军事编制的最大单位③。每个固山各有特定颜色的旗帜，所以汉语译固山为旗。原有四旗，用黄、白、红、蓝四种颜色作旗帜。增添的四旗，将原来旗帜周围镶上一条边，黄、白、蓝三色旗帜镶红边，红色旗帜镶白边，成了八种不同颜色的旗帜④。不镶红边的黄色旗帜称为整黄旗，即整幅的黄旗，

---

① 《满文老档》第Ⅰ册，乙卯年（万历四十三年）十一月，东洋文库本，1955年，第55页。
② 郑天挺：《探微集·牛录额真》，中华书局，1980年，第141页。
③ 乾隆《大清会典·八旗都统》第95卷："按行军旗色，以定户籍，设官分职，以养以教，而兵寓其中。"
④ [朝]《光海君日记》第169卷，十三年九月戊申所记八旗颜色为：（1）黄旗无画，（2）黄旗画黄龙；（3）赤旗无画，（4）赤旗画青龙；（5）白旗无画，（6）白旗画黄龙；（7）青旗无画，（8）青旗画黑龙。

习称正黄旗;镶红边的黄色旗帜称为镶边黄旗①,习称镶黄旗,俗写厢黄旗。其他三色旗帜也是一样。合起来称为八旗②。

---

① 《明清史料》甲编,第1本,第5页,载有《厢边红旗备御祝世胤奏本》即为一例。
② 金德纯:《旗军志》,不分卷,《辽海丛书》影印本,辽沈书社,1985年,第1页。

二 八旗制度

八旗制度是后金－清朝最基本的严密的社会制度。清朝的八旗制度，前朝没有，后世也无。① 可以说，清朝兴也八旗，清朝亡也八旗。

第一，八旗制度首先是军事制度。

八旗军在创立的初期，是一支勇敢善战的军队。"其俗勇悍，喜战斗，耐饥渴，善骑射。上下崖壁如飞，济江渡河不用舟楫，浮马而渡。"②《清太祖高皇帝实录》对八旗制度的军事性质，作了明确的记载：

> 行军时，地广，则八旗并列，分八路；地狭，则八旗合一路而行。队伍整肃，节制严明，军士禁喧嚣，行伍禁挽越。当兵刃相接时，被坚甲、执长矛大刀者，为前锋；被轻甲、善射者，从后冲击；俾精兵立他处，勿下马，相机接应。每预筹方略，了如指掌，战则必胜。③

---

① 清朝八旗制度与金朝猛安谋克制，虽有相似之处，却是根本不同。
② 罗日褧：《咸宾录》第2卷，中华书局标点本，1983年，第47页。
③《清太祖高皇帝实录》第4卷，中华书局影印本，1986年，第20叶。

这里除记述八旗军的军容军纪整肃、攻战克敌制胜外，还记载八旗军在兵种上分为三等，即长甲军、短甲军和巴牙喇，后来演变成前锋、骁骑和护军等。护军即精兵，时称巴牙喇。巴牙喇，为满语 bayara 的对音，意为精兵或护军。其首领为 bayarai jalan i janggin，汉语音译为巴牙喇甲喇章京，后称护军参领。朝鲜称巴牙喇为拜阿罗，据朝鲜人李民寏所见："胡语呼拜阿罗军者，奴酋之手下兵也，五千余骑，极精勇云（七将皆有手下兵，而未详其数）。"① 巴牙喇是从各牛录中选拔的精壮，兵强马壮，甲坚剑利，在努尔哈赤夺取抚顺、沈阳、辽阳等战役中，发挥了重要的作用。②

当时，努尔哈赤不仅是八旗军的最高统帅，而且亲领两黄旗，其次子代善及其子领两红旗③，其第五子莽古尔泰领正蓝旗，其第八子皇太极领镶白旗，其长孙杜度领正白旗，其侄阿敏领镶蓝旗④。每旗所属牛录、每牛录所属兵卒，也多未划一。据李民寏经眼所记：

胡语呼八将为八高沙，奴酋领二高沙，阿斗、于斗总其兵，如中军之制；贵盈哥亦领二高沙，奢、夫羊古总其兵；余四高沙，曰红歹是，曰亡古歹，曰豆斗罗古（红破都里之子也），曰阿未罗古（奴酋之弟小乙可赤之子也，小乙可赤有战功、得众心，五六年前为奴酋所杀）。一高沙所属柳累（胡语柳累云者，如哨军之制）三十五，或云四十五，或云多寡不均。一柳累所属三百名，或云多寡不均，共通三百六十柳累云。⑤

---

① [朝]李民寏：《建州闻见录》，日本天理大学图书馆藏玉版书屋本，第31叶。
② 《满洲实录》第4卷，第10叶；第6卷，第13叶；第7卷，第3叶，中华书局影印本，1986年。
③ 朝鲜李民寏《建州闻见录》载：代善掌黑旗。
④ [朝]《光海君日记》第169卷，十三年九月戊申，日本学习院东洋文化研究所刊本，1959年。
⑤ [朝]李民寏：《建州闻见录》，日本天理大学图书馆藏玉版书屋本，第30叶。

"高沙"即固山（旗），"奴酋"为努尔哈赤，"阿斗"为费英东，"于斗"为额亦都，"奢"为何和礼，"夫羊古"为安费扬古，"贵盈哥"为代善，"红歹是"为皇太极，"亡古歹"为莽古尔泰，"豆斗罗古"为杜度（阿敏长子），"小乙可赤"为舒尔哈齐，"阿未罗古"为阿敏，"柳累"即牛录。努尔哈赤通过其子侄及亲信，统领八旗军队。

八旗军是一支以骑兵为主的军队。兵书有言："国之大事在戎，兵之驰骋在马。"① 八旗军虽然步兵众多，开始没有火器，用皮弦木箭、短剑钩枪，射程近、威力弱，但是，它却以铁骑角胜。八旗骑兵的战马饲养，栏里冬不蔽风雪、夏不避溽暑，不喂菽粟，野外牧放，能耐饥渴。出征时，兵士乘马，带上自备军器和数天干粮（炒面或炒米），驱骑驰突，速战速决，利用行军或战斗的间暇，脱缰放牧，不需后勤。李民寏又说：

> 胡中之养马，罕有菽粟之喂。每以驰骋为事，俯身转膝，惟意所适，暂有卸鞍之暇，则脱靮而放之。栏内不蔽风雪寒暑，放牧于野，必一人驱十马。养饲调习，不过如此。而上下山坡、饥渴不困者，实由于顺适畜性也。
>
> 我国之养马异于是，寒冽则厚被之，雨雪则必避之，日夜羁縻，长在枥下，驰骋不过三四百步。菽粟之秣，昏昼无阙，是以暂有饥渴，不堪驰步，少遇险仄，无不颠蹶。且不作骟，风逸踶啮，不顺鞭策，尤不合战阵也。②

上引后金与朝鲜战马的对比，实际上也反映了后金同明朝战马的对比。后金

---
① 戚继光：《练胆气》，载《练兵实纪》第3卷，"学津讨源丛书"本，中华书局标点本。
② [朝] 李民寏：《建州闻见录》，日本天理大学图书馆藏玉版书屋本，第37叶。

骑兵,兵悍马壮,兵皆铁甲,马也披甲。据《咸宾录》载:"其军法,五十人为一队;前二十人披重甲,持戈矛;后三十人轻甲,操弓矢。每遇敌,则两人跃马而出,观阵虚实,然后四面结阵驰击,百步之外,弓矢齐发。"①骑兵作战时,分作"死兵"和"锐兵"两种:"死兵在前,锐兵在后。死兵披重甲,骑双马冲前,前虽死而后仍复前,莫敢退,退即锐兵从后杀之。待其冲动我阵,而后锐兵始乘其胜。"②这说明八旗军骑兵的勇敢与顽强。每当努尔哈赤下令吹角螺、鸣号炮,发动进攻时,八旗军的骑兵,冲锋,厮杀,摧坚,陷阵;铁骑奔驰,冲突蹂躏,无与争锋,所向披靡。

相反,明朝军队习于平原作战,长于施放火器。他们临阵时,摆列方阵,弯弓挥刀,士气不高,行动迟缓。而后金骑兵有两个显著的特点:一是速度快,二是力量大。从某种意义来说,战争就是作战双方速度和力量的竞赛。因此,行动慢、摆方阵的明朝步兵,与速度快、冲力大的后金骑兵交锋之后,明军未及再装弹药时,努尔哈赤的骑兵已冲破方阵,倏来倏往,任意横行。所以,袁崇焕说,明朝"兵不利野战,只有凭坚城、用大炮一策"③。然而,八旗兵攻城时,先用楯车④运载登城士卒到城下,竖起罩着牛皮的筒梯⑤,军士冒矢石沿梯鱼贯登城;有时从城下挖洞,兵士穴城而入;也有时"则每于马上人持一袋土,一时俱进,积于城下,则顷刻与城平,而人马践踏逾越"⑥,取得攻城的胜利。

八旗军又是一支严格训练的军队。努尔哈赤重视军事训练,提高军队素质,培养勇敢精神,熟谙弓马技艺。在佛阿拉有很大的操场,天天操练兵马。练兵时,

---

① 罗曰褧:《咸宾录》第2卷,中华书局标点本,1983年,第44页。
② [朝]李民寏:《建州闻见录》,日本天理大学图书馆藏玉版书屋本,第37叶。
③ 《明史·袁崇焕传》第259卷,中华书局点校本,1974年,第6711页。
④ 楯车是一种攻防两用的战车,形似双轮手推车,前面安设高厚木板,以避矢镞。
⑤ 筒梯是一种攻城用的长梯,蒙牛皮,似筒状,以蔽矢石;有轮,可拖拽行进。
⑥ [朝]《李朝宣祖大王实录》第69卷,二十八年十一月庚寅,日本学习院东洋文化研究所刊本,1959年。

他常亲自检查战马的膘情,马肥壮者赏酒,马羸瘦者鞭责。练兵除演习枪、刀、骑、射外,还进行"水练"和"火练"——练习跳涧的叫作水练,练习越坑的叫作火练;优秀者受赏,怯劣者斩首。努尔哈赤之所以严格军训,是因为他深知武艺对一个兵士之重要。他自己便是一个弓马精熟、武艺超群的射手。如《清太祖高皇帝实录》记载一个努尔哈赤"百步穿柳"的故事:

> 初,上出迎时,至洞城之野。有乘马佩弓矢过者。上问左右曰:"谁也?"左右曰:"此董鄂部人,善射,部中无出其右,所称善射钮翁金是也。"上召钮翁金至,指百步外柳,命之射。钮翁金发五矢中其三,上下相错。上发五矢,皆中。众视之,五矢所集,仅五寸许。众共叹为神技云。①

称赞努尔哈赤弯射神技显系溢词,但他五箭连中,众矢环聚,确实技艺超群。

八旗军还是一支严军纪、明赏罚的军队。《易经·师卦》象辞曰:"师出以律,失律凶也。"努尔哈赤从建军之初,便军律严、赏罚明。他制定不成文军令,并规定:"从令者馈酒,违令者斩头。"② 到万历四十三年(1615),努尔哈赤把军纪、赏罚制度化:

> 克城破敌之后,功罪皆当其实:有罪者,即至亲不贳,必以法治;有功者,即仇怨不遗,必加升赏。用兵如神,将士各欲建功,一闻攻战,无不忻然,攻则争先,战则奋勇,威如雷霆,势如风发,凡遇战阵,一鼓而胜。③

---

① 《清太祖高皇帝实录》第2卷,中华书局影印本,1986年,第7叶。
② [朝]《李朝宣祖大王实录》第23卷,二十二年七月丁巳,日本学习院东洋文化研究所刊本,1959年。
③ 《满洲实录》第4卷,中华书局影印本,1986年,第6叶。

上述记载如"用兵如神"云云,出自清朝文人的讴歌。但是,他确有一套办法,在每次战后核查军士战功,重赏勇者,以励兵卒。雅荪即为一例。"雅荪素微贱,因叶赫兵临兀扎鲁城时,有战功。太祖高皇帝擢为大臣,宠任特优。太祖在时,雅荪尝以殉葬自矢"①,以死相报,拼战必尽力。又如据朝鲜满浦佥使郑忠信至赫图阿拉所目击云:

> 军卒则盔上有小旗以为认。每部各有黄甲二统,青甲二统,红甲二统,白甲二统。临战则每队有押队一人,佩朱箭,如有喧呼乱次、独进独退者,即以朱箭射之。战毕查验,背有朱痕者,不问轻重斩之。战胜则收拾财畜,遍分诸部,功多者倍一分。②

努尔哈赤在每次战后,"赏不逾日,罚不还面"③。论功行赏,按罪惩罚,兵士们齐一心志,统一战力,奋勇征杀,有进无退。

有人总结努尔哈赤的骑兵,在作战时有进无退的原因,说道:"只以敢进者为功,退缩者为罪〔面带枪伤者为上功,凡大小胡人之所聚,面颈带搬(瘢)者甚多,其屡经战阵可知〕。有功则赏之以军兵,或奴婢、牛马、财物;有罪则或杀,或囚,或夺其军兵,或夺其妻妾、奴婢、家财,或贯耳,或射胁下。是以临阵有进无退云。"④在某种意义上说,努尔哈赤是以掠财赏功,酷刑罚罪,来维持一支强大的八旗铁骑。

关于后金军队的严酷刑罚,可从《满文老档》中选择两件事情加以说明:后金军攻抚顺城时,在前面的人竖梯登城,后面的人没有跟上,先上的人被射死。

---

① 《清太宗文皇帝实录》第5卷,中华书局影印本,1985年,第18~19叶。
② [朝]《光海君日记》第169卷,十三年九月戊申,日本学习院东洋文化研究所刊丰,1959年。
③ 《孙膑兵法·将德》,文物出版社,1975年,第109页。
④ [朝]李民寏:《建州闻见录》,日本天理大学图书馆藏玉版书屋本,第34叶。

命将后面没有跟上的伊赖，削掉鼻子，罚为阿哈。又有苏克达的舒赛牛录的阿奇，擅离兵营，去杀鸡烧着吃，另四人知道后和阿奇一起吃烧鸡。他们五人被清河的明兵杀了。命割取阿奇尸体的肉，分给各牛录传观，以儆效尤①。尽管八旗军的军纪严酷，但兵士因参战能得到物质利益，仍把出征视同节日："出兵之时，无不欢跃，其妻子亦皆喜乐，惟以多得财物为愿。如军卒家有奴四五人，皆争偕赴，专为抢掠财物故也。"②因此，诱之以利，绳之以法，这是努尔哈赤统辖八旗军队的两项措施。

八旗军不仅勇敢善战、长于骑射、勤加训练、号令严整、部伍整齐、赏罚分明，而且"最工间谍"③。努尔哈赤为了刺探明军的指挥、部署、数量、军器、城邑、士气、粮秣等情报，曾利用明降将李永芳，每月花银一百两，收买与明辽东官员有交往的刘保，按月递送情报④。他还曾派谍工男扮女装，设计焚烧明军在海州的粮草⑤。努尔哈赤以善用谍工，对辽东明军的虚实动静了如指掌。在《三朝辽事实录》一书中，明朝兵部尚书兼辽东经略王在晋，对努尔哈赤善用谍工屡有记述，如：

奴遣奸细探三岔，破联舡，阴图金酋寨。⑥

开原未破，而奸细先潜伏于城中，无亡矢遗镞之费，而成摧城陷阵之功。⑦

奴酋多遣奸细，潜伺内境。⑧

---

① 《满文老档·太祖》第6卷，天命三年四月二十六日。
② [朝]李民寏：《建州闻见录》，日本天理大学图书馆藏玉版书屋本，第33～34叶。
③ 王在晋：《三朝辽事实录》第1卷，江苏省立国学图书馆藏本，第24叶。
④ 王在晋：《三朝辽事实录》第4卷，江苏省立国学图书馆藏本，第29叶。
⑤ 王在晋：《三朝辽事实录》第1卷，江苏省立国学图书馆藏本，第42叶。
⑥ 王在晋：《三朝辽事实录》第1卷，江苏省立国学图书馆藏本，第15叶。
⑦ 王在晋：《三朝辽事实录》第2卷，江苏省立国学图书馆藏本，第22叶。
⑧ 王在晋：《三朝辽事实录》第2卷，江苏省立国学图书馆藏本，第16叶。

奴中间谍，无地不有。①

奴酋最狡，善用奸细，我之动静，无不悉知。②

贼之奸细，混入其中，如沈阳攻陷，皆由降夷内应，其明验也。③

奴自清、抚、开、铁以及河东、西之陷，何者不由奸细之潜伏？其用计最诡，用财最广，用人最密，故破奴之法，莫要于查奸细。④

陈仁锡在其著述《无梦园初集》中对努尔哈赤擅用谍工亦有记载：

奴贼善愚我，而我无一事愚奴。⑤

努尔哈赤用最诡诈的计谋、最丰厚的财物、最秘密的手段、最巧滑的计谋，派遣谍工，刺探敌情，获得情报，兼做内应，取得指挥战争的主动权。

第二，八旗制度也是社会行政制度。八旗制度不仅是军事制度，而且是社会行政制度。努尔哈赤既以旗统兵，又以旗统人。后金的政权组织，在大汗之下，先有议政五大臣，即费英东、额亦都、何和礼、安费扬古、扈尔汉，后为八贝勒共议国政，其下按照八旗分为三级——固山、甲喇和牛录。固山额真、甲喇额真、牛录额真，既是军事长官，又是行政长官。他们出则统领军队，入则统治部民。八旗各有旗主，各置官属，各领部民，各辖领域。它的基层单位为牛录，牛录额真在战时是本牛录部队的"指挥官"，在平时是本牛录部民的"父母官"。后金汗通过各级额真，统领其官兵，管理其人民：

---

① 王在晋：《三朝辽事实录》第3卷，江苏省立国学图书馆藏本，第29叶。
② 王在晋：《三朝辽事实录》第3卷，江苏省立国学图书馆藏本，第37叶。
③ 王在晋：《三朝辽事实录》第4卷，江苏省立国学图书馆藏本，第14叶。
④ 王在晋：《三朝辽事实录》第8卷，江苏省立国学图书馆藏本，第18叶。
⑤ 陈仁锡：《无梦园初集·山海纪闻二·纪奴奸细》，明崇祯八年（1635）刻本，安徽省图书馆藏。

> 凡有杂物收合之用，战斗力役之事，奴酋令于八将，八将令于所属柳累将，柳累将令于所属军卒，令出不少迟缓。①

后金汗同各级额真是君臣隶属关系。天启元年即天命六年（1621）二月，萨尔浒城营筑竣工，努尔哈赤升殿聚集诸王大臣曰：

> 君明乃成国，国治乃成君。至于君之下有王，王安即民安，民安即王安。故天作之君，君恩臣，臣敬君，礼也。②

可见后金八旗中的君臣等级是很森严的。努尔哈赤依靠八旗的固山额真、甲喇额真和牛录额真等各级官吏，组成统辖后金人民的行政机器。

第三，八旗组织也是民政组织。固山、甲喇和牛录，既是军事编制单位，也是户口编制单位。编入八旗的人户，称为旗人。牛录额真及其属下村领催等官员，掌管本牛录、本村屯的民政事务，诸如登记户籍、查勘田地、分配财物、经营房宅、收纳赋税、摊派劳役、拘捕逃人、埋葬死人、料理婚娶、排解纠纷、清理卫生、送往迎来③等。

清定都北京后，八旗官兵及其眷属，在内城按照八个方位，安排其居住，如镶黄旗居安定门内、正黄旗居德胜门内；镶白旗居朝阳门内，正白旗居东直门内；镶红旗居阜成门内，正红旗居西直门内；镶蓝旗居崇文门内，正蓝旗居宣武门内。各旗再分满、蒙、汉军居住一个社区，其下再按牛录居住一个或两个街道、胡同。其驻防八旗在当地满城内依然。

第四，八旗组织又是宗族组织。女真族到努尔哈赤时代，仍保留有氏族残余

---

① [朝]李民寏：《建州闻见录》，日本天理大学图书馆藏玉版书屋本，第33叶。
② 《满洲实录》第6卷，江苏省立国学图书馆藏本，第11叶。
③ 《满文老档·太祖》第47册，天命八年三月十三日，中华书局译注本，1990年。

形态。虽然牛录早已变成军事组织和行政组织，但牛录额真多为一族之族长或众族之宗长。一个牛录往往是一个大宗族，牛录额真即成为该宗族的族长。如康果礼先世居那木都鲁，以地为氏。康果礼等率兵壮一千余人归附努尔哈赤，努尔哈赤命康果礼等"分辖其众，为世管佐领六，隶满洲正白旗"①。康果礼既统辖所属部众，又为其族的族长。尤其是东海女真部民降服后，努尔哈赤即以其首领委任官职，统领所属部民。这种牛录额真，既为军事长官，也为行政长官，又为该族的族长。所以《光绪会典》载有"每佐领下，每设族长，管束同族之人，其独户小族，即令兼管"②。因此，牛录额真也是族长或总族长。但后来招徕日众，情况有所不同，同一牛录内不仅有满洲人，也有蒙古人和汉人等。尽管如此，牛录额真仍管本牛录内的宗族事务。

第五，八旗组织还是司法组织。后金社会八旗下的牛录，是基本的司法单位。它是由早期族长审判权而演化为牛录额真审判权的，而牛录额真往往是本牛录的族长。牛录额真有着调解、裁断和审结本牛录属下人的一定权力。后随着国家权力的强化和司法制度的演化，牛录额真仅审理一般民事纠纷，事有大者交理事官审理。下面从《盛京刑部原档》中第166号牛录章京布尔萨海等一案可以窥见努尔哈赤时牛录额真的司法权力：

> 镶黄旗布尔萨海牛录下青吉儿首告本牛录下额托齐于法司：先前，额托齐曾持腰刀砍我们，我青吉儿夺其所配之弓，此情告于牛录章京布尔萨海后，将额托齐鞭二十七；又夺青吉儿我所佩之弓。经审属实，鞭额托齐七十。牛录章京布尔萨海擅自审结持腰刀一罪，鞭五十，准折赎，罚银十六两六钱六分入官。③

---

① 《清史列传·康果礼》第4卷，上海中华书局，1928年，第12页。
② 光绪《大清会典》第84卷，光绪二十五年（1899）刻本，新文丰出版公司影印本，第10页。
③ 《盛京刑部原档》第166号，崇德三年四月，群众出版社，1985年。

上录案例说明，牛录额真最初享有审判权，但在天聪五年即崇祯四年（1631）将民事纠纷以外之审判权交由刑部审理。牛录额真布尔萨海循旧章、违新制，遭到鞭责折赎之罚。

第六，八旗制度也是经济制度。八旗制度不仅是军事制度、行政制度。这主要表现在后金汗和固山额真除指挥作战和管理行政外，还占有土地、奴仆、牲畜、坐拥田庄、管理生产、分配财物，以及战利品的分配，入关后旗人钱粮管理、分配等，也都按八旗进行。

八固山共同占有土地。胡贡明奏议称："有人必八家分养之，地土必八家分据之。"①这虽是努尔哈赤死后6年的奏议，但反映其在世时八固山占有土地、奴仆和牲畜的事实。后面将较详地叙述后金的土地所有制问题，这里姑且从简。

牛录额真也组织生产。八旗制下的部众，"出则为兵，入则为民；耕战二事，未尝偏废"②。即跨马从戎时，按军队的编制驰骋征战；解甲卸鞍后，又按军队的编制从事生产。军卒返屯后，修整器具，治理家业，耕种田地，牧放马匹。牛录额真又成为生产的管理者。万历四十一年（1613），努尔哈赤命"一牛录各出男丁十人，牛四头，垦荒屯田，悉蠲贡赋"③。以后随着归并的土地和人口日渐增多，便组织进行生产。牛录额真是本牛录生产的组织者。后来由于丁口增加，牛录下的民户"三丁抽一"④，即每户如有三名男丁，抽一人去作战，另二人称余丁，在家从事生产劳动。"无事耕猎，有事征调，战胜分俘受赏。人自为兵，人自为饷，无养兵之费，故用无不给"⑤。随着战争的频繁，兵士不再弃戈务农，而变成职业军人，"军卒则但砺刀剑，无事于农亩者"⑥。牛录额真指挥军事职

---

① 《天聪朝臣工奏议》中卷，《清初史料丛刊》本，辽宁大学历史系铅印本，1980年，第30页。
② 《清太宗文皇帝实录》第7卷，中华书局影印本，1985年，第5叶。
③ 《满文老档·太祖》第3册，癸丑年（1613），中华书局译注本，1990年。
④ 《清太宗文皇帝实录》第17卷，中华书局影印本，1985年，第15叶。
⑤ 魏源：《圣武记》第1卷，中华书局点校本，1984年，第21页。
⑥ [朝]李民寏：《建州闻见录》，日本天理大学图书馆藏玉版书屋本，第31叶。

能逐渐加强，组织生产职能日趋减弱。

此外，八旗还是分配掳掠财富的基本单位。如万历四十六年即天命三年（1618）四月十五日攻取明抚顺诸城堡，次日，努尔哈赤就在甲版野地设营，按旗分配"俘获"的30万人畜[①]。每次战胜之后，"降者编为户口，所俘各照牛录，派数上献"[②]。他还将在战争中掳获的大量人口、牲畜、金银、布帛，按八旗分赐予贝勒和各级额真等。如萨尔浒之役后，将缴获的战利品堆放八处，按八旗进行分配[③]。

女真社会历史发展与生产关系所产生的独特社会结构——八旗制度，既有利于其社会生产力的发展，又有利于满族共同体的形成。努尔哈赤通过八旗制度，将分散的女真部民组织起来，管理女真的农业、畜牧业、采集业、渔猎业和手工业生产，促进了女真社会生产力的提高。同时，随着对瓦尔喀、虎尔哈、赫哲、卦勒察、萨哈连、达斡尔、鄂温克、鄂伦春、蒙古人、汉人等的征服，得到一部人就编为一牛录。

牛录额真，清入关后称为佐领。佐领的类别，依情况不同，而有所区别，虽区别复杂，却相当重要。后吴振棫将其归纳为五类，即勋旧佐领、优异世管佐领、世管佐领、互管佐领和公中佐领等。他在《养吉斋丛录》中记载：

> 国初，各部落长率属来归，授之佐领，以统其众者，曰勋旧佐领；率众归诚，功在旂常，赐户口者，曰优异世管佐领；仅同兄弟族里来归，授之以职者，曰世管佐领；户少丁稀，合编佐领；两姓三姓，迭为是官者，曰互管佐领；各佐领拨出余丁，增编佐领，为公中佐领。[④]

[①]《满文老档·太祖》第6册，天命三年四月十六日，中华书局译注本，1990年。
[②]《清代碑传全集·扬古利传》第3卷，上海古籍出版社影印本，1997年，第26页。
[③]《满文老档·太祖》第9册，天命四年四月初三日，中华书局译注本，1990年。
[④] 吴振棫：《养吉斋丛录》第1卷，北京古籍出版社，1983年，第2页。

努尔哈赤把各部女真人等都囊括在旗制之中，加速了满族共同体的形成。天命初年，已发展到约二百个牛录①。除八旗满洲之外，天命六年即天启元年（1621）始设蒙古牛录②，天命七年即天启二年（1622），始分设蒙古旗③。天聪三年即崇祯二年（1629），已有"蒙古二旗"④。天聪九年即崇祯八年（1635），始设八旗蒙古⑤，旗色与八旗满洲相同。天聪五年即崇祯四年（1631），努尔哈赤的继承人皇太极将八旗满洲中的汉人拨出，另编一旗⑥。汉军初名乌真超哈，为满语ujen cooha 的对音；ujen是重的意思，cooha是兵的意思，ujen cooha意为重兵，因其多使用大炮等重型武器而得名，后称汉军，以黑色为旗帜。崇德二年即崇祯十年（1637），分设汉军为二旗⑦。崇德四年即崇祯十二年（1639），又增设汉军二旗，旗色为纯皂（黑）、皂镶黄、皂镶白、皂镶红⑧。崇德七年即崇祯十五年（1642），汉军扩充为八旗⑨，旗色改为与八旗满洲、八旗蒙古相同，取消了黑色。从此，实际有八旗满洲、八旗蒙古、八旗汉军，共二十四旗⑩，但习惯上仍统称之为八旗。

---

① 孟森：《八旗制度考实》，载《清史讲义》，中国文化服务社印行，民国三十六年（1947），第30页。
② 《满洲实录》第7卷，中华书局影印本，1986年，第6叶。
③ 《满文老档·太祖》第40册，天命七年三月二十九日，中华书局译注本，1990年。
④ 《清太宗文皇帝实录》第5卷，中华书局影印本，1985年，第38叶。
⑤ 《清太宗文皇帝实录》第22卷，中华书局影印本，1985年，第17叶。
⑥ 王先谦：《东华录》，天聪五年正月乙未，光绪二十五年（1899）刻本。
⑦ 《清太宗文皇帝实录》第37卷，中华书局影印本，1985年，第30叶。
⑧ 刘锦藻：《清朝文献通考》第79卷，浙江古籍出版社影印本，1988年，第7页。
⑨ 《清太宗文皇帝实录》第61卷，中华书局影印本，1985年，第7叶。
⑩ 乾隆《大清会典》第95卷载："始立四旗，重为八旗，合满洲、蒙古、汉军为二十四旗，制度备焉。"

三 八旗得失

清太祖努尔哈赤创建、太宗皇太极完善的八旗制度，像历朝一切重大社会制度一样，既有其得，亦有其失。清朝八旗制度之得与失，可以用一句话来概括，这就是：清兴也八旗，清亡也八旗。

清朝八旗制度是在特定历史条件下产生的。这些历史条件，主要列举三点：战争环境，经济落后，敌众己寡。

其一，战争环境。努尔哈赤自明万历十一年（1583）25岁起兵，到天命十一年即天启六年（1626）68岁亡故，44年间，完全过的是战争生活。应对战争，需要军队。军队需要组织，否则是乌合之众。率乌合之众，对有组织军队，处于劣势，难以取胜。努尔哈赤将分散部民集合起来，组成军队。他在实战经历、历史经验、狩猎生活和面临危难中，体悟到必须建立一支具有严密组织、严明纪律、严格训练、严肃管理的军队，如前述创建八旗制度。

其二，经济落后。努尔哈赤创立八旗军队时，没有采取职业兵制，既没有专业军人，也没有雇佣军人，并不像"明国小民，自谋生理，兵丁在外，别无家业，惟恃官给钱粮；我国出则为兵，入则为民，耕战二事，未尝偏废。"① 所以，后金八旗军队，不需后勤，一声集结令下，官兵自备马匹、弓箭、干粮等，得胜后获得战利品和抢掠财物。

其三，敌众己寡。努尔哈赤、皇太极父子两代，面对大明来说，始终是处于彼众己寡的局面，战争胜败乃为生死存亡所系，不敢轻敌，不敢懈怠。

所以，努尔哈赤创建八旗制度，在特定的战争时期，以它作纲，把女真社会的军事、行政、生产、分配、法制等统制起来，实行军事、政治、经济、文化、司法和宗族等 6 种社会职能的一元化。女真各部的部民，被按军事方式，分为 3 级——固山、甲喇、牛录，加以编制。女真社会就像马克思所说的，"是按军事方式组织成的，像军事组织或军队组织一样"②。努尔哈赤用军事方法管理行政、管理经济、管理社会和管理部族，使女真社会军事化。因此，在努尔哈赤统治时期，整个女真社会就是一座大兵营。这一点，也正是努尔哈赤统治时期女真社会的一个重要特征。努尔哈赤以八旗为纽带，把涣散的女真各部联结起来，形成一个组织严密的、生气勃勃的社会整体，在当时历史条件下是有积极意义的。克劳塞维茨在《战争论》中说："战斗与生活合一的民族与社会必强。"努尔哈赤时期的女真族群和女真社会，是战斗与生活、生产与祭祀合一的民族，也是战斗与生活合一的社会。这正是他崛起东北地区，统一女真各部，实行社会改革和屡败明朝军队的重要原因之一。但是，他通过八旗制度，加强了对女真奴隶、农奴、部民的军事统治和军事独裁，从而给女真劳动人民戴上一副沉重的枷锁。八旗军入关之后，对中原地区人民实行野蛮掠夺与军事统治，推行高压政策，实行文化专制，从而影响了社会的前进。

清藉八旗制度兴，也因八旗制度亡。

---

① 《清太宗文皇帝实录》第 7 卷，天聪四年五月壬辰，中华书局影印本，1985 年，第 3 叶。
② [德] 马克思：《资本主义生产以前各形态》，人民出版社，1956 年，第 8 页。

清军入关后，消灭李自成和张献忠及其余部，并平息南明"四王"等之反抗，迁都北京，入主中原。其入关前的八旗制度怎么办？清摄政睿亲王多尔衮，将在关外建立的八旗制度搬进关内，不做调整，加以固化。这主要表现为旗人"十定"：定身份、定旗分、定佐领、定住地、定钱粮、定土地、定营生、定学校、定婚姻、定律例。

以上10条，初始制定，对于安置作为明清战争胜利者的八旗官兵及其眷属，似有道理，亦可理解。但是，作为大清的根本社会制度，基本治国之策，拒不因时推移，拒不因地制宜，过于固化，历时愈久，弊病愈多。这主要表现在清廷"要千方百计地维护八旗满洲的根本利益。其所有改革以不触动八旗满洲根本利益为圭臬，自然不肯做旗人与民人的利益之根本性调整。旗人群体，八旗贵族，由清初的朝气蓬勃，到清末的颓废衰落；由清初的开拓进取，到清末的顽固保守；由清初吸纳一切优秀的文化而海纳百川，到清末拒绝西方优秀的文化而妄自尊大。"[①]

综前，满族文字的创制，八旗制度的确立，从精神和物质上为后金政权的建立做好了准备。

---

① 阎崇年：《正说清朝十二帝》，中华书局，2014年，第327页。

第十章 建立后金

一 万历皇帝的腐败

努尔哈赤建立后金，自践汗位，这是他政治生涯的转折点，也是建州与明朝关系史上的转折点。像一切事物总是要在一定条件下，各向着其相反方向转化一样，明朝与建州、汉族与满族、中央与地方、统治民族与被统治民族的关系，也要在一定条件下发生转化。这场转化的总体条件是女真的统一和明朝的衰落、个体条件是努尔哈赤的精明和万历皇帝的怠惰。在中国帝制社会里，每当阶级矛盾、民族矛盾以及统治集团内部矛盾激化而皇权衰微的时候，总要出现地方割据。其中有农民武装割据，有封建军阀割据，也有民族政权割据。万历朝廷的衰微、万历皇帝的腐败，为努尔哈赤冲决臣属关系的网罗，建立后金民族割据政权，准备了外部条件。

正值努尔哈赤建立后金政权的明朝万历年间，社会矛盾空前激化，土地兼并日益激烈。以皇帝、贵族、戚畹、权臣、缙绅为代表的大小地主集团，更加疯狂地掠夺土地。明神宗万历帝朱翊钧占地210万亩。其弟翊镠，生4岁而封，占田"多至四万顷"[1]。而其子福王封地，"括河南、山东、湖广田为王庄，至四万顷。

---

[1]《明史·诸王传五》第120卷，中华书局点校本，1974年，第3648页。

群臣力争，乃减其半"①。至于缙绅豪富，占田少者数百亩，多至数千亩，乃至数万亩。庄田侵夺民业，地主兼并土地，大量自耕农破产。致有田者什一，而无田者什九；富者连田阡陌，而贫者无立锥之地。土地高度集中在辽东地区的表现，是军屯制的破坏。明初，辽东实行军屯制，各卫屯军领之于卫所。辽东卫所只有官舍与军余，正子为军，次子为余，都属于军屯。后来，边外屡遭兵燹，屯军多有逃死；屯田多为军官占夺，屯法尽坏。有的军官隐丁占地："一户之丁，以百口计矣；一官之地，以千亩计矣。"②军屯破坏，军余亦乱，故"军失是以无兵，屯失是以无饷。"③而且，有司惨毒搜括，渔敛无已，军余穷不堪言：

> 沿边穷卒，月止粮银四钱，尚不及蓟镇台兵三分之一。且每岁修守，时时防虏，非如他边。虏来有时，其防有候，其苦奚啻数倍。况粮赏已薄，又每越三四个月不沾实惠，除揭贷出息外，而该管司又有公私使用之扣，名虽四钱，计所得不过一二钱。而一人在军，一家仰赖，其将何以为生？此相率而窜徙逃亡者十有八九矣。台堡虽存，士卒多空，谁与为守？④

未逃之卒，困苦不堪，"辽卒不堪，胁众为乱"⑤。辽东地区军屯破坏，兵无月粮，差役烦苛，悲苦万状。朝鲜领议政李元翼目睹辽东一带，疲弊已极，"财殚力竭，万无生理，闻见惨然"⑥。明万历年间辽东巡按御史何尔健给万历帝的上疏中，所奏实情，更为悲惨：

---

① 《明史·食货志一》第77卷，中华书局点校本，1974年，第1889页。
② 《明神宗实录》第37卷，万历三十七年五月辛巳朔，内阁文库本。
③ 沈国元：《两朝从信录》第32卷，天启六年十二月，明刻本。
④ 何尔健：《按辽御珰疏稿》，何兹全、郭良玉编校，中州书画社，1982年，第6页。
⑤ 《明史·食货志一》第77卷，中华书局点校本，1974年，第1885页。
⑥ [朝]《李朝宣祖大王实录》第108卷，三十二年正月辛卯，日本学习院东洋文化研究所刊本，1959年。

> 我等边军余丁,皆朝廷爷爷赤子也。往年不纳矿税,边方地瘠差重,尚自度日不过。近年因包矿包税,每人一身,除屯田、科粮、帮军、买马、修城、贴驿、排车、号头各正项杂差之外,每丁仍包矿税,多者二三两,少者一二两。而此外火号使用及无名差委,棍徒挟骗之害,更有不可计者焉。以致富者日贫,贫者日逃,逃者不返,返者更逃⋯⋯
>
> 我等穷军,朝不保夕,典妻鬻子,析家荡产,苦苦赔纳,已经数年。今委实穷极,无所出办矣。乃今日说罢,今日也不见罢;明日说罢,明日也不见罢。看来官司只是哄我。我等上天无路,入地无门,再看几时不罢,也都钻入窆地,自在过活去罢。①

辽东军屯破坏,军余逃散,军械朽蠹,军备废弛。然而,朝廷内部,宫廷纷争,"三案"迭起。

万历朝不仅土地高度集中,军屯制度败坏;而且政治极为腐朽,朝廷朋党倾轧。以皇帝、宦官、王公、佞臣为代表的贵族官僚集团,已成为统治阶级内部最反动、最寄生、最保守、最腐朽的集团。腐朽集团,宗藩为甚。仅以其禄饷为例。御史林润言:

> 天下之事,极弊而大可虑者,莫甚于宗藩禄廪。天下岁供京师粮四百万石,而诸府禄米凡八百五十三万石。以山西言,存留百五十二万石,而宗禄三百十二万;以河南言,存留八十四万三千石,而宗禄百九十二万。是二省之粮,借令全输,不足供禄米之半,况吏禄、军饷皆出其中乎!故自郡王以上,犹得厚享,将军以下,多不能自存,饥寒困辱,势所必至,常号呼道路,聚诟有司。守土之臣,每惧生变。②

---

① 何尔健:《按辽御珰疏稿》,何兹全、郭良玉编校,中州书画社,1982年,第36页。
② 《明史·食货志六》第82卷,中华书局点校本,1974年,第2001页。

郡王、将军以下，多数不能自存，更何况其余呢！

万历朝后期，主昏臣庸，宦寺当国，纲纪废弛，柄臣相轧，党争日烈，腐败至极，朱明祚运，已届垂暮。万历帝二十几年不御朝政，以久病亏衰之躯，高卧深宫之中，日与宫女、太监厮混。

一切奏章，多留中不发；阁部大臣，亦遇事敷衍。即如朝廷会议，大都流为故套。朱国祯《涌幢小品》记：

> 朝廷会议，皆成故套。先一日，应该衙门于各该与议官，通以手本画知。至期集于东阙，该衙门印官，首发一言，或班行中一二人，以片言微语，略为答问，遂轮书题稿，再揖而退。既出阙门，尚不知今日所议为何事，或明知其事不言，出门啧啧，道其状以告人者。①

万历帝既深居简出，不理政事，又掷金如土，挥霍无度：郑贵妃生子，赐宫中赏银15万两②；生日寿节，赏银20万两③；潞王就国，用珠宝银30万两④；营建定陵，"费至八百余万"⑤；皇子诸王册封、冠婚、袍服费银一千二百余万两⑥；采办珠宝用银，多至2400万两。浩繁亿万，入不敷出，便派太监四出搜刮百姓脂膏。税监高淮在辽东即是一例。辅臣朱赓等请撤辽东税使疏云：

> 高淮在辽东，万般克剥，敲骨吸髓，年甚一年。辽人既缺其当与之月粮，又受此无名之征榷，当抵不过，穷极计生，遂率合营男妇数

---

① 朱国祯：《涌幢小品》第8卷，上海进步书局石印本，第3叶。
② 《万历邸钞》第1册，江苏广陵古籍刻印社，1991年，第315叶。
③ 《万历邸钞》第1册，江苏广陵古籍刻印社，1991年，第412叶。
④ 《万历邸钞》第1册，江苏广陵古籍刻印社，1991年，第409叶。
⑤ 《明史·礼志十二》第58卷，中华书局点校本，1974年，第1453页。
⑥ 《明史·王德完传》第235卷，中华书局点校本，1974年，第6132页。

千人，北走投虏。①

但疏入留中不发。辽东军民，怨声沸腾，聚众数千人攻围高淮。高淮酷虐，多次激变：

> 夫激变之事，不数月间，一见于前屯，再见于松山，三见于广宁，四见于山海关，愈猖愈近。又各镇额饷，屡请不发。以此饥军，合于乱众，臣等更不知其祸之所终极也。②

朝廷内部腐败，"三案"是突出的史例。所谓"三案"是万历帝晚年及其殁后，明宫中发生的"梃击案"、"红丸案"和"移宫案"。万历帝晚年，宠幸郑贵妃，储立之争，久不能决。由是有"梃击案"的发生。万历四十三年（1615），蓟州男子张差手执木棍，闯入太子朱常洛居住的慈庆宫，击伤守门太监。张差被执后，狱具，供系郑贵妃手下太监庞保、刘成引进。时人因疑郑贵妃欲谋杀太子。"梃击"变起，事连郑贵妃及其内珰、万历帝及其太子之四方关系，颇为棘手，难于处理。大学士吴道南咨问翰林院编修孙承宗，对曰："事关东宫，不可不问；事连贵妃，不可深问；庞保、刘成而下，不可不问也；庞保、刘成而上，不可深问也。"③吴道南具揭上奏，万历帝与太子不愿深追，以疯癫奸徒为罪，"戮差于市，毙内珰二人于禁中"④。皇帝含糊处理，事态得以平息。后万历帝死，朱常洛继立，改元泰昌。泰昌元年（1620），朱常洛即位后生病。司礼监秉笔太监兼

---

① 《明神宗实录》第36卷，万历三十六年四月丁丑，内阁文库本。
② 《明神宗实录》第446卷，万历三十六年五月甲寅，台北历史语言研究所校勘本，1962年，第5～6叶。
③ 《明史·孙承宗传》第250卷，中华书局点校本，1974年，第6465页。
④ 《明史·光宗本纪》第21卷，中华书局点校本，1974年，第294页。

掌御药房太监崔文升下药，既无效，病愈剧。鸿胪寺丞李可灼进红丸，自称仙药。泰昌帝服药后死去。时人疑系神宗郑贵妃所指使，仅以崔文升发遣、李可灼遣戍结案。这就是"红丸案"。泰昌帝死，天启帝立。天启帝朱由校，为泰昌帝长子，其养母为李选侍。他即皇位时，年已16岁，其生母已死。时抚养由校的李选侍居乾清宫，与心腹太监魏进忠（即魏忠贤）谋借机把持朝政。甚至有言郑贵妃欲"与李选侍同居乾清宫，谋垂帘听政者"①。朝臣杨涟、左光斗等疏请选侍移宫，寻选侍移仁寿殿②。后朱由校先移居他宫，即皇帝位后，移居乾清宫。这就是"移宫案"。"三案"事属内廷，但朝议汹汹，久之不息，成为党争的重要题目，朝廷更加腐败。

万历朝后期不仅政治腐败，而且边备废弛。辽东巡按御史胡克俭曾在奏疏中指出："国之大事在边，边之大弊在欺。"③辽东军官上下欺诳，左右盘结，骄奢淫逸，克扣兵饷，杀民冒功，军纪败坏。如官兵偷卖火药，朝鲜平安道观察使朴东亮状启称：

> 自辽阳至镇江，其间许多镇堡，官上火药暗里偷出，或五六百斤，或千余斤。本国买卖人处夜间潜卖。以此，其价虽歇，所偷愈多。数年来辽阳一带火药，尽皆见失。镇堡之官，亦不以时点检，徒闭虚库。④

又如杀民冒功，据载：

> 若投诚之住牧者，与房之所使住边及摆拨哨探者，投房潜归，跋涉

---

① 《明史·后妃传二》第114卷，中华书局点校本，1974年，第3539页。
② 《明史·熹宗本纪》第22卷，中华书局点校本，1974年，第297页。
③ 《万历邸钞》第1册，江苏广陵古籍刻印社，1991年，第556叶。
④ [朝]《李朝宣祖大王实录》第201卷，三十九年七月癸未，日本学习院东洋文化研究所刊，1959年。

千里，饥饿数十日，历万死一生而来者，皆我黎民也，一切杀之。然此犹曰在外也，若往来怀挟之弊。民谣曰："带着人头去杀贼。"盖新葬者不能保其坟，独行者不能留其首，惨酷尤甚。又并其阵亡之军，一概割首以报数。① 假报数字，以便请功。

明朝辽军在一次战斗中，攻围不克，死伤众多，"因无房功，割死军五百五十余颗报验"，竟以封赏。

明朝辽东军备废弛的一个重要原因，是总兵李成梁骄纵贪黩，骄奢淫逸，苛索殃民。《万历邸钞》中记载阅视辽左给事中侯先春劾李成梁疏。这封万历二十年（1602）四月的奏疏，因不多见，转录如下：

> 李成梁负国厚恩，敛民深怨。齿衰力惫，久惭专闻之司；发短心长，日事营家之计。在市场则岁选良马千匹，扣索官价四五万两，大司马输马价以入边，只填溪壑之欲；在盐课则岁占盐目万引，又受献纳三四万，大司农开盐引以充饷，徒供垄断之私。宽奠、靖（清）河等处岁科军饷银三万两，买纳年例参五千斤余矣。又派屯民每家十斤或五七斤，计价银二三万两。科派者心腹夏守茂、谬（缪）惟等，收受者家人李定也。家之肥、民之瘠矣！开原、伍奠等处，岁献貂皮一千五百张，各将领家献沙金二十余两矣。又派住户金三千两，商贩貂皮三千张，计直不下二万余两。散派者心腹张文学及谢二等，收受者亦家人李定也。财之聚，怨之府矣！遇地方失事，则会各路将领，每出银五百，名曰谢部礼，计一次则收万金，尽入私囊；而谢部等费或几千金，或万金，则出自本营将官。如李宁失事，则出银四蒲包可推也。遇朝廷赏赉，则以

---

① 《万历邸钞》第 1 册，江苏广陵古籍刻印社，1991 年，第 556～558 叶。

衣物、皮张等项，分给各军一半，名曰搭对。计每次所领万金，半充私囊。而升一官，封缺千两或五百两，各有定额。如近日戴良栋之升参将，则得银一千两可质也。两年间，凡房入矣，而任其杀掠数日，掳去人民十余万，端坐海州城郭，何异门庭之寇？三年凡三出塞矣，而坑我劲卒千人，甲马奚止五六千；积尸遍野荒丘，谁招口外之魂？怯战殃民，全镇恨深入骨；剥军耗国，两河地已无皮。惟是财足弥缝，智工结纳。是以杀擒日亟，生聚日疏，而报捷之封章，日肩摩于阙下；功名寖（寝）盛，爵禄寖（寝）崇，而生民之命脉，寖（寝）告蹙于边〔疆〕。①

疏入，李成梁解任。后他又任辽东总兵官。虽然李成梁早年战功卓著，但他居功骄横，穷奢极丽。下面摘录一段材料：

平辽伯李成梁父子五人，相继掌兵柄，劲卒数万，雄视绝塞，附郭十余里，编户鳞次，树色障天，不见城郭。妓者至二千人，以香囊数十缀于系袜带，而贯以珠宝，一带之费，至三四十金，数十步外即香气袭人，穷奢极丽。每未、申时，夹道皆弦管声矣！②

李成梁父子环任，骄奢淫逸，姑容羁縻，建州得益。明兵部尚书李化龙疏言：

然辽事之坏，自李成梁父子，盘据三十余年。结纳要津，羁媚奴虏，部伍之籍，皆厮养之名，太仓半入私囊，间常袭杀近境屯种属夷，斩其首功，躐爵甘饵者，又从而拥戴之，以致养成祸患。奴得侦我虚实，愈肆骄逞。③

---

① 《万历邸钞》第1册，江苏广陵古籍刻印社，1991年，第660~664叶。
② 王一元：《辽左见闻录》，不分卷，清钞本，谢国桢先生藏本。
③ 《明神宗实录》第40卷，万历四十年正月乙巳，内阁文库本。

努尔哈赤与李成梁的关系，是其时明边臣议论的一大话题。明辽东重臣熊廷弼尝言：

> 昔建州诸夷，若王兀堂、王杲、阿台辈尝分矣。而合之则自奴酋始，使之合之，则自李宁远始。何则？正统间，海、建勾北虏也先为患，卒被夺其敕书，失贡市利，不能过活，乞哀守臣，复请补给，或十数道、三五道，各自入贡，势莫能相一也。自宁远为险山参将，以至总兵，诱此间彼，诱彼间此，专以掩杀为事，诸部或绝或散。而是时奴酋之祖曰教场、父曰他失。他失者，阿台壻也。其袭阿台也，宁远寔使诱之。已而，城下并杀其父、祖，而奴酋请死。宁远顾思各家敕书无所属，悉以与奴酋，且请为龙虎将军以宠之。于是，奴酋得以号召东方，尽收各家故地遗民，归于一统，而建州之势合矣。自建州之势合，而奴酋始疆；自五百道之贡赏入，而奴酋始富。[①]

然而，李成梁之错，还有徙宽奠等六堡。此事原委，史载如下：

> 当万历初元时，兵部侍郎汪道昆阅边，成梁献议移建孤山堡于张其哈剌佃，险山堡于宽佃，沿江新安四堡于长佃、长岭诸处，仍以孤山、险山二参将戍之，可拓地七八百里，益收耕牧之利。道昆上于朝，报可。自是生聚日繁，至六万四千余户。及三十四年，成梁以地孤悬难守，与督、抚蹇达、赵楫建议弃之，尽徙居民于内地。居民恋家室，则以大军驱迫之，死者狼籍。成梁等反以招复逃人功，增秩受赏。兵科给事中宋一韩力言弃地非策。巡按御史熊廷弼勘奏如一韩言，一韩复连

---

① 熊廷弼：《答友人》，载《明经世文编》第480卷，中华书局影印本，1962年，第5287页。

章极论。帝素眷成梁，悉留中不下。①

李成梁放弃宽奠等六堡的结果是：第一，明失去广大辽土，而建州得到大片土地；第二，明丧失大量汉民，而建州得到大量阿哈（奴仆）；第三，明辽军开始出现劣势之态，而建州军开始呈现上升之势。简而言之，这是明朝日后要失去辽东的一个历史信号。但是，李成梁不仅未意识到其严重后果，反而一味虚憍、冒功、奢侈、欺上。《明史·李成梁传》载：

成梁镇辽二十二年，先后奏大捷者十，帝辄祭告郊庙，受廷臣贺，蟒衣金缯岁赐稠叠。边帅武功之盛，二百年来未有也。其始锐意封拜，师出必捷，威振绝域。已而位望益隆，子弟尽列崇阶，仆隶无不荣显。贵极而骄，奢侈无度。军赀、马价、盐课、市赏，岁乾没不赀，全辽商民之利尽笼入己。以是灌输权门，结纳朝士，中外要人无不饱其重赇，为之左右。每一奏捷，内自阁部，外自督抚而下，大者进官荫子，小亦增俸赉金。恩施优渥，震耀当世。而其战功率在塞外，易为缘饰。若敌入内地，则以坚壁清野为词，拥兵观望；甚或掩败为功，杀良民冒级。阁部共为蒙蔽，督抚、监司稍忤意，辄排去之，不得举其法。先后巡按陈登云、许守恩廉得其杀降冒功状，拟论奏之，为巡抚李松、顾养谦所沮止。既而物议沸腾，御史朱应毂、给事中任应徵、佥事李琯交章抨击。事颇有迹，卒赖奥援，反诘责言者。②

这是一幅上下串通、左右逢源、是非混淆、功过倒衡的黑暗政治画图。朝廷、

---

① 《明史·李成梁传》第238卷，中华书局点校本，1974年，第6191页。
② 《明史·李成梁传》第238卷，中华书局点校本，1974年，第6190页。

辽官如此黑暗，辽民、辽兵无法生存，便逃往建州；而建州似另有一番天地，诱汉人徙往：

> 建州夷地有千家庄者，东西南北周回千余里，其地宽且肥。往年辽、沈以东，清河、宽奠等处，与夷壤相接，其间苦为徭役所逼者，往往窜入其中，任力开垦，不差不役，视为乐业。夷人利其薄获，阳谓天朝民也，相与安之，而阴实有招徕之意。然矿税未行，人重故土，去者有禁，就者有限，即官司有事勾摄，犹未敢公然为敌也。乃今公私之差，日增月益，已不自支，而矿税之征，朝加夕添，其何能任。况在此为苦海，在彼为乐地。彼方为渊为丛，民方为鱼为雀，而我为獭为鹯。以故年来相率逃趋者，无虑十万有余。①

汉民视辽东为苦海，视建州为乐土。辽民为游鱼、为飞雀，建州为水渊、为丛林，而明朝统治者则是以捕鱼为食之水獭、以逐雀为食之鹰鹯。

所以，辽民之失，辽事之坏，责在明廷，咎在万历。后来清嘉庆帝在《谒明陵纪事》中，总结明朝灭亡之历史经验，在于皇帝之怠荒，尤其是万历帝之怠惰。这段文字稍长，但读来颇引人深思：

> 勤政实为君之大本，怠荒实亡国之病源。可不慎其几与？夫明代诸君，洪武、永乐，皆大有为之主。中叶以后，荒淫失德者鲜，亦无暴虐放恣诸弊。然其大病，则在于不勤政、耽宴安。夫不勤，则上不敬天，下不爱民。人君为天之子，不敬则不孝，不孝之子，天必降罚；人君为民之父，不爱则不慈，不慈之父，民必倚之。天罚民倚，国事尚有为乎！

---

① 何尔健：《按辽御珰疏稿》，何兹全、郭良玉编校，中州书画社，1982年，第36~37页。

前明亡于宦官，固不待言。然深信宦官之故，亦由于怠惰偷安，不亲朝政，使此辈乘机弄权。而外廷臣工，君门万里，抱忠者徒上弹章，憸壬者竞图富贵。上下不交，遂成倾否，不可救药矣。呜呼！明之亡，不亡于崇祯之失德，而亡于神宗之怠惰，天启之愚骏。①

嘉庆帝论述明亡之机要，并不中肯綮；但指出万历帝之怠惰，为明亡之机要。后史学家赵翼亦指出："论者谓明之亡，不亡于崇祯，而亡于万历。"②所以，万历皇帝之怠傲惰窳，努尔哈赤之勤奋勇武，实为明亡清兴之历史枢机。

然而，前述辽东总兵李成梁，毕竟是万历帝怠于政事的产物，也是明朝溃烂肌体上的脓包。直到83岁才解任的辽东总兵官李成梁，曾多次集中兵力，将打击目标集中指向蒙古骑兵，而努尔哈赤以"退地、镌盟、减夷、修贡"赚取信任，得以从容统一诸部女真，势渐强大。早在明万历三十九年（1611），即努尔哈赤建元称汗5年之前，明朝有见识的兵部尚书李化龙，在分析建州"列帐如云，积兵如雨，日习征战，高城固垒"③的军事形势后断言："中国无事必不轻动，一旦有事为祸首者，必此人也！"④

此人，就是对明朝采取两面政策的建州努尔哈赤。

---

① 《清仁宗睿皇帝实录》第127卷，嘉庆九年三月壬寅，中华书局影印本，1985年，第9~10叶。
② 赵翼：《廿二史札记校证》，王树民校证，中华书局，1984年，第35卷，第799页。
③ 《明神宗实录》第484卷，万历三十九年六月丁亥，台北历史语言研究所校勘本，1962年，第4叶。
④ 《明神宗实录》第484卷，万历三十九年六月丁亥，台北历史语言研究所校勘本，1962年，第4叶。

二 对明的两面政策

努尔哈赤从含恨起兵到建立后金政权，走过了33年历程。在这段漫长的道路上，他不仅要处理女真族内部的关系，而且要处理建州同明廷的关系。建州与明朝的关系是地方与中央的关系。这种关系的建立，要有两个前提：其一是统治阶级的共同利益，其二是两方力量的悬殊对比。建州与明廷这种既统一又矛盾的关系，决定了努尔哈赤对明朝的政治态度。总的说来，努尔哈赤同明朝对其采取一面政策——奉表称臣，按敕纳贡，不动干戈，加以抚绥所相反，即努尔哈赤对明朝采取两面政策——既朝贡称臣，表示忠顺；又暗自称雄，发展势力。在这里，把努尔哈赤同明朝的关系，作一简要的回述。

万历十一年（1583），努尔哈赤父、祖被明军误杀，他表面上迁怒于尼堪外兰，"害我祖、父者，尼堪外兰所构也"[1]；内心虽埋藏着仇恨明朝的怒火，却接受明廷封指挥使职[2]，对明朝佯示忠诚。

万历十七年（1589），努尔哈赤虽统一建州女真本部，但他仍表示"忠于大明，

---

[1]《清太祖高皇帝实录》第1卷，中华书局影印本，1986年，第11叶。
[2]《建州私志》载，努尔哈赤"以祖、父故，予指挥使职，势圫南关"。《东夷考略·女直考》《万历武功录·奴儿哈赤列传》等书所记略同。

心若金石"①，并斩木札河部头人克五十以献。据《东夷考略》载：

> 有住牧木札河部夷克五十等，掠柴河堡，射追骑，杀指挥刘斧，走建州。宣谕奴酋。（奴酋）即斩克五十以献，乞升赏②。

努尔哈赤斩献克五十，以表示忠于明廷。明廷以努尔哈赤送归汉人、斩献叛夷、父祖殉忠，"始命建州夷酋都指挥奴儿哈赤为都督佥事"③。关于明廷与建州的微妙关系，《明神宗实录》有如下记载：

> 惟建州奴酋者势最强，能制东夷。其在建州，则今日之王台也。既屡送回被掳汉人，且及牛畜，又斩犯顺夷酋克五十献其级，而慕都督之号益切，则内向诚矣！及查其祖、父，又以征逆酋阿台为我兵向导，并死于兵火。是奴儿哈赤者，盖世有其劳，又非小夷特起而名不正者也。查得《大明会典》内一款，建州、毛怜〔等〕三大卫夷人，如有送回抢掳男妇者，止许给赏，不愿赏〔者〕，量升千百户、指挥，存留都督名邑（义），以待能杀犯顺夷酋，及执缚为恶夷人与报事、引路、杀贼有功者。此盟府之典，用以信外夷而安封疆者也。若录奴酋父、祖死之功，即当与之都督亦不为过，而献斩逆酋之级，则又与明例合矣。奏入，上从其请，准与都督佥事。此奴贼受我殊恩之始也。④

---

① 孟森：《明清史论著集刊》上册，中华书局，1959年，第210页。
② 茅瑞征：《东夷考略·建州》，国家图书馆善本部藏传抄本，第16页。
③《明神宗实录》第215卷，万历十七年九月乙卯，台北历史语言研究所校勘本，1962年，第2叶。
④《明神宗实录》第17卷，万历十七年九月辛亥，内阁文库本。

上录蓟辽督、抚、按的奏文,至少说明两个方面的问题:

明朝方面,蓟辽督抚张国彦、顾养谦曾言,对努尔哈赤要"因其势,用其强,加以赏赉,假以名号,以夷制夷,则我不劳而封疆可无虞也"①。努尔哈赤之"佯恭顺"②,迷惑了明朝官员。后来历史发展证明,这只是一厢情愿。

建州方面,努尔哈赤汲取王台、尼堪外兰与王杲、王兀堂的教训——前者依恃明朝来统一女真,终成泡影;后者对抗明朝去统一女真,兵败身殒。努尔哈赤则走着一条对上述两种极端做法相折中的道路。他从这种政策中得到好处:既借明廷封赏,提高自己在女真诸部中的声威;又借明廷信任,几乎未受明军干扰而统一女真各部。努尔哈赤受明廷封为都督佥事表明,他对明朝采取的两面政策初奏成效。努尔哈赤为感激明廷的封赐,扬鞭策马,察视形胜,首入京师,朝贡谢恩。是为努尔哈赤第一次到京朝贡。

万历十八年(1590)四月,都督佥事努尔哈赤率领108人,装载着人参、貂皮、东珠、蜂蜜等贡市方物,经抚顺关,进山海关,到北京朝贡。《明神宗实录》记载:"建州等卫女直夷人奴儿哈赤等一百八员名,进贡到京,宴赏如例。"③明廷的常例宴赏,如指挥使受赏彩缎一表里,绢四匹,折纱绢一匹,素丝衣一袭,靴袜各一双等;赏赐之外,又举行宴会。宴会后,开市贸易三天。努尔哈赤到北京朝贡,同时进行贸易,获取财货,开阔眼界,增长见识,探视明情,了解明廷虚实,学习中原文化,而且这也是他臣属明朝的标志。是为努尔哈赤第二次到京朝贡。

万历二十年(1592)八月,努尔哈赤奏文求封龙虎将军④。龙虎将军被女真视为崇勋,因为在努尔哈赤之前,只为哈达部长王台所膺。据《明神宗实录》记载:

---

① 《明神宗实录》第17卷,万历十七年九月辛亥,内阁文库本。
② 叶向高:《蘧编》第10卷,抄本,美国国会图书馆藏,第89页。
③ 《明神宗实录》第222卷,万历十八年四月庚子,台北历史语言研究所校勘本,1962年,第7叶。
④ 《明史·职官志一》:龙虎将军为武职散阶正二品。

"建州卫都督①奴儿哈赤等奏文四道，乞升赏职衔、冠服、敕书，及奏高丽杀死所管部落五十余名。命所司知之，并赐宴如例。"②这次努尔哈赤是否亲自入京求封，因记载疏略，无从确知。又据同书之内阁文库本记载："建州等卫都督等官奴儿哈赤等，进上番文，乞讨金顶大帽、服色及龙虎将军职衔，下所司议行。"③上录引文虽载努尔哈赤求封龙虎将军"下所司议行"，但因李成梁刚遭劾奏辞职，迟迟未予实授。直至万历二十三年（1595），努尔哈赤才得偿夙愿。如《明神宗实录》载蓟辽督臣蹇达疏言："奴儿哈赤忠顺学好，看边效力，于二十三年加升龙虎将军。"④孟森《清太祖由明封龙虎将军考》一文也力主万历二十三年封努尔哈赤为龙虎将军说：

而至龙虎将军之封，则《清实录》固未书，《明实录》亦不见⑤，惟明代诸家记载，皆言万历二十三年，加奴儿哈赤龙虎将军秩，视王台时。马晋允《皇明通纪辑要》且著其时为二十三年八月，茅瑞征《建州夷考》，沈国元《皇明从信录》则皆浑言二十三年，王在晋《三朝辽事实录》亦

---

① 张鸿翔在《燕京学报》第38期《奴儿哈赤受明封赏考实》一文中，据此及《清太祖武皇帝实录》辛卯年（万历十九年）"太祖曰，坐受左都督敕书"，以及《万历武功录·奴儿哈赤列传》的"赞曰"，认为努尔哈赤受明封为左都督。但征引"宜拜大都督而称忠顺也"时，将"宜"字删掉，而含义全非。又据《皇明通纪辑要》第20卷，万历二十三年八月，总督侍郎张国彦奏，"奴儿哈赤保塞有功，得升都督，上命升为龙虎将军"。"宜拜"与"得升"都是盖然之词，而不是实封。
② 《明神宗实录》第251卷，万历二十年八月丁酉，台北历史语言研究所校勘本，1962年，第5叶。
③ 《明宗神实录》第20卷，万历二十年八月丁酉，内阁文库本。
④ 《明宗神实录》第36卷，万历三十六年二月癸未，内阁文库本。
⑤ 《明神宗实录》屡载有关努尔哈赤为龙虎将军之事，如第251卷，万历二十年八月丁酉；内阁文库本，第20卷，万历二十年八月丁酉；内阁文库本，第36卷，万历三十六年二月癸未；第577卷，万历四十六年十月乙丑；第578卷，万历四十七年正月丁未；内阁文库本，第47卷，万历四十七年正月辛未；第580卷，万历四十七年三月癸卯；第580卷，万历四十七年三月戊申。

叙为二十年之后三年。①

此外，如《山中闻见录》《建州私志》等书，也记载努尔哈赤于万历二十三年被明廷加升龙虎将军。努尔哈赤既表示忠顺明廷，便先后多次至北京朝贡，据《明神宗实录》记载，万历二十一年（1593）闰十一月：

> 建州卫女直夷人奴儿哈赤等赴京朝贡，上命赏宴如例。②

是为努尔哈赤第三次到京朝贡。

万历二十五年（1597）五月：

> 建州等卫都督、指挥奴儿哈赤等一百员名，进贡方物，赐宴赏如例。③

是为努尔哈赤第四次到京朝贡。

万历二十六年（1598）十月：

> 宴建州等卫进贡夷人奴儿哈赤等，遣侯陈良弼待。④

是为努尔哈赤第五次到京朝贡。

万历二十九年（1601）十二月：

---

① 孟森：《明清史论著集刊》上册，中华书局，1959年，第187页。
② 《明神宗实录》第21卷，万历二十一年闰十一月丁亥，内阁文库本。
③ 《明神宗实录》第310卷，万历二十五年五月甲辰，台北历史语言研究所校勘本，1962年，第4叶。
④ 《明神宗实录》第327卷，万历二十六年十月癸酉，台北历史语言研究所校勘本，1962年，第6叶。

宴建州等卫贡夷奴儿哈赤等一百九十九名，侯陈良弼待。①

是为努尔哈赤第六次到京朝贡。

这次朝贡，据载："建州奴儿哈赤补进二贡，咬思阿等夷于三河各驿，索要布匹、鞋袜，倍于正额，锁拿马头、车户，擅行拷打。"②因贡事与明廷争议，六年未亲至京朝贡。

万历三十六年（1608）十二月：

颁给建州等卫女直夷人奴儿哈赤、兀勒等三百五十七名，贡赏如例。③

是为努尔哈赤第七次到京朝贡。

此次努尔哈赤入贡，《建州私志》载："海西、建州二酋入贡，奴酋混入猛酋部领赏，礼部验得实，时奴酋二年失贡矣。主事叶世英言：'奴酋日炽，镇江、宽甸之间逼近虏巢，必先壮其声势，乃能伐其狡谋。'戎政尚书李化龙亦言：'辽左危在旦夕，皆因高淮扰民激乱，以为奴酋之资。'四月，前屯军变，欲杀淮不果。"④后有旨将税监高淮撤回北京。其时，努尔哈赤已灭哈达，并其敕书，故得冒其名而入贡。

万历三十九年（1611）十月：

颁给建州等卫补贡夷人奴儿哈赤等二百五十名，各双赏、绢匹、银钞。⑤

---

① 《明神宗实录》第366卷，万历二十九年十二月乙丑，台北历史语言研究所校勘本，1962年，第2叶。
② 《明神宗实录》第373卷，万历三十年六月戊申，台北历史语言研究所校勘本，1962年，第10叶。
③ 《明神宗实录》第453卷，万历三十六年十二月乙卯，台北历史语言研究所校勘本，1962年，第1叶。
④ 《建州私志》上卷，北平图书馆刊印，民国二十二年（1933）。
⑤ 《明神宗实录》第488卷，万历三十九年十月戊寅，台北历史语言研究所校勘本，1962年，第3叶。

是为努尔哈赤第八次到京朝贡。

万历四十三年（1615）三月：

> 蓟辽督抚奏称，迩日奴酋自退地镌碑之后，益务为恭顺。此番进贡，止大针等一十五名，夫以千五百之贡夷，而减至于十有五名，岂不惟命是从哉！①

这次朝贡，《明神宗实录》未载努尔哈赤亲往，但《国榷》记载：

> 建州、海西卫奴儿哈赤等入贡，建州日强，每入贡，千五百人，横索车价，殴驿卒，当事裁之。令在边给赏，至是止十五人。②

努尔哈赤此次是否入京朝贡，各书文撰者看法不一，但下述史料，或有助于廓清史实：

其一，《明神宗实录》的下述记载，虽文字稍长，但似能说明问题：

> 兵部以建州、海西夷人进贡上闻。先是，祖宗朝建州、海西诸夷，世受抚驭，故进贡许一年一次，每次贡夷数逾千名。天顺、成化间，为其供费浩繁，量议裁减。嗣后仍复加至一千五百名。其不禁多夷入京者，盖谓来享来王，所以尊天朝之体，然非制也。迨奴酋强富日盛，跋扈渐生，一进贡而横索车价，殴死驿夫，甚且招亡纳叛，蓄马练兵，谋益叵测，当事深切隐忧。复议裁抑，奴酋遂不胜觖望而不贡者凡几年。礼臣条议欲令照北虏俺答事例，免其入京，俱在边守候赉赏，一应折宴折程口粮

---

① 《明神宗实录》第530卷，万历四十三年三月丁未朔，台北历史语言研究所校勘本，1962年，第1叶。
② 谈迁：《国榷》第82卷，中华书局，1958年，第5080页。

照例给发。至是蓟辽督抚奏称："迩日奴酋自退地镌碑之后,益务为恭顺。此番进贡止大针等一十五名。夫以千五百名之贡夷,而减至于十有五名,岂不惟命是从哉!……"上嘉纳之,命督抚等官悉心料理,毋致疏虞。①

上述引录可知其时建州与明廷的紧张关系,且说明建州入京朝贡唯有大针等15人,并未言及努尔哈赤。

其二,《满文老档》载努尔哈赤同年三月,曾谕诸贝勒家婚仪,并亲谕巴班。他又在三月二十八日往赫图阿拉衙门:

三月二十八日,晨寅时,天尚未明,天呈黄色,人面映之皆黄。汗升衙门而坐,至辰时方明。②

这说明努尔哈赤在三月的某些时日,确在赫图阿拉。

其三,查《清太祖高皇帝实录》,在前述努尔哈赤8次入京朝贡之月,均没有记载其活动③;但是,在同年三月却载:

甲戌,寅刻,有黄色亘天,映彻上下。上御殿,至辰刻,方散。④

其四,明翟凤翀《疏草存略·再陈东奴情形疏》,引录开原道薛国用揭云:

---

① 《明神宗实录》第530卷,万历四十三年三月丁未朔,台北历史语言研究所校勘本,1962年,第1叶。
② 《满文老档·太祖》第4册,乙卯年(万历四十三年)三月,中华书局译注本,1990年。
③ 《清太祖高皇帝实录》第2卷,万历二十一年闰十一月载:努尔哈赤命额亦都等督兵攻佛多和山寨,实为证其回师之日,而命将出师则在三个月前。
④ 《清太祖高皇帝实录》第4卷,乙卯年(万历四十三年)三月甲戌,中华书局影印本,1986年,第13叶。

臣复唤董国云亲问根因，据国云吐称，因讲贡事到奴寨。奴酋称说：既嫌人多，我只差十六个人进贡领赏，一路自备盘费，也不用里边酒饭；复说里边因何偏护北关，只说我不忠顺；若我在墙里动一草一木，就是有罪；若兵马出来救北关，说不得不动手相杀。

努尔哈赤说他差人入京朝贡，而自己并未纳贡至京。

以上四例说明，努尔哈赤在万历四十三年（1615）三月，未曾朝贡至京。

综上，据《明神宗实录》所载，努尔哈赤曾先后8次亲自入京朝贡[①]。努尔哈赤在建立后金之前的二十余年间，平均每3年到北京朝贡1次[②]。他一面向明廷朝贡称臣，表示忠顺；一面又兴兵统一女真各部，称王称汗。特别是他多次到京师，"往来窥探，夷险熟知"[③]，亲见明朝政局虚实，熟悉明代典章制度，了解中原经济文化，察访辽东明军戍守，为实现其对明廷的两面政策而往来奔走。

努尔哈赤汲取了明代女真诸部首领血的历史教训：哈达王台，只称臣不称雄，病老而死，未能完成女真的统一；建州王杲，只称雄不称臣，身首异处，也未能完成女真的统一。努尔哈赤则智慧而巧妙地制定自己的谋略，依据彼己力量变化，对称臣和称雄的关系，分作四个时期，实行动态策略：初始，只称臣，不称雄；继而，明称臣，暗称雄；进而，既称臣，又称雄；最后，不称臣，只称雄。总之，努尔哈赤采取了既称臣又称雄的两面策略，暗自坐大，形成气候，建元称汗，夺占辽东。

努尔哈赤对明廷的两面政策，蒙住了明朝昏主庸臣的眼睛，不仅使明军三十余年未对建州军进行过一次"围剿"，而且连蓟辽督抚到万历四十三年（1615），

[①] 参见拙文《努尔哈赤入京进贡考》，载《燕步集》，北京燕山出版社，1989年。
[②] 努尔哈赤在万历二十九年十二月之后到三十六年十二月之前，未到京朝贡。谈迁《国榷》第80卷，第4966页载："礼部左侍郎李庭机代兵部，减车价，建人争之，久不贡。李庭机遗序班李维葵往诘之。维葵劝谕，仍补贡。"万历三十四年十二月戊戌，其弟舒尔哈齐至京补贡。
[③]《明神宗实录》第373卷，万历三十年六月戊申，台北历史语言研究所校勘本，1962年，第10叶。

还奏称他"惟命是从"！努尔哈赤对明朝采取两面政策的成功，为他在赫图阿拉建元称汗做了重要准备。

明廷对建州实际实行的政策，与建州对明两面的政策相反，是对之只抚不剿的一面政策。其实，明朝对边地的策略是：顺之则抚，逆之则剿。但在实际执行上，往往是顺之而剿，逆之而抚。对于明朝对努尔哈赤的两面策略，明朝一些具有远略而明智的官员，不断奏陈己见，屡次上疏庙堂。

例一，早在万历十五年（1587）十一月，辽东巡抚顾养谦疏奏开原道参政王缄："抚剿无定策，反复其词，贻祸边疆，宜重加议处。至猛骨孛罗已叛而从逆，奴儿哈赤益骄而为患。乞行巡按查勘，相机处分。"①

顾养谦两个月后再奏："奴儿哈赤者，建州黠酋也，骁骑已盈数千，乃曰'奄奄垂毙'，倘闻者不察，谓开原之情形果尔，则辽事去矣！"②结果含糊，建州益张。

例二，万历二十九年（1602）十二月，努尔哈赤已吞并哈达，势力渐大。当时辽东形势是："南关（哈达）燔，乃蚕食北关（叶赫），尽并海西诸夷，奴酋自此益强，遂不可制矣！"③

例三，万历三十年（1602）六月，兵部署部事萧大亨疏陈边事曰："去岁建州奴儿哈赤补进二贡，咬思阿等夷于三河各驿，索要布匹、鞋袜，倍于正额，锁拿马头、车户，擅行拷打；海西洋孛罗看只木等，于今年进贡在通州，各夷打伤把总李国忠等，索要牛羊、酒食，驿递不堪赔累。且往来窥探，夷险熟知。及今不禁，一有他虞，谁执其咎？"④

---

①《明神宗实录》第192卷，万历十五年十一月己丑，台北历史语言研究所校勘本，1962年，第3叶。
②《明神宗实录》第194卷，万历十六年正月己酉，台北历史语言研究所校勘本，1962年，第8叶。
③《明神宗实录》第366卷，万历二十九年十二月辛未，台北历史语言研究所校勘本，1962年，第5叶。
④《明神宗实录》第373卷，万历三十年六月戊申，台北历史语言研究所校勘本，1962年，第10叶。

例四，万历三十一年（1603）五月，诸臣等上疏奏报："奴儿哈赤犷悍难驯，马市羁縻，尚虑寒盟，而顾挑之，汉祸先矣！有如一旦鸣镝内向，谁执其咎？彼所收者降夷，所募者穷虏，今日急来归我，而风扬云扰之思，实未尝一日忘也。"疏入，不报。①

例五，万历三十六年（1608）三月，礼部奏言："夫国家本藉女直制北虏，而今已与北虏交通，本设海西抗建州，而今已被建州吞并。……更闻奴儿哈赤与弟速儿哈赤，皆多智习兵，信赏必罚，妄自尊大，其志不小。臣阅金、辽二史，辽人尝言：'女直兵若满万，则不可敌。'今奴酋精兵业已三万有奇。按隆庆间辽镇图籍马步官军实在八万，粒米豆草而外，主客岁饷二十万金。今称堪战亲兵不满八千，思之可为寒心！"②

例六，万历三十九年（1611）六月，兵部尚书李化龙奏疆场之事言："奴酋狡悍，已非一日。……列帐如云，积兵如雨，日习征战，高墙固垒，……虽似顺服，岂无深情！中国无事，必不轻动，一旦有事，为祸首者，必此人也！"③此人，就是对明朝实行两面政策，并蒙住大明万历皇帝及其众多朝臣双眼的努尔哈赤！

以上六例，充分说明：一个皇朝，一个政权，一个民族，一支军队，其基本治策的极端重要性。然而，明朝不断有明睿杰出之士、先知先觉之臣提出建议，为什么没有被万历皇帝，也没有被阁僚大臣采纳呢？原因诸多，择其要者，概括来说，主要有四：

其一，庙堂抚剿不定。从努尔哈赤起兵到黄衣称朕，长达33年，对于建州，是抚是剿，或亦抚亦剿，却举棋不定。上无定策，下无所从。诸臣上奏谏议，庙

---

① 《明神宗实录》第384卷，万历三十一年五月辛酉，台北历史语言研究所校勘本，1962年，第1叶。
② 《明神宗实录》第444卷，万历三十六年三月丁酉，台北历史语言研究所校勘本，1962年，第3叶。
③ 《明神宗实录》第484卷，万历三十九年六月丁亥，台北历史语言研究所校勘本，1962年，第4叶。

堂束之高阁。如大学士、首辅方从哲上疏："伏望皇上出御文华殿,召九卿科道等官会议,共图保辽、保京师之策。不报。"①又如,一日之间,"辅臣七疏,吁请发帑。留中"②。再如,浙江道御史杨鹤奏言:"若诸臣误国,罪在诸臣;若我皇上优游不断,是自误矣!"③还是"不报"。

其二,朝臣党争不已。万历一朝,党争激烈。以同门、同年、同乡、同亲、同气等结党,臣僚之间,党派林立。只管党同,不论是非。因此,许多正确有益的建议,却得不到支持。同罪异罚,功过倒衡。满朝官员,大话套话,不着实际,空言误国。

其三,边官贪腐不厌。明朝阁僚、言官,党同伐异,"边臣闻之,皆避怨畏祸,不敢主张一事,不敢参论一人,而边事益坏矣。"④边官不敢任事,不敢担当,相互讦告,遇事推诿。难题丛集,愈陷愈深。

其四,财竭军变严重。到明万历中后期,宫殿、陵寝、宗室、庙堂开支巨大,矿监、税监、贪官、污吏四处搜刮,农民、工商、军兵、黔首极其怨恨,财政、太仓、吏治、兵政弊端丛生。其时,"九边缺饷,太仓如洗。"兵部尚书王象乾言:"今仓廪空虚,四海困穷极矣。向者忧在财乏,今则忧在军乱。噪呼之变,一见于遵化,再见于蓟门,三见于永平。窃恐九边军士,效而尤之。脱巾之呼,甚于失伍;萧蔷之祸,惨于敌人。"⑤

---

① 《明神宗实录》第580卷,万历四十七年三月癸巳,台北历史语言研究所校勘本,1962年,第4叶。
② 《明神宗实录》第580卷,万历四十七年三月丁酉,台北历史语言研究所校勘本,1962年,第11叶.
③ 《明神宗实录》第580卷,万历四十七年三月癸卯,台北历史语言研究所校勘本,1962年,第19叶。
④ 《明神宗实录》第192卷,万历十五年十一月己丑,台北历史语言研究所校勘本,1962年,第3叶。
⑤ 《明神宗实录》第516卷,万历四十二年正月乙丑,台北历史语言研究所校勘本,1962年,第3叶。

其五，辽民怨恨已深。明山西道御史毕佐周指出辽民有四恨：

> 军兴以来，援卒之欺凌诟谇，残辽无宁宇，辽人为一恨；军夫之破产卖儿，贻累车牛，辽人为再恨；至逐娼妓而并及张、刘、田三大族，拔二百年难动之室家，辽人为益恨；至收降夷而杂处民庐，令其淫污妻女，侵夺饮食，辽人为愈恨。有此四恨，而冀其为我守乎！①

时辽东军屯制，依然遭到破坏。明朝政府花钱雇用兵丁，一次"所募万七千余人，逃亡过半"②。其未逃者，或手无枪械，或羸弱充数，风闻迎敌，轰然四散。这种军兵，这种辽民，面对后金政权，面对八旗劲旅，怎能为卫戍大明朝江山而英勇杀敌，又怎能为保卫大明社稷而冲锋陷阵！

总之，明朝庙堂，治策失当，上下欺瞒，敷衍应付，口出虚言，不重实践，这就使努尔哈赤33年积聚，没有受到明军一次军事打击，得以坐大，成了气候，从而在赫图阿拉黄衣称汗，建元天命。

---

① 《明熹宗实录》第9卷，天启元年四月壬午，台北历史语言研究所校勘本，1962年，第15叶。
② 《明史·熊廷弼传》第259卷，中华书局点校本，1974年，第6693页。

三 在赫图阿拉称汗

努尔哈赤在赫图阿拉称汗，建立后金政权，需要有两个相互依存、不可分割的基本因素：一个是明朝的腐朽衰败，另一个是女真的统一强大。明朝的腐朽衰败是其建立政权称汗的外部条件，而女真的统一强大则是其建元称汗的内在根据。但是，这两个基本因素的结合，既要有历史发展的机遇，也要有杰出人物的才能。努尔哈赤的杰出，在于他利用明朝衰败的历史趋势，制定出诸如对明廷采取两面策略等一系列行之有效的策略，促使满族崛起，从而实现了上述两个基本条件的统一。

努尔哈赤黄衣称汗，建立后金，有一个历史发展的过程。他沿着通向汗位宝座的阶梯，不声不响地、一步一步地拾级而上。

第一步，"定国政"。万历十五年（1587），努尔哈赤在起兵4年，大体上统一建州本部之后，在佛阿拉围筑城栅，建衙门楼台。这年六月二十四日：

> 定国政，凡作乱、窃盗、欺诈，悉行严禁。①

---

① 《满洲实录》第2卷，中华书局影印本，1986年，第7叶。

从此，努尔哈赤在苏克素浒河地区，初步建立起政治权力。这是后金政权的雏形。

第二步，"自中称王"。万历十七年（1589），努尔哈赤一面受明封为都督佥事，一面在佛阿拉"自中称王"。朝鲜平安兵使转书建州女真人童坪者等言：

> 老乙可赤则自中称王，其弟则称船将。①

努尔哈赤在建州本部女真人中自己称王，建立王权。

第三步，称"女直国建州卫管束夷人之主"。努尔哈赤在大败叶赫等九部联军，受明封为龙虎将军，完全统一建州女真之后，万历二十四年（1596）在与朝鲜南部主簿申忠一回帖中称：

> 女直国建州卫管束夷人之主佟奴儿哈赤禀，为夷情事：蒙你朝鲜国、我女直国，二国往来行走营（学）好，我们二国，无有助兵之礼（理）。②

努尔哈赤的王权范围已扩展至整个建州女真。但是，既自称"女直国"，又署"建州左卫之印"，这个矛盾怎样解决呢？下一步就来解决这个矛盾。

第四步，自称"建州等处地方国王"。努尔哈赤统一建州女真之后，又创制满文，吞并哈达，设立四旗，遂于万历三十一年（1603）迁至赫图阿拉。赫图阿拉为满语 hetu ala 的对音，hetu 意为横，ala 意为岗，赫图阿拉就是横岗的意思，

---

① [朝]《李朝宣祖大王实录》第29卷，二十二年七月丁巳，日本学习院东洋文化研究所刊本，1959年。
② [朝]申忠一：《建州纪程图记》，图版15，载《兴京二道河子旧老城》，日文版，建国大学刊印，1939年。

明称"蛮子城"①，后清称兴京。兴京的满文体为 yenden hoton。yenden 意为兴旺；hoton 意为城。yenden hoton 汉译意为兴京。赫图阿拉位置在今辽宁省新宾满族自治县永陵镇赫图阿拉村。它在永陵镇东南八里处，苏子河（苏克素浒河）南岸。西南隔鸡鸣山与佛阿拉城相望，正南为羊鼻子山，正北隔河与头道堡山相对，东北与皇寺相接。城建在羊鼻子山向北延伸的一个自然突起的台地上。台地南高北低，南边最高处距地表约二十余米，北面距地表约 9 米。城址略呈正方形。全城东西长约 1320 米，周长约 5000 米。内城墙垣高约 4 米，底厚约 10 米。城的东、南、北三面有门，西面为断崖②。《筹辽硕画》载：

城高七尺，杂筑土石，或用木植横筑之。城上环置射箭穴窦，状若女墙，门皆用木板。内城居其亲戚，外城居其精悍卒伍。内外现居人家约二万余户。北门外则铁匠居之，专治铠甲。南门外弓人、箭人居之，专造弧矢。东门外则有仓廒一区③。

赫图阿拉位置在苏克素浒河与加哈河之间，《清太祖高皇帝实录》记载：

上自虎拦哈达南冈，移于祖居苏克苏浒河、加哈河之间，赫图阿喇地，筑城居之。④

两年以后，他又命在"赫图阿喇城外，更筑大城环之"⑤。赫图阿拉成为努

---

① 《明神宗实录》第 524 卷，万历四十二年九月壬戌，台北历史语言研究所校勘本，1962 年，第 4 叶。
② 《兴京厅乡土志》，光绪三十二年（1906）修，民国年间油印本，第 28 页。
③ 程开祜：《东夷奴儿哈赤考》，载《筹辽硕画》首卷，《清入关前史料选辑》本，中国人民大学出版社，1984 年。
④ 《清太祖高皇帝实录》第 3 卷，中华书局影印本，1986 年，第 7 页。
⑤ 《清太祖高皇帝实录》第 3 卷，中华书局影印本，1986 年，第 8 叶。

尔哈赤崛起的基地。同年，朝鲜《东国史略事大文轨》记载，努尔哈赤在赫图阿拉向明巡东总兵官李成梁呈文称："有我奴儿哈赤收管我建州国之人，看守朝廷九百五十余里边疆。"① 同年十一月十一日，努尔哈赤又致书朝鲜边将，自称："建州等处地方国王佟，为我二国听同计议事，说与满蒲官镇节制使知道……"② 以上说明这时努尔哈赤既称"建州国"，也称"国王"，从而使其王权又提高一步。

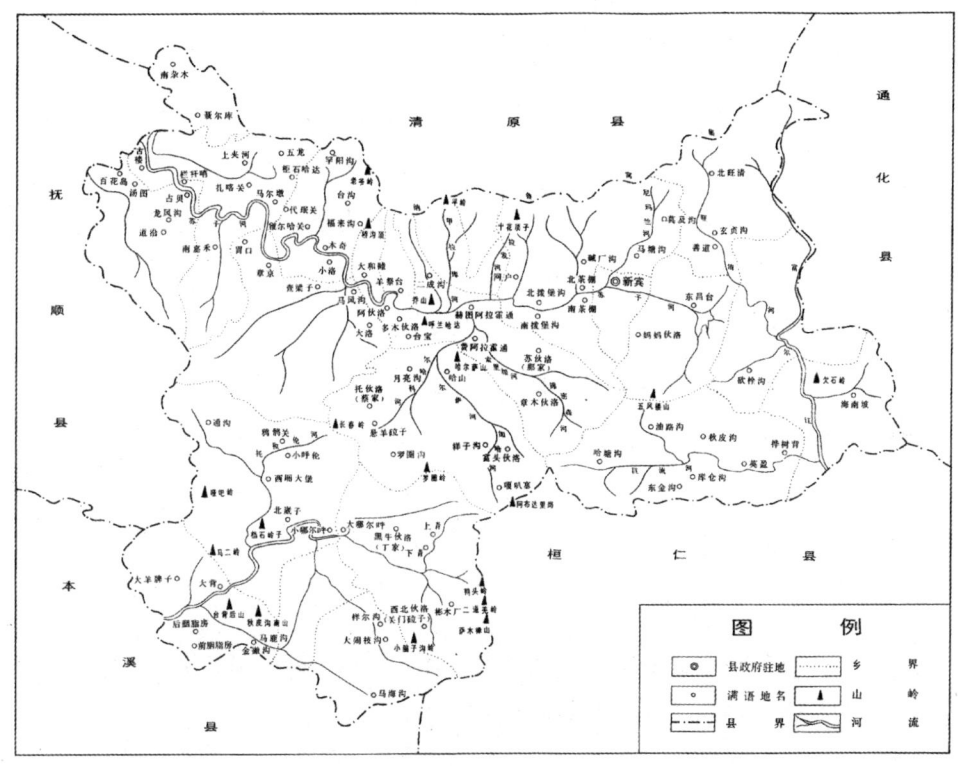

明朝后期赫图阿拉示意图

---

① [朝]《东国史略事大文轨》第46卷，第16页；转引自《清史论丛》第1集，文海出版社，第23页。
② [朝]《东国史略事大文轨》第46卷，第29页；转引自《清史论丛》第1集，文海出版社，第24页。

第五步，称"昆都仑汗"。万历三十四年（1606）蒙古恩格德尔引领喀尔喀五部贝勒之使臣，到赫图阿拉谒见努尔哈赤，"尊太祖为昆都仑汗（即华言恭敬之意①）"②。努尔哈赤被尊为恭敬汗③，这既为他自称后金汗作了舆论准备，又为他登临汗位建元天命作了预演。

第六步，建元称汗。努尔哈赤建元称汗，是建州由小变大、由弱变强的一个重要政治标志。这就表明，努尔哈赤有"射天之志"④，要夺取明统。在《满文老档》中载有一份文书，记录女真贵族关于王朝隆替的大段议论：

> 以大为小，以小为大，乃自古以来循环之例矣。昔夏桀帝为恶无道，成汤兴起于七十里之内，而得桀帝之业。商纣王荒淫无道，文王兴起百里之内，而得纣王之业。秦始皇荒淫无道，汉高祖于泗上亭独自起兵，而得秦始皇之业。大辽天祚帝强令我金太祖帝舞，因未从而欲杀之；太祖帝愤而兴兵征之，遂得大辽帝之业。赵徽宗因纳金帝所征大辽叛臣张觉，索之不与，用是兴师，获赵徽宗、赵钦宗父子二帝，即发遣白山东之五国城内。蒙古成吉思汗来朝时，金末代帝视其像貌不凡而欲杀之。成吉思汗兴师征讨，而得金帝之业。明万历帝荒淫无道者，干预界外他国之事，颠倒是非，逆理妄断，遂遭天谴。⑤

尽管上引论述充满唯心史观，但其撰者却力图从中归纳出一个结论：万历皇帝既然暴虐无道，努尔哈赤应当建元称汗。

---

① "即华言恭之意"是解释"昆都仑"的，应在"昆都仑"字的后面，"汗"字的前面；《清太祖武皇帝实录》和《满洲实录》此处均欠妥。
②《清太祖武皇帝实录》第2卷，原清宫内府藏写本，台北广文书局影印本，1970年，第7叶。
③《清太祖高皇帝实录》第3卷，第9页，将"昆都仑汗"译为"神武皇帝"，似欠妥。
④［朝］《光海君日记》第133卷，十年十月戊辰，日本学习院东洋文化研究所刊本，1959年。
⑤《满文老档·太祖》第41册，天命七年四月十七日，中华书局译注本，1990年。

万历四十四年（1616），努尔哈赤在赫图阿拉称汗，建立后金军事农奴主政权。努尔哈赤的登基典礼，后来经过几次纂修润色的《清太祖高皇帝实录》，作了详细记载：

> 天命元年，丙辰，春正月，壬申朔，四大贝勒代善、阿敏、莽古尔泰、皇太极及八旗贝勒大臣，率群臣集殿前，分八旗序立。上升殿，登御座。众贝勒大臣率群臣跪，八大臣出班，跪进表章，近侍侍卫阿敦、巴克什额尔德尼接表。额尔德尼跪上前，宣读表文，尊上为覆育列国英明皇帝。于是，上乃降御座，焚香告天，率贝勒诸臣，行三跪九叩首礼。上复升御座，众贝勒大臣，各率本旗，行庆贺礼。建元天命，以是年为天命元年。①

努尔哈赤这年58岁，他在隆重的礼仪中，建立后金，建元天命，登上汗位，黄衣称朕。据《满文老档》记载：

```
fulgiyan  muduri  aniya, sure  han  i  susai  jakūn
  丙        辰      年,  淑勒   汗  的  五十  八
sede, aniya  biyai  ice  de  bonio  inenggi,（amba）guruni  beise
岁时,  正    月    朔   在  申    日,  （大）  国的   诸贝勒
ambasa  geren  gemu  acabi  gisureme：musei  gurun（han be waliy-
诸大臣  众人   皆    会议    云       我们的  国   （汗将失
abuai）, han  akū  banjime  joboho  ambula  obi。abka  musei
  去）,  汗  没有  生活     苦      极     因为。天   我们的
gurūn  be  jirgabukini  seme  banjibuhabidere。abka  i  banji-
 国人  把  安居        欲    生养。           天   的  使
```

---

① 《清太祖高皇帝实录》第5卷，中华书局影印本，1986年，第12叶。

buha （geren） yadara joboro gurun be gosire（mangga akū
生　（众）　贫　　苦　国　将　仁慈　（难　不

yadara niyalmabe ujire） mergen, ujire faksi han de amba
贫　　者将　　养）　贤良，恩养　才智　汗　于　大

gebu hūlaki seme geren hebedeme gisureme toktobubi, jakun
名　　尊　欲　众人　议　　商　　定，　　八

gusai beise ambasa gerembe gaibi duin fadara duin hosio
旗的 诸贝勒 诸大臣　将众人　率　四　面的　四　隅

arame jakūn bade ilibi, jakūn gūsaci jakūn amban bithe
分作　八　处 站立，八　旗　八　大臣　文书

jafabi gerenci tucibi juleri niyakūraha manggi, jakūn gūsai
捧　 从众人 出　 前　 跪　　后，　 八　 旗的

beise ambasa geren be gaibi amala niyakūraha, han i ici
诸贝勒 诸大臣 众人 将 率　 后　 跪，　 汗 的 右

ergide iliha adun hiya, hashū ergide iliha erdeni baksi.
侧　 站立 阿敦 侍卫, 左　 侧　 站立 额尔德尼 巴克什。

(juwe mobi) emte ergici okdome genebi, jakūn amban i jafabi
（二个）　各一 侧　 迎　 前，　八　 大臣 的 呈

niyaūraha bithe be alime gaibi, han i juleri tukiyehe
跪　 文书 把 接　 受，汗 的 前　 捧

(amba fulgiyan) dere i dele sindabi. erdeni baksi han
（大红）　桌 的 上面 放。额尔德尼 巴克什 汗

i hashū ergide juleri ilibi (han i susai jakūn se de
的 左　 方　 前 站立 (汗 的 五十 八　 岁 于

fulgiyan muduri aniya, aniya biyai ice de bonio inenggi
丙　　辰　　年，　正　月　朔　在　申　　日
muduri erinde amban）, abka geren gurumbe ujikini seme
辰　于时　大臣），天　　众　　将国　　抚育　欲
sindaha（amba）genggiyen han seme gebu hūlaha,（hūlaha
任命　（大）　聪睿　　汗　称　号　尊，（呼颂
manggi）, niyakūraha beise ambasa geren gemu iliha,
后），　　跪　　诸贝勒　诸大臣　众人　皆　起立,
tereci tuttu geren ba iliha manggi, han tehe sorinci
由此　那　众人　处　站立　后，　汗　坐　从御座
ilibi yamunci tucibi, abka de ilanggeli hengkilehe。
起立　从衙门　出，　天　对　三次　　叩头
hengkilebi amasi bederebi soorinde tehe manggi, jakūn
叩头　　毕　　回　　御座　　坐　后，　　八
gūsai beise ambasa ilhi ilhi se baha seme han de ilata
旗的　诸贝勒　诸大臣　依　次　岁　得　而　汗　向各三
jergi hengkilehe。
次　　叩头。

即："丙辰年，淑勒汗五十八岁，正月朔壬申日，大国中的诸贝勒、诸大臣等众人会议云：'因我们的国中（失去了汗），没有汗的生活极苦。天欲使我们的国人安居乐业。天的仁慈使贫苦的国中生有贤明才智者，将贫苦之人恩养。欲给汗上尊号。'于是众人议定，八旗的诸贝勒、诸大臣等率领众人，分作四面四隅八处站立，由八旗的八大臣捧文书，从众人中走出，跪于前面，八旗的诸贝勒、诸大臣等率众跪于后面。阿敦侍卫立于汗的右侧，额尔德尼巴克什立于汗的左侧。

（二人）各自一方迎前，接受八大臣跪呈之文书，捧置于汗前（大红色）桌上。额尔德尼巴克什立于汗的左前（汗五十八岁的丙辰年正月朔壬申日辰时），颂汗为'天任命抚育列国（大）聪睿汗'。（呼颂后）跪着的诸贝勒、诸大臣与众人皆起立，仍回其原处站立。汗自座位起立，走出衙门，对天三叩首。叩首毕回原座位坐定后，八旗的诸贝勒、诸大臣等，依次各向汗三叩首祝贺。"

在《清太祖武皇帝实录》和《满洲实录》中，所载文字与上引证述虽稍异，然大体相同。但是，前引《清太祖高皇帝实录》记载，与《满文老档》所载相较，有如下几点不同：

第一，突出"四大贝勒"的地位。《满文老档》、《清太祖武皇帝实录》及《满洲实录》，均只称"八固山的大臣"，而《清太祖高皇帝实录》却称"四大贝勒代善、阿敏、莽古尔泰、皇太极及八旗贝勒大臣，率群臣集殿前，分八旗序立"。

第二，称"覆育列国英明皇帝"。《满文老档》载，尊努尔哈赤为 amba genggiyen han，汉音译为大庚寅汗，汉意译为大聪睿汗或大英明汗，而《清太祖高皇帝实录》却篡饰为"英明皇帝"。

第三，称"建元天命，以是年为天命元年"。但《满文老档》并无此记载。

努尔哈赤建立后金、建元天命的载录，直至天命四年即明万历四十七年（1619），在建州夺得萨尔浒大捷之后，始出现在朝鲜和明朝的史册上：

其一，朝鲜李民寏《栅中日录》同年三月十五日载："后金国王敬达朝鲜国王七宗恼恨事。"[①]

其二，朝鲜赵庆男在《乱中杂录》中，同年载三月二十一日[②]"后金国汗奉书于朝鲜国王"[③]。

其三，朝鲜《光海君日记》同年四月十九日，载后金与朝鲜的文书，经朝鲜

---

① [朝]李民寏：《栅中日录》，日本天理大学图书馆藏玉版书屋本，第14页。
② 《满文老档·太祖》第9册，天命四年三月二十一日，中华书局译注本，1990年。
③ [朝]赵庆男：《乱中杂录》，引自《清史论丛》，文海出版社，1979年。

详察后回启："胡书中印迹,令解篆人申汝櫂及蒙学通事翻解,则篆样番字,俱是'后金天命皇帝〔印〕'七个字"①。

其四,明朝沈国元《皇明从信录》和王在晋《三朝辽事实录》都在同年五月记载后金天命政权建立事。王在晋于五月二十九日记："朝鲜咨报,奴酋僭号后金国汗,建元天命,指中国为南朝,黄衣称朕,词甚侮嫚。"②

其五,明朝傅国《辽广实录》同年夏载："奴始僭号,称后金国汗,建元天命。"③并黄衣称朕,指明为南朝云云。

其六,《明神宗实录》同年六月十九日,载礼科给事中亓诗教《题逆酋僭号疏》云："近如朝鲜咨报所云,辄敢建国、改元、称朕。"④

此外,朝鲜《光海君日记》六年即万历四十二年(1614)六月,载述努尔哈赤建号之事。因这段记述较前引诸文早五年,故征录如下:

> 建州夷酋佟奴儿哈赤,本名东狘。我国讹称其国为老可赤,此本酋名,非国名,酋本姓佟。其后或称金,以女真种故也。或称雀者,以其母吞雀卵而生酋故也。今者国号僭称金,中原人通谓之建州。⑤

查《光海君日记》,上述引文是光海君李珲同平安兵使李时言对话中的一段插文,当为《光海君日记》纂修者所加之言。光海君李珲在位14年,被废。《光海君日记》为李朝仁祖时所修,故其所载上述文字不能视作努尔哈赤建国称号的原始史料。

---

① [朝]《光海君日记》第139卷,十一年四月壬申,日本学习院东洋文化研究所刊本,1959年。
② 王在晋:《三朝辽事实录》第1卷,江苏省立国学图书馆藏本。
③ 傅国:《辽广实录》上卷,清刻本。
④《明神宗实录》第583卷,万历四十七年六月庚午,台北历史语言研究所校勘本,1962年,第8叶。
⑤ [朝]《光海君日记》第79卷,六年六月丙午,日本学习院东洋文化研究所刊本,1959年。

以上数例说明，努尔哈赤在赫图阿拉登极称汗，至天命四年即万历四十七年（1619），始见自称后金的记载。而《满文老档》出现"后金国汗"的载录，则在天命六年即天启元年（1621）三月二十一日①。因此，一些史书载称：万历四十四年（1616），努尔哈赤建立"大金"（史称后金），是缺乏史实根据的。至于"大金"之号，见诸史册文物，则更晚一些。

努尔哈赤所建的政权又作"大金"，其史籍根据为李永芳于天命六年即天启元年（1621）五月致朝鲜边将三书：

其一，"大金国驸马王李永芳谕朝鲜守边官知道：我大金皇帝收取辽东……"

其二，"大金驸马王李，为招抚军民事，票仰义州节度使……"

其三，"大金国驸马王李，谕义州节度使知道：昨天古河汉人过江，你地方收藏。叫你通送来，屡唤不应；送过文书又不看，我才发兵过江，你地方人心未不惊动。今我到镇江地方，军民安抚已定。中有畏法愚民，跟随韩参将，见在你义州地方，我故行文，叫你送过江来，彼此两便。你又不接谕帖，不送过人来，反说满浦行文。昨你答通事来说，今后就进贡大金皇帝，今又何出此言？你乃礼义之邦，何为出言反吐？且辽东城堡，全归大金。镇江正朝鲜要路，已属大金。行文不由此地，而言满堡（浦），何也？此言甚是可笑。或者你以我大金尚未一统，非可统驭你国……"②。

上引李永芳致朝鲜边官书帖，凡八见"大金"，因其文繁，不赘全录。

文献记载之外，文物亦相印证。癸亥年即天命八年、天启三年（1623）所铸云版铭文就是一例："大金天命癸亥年铸。"③

综上，努尔哈赤建立后金，是有演变过程的。从万历十五年（1587）"定国政"，至天命十一年即天启六年（1626）他的死，中经六变，似需历史地对待之。由《满

---

① 《满文老档·太祖》第19册，天命六年三月二十一日，中华书局译注本，1990年。
② [朝]赵庆男：《乱中杂录续录》第1卷，引自《清史论丛》，文海出版社，1979年。
③ "大金天命癸亥年云版"，沈阳故宫博物院藏。

文老档》及朝鲜、明朝的史籍与文物可知，万历四十四年（1616），努尔哈赤登极称汗，其时未称后金，亦未建后金。至万历四十六年即天命三年（1618）闰四月，"奴儿哈赤归汉人张儒绅等，赍夷文请和，自称建州国汗，备述恼恨七宗"[①]，仍称"建州国汗"。尔后于万历四十七年即天命四年（1619），才始见载称其年号天命，国号后金。至于"大金"，据现有史料，则为天启元年即天命六年（1621）以后之事。

---

① 沈国元：《皇明从信录》第40卷，清刻本。

四 后金的社会结构

后金政权在努尔哈赤时期,主要有以下特点:

第一,旗、军、政一元性。八旗制度是后金社会基本制度。后金社会,各级额真,出则以旗统军,入则以旗统民。皇太极曾说:"我国出则为兵,入则为民,耕战二事,未尝偏废。"① 所以,在努尔哈赤时期的后金社会,旗制、兵制、民制是一元化的。

第二,立法、行政、司法,也有一元性。在后金汗之下,开国五大臣、八大贝勒既是议政大臣,也是八旗军事统帅,还是听讼断案大臣。三套机构,一驾马车。

第三,集体议政,分头坐实。济尔哈朗后来回忆道:

> 太祖创业之初,日与四大贝勒、五大臣讨论政事得失、咨访士民疾苦,上下交孚,鲜有壅蔽,故能扫清群雄,肇兴大业。②

以上三条,是后金政权区别于明朝政府,也是努尔哈赤区别于李满住、董山、

---

① 《清太宗文皇帝实录》第7卷,天聪四年五月壬辰,中华书局影印本,1985年,第3叶。
② 《清史稿·济尔哈朗传》第215卷,中华书局标点本,1977年,第8949页。

王台等，扫清群雄，兴起大业的根本原因。

但是，后金的社会结构，其统治者集团，按其社会地位与财产多寡，又分为不同的等级。努尔哈赤统治的后金社会，主要是依靠统治阶层中的新兴军事－政治贵族。他们主要由以下几种人组成：

第一种群体，是后金宗室贵族。这些人主要为爱新觉罗宗室，特别是努尔哈赤的子侄。努尔哈赤有十六子，他在世时年满16岁的儿子有12人：褚英、代善、阿拜、汤古代、莽古尔泰、塔拜、阿巴泰、皇太极、巴布泰、德格类、巴布海和阿济格。还有他的弟弟穆尔哈齐、舒尔哈齐等和侄子阿敏、济尔哈朗等。他们多辖有很多的牛录。如天启元年即天命六年（1621）的《满文老档》记载，仅济尔哈朗、汤古代和阿巴泰三人，就占有101牛录，另有375甲①。在努尔哈赤子侄中，逐渐形成四大贝勒，即大贝勒代善，其满文体为daisang beile；二贝勒阿敏，其满文体为amin beile；三贝勒莽古尔泰，其满文体为manggūltai beile；和四贝勒皇太极，其满文体为hong taiji beile。四大贝勒又称四和硕贝勒。和硕，为满文hošoi的对音，是东南、东北、西南、西北四方或四角的意思。hošoi beile意为一方之贝勒。稍后，又逐渐形成八和硕贝勒，或称八固山贝勒、八执政贝勒、八大贝勒。但是，其中以四大贝勒权势最为显赫。努尔哈赤的子侄们，不仅手握兵权和政权，而且占有大量的土地、奴仆、牲畜、金银和财物。如努尔哈赤对元妃佟佳氏所生的长子褚英和次子代善，各给予"部众五千户，牲畜八百群，银一万两，敕书八十道"②。以后随着军事上的不断胜利，他们占有更多的财富，成为后金汗以下最大的政治贵族和军事贵族。这个以皇权为首的宗室贵族集团，到清末帝宣统三年（1911），虽个别家族有贬有降，但始终是清朝的政治贵族和军事贵族。这些人包括亲王、郡王、贝勒、贝子暨其掌控的八旗固山额真、梅勒额真、甲喇额真、牛录额真等。

---

① 《满文老档·太祖》第18册，天命六年闰二月二十二日，中华书局译注本，1990年。
② 《满文老档·太祖》第3册，癸丑年（万历四十一年）六月，中华书局译注本，1990年。

第二种群体，是异姓军功贵族。他们第一代异姓（非爱新觉罗）军功贵族，多是早年归顺努尔哈赤者，在多次征战中，勇敢拼搏，屡立功勋。例如：

其一，额亦都（1562～1621），钮祜禄氏，嘉靖四十一年（1562）生，小努尔哈赤3岁。世居长白山，移居英峨峪。幼时父母为仇人所害。年十三，手刃仇人。其早期事功，前已述及。额亦都骁勇善战，挽十石弓，以少击众，所向克捷。努尔哈赤有所征讨，额亦都"皆在行间，未尝挫衄。每克敌受赐，辄散给将士之有功者，不以自私。太祖厚遇之。始妻以族妹"①。后努尔哈赤以女妻之②。额亦都大义灭亲的故事生动感人：

> （额亦都）尤明于大义，而谨于事上。事有关于国家，虽己子亦不稍存姑息。公次子达启，少英异，太祖养于宫中。及长，材武过人。太祖爱之，俾尚公主。达启怙宠渐骄，遇皇子皆无礼，公患之。一日，假他事集诸子、僮仆宴城外园中。酒甫行，公忽起，命众执达启。众愕然，莫知所措。公大怒，露刀厉声曰："天下有父杀子乎？诚以此子傲慢不驯，不除他日必负国恩，而败门户。不从者，血此刃！"众乃惧，引达启入室，以衣被覆杀之。公诣太祖，陈且谢罪。太祖惊惋累日，深以让公。久之知公心，弥加嗟叹其为国远虑，忘己效忠。③

八旗创制后，额亦都隶满洲镶黄旗。后金成立后，额亦都为开国五大臣之一，兼总兵官。努尔哈赤每逢征战，额亦都皆在行伍之中。特有一个重要特点，"每克敌受赐，辄散给将士之有功者，不以自私"④。天命六年即即天启元年（1621）

---

① 《清史稿·额亦都传》第225卷，中华书局标点本，1977年，第9177页。
② 《衍庆录》第3卷，康熙刻本。
③ 《清代碑传全集》第3卷，上海古籍出版社，1987年，第24页。
④ 《清史稿·额亦都传》第225卷，中华书局标点本，1977年，第9177页。

六月,病卒,年六十。后配享太庙。有十六子。

其二,费英东(1564～1620),瓜尔佳氏,苏完部长索尔果之次子,万历十六年(1588),随其父率500户归附,受到努尔哈赤的嘉奖。《清太祖高皇帝实录》载:

> 时(万历十六年,公元1588年——引者)苏完部主索尔果率本部军民来归,上以其子费英东为一等大臣;又董鄂部主克辙巴颜之孙何和里,亦率本部军民来归,上以长女妻之,授为一等大臣;又雅尔古寨扈喇虎,因杀其族人率军民来归,上以其子扈尔汉为养子,赐姓觉罗,亦授为一等大臣。①

努尔哈赤并以长子褚英女妻之。征瓦尔喀部,取噶嘉路、安褚拉库路,收降人、克屯寨。战乌拉、征叶赫,力战破敌,夺门堕城。费英东"自少从征诸国,三十余年,身先士卒,摧锋陷阵,战必胜,攻必克,屡奏肤功"②。努尔哈赤称赞费英东"此真万人敌也!"③他"为人忠直,见国事稍有阙失,辄毅然强谏,毕智殚力,克输勇略,以佐成帝业"④。皇太极赞誉费英东:"见人不善,必先自斥责而后劾之;见人之善,必先自奖励而后举之。其所奏善恶,被劾者亦无怨言,被举者亦无骄色。"⑤天命建元,费英东为开国五大臣之一,兼总兵官。后谥爵一等公。天命五年即泰昌元年(1620)三月,病卒,年五十七。后配享太庙。有10子。

其三,何和礼(1561～1624),又作何和里、何和理,栋鄂氏,又作董鄂

---

① 《清太祖高皇帝实录》第2卷,中华书局影印本,1986年,第7叶。
② 《八旗满洲氏族通谱》第1卷,辽沈书社,1989年,第1页。
③ 《清史稿·费英东传》第225卷,中华书局标点本,1977年,第9180页。
④ 《清代碑传全集》第3卷,上海古籍出版社,1997年,第25页。
⑤ 《八旗满洲氏族通谱》第1卷,辽沈书社,1989年,第2页。

氏，祖克彻巴颜、父额勒吉、兄屯珠鲁巴颜，世为董鄂部长。董鄂部强盛，何和礼代其兄为部长。万历十六年（1588），何和礼率部归附，努尔哈赤以长女妻之。征虎尔哈，攻灭乌拉，战萨尔浒，攻克沈阳，占领辽阳，何和礼俱有重大战功。何和礼"性宽和，识量宏远"①，随努尔哈赤征战三十余年，为其股肱之臣。为后金开国五大臣之一，兼总兵官。天命九年即天启四年（1624），病卒，年六十四。有6子。

其四，安费扬古（1559~1622），觉尔察氏，与努尔哈赤同岁，世居瑚济寨，早年从其父事努尔哈赤。万历十一年（1583），从努尔哈赤起兵，战尼堪外兰，攻克伦图城。后努尔哈赤几遇凶险，均赖安费扬古或出奇制敌、或突骑斩敌，而险中逃生，转危为安。古勒山之役，与破九部之师；萨哈连之征，率师渡江取胜。诸多重大战役，破敌击营，攻城夺门，身先士卒，屡立战功。史称其"自癸未来归，即从征伐。开国功臣惟安费扬古与额亦都二人，效力最在先，并以早岁行兵，迄于白首，战辄居前，还则殿后，屡受重伤，多树勋伐"②。为后金开国五大臣之一，兼总兵官。天命七年即天启二年（1622），病卒，年六十四。

其五，扈尔汉（1576~1623），佟佳氏，世居雅尔古，父扈喇虎于万历十六年（1588），率所部归附。时扈尔13岁，努尔哈赤收为养子。稍长后，任侍卫。旗制定，隶满洲正白旗。他战乌拉，伐渥集，略虎尔哈路，克扎库塔城，攻萨哈连部，萨尔浒之役合击毙刘𬘩，取沈阳、破辽阳，皆立战功③。为后金开国五大臣之一。天命八年即天启三年（1623），病卒，年四十八。

后金开国五大臣以年齿为序是：安费扬古、何和礼、额亦都、费英东、扈尔汉，以享寿为序是：安费扬古、何和礼、额亦都、费英东、扈尔汉；以辞世时间为序是：费英东、额亦都、安费扬古、扈尔汉、何和礼；以历史地位为序是：费英东、

---

① 《清代碑传全集》第3卷，上海古籍出版社，1987年，第27页。
② 《清代碑传全集》第3卷，上海古籍出版社，1987年，第27页。
③ 《清史稿·扈尔汉传》第225卷，中华书局标点本，1977年，第9188~9189页。

额亦都、何和礼、安费扬古、扈尔汉。他们都为清朝开国奠基、建功立业，做出突出贡献。清开国五大臣均在天命汗进入辽沈地区、努尔哈赤逝世之先故去——费英东故去后，努尔哈赤亲临祭奠，近臣阻谏，他说："吾股肱大臣，与同休戚，今先雕丧，吾能无悲乎？"说完，亲往，"哭之恸，至夜分始还"。额亦都病故，努尔哈赤"哭临者三"。扈尔汉病故，努尔哈赤"亲临其丧"。何和礼病故，"太祖哭之恸，曰：朕所与并肩友好诸大臣，何不遗一人以送朕老耶？"《清史稿》的上述记载表明：清太祖努尔哈赤对同自己并肩出生入死、遍体伤痕的战友，怀着一颗感恩的真情！且共同战斗 40 年的五大臣，没有内斗，也没有内讧，而是心齐力一、生死与共，才共同开创出大清帝国的基业！

昭梿在《啸亭杂录·五大臣》中载述：

> 国初太祖时，以瓜尔佳信勇公费英东、钮钴禄宏毅公额亦都、董鄂温顺公何和理、佟忠烈公扈尔汉、觉罗公安费扬古为五大臣，凡军国重务，皆命赞决焉。①

《清史稿》在清开国五大臣传后"论曰"：

> 额亦都归太祖最早，巍然元从，战阀亦最多。费英东尤以忠谠著，历朝褒许，称佐命第一。何和礼、安费扬古、扈尔汉后先奔走，共成筚路蓝缕之烈，积三十年，辅成大业，功施灿然。太祖建号后，诸子皆长且才，故五大臣没，而四大贝勒执政。②

---

① 昭梿：《啸亭杂录》第 2 卷，中华书局点校本，1980 年，第 43 页。
② 《清史稿》225 卷"论曰"，中华书局点校本，1977 年。

清开国五大臣同天命汗努尔哈赤结亲缘戚，赞画机要，襄理国政，分掌兵权，奋勇征战，身先士卒。努尔哈赤对这些勋戚重臣和各级额真，按其军功大小分赐大量的土地、牧畜、奴仆、布帛等。据朝鲜李民寏到赫图阿拉所见，将官的农庄多至五十余所，马匹"千百为群"①。他们跟随努尔哈赤南征北战，伤痕遍体，倾心效力，"始终尽瘁"②，逐渐形成后金的军事贵族。

第三种群体，是蒙古功勋贵族。这部分人主要是指归降努尔哈赤的蒙古贝勒、台吉等。如明安达礼，世居科尔沁，早年随父归附努尔哈赤，授为牛录额真③，后为正白旗蒙古固山额真，官至兵部尚书、议政大臣。布颜代，为蒙古兀鲁特部贝勒，归附后金，"尚主为额驸"④，后为镶红旗蒙古固山额真。明安、古尔布什、莽果尔代等前已述及。这些蒙古贝勒、台吉等，投附努尔哈赤之后，不仅成为军事贵族，而且成为政治贵族。以恩格德尔为例。恩格德尔原是蒙古巴岳特部的小台吉，他率先归顺努尔哈赤后，不但成为额驸，还被赐予大量的土地与奴仆。仅录《满文老档》的两次记载：天启二年即天命七年（1622），努尔哈赤把平房堡民四百三十男丁，给蒙古恩格德尔额⑤；并命额驸和格格出门，要演吹喇叭、奏唢呐的礼仪。顺便补充一句，格格为满语 gege 的对音，是公主、姐姐的意思。这里专指舒尔哈齐第四女、恩格德尔妻子巴岳特格格。恩格德尔及其妻、弟、子总计八千男丁，一年征收银五百二十两，粮八百八十斛，当差一百四十人，牛七十头，护卫兵丁一百四十人⑥。这些受努尔哈赤恩封为勋贵的蒙古贝勒、台吉，后为蒙古八旗的各级额真，成为后金政权的重要支柱。

第四种群体，是汉军军功贵族。这些人主要是明朝投降后金的官将、生员、

---

① [朝]李民寏：《建州闻见录》，日本天理大学图书馆藏玉版书屋本，第32页。
②《何和礼碑记》，载《辽阳碑志选》第1集，铅印本，第33页。
③《清史列传·明安达礼》第5卷，中华书局标点本，1987年，第7页。
④《清史稿·布颜代传》第229卷，中华书局标点本，1977年，第9274页。
⑤《满文老档·太祖》第32册，天命七年正月初八日，中华书局译注本，1990年。
⑥《满文老档·太祖》第45册，天命八年二月十四日，中华书局译注本，1990年。

富贾等,如李永芳、佟养真、佟养性、石廷柱、李思忠、金永和、王一屏、孙得功、张大猷、李国翰、范文程、宁完我、鲍承先以及后来的洪承畴等。由于汉人降服日众,后来别置汉军,组成与八旗满洲、八族蒙古鼎足的八旗汉军,从而逐渐形成汉军军功贵族。汉军贵族既是后金政权的重要支柱,也是后金汗统治辽沈地区的社会基础。这类人如佟养真,辽东人,原系商人,早年与其从弟养性向后金"潜输款"①,后携家眷及族属投归努尔哈赤。他以从征辽阳功,被授为游击世职。不久在奉命驻守镇江时,以身殉后金。努尔哈赤命其子佟图赖袭世职,官至都统。其女为顺治帝妃,系康熙帝生母,后封为孝康章皇后。佟图赖被赠为一等公,其长子佟国纲于"编审册内俱开为满洲"②,曾与索额图同俄国订立《尼布楚条约》,后在出击噶尔丹的乌兰布通之役中阵亡;其次子佟国维,官至领侍卫内大臣、议政大臣。佟国维之女为康熙帝孝懿皇后;其子隆科多据说宣谕传位世宗之遗命,雍正初为总理事务四大臣之一。努尔哈赤招降汉人而形成的汉军贵族,从佟氏一门看,对清初政治、军事和民心的影响实为深而巨。佟氏本汉军,康熙帝命改姓佟佳氏,抬入满洲旗。后族抬旗,自此为始。③

又如李永芳,辽东铁岭人,为明抚顺所游击。曾于万历四十一年(1613)在抚顺所教场,与努尔哈赤相见④。努尔哈赤率兵攻抚顺,李永芳出城降。"太祖伐明取边城,自抚顺始;明边将降太祖,亦自永芳始"⑤。努尔哈赤想以李永芳为诱饵,瓦解明朝边将,对他尽力厚待,"仍依明制,设大小官属,令李永芳统辖;上复以子台吉阿巴泰之女妻永芳,授为总兵官"⑥。李永芳后随努尔哈赤拔清河、克铁岭,下沈阳、占辽阳,以军功进三等总兵官,成为后金的汉军贵族。但是,

---

① 《清史稿·佟养性传》第231卷,中华书局标点本,1977年,第9323页。
② 《八旗通志初集》第143卷,东北师范大学出版社,1985年,第3页。
③ 《清史稿·后妃传》第214卷,中华书局标点本,1976年,第8908页。
④ 《满文老档·太祖》第3册,癸丑年(万历四十一年)十二月二十六日,中华书局译注本,1990年。
⑤ 《清史稿·李永芳传》第231卷,中华书局标点本,1977年,第9327页。
⑥ 《清太祖高皇帝实录》第5卷,中华书局影印本,1986年,第18~19叶。

尽管李永芳效忠于后金汗，仍不免受到歧视：诸子被捆绑[①]，自己遭呵斥——一次因议兵进取与贝勒阿敏意见相左，阿敏怒叱道："尔蛮奴，何得多言！我岂不能杀尔耶！"[②]"抚顺额驸"李永芳尚且如此，其他明朝降金官将的境遇则更可想而知。

另如范文程，将在以下文臣中叙述。

第五种群体，是文化贵族。除上述之外，还有依附和服务于后金政权满、蒙、汉的文臣。他们撰制满文，通使往来，左右赞襄，参与筹划，对女真各部的统一，满族共同体的形成，后金政权的建设，满、蒙、汉的文化交流，都起了重要作用。如额尔德尼、噶盖[③]、达海、库尔缠、尼堪和希福等，多兼通满、汉、蒙古文字，被赐号巴克什。后尼堪官至理藩院尚书，希福官至内弘文院大学士，都跻身显贵。

在后金的文臣中，也有汉族儒生。除前已叙及的龚正陆外，范文程又是一例。范文程，沈阳人，曾祖鏓，官至明兵部尚书。他少时为县学生员，喜好读书，聪颖敏捷，形貌颀伟。天命三年即万历四十六年（1618），八旗兵陷抚顺，范文程被努尔哈赤"得而育之"。努尔哈赤陷辽阳后，范文程险些丧生。据彭孙贻在《客舍偶闻》中记范文程所言："公曰：'太祖定辽阳，壮者配营中，杀老弱。已而渐及拥厚资者，虑有力为乱也。'从行一地曰：'此我就僇处也。'十七人皆缚就刑，太祖忽问曰：'若识字乎？'以生员对。上大喜，尽十七人录用。"范文程因是原明诸生而幸存。后随军，历战阵。天聪三年即崇祯二年（1629）设立文馆，范文程以生员入馆。同年，皇太极率军入塞，兵攻京师。范文程破大安、陷遵化，皆立军功。皇太极在京师广渠门外兵败于袁崇焕军时，范文程密进反间计，"时明宁远总制某将重兵居前，公进秘谋，纵反间，总制获罪去"[④]。翌年，范文程

[①]《满文老档·太祖》第52册，天命八年五月二十三日，中华书局译注本，1990年。
[②]《清史列传·李永芳》第78卷，中华书局标点本，1987年，第11页。
[③] 噶盖：时为扎尔固齐。
[④]《清代碑传全集》第4卷，上海古籍出版社，1987年，第29页。

因功为文馆之文臣①。后升为游击。文馆改为内三院后，范文程被授为内秘书院大学士，"每议大政，必资以画。宣谕各国敕书，皆出文程手"②。范文程颇受皇太极之知遇："时文程所领皆枢密事，每入对，必漏下数十刻始出，或未及食、息，复奉召入。"③后来，进军山海、直取京师、传檄而定大江南北，编行保甲，招垦而行屯政兴农，重大治策，经纶筹划，建议清军入关后，实行"官仍其职，民复其业，录其贤能，恤其无告"④，以及"废除三饷"、开科取士等，多出自范文程之手或由其参与帷幄。

除汉族儒臣外，还有蒙古族医士。如绰尔济：

> 天命中，率先归附。善医伤。时白旗先锋鄂硕与敌战，中矢垂毙，绰尔济为拔镞，傅良药，伤寻愈。都统武拜身被三十余矢，昏绝，绰尔济令剖白驼腹，置武拜其中，遂苏。有患臂屈不伸者，令先以热镬熏蒸，然后斧椎其骨，揉之有声，即愈。⑤

蒙古族医士绰尔济等具有民族特点与地方色彩的高超技艺，赢得了人们的尊敬，被誉为"神医华佗"⑥。后来清代称创伤骨科医生为"蒙古医士"。

综上所述，由宗室贵族、军功贵族、蒙古贵族、汉军贵族以及文臣谋士、精干能吏等，所组成的统治者集团，是努尔哈赤统治后金社会的政治杠杆与社会基础。

在后金社会与统治者相对立的被统治者中，也有不同的阶级和等级，他们主

---

① 《清太宗文皇帝实录》第6卷，天聪四年二月甲子，中华书局影印本，1985年，第16叶。
② 《八旗通志初集》第172卷，东北师范大学出版社，1985年，第4189～4190页。
③ 《清史列传·范文程》第5卷，中华书局标点本，1987年，第1页。
④ 《清世祖章皇帝实录》第4卷，顺治元年四月辛酉，中华书局影印本，1985年，第4叶。
⑤ 《清史稿·绰尔济传》第502卷，中华书局标点本，1977年，第13880页。
⑥ 康熙《盛京通志》第40卷，康熙二十三年（1684）刻本，第3页。

要由以下几种人组成：第一种人是农奴。他们的来源，或由奴隶转化，或从诸申分化，或系部民迁徙，或为辽沈农民。农奴是后金社会的一个基本阶级。八旗军进入辽沈地区后，农奴阶级的队伍空前扩大。如将官农庄多至有五十余所，"奴婢耕作，以输其主"①。这里的奴婢即农奴，是后金汗统治"民"的主体部分。第二种人是牧民。后金的牧民既包括建州的，也包括蒙古的。漠南蒙古地区，在元明时期进入封建社会。后金辖区的蒙古牧民多为牧奴，而后金的牧民，也多为牧奴。第三种人是工匠。农奴、牧民、工匠是后金社会创造物质财富的主要劳动者。第四种人是阿哈。阿哈为满语 aha 的对音，其经济地位和社会属性即是奴隶或农奴。阿哈有时称包衣阿哈，为满语 booi aha 的对音，booi 意为家里的，包衣阿哈是家里之奴隶的意思。他们在后金社会中的地位如同牛马，是正在消亡的并在被奴役的人群。第五种人是部民。这主要是指"野人"女真中未被迁往建州而处于氏族社会的居民，他们向后金汗纳贡称臣。此外还有诸申，诸申为满语 jušen 的对音。它在建州女真社会中，是"一任自意行止，亦且田猎资生"②的平民。随着建州社会的发展和变革，诸申逐渐地发生分化：有的上升为军事农奴主，有的降为阿哈，其中大部分转化为"既束行止，又纳所猎"的农奴。他们耕田纳赋，披甲从征，出差服役，生活贫苦。但总的说来，其生活状况还是比奴隶制下的自由民有所改善。

　　上面仅就后金社会被统治者农奴、牧民、阿哈、部民以及诸申的地位，作了扼要的介绍，后面将在第十三章另作叙述。

　　后金社会是怎样维护其行政运转的呢？

---

① [朝]李民寏：《建州闻见录》，日本天理大学图书馆藏玉版书屋本，第 31 页。
② [朝]申忠一：《建州纪程图记》，图版 18，载《兴京二道河子旧老城》，日文版，建国大学刊印，1939 年。

五 后金汗的统治术

努尔哈赤面对后金社会的冲突、民族的纠纷，他采用军事镇压、政治笼络、物质赏赐、法律制裁和思想麻醉等手段，以加强其统治。本节着重介绍努尔哈赤以立法布令和思想麻醉来控制其臣民的情况。

后金汗努尔哈赤重视立法治民。他谕众贝勒大臣曰："为国之道，存心贵乎公，谋事贵乎诚。立法布令，则贵乎严。若心不能公、弃良谋、慢法令之人，乃国之蠹也，治道其何赖焉！"① 他又训道："生杀之际，不可不慎。必平心和气，详审所犯始末，方能得情。"② 努尔哈赤的"公"与"诚"、"慎"与"详"，且不去评论，但立法布令、整肃严明，却是他治国、治旗、治军、治民的一贯思想。先是，建州社会没有成文法，其不成文法，令人毛骨悚然。据朝鲜申忠一所见云：

> 奴酋不用刑杖，有罪者，只以鸣镝箭脱其衣而射其背，随其罪之轻重而多少之；亦有打腮之罚云。③

---

① 《清太祖高皇帝实录》第4卷，中华书局影印本，1986年，第8叶。
② 《清太祖圣训》第4卷，文津阁《四库全书》影印本，商务印书馆，2005年。
③ [朝]申忠一：《建州纪程图记》，图版18，载《兴京二道河子旧老城》，日文版，建国大学刊印，1939年。

另据朝鲜李民寏之见闻云：

> 有罪则或杀，或囚，或夺其军兵，或夺其妻妾、奴婢、家财，或贯耳，或射其胁下，是以临阵有进无退云。①

但是，无论成文法或不成文法，没有审判机关是不能保证法制执行的。随着努尔哈赤王权的不断提升，需要建立审理和惩罚机关。万历四十三年（1615），努尔哈赤设置理政听讼大臣5人，扎尔固齐②（即理事官）10人，并对审理程序做了规定：

> （国人）凡有听断之事，先经扎尔固齐十人审问；然后言于五臣，五臣再加审问；然后言于诸贝勒，众议既定，奏明三覆审之事；犹恐尚有冤抑，令讼者跪上前，更详问之，明核是非。③

八旗军占领沈、辽之后，努尔哈赤再谕各贝勒、大臣，要每5天聚集一次，对天焚香叩头，在审理衙门里，对各种罪犯进行审判。时有受贿、荒怠之事，所以规定不许向有罪者索银，在审案时也不许喝烧酒、吃佳肴④，并明令允许各地可以到赫图阿拉告状申冤，如属实，给予免罪；如诬告，反坐定谳。

在执法时，努尔哈赤强调要按法规办事，虽子弟侄孙，亦触法不贷。据《满

---

① [朝]李民寏：《建州闻见录》，日本天理大学图书馆藏玉版书屋本，第34页。
② 扎尔固齐：福格《听雨丛谈》第8卷："曾于《清文鉴》中查之不得，应是蒙古语也。"扎尔固齐，满语作 jarguci，系蒙古语达鲁花赤之借词。达鲁花赤为成吉思汗统一蒙古各部后设立的一项司法制度。
③ 《清太祖高皇帝实录》第4卷，乙卯年即万历四十三年（1615）十月，中华书局影印本，1986年，第21页。
④ 《满文老档·太祖》第21册，天命六年五月初五日，中华书局译注本，1990年。

文老档》记载，一次他的侄子济尔哈朗、斋桑古和孙子岳讬、硕讬，因行贿而获罪。努尔哈赤命他们在赫图阿拉的都堂衙门里，穿上女人的衣服、短袍、裙子，加以羞辱。并画地为牢，监禁三天三夜。他还亲去四位贝勒幽坐的地方，叱责诸侄孙，向他们脸上啐唾沫[1]。后金汗如此大动肝火，故作姿态，显然想利用这件区区琐事，既惩儆子侄，又严诫诸臣。不过，勋臣如罹重罪，他们因军功而获得免死券，仍可得到赦免。

建州的刑法极为残酷。下面举几个例子。住在广宁的3个八旗兵被蒙古人杀死，命将犯人两手钉在木头上，两脚捆在驴腹下，骑着驴子押解到赫图阿拉行刑[2]。阿纳的妻子烙家婢的阴部，命刺其耳、鼻[3]。另如男人盗窃，妻子要规劝、告发；否则，其妻要脚踏赤红火炭，头顶灼热铁锅，处以死刑[4]。伊兰奇牛录的工匠茂海，因奸污编户汉人妇女，命将他杀死后，碎尸八段，八旗每旗分尸一段，悬挂示众[5]。但是，随着女真社会的巨大进步，又受到明朝辽东刑法的影响，酷刑被逐渐废止。如天启二年即天命七年（1622）六月，后金宣布"废除刺鼻耳之刑"[6]。

为着巩固后金政权，加强法制，努尔哈赤还指令翻译《刑部会典》和《明会典》。他在下达给阿敦、李永芳的文书中，要他们将明朝的"各种法规律例，写在文书里送上；抛弃其不适当的条文，而保留其适当的条文"[7]。后来，其子皇太极仿照明朝有关典章，制定出《登基（极）后议定会典》。会典的前20条，都是有关和硕亲王、多罗郡王、多罗贝勒、固山贝子、固伦公主、和硕公主、多罗格格、固山格格等的等级名号，效法汉族封建伦常，改革满族旧习。皇太极继承努尔哈

---

[1]《满文老档·太祖》第28册，天命六年十一月初一日，中华书局译注本，1990年。
[2]《满文老档·太祖》第39册，天命七年三月十二日，中华书局译注本，1990年。
[3]《满文老档·太祖》第42册，天命七年六月十九日，中华书局译注本，1990年
[4]《满文老档·太祖》第58册，天命八年七月二十六日，中华书局译注本，1990年。
[5]《满文老档·太祖》第34册，天命七年正月二十六日，中华书局译注本，1990年。
[6]《满文老档·太祖》第42册，天命七年六月十七日，中华书局译注本，1990年。
[7]《清太宗实录》，钞本，北京图书馆善本部藏。

赤的法制思想，制定典章，这对后金封建生产关系的发展，满洲政权的巩固，都是有积极作用的。

后金汗努尔哈赤不仅重视立法布令，而且重视加强思想统治。他利用宗教——对满洲，主要沿用萨满教；对蒙藏，主要尊奉喇嘛教；对汉人等，主要沿袭佛教，以宗教多元作为治理不同部民的精神武器。萨满教，萨满又称珊蛮、萨莫、萨吗、叉妈，为满语 saman 的对音，是巫祝的意思。产生于原始社会末期并为奴隶主贵族服务的萨满教，已不能适应满族社会由奴隶制向封建制转变的需要。恩格斯说："历史上的伟大转折点有宗教变迁相伴随。"① 这是一句至理名言。同样，满族社会历史的重大转折，也有宗教变迁相伴随。因为原始的萨满教，不适应于满族封建主对农奴和降附蒙古族部民进行思想统治的需要。而喇嘛教则既能怀柔蒙古族部民，又能成为驾驭满族农奴和奴隶的一条缰绳。因此，努尔哈赤在征抚漠南蒙古的过程中，汲取蒙古封建主统治经验，把长期在蒙古地区流行的喇嘛教加以推崇，作为驯服满族人民和笼络蒙古人民，维护后金军事农奴主统治的精神工具。

喇嘛教是我国佛教的一支。佛教传入西藏以后，在它和当地原有的宗教长期互相影响的过程中，逐渐采取了喇嘛教的形式。喇嘛教黄派首领宗喀巴②，创立复杂的寺院等级制度，制定喇嘛教寺院的清规戒律。后来由于西藏新兴封建领主的扶持，黄教派逐渐取代红教派③而成为执政教派，并传入蒙古族地区。喇嘛教按佛教信条，宣扬生命即是苦难，摆脱苦难的方法是修行。它劝说被压迫的群众，要听天由命，放弃斗争，安分守己，忍受苦难，以换取来世的幸福。喇嘛教的这一套说教及其宗教等级制，恰恰符合后金新兴封建主的需要。

---

① [德]恩格斯：《路德维希·费尔巴哈和德国古典哲学的终结》，载《马克思恩格斯全集》第21卷，人民出版社，1965年，第328页。
② 宗喀巴（1357-1419），本名罗桑扎巴，是青海湟中人，藏语称"湟中"为"宗喀"，所以叫宗喀巴。他是喇嘛教黄派的创始人。
③ 喇嘛教的主要教派有：黄教（格鲁派），红教（宁玛派），白教（噶举派），花教（萨迦派），皆因僧衣僧帽之颜色而得名。

努尔哈赤模仿喇嘛教的语言,劝谕道:

> 所谓福者,夫乃信奉神佛,苦修今世之身,求得福至,以期来世生于吉祥之地,所以求福也!①

以努尔哈赤为首的女真贵族,也以喇嘛教的信徒自居。据李民寏在赫图阿拉所见云:

> 奴酋常坐,手持念珠而数之。将胡则颈系一条巾,巾末悬念珠而数之。②

崇奉喇嘛教,便要兴建喇嘛庙,万历四十三年(1615)四月,努尔哈赤授意在赫图阿拉城东高地,修建喇嘛寺。《清太祖高皇帝实录》记载:"始建佛寺及玉皇诸庙于城东之阜,凡七大庙,三年乃成。"③从兴建工程所用的时间,可知建筑之宏伟,工程之浩大。进入辽沈地区后,他曾发布过保护庙宇、违者治罪④的汗谕。他对蒙古大喇嘛,"二聘交加,腆仪优待"⑤,遣使迎至后金传教。乌斯藏(西藏)大喇嘛干禄打儿罕囊素,即"不惮跋涉,东历蒙古",来至辽阳。后金汗努尔哈赤对大喇嘛干禄打儿罕囊素,"敬礼尊师,培(倍)常供给"⑥。天启元年即天命六年(1621)八月,干禄打儿罕囊素大喇嘛圆寂,努尔哈赤敕令修建宝塔以为纪念。他又命派63户诸申种地纳粮,以供香火⑦。

---

① 《满文老档·太祖》第4册,乙卯年即万历四十三年(1615)十一月,中华书局译注本,1990年。
② [朝]李民寏:《建州闻见录》,日本天理大学图书馆藏玉版书屋本,第32页。
③ 《清太祖高皇帝实录》第4卷,中华书局影印本,1986年,第13叶。
④ 《满文老档·太祖》第29册,天命六年十一月三十日,中华书局译注本,1990年。
⑤ 《大喇嘛坟塔碑记》,载《辽阳碑志选》第2集,铅印本,第37页。
⑥ 《大金喇嘛法师宝记》,载《辽阳碑志选》第1集,铅印本,第30页。
⑦ 《满文老档·太祖》第40册,天命七年三月二十二日,中华书局译注本,1990年。

努尔哈赤大力提倡喇嘛教，使其原有的萨满教受到某种程度的压抑。萨满教与喇嘛教便发生了矛盾。在满族中关于《萨满与喇嘛斗法的传说》，则是这一矛盾的影子：

> 从前三家子屯有一家，家中有人病了，请邻村的喇嘛来治病。喇嘛治了很久，也没有把病人治好。这家只好又换请了本屯的萨满来治。萨满很快就把病人治好了。病人好了以后，在家中摆酒给萨满和喇嘛道乏。喇嘛因为没能由自己治好病人的病，心中便有些对萨满不满。喝酒时喇嘛便斟了一盅酒，对萨满说："我很佩服你的法术，你敢喝我这盅酒吗？"萨满接过酒来一看，原来酒里有三条极小的赤练蛇。萨满知道喇嘛要害他，当时就答道："我喝你这盅酒！"说完连酒带蛇一齐喝了下去。接着萨满也斟满一盅酒，对喇嘛说："我回敬你一盅，你敢喝我这盅酒吗？"喇嘛接过酒盅一看，原来酒里有三根针。这一下喇嘛吓坏了，他无论如何也不敢喝这盅酒，只好向萨满赔礼，甘拜下风了。从此，萨满和喇嘛虽然和好了，但是萨满治病的地方，喇嘛再也不敢去。喇嘛对萨满佩服得五体投地。①

但是，努尔哈赤虽力倡喇嘛教，在女真内部仍设堂子祭天。古勒山之役临战前，努尔哈赤"率诸贝勒大臣诣堂子拜"②祝。在佛阿拉城有祭天之所③。在赫图阿拉，"立一堂宇，绕以垣墙，为礼天之所，凡于战斗往来，奴酋及诸将胡必往礼之"④。

---

① 金启孮：《满族的历史与生活》，黑龙江人民出版社，1981年，第93页。
② 《清太祖高皇帝实录》第2卷，中华书局影印本，1986年，第15叶。
③ [朝]申忠一：《建州纪程图记》，图版7，载《兴京二道河子旧老城》，日文版，建国大学刊印，1939年。
④ [朝]李民寏：《建州闻见录》，日本天理大学图书馆藏玉版书屋本，第32页。

堂子祭天礼俗，延及有清一代。

后金汗努尔哈赤，一手持法令，一手捧佛经，动之以残酷刑法，诱之以憧憬来世，威慈并济，硬软兼施，加强了对后金人民的思想统治。

努尔哈赤既创建八旗制度，又建立后金政权，军事上不断取得胜利，政治上日益强大巩固；同时，后金与明朝的矛盾也趋向激化。明朝与建州的矛盾，时隐时现长达36年之久，终因后金汗努尔哈赤公然犯顺而爆发了萨尔浒大战。

第十一章 萨尔浒大战

一 "七大恨"誓师

努尔哈赤在赫图阿拉称汗建元后，花费两年多的时间，把主要精力放在整顿内部问题上。同时，他的军事战略眼光仍然向着北方，先后有3次大的军事行动：派兵征萨哈连部；招服使犬路、诺洛路、石拉忻路路长40人；遣兵征服东海沿海散居诸部。万历四十六年即天命三年（1618）正月，后金汗努尔哈赤对诸贝勒大臣宣布："今岁必征大明。"① 从此，他的军事战略眼光转向南方。随后，发布"七大恨"告天，是后金汗努尔哈赤把战略重点由北方转移到南方的标志，也是他的兵锋由统一女真诸部转移到公然指向明朝的标志。

发布"七大恨"告天的背景，主要有三：其一是努尔哈赤深知万历帝晚年政治更加腐败，辽东军备更加废弛；其二是努尔哈赤已基本完成女真的统一（除明支持的叶赫部外），并建立了后金政权；其三是辽东女真地区灾荒严重，景象悲惨。据朝鲜《光海君日记》万历四十五年即天命二年（1617）四月二十三日记载：

> 今年民间饥困之患，近古所无，流离道路，饿莩相望。雨水周足，

---

① 《清太祖武皇帝实录》第2卷，原清宫内府藏写本，台北广文书局影印本，1970年，第30叶。

民有耕种之望①，而种子、农粮俱乏，至有抱农器而饿死于田野〔者〕，极为矜恻。②

水灾严重，农作失稔，不仅限于朝鲜，而且殃及建州地区。朝鲜平安兵使李时言，据后金女真人罗可多等所报驰启：

……且言"上年水灾，胡地尤甚，饥寒已极，老弱填壑，奴酋令去觅食"云云。许多群胡，逐日出来，则供给之物，想必浩大。而年条所纳，亦未毕捧，其间需用，势似难继，是用为虑。其赤身乞食，其情虽似可矜，而桀骜之心有同饥鹰，在我防备之道，不可小缓；而赠给杂物，亦不可不预为算定，请令庙堂斯速指挥。③

上录驰启除奏报后金地区灾荒惨重外，还谏言加强防备。这远比明朝辽东的庸劣官将有见识。

女真人遭遇凶年，饿殍塞路，四处乞食，老弱填壑。后金汗努尔哈赤怎样解决这一严重的社会危机？翻开中国封建社会史册，在中原地区，农民起义往往在大灾之年爆发，因为灾荒使本来尖锐的阶级矛盾更加激化；在边疆地区，严重灾荒也使本来尖锐的民族矛盾更加激化。努尔哈赤正是选择这个有利时机，发布"七大恨"告天，把女真人的不满、怨恨引向明朝，并借对明朝战争胜利和掠夺汉人财富，以缓解后金的社会危机。

万历四十六年即天命三年（1618）四月十三日，后金汗努尔哈赤以"七大恨"

---

① "耕种之望"：朝鲜《光海君日记》太白山本作"耕农之望"。
② [朝]《光海君日记》第114卷，九年四月丁巳，日本学习院东洋文化研究所刊本，1959年。
③ [朝]《光海君日记》第112卷，九年二月戊申，鼎足山房本，日本学习院东洋文化研究所刊本，1959年。太白山本"矜"作"怜"。

告天，其文①曰：

> 我之祖、父，未尝损明边一草寸土也，明无端起衅边陲，害我祖、父，恨一也。
>
> 明虽起衅，我尚欲修好，设碑勒誓："凡满、汉人等，毋越疆圉，敢有越者，见即诛之，见而故纵，殃及纵者。"讵明复渝誓言，逞兵越界，卫助叶赫，恨二也。
>
> 明人于清河以南、江岸以北，每岁窃逾疆场，肆其攘夺，我遵誓行诛；明负前盟，责我擅杀，拘我广宁使臣纲古里、方吉纳，挟取十人，杀之边境，恨三也。
>
> 明越境以兵助叶赫，俾我已聘之女，改适蒙古，恨四也。
>
> 柴河、三岔、抚安三路，我累世分守疆土之众，耕田艺谷，明不容刈获，遣兵驱逐，恨五也。
>
> 边外叶赫，获罪于天，明乃偏信其言，特遣使臣，遗书诟詈，肆行陵侮，恨六也。
>
> 昔哈达助叶赫，二次来侵，我自报之，天既授我哈达之人矣，明又党之，挟我以还其国。已而哈达之人，数被叶赫侵掠。夫列国之相征伐也，顺天心者胜而存，逆天意者败而亡。何能使死于兵者更生，得其人者更还乎？天建大国之君，即为天下共主，何独构怨于我国也。初扈伦诸国，合兵侵我，故天厌扈伦启衅，惟我是眷。今明助天谴之叶赫，抗天意，倒置是非，妄为剖断，恨七也。

---

① "七大恨"文，《满文老档》、《清太祖武皇帝实录》、《满洲实录》、《清太祖高皇帝实录》、蒋氏《东华录》、《明神宗实录》、《李朝实录》及天聪四年《木刻揭榜》等所录各异，此处据《清太祖高皇帝实录》。

欺陵实甚，情所难堪。因此七大恨之故，是以征之。①

"七大恨"的第一条，诉说明军"起衅边陲，害我祖、父"，即倾诉对明朝实行民族压迫政策的不满。早在成化年间，明军先后两次对建州女真"捣其巢穴，绝其种类"②，杀建州女真首领李满住和董山；据不完全统计，共擒斩女真人一千七百二十余名，焚烧庐舍195座，及其积聚217所。焚荡之余，幸存者过着"结草穴土而居"③的悲苦生活。其后，"汪直开边隙，出塞扑杀诸夷。诸夷益太愤，入塞，杀掠无算。遣马文升往抚定之，诸夷遂解散。直怒，诬文升，下诏狱，谪戍重庆。嘉靖间，巡抚於敖减赏赐，夷人大恨。因数入塞，辽东、西大困"④。明军又在万历初的十余年间，以追剿女真"犯抢"为名，曾先后5次"搜讨"，共斩杀三千八百五十余级，对女真社会生产力破坏极大。明朝辽东官兵，勒买人参，强征貂皮，横行马市，"杀夷冒功"，引起女真人的强烈不满。所以"七大恨"开宗明义说：

我祖宗以来，与大明看边，忠顺有年。只因南朝皇帝高拱深宫之中，文武边官，欺诳壅蔽，无怀柔之方略，有势力之机权，势不使尽不休，利不括尽不已，苦害侵凌，千态莫状。⑤

这就倾吐了女真人对明朝专制统治者的愤恨。

"七大恨"的第二、四、六、七条，诉说明朝偏袒哈达、卫助叶赫，即倾诉对明朝实行民族分裂政策的不满。明廷对哈达、叶赫、建州的基本政策是："各

---

① 《清太祖高皇帝实录》第5卷，中华书局影印本，1986年，第12～13叶。
② [朝]《李朝世祖大王实录》第43卷，十三年八月庚戌，日本学习院东洋文化研究所刊本，1959年。
③ [朝]《李朝成宗大王实录》第112卷，十年十二月辛未，日本学习院东洋文化研究所刊本，1959年。
④ 罗曰褧：《咸宾录》第2卷，中华书局标点本，1983年，第47页。
⑤ 转引自孟森：《明清史论著集刊》上册，中华书局，1959年，第209页。

自雄长，不相归一。"这正如明朝礼部侍郎杨道宾所疏言：

夫夷狄自相攻击，见谓中国之利，可收渔人之功。然详绎成祖文皇帝所以分女直为三，又析卫所地站为二百六十二，而使其各自雄长，不相归一者，正谓中国之驭夷狄，必离其党而分之，护其群而存之。①

总之，"七大恨"榜文，既是努尔哈赤公然反叛大明朝的纲领和宣言，也是努尔哈赤打破明廷分裂女真的传统政策，还是表达实现女真各部强大统一的族群愿望，更是表达了雄略女真人首领努尔哈赤的野望。

但是，像一切事物无不具有两重性一样，努尔哈赤发布的"七大恨"也具有两重性，它既是女真人对明朝民族压迫和分裂政策的控诉，又是女真军事贵族局限性、贪婪性的突出表现。

就以努尔哈赤借叶赫老女抒发隐恨为例。叶赫老女为叶赫贝勒布寨之女。布寨在古勒山之役中被杀，叶赫请尸，努尔哈赤命剖其半与之，由此与叶赫结下不解之仇。后其女多年未嫁，遂称老女。努尔哈赤利用老女，作为兴师攻明的一种借口，如王雅量所疏言："夫奴酋，冶容之人，何求不得，而斤斤一三十五岁之老女？且夷俗何所不为，而未嫁之老女有何体面？所系不过留其不了之局，以兴问罪之名，乘间窃发，基图渐大，渐可蚕食，此奴之本志也！"②由此可见，努尔哈赤所谈叶赫老女之事，不过是借题发挥，以其作为兴师叛明的借口。

后金汗努尔哈赤发布"七大恨"是利用女真人的民族情绪，把女真人的不满引向明朝，并借对明战争的掠获，以缓和其因灾荒而加剧的社会矛盾。"七大恨"誓师后，努尔哈赤即率师攻明，计袭抚顺。

---

① 《明神宗实录》第36卷，万历三十六年九月辛卯，内阁文库本。
② 《明神宗实录》第43卷，万历四十三年八月壬辰，内阁文库本。

二 计袭抚顺城

努尔哈赤率兵大举征明,是他战略上的重大转变,也是他起兵叛明射出的第一支箭。为着做好征明的准备,他除发布"七大恨"进行政治思想动员外,还修整器械、申明军纪、颁布《兵法之书》,进行军事训练。他说:

> 凡安居太平,贵于守正。用兵则以不劳己、不顿兵,智巧谋略为贵焉。若我众敌寡,我兵潜伏幽邃之地,毋令敌见,少遣兵诱之:诱之而来,是中吾计也;诱而不来,即详察其城堡远近,远则尽力追击,近则直薄其城,使壅集于门而掩击之。倘敌众我寡,勿遽近前,宜预退以待大军。俟大军既集,然后求敌所在,审机宜、决进退。此遇敌野战之法也。至于城郭,当视其地之可拔,则进攻之,否则勿攻。倘攻之不克而退,反损名矣!夫不劳兵力而克敌者,乃足称为智巧谋略之良将也。若劳兵力,虽胜何益?盖制敌行师之道,自居于不可胜,以待敌之可胜,斯善之善者也。①

他又进行军事准备,并谕道"每牛禄作二云梯,派甲兵二十名,以备攻克。

---

① 《清太祖高皇帝实录》第5卷,中华书局影印本,1986年,第10~11叶。

自出兵日，至班师日，各军勿得离本牛禄旗，违者执之，详问其由。若五牛禄之主不申法令于众，罚五牛禄主及本牛禄马各一匹；若谕之不听，即杀梗令之人。五牛禄主与牛禄等允所委托之事，若能胜其任，则受委托，若不能胜则勿受。不能胜任而强为之者，其关系非止一身。若率百人，则误百人之事；率千人，则误千人之事。不知此事乃国之大事也。至于攻克城邑，有一二先进者，不足美；若一二先之，必致伤。如此者，虽见伤不行赏，即没身不为功。其首拆城者，即为首功。可报固山厄真录之。待环攻之人俱拆毕，然后固山厄真吹螺，令各处兵并进。"[1]

上面所引努尔哈赤的计谋、诱敌、野战、攻城、设败等军事思想和作战原则，丰富而精粹；并在夺取抚顺之役中，加以运用。对努尔哈赤军事思想的全面分析留待后文，这里特别强调其军事思想的精华——用兵之道，贵在计谋。计袭抚顺，便是努尔哈赤这种军事指挥艺术的一个战例。

在计袭抚顺之前，他又申明军纪："阵中所得之人，勿剥其衣，勿淫其妇，勿离其夫妻；拒敌者杀之，不拒敌者勿妄杀。"[2] 同时，又诡秘地进行作战准备。如命军丁伐木缮治云梯、楯车，却扬言砍伐木材，修整马厩。木材运回赫图阿拉之后，又恐修缮器械泄露机密，竟将所砍伐的木材，用来修建马厩。

后金汗努尔哈赤既发布"七大恨"，又颁布《兵法之书》，修器械，严军令，一切准备就绪之后，于四月十四日，命将出师。努尔哈赤军分两路：令左四旗兵攻取东州、马根单；亲率右四旗兵及八旗巴牙喇直奔抚顺。

抚顺城濒临浑河，为建州女真与明互市的重要场所。努尔哈赤青年时经常到抚顺贸易，他对抚顺的山川、道里、形胜、城垣、守军、指挥，极为熟悉，了如指掌。时抚顺游击李永芳率兵驻守，此人早在6年之前，曾同努尔哈赤在抚顺所教场并马交谈。努尔哈赤这时对抚顺主用智取，辅以力攻。他先一日派人到抚顺，

---

[1]《清太祖武皇帝实录》第2卷，原清宫内府藏写本，台北广文书局影印本，1970年，第31叶。
[2]《满洲实录》第4卷，中华书局影印本，1986年，第10叶。

声言有三千女真人于明日来赴市。到十五日寅时，假冒商人的后金先遣队，果然来到抚顺叩市，将抚顺商人和军民诱出城外贸易；并由输款于努尔哈赤的佟养性导军先入①；后面接踵而来的后金军主力，遂乘机突入城内，里应外合，夹击夺城。据《明神宗实录》四月十五日记载：

> 先一日，奴于抚顺市口言：明日，有三千达子来做大市。至日，寅时，果来叩市。诱哄商人、军民出城贸易，随乘隙突入。②

王在晋在《三朝辽事实录》中，也作了类似的记载：

> 四月十五日，奴儿哈赤计袭抚顺，佯令部夷赴市，潜以精兵踵后，突执游击李永芳，城遂陷。③

朝鲜《光海君日记》据明游击丘坦票文记载：

> 奴酋向来与抚顺互市交易，忽于前面四月十〔五〕日，假称入市，遂袭破抚顺。④

但是，《满文老档》和《满洲实录》等书却力言努尔哈赤的武功：八旗军布兵百里，旌旗蔽空，驰趋抚顺，兵到围城；旋派被捕汉人入城，送书与守将李永芳：以禄位相诱，以屠城相胁。"李永芳览毕，衣冠立南城上，言纳降事，又令城上

---

① 《国朝先正事略·佟图赖传》第2卷，汉读楼书局石印本，光绪二十八年（1902），第11页。
② 《明神宗实录》第568卷，万历四十六年四月甲辰，台北历史语言研究所校勘本，1962年，第4叶。
③ 王在晋：《三朝辽事实录》第1卷，江苏省立国学图书馆藏本，第1叶。
④ ［朝］《光海君日记》第127卷，十年闰四月甲戌，日本学习院东洋文化研究所刊本，1959年。

备守具"①。努尔哈赤命八旗军竖梯登城，不久，兵士攀梯上城。抚顺城中军千总王命印等力战而死。游击李永芳勉强投降，穿官服乘马出城，镶黄旗固山额真阿敦引与汗见，不让下马，互相拱手示礼②。但《清太祖武皇帝实录》作"永芳下马跪见，帝于马上拱手答礼"③；《清太祖高皇帝实录》作"永芳下马匍匐谒上，上于马上以礼答之"④，均系溢美之文，使真相不存。

努尔哈赤设计，佯称互市，潜以精兵，外攻内应，诱陷抚顺，守将李永芳剃发降。同日，后金军左四旗兵占东州、马根丹。抚顺失陷败报驰至，明辽东巡抚李维翰急檄总兵官张承胤仓促出战。"承胤请集兵后行，维翰不听，促之愈急。承胤悲愤以所部进"⑤。张承胤急率副将颇廷相、参将蒲世芳、游击梁汝贵等领兵万余人尾追努尔哈赤。他据山险，分军三，立营浚濠，布列火器。努尔哈赤命大贝勒代善、四贝勒皇太极统军三面环攻明军，并利用风沙大作的有利天时，猛攻明军。明军"大溃，承荫、世芳皆战死。廷相、汝贵已溃围出，见失主将，亦陷阵死。将士死者万人，生还者十无一二"⑥。明军"主将兵马，一时俱没"⑦。八旗军获马9000匹，甲7000副，兵仗器械，不可数计。

杀敌尚勇，用兵惟谋。这是一条军事铁则。努尔哈赤叛明用兵，首战抚顺，统帅"惟谋"，官兵"尚勇"，抚顺之役，历时一周，破城降将，取得全胜——八旗军不仅夺占抚顺、东州、马根单，而且骑兵横排百里，梳掠小堡、庄屯五百

---

① 《满洲实录》第4卷，中华书局影印本，1986年，第11叶。
② 《满文老档·太祖》第6册，天命三年四月十五日，中华书局译注本，1990年。
③ 《清太祖武皇帝实录》第2卷，原清宫内府藏写本，台北广文书局影印本，1970年，第35叶。
④ 《清太祖高皇帝实录》第5卷，中华书局影印本，1986年，第16叶。
⑤ 叶向高：《遵编》第11卷，美国国会图书馆藏，第16页。
⑥ 《明史·张承荫传》第239卷，中华书局点校本，1974年，第6208页。
⑦ 《明神宗实录》第568卷，万历四十六年四月丙辰，台北历史语言研究所校勘本，1962年，第7叶。

余处①，掳获人畜②三十余万，编为千户，毁抚顺城，还赫图阿拉。努尔哈赤命将俘获编为千户，若每户以六口计，则共6000人。看来所谓掳获人畜三十余万，多为牲畜。后金汗率军在短短几天内，掳掠数以十万计的牲畜以及粮食、财物，按军功大小进行分配，缓解了因灾荒缺粮而加剧的社会矛盾。

明朝辽左失陷抚顺，陨将丧师，损辱国威。从此，庙堂上下，举朝震骇，群臣神经极度紧张，如刑科给事中姚若水奏请，"罢内市，慎启闭，清占役，禁穿朝"③，并给宫监各发木牌，出入凭牌验，以防努尔哈赤的奸细混入大内。

后金却恰恰相反。进攻抚顺是努尔哈赤起兵35年以来，第一次同明军正面交锋，但初战告捷。先是，努尔哈赤对明朝阳示觳觫遵命，暗里伺机倢进，未敢宏图大举。甚至于他在发兵进攻抚顺之前，仍告诫统兵贝勒、诸臣，要"自居于不可胜，以待敌之可胜"——尚有此举胜负未卜之意。但是，他袭破抚顺，碰了一下明朝这个庞然大物，竟然俘获人畜三十万，这是自兴兵以来从未有过的大掳掠。从而刺激了努尔哈赤更大的贪欲：统兵蚕食辽东。如五月，攻取抚顺、铁岭之间的抚安堡、花豹冲、三岔儿等大小十一堡，并沿屯搜掘粮窖，"迁其积粟"④。七月，入鸦鹘关，进攻清河。

---

① 《满文老档·太祖》第6册，天命三年四月十五日，中华书局译注本，1990年。
② 《满文老档》、《清太祖武皇帝实录》和《满洲实录》均作"俘获人畜三十万"；《清太祖高皇帝实录》却作"俘获人口三十万"，似张饰。
③ 《明神宗实录》第570卷，万历四十六年五月戊子朔，台北历史语言研究所校勘本，1962年，第1叶。
④ 《清太祖高皇帝实录》第5卷，中华书局影印本，1986年，第23叶。

三 巧拔清河堡

明军失陷抚顺后,"烽火彻山海、蓟门,朝廷大震"①。明廷命辽东巡抚李维翰移驻辽阳,以强化辽左御守。又起升杨镐为辽东经略,重新谋划东事战守。寻调失陷抚顺之辽东巡抚李维翰回籍听勘,后将其革职为民。明廷又派陈王庭巡按辽东兼监军事,并由经略杨镐兼任巡抚。杨镐派官员及通事往后金议和,以刺探其内情,暂扼其西进,筹划兵事,图复失地。

明朝与后金,疆场争战,兵马交锋,后金重骑兵,明朝则重车营。戚继光总结同蒙古骑兵作战历史经验道:"往事,敌人铁骑数万冲突,势锐难当。我军阵伍未定,辄为冲破,乘势蹂躏,至无孑遗。且敌欲战,我军不得不战;敌不欲战,我惟目视而已。势每在彼,故常变客为主。我军畏弱,心夺气靡,势不能御。"②抚顺之役,张承胤立营浚濠,布列车阵,图阻敌骑,全军覆没,即是明军车营战法同后金军作战失败的第一例。然而,明军将帅并未由此吸取教训,仍以车阻骑,以静制动,以短击长,以主为客,在清河之役中又一次因失算而败北。

---
① 傅国:《辽广实录》上卷,清钞本,南京博物院藏本,第 1 叶。
② 戚继光:《车营解》,载《练兵实纪·杂集》第 6 卷,"学津讨源丛书"本。

先是，抚顺之役，明朝军近万人，列营而战，"则陷伏中，无一人生还"①；后金军数万人，驱骑驰突，旗开得胜，俘获人畜而归。一胜一败，其因固多，战法不同，结果则异。兵书云："夫大战之道有三：有算定战，有舍命战，有糊涂战。何谓算定战？得算多、得算少是也。何谓舍命战？但云我破着一腔血报朝廷，敌来只是向前便了，却将行伍等项，平日通不知整饬是也。何谓糊涂战？不知彼、不知己是也。"②在清河之役中，努尔哈赤打得是算定战、舍命战、明白战；明守将邹储贤却恰恰相反，以失算而痛陷清河。

清河城位于赫图阿拉"城西南一百六十里，周围四里零一百八十步，东、南、西、北四门"③。

清河城地势险隘，为辽、沈屏障。它城周三里，四拥高山，左近沈阳，右邻叆阳，南枕辽阳，北控宽奠，有小路与抚顺相通。努尔哈赤亲统八旗军，进鸦鹘关，围清河城。守城副将邹储贤、参将张旆率兵一万，婴城固守。城上施放火器，八旗兵死伤千余人。努尔哈赤命军士头顶木板，从城下挖墙而入④。城陷，邹储贤、张旆及"兵民共约万人皆陷殁"⑤。明失清河，全辽震动。是役，《三朝辽事实录》记载：

> 二十二日，奴从鸦骨关入围清河。参将邹储贤拒守，以火器杀贼千余，贼退而复合。援辽游击张旆战死。贼冒板挖墙城，东北角堕，叠尸上城。

---

① 叶向高：《遗编》第10卷，美国国会图书馆藏，第9叶。
② 戚继光：《登坛口授》，载《练兵实纪·杂集》第4卷，《中国兵书集成》本，解放军出版社，1987年。
③ 康熙《盛京通志》第10卷，康熙二十三年（1684）刻本，第2叶。
④ 《满文老档·太祖》第7册，天命三年七月二十二日，中华书局译注本，1990年。
⑤ 《明神宗实录》第572卷，万历四十六年七月戊申，台北历史语言研究所校勘本，1962年，第11叶。

储贤见李永芳招降，大骂，尽焚衙宇及妻孥，领兵战于城上，力屈死之。①

此役，朝鲜《光海君日记》载述较明书更为详尽，引录如下：

> 虏兵进薄清河，使李永芳招降城主。城主披甲登城，谓曰："你既投彼，则无朋友之义，可速去，不然且放箭。"乃严兵固守，矢石如雨。虏兵八进八退，死伤极多。朝而战、见星未已者累日。及至城陷，城主力战而死，士卒亦无投降者。②

清河之役，朝鲜陈奏使尹晖驰启战事经过云：

> 奴酋本月二十一日，围清河城，四更攻城。二十二日，未时城陷。游击中军及添兵游击俱被害，军兵及居民五万余人或被掳，或被杀。辽东总兵及都司率兵登城防备，辽、广骚扰，五六十里人烟不通。③

但是，后金夺取清河，既以力攻，又用智取。据史载，努尔哈赤破清河，先令"驱貂、参车数十乘入城，貂、参穷而军容见。因入据城门，延入诸骑。故清河之破，视抚顺尤速"④。副将贺世贤率兵往援，见城已陷，遂斩女真屯寨中妇幼一百五十一人而还。

努尔哈赤破抚顺、拔清河，胆愈壮、气愈粗，遂将一名被掳汉人割去双耳，令其鲜血淋漓地送信与明。这封辞令强硬的信说：

---

① 王在晋：《三朝辽事实录》第1卷，江苏省立国学图书馆藏本，第4叶。
② [朝]《光海君日记》第169卷，十三年九月戊申，日本学习院东洋文化研究所刊本，1959年。
③ [朝]《光海君日记》第131卷，十年八月辛酉，日本学习院东洋文化研究所刊本，1959年。
④ 黄道周：《博物典汇·四夷附奴酋》第20卷，清刻本，第18叶。

若以我为非理，可约定战期出边，或十日，或半月，攻城决战；若以我为合理，可纳金帛，以图息事！①

在上述信里，努尔哈赤吐露了自己的愿望。但是，这正如恩格斯所说："任何一个人的愿望都会受到任何另一个人的妨碍，而最后出现的结果就是谁都没有希望过的事物。"②果然，努尔哈赤在信中表示的愿望，受到万历帝的妨碍。万历帝对努尔哈赤的回答是：调兵遣将，犁庭扫穴。努尔哈赤与万历皇帝双方相互交错愿望所产生的历史事变，即萨尔浒大战。战争的后果，是又出现他们谁也没有料想到的一系列的历史事变。

---

① 《满洲实录》第5卷，中华书局影印本，1986年，第3叶。
② [德]恩格斯：《恩格斯致约·布洛赫》，载《马克思恩格斯全集》第37卷，人民出版社，1965年，第462页。

四 萨尔浒之战

努尔哈赤直叩边门,突袭抚顺的败报驰至京师,九卿科道会议在筹划"大举征剿"①赫图阿拉的决策。

明朝为进攻后金,在忙碌地准备着:

委任将帅——抚臣李维翰削籍为民,派兵部侍郎杨镐为辽东经略,周永春为辽东巡抚,起用山海关总兵杜松,征调还乡老将刘𫄸等。

调集兵马——征集福建、浙江、四川、山东、山西、陕西、甘肃等地主客兵星驰援辽。到萨尔浒之战前,据巡按辽东陈王庭条奏,各地援辽兵马,"据臣亲查点过,主客军丁各四万有奇"②。

增赋转饷——加派辽饷,每亩三厘五毫,实派额银二百万余两③;转输粮秣,以应军需。

咨文朝鲜——辽东都司咨文朝鲜,胁迫出兵,合力征讨。咨文称:"皇上赫

---

① 《明神宗实录》第568卷,万历四十六年四月甲辰,台北历史语言研究所校勘本,1962年,第5叶。
② 《明神宗实录》第47卷,万历四十七年二月乙卯朔,内阁文库本。
③ [朝]《光海君日记》第127卷,十年闰四月乙酉,日本学习院东洋文化研究所刊本,1959年。

然，计必剿除。用调四方之锐，遄兴六月之师；输粮若阜，军气如雷；奴之期命，其焉至矣。"①

颁布军纪——巡按兼监军陈王庭、辽东经略杨镐，制定军纪，颁布全军。

万金赏格——从经略杨镐奏，擒斩努尔哈赤者，万金悬赏，加级示酬。兵部刊印榜文，晓谕天下，并传示叶赫以及朝鲜："能擒斩奴儿哈赤者，赏银一万两，升都指挥世袭；擒斩奴酋八大总管者，赏银二千两，升指挥使世袭；擒斩奴酋十二亲属伯叔弟侄者，赏银一千两，升指挥同知世袭"②。

明朝经过10个月的酝酿和准备，各路援辽兵马齐集辽阳。但兵未及休整、马未及喂养，明廷求胜心切，又恐师老财匮，便趋杨镐进兵。

但是，进兵之前，两件要事：一为经略人选不当，二为战守要略不明，不当不明，预伏凶机。

其一，杨镐为败军之帅。先是，朝鲜之役，史书载：

> 会麻贵一日败倭十一阵，倭栖釜山，疲困之极。麻贵谓辽抚杨镐曰："今日乘胜一攻，尽歼丑类矣！"时镐因如梅未到，鸣金收军。盖镐与如梅结盟，惧其不得预功耳。诘朝，倭已结寨，如梅始到，镐欲攻之，麻贵不可，谓倭已有备，攻之必败。镐不听，引兵而进。倭用弩铳乘风迎战，镐、如梅、麻贵仅以身免，辽东精锐尽丧于此，乃匿不以闻。独赞画兵部主事丁应泰疏其实于朝，参张淇阳、沈蛟门、杨镐等，于是，淇阳与镐奉旨为民。③

---

① 《明神宗实录》第47卷，万历四十七年正月辛未，内阁文库本。
② 《明神宗实录》第574卷，万历四十六年九月辛亥，台北历史语言研究所校勘本，1962年，第6叶。
③ 吴应箕：《东林始末》（上），上海书店印行，1982年，第4页。

杨镐不善抓时机，不熟知兵事，职为经略，任人不当。

其二，刘綎为常胜之将。刘綎为抗倭名将刘显之子，精熟弓马，久经战阵，为一代之名将。但是，他上言兵事，未被采纳。上言兵事谓：

> 庙堂战守之议未定，将之责委未决，兵之分布未明，即火器、铠仗、车马未备，诸省征发未集，召募者未练，臣故所统旧将卒绎络未至，况今日主兵事者，中无成算，诚有可忧。闻警辄汹汹，危形若旦夕。而稍退，则处堂怡怡，竟置度外，应事过于张皇，绸缪疏于桑土，是宜虑而后动，战乃克胜。①

时刘綎因谤语夺官，失势居里。及奉诏，疏不报，促行急，驰辽东。

将虽勇猛，帅却寡谋。主帅杨镐兴师，未谙兵家三阵："兵家有三阵——日月风云，天阵也；山林水泉，地阵也；兵车士卒，人阵也。"②经略在三阵未协、七事③未备的情形下，便誓师出兵。

万历四十七年即天命四年（1619）二月十一日，辽东经略杨镐、蓟辽总督汪可受、辽东巡抚周永春、辽东巡按陈王庭，在辽阳演武场，会集征讨努尔哈赤兵马誓师。杨镐宣布军令14款，官兵违令者斩。并取尚方剑，令将抚顺临阵脱逃的指挥白云龙，当场枭首示众。但在祃祭时，大将屠牛刀不锋利，"三割而始断"④；刘招孙在教场驰马试槊，木柄蠹朽，槊头堕地。誓师后，经略杨镐等议兵分四路，分进合击，直捣赫图阿拉。

---

① 查继佐：《罪惟录》列传之十九《刘显传附子綎传》，浙江古籍出版社，1986年，第2401～2402页。
② 何承矩：《太平治迹统类》，载《日下旧闻考》第5卷，北京古籍出版社，1981年，第71～72页。
③ "七事"即同页刘綎上言之"七事"。
④ 王在晋：《三朝辽事实录》第1卷，江苏省立国学图书馆藏本，第5叶。

西路：即抚顺路，以山海关总兵官杜松为主将，率保定总兵王宣、原任总兵赵梦麟、都司刘遇节、原任参将龚念遂等官兵2万余人，以分巡兵备副使张铨为监军，由沈阳出抚顺关，沿浑河右岸（北岸），入苏克素浒河谷，从西面进攻赫图阿拉。

南路：即清河路，以辽东总兵官李如柏为主将，率管辽阳副总兵事参将贺世贤、都司张应昌、管义州参将事副总兵李怀忠、游击尤世功等官兵2万余人，以分守兵备参议阎鸣泰为监军，推官郑之范为赞理，由清河出鸦鹘关，从南面进攻赫图阿拉。

北路：即开原路，以原任总兵官马林为主将，率开原管副总兵事游击麻岩、都司郑国良、游击丁碧、原任游击葛世凤等官兵2万余人，以开原兵备道佥事潘宗颜为监军，岫岩通判董尔砺为赞理。并有叶赫军2000人助攻，以管游击事都司窦永澄监叶赫军。开原路由靖安堡出，趋开原、铁岭，从北面进攻赫图阿拉。

东路：即宽奠路，以总兵官刘铤为主将，率管宽奠游击事都司祖天定、南京六营都司姚国辅、山东管都司事周文、浙兵营备御周翼明等官兵1万余人，以海盖兵备副使康应乾为监军，同知黄宗周为赞理。同时，明朝胁迫朝鲜国王李珲，派都元帅姜弘立、副元帅金景瑞领兵13000人，受总兵官刘铤节制，并以管镇江游击事都司乔一琦为监军。宽奠路由凉马佃出，会合朝鲜军，从东面进攻赫图阿拉。

辽阳和广宁为明朝辽东根本重地，派原任总兵官前府金书官秉忠、辽东都司张承基领兵驻守辽阳；又派总兵官李光荣戍守广宁，以防蒙古贵族骑兵袭扰。并以管屯都司王绍勋总管督运各路粮草①。

经略杨镐为诸路军总指挥，坐镇沈阳。各路兵总共10万余人，号称47

---

① 《明神宗实录》第579卷，万历四十七年二月乙亥，台北历史语言研究所校勘本，1962年，第6叶。

万①，以张扬声势。杨镐既庸懦昏聩，又骄躁寡谋。原定二十一日分道出师，十六日天降大雪，改于二十五日。但是，大学士方从哲、兵部尚书黄嘉善等连发红旗，催杨镐进兵。杜松因大雪迷路，请缓师期。刘綎也以未谙地形，再请缓师。杨镐勃然大怒道："国家养士，正为今日，若复临机推阻，有军法从事耳。"②遂悬尚方剑于军门。杨镐只图侥幸取胜，既不知己，又不知彼，于天气、地理、军心、敌情，他一概不顾，便大张旗鼓地下令出兵。

兵法曰："善攻者动于九天之上，藏于九地之下。"但明军尚未出动，军期早已泄露。据山西道御史冯嘉会言：

> 我师进剿，出揭发抄，略无秘密，以致逆奴预知……又闻奴酋狡黠异常，不但辽左事机，尽为窥瞰，而长安邸报，亦用厚赍抄往，盖奸细广布，则传递何难？③

努尔哈赤探知明军的部署、师期，便确定了迎击明军的战略原则。面对杨镐

---

① 明军数字，各书记载不同：《明神宗实录》万历四十七年三月甲午杨镐称"昨之主客出口者仅七万余"；同上书万历四十七年二月乙卯巡按辽东陈王庭奏称"援辽民〔兵〕马除续调川、陕三万未到外，据臣亲查点过，主客军丁各四万有奇"；兵部尚书黄嘉善在万历四十七年正月癸卯称"调集南北以及招募计一十一万"，同年三月乙未又称"调募精锐几十万余，悉以畀之经略杨镐"，此似为应调之数；《三朝辽事实录》第1卷第12叶作"除丽兵外，主客出塞官军共八万八千五百五十余员名"；此外，《辽广实录》上卷作12万人，《明史纪事本末·补遗》作10万人，《光海君日记》作14万人，《满文老档》和《清史稿》作20万人，《清鉴辑览》作24万人，《清实录》作20万人、号47万等。朝鲜兵数：《光海君日记》十一年二月乙亥记"都元帅姜弘立、副元帅金景瑞领三营兵马一万三千人，自昌城渡江"；《栅中日录》记"元帅令生查勘渡江军兵实数：三营兵一万一百余名，两帅票下二千九百余名"，两数相符。叶赫兵数：《燃藜室记述·浑河之役》作1万人；《明史纪事本末·辽左兵端》作"叶赫以二千骑赴三岔"，明师覆。综上，明军据《三朝辽事实录》，朝鲜军据《栅中日录》，叶赫军据《明史纪事本末》统计，其总数为十万三千五百五十余员名。
② 谷应泰：《明史纪事本末》第4册，中华书局，1977年，第1412页。
③《明神宗实录》第582卷，万历四十七年五月乙酉，台北历史语言研究所校勘本，1962年，第6叶。

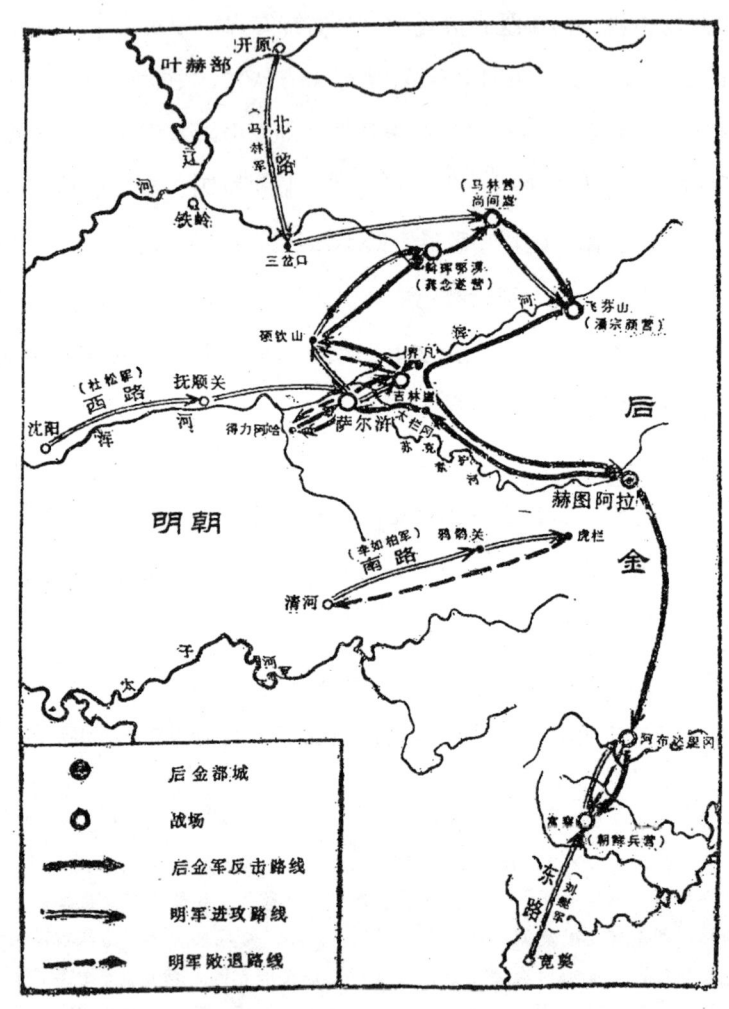

萨尔浒之战示意图

"兵分四路、分进合击"的兵略,努尔哈赤应对兵略可能是:其一,八旗大军,分作四路——黄、白、红、蓝四色旗帜,立军令状,四路防堵;那会是分散兵力,陷于被动。其二,全面撤退,隐蔽山谷;那会是屯寨焚毁,万劫难复。其三,鲁莽迎敌,孤注一掷;那会是损失惨重,后果难料。其四,听天由命,消极应对;那会是部破民亡,前功尽弃。然而,努尔哈赤没有分散兵力,没有全面退却,没有鲁莽蛮干,也没有消极应对,而是采取智巧的谋略。

辽东经略杨镐决策兵分四路,分进合击;天命汗努尔哈赤则集中兵力,各路击破。他说:"凭尔几路来,我只一路去!"① 这就是集中优势兵力,逐路击破明军。后金汗努尔哈赤在明军四面压境的危难时刻,坚定了一个夺取战争胜利的铁的军事原则,选择了一条走向成功的光明道路。他在确定反击明军的战略原则之后,又"调度安排,机构周密"②,作出相应准备:操练兵马,整备器械;派出哨骑,搜集军报;查勘地形,寻机设伏;坚壁清野,埋粮填井;撤回各路屯寨兵民,将力量集中到赫图阿拉,攥成一个拳头——迎击来势汹汹的明军。

明军抚顺路主将总兵官杜松,率所部2万余官兵,二十八日从沈阳起行,二十九日至抚顺关。杜松是一员勇健虎将,但刚愎自用,骄傲轻敌,鲁暴无谋,急贪首功。史载:

> 松,榆林人③,守陕西与胡骑大小百余战,无不克捷,敌人畏之,呼为杜太师而不名。被召过潞河,裸示人曰:"杜松不解书,第不若文人惜死。"体创如瘆,潞人为挥涕。松方出师,牙旗折为三,识者忧之。李如柏阳洒酒拜送曰:"吾以头功让汝。"松慷慨不疑。临行携扭械自随,曰:"吾必生致之,勿令诸将分功也。"如柏复遣人语之曰:"李将军已自清河抵敌寨矣!"松踊跃向前。④

杜松欲贪首功,率军先出抚顺关口,头盔似海,刀枪如林,星夜燃火炬,日驰百余里,急度五岭关,直抵浑河岸。杜松执意渡河,诸将请宿营,不听;总兵

---

① 夏允彝:《幸存录·东夷大略》第15卷,《明季稗史初编》本,第10页。
② 王在晋:《三朝辽事实录》第1卷,江苏省立国学图书馆藏本,第7叶。
③ 杜松,《明史》第239卷作"昆山人"。
④ 谷应泰:《明史纪事本末·补遗》第4册,中华书局,1977年,第1413页。

赵梦麟谏之，也不听；车营将官恳止"竟发怒"①。杜松酒意正浓，袒露胸怀，挥舞大刀，裸骑径渡。众将请他披甲，杜松笑道："入阵被坚，非夫也。吾结发从军，今老矣，不知甲重几许！"②并麾兵而进。先是，努尔哈赤派人在上游筑坝蓄水，至是决坝放水③。兵士们都脱衣涉河，"水深没肩"④，淹死多人。辎重渡河困难，"尚遗车营枪炮在后"⑤。杜松率前锋渡河后，俘获女真十四人，焚克二寨，遂一面疾书报捷，一面策骑急驰，越二道关，至萨尔浒山口，但是，龚念遂营因未能渡河而绕驻于斡珲鄂漠。

后金探骑不断地向努尔哈赤报警。被派往西方的探骑先报："昨二十九夜，见明国兵执灯火出抚顺关。"⑥派往南方的侦骑又报："清河路也发现敌兵。"后金汗向诸贝勒大臣分析错综复杂的敌我态势，认为明军主力一定会先从西面来。八旗军统帅努尔哈赤命令：派兵五百名防守南路；以左翼四旗和右翼二旗共六旗大军驰向萨尔浒，另右翼二旗驰往吉林崖，全军向西方⑦，迎击杜松军。

三月初一日，杜松军驰至萨尔浒⑧。其时，东路刘綎军虽于二月二十五日出宽奠，但因在凉马佃会朝鲜军，尚在马家口一带行进中；北路马林军二月二十九日出铁岭，也因叶赫兵尚未出动，后金砍树塞道阻滞，尚在途中；南路李如柏军，是日则刚出清河鸦鹘关，且行动迟缓。只有莽勇喜功的杜松孤军突出，驰驱至萨尔浒后，分兵为二：以一部在萨尔浒山下结营；亲自率领另一部进抵吉林崖，攻打界凡城。

---

① 《明神宗实录》第47卷，万历四十七年三月丙戌，内阁文库本。
② 谷应泰：《明史纪事本末·补遗》第4册，中华书局，1977年，第1412页。
③ 宋懋澄：《九籥集》第1卷，明平露堂刻本，第8叶。
④ [朝]《光海君日记》第138卷，十一年三月戊戌，日本学习院东洋文化研究所刊本，1959年。
⑤ 《明神宗实录》第580卷，万历四十七年三月甲午，台北历史语言研究所校勘本，1962年，第5叶。
⑥ 《满洲实录》第5卷，中华书局影印本，1986年，第5叶。
⑦ 《满文老档·太祖》第8册，天命四年三月初一日，中华书局译注本，1990年。
⑧ 萨尔浒位于赫图阿拉西120里处，今抚顺东大伙房水库附近。

努尔哈赤统领六旗①铁军冲向明军萨尔浒大营。明军在进抵萨尔浒之先，前军遭遇八旗兵的伏击，后军又受到八旗兵的截击，兵伤马毙，锐气大挫。他们抵萨尔浒后，战车环阵，挖堑树栅，外列火器，旗鼓壮威，准备进行一场厮杀。努尔哈赤令先锋军冲杀。明军放火铳，发巨炮，炸弹爆炸，血肉横飞。八旗兵仰面扣射，万矢如雨；铁甲骑军，奋力冲击，在震撼山岳的呐喊中，如风暴，似雷霆，狂扑明军萨尔浒大营。努尔哈赤的军事才能最善于使用骑兵，铁骑集中于一点，攻陷方阵，突破战线，粉碎联队，驱散步兵，这便是他胜利的秘诀。后金汗的骑涛，纵横驰突，越堑破栅，厮杀蹂躏，所向披靡，一鼓攻下萨尔浒明军大营。

攻下萨尔浒的八旗军，挥师驰援吉林崖。时进攻吉林崖的杜松军，听到萨尔浒营陷的败报，军心已动摇；又遇到从吉林崖山上压下来的八旗兵，士气更颓落。但主将杜松"率官兵奋战数十余阵，欲图聚占山头，以高临下，不意树林复起伏兵，对垒鏖战，天时昏暮，彼此混杀"②。八旗劲旅从河畔与莽林，山崖与谷地，以数倍于杜松的兵力，将明军团团围住。明军点燃火炬，从明击暗，铳炮打入丛林，野草瑟缩，万木染红。八旗军矢发风落，从暗击明，万矢射向明垒，矢孔沥血，裂口呼叫。明军抚顺路主将杜松，虽眼发火光，左右冲杀，但矢尽力竭，落马而死。据从石洞和积尸中逃生的朝鲜援明杜松军炮手李守良所目击：

> 贼自东边山谷间迎战，又一阵从后掩袭，首尾齐击。汉兵（指明军——引者）收兵结阵，贼大噪薄之；汉兵亦哈喊齐放，贼中丸中马者甚多。方谓酣战，贼一大阵自山后下压，汉兵大败。……贼从山上乱下矢石，我军百余人及汉兵数千皆死。贼四面合围，厮杀无余。③

---

①《清太祖高皇帝实录》第6卷，中华书局影印本，1986年，第7叶。
②《明神宗实录》第580卷，万历四十七年三月甲申朔，台北历史语言研究所校勘本，1962年，第1叶。
③[朝]《光海君日记》第138卷，十一年三月戊戌，日本学习院东洋文化研究所刊本，1959年。

平原、山岗、河谷、树林都被溃军塞满了。杜松部尸横遍野，血流成河，甲仗山积，全军覆没。《清太祖高皇帝实录》记载：

> 明总兵杜松、王宣、赵梦麟等皆没于阵，横尸亘山野，血流成渠，其旗帜、器械及士卒死者，蔽浑河而下，如流澌焉！①

杜松萨尔浒之败，明人责咎其有"六失"②。其实，杜松悬军深入，长途疾驰，不谙地形，构成己短；而突骑野战，据险设伏，又为八旗军所长。所以，努尔哈赤以众击寡，以逸待劳，以长制短，反客为主，打败杜松而获得萨尔浒之捷。

八旗兵刚击败杜松军，侦骑又飞报开原路马林军至。马林率军"出三岔口，营稗子峪，夜闻杜松败，林军遂哗"③。天明，与八旗军相遇。

初二日，马林军在萨尔浒西北三十余里富勒哈山的尚间崖安营，浚壕堑，严斥堠。马林见杜松兵败，所部军哗，急忙转攻为守，形成"牛头阵"：马林亲自率军驻尚间崖，依山结成方阵，环营挖三层壕，壕外排列骑兵，骑兵外布枪炮，火器外设骑兵，壕内布列精兵；潘宗颜在飞芬山扎营，与马林尚间崖营形成犄角形的"牛头阵"；再与杜松后部——龚念遂在斡珲鄂漠结营，两营相距数里，形成"品"字形阵势。马林雅好诗文，交游名士，图虚名，无将才④。他自以为"牛头阵"既能互相救援，又能以战车和壕堑阻遏后金骑兵的驰突，以炮铳和火箭制

---

① 《清太祖高皇帝实录》第6卷，中华书局影印本，1986年，第7叶。
② 《明神宗实录》（内阁文库本），万历四十七年三月丙戌载："乃本将虑恐功不出己，于二十九日半夜出关，哨见浑河南岸走有游骑，亟将兵先期竞进，其失一也；此时三路兵马未济，浑河水势汹涌，人马渡河被水推溺数十余骑，巡道止之不听，赵梦麟谏之不听，军营将官恳止而怒，愎众自用，其失二也；且不按队为营，临期每队挑选数人，以致队伍错乱，为贼所击，其失三也；临阵生擒活夷数人，克一二寨，不加傍哨，扑踊而前，致赚入贼伏，被诱不知，其失四也；将兵不习，背水而战，其失五也；轻骑深入，撒弃火器车兵，师无老营，其失六也。"
③ 《明史·潘宗颜传》第291卷，中华书局点校本，1974年，第7454页。
④ 《明史·马芳传附子林传》第211卷，中华书局点校本，1974年，第5587页。

服后金的弓矢。但他消极防御，兵力分散，鼎足成阵，各营茧缚，形成被动挨打的局面，给努尔哈赤提供可乘之机。

聪明的努尔哈赤尽管有三倍于敌的兵力，却没有分兵围攻明军的三个营，而是集中兵力，先砍其"品"字形阵的一只孤雁——龚念遂营。参将龚念遂、游击李希泌统领步骑，楯车屯营，环营浚壕，排列枪炮，严密防守。努尔哈赤攻打龚念遂营，也没有四面包围，而是亲自率领一千精骑，朝着其薄弱的一隅猛冲，攻打进去，推倒楯车①，突破一个缺口。八旗兵像洪水似的从缺口涌进龚念遂营，骑兵踩着死人和活人，冲突、砍削、狂奔、踩躏。龚念遂营破战死。努尔哈赤在斡珲鄂漠得胜之后，跃马急驰尚间崖。

尚间崖的马林营防守严整。努尔哈赤命先据山巅，向下冲击②，但见马林营内与壕外兵汇合，又命停止攻取山上，下马徒步应战③。大贝勒代善、二贝勒阿敏、三贝勒莽古尔泰各率兵鼓勇急进，冲向马林营。营中明军发鸟枪、放巨炮，但"火未及用，刃已加颈"④。两军短兵相接，骑兵横驰，利刃飞舞。后金兵受伤者甚多，勇将扬古利"裹创系腕"⑤，率牛录额真驰击，兵马齐拥激战。正在酣战之际，马林恐甚，策马先奔。《明神宗实录》记载："敌至，林甚恐，遂提部下兵，避其锋以去。"⑥主将马林先遁，副将麻岩战死，余众大溃，全营皆没。明军"死者遍山谷间，血流尚间崖下，河水为之尽赤"⑦。努尔哈赤攻下尚间崖马林营，

---

① 《满文老档·太祖》第8册，天命四年三月初二日，中华书局译注本，1990年。
② 《清太祖高皇帝实录》第6卷，中华书局影印本，1986年，第9叶。
③ 《满文老档·太祖》第8册，天命四年三月初二日。按《清史稿·太祖本纪》载："上趋登山下击，代善陷阵，阿敏、莽古尔泰麾兵继进，上下交击，马林遁，副将麻岩战死。"据《满文老档》、《满洲实录》、《清太祖武皇帝实录》和《清太祖高皇帝实录》所载，虽始命登山，但后并未登，故《清史稿·太祖本纪》记载"上下交击"，误。
④ 于燕芳：《剿奴议撮》（五），中央大学图书馆印本，民国十七年（1928），第5叶。
⑤ 《满汉名臣传·扬古利传》第1卷，黑龙江人民出版社，1991年，第7页。
⑥ 《明神宗实录》第580卷，万历四十七年三月乙酉，台北历史语言研究所校勘本，1962年，第2叶。
⑦ 《清太祖高皇帝实录》第6卷，中华书局影印本，1986年，第9～10叶。

又马不停蹄地驰往飞芬山潘宗颜营。

飞芬山的潘宗颜据山扎营，楯车为垒，环列火器，督军坚守。努尔哈赤指挥八旗，令一半兵下马，重甲兵持刀枪在前，轻甲兵操弓矢在后；另一半兵骑马，包围飞芬山——步骑冒死前进，仰山而攻①。潘宗颜"奋呼冲击，胆气弥厉"②。明军居高临下，施发火器。八旗军突破营阵。两军混战、周旋、厮杀、肉搏。炮队迎步兵，铁骑冲炮队；蜿蜒动荡，血肉横飞。马林"牛头阵"的另一只犄角也被砍掉，潘宗颜营溃战死。其死时"骨糜肢裂，惨不忍闻"③。

附记：此段历史，极其动人，文字虽长，引励来者。马林领开铁兵，出边营稗子峪。杜松军陷，军中遂哗。及旦敌至，马林甚恐，遂提部下兵避其锋以去。"（潘）宗颜独留殿后，奋呼杀贼，胆气益厉，与游击窦永澄、守备江万春、通判董尔励等，及所部健丁，冲突鏖战，贼死者枕籍。自辰至午，力竭不支，遂同时遇害。宗颜，字士潜，万全都司保安卫人。能诗赋，善古文辞，至天文兵法，亦时时玩习。为诸生便究心时事，有《筹边赋》及《韬略十二对》。癸丑成进士，授户部主事，则奴酋猖獗，条具辽事，芹议时论韪之，遂挺身往督辽饷。会开原道缺，特用咨补。申明军令，严为巡缉，取剽掠奸淫者，立正以法，四境肃然。阴知马林不可共事……至是，果如其料。战没之日，骨糜肢裂，惨不忍闻，年三十六。讣至，上遣官谕祭，赐葬立祠，赠光禄卿，荫子兆环为锦衣卫世袭百户。谥曰：节愍。"④

时叶赫贝勒金台石、布扬古"约助明兵，与潘宗颜合，至开原中固城，闻明兵败，大惊而遁"⑤。

至此，明北路马林军，除主将马林仅以数骑逃回开原外，全军覆没。先是，

---

① 《满文老档·太祖》第8册，天命四年三月初二日，中华书局译注本，1990年。
② 《明史·潘宗颜传》第291卷，中华书局点校本，1974年，第7454页。
③ 《明神宗实录》第580卷，万历四十七年三月乙酉，台北历史语言研究所校勘本，1962年，第2叶。
④ 《明神宗实录》580卷，万历四十七年三月乙酉，台北历史语言研究所校勘本，1962年，第2叶。
⑤ 《清太祖高皇帝实录》第6卷，中华书局影印本，1986年，第10叶。

开原道兵备佥事潘宗颜知马林无将才，在出师之前致书经略杨镐言：

> 林庸懦，不堪一面之寄，乞易别帅当此重任，而以林遥作后应，庶其有济；不然，不惟误事，且恐此身实不自保。①

杨镐不听，果然马林兵败。

初三日，努尔哈赤败抚顺路杜松军和开路马林军后，又接到侦骑驰传明总兵刘綎由宽奠进董鄂路、总兵李如柏由清河进虎拦路的警报。他派一支军队往南方防御清河路李如柏军；又派主力东出，设伏山谷，以待刘綎军。他安排就绪后，先集结于古尔本，又来到界凡，杀八牛祭纛告天，庆祝连破两路明军的胜利，并激励将士去迎接新的挑战。努尔哈赤在界凡祭告后，返回赫图阿拉，亲自率兵4000留守，坐镇指挥同刘綎军的战斗。

刘綎，江西南昌人，名将刘显之子，是明军中与杜松齐名的勇将。他身经大小数百战，闻名海内外。他善用大刀，"所用镔铁刀百二十斤，马上轮转如飞，天下称'刘大刀'"②。他善弓马，如尝"命取板扉，以墨笔错落乱点，袖箭掷之，皆中墨处。又出战马数十匹，一呼俱前，麾之皆却，喷鸣跳跃，作临阵势，见者称叹"③。他又嗜酒，每临阵饮酒斗余，激奋斗志。刘綎受命之后，二月二十五日刚出宽奠，天时不利，"风雪大作，三军不得开眼，山谷晦冥，咫尺不能辨"④。他率领1万余人器械龃龉，又无大炮火器的混杂队伍，同朝鲜都元帅姜弘立、副元帅金景瑞统领的13000人会师后，在不得地利的险远道路上行进。如二十七日"过涉横江，比鸭儿河深广，少有雨水，渡涉极难。鸭儿河凡四渡，深没马腹，水黑

---

① 《明神宗实录》第580卷，万历四十七年三月乙酉，台北历史语言研究所校勘本，1962年，第2叶。
② 《明史·刘綎传》第247卷，中华书局点校本，1974年，第6396页。
③ 钮琇：《觚賸·刘将军》正编第4卷，上海古籍出版社，1986年，第65页。
④ [朝]《光海君日记》第137卷，十一年二月己卯，日本学习院东洋文化研究所刊本，1959年。

石大,人马艰涉。军人各持行装,未到半路,疲惫已甚。所赉之粮,亦已垂尽"①。在刘𬘩驰往赫图阿拉的路上,不仅峻岭险隘,大川萦纡,山径崎岖,丛林密布;而且后金设置路障,坚壁清野,如朝鲜《光海君日记》载:

> 贼新斫大木,纵横涧谷,使人马不得通行,如此者三处。且斫且行,日没时到牛毛寨。原有三十余胡家,已经焚烧,埋置米谷。②

后金屯寨埋藏粮谷,宽奠路军粮不继,朝鲜兵尤甚,其"三军不食,今已屡日"③。军粮短缺,行军迟缓,至三月初二日始到浑河。浑河离牛毛寨60里,行军竟3日。这时杜松军和马林军已经败没,刘𬘩却全然不知。在这段艰难的行军中,宽奠路军几经小的战斗,"生擒斩获共二百一名颗"④,其中除女真游骑外,多为屯寨妇幼。刘𬘩虽焚克十余寨,"军声大震"⑤,但中了努尔哈赤的诱兵之计:"夷贼精兵五百余骑,直逼对山诱战,连诱连退。"⑥明东路宽奠刘𬘩军,进至距赫图阿拉约70里的阿布达里冈。阿布达里冈的满文体为abdari ala,abdari意为娑罗树,ala意为冈。它的位置在今拉法河、加哈河分水岭处的老道沟岭,地形复杂,双侧高山,中为峡谷,山路崎岖,逶迤险隘,行军艰难,易于设伏。刘𬘩军陷于努尔哈赤在阿布达里冈的埋伏之中。

初四日,努尔哈赤派去迎击刘𬘩的八旗互相配合:扈尔汉率500人诱明军西进;

---

① [朝]《光海君日记》第137卷,十一年二月辛巳,日本学习院东洋文化研究所刊本,1959年。
② [朝]《光海君日记》第137卷,十一年二月壬午,日本学习院东洋文化研究所刊本,1959年
③ [朝]李民寏:《栅中日录》,日本天理大学图书馆藏玉版书屋本,第6页。
④ 《明神宗实录》第580卷,万历四十七年三月甲午,台北历史语言研究所校勘本,1962年,第6叶。
⑤ 谷应泰:《明史纪事本末·补遗》第4册,中华书局,1977年,第1413页。
⑥ 《明神宗实录》第580卷,万历四十七年三月甲午,台北历史语言研究所校勘本,1962年,第6叶。

皇太极等率右翼四旗兵，隐伏在阿布达里冈山麓的丛林里；阿敏率兵潜伏在山冈的南谷，待放过刘綎军一半之后，击其尾部①；代善等率左翼四旗兵，在山冈隘口前旷野正面驰突；又派降顺汉人装扮成杜松军卒，赚诱刘綎：

> 建州兵得杜松号矢，使谍驰绐之，令亟来合战。綎曰："同大帅，乃传矢，裨我哉！"谍曰："主帅因事急取信耳。"綎曰："殆不约传炮乎？"谍曰："塞地烽堠不便，此距建州五十里，三里传一炮，不若飞骑捷也。"綎首肯。②

谍骑驰报，努尔哈赤密令以刚缴获的杜松军大炮，燃炮"传报"。刘綎军在阿布达里冈的行进途中，"遥闻大炮三声，隐隐发于东北"③，以为西路杜松大军已到。刘綎唯恐杜松独得头功，急命火速进军。阿布达里冈一带，重峦叠嶂，隘路险夷，马不能成列，兵不能成伍，刘綎督令兵马单列急进。

刘綎亲率精锐的前锋部队行到阿布达里冈，隐伏在山麓、丛林、溪谷、沟岔中的后金军伏兵四起。阿敏等率兵突击，将刘綎军拦腰切断而攻其尾部。皇太极等率兵从山上往下驰击，似山洪暴泻，漫山冲杀。这时努尔哈赤设计诱骗刘綎：

> 奴酋设计诱之，用杜松阵亡衣甲、旗帜，诡称我兵，乘胜督战。綎始开营，遂为奴酋所败。④

---

① 《满文老档·太祖》第8册，天命四年三月初四日，中华书局译注本，1990年。
② 谷应泰：《明史纪事本末·补遗》第4册，中华书局，1977年，第1413页。
③ [朝]李民寏：《栅中日录》，日本天理大学图书馆藏玉版书屋本，第7页。
④ 《明神宗实录》第581卷，万历四十七年四月戊辰，台北历史语言研究所校勘本，1962年，第8叶。

后金军里应处合，首尾齐击，弥山满谷，四围厮杀。刘𬘩奋战数十合，力竭败死。其养子刘招孙冲突力救，亦死。据史载：

> 建州兵假杜将军旗帜奄至，𬘩不之备，遂阑入阵，阵乱，𬘩中流矢，伤左臂，又战，复伤右臂，𬘩犹鏖战不已。自巳至酉，内外断绝，𬘩面中一刀，截去半颊，犹左右冲突，手歼数十人而死。刘招孙救之，亦死。①

刘招孙之勇，令人惊叹："有刘招孙者，𬘩帐下卒也。负𬘩尸，手挟刀，与我军相格，亦被杀死。"②招孙养父刘𬘩曾裹创百战，未尝败衄。是战，明人史书亦载：

> 贼兵逼山诱我，守备马进忠单骑入贼阵，贼惧收兵，屯扎山箐，我兵亦用壁相距。令奴中猝张抚顺军帜，讹言杜将军战胜合兵。刘将军不及擐甲开营，而夷兵猛炽，二万人合围。自巳至酉，我兵冲破数阵，奴以胜兵之锐，当深入之疲，将军脸被一矢，又戳一刀，毕命。③

东路宽奠军主将刘𬘩身死兵败。后有数千浙兵败屯山上，据目击者记："胡数百骑驰突而上，浙兵崩溃，须臾间，厮杀无余，目睹之惨，不可胜言。"④

阿布达里冈的刘𬘩军失败之后，代善等移师富察⑤，进击监军康应乾统领的刘𬘩余部及助明作战的朝鲜兵。在明监军乔一琦的督催下，姜弘立率朝鲜兵于四

---

① 谷应泰：《明史纪事本末》第4册，中华书局，1977年，第1413～1414页。
② 高士奇：《扈从东巡日录》下卷，《辽海丛书》影印本，辽沈书社，1985年，第1页。
③ 《都督刘将军传》，不分卷，太仓王衙藏版。
④ [朝]李民寏：《栅中日录》，日本天理大学图书馆藏玉版书屋本，第11页。
⑤ 富察，距赫图阿拉约六十里，距阿布达里冈约十里。

日到达富察。都元帅姜弘立下令军队分左、中、右安营，自驻中营。营刚扎下，代善统领数万骑兵冲向富察，漫山遍野，烟尘漫天。康应乾和乔一琦瞬间兵败，乔一琦奔向朝鲜兵营。当朝鲜左右营兵铳炮初放，还没有来得及再燃的时候，后金骑兵已突入营中。朝鲜的兵卒，披纸作甲，柳条为胄，饥馁数日，焦渴并剧，"欲走则归路断绝，欲战则士心崩溃"①，无可奈何，都元帅姜弘立、副元帅金景瑞投降②，后金景瑞被杀③。明监军乔一琦走投无路，投崖而死④。

明军抚顺路、开原路、宽奠路相继败北，经略杨镐急檄清河路李如柏回兵。李如柏怯懦蠢弱，出师晚，行动缓，还没有同后金军交锋，在接到杨镐檄令后，急命回师。后金牛录额真武理堪，受命率20名哨骑在虎拦山巡逻，见李如柏退师，机智地斩杀40人，获马50匹，致使明军大乱。据《清史列传·武理堪》所载：

> 武理堪率二十骑至呼兰山，见敌军行山麓，乃于山巅驻马大呼弓手，四顾为指麾伏兵状。敌望见惊溃。武理堪遂纵骑疾驰击之，斩四十人，获马五十，敌相踩躏，死者千余。⑤

《满文老档》和《满洲实录》也作了类似的记述。上述记载，虽不免张饰，但可以看出李如柏退师时"草木皆兵"的惊惶之状。

---

① [朝]李民寏：《栅中日录》，日本天理大学图书馆藏玉版书屋本，第9叶。
② 《光海君日记》第139卷，十一年四月乙卯记："姜弘立等书职名状启略云：'臣至背东关岭，先遣胡译河瑞国密通于虏云：虽被上国催驱至此，常在阵后，不为接战计；故战败之后，得以款好。若速成和议，则臣等可以出归'云云。（先是，王密令会宁府来市商胡通报此举，商胡未返而瑞国先入奴穴，奴酋疑而囚之。既而会宁报至，遂释瑞国，仍使招纳弘立，弘立之降，盖其素定之计也。——原注）"
③ [朝]《李朝仁祖大王实录》第22卷，八年二月丙寅，日本学习院东洋文化研究所刊本，1959年。
④ 乔一琦之死：《清史稿·阿敏传》作"一琦自经死"。
⑤ 《清史列传·武理堪》第4卷，中华书局标点本，1987年，第7页。

李如柏退师之后，明朝言路极愤，劾其与努尔哈赤有香火情，所以李如柏逗留观望，努尔哈赤也一矢未加。户科给事中李奇珍疏劾李如柏娶努尔哈赤之弟舒尔哈齐女为妻，现生第三子，有"奴酋女婿作镇守，未知辽东落谁手"①之民谣。李如柏逃回清河，后下狱自裁。

努尔哈赤与经略杨镐、后金与明朝，在双方决定雌雄的萨尔浒之战中，以后金军的胜利和明军的溃败而告结束。这次战役，明军损失重大，据统计：明军文武将吏死亡三百一十余员，军丁死亡四万五千八百七十余人，阵失马、骡、驼共二万八千六百余匹②。

明军在萨尔浒之战中所以失败，主要由于政治腐败、军事废弛、帅将不和、指挥失算。

政治腐败。辽事之错，在经略、枢部、辅臣以至于万历帝腐败不堪。明浙江道御史杨鹤上萨尔浒之败疏言：

> 辽事之失，不料彼己，丧师辱国，误在经略；不谙机宜，马上催战，误在辅臣；调度不闻，束手无策，误在枢部；至尊优柔不断，又至尊③自误。④

杨鹤刚直之言直指万历帝。同僚认为杨鹤疏言过鲠，他便引病辞职。但是，萨尔浒之战的失败，从根本上说，不完全是万历帝和经略、尚书、宰辅等大员的个人责任，而是明朝君主专制的腐朽政治之树，结下的一枚苦果。这一点是杨鹤

---

① 《明神宗实录》第582卷，万历四十七年五月癸未朔，台北历史语言研究所校勘本，1962年，第1叶。
② 王在晋：《三朝辽事实录》第1卷，江苏省立国学图书馆藏本，第12叶。
③ 参阅《明神宗实录》第580卷，万历四十七年三月癸卯，第18叶。
④ 《明史·杨鹤传》第260卷，中华书局点校本，1974年，第6726页。

所不能认识的。

军事废弛。萨尔浒战前，明军临时征调，仓促赴战，军心不一，战志不齐，粮饷乏继，器械钝朽，援兵号泣，将领叛逃。如新调到的援兵皆"伏地哀号，不愿出关"①。明军不但援兵啼号，而且援将脱逃，如：

> 陕西固原游击佟国祚，领兵援辽，于万历四十六年九月二十八日，师次昌平，国祚闻伊父原任总兵鹤年降奴，遂萌叛志。给各官领兵先行，至二十九日又诡称家人佟六汉亡，即差牢役邵进忠等分投追赶，国祚遂得只身轻骑脱逃以去。②

帅将不和。明军帅与将、将与将之间，"心怯而忌，气骄而妒"③，如杜松同刘𫘧争魁，马林同杜松互妒，潘宗颜对马林不满，刘𫘧对杨镐怨恨等等。而刘𫘧对杨镐不悦之色，溢于言表。从朝鲜都元帅姜弘立和刘𫘧的下述对话中，可见一斑：

> 臣（即姜弘立——引者）问曰："然则东路兵甚孤，老爷何不请兵？"
> 答曰："杨爷与俺自前不相好，必要致死。俺亦受国厚恩，以死自许，而二子时未食禄，故留置宽田（佃）矣。"臣问曰："进兵何速也！"
> 答曰："兵家胜筹，唯在得天时、得地利、顺人心而已。天气尚寒，不可谓得天时也；道路泥泞，不可谓得地利也；而俺不得主柄，奈何？"

---

① 《明神宗实录》第571卷，万历四十六年六月壬戌，台北历史语言研究所校勘本，1962年，第3叶。
② 《明神宗实录》第578卷，万历四十七年正月癸卯，台北历史语言研究所校勘本，1962年，第6叶。
③ 《明神宗实录》第577卷，万历四十六年十二月乙丑，台北历史语言研究所校勘本，1962年，第6叶。

颇有不悦之色。①

指挥失算。经略杨镐指挥失算，是明军萨尔浒之败的直接原因。杨镐既不察敌情，不听谏言，也不熟谙地理，不亲临战阵。他虽议兵分四路，分进合击，却分散兵力，西路冒进，击而未合。这便使明军由战略上的优势，变为战术上劣势，从而导致四路出师，两双败北。

后金军在萨尔浒之战中所以获胜，固然有明朝政治腐败、军事废弛、帅将不和、指挥失算等外部因素，也有后金上下一致、将领智勇、兵马精强、部民支持等内部因素。但是，更为重要的是努尔哈赤指挥得当。满族杰出的军事家努尔哈赤，在萨尔浒之役中的卓越功绩，在于他谨慎地利用了上述外部不利和内部的有利因素，巧妙地抓住了杨镐②产生悲剧的各个特殊环节，充分地发挥了自己的聪明才智。试析述如下：

第一，侦察敌情，判断正确。同杨镐不料彼已相反，努尔哈赤重视查探敌情。他通过哨探、谍工、商人等多种途径，对明军的统帅、主将、兵力、分路、师期等都有所了解。尤其在各路哨骑报警时，他能够把握关节，制定主攻方向，确定首先以杜松军为迎击的重点。

第二，集中兵力，各个击破。明军向赫图阿拉进攻，总兵数10万余人，号称47万。后金军投入作战的兵力，据《满文老档》记载，仅有8个旗，约6万人③。如将筑界凡城的夫役15000人计入，也不过8万人左右。后金军在数量上少于明军。但努尔哈赤在诸路告警时，东路派兵500人④御敌，南路派200兵防

---

① [朝]《光海君日记》第137卷，十一年二月庚辰，日本学习院东洋文化研究所刊本，1959年。
② 杨镐于崇祯二年九月丁未被弃市。
③《明神宗实录》第580卷，第5叶，万历四十七年三月甲午载杨镐奏言："盖奴酋之兵，据阵上共见，约有十万。"显系其掩败虚张之词。
④《清太祖高皇帝实录》第6卷，中华书局影印本，1986年，第12叶。

守①，北路文献缺载，也不会太多。确定"凭尔几路来，我只一路去"②的原则，集中兵力，迎击明军。

明朝军统帅杨镐以"兵分四路，分进合击"的兵略，但分进而未形成合击，结果兵败；后金努尔哈赤则以"集中兵力，分路击破"的兵略，但合兵而形成为合击，结果取胜——努尔哈赤每战以3倍或4倍于敌的兵力，将明军逐路击破。这就使后金军在战略上的相对劣势，变为在战术上的绝对优势。

第三，铁骑驰突，速战速决。这是努尔哈赤在萨尔浒之战中，克敌制胜的重要法宝。他统率骑兵，速战速决，即在明军合围前的四天之中，第一天败杜松军，第二天破马林军，第三天设伏准备，第四天灭刘𬘩军。如果后金军行动迟滞一天或两天，那么战局或会逆转。

第四，诱敌入伏，以静制动。努尔哈赤军事指挥的一个特点是，利用地形，诱敌入伏，以静制动，夺取胜利。如他计诱刘𬘩入伏，以逸待劳，以长制短，以假乱真，以静击动，将其在行动中加以消灭。

第五，以饱待饥，善于用计。后金以士饱马腾之军，对明朝士饥马疲之众。先以自己局部的优势和主动，对抗明朝局部的劣势和被动，初战取胜，再及其余。并巧于行诈，善于用间，将收降汉人装扮成杜松军兵，赚骗刘𬘩，使之上当。于是，逐渐使局部的优势和主动，转化为全局的优势和主动，从而取得全胜。

第六，亲临战阵，全民行动。后金兵民，融为一体，共同反击明军的进攻。即在边远山区屯寨，也能埋藏粮谷，坚壁清野，遍设路障，抗御明军。同时，努尔哈赤在萨尔浒之战中，亲临战阵，策马驰突，冲锋陷阵，调度指挥。

总之，萨尔浒之战成为中外军事史上以少胜多的著名经典战例。

努尔哈赤在萨尔浒之战的整个过程中，自始至终掌握着战争的主动权。尤其

---

① 《满文老档·太祖》第8册，天命四年三月初一日，中华书局译注本，1990年。
② 夏允彝：《幸存录·东夷大略》下卷，北京图书馆藏旧抄本。

是他在明军合围之前，集中优势兵力，逐路击破明军，从而表现了卓绝的军事才能。萨尔浒之战是努尔哈赤军事指挥艺术一次精湛的表演。

萨尔浒之战，以明朝军的失败和后金军的胜利而告终。萨尔浒之战的胜败，意义重大，影响深远，是明亡清兴历史的一个转折点。萨尔浒之战使明朝和后金在军事上互换了位置：明朝由进攻转为防御，后金由防御转为进攻。而后，在中国辽东地区，后金－清与明朝进行了3场大战，即沈辽大战、广宁大战和松锦大战，明朝军失败，八旗军告捷。这就为后来清军入关，入主中原，一统华夏，做了准备，奠下基础。所以，后来乾隆帝说，萨尔浒一战，使"明之国势益削，我之武烈益扬，遂乃克辽东，取沈阳，王基开，帝业定"①。

八旗军接着进兵沈辽地区。

【附录】
《御制己未岁我太祖大破明师于萨尔浒山之战书事》

盖闻国之将兴，必有祯祥；然祯祥之赐，由乎天；而致天之赐，则由乎人。予小子于己未岁我太祖大破明师于萨尔浒之战，益信此理之不爽也。尔时草创开基，筚路蓝缕，地之里未盈数千，兵之众弗满数万。惟是父子君臣，同心合力，师直为壮，荷天之龙，用能破明二十万之众。每观《实录》，未尝不流涕动心，思我祖之勤劳，而念当时诸臣之宣力也。谨依《实录》，叙述其事如左。

己未二月，明帝命杨镐、杜松、刘綎等，统兵二十万，号四十万来攻，左翼中路，以杜松、王宣、赵梦麟、张铨，督兵六万，由浑河出抚顺关。右翼中路，以李如柏、

---

① 《御制己未岁我太祖大破明师于萨尔浒山之战书事》，原碑藏沈阳故宫博物院。参见《清高宗纯皇帝实录》第996卷，乾隆四十年十一月癸未，中华书局影印本，1985年。

贺世贤、阎鸣泰，督兵六万，由清河出鸦鹘关。左翼北路，以马林、麻岩、潘宗颜，督兵四万，由开原合叶赫兵，出三岔口。右翼南路，以刘𫟋、康应乾，督兵四万，合朝鲜兵出宽甸口。期并趋我兴京。

三月朔，我西路侦卒，遥见火光驰告，甫至，而南路侦卒又以明兵逼境告。我太祖曰："明兵之来，信矣。南路驻防之兵有五百，即以此拒之。明使我先见南路有兵者，诱我兵而南也。其由抚顺关西来者必大兵，急宜拒战。破此，则他路兵不足患矣。"即于辰刻，率大贝勒代善及众贝勒大臣，统城中兵出。而令大贝勒前行。时侦卒又以明兵出清河路来告。大贝勒曰："清河之界，道途逼仄崎岖，兵未能骤至。我兵惟先往抚顺，以逆敌兵。"遂过扎喀关，与达尔汉侍卫扈尔汉集兵以待上之至。时四贝勒以祀事后至，谓大贝勒曰："界藩山上，我筑城夫役在焉。山虽险，倘明之将帅，不惜士卒，奋力攻之，陷夫役奈何？我兵宜急进，以安夫役之心。"大贝勒等善是言。下令军士尽擐甲，日过午，至太兰冈。大贝勒及扈尔汉欲驻兵隐僻地以待敌，四贝勒艴然曰："正宜耀兵列阵，明示敌人，壮我夫役士卒之胆，俾并力以战，何故令兵立隐僻地耶？"巴图鲁额亦都曰："贝勒之言是也，我兵当堂堂正正，以向敌人。"遂督兵赴界藩，对明兵营，列阵而待。初，众贝勒兵未至，我国防卫筑城夫役之兵，仅四百人，伏萨尔浒谷口，俟明总兵杜松、王宣、赵梦麟之兵，过谷口将半，尾击之。追至界藩渡口，与筑城夫役，合据界藩山之吉林崖。杜松结营萨尔浒山，而自引兵围吉林崖，仰攻我兵。我兵四百人，率众夫役下击之。一战而斩明兵百人。时我国众贝勒甫至，见明兵攻吉林崖者，约二万人。又一军列萨尔浒山巅，遥为声势。四大贝勒与诸将议曰："吉林崖巅有防卫夫役之兵四百人，急增千人助之，俾登山驰下冲击，而以右翼四旗兵夹攻之；其萨尔浒山之兵，则以左翼四旗兵当之。"遂遣兵千人往吉林崖。上至，问四大贝勒破敌策，四大贝勒俱以前议告。上曰："日暮矣，且从汝等。今分右翼四旗之二，与左四旗兵合，先破萨尔浒山所驻兵。此兵破，则界藩之众，自丧胆矣。再令右二旗兵，遥望界藩明军，俟我兵由吉林崖驰下冲击时，并力以战。"

是时我国近都城之兵,乘善马者先至,乘驽马者后至。其数十里外者尚未至。于是合六旗兵进攻萨尔浒山。明兵驻营列阵,发枪炮。我兵仰而射之,奋力冲击。不移时,破其营垒,死者相枕藉。而所遣助吉林崖之兵,自山驰下冲击。右二旗兵渡河直前夹击。明兵之在界藩山者,短刃相接,我兵纵横驰突,无不一当百,遂大破其众。明总兵杜松、王宣、赵梦麟等皆殁于阵,横尸亘山野,血流成渠。其旗帜、器械及士卒死者,蔽浑河而下,如流澌焉。追奔逐北二十余里,至硕钦山,时已昏。军士沿途搜剿者又无数。

是夜,明总兵马林兵营于尚间崖,浚濠严斥堠,鸣金鼓自卫。我兵见之,乘夜驰告于大贝勒。

翼旦,大贝勒以三百余骑驰往。马林兵方拔营行,见大贝勒兵至,回兵结方营,环营浚濠三匝,列火器,俾习火器者立濠外;继列骑兵以俟。又潘宗颜一军,距西三里外营斐芬山。大贝勒见之,使人驰告于上。时我国远路之兵,亦陆续至,与大贝勒兵合。明左翼中路后营游击龚念遂、李希泌,统步骑万人,驾大车,持坚楯,营于斡珲鄂漠地,环营浚濠,外列火器。上见之,与四贝勒率兵不满千人,分其半下马步战。明兵发火器拒敌。四贝勒引骑兵奋勇冲入,我步兵遂斫其车,破其楯。明兵又大败,龚念遂、李希泌皆阵殁①焉。

会大贝勒使人至,知明兵已营尚间崖。上不待四贝勒兵,急引侍从四五人往,日中至其地,见明兵四万人,布阵成列。上趣令我军先据山巅,向下搏击。众兵方欲登山,而马林营内之兵与濠外兵合。上曰:"是将与我战也,我兵且勿登山,宜下马步战。"令大贝勒往谕。时左二旗兵下马者,方四五十人。明兵已自西突至,大贝勒代善言于上曰:"兵已进矣!"即怒马迎战,直入其阵。二贝勒阿敏、三贝勒莽古尔泰与众台吉等,各鼓勇奋进,两军搏战,遂败明兵,斩首、捕卤过当。方战时,我六旗兵见之,不及布列行阵,人自为战,前后弗相待,纵马飞驰,

---

① 殁:《清高宗纯皇帝实录》华文书局本"殁"作"没"。

直逼明营。明兵发鸟枪巨炮，我兵冲突纵击，飞矢利刃，所向无前。明兵不能支，又大败遁走。我兵乘胜追击，明副将麻岩及大小将士皆阵没。总兵马林仅以身免。灭迹扫尘，案角陇种，尚间崖下河水为之尽赤。

上复集军士，驰往斐芬山，攻开原道潘宗颜兵。令我兵之半下马，仰山而攻。宗颜兵约万人，以楯遮蔽，连发火器。我兵突入，摧其楯，遂破之，宗颜全军尽没。时叶赫贝勒锦台什、布扬古欲助明，与潘宗颜合。其兵甫至开原中固城，闻明兵败，大惊而遁。是时，我军既击破明二路兵，上乃收全军至固勒班地方驻营。而明总兵刘綎、李如柏等由南路进者，已近逼兴京。侦卒驰告，上遂命扈尔汉先率兵千人往御。

翼旦，上复命二贝勒阿敏率兵二千继之。上率众贝勒大臣，还军至界藩。行凯旋礼，刲八牛，祭纛告天。大贝勒代善请曰："吾先归，从二十骑，微行探信。"祀毕，上徐来，上许诺。三贝勒莽古尔泰亦相继行。四贝勒驰至上前，请与俱往。上曰："汝兄微行往探，汝随吾后行。"四贝勒曰："兄独往，吾留此，未安也。"遂亦行。日暮，大贝勒回至兴京，入宫。则皇后、内廷①等见大贝勒至，亟问御敌策。大贝勒曰："抚顺、开原二路敌兵已破，诛戮且尽。南来兵已遣将往御。我待父皇命，当即往破之。"于是，大贝勒复出城，迎上于大屯之野。上自界藩启行至兴京。

平明，命大贝勒、三贝勒、四贝勒，统军士御刘綎，而留兵四千于都城，待李如柏、贺世贤等之兵。初，刘綎兵出宽甸，进栋鄂路。我居民避匿深山茂林中。刘綎悉焚其栅寨，杀其孱弱。佐领托保、额尔讷、额赫率驻防五百人迎敌。刘綎兵围之数重，额尔讷、额赫死之，并伤我卒五十人。托保引余兵与扈尔汉军合。扈尔汉伏兵山隘以待。巳刻，大贝勒及三贝勒、四贝勒，引兵甫出瓦尔喀什窝集。时刘綎所率精锐二万，先遣万人前掠。将趋登阿布达哩冈布阵，大贝勒欲引兵先登，驰下击之。四贝勒曰："兄统大兵留此，相机为援，吾先督兵登冈，自上下击之。"

---

① 廷：《清高宗纯皇帝实录》华文书局本"廷"作"庭"。

大贝勒曰："善。吾引左翼兵出其西，汝引右翼兵登山，俾将士下击，汝立后督视，勿违吾言。"辄轻身入也。四贝勒遂率右翼兵往。先引精骑三十人，超出众军前，自山驰下，奋击之。兵刃交接，战甚酣，后军随至，冲突而入。大贝勒又率左翼兵，自山之西至，夹攻之。明兵大溃。四贝勒乘胜追击，与刘綎后队两营兵遇，綎仓卒不及阵。四贝勒纵兵奋击，歼其两营兵万人，刘綎战死。

是时，明海盖道康应乾步兵合朝鲜兵，营于富察之野。其兵执筤筅长枪，被藤甲、皮甲；朝鲜兵被纸甲，其胄以柳条为之，火器层叠列待。四贝勒既破刘綎兵，方驻军，众贝勒皆至，遂复督兵攻应乾。明兵及朝鲜兵敌，竞发火器，忽大风骤作，走石扬沙，烟尘反扑敌营，昏冥昼晦。我军乘之，飞矢雨发，又大破之，其兵二万人歼焉，应乾遁去。先是，二贝勒阿敏、扈尔汉前行，遇明游击乔一琦兵，击败之。一琦收残卒，奔朝鲜都元帅姜功烈营。时功烈据固拉库崖，众贝勒复整兵逐一琦，遂攻朝鲜营。功烈知明兵败大惊，遂按兵偃旗帜，遣通事执旗来告曰："此来非吾愿也，昔倭侵我国，据我城郭，夺我疆土，急难之时，赖明助我，获退倭兵。今以报德之故，奉调至此。尔抚我，我当归附。且我兵之在明行间者，已被尔杀。此营中皆高丽兵也。明兵逃匿于我者，止游击一人，及所从军士而已，当执之以献。"四大贝勒定议，乃曰："尔等降，先令主将来，否则必战。"功烈复遣使来告曰："吾若今夕即往，恐军乱逃窜。其令副元帅先往，宿贝勒营以示信。诘朝，吾率众降。"遂尽执明兵，掷于山下付我。明游击乔一琦自缢死。于是，朝鲜副元帅先诣众贝勒降。

翼日，姜功烈率兵五千下山降。众贝勒宴劳之。送功烈及所部将士，先诣都城。上御殿，朝鲜都元帅姜功烈及副元帅等，匍匐谒见，上优以宾礼，数赐宴，厚遇之。士卒悉留豢养。四大贝勒既歼南路明兵四万人，我军驻三日，籍其俘获人马、辎重、铠仗而还。

是役也，明以倾国之兵，云集辽、沈，又招合朝鲜、叶赫，分路来侵。五日之间，悉被我军诛灭。其宿将猛士，暴骸骨于外，士卒死者，不啻十余万。我军邀天佑助，以少击众，无不摧坚挫锐，迅奏肤功。策勋按籍，我士卒仅损二百人。自古克敌制胜，未有若斯之神者也。时明经略杨镐，驻沈阳，闻三路兵败，大惊，急檄总兵李如柏、副将贺世贤等回兵。如柏等自呼兰路遁归。我哨兵二十人见之，据山上鸣螺，系帽弓弰挥之，作招集大兵状。已而呼噪下击，杀四十人，获马五十匹，明兵夺路而逃。相蹂践死者，复千余人。

庚寅，大军还至都城。上顾众贝勒大臣曰："明以二十万众，号四十七万，分四路，并力来战。今我不逾时破之，遂获全胜。各国闻之，若谓我分兵拒敌，则称我兵众；若谓我往来剿杀，则服我兵强。传闻四方，孰不慑我军威者哉！"呜呼，由是一战，而明之国势益削，我之武烈益扬，遂乃克辽东，取沈阳，王基开，帝业定。

夫岂易乎？允因我太祖求是于天，复仇乎祖，同兄弟子侄之众，率股肱心膂之臣，亲冒矢石，授方略，一时圣嗣贤臣，抒劳效悃，用成鸿勋。我大清亿万年丕丕基，实肇乎此。予小子披读《实录》，未尝不起敬起慕起悲，愧未能及其时，以承训抒力于行间马上也。夫我祖如此勤劳所得之天下，子若孙睹此战迹，而不思所以永天命，绵帝图，兢兢业业，治国安民，凛惟休惟恤之诚，存监夏监殷之心，则亦非予子孙而已尔。此予睹萨尔浒之战，所由书事也。此予因《实录》尊藏，人弗易见，而特书其事，以示我大清亿万年子孙臣庶，期共勉以无忘祖宗开创之艰难也。①

---

① 《清高宗纯皇帝实录》第996卷，中华书局影印本，1986年，第318～324叶。

第十二章 进兵辽沈

一 智取开、铁

努尔哈赤取得萨尔浒大捷之后,在赫图阿拉的衙门里搭起凉棚,八旗的诸贝勒、大臣分坐8处,大贝勒代善、二贝勒阿敏、三贝勒莽古尔泰、四贝勒皇太极和投降的朝鲜都元帅姜弘立、副元帅金景瑞6人坐在凳子上①,举行大宴会。下令将缴获的甲胄、兵仗、衣物、枪炮等,像小山似的堆积8处,按军功进行分配。又指令休整士卒,牧放马匹,缮治器械,等待时机,夺占开原、铁岭。

同后金的欢庆胜利、厉兵秣马相反,萨尔浒3路败绩报至京师,吏民骇愕,举朝震惊。言官频上劾章,要求追究丧师责任;官吏收拾细软,准备遣送眷属南逃;商民惶恐不安,京城九门辰开午闭;部院官员戍守,稽防后金谍工潜入。但是,朝廷在一片埋怨和混乱之中,却拿不出扭转辽东局势的对策。

大学士方从哲在萨尔浒之败的当月,疏请万历帝"即日出御文华殿,召集文武百官,令各摅所见,备陈御房方略,庶几天威一震"。他在疏奏中分析三路丧师之后的形势时言:

---

① 《满文老档·太祖》第9卷,天命四年五月初五日载:"在此之前,设宴时贝勒们不是坐在凳子上,而是坐在地上。"

军气日益灰沮，人心日益惊惶，开原商贾士民逃窜几半，宽、瑷城堡奔溃一空，辽之为辽，真岌岌乎有不保之势矣！辽失而祸立至于山海，立至于京师。患切燃眉，救同拯溺。①

但是，他的疏言留中不报。

萨尔浒丧师过去两个月之后，明廷对辽东局势并未作出有力的决策。努尔哈赤见时机有利，便乘胜率军进攻开原。

开原是一座古城。康熙《开原县志》载：

开原本元开元②路地，明洪武二十二年设三万卫，二十五年设辽海卫。因旧土城之东修筑砖砌。周围十二里二十步，高三丈五尺，深池一丈，阔四丈，周围二十三里二十步。门四：东曰阳和，西曰庆云，南曰迎恩，北曰安远。角楼四，鼓楼在中街。③

开原势踞形胜，"跨龙冈，临大漠，边徼咽喉之路"④。它东邻建州，西接蒙古，北界叶赫。所以，"辽左三面临险，而开原孤悬一隅"⑤。开原不仅是明朝同蒙古和女真经济文化交流的重要场所，而且是明廷在辽东对抗蒙古贵族和女真贵族南进的前沿堡垒。努尔哈赤进兵辽、沈，自然要先摧毁明朝孤悬的堡垒开原。

万历四十七年即天命四年（1619）六月初十日，努尔哈赤率八旗军4万人往征开原。他将所率军兵，分作奇正两路：以小股部队直奔沈阳为疑兵，沿途杀

---

① 《明神宗实录》，第580卷，万历四十七年三月甲辰，台北历史语言研究所校勘本，1962年，第19叶。
② 元代开元城址，本文不作讨论。
③ 康熙《开原县志·城池》上卷，《辽海丛书》影印本，辽沈书社，1985年，第8叶。
④ 康熙《开原县志·形胜》上卷，《辽海丛书》影印本，辽沈书社，1985年，第5叶。
⑤ 《熊襄愍公集》第2卷，第1叶。

三十余人、俘 20 人以虚张声势；以大股主力部队进靖安堡，于十六日突抵开原城外。

时明开原道韩原善不在署，以推官郑之范摄道事。原总兵马林、副将于化龙、参将高贞、游击于守志、守备何懋官等率兵戍守。郑之范"赃私巨万，天日为昏"①，异常贪暴，素失军心。城中守军腐败不堪，军无斗志，兵无粮饷，马缺草料，呈现兵逃马倒的混乱情况。据载：

……赴署开原兵备事推官郑之范处领草、豆，并无升束。马食乌杆。一日而倒死二百四十九匹。把总朱梦祥到开原领钱粮，一月不给。各军衣物尽变，马倒人逃，离城草茂之处，趁青喂养马匹，贼至，猝不及收。②

努尔哈赤事先派谍工到开原，对其内部的军队多寡、兵士勇怯、粮饷虚实、将吏智庸都了如指掌，尤其是探知守军到城外远处牧放马匹，便乘虚突然率兵围城。

当时马林同蒙古介赛、煖兔订有盟约。他们答应后金进攻开原时出兵相援。马林依恃盟约而不设防。八旗军驰抵开原城下，马林来不及布防，郑之范等慌忙登城守御，并在四门增兵。八旗军一面在南、西、北三门攻城，布战车、竖云梯，鱼贯而上，沿城冲杀，杀得城上守兵溃散；一面布重兵于东门，进行夺门搏战。由于后金派进的谍工"开门内应"③，八旗兵以内应外攻，夺门④进城。摄道事郑

---

① 《明神宗实录》，第 584 卷，万历四十七年七月甲辰，台北历史语言研究所校勘本，1962 年，第 24 叶。
② 王在晋：《三朝辽事实录》第 1 卷，江苏省立国学图书馆藏本，第 16 叶。
③ 《明神宗实录》第 584 卷，万历四十七年七月辛丑，台北历史语言研究所校勘本，1962 年，第 20 叶。
④ 《盛京通志》第 15 卷，第 6 叶载，开原城"砖砌，周围十二里二十步，高三丈五尺；深池一丈，阔四丈，周围二十三里二十步；门四：东曰阳和，西曰庆云，南曰迎恩，北曰安远；角楼四，鼓楼在中街"。

之范临阵仓皇，下城乘马带家丁从北门逃窜，后被逮，死狱中。开原城陷，于化龙、高贞、于守志等皆死，马林被斩。马林之父马芳，由行伍出身而升为大帅①。马林由父荫官参将，后为辽东总兵官，但自许甚高，并无将才，纸上谈兵，终至败死。

但是，开原城之明军民仍拼死守城，据朝鲜《光海君日记》记载：

> 开元城中最多节义之人，兵才及城，人争缢死，屋无虚梁，木无空枝，至有一家全节，五六岁儿亦有缢死者。②

努尔哈赤进攻开原，受到顽强抵抗，故得胜后，杀戮甚惨。《清太祖武皇帝实录》载录较详，不繁赘述，稍冗引文：

> 我兵遂布战车、云梯进攻，欲先破东面，塞门掩杀。正夺门时，攻城者云梯未竖，遂逾城而入。城上四面兵皆溃。其城外三面兵，见城破大惊，冲突而走，被抵门之兵尽截杀于濠内。郑之范预遁，马林、于化龙、高贞、于守志、何懋官等，并城中士卒尽被杀。……收人畜、财物，三日犹未尽。……论功行赏毕，毁其城郭，焚公廨并民间房屋。③

后金、朝鲜和明朝人的记载，都说明开原之战残酷，开原之劫残暴。但对努尔哈赤而言，取开原是继袭抚顺、破清河后，攻陷明辽东的第三座城池。

八旗军占领开原城后，努尔哈赤登上城，坐南楼。后巡视，听军报，举目四眺，阅览形胜。他以声东击西、乘虚而攻、步骑摧坚、里应外合的策略，智取开原。

---

① 《明史·马芳传》第211卷，中华书局点校本，1974年，第5586页。
② [朝]《光海君日记》第169卷，十三年九月戊申，日本学习院东洋文化研究所刊本，1959年。
③ 《清太祖武皇帝实录》第3卷，原清宫内府藏写本，台北广文书局影印本，1970年，第15叶。

明山西道御史冯嘉会言："开原失陷，皆由奸细开门内应。"曾任明兵部尚书、辽东经略的王在晋说："开原未破而奸细先潜伏于城中，无亡矢遗镞之费，而成摧城陷阵之功。奴盖斗智而非徒斗力也。"①这对努尔哈赤以智谋取胜，是一例很好的说明。

后金军夺占开原之后"志骄气满，夜醉如泥"②，纵掠三日，满载而归。据明人记载，开原"城大而民众，物力颇饶，今住城中，用我牛马、车辆，搬运金钱、财货，数日未尽，何止数百万"③！《满文老档》也记载，后金夺取开原，将掠获的财宝、金银、布匹、粮食等，用马骡驮载，牛车装运，竟达三日夜。然后放火焚烧了开原城的衙署、房舍、仓廪、楼台。后金将掠获的财物运至界凡城，按军功大小进行分配。如一等的固山额真、诸大臣等各分银200两、金2两，二等的固山额真、诸大臣各分银100两、金2两，以下三至八等，各分银有差④。

智取开原之后，努尔哈赤更为重视对降服汉官的政策。他说："彼知天意佑我，又闻吾国爱养人民，故相继来归耳。"⑤明原任开原城千总王一屏、戴集宾、金玉和、白奇策等6人，因妻子被掳，投降后金。他们被赐各50人，各马50匹、牛50头、羊50只、骆驼2头，各银50两，各缎布若干匹。其随从人员也被赐给妻仆、耕牛、乘马、衣物、粮食、田庐、器用等⑥。这个厚待投降后金汉官的政策表明，努尔哈赤要分化明朝官员，收买汉族地主，进占更多的辽东城镇。

七月二十五日，努尔哈赤继夺取开原之后，又率领贝勒大臣统兵五六万

---

① 王在晋：《三朝辽事实录》第1卷，江苏省立国学图书馆藏本，第22叶。
② 《明神宗实录》第47卷，万历四十七年八月甲戌，内阁文库本。
③ 《熊襄愍公集》第3卷，第9叶。
④ 《满文老档·太祖》第10册，天命四年六月，中华书局译注本，1990年。
⑤ 《清太祖高皇帝实录》第6卷，中华书局影印本，1986年，第21叶。
⑥ 《满洲实录》第5卷，中华书局影印本，1986年，第15叶。

人，出三岔儿堡，围攻铁岭①。铁岭之城，"诸夷环绕，三面受敌，最为冲要"②。铁岭是明朝沈阳北部的重要城堡。堡垒是最容易从内部攻破的。努尔哈赤为了从明军内部攻破堡垒，不惜重金收买明军中的叛徒，使铁岭守军陷于腹背受击的地位。先是，同年四月，明廷派李如桢为辽东总兵官。李如桢为李成梁第三子，由父荫为指挥使，官至右都督，并在锦衣卫，曾掌南、北镇抚司。"如桢虽将家子，然未历行阵，不知兵"③。他受命之后，借父兄权势，又以锦衣近臣自诩，未出山海关，就遣使与总督汪可受讲钧礼，闹得朝议哗然。既抵辽东，经略杨镐以其为铁岭人，派他守铁岭；不久，又令李如桢屯驻沈阳。铁岭仅以参将丁碧等领兵防守，兵力更加单弱，防守更为疏懈。因此，努尔哈赤把丁碧作为饵下游鱼。

后金汗是在探知明军将领之间的矛盾及铁岭城守空虚后，才带兵围城的。他坐在铁岭城东南的小山上④，指挥八旗军的步骑攻城。城上游击喻成名、吴贡卿、史凤鸣、李克泰等率军坚守，放火炮，发矢石，八旗兵死伤很多。努尔哈赤派兵竖起楯梯，登城毁陴；同时，被收买的明"参将丁碧开门迎敌"⑤，引导八旗军进城，明游击喻成名等因外无援兵，内有叛徒，城陷后阵亡。铁岭陷后，"士卒尽杀之"，"屯兵三日，论功行赏，将人畜尽散三军"⑥。努尔哈赤通过明军中的叛徒，从内部攻破堡垒，智取了铁岭。

然而，总兵官李如桢未能闻警驰援，是明失去铁岭的重要原因。据辽东巡按陈王庭参劾李如桢言：

---

① 康熙《铁岭县志》上卷，第1叶："按辽东旧志，古铁岭城在今治东南五百里，地接高丽界。明洪武二十一年，即彼地为卫；二十六年，移卫于此，即古银州地也。在辽河东，挹娄北。太祖龙兴之初，兵入残毁。"
② 《蓟辽奏议》，不分卷，台联国风出版社影印本。
③ 《明史·李成梁传附子如桢传》第238卷，中华书局点校本，1974年，第6197页。
④ 《满文老档·太祖》第11册，天命四年七月二十五日，中华书局译注本，1990年。
⑤ 王在晋：《三朝辽事实录》第1卷，江苏省立国学图书馆藏本，第24叶。
⑥ 《清太祖武皇帝实录》第3卷，原清官内府藏写本，台北广文书局影印本，1970年，第17叶。

据七月二十四日酉时，署铁岭游击李克泰以虏入三岔儿堡，紧急夷情飞报李如桢矣。闻虏距边只十四五里，设使亲提一旅，衔枚疾趋，一夜可度铁岭，虏闻援至，自不得不解铁岭之围，何乃缩朒观望，延至二十五日申时方抵新兴铺，俟贺镇守兵至方才合营，而铁岭于是日辰时陷矣。①

铁岭陷后城内军丁死亡四千余人，城乡男妇被杀掳万余人。但李如桢纵兵割后金死兵179颗首级报功而还。李如桢以拥兵不救，后被下狱论死，崇祯时又被免死充军。

开原和铁岭，是明朝辽东御守后金军西进的屏蔽，二城被陷，其失甚大。明人评曰："铁岭、开原，为辽重蔽，既并陷贼，则河东已在贼握中。"② 此为中肯之言。

正当努尔哈赤智取开原、铁岭，连连得志的时候，明兵部右侍郎兼右佥都御史、辽东经略熊廷弼，驰骑兼程，来到辽阳。熊的到来，使辽东形势发生急剧变化，后金汗进取辽沈计划遇到了困难。努尔哈赤召集诸贝勒大臣及李永芳等，会议进取方略。据熊廷弼所获明生员降顺后金并为其谍工的贾朝辅，同年八月的供词称：

本月初十日，降主会集诸部各头目及李永芳等，问此番攻取何先？或曰当先辽阳，倾其根本；或曰当先沈阳，溃其藩篱；或曰熊经略已到，彼必有备，当先北关，去其内患。降主曰："辽已败坏至此，熊一人虽好，如何急忙整顿兵马得来！"李永芳曰："凡事只在一人，如憨一人好，

---

① 《明神宗实录》第47卷，万历四十七年八月甲戌，内阁文库本。
② 茗上愚公：《东夷考略·女直》，载《清入关前史料选辑》第1辑，中国人民大学出版社，1984年，第52页。

事事都好。"降主曰:"说得是。我意亦欲先取北关,免我内顾;将来好用全力去攻辽、沈。"①

上述供词中的降主,即努尔哈赤。熊廷弼经略辽东,打乱了努尔哈赤拟定的进军日程表。努尔哈赤根据辽东局势的变化,重新作了部署:北取叶赫,西抚蒙古,等待时机,攻取辽、沈。

---

① 《熊襄愍公集》第3卷,第33叶。

二 善待时机

明朝萨尔浒之战三路丧师，辽东告警。吏部尚书赵焕率领廷臣诣文华门，具公疏跪请万历帝召见群臣，共议辽东战守长策。至暮，始遣中官以帝疾谕之退。赵焕等再疏趋万历帝御文华殿听政，疏言："他日蓟门蹂躏，敌人叩阍，陛下能高枕深宫，称疾谢却之乎？"[①] 于是，明廷在群臣促议之下，终于起用原任御史熊廷弼为大理寺丞兼河南道御史，宣慰辽东。

熊廷弼，字飞百，江夏（今武昌）人，万历二十六年（1598）进士，后任御史。他身高七尺，雷厉风行，能左右射，有胆知兵，刚直不阿，严明有声。万历三十六年（1608）巡按辽东。他在巡行金州路上，有一个同城隍神作斗争的故事：

> 岁大旱，廷弼行部金州，祷城隍神，约七日雨，不雨毁其庙。及至广宁，逾三日，大书白牌，封剑，使使往斩之。未至，风雷大作，雨如注，辽人以为神。[②]

[①]《明史·赵焕传》第225卷，中华书局点校本，1974年，第5923页。
[②]《明史·熊廷弼传》第259卷，中华书局点校本，1974年，第6691～6692页。

这个传说，活灵活现地反映出熊廷弼敢于斗争的博大精神。时巡抚赵楫、总兵李成梁放弃宽奠八百里给建州，并将六万民户焚舍内徙，熊不畏权贵炙炎，疏劾二人罪状。他在"辽数年，杜馈遗，核军实，按劾将吏，不事姑息，风纪大振"①。后党争案起受攻，熊廷弼回籍听勘。

杨镐丧师，明廷于三月二十三日起用熊廷弼宣慰辽东。时廷弼家居，闻命后，每昼夜兼驰二百余里，赴京请敕书、关防，但两上奏疏，不即给发。六月二十二日，擢为兵部右侍郎兼右佥都御史，经略辽东。至七月初七日，始陛辞赴辽。时开原已失，刚出山海关，铁岭又陷。熊廷弼于二十九日抵辽阳后，展现在面前的是一幅残破凋敝的画面——

官将： 明自丧败以来，辽军总兵以下官将死者五六百员，降者百余员，"辽将、援将已是一扫净尽，今残兵零碎，皆无人统率"②；幸存者也是终日兀兀，畏敌如虎。

兵士： 辽军中残兵，"身无片甲，手无寸械，随营縻饷，装死扮活，不肯出战"③；额兵，或死于征战，或图厚饷逃为新兵；募兵，多为无赖之徒，不习弓马，朝从甲营领出安家月粮，而暮投乙营点册有名；援兵，更为滥竽充数，弱军朽甲，不堪入目。这五六万辽兵，各营逃者日以千百计，且"望敌而逃，先敌而逃，人人要逃，营营要逃"④。

辽民： 辽东人民在一年之间，"或全城死，或全营死，或全寨死，或全家死。军散之日，辽、沈余民放声大哭，魂魄虽收，头颅犹寄。人有百死而无一生，日有千愁而无一乐，家家抱怨，在在思逃"⑤。逃难的饥民，吃草根树皮度日，草根树皮吃尽，竟然父子相食。

---

① 夏燮：《明通鉴》第76卷，万历四十七年六月癸酉，中华书局标点本，1959年。
②《熊襄愍公集》第3卷，第35叶。
③《熊经略疏稿》第1卷，国家图书馆善本部藏，第54叶。
④《熊襄愍公集》第3卷，第36叶。
⑤ 夏燮：《明通鉴》第76卷，万历四十七年六月癸酉，中华书局标点本，1959年。

军器：明自抚、清失陷以来，百年所藏贮的盔甲、弓刀、枪炮等军器，一空如洗。"坚甲、利刃、长枪、火器丧失俱尽，今军士所持，弓皆断背断弦，箭皆无翎无镞，刀皆缺钝，枪皆顽秃"①。甚至在辽阳校场受检阅的近三万兵士中，有的全无一物，借他人残盔朽甲应付；竟有两万多人戴毡帽、着夹衫，徒手应点②。

粮饷：到户部领粮饷，连续三个月，俱不发给。熊廷弼说："岂军到今日尚不饿，马到今日尚不瘦不死，而边事到今日尚不急耶！军兵无粮，如何不卖袄裤什物，如何不夺民间粮窖，如何不夺马料养自己性命，马匹如何不瘦不死！"③

战马：辽东原有战马数万匹，兵败之后，一朝而空。所余马匹羸损不堪，除因短料缺草外，"率由军士故意断绝草料，设法致死，图充步军，以免出战。甚有无故用刀刺死者"④。

总之，自努尔哈赤袭破抚顺到夺占铁岭，只有1年零3个月的时间，明朝辽东形势急转直下。经略熊廷弼在《东事答问》中概括辽东局势颓败时言：

始下清、抚，警火始然；三路覆师，厥攸灼矣；开、铁去而游骑纵横，火燎于原；今且并窥辽、沈，遂成不可向迩之势。⑤

但是，辽东经略熊廷弼，卓然独立，力挽狂澜，针对上述时弊，采取整顿措施。

第一，躬自巡历，严肃军纪。熊廷弼初抵辽阳，派佥事韩原善往抚沈阳，惮不敢行；继命分守道阎鸣泰往，至虎皮驿恸哭而回。于是熊廷弼亲自巡历，自虎皮驿抵沈阳，又乘雪夜赴抚顺关，勘视屯扎形势。总兵贺世贤以近敌斥堠，恐有

---

① 《熊襄愍公集》第3卷，第36叶。
② 《熊经略疏稿》第1卷，国家图书馆善本部藏，第33叶。
③ 夏燮：《明通鉴》第76卷，万历四十八年三月庚寅，中华书局标点本，1959年。
④ 《熊襄愍公集》第3卷，第36叶。
⑤ 《熊襄愍公集·东事答问》第8卷，第1叶。

不虞，极力加以劝阻。他说："似此冰雪满地，断不料经略轻身往。"①并鼓吹进抚顺关。后金侦报经略巡边，努尔哈赤命斩木运石堵绝山口，以防明军袭击。经略熊廷弼令严法行，骈斩逃将刘遇节、王捷、王文鼎，献首各坛，举哀大哭，以祭死节兵民。顿时"居民哀感，官军恐栗"②。他又诛贪将陈伦，劾罢总兵官李如桢，号令专一，军纪整肃。

第二，**筹措粮饷，招集流亡**。熊廷弼莅任后，上书朝廷，疏请调拨银两、粮秣；整饬军伍，裁汰冗兵粮饷；招集流亡，返乡耕农，足食裕粮。熊廷弼招集流移数十万人，使"去者归，散者聚，嬉嬉然室家相乐也；商贾逃难回籍者，今且捆载麇至，塞巷填衢，不减五都之市也"③。并兴屯垦，植粮谷，助兵饷，安民心。

第三，**修整器械，缮治城池**。熊廷弼在疏言中称，除请内库拨发器械外，自筹打造定边大炮三千数百尊，百子炮数千尊，三眼枪等七千余杆，盔甲等四万五千余副，枪刀、锐叉二万四千余件，火箭42万余支，火罐等十余万个，双轮战车五千余辆等④。他又浚濠缮城，修辽阳墙垣，"城高厚壮，屹然雄峙"⑤；城外挑濠3道，每道宽3丈，深2丈，濠外复筑大堤潴水，以加强守御。

第四，**激励士气，任用辽官**。熊廷弼为振奋士气，集官兵于教场，杀牛数百头，置酒数千坛，蒸饼数十万个，连飨军士4日，风声颇盛。又遍巡各营，操练队伍，赏功罚过，整肃军容。并任用辽官，采纳辽人之议。辽人刘国缙倡辽南四卫聚结抗金，受到熊廷弼的器重与俯纳。

第五，**联朝结蒙，两翼策应**。辽东左翼为朝鲜，先是抗倭援朝，战退倭兵，使朝鲜收其疆土，复其城郭。朝鲜虽出兵宽奠，助明杨镐之师而兵败，但仍忠于

---

① 《熊襄愍公集》第8卷，第22叶。
② 《熊经略疏稿》第1卷，国家图书馆善本部藏，第41叶。
③ 《熊襄愍公集》第4卷，第70叶。
④ 《熊襄愍公集》第4卷，第82叶。
⑤ 《熊襄愍公集》第8卷，第22叶。

明朝。辽东右翼为蒙古，其漠南察哈尔部林丹汗，誓抗后金。熊廷弼联络朝鲜，笼络蒙古，以从左右两翼，挟制后金，缓图大举。

第六，疏陈方略，布兵固守。《辽筹》载《答经略熊司马书》有云："惟清野坚壁，以老其师；设机置炮，以挫其锐；出奇埋伏，以乘其惰；厚集固守，勿轻与战。而奴来不得志则去，因以重困矣。此安危之机，在台省固自有妙算也。"①熊廷弼在广集众议，巡视堡隘，刺探敌情，审度形势之后，上《敬陈战守大略疏》，请集兵18万，马9万匹，在瑷阳、清河、抚顺、柴河、三岔河、镇江诸要口，设置重兵，画地而守，分合奇正，以成全局。无警就地操练，小警自为堵御，大敌互相应援。更挑精悍者为游徼，乘间捉哨探，扑零骑，扰耕牧，轮番迭出，渐进渐逼，使其疲于奔命，徐议相机进征。

熊廷弼镇辽一年，勇于任事，躬亲徼巡，号令严肃，雷厉风行。他整顿了濒于溃散状态的军队，稳定了陷于混乱状态的前线，守备大固，功绩卓著。史评其事功曰："一时大臣，才气魂力，足以搘拄之者，唯熊司马一人耳。"②

努尔哈赤在熊廷弼任辽东经略的1年零3个月期间，见辽东军容整肃，边防改观，便改变了全力向辽东进攻的部署。他把两支军事触角，一支伸向北关，吞并叶赫（见第四章），另一支伸向东部漠南蒙古诸部（见第六章）。据《满文老档》所载，这段时间有关蒙古的记录共22条，而有关明朝的记录仅4条。这反映出努尔哈赤对明朝采取了谨慎的守势态度，但他也进行了一些小规模的试探性行动。

如万历四十八年即天命五年（1620）五月，八旗军两入明边，略花岭③山

---

① 张鼐：《辽筹》，不分卷，清钞本。
② 全祖望：《书明辽东经略熊公传后》，载《鲒埼亭集》，清刻本，国家图书馆藏。又见上海商务印书馆本。
③ 《明史·熊廷弼传》和《明通鉴》于万历四十八年五月载："大清兵略地花岭。"按，《熊经略集·边事查报异同疏》中凡三称"花岭"；《明熹宗实录》第7卷，天启元年闰二月戊戌载给事中朱童蒙查勘辽东疏也称"花岭"；谈迁《国榷》第83卷，第5152页作"旁掠山城克花岭"，是知《明史·熊廷弼传》和《明通鉴》作"地花岭"错。

城①，俘获约400人②。六月，八旗军"共二万余分为二股，一股自抚顺关进境，总兵贺世贤御之；一股从东州地方直抵奉集堡，总兵柴国柱御之"③。旋退掠王大人屯等十一屯寨，"挖取窖里粮食"④而归。八月，努尔哈赤带领诸王大臣统兵围懿路、蒲河，兵临沈阳城下。熊廷弼乘马趋救，督将策应。八旗兵退屯灰山，后撤回界凡。努尔哈赤因师行不利，令将十余名官将捆绑，额亦都自缚请罪⑤。九月，八旗兵又进入懿路、蒲河地方，抢掠粮食⑥，被贺世贤率兵斩杀89人。

但是，正当明朝辽东形势初步好转，后金挥戈南进屡受挫折的时候，明朝宫廷发生重大政治变化。万历四十八年即天命五年（1620）七月二十一日，明神宗万历帝朱翊钧死去。其长子朱常洛于八月初一日继皇帝位，是为光宗泰昌帝。登极半月，即"头目眩晕，四肢软弱，不能动履"⑦。至九月初一日又吞红丸死于乾清宫，"一月之内，梓宫两哭"。朱常洛长子朱由校袭受皇位，是为熹宗天启帝。时"三案构争，党祸益炽"⑧，天启朝明廷内部的"党争"愈演愈烈。大臣之间，结党营私，排斥异己，互相评告。熊廷弼虽在边防劳绩可纪，但他性刚直，拒援引，不徇私受贿，也不曲意逢迎，得罪了一些人，成为党争中的被攻讦者。

光宗暴死，熹宗初立，党争激烈，而封疆议起。刘国缙和姚宗文先挟私鼓煽同类倾陷熊廷弼，他上疏自辩；御史冯三元、顾慥、张修德又疏劾熊廷弼，他再疏自明："辽已转危而致安，臣且之生而致死。"⑨给事中魏应嘉等复连章攻劾，

---

① 谈迁：《国榷》第83卷，中华书局，1958年，第5152页。
② 《满文老档·太祖》第15册，天命五年五月初一日、十八日，中华书局译注本，1990年。
③ 《明光宗实录》第4卷，泰昌元年八月壬子，台北历史语言研究所校勘本，1962年，第9叶。
④ 《满文老档·太祖》第15册，天命五年六月十二日，中华书局译注本，1990年。
⑤ 《满文老档·太祖》第16册，天命五年九月初八日，中华书局译注本，1990年。
⑥ 《满文老档·太祖》第16册，天命五年九月初八日，中华书局译注本，1990年。
⑦ 《明光宗实录》第6卷，泰昌元年八月辛酉，台北历史语言研究所校勘本，1962年，第3叶。
⑧ 《明史·光宗本纪》第21卷，中华书局点校本，1974年，第295页。
⑨ 《明熹宗实录》第2卷，泰昌元年十月戊申，台北历史语言研究所校勘本，1962年，第2叶。

朝廷派袁应泰代熊廷弼为辽东经略。熊廷弼在统治集团政治斗争中被挤下台。他含愤抗辩道：

> 今朝堂议论，全不知兵。冬春之际，敌以冰雪稍缓，哄然言师老财匮，马上促战；及军败，始愀然不敢复言。比臣收拾甫定，而愀然者又复哄然责战矣。自有辽难以来，用武将，用文吏，何非台省所建白，何尝有一效！疆场事，当听疆场吏自为之，何用拾帖括语，徒乱人意，一不从，辄怫然怒哉！①

熊廷弼先后五疏，极辩边吏得不到君主的信任，针砭了当时弊政的要害。明廷罢免辽东经略熊廷弼，正是自坏长城。

袁应泰代熊廷弼为经略，薛国用为巡抚。袁应泰受职后，杀白马祭神，愿与辽事相始终。但他"历官精敏强毅，用兵非所长，规画颇疏"②。熊廷弼在辽，部伍整肃，法令严，守御为主；袁应泰则宽纵将士，妄自诩，谋取抚顺。袁应泰改变熊廷弼原来部署，撤换许多官将，造成前线混乱；又收纳过多蒙古和女真降人，混入大量谍工，阴为后金内应。

后金在明统治集团内部发生政治变化的时候，既有胜利，也有困难。后金灭叶赫，抚蒙古，女真实现统一，势力空前强大，军队约有10万人③。同时，辽东大旱，赤地千里，年荒米贵，石米四两④。后金人口增多，粮食奇缺，数以千计的女真人南丐东乞。后金汗为摆脱经济困境，度过灾荒，需要向辽河流域兴兵。但熊廷弼任经略使努尔哈赤原拟进军辽、沈的计划推迟一年多。经过耐心地等待，

---

① 《明史·熊廷弼传》第259卷，中华书局点校本，1974年，第6694～6695页。
② 《明史·袁应泰传》第259卷，中华书局点校本，1974年，第6689页。
③ 《熊襄愍公集》第3卷，第71叶。
④ 《明光宗实录》第7卷，泰昌元年八月庚午，台北历史语言研究所校勘本，1962年，第8叶。

向明进兵时机终于到来。机不可失,时不再来。善于等待时机,巧于捕捉时机,是努尔哈赤聪明机智的火花。努尔哈赤紧紧地抓住明朝皇位更替,党争益烈,经略易人,军心涣散,辽东大饥,边防紊乱的有利时机,向辽、沈大举进兵。

三 夺取沈、辽

天启元年即天命六年（1621）春，努尔哈赤为夺取辽阳、沈阳，进入辽河流域，发动了辽沈之战。他在战前，刺侦情报，厉兵秣马，制钩梯，造楯车，做了精心准备。福余卫头目煖兔名下把速等向明边吏密报："有达子哈喇等四名持布匹，前往奴儿哈赤家贸易，闻奴酋欲于闰二月来克沈阳。"[①] 辽民被后金掳掠逃回者，也"皆言奴酋制造钩梯、营车，备糗粮，将犯沈、奉"[②]。努尔哈赤要夺取辽、沈，先略奉集堡，从而揭开辽沈之役的序幕。

奉集堡是明朝辽东沈阳和辽阳之间的战略要地。熊廷弼言："沈之东南四十里为奉集堡，可犄角沈阳，奉集之西南三十里为虎皮驿，可犄角奉集；而奉集东北距抚顺、西南距辽阳各九十里，贼如窥辽阳，或入抚顺，或入马根单，皆经由此堡，亦可阻截也。不守奉集则沈阳孤，不守虎皮则奉集孤，三方鼎立。"[③] 努尔哈赤探知奉集堡居于辽、沈之间的重要战略地位。明给事中倪思辉言："奉集

---

① 《明熹宗实录》第6卷，天启元年二月乙丑，台北历史语言研究所校勘本，1962年，第20叶。
② 《明熹宗实录》第7卷，天启元年闰二月丙戌，台北历史语言研究所校勘本，1962年，第9叶。
③ 《明经世文编》第6册，中华书局影印本，1962年，第5311页。

居辽、沈之中,奉集危则辽、沈中断,此奴之所眈眈而视也!"①努尔哈赤正是要举兵略奉集堡,以武力侦探辽阳和沈阳两城明军的实力。

二月十一日,努尔哈赤率诸贝勒大臣,统左右翼步骑劲旅,分兵八路,略奉集堡,揭开辽沈之役的序幕。守城总兵官李秉诚得八旗兵来攻的哨报,未能固守坚城,凭借堑濠,施放火炮,抗御敌兵;却领三千骑兵出城6里安营迎战。他先派200骑兵为前探,与后金军左翼四旗相遇,被击败。后金军驰击,李秉诚率兵拔营入城。后金军追至城下,被城上大炮打死参将1员及兵士多人。时努尔哈赤在城北高冈处指挥。他命第十子德格类等率右翼四旗兵追击明军。明军2万骑溃逃,德格类率骑兵冲杀,至明兵屯聚之所,其众惊遁。明总兵朱万良引师来援,但"见房而溃,死者数百人"②。明监军道高出,得后金军围奉集堡的驰报后,"睨视佩刀,即有意外,引以自裁"③,完全失去胜利的信心。努尔哈赤在奉集堡进行的一场"矢镞侦察",获得意外的成功。

后金汗在略沈阳的一支犄角奉集堡5天之后,又攻沈阳的另一支犄角虎皮驿④。随之,后金兵又至王大人屯,"往来无定,骎图大举"⑤。努尔哈赤麾兵四击,忽东忽西,既试探明军的虚实,又麻痹明兵的警觉,以准备率倾国之师,进取沈阳。

沈阳为砖城,墙垣高广,堑濠深阔。史载其城池曰:

> 周围九里三十步,高二丈五尺。池二重,内阔三丈,深八尺,周围一十里三十步;外阔三丈,深八尺,周围一十一里有奇。城门四:东曰永宁,

---

① 《明熹宗实录》第7卷,天启元年闰二月乙酉,台北历史语言研究所校勘本,1962年,第7叶。
② 《明熹宗实录》第6卷,天启元年二月癸丑,台北历史语言研究所校勘本,1962年,第10叶。
③ 王在晋:《三朝辽事实录》第3卷,江苏省立国学图书馆藏本,第38叶。
④ 《明熹宗实录》第6卷,天启元年二月戊午,台北历史语言研究所校勘本,1962年,第14叶。
⑤ 《明熹宗实录》第6卷,天启元年二月庚申,台北历史语言研究所校勘本,1962年,第15叶。

南曰保安，北曰安定①，西曰永昌。②

时明之兵力，总兵贺世贤率亲兵一千余人和收降兵，共约有五六万之众，副将尤世功兵1.5万人，总兵力约七八万人。明朝守军，卫守沈阳。

沈阳是明朝在辽东的重镇。三月十日，努尔哈赤亲率诸贝勒大臣，统领八旗大军，将"板木、云梯、战车，顺浑河而下，水陆并进"③，向沈阳进发。明军闻警，举燧传报。沈阳守将总兵官贺世贤、尤世功得警报后，连夜率领1万兵丁守城。"沈阳城颇坚，城外浚濠，伐木为栅，埋伏火炮"④。城周挖有沟堑，设置陷阱，井底插有尖桩⑤，并覆盖秋秸，虚掩浮土。城上环列火器，分兵昼夜坚守。

三月十二日，八旗军兵临沈阳城下。努尔哈赤统兵驰至，未敢督兵攻城，先派数十骑隔濠侦探。武举出身的明总兵尤世功，带家丁冲出，杀死4人，略获小胜。努尔哈赤又命"用战车冲锋，马步继之"⑥，将沈阳城围困。

三月十三日，清晨，努尔哈赤再派骑兵挑战。行伍出身的总兵官贺世贤勇猛而寡谋，日日饮酒⑦，贪功出城迎战。据《明熹宗实录》记载：

世贤故嗜酒，次日⑧取酒引满，率家丁千余出城击奴，曰："尽敌而反！"奴以羸卒诈败诱我，世贤乘锐轻进。奴精骑四合，世贤且战且却，

---

① "安定"于万历二十六年（1598）改名为"镇远"。
② 毕恭：《建置》，载《辽东志》第2卷，《辽海丛书》影印本，辽沈书社，1985年。
③ 《清太祖武皇帝实录》第3卷，原清官内府藏写本，台北广文书局影印本，1970年，第33叶。
④ 《明熹宗实录》第8卷，天启元年三月乙卯，台北历史语言研究所校勘本，1962年，第7叶。
⑤ 《满文老档·太祖》第19册，天命六年三月十三日，中华书局译注本，1990年。
⑥ 《明熹宗实录》第8卷，天启元年三月甲寅，台北历史语言研究所校勘本，1962年，第6叶。
⑦ 《明史·贺世贤传》第271卷，中华书局点校本，1974年，第6952页。
⑧ 次日，即十三日，有的著述作十二日。本文据《满文老档》、《明熹宗实录》、《满洲实录》、《清太祖武皇帝实录》和《明通鉴》等有关记载。

至沈阳西门，身已中四矢。①

贺世贤从东门退到西门，虽奋力挥铁鞭，拼命抵御，但身中数十矢，坠马而死。总兵尤世功出西门营救，士卒哄散，马仆身死。时努尔哈赤一面派精骑追杀贺世贤部众，一面督兵用云梯、楯车攻城。八旗兵从城东北角挖土填濠，城上连发炮，因发炮过多，炮身炽热，至装药即喷②。八旗兵乘机蜂拥过濠，急攻东门。此时，城中闻贺世贤兵败，尤世功战死，汹汹溃散，内外混乱，"降夷复叛，吊桥绳断"③，八旗兵拥门而入，进占沈阳城。明兵民被杀死者，据说有7万人④。

时明总兵官童仲揆、陈策等统川浙兵由辽阳北上援沈，行至浑河，得报沈阳已陷。陈策下令还师，裨将周敦吉等坚请进战。先是，明征石砫女土官秦良玉率兵援辽。良玉有胆智，善骑射，兼通词翰，仪度娴雅。且驭部下严，每行军令，上下贯一，军伍肃然，辽东事急，征良玉兵。良玉先遣兄邦屏以数千人行，时已至沈阳。明军遂分为两大营，周敦吉与石砫都司副总兵秦邦屏等率川兵营桥北；童仲揆与陈策等率浙兵营桥南。努尔哈赤得到侦报后，急命右翼四旗兵前去驰击。明军桥北川兵营结阵未就，遭四面围攻，双方开展激战。明军杀死后金兵二三千人，后金军"却而复前，如是者三"；明军饥疲不支，周敦吉、秦邦屏等战死，其余兵将奔桥南浙兵营。后金军渡河后将浙兵营包围数重。这时明守奉集堡总兵李秉诚，守武靖营总兵朱万良、姜弼领兵数万来援，至白塔铺观望不前，及浙兵营被围，始前一战，被后金左翼四旗兵杀3000人⑤，败遁而归。后金军左右两翼，遂并攻浙兵营。营中放火器，后金兵死伤枕藉。浙兵营火药罄尽，短兵相接，力战而败。

---

① 《明熹宗实录》第8卷，天启元年三月乙卯，台北历史语言研究所校勘本，1962年，第7叶。
② 谷应泰：《明史纪事本末·补遗》第4册，中华书局，1977年，第1424页。
③ 《明熹宗实录》第8卷，天启元年三月乙卯，台北历史语言研究所校勘本，1962年，第7叶。
④ 《满文老档·太祖》第19册，天命六年三月十三日，中华书局译注本，1990年。
⑤ 《满文老档·太祖》第19册，天命六年三月十三日，中华书局译注本，1990年。

童仲揆、陈策①等皆战死②。浙兵营虽败，但殊死奋战，极为壮烈。《明熹宗实录》记载："自奴酋发难，我兵率望风先逃，未闻有婴其锋者，独此战，以万余人当虏数万，杀数千人，虽力屈而死，至今凛凛有生气。"③

努尔哈赤攻陷沈阳，击破明两路援军之后第五天，即三月十八日，集诸贝勒大臣道："沈阳已拔，敌兵大败，可率大兵，乘势长驱，以取辽阳。"④诸贝勒大臣会议同意努尔哈赤的重大军事决策。会后，他亲率八旗军，"旌旗蔽日，弥山亘野"⑤，向辽阳进发。

辽阳，自隆庆元年（1567），镇守辽东总兵官由广宁移驻此地⑥。辽阳为砖城，周十六里余，高三丈三尺，设六门，俱有楼，四隅有角楼⑦。辽阳为辽东繁华之区，尝有"辽阳春似洛阳春，紫陌飞花不见尘"之诗句。辽东经略驻守辽阳，它已成为努尔哈赤攻占沈阳之后，明朝与后金必守必争之地。

辽阳是明朝辽东的首府，是东北政治、经济、军事和文化的中心。辽阳城坚池固，外围城濠，沿濠列火器，环城设重炮。沈阳、奉集陷落后，辽阳失去屏障——"初，辽阳恃沈阳、奉集二城为藩蔽，而沈东捍建州，西障土蛮，较奉集更重。沈阳既陷，奉集失犄角之势，亦没。时骁将劲卒，皆萃沈、奉，辽兵不满万"⑧。经略袁应泰得到沈阳失陷的败报之后，急檄撤各路兵守辽阳。他下令引太子河水注濠，缘城布兵，加强防守。

---

① 民国《东莞县志》第6卷《陈策传》载：陈策，字纯伯，一字翼所，东莞城内人，万历十四年登武进士，四十七年晋总兵。统土司兵援辽，天启元年战死，年六十九。据此，陈策死年待考。
② 《明史·童仲揆传》第271卷，中华书局点校本，1974年，第6954页。
③ 《明熹宗实录》第8卷，天启元年三月乙卯，台北历史语言研究所校勘本，1962年，第8叶。
④ 《满洲实录》第6卷，中华书局影印本，1986年，第15叶。
⑤ 《清太祖高皇帝实录》第7卷，华文书局影印本，1962年，第16叶。
⑥ 《明史·职官志五》第76卷，中华书局点校本，1974年，第1867页。
⑦ 康熙《辽阳州志·城池志》，《辽海丛书》影印本，辽沈书社，1985年。
⑧ 谷应泰：《明史纪事本末·补遗》第4册，中华书局，1977年，第1424页。

三月十九日，包围辽阳。后金军出虎皮驿，渡浑河之后，扑向辽阳。经略袁应泰督侯世禄、李秉诚、梁仲善、姜弼、朱万良五总兵①等率兵出城五里处结阵，与后金军对垒。后金兵见辽阳城池险固，兵众甚盛，多意沮欲退。这时，据《光海君日记》载："老酋曰：'一步退时，我已死矣。你等须先杀我，后退去。'即匹马独进。"②努尔哈赤并麾左翼四旗兵进击，明军发炮接战。后金军火器齐放，拥众冲杀，明军营乱，开始溃散。后金军乘胜追击60里，至鞍山胜利返回。同时，辽阳西关出援的明兵，也被后金军击败。是夜，明兵在城外扎营，经略袁应泰宿营中。努尔哈赤也在包围辽阳的八旗军中过夜。

三月二十日，两面攻城。明军兵力重点放在东门和小西门。明兵先在东城门，列队放火炮，反击后金军。努尔哈赤命后金兵分左右两翼，右翼四旗兵攻打东门，左翼四旗兵攻打小西门。明军发火箭抗击，后金兵稍受挫。努尔哈赤在右翼指挥，命右翼分兵堵塞城东入水口，左翼分兵挖开小西门闸口以泄濠水。当入水口被堵住，城濠开始干涸时，他又命右翼四旗兵推楯车攻城。明军排列三层，施放火器抵御。后金兵呼喊而进，明骑兵先动摇，步兵坚持作战。后金兵发动强攻，明军步兵受挫败退。明总兵梁仲善、朱万良战死，步骑兵大溃，望城而奔，被杀溺死者甚众。袁应泰退入城内，与巡按御史张铨分阵固守。

在右翼四旗兵攻打城东门的同时，左翼四旗兵在攻打小西门。明军在城上放火箭，掷火罐，隔濠射击，奋力守御。左翼军派骑向努尔哈赤驰报：小西门桥能夺下来！努尔哈赤命令道："尔等可试夺之！"③莽古尔泰贝勒、阿敏贝勒遂率

---

① 五总兵：《清太祖武皇帝实录》第3卷，第35叶载为李秉诚、侯世禄、梁仲善、姜弼、童仲揆，《满洲实录》第7卷第2叶载为李怀信、侯世禄、柴国柱、姜弼、童仲魁，《清太祖高皇帝实录》第7卷第17叶载为李怀信、侯世禄、蔡国柱、姜弼、童仲揆，《明史·袁应泰传》和《三朝辽事实录》均作侯世禄、李秉诚、梁仲善、姜弼、朱万良。按：童仲揆已死于沈阳城下，本文从后二书。
② [朝]《光海君日记》第169卷，十三年九月戊申，日本学习院东洋文化研究所刊本，1959年。
③《满文老档·太祖》第19册，天命六年三月二十日，中华书局译注本，1990年。

兵冒炮火夺桥。扬古利奋勇陷阵，夺桥渡河，近城强攻。城上万矢下射，后金兵奋死前进。傍晚，左翼军竖云梯，列楯车，登城而上，同城垛守军展开肉搏战。明军提灯夜战，直至天亮。明监司高出、牛维曜、胡嘉栋及督饷郎中傅国等乘乱缒城而逃，人心离沮。

三月二十一日，攻陷辽阳。努尔哈赤督率左右翼军发起总攻。袁应泰列楯大战，又败。明军从城上扣弦发矢，进行抵御；后金军尽锐环攻，奋死夺城。傍晚，小西门火药起火，各军窝铺、城内草场俱焚，守城军士溃乱。先是，袁应泰仁柔，纳贺世贤用降夷之说，至是，"其堕奴计也"①。城外后金军夺门，城内谍工巨族内应：

> 薄暮，谯楼火，大清兵从小西门入，城中大乱，民家多启扉张炬以待，妇女亦盛饰迎门，或言降人导之也。②

《东江疏揭塘报节抄》亦载后金用奸事：

> 李永芳儿女亲家马汝龙亲弟马应龙子马承林，于天启元年三月十六日，与柯汝栋为奴酋多带奸细进辽阳城，藏匿于家窖中。二十日，献城。③

袁应泰见城楼起火，知城陷，在城东北镇远楼上，佩剑印，自缢死，其仆纵火焚楼。辽东巡按御史张铨被俘，李永芳劝降，不服；努尔哈赤诱以高爵，也不从，被缢死④。后金军攻陷辽阳城。

---

① 《明熹宗实录》第8卷，天启元年三月壬戌，台北历史语言研究所校勘本，1962年，第14叶。
② 《明史·袁应泰传》第259卷，中华书局，1974年，第6690页。
③ 毛承斗辑：《东江疏揭塘报节抄》第5卷，浙江古籍出版社，1986年，第67页。
④ 《满洲实录》第7卷，第4叶。又，京师有三忠祠，祀张铨、高邦佐和何廷魁为辽东死事者，见《日下旧闻考》第3册，北京古籍出版社，1981年，第951页；亦见《藤阴杂记》等。

明朝辽左之将，委身许国，见危而上，死得壮烈，令人重之。张神武是其中一例：

> 神武，新建人。万历中举武会试第一。授四川都司佥书。既论死，辽左兵兴，用经略袁应泰荐，诏谕从征立功。神武率亲丁二百四十余，疾驰至广宁。会辽阳已失，巡抚薛国用固留之，不可，曰："奉命守辽阳，非守广宁也。"曰："辽阳殁矣，若何之？"曰："将以歼敌。"曰："二百人能歼敌乎？"曰："不能，则死之。"前至辽河，遇逃卒十余万。神武以忠义激其帅，欲与还战，帅不从。乃独率所部渡河，抵首山，去辽阳十七里而军。将士不食已一日，遇大清兵，疾呼奋击，孤军无援，尽殁于阵。①

庙算不定，经略无谋，神武虽死，危亡无救。

后金连陷沈、辽，西安堡游击王牧民具禀"近因辽、沈失陷，河东十四卫生灵，尽为奴属，杀掳之惨，言之酸心"②。努尔哈赤夺取辽阳之后，在"数日间，金、复、海、盖州卫，悉传檄而陷"③。据《清太祖武皇帝实录》记载：

> 辽阳既下，其河东之三河、东胜、长静、长宁、长定、长安、长胜、长勇、长营、静远、上榆林、十方寺、丁字泊④、宋家泊、曾迟、镇西、殷家庄、平定、定远、庆云、古城、永宁、镇夷、清阳、镇北、威远、静安、孤山、洒马吉、瑷阳、新安、新奠、宽奠、大奠、永奠、长奠、镇江、汤站、

---

① 《明史·童仲揆传附张神武传》第271卷。中华书局点校本，1974年，第6954~6955页。
② 《明熹宗实录》第9卷，天启元年四月甲戌，台北历史语言研究所校勘本，1962年，第5叶。
③ 王在晋：《三朝辽事实录》第4卷，江苏省立国学图书馆藏本，第12叶。
④ 丁字泊：《满洲实录》第7卷，第4叶作"丁家泊"，误。

凤凰、镇东、镇夷、甜水站、草河、咸宁营、奉集、穆家、武靖营、平房、虎皮、蒲河、懿路、汛河、中固、鞍山、海州、东昌、耀州、盖州、熊岳、五十寨、复州、永宁监、栾古、石河、金州、盐场、望海埚、红嘴、归服、黄骨岛、岫岩、青台峪等大小七十余城官民，俱剃发降。①

努尔哈赤攻占辽阳，下令汉民剃发，以示归顺。他利用已降顺的通判黄衣，剃去头发，披红蟒衣，骑着骡子，沿街游说②，但受到汉人的唾弃。

明军长于守城，短于野战，而后金军长于野战，短于攻城；但后金军却能以短击长，在十天之间，连陷沈阳和辽阳。这固然由于明朝政治腐败，失去民心③，经略易人，士气不振，经镇不和，滥收降人，情况不明，指挥失措；后金战机有利，将士勇猛，兵力集中，准备周详，战术灵活，上下一心，器械精利，指挥得当。但是，更由于努尔哈赤的策略有两个显著的特点：其一是诱敌出城，歼其精锐。如沈阳的贺世贤，辽阳的袁应泰，都误堕其计。这就变敌之长为短，而使己之短为长。其二是用计行间里应外合。朝鲜《光海君日记》载义州府尹郑遵驰启，辽阳和沈阳"城中（人）受虏间金，开门引入，经略袁应泰、总兵贺世贤死之。盖奴贼攻城非其所长，前后陷入城堡，皆用计行间云"④。这是一语中的之言。明朝官员在疏奏中也指出：

臣闻攻城而破者矣，未闻不攻而破者也。沈阳以吊桥绳断破，说者

---

① 《清太祖武皇帝实录》第3卷，原清官内府藏写本，台北广文书局影印本，1970年，第39叶。
② 《明熹宗实录》第9卷，天启元年四月癸未，台北历史语言研究所校勘本，1962年，第16叶。
③ 《明熹宗实录》第9卷，天启元年四月壬午载山西道御史毕佐周言："军兴以来，援卒之欺凌诟谇，残辽无宁宇，辽人为一恨；军夫之破产卖儿，贻累牛车，辽人为再恨；至逐娼妓而并及张、刘、田三大族，拔二百年难动之室家，辽人为益恨；至收降夷而杂处民庐，令其淫污妻女，侵夺饮食，辽人为愈恨。有此四恨而冀其为我守乎！"
④ ［朝］《光海君日记》第163卷，十三年三月庚午，日本学习院东洋文化研究所刊本，1959年。

谓降夷实为之。辽以角楼火起破,的系辽人为内应。闻辽城中私通李永芳者凡数十家,相与约期举事。①

努尔哈赤从夺取明朝辽东第一座城堡抚顺起,中经开原、铁岭、沈阳,直至辽东首府辽阳,都是用计行间,里应外合而得手的。他既占领辽河以东广大地区,更涎贪河西,便兵指辽西重镇——广宁。

---

① 《明熹宗实录》第9卷,天启元年四月壬午,台北历史语言研究所校勘本,1962年,第14叶。

四 占领广宁

明朝失陷辽、沈，举国震惊，京师戒严，九门昼闭。廷臣在失败中想起了听勘回籍的原辽东经略熊廷弼。沈阳失，大学士刘一燝言："熊廷弼守辽一年，奴酋未得大志，不知何故，首倡驱除。"① 辽阳陷，山西道御史江秉谦又力陈熊廷弼保守危辽之功，疏言："其才识胆略有大过人者，使得安其位，而展其雄抱，当不致败坏若此。"② 天启帝也谕部院："熊廷弼守辽一载，未有大失；换过袁应泰，一败涂地。"③ 明廷在不得已的情势下，再次起用努尔哈赤"独怕的那个熊蛮子"。于是明廷惩治前劾熊廷弼的御史冯三元、张修德和给事中魏应嘉，各降三级，并除姚宗文名。诏起廷弼于籍，冀支撑辽西残局。

熊廷弼入朝，针对努尔哈赤短于攻坚、缺乏水师、后方不稳、兵力不足等弱点，建三方布置策：陆上以广宁为中心，集中主要兵力，坚城固守，沿辽河西岸列筑堡垒，用步骑防守，从正面牵制后金的主力；海上各置舟师于天津、登、莱，袭扰后金辽东半岛沿海地区，从南面乘虚击其侧背；并利用各种力量，扰乱其后

---

① 《明熹宗实录》，第8卷，天启元年三月辛酉，台北历史语言研究所校勘本，1962年，第11叶。
② 《明熹宗实录》，第8卷，天启元年三月甲子，台北历史语言研究所校勘本，1962年，第16叶。
③ 《明熹宗实录》，第9卷，天启元年四月癸酉，台北历史语言研究所校勘本，1962年，第3叶。

方,动摇其人心——待后金回师内顾,即乘势反攻,可复辽阳。而经略坐镇山海关,节制三方,以一事权①。朝廷遂命熊廷弼为兵部尚书兼右副都御史,驻山海关,经略辽东军务;命王化贞为广宁巡抚,驻广宁,受经略节制。廷弼起行前,天启帝赐麒麟服一袭,敕设郊宴饯行,以示宠任;经略熊廷弼出京之日,佩尚方剑,在京营选锋5000人护卫下陛辞启行,与王化贞共同统兵抵御后金军的进攻。

王化贞,进士出身,由户部主事历右参议,分守广宁。辽、沈陷后,进右佥都御史,巡抚广宁。

化贞为人骄而愎,素不习兵,轻视大敌,好谩语。文武将吏进谏悉不入,与廷弼尤牴牾。妄意降敌者李永芳为内应,信西部言,谓虎墩兔助兵四十万,遂欲以不战取全胜。一切士马、甲仗、糗粮、营垒俱置不问,务为大言罔中朝。尚书鹤鸣深信之,所请无不允,以故廷弼不得行其志。广宁有兵十四万;而廷弼关上无一卒,徒拥经略虚号而已。延绥入卫兵不堪用,廷弼请罪其帅杜文焕,鹤鸣议宽之。廷弼请用卜年,鹤鸣上驳议。廷弼奏遣之垣,鹤鸣故稽其饷。两人遂相怨,事事龃龉。……

毛文龙镇江之捷,化贞自谓发踪奇功。廷弼言:"三方兵力未集,文龙发之太早,致敌恨辽人,屠戮四卫军民殆尽,灰东山之心,寒朝鲜之胆,夺河西之气,乱三方并进之谋,误属国联络之算,目为奇功,乃奇祸耳!"贻书京师,力诋化贞。……

是时,廷弼主守,谓辽人不可用,西部不可恃,永芳不可信,广宁多间谍可虞。化贞一切反之,绝口不言守,谓我一渡河,河东人必内应。且腾书中朝,言仲秋之月,可高枕而听捷音。识者知其必偾事,以疆场

---

① 参见《明熹宗实录》第11卷,天启元年六月辛未朔,台北历史语言研究所校勘本,1962年,第1叶。

事重，无敢言其短者。①

辽东巡抚王化贞，向庙堂说大话、表忠心：

> 臣蒙恩超躐，誓以死报。又见九围空虚，四海骚动，惧有他虞，为国家忧。而奴猜忌淫虐，有必溃之理，左瞻右顾，有可乘之机。河东之民，倒悬望解，甚于水火。吊民伐罪，时不可失。此臣区区主战。愚见十月前，车骑甲仗，未能凑手，臣自不敢轻动。今百事粗备，兵亦足用，又冰坚可渡，冰解后则难图也。且奴将各处屯民，尽驱出塞，昨赶耀州等处，男妇二十余万口北行，因闻镇江之事，暂寄海州城外。男不许挟赀，女不许缠脚，冻馁枕藉，嗟嗟！②

王化贞巡抚，错估了形势，大话翩翩，空话累累。王化贞受到朝廷阉党的怂恿与支持，先派2万兵守三岔河，河长120里，步骑一字摆开，每数十步搭一土窝棚，置军6人，画地分守。熊廷弼斥言"东兵过河，所置地仅里许，窝卒仅百许，空散二万众于沿河"③，不能阻遏后金骑兵。化贞不听，经抚不和，意见相左，经臣主守，抚臣主战。王化贞寄望于蒙古察哈尔部林丹汗的援兵。"虎墩兔憨调兵四十万助攻奴酋"④，可不战而取胜；妄臆李永芳为内应，必兵到而敌自溃。他具疏愿以六万人进战，一举荡平后金⑤；至"仲秋之月，可高枕而听捷音"⑥，然后解戈释甲，归老山林。他对士马、甲仗、粮秣、营垒一概不问，兵士或"毡帽布衫，执棍而立"，

---

① 《明史·熊廷弼传附王化贞传》第259卷，中华书局点校本，1974年，第6698～6700页。
② 《明熹宗实录》第17卷，天启元年十二月辛卯，台北历史语言研究所校勘本，1962年，第20叶。
③ 《熊襄愍公集》，第8卷，第31～32叶。
④ 《明熹宗实录》第14卷，天启元年九月癸丑，台北历史语言研究所校勘本，1962年，第6叶。
⑤ 《明熹宗实录》第18卷，天启二年正月戊申，台北历史语言研究所校勘本，1962年，第8叶。
⑥ 《明史·熊廷弼传》第259卷，中华书局点校本，1974年，第6700页。

或"沿村乞食，弓刀卖尽"，却务空言以娱朝廷。尽管如此，王化贞还是得到廷臣的宠信。因为他以辅臣叶向高为座主，以兵部尚书张鹤鸣为奥援。正如《明史》所说："化贞本庸才，好大言。鹤鸣主之，所奏请无不从，令无受廷弼节度。"① 而张鹤鸣又投靠阉党。因此，满朝为忧的经略巡抚不和，根子在于阉党。

先是，天启帝冲龄登极，未及半月即赐魏进忠（后赐名忠贤）世荫，封乳母客氏为奉圣夫人。不久，魏忠贤谋杀中官王安，结成客魏集团。天启帝既喜"倡优声伎，狗马射猎"，又好"亲斧锯髹漆之事，积岁不倦。每引绳削墨时，忠贤辈辄奏事。帝厌之，谬曰：'朕已悉矣，汝辈好为之。'忠贤以是恣威福惟己意"②。魏忠贤势炎日炽，廷臣如顾秉谦③、张鹤鸣，辽将如王化贞、毛文龙等依媚谄附。辽东经抚不和，系于枢部阁臣，也根于庙堂之上：

> 乃庙堂业以兵属王，又以尚方属熊，王握兵而不制令，熊制令而不握兵，王耻熊下，熊妒王成，一柄两雄，权分意左，私争之念，夺其急公，愤激之感，不虑偾事。④

吏科给事中赵时用言："经抚相与哄于外，会议相与哄于朝。"⑤ 天启帝命廷议经抚的去留。天启二年即天命七年（1622）正月十二日，在中府召集九卿科道会议。这是一次极为重要的会议。与会者81人，明确表示支持经略熊廷弼，将"登莱、广宁二抚互换者"⑥，仅徐扬先一人，其余或党护王化贞，或操持两端。熊廷弼自

---

① 《明史·张鹤鸣传》第259卷，中华书局点校本，1974年，第6618页。
② 《明史·魏忠贤传》第305卷，中华书局点校本，1974年，第7824页。
③ 《明史·阉党传》第303卷，中华书局点校本，1974年，第7843页。
④ 傅国：《辽广实录》下卷，载《清入关前史料选辑》第1辑，中国人民大学出版社，1984年，第175页。
⑤ 《明熹宗实录》第17卷，天启元年十二月甲午，台北历史语言研究所校勘本，1962年，第23叶。
⑥ 《明熹宗实录》第18卷，天启二年正月戊申，台北历史语言研究所校勘本，1962年，第8叶。

料得不到阁部的支持，恐惧涕泣地疏言："经抚不和，恃有言官。言官交攻，恃有枢部。枢部佐斗，恃有阁臣。臣今无望矣。"①这次朝廷会议，不仅注定熊廷弼的失败，而且表明阉党已开始占据统治地位。两年后杨涟抗疏弹劾魏忠贤24大罪状，则不过是东林党同阉党的公开决裂。所以，辽东经抚不和，仅仅是明朝政治傀儡戏台上两个互斗的木偶，其操纵者则隐伏在后台，即明朝最高统治集团内部的党争。

正值明朝九卿科道会议争论经抚去留的时候，努尔哈赤准备进兵河西。先是，努尔哈赤夺取辽、沈后的10个月间，探察明朝动静，未敢轻启干戈。他通过李永芳与王化贞之间谍工往来②，探知明朝辽东经抚不和，战守举棋不定，熊廷弼内外受困，王化贞浪言玩兵，广宁军备废弛，沿河防守单弱。于是，努尔哈赤决计乘机西渡辽河，兵指广宁。

天启二年即天命七年（1622）正月十八日，后金汗努尔哈赤命族弟铎弼、贝和齐及额驸沙津和苏巴海等统兵留守辽阳③，亲率诸贝勒大臣，带领八旗大军，向广宁进发。经鞍山、牛庄，二十日渡辽河，直逼西平堡④。

广宁巡抚王化贞得到后金军西进的驰报，仓促布兵防守。原议总兵刘渠领兵2万人守镇武，总兵祁秉忠领兵万人守闾阳，分南北两路与广宁掎角；副总兵罗一贵⑤率3000人守西平堡，又在镇宁驻兵。王化贞自带重兵驻广宁，企图以四堡屏障广宁，阻击后金军的进犯。

---

① 《明史·熊廷弼传》第259卷，中华书局点校本，1974年，第6702页。
② 《熊襄愍公集》第7卷，第60叶。
③ 《满文老档·太祖》第33册，天命七年正月十八日，中华书局译注本，1990年。
④ 《明太祖实录》第81卷，洪武六年四月丁亥："丁亥，置西平卫，以故元来降知院撒尔札拜为指挥佥事。"西平堡，今辽宁省盘山县古城子镇。
⑤ 罗一贵：《明史·罗一贯传》《明史·熊廷弼传》《明史纪事本末·熊王功罪》《明通鉴》等书均作"罗一贯"；《明熹宗实录》第18卷（天启二年正月丁巳），第19卷（天启二年二月乙亥），《明史稿·熊廷弼传》，《国榷》第85卷第5200页，《三朝辽事实录》第7卷第14页，《清太祖武皇帝实录》第4卷第1叶，《满洲实录》第7卷第8叶，《清太祖高皇帝实录》第8卷第11叶等，均作"罗一贵"，从后者。

后金汗率八旗军过辽河，二十日，围西平堡。守城参将黑云鹤轻敌出战而死。参将罗一贵坚壁固守，后金军攻城不下。时各城守军消极自保，不作援应；王化贞蜷缩广宁，不敢出击。熊廷弼急檄王化贞督战，并激之曰："平日之言安在？"①巡抚王化贞遂命总兵官刘渠率镇武兵，总兵官祁秉忠率闾阳兵，心腹骁将孙得功率广宁兵，驰援西平。努尔哈赤分一半军队围西平，以另一半军队迎击前来增援的明军。

二十一日，孙得功、刘渠、祁秉忠在平阳桥迎战后金军。孙得功分兵为左右翼，推刘渠部、祁秉忠部先出战。刚交锋，"孙得功等故意上前一冲，即卸（却）去，因而各营俱起，以至大败"②。总兵官刘渠、祁秉忠，副总兵麻承宗战殁于沙岭③。同援之副将鲍承先败走，隐匿数日，出降。

努尔哈赤击败明三路援军之后，遂集中八旗兵力，继续围攻西平。后金兵先发火炮，继拥楯车，竖云梯攻城。明军在城上发炮，杀伤大量后金兵。西平之战打得异常激烈。据《明熹宗实录》载：

> 罗一贵将三千人守西平。……贼先攻西平，黑云鹤出战而死。罗一贵固守不下，杀奴数千人。李永芳竖招降旗，阴遣人说一贵。一贵骂之曰："岂不知一贵是忠臣，肯作永芳降贼乎！"斩其使，亦于城中竖招降旗。奴尽锐攻之，相持两昼夜。用火器杀贼，积尸与墙平。会一贵流矢中目，不能战，外援不至，火药亦尽，一贵北向再拜曰："臣力竭矣！"遂自刭。奴尽屠西平。④

---

① 谷应泰：《明史纪事本末·补遗》第4册，中华书局，1977年，第1432页。
②《熊襄愍公集》第7卷，第60叶。
③《明史·罗一贯传》第271卷，第6957页："自辽左军兴，总兵官阵亡者凡十有四人：抚顺则张承荫，四路出师则杜松、刘𬘩、王宣、赵梦麟，开原则马林，沈阳则贺世贤、尤世功，浑河则童仲揆、陈策，辽阳则杨宗业、梁仲善，是役（刘）渠与（祁）秉忠继之。"
④《明熹宗实录》第18卷，天启二年正月丁巳，台北历史语言研究所校勘本，1962年，第16叶。

罗一贵以3000人抵御后金军9万人的围攻，最后矢尽援绝，城陷身亡①。后金军在西平堡下，损失极为惨重。所以《满文老档》有关西平之役的记载颇为疏略。特书于二十二日举行庆祝破西平之礼，并杀八牛祭②。后金军在攻破西平、拔除镇武和闾阳城堡之后，驻师西平堡，准备夺取广宁。

广宁城在山隈，"形势若盘，俗谓之盘城"③，恃三岔河为阻。其沿革、城池，康熙《广宁县志》载：

> 金置广宁府。元为广宁路。明洪武间，指挥王雄因旧址修筑，都督刘真甃以砖。永乐间，总兵刘江增展东南关。弘治间，备御胡忠展西隅。正德间，备御李凑展南关。周围五百四十六丈，池深一丈五尺、阔二丈。周围十一里四十五步。后展新城，周围十七里，门六：东曰永安，东南曰泰安，南曰迎恩，西曰拱镇，西一门土塞，北曰靖远。角楼四座，北曰镇朔，东南曰柔远，西南曰望京，西曰瞻秀。④

康熙《盛京通志》载述与上文有同有异，其异文为："广宁县城池，即明广宁中、左、右三卫地"，"嘉靖丁酉，都御史任洛、总兵马永重修"⑤云云。先是，明洪武二十三年（1390），置广宁卫。洪武二十五年（1392），封辽王于此。次年，复为广宁卫，统左、中、右三卫。广宁背靠医巫闾山，南临大海，西界锦州，东隔辽河与辽阳对峙，成为辽阳通山海之咽喉要地，是明朝失陷辽阳后辽东巡抚的驻地。官将生员暗通后金，兵士漫无纪律，人民惊恐不安。

---

① 叶向高《遵编》第12卷载："二十日，奴酋举兵渡河，总兵刘渠与战，锋初交，后阵已溃，诸兵将皆逃，渠死之。参将罗一贵守西平堡，血战杀奴数千人，火药尽，死之。"
② 《满文老档·太祖》第33册，天命七年正月二十二日，中华书局译注本，1990年。
③ 康熙《盛京通志》第15卷，康熙二十三年（1684）刻本，第12叶。
④ 康熙《广宁县志》第2卷，《辽海丛书》影印本，辽沈书社，1985年，第1叶。
⑤ 康熙《盛京通志》第10卷，康熙二十三年（1684）刻本，第13叶。

二十二日，王化贞得沙岭败报后，督将士上城戍守，皆不应。游击孙得功在援救西平时佯败先归，因"潜纳款于太祖，还言师已薄城，城人惊溃"①。王化贞急召孙得功至衙署，仍委以守城重任。他刚"出衙门，即发炮，堵城门，封银库，封火药"②，以待后金军入城。城中军民一片混乱，携带家眷夺门出奔。

时王化贞正在衙署阅视军报，对城中惊乱事茫然无知。突然参将江朝栋"急入化贞卧内，化贞方检书，见之大怒，呵责之。朝栋急拉化贞曰：'事急矣，快走，快走！'"③，边说边挟着王化贞，奔向马厩，但马又被牵走，仅余两峰骆驼。王化贞的行李用两峰骆驼装载，在江朝栋等陪护下，步随到城门，"而城门刀棍堵截如林，仅以身免。身旁一相伴朋友已劈头打伤，驼箱已被打夺"④。巡抚王化贞狼狈出逃，二十三日至大凌河，同率领5000援军的经略熊廷弼相遇。巡抚向经略"叹诉辽人内溃，孙得功等谋献，几不得免之状"⑤。经略熊廷弼"哀而慰之"，并以自带五千兵给王化贞作殿后，护送溃散的军民往山海关行进。其时，熊廷弼在右屯有兵万人亦逃，所过宁远、宁前诸屯堡，悉纵火焚之。辽人相随逃入关者数十万，逃兵十余万，至关下，大司马王公象乾以总督莅关，闭不纳。廷弼至，"按剑叱关吏开门，悉纳之，纵之南"⑥。数十万辽西难民，"携妻抱子，露宿霜眠，朝乏炊烟，暮无野火，前虞溃兵之劫掠，后忧塞虏之抢夺，啼哭之声，震动天地"⑦。明朝腐朽的统治，后金贵族的铁骑，给辽西人民造成多么悲惨的境况！

后金军虽夺取西平堡，但受重创。努尔哈赤驻西平，哨探广宁虚实，未敢策骑轻进。王化贞逃奔之后，游击孙得功、守备黄进等控制了广宁城。

---

① 《清史稿·孙得功传》第231卷，中华书局标点本，1977年，第9342页。
② 《熊襄愍公集》第7卷，第59叶。
③ 王在晋：《三朝辽事实录》第7卷，江苏省立国学图书馆藏本，第15叶。
④ 《熊襄愍公集》第7卷，第59~60叶。
⑤ 《熊襄愍公集》第5卷，第29叶。
⑥ 叶向高：《邃编》第12卷，美国国会图书馆藏，第1叶。
⑦ 王在晋：《三朝辽事实录》第7卷，江苏省立国学图书馆藏本，第26叶。

二十三日，孙得功派生员郭肇基等至后金汗前，跪请努尔哈赤进驻广宁。努尔哈赤得报后，率领八旗军向广宁进发。时移居广宁之女真人，出门迎降。石氏三兄弟——国柱、天柱、廷柱献城迎降，"天柱首先出迎，国柱、廷柱以城献"①。

二十四日，孙得功等带领降顺后金的官将、生员等，已剃发，设龙亭，抬轿，打鼓，吹喇叭，奏唢呐，出城三里，夹道跪迎后金汗入城②。努尔哈赤先派八旗诸贝勒大臣入城，后骑马至巡抚衙门。至是，后金军全部占领广宁。

广宁兵败，京师大震。广宁沦陷是明朝腐败政治的产物，但阉党却把熊廷弼等作为替罪羊。熊廷弼回籍听勘，寻自诣诏狱。天启五年即天命十年（1625）八月，熊廷弼慷慨赴市，衔冤而死。明廷暴尸不葬，传首九边。崇祯初，考选候补工部主事徐尔一上《辨功罪疏》，为熊廷弼疏冤：

> 廷弼以失陷封疆，至传首陈尸，籍产追赃。而臣考当年，第觉其罪无足据，而劳有足矜也。广宁兵十三万，粮数百万，尽属化贞。廷弼止援辽兵五千人，驻右屯，距广宁四十里耳。化贞忽同三四百万辽民一时尽溃，廷弼五千人，不同溃足矣，尚望其屹然坚壁哉！廷弼罪安在？化贞仗西部，廷弼云"必不足仗"。化贞信李永芳内附，廷弼云"必不足信"。无一事不力争，无一言不奇中，廷弼罪安在？且屡疏争各镇节制不行，屡疏争原派兵马不与。徒拥虚器，抱空名，廷弼罪安在？③

熊廷弼自任辽事以来，"不取一金钱，不通一馈问，终日焦唇敝舌，与人争

---

① 徐乾学：《憺园全集》第31卷，光绪九年（1883）刻本。
② 茅元仪：《督师纪略》第1卷，第8叶："将领孙得功及诸生辈，具香亭迎奴酋入城，奴尚疑诈也，侦无有，始入。"
③ 《明史·熊廷弼传》第259卷，中华书局点校本，1974年，第6704页。

言大计"①，扶伤救败，收拾残瓯；但谗言纷纷，三起三落，借题曲死，传首陈尸。熊廷弼之死，《明史·熊廷弼传》评曰：

> 惜乎廷弼以盖世之材，褊性取忌。功名显于辽，亦隳于辽。假使廷弼效死边城，义不反顾，岂不毅然节烈丈夫哉！广宁之失，罪由化贞，乃以门户曲杀廷弼，化贞稽诛者且数年。②

刑章颠倒，明祚倾危。熊廷弼做了明朝腐败政治的牺牲品。熊廷弼之死，不仅使明朝失去一位优秀的统帅，而且使后金汗减少一个刚毅的对手。

后金占领广宁，并连陷义州、平阳桥、西兴堡、锦州、铁场、大凌河、锦安、右屯卫、团山、镇宁、镇远、镇安、镇静、镇边、大清堡、大康堡、镇武堡、壮镇堡、闾阳驿、十三山驿、小凌河、松山、杏山、牵马岭、戚家堡、正安、锦昌、中安、镇彝、大静、大宁、大平、大安、大定、大茂、大胜、大镇、大福、大兴、盘山驿、鄂拓堡、白土厂、塔山堡、中安堡、双台堡等四十余城堡。后金军将广宁等地数百万饷帑、粮食、军器、火药、马牛、布帛等运回辽阳，并把辽河以西的人民驱赶到河东。以右屯卫为例，被驱赶的人口有14728人，被掠走的牲畜为6197头③；被运走的粮食有53681石8斗7升④。

为庆贺努尔哈赤占领广宁，福晋们二月十一日从辽阳出发，十四日⑤来到广宁。大福晋率领众福晋，在铺设红地毯的衙门里，向坐在衙署正堂的后金汗努尔哈赤

---

① 韩爌：《讼冤疏》，载《熊襄愍公集》末卷，第20叶。
② 《明史》第259卷，中华书局点校本，1974年，第6723页。
③ 《满文老档·太祖》第35册，天命七年二月，中华书局译注本，1990年。
④ 《满文老档·太祖》第34册，天命七年正月，中华书局译注本，1990年。
⑤ 《清太祖高皇帝实录》第8卷，第14叶载："丁丑，后妃等自辽阳起行，庚申，至广宁城。"《满文老档》、《清太祖武皇帝实录》和《满洲实录》均载"十四日"至广宁。查"十四日"为庚辰，该月无"庚申"，是知《清太祖高皇帝实录》载"庚申"误。

叩贺道："汗蒙天眷，乃得广宁城。"①随后依次行庆贺礼，摆设盛宴。十七日，后金汗在福晋们陪伴下返回辽阳。几天之后，后金军又放火烧毁广宁城②。

努尔哈赤占领广宁后，铸下移民与止兵二错。其一，移民。他自惑于占地面大，战线过长，难以防守，恐多事端，便实行空其地、移其民之策（后文另述），而未能乘胜进兵。其二，止兵。他如乘胜进兵，直叩关门，或可创一大局面。佚名《天聪二年奏本》称："先皇帝席卷河东，正成破竹之势，怀疑中止，是皇天之所以留大明也。"③皇太极曾言："慎勿如取广宁时，不进山海关，以致后悔。"④后皇太极又言：

> 我师既克广宁，诸贝勒将帅，咸请进山海关。我皇考太祖，以昔日辽、金、元，不居其国，入处汉地，易世以后，皆成汉俗。因欲听汉人居山海关以西，我仍居辽河以东，满、汉各自为国，故未入关，引军而返。⑤

但是，努尔哈赤自"七大恨"誓师后，4年之间，陷抚、清，败杨镐，取开、铁，夺沈、辽，占广、义，兵锋所向，频频告捷。整个辽东形势，为之一变。明辽东经略王在晋分析道：

> 东事离披，一坏于清、抚，再坏于开、铁，三坏于辽、沈，四坏于广宁。初坏为危局，再坏为败局，三坏为残局，至于四坏——捐弃全辽，则无局之可布矣。逐步退缩之于山海，此后再无一步可退。⑥

---

① 《满文老档·太祖》第36册，天命七年二月十四日，中华书局译注本，1990年。
② 《满文老档·太祖》第48册，天命八年三月二十四日，中华书局译注本，1990年。
③ 《明清史料》甲编，第1本，中央研究院历史语言研究所刊印，1930年9月，第48叶。
④ 《清太宗文皇帝实录》第2卷，天聪元年正月辛巳，中华书局影印本，1985年，第10叶。
⑤ 《清太宗文皇帝实录》第3卷，天聪元年四月甲辰，中华书局影印本，1985年，第4叶。
⑥ 王在晋：《三朝辽事实录》第8卷，江苏省立国学图书馆藏本，第22叶。

明朝失陷广宁，丢弃全辽，无局可守。但是，努尔哈赤占领广宁，却达到了40年戎马生涯的顶峰。

努尔哈赤进占辽河流域后，摆在他面前的一个重要课题是，如何治理和巩固这个幅员辽阔、人口繁盛的地区。他决定：整顿内部，发展生产，颁布"计丁授田"法令，改革女真经济制度。

第十三章 计丁授田

一 建州社会经济的发展

建州女真社会经济的发展，是努尔哈赤在历史政治舞台上，演出威武雄壮活剧的物质基础。

女真奴隶①制已有长久的历史。明初的建州女真，奴隶制经济形态占据支配地位；但是，它既出现了封建制因素，也保留着氏族制残余。在女真奴隶制形态下，奴隶的主要来源是掳掠："劫掠人口、牛马、财产，孤人之子，寡人之妻。"②这是因为，"野人之俗，不相为奴，必虏汉人，互相买卖使唤"③。所以奴隶也叫"使唤人口"④。据明朝辽东六件《信牌档》的不完全统计，仅永乐二十一年（1423），被掳人口竟达1089人⑤。但女真内部也有少量债务奴隶或罪犯奴隶。此外，奴隶即阿哈被允许结婚后所生的子女，也是奴隶。

---

① 奴隶，满语作 aha，汉译作奴隶或奴仆。故 aha，或汉译作奴隶，或译作奴仆。
② [朝]《李朝世宗大王实录》，第60卷，十五年四月乙酉，日本学习院东洋文化研究所刊本，1959年。
③ [朝]《燕山君日记》第17卷，二年八月己亥，日本学习院东洋文化研究所刊本，1959年。
④ [朝]《李朝世宗大王实录》第92卷，二十三年正月丙午，日本学习院东洋文化研究所刊本，1959年。
⑤ 明档，甲1、甲2、乙3、乙4、乙7、乙006，东北档案馆（今辽宁省档案馆）藏。

女真奴隶主经常剽掠汉人和朝鲜人卖作阿哈。据朝鲜史书记载，许多辽东汉人"被童猛哥贴木儿掳掠到阿木河为奴使唤"①。奴既用于家内使唤，又用于农耕、渔猎、畜牧、采集等生产方面；还用之于作战方面，为其主人服役；也用之于经商，做"贸易使唤人"②。在猛哥帖木儿的斡木河时期，由于建州女真社会生产力的发展，明朝和朝鲜封建经济的影响，在其奴隶占有制经济形态中，已经出现了封建因素。斡木河地区社会生产组织是封建制的。猛哥帖木儿在这里拥有大量的耕牛和农器，从事农耕。朝鲜史书记载，建州女真人，耕田交租③，或"服役纳赋，无异于编户"④。这就为后来努尔哈赤进行社会改革播下了种子。

建州女真辗转迁徙至苏克素浒河、浑河流域之后，这里的土壤和气候比较适宜农业生产；与抚顺毗邻，受汉族高度发达封建经济的影响；汉人的大批流入，以及通过"朝贡"和"马市"换回大量铁制农器与耕牛，使女真社会生产力迅速提高。耕牛和农器为建州女真"所恃以为生"⑤。早在天顺三年（1459），建州卫头目从北京返回旧居时，"沿途买牛，带回耕种"⑥。到万历初年，海西女真和建州女真买回的耕牛、农器数量是很大的。如万历十二年（1584）三月的17次农具交易，女真人买进铁铧4388件，其中一次为1113件；同月29次买牛交易，买进耕牛430头，其中一次为97头⑦；同月的27次交易，参加的女真人共有13780人，平均每次510人，最多的一次达1180人。

---

① [朝]《李朝世宗大王实录》第36卷，九年四月甲戌，日本学习院东洋文化研究所刊本，1959年。
② [朝]《李朝世宗大王实录》第65卷，十六年八月己未，日本学习院东洋文化研究所刊本，1959年。
③ [朝]《李朝太宗大王实录》第26卷，十三年十一月丁酉，日本学习院东洋文化研究所刊本，1959年。
④ [朝]《李朝太祖大王实录》第8卷，四年十二月癸卯，日本学习院东洋文化研究所刊本，1959年。
⑤《明英宗实录》第54卷，正统四年四月己丑，台北历史语言研究所校勘本，1962年，第4叶。
⑥《明英宗实录》第300卷，天顺三年二月庚午，台北历史语言研究所校勘本，1962年，第6叶。
⑦ 明档，乙107，东北档案馆（今辽宁省档案馆）藏。

同时，建州等卫女真人到北京"朝贡"，人数众多，"借贡兴贩，显以规利"①。据《明神宗实录》记载，"祖宗朝建州、海西诸夷，世受抚驭，故进贡许一年一次，每次贡夷数逾千名。天顺、成化间，为其供费浩繁，量议裁减。嗣后仍复加至一千五百名"②。到了万历中期，"海西每贡千人，建州每贡五百人"③。他们车辆辐辏，汇聚京师，熙来攘往，开市贸易。在返回时，将所买货物装车，货位高达三丈余，仅瓷器一项，有时"多至数十车"。尤其是建州灭哈达之后，原哈达的363道敕书，"奴酋夺而有之"④，扩大了对明朝的直接贸易权。由于"朝贡"和"马市"贸易的不断扩大，汉族先进的生产工具和生产技术进入女真地区，促进了女真地区经济的发展。

建州女真的经济，以农业为主，也有渔猎、采集、畜牧、矿冶、手工业和商业等部门。努尔哈赤在佛阿拉"称王"后，建州女真的农业经济，由于普遍使用耕牛和铁制农具，以及耕作技术的不断提高，已经达到较高的水平。如申忠一到佛阿拉，见婆猪江、苏克素浒河一带地方，"无墅不耕，至于山上，亦多开垦"；粮食产量较高，"田地品膏，则粟一斗落种，可获八九石，瘠则仅收一石"⑤。后来李民寏也有同样记载："土地肥饶，禾谷甚茂，旱田诸种，无不有之。"⑥且大量种植山稻，如兵士出征打仗，常携带蜂蜜炒米⑦。努尔哈赤强调说建州不

---

① 《明神宗实录》第495卷，万历四十年五月壬寅，台北历史语言研究所校勘本，1962年，第4叶。
② 《明神宗实录》第530卷，万历四十三年三月丁未朔，台北历史语言研究所校勘本，1962年，第1叶。
③ 《明神宗实录》第373卷，万历三十年六月戊申，台北历史语言研究所校勘本，1962年，第10叶。
④ 《明神宗实录》第519卷，万历四十二年四月丁酉，台北历史语言研究所校勘本，1962年，第7叶。
⑤ [朝]申忠一：《建州纪程图记》，图版17，载《兴京二道河子旧老城》，日文版，建国大学刊印，1939年。
⑥ [朝]李民寏：《建州闻见录》，日本天理大学图书馆藏玉版书屋本，第31页。
⑦ 陈仁锡：《无梦园初集·山海纪闻二·纪奴技》："初，奴禁蜂蜜，无私卖，将备炒面行粮之用。"

同于以吃肉衣皮为生的蒙古，而是以种田吃粮为生①。所以他重视女真农业生产的发展。如出征不违农时；不许将牛马拴在果树上，以防啃磨树皮②；牛群毁坏庄稼，牧人要鞭二十③；牧畜踏坏农田，每匹罚银一两④。他在春耕季节，带领诸贝勒大臣等出城巡视农耕。他还责令额真要重视种植粮棉，如额真所属诸申等秋后衣食不足可告状，然后将其从收成较差额真那里，拨出交给收成较好的额真⑤，以示奖惩。

农业之外还有渔猎经济。女真人渔猎经济源远流长，如辽金元时海东青的捕猎，明初的貂皮贸易都可说明。但是，努尔哈赤兴起之后，貂皮、明珠等贸易，使其民殷部富。《清太祖武皇帝实录》记载：

> 本地所产有明珠、人参、黑狐、玄狐、红狐、貂鼠、猞猁狲、虎、豹、海獭、水獭、青鼠、黄鼠等皮，以备国用。抚顺、清河、宽奠、瑷阳四处关口，互市交易，照例取赏，因此满洲民殷国富。⑥

可见渔猎经济在建州女真中有重要地位。后来明开原道薛国用也呈称："盖奴酋擅貂、参、海珠之利，蓄聚綦富。"⑦为着捕获貂鼠和捞采珍珠，到了采捕季节，女真人成群结队，或深入松林，貂巢其上，张弓焚巢，貂坠于网；或拥入河汊，猎架渔梁，幕棚马迹，珠采于袋。

---

① 《满文老档·太祖》第13册，天命四年十二月，中华书局译注本，1990年。
② 《满文老档·太祖》第24册，天命六年七月十七日，中华书局译注本，1990年。
③ 《满文老档·太祖》第59册，天命八年七月十五日，中华书局译注本，1990年。
④ 《满文老档·太祖》第59册，天命八年九月初七日，中华书局译注本，1990年。
⑤ 《满文老档·太祖》第17册，天命六年闰二月十六日，中华书局译注本，1990年。
⑦ 《清太祖武皇帝实录》第1卷，原清宫内府藏写本，台北广文书局影印本，1970年，第24~25叶。
⑦ 《明神宗实录》第519卷，万历四十二年四月丁酉，台北历史语言研究所校勘本，1962年，第7叶。

畜牧业也是一个重要的生产部门。家畜的驯养比较繁盛。如申忠一目睹建州女真，"家家皆畜鸡、猪、鹅、鸭、羔、羊、犬、猫之属"①。自给自足的个体经济占有相当的地位。牛马牧放，非常兴旺。《建州闻见录》载："六畜惟马最盛，将胡之家，千百为群，卒胡家亦不下十数匹。"②女真的雄马不骟，马匹也不喂菽粟，夜间圈围在不蔽寒暑的棚栏里，白天牧放在水草丰足的原野上。因马匹牧放的膘情直接影响其军事力量，所以努尔哈赤常常亲自检查马匹肥赢——肥壮马匹的额真受犒赏，赢弱马匹的额真受鞭责。

采集经济仍占很大的比重。采集主要包括挖人参、采蜂蜜、捡松子、摘蘑菇、收木耳、拾榛子等。建州女真地区盛产蜂蜜。蜂蜜是努尔哈赤岁贡和市易的重要物品，"酋岁贡蜜，兼开蜜市"③。为建州蜂蜜事，有人敷衍出一个贻笑远人的故事：

> 相传虏炼蜜为糗粮，抚台疑其事，未敢讼言于朝，密使辽阳材官萧子玉，伪称都督，衔命问故。子玉盛具仪仗，东临虏境。酋不郊迎，子玉大怒，诟虏曰：'天使俨临，
>
> 而大都督不出，是辱皇朝也。将归问罪。'奴酋闻之，欢然属橐鞬，跽迎道左，供具甚丰腆。子玉大喜，相与尽欢。徐致诘不贡市之命。酋从容对曰：'本部之蜜，犹天朝五谷也。五谷有不登之年，天朝将谁是诘耶？本部五年来，花疏蜂死，是以不供。俟春枝花满，酿熟蜜衙，当复贡市如初。此琐事耳，何烦圣虑。'厚赠子玉，并辔而出，至别处，从马上拍子玉肩笑曰：'汝是辽阳无籍萧子玉也。安得假称都督，临我郊境？我非不能杀汝，奏之圣明，顾不忍贻天朝以辱耳。为我致意抚台，

---

① [朝]申忠一：《建州纪程图记》，图版17，载《兴京二道河子旧老城》，日文版，建国大学刊印，1939年。
② [朝]李民寏：《建州闻见录》，日本天理大学图书馆藏玉版书屋本，第32页。
③ 黄道周：《博物典汇·四夷附奴酋》第20卷，清刻本，第17叶。

后毋再作诈事。'子玉狼狈西奔。抚台闻之,闭门累日。中国每事贻笑远人,安得不启其轻侮之心哉?①

人参在女真采集经济中占据首位。人参喜欢生长在露水浸润的丛林里,在美丽的小花凋谢后,结着圆圆的蒴果。每逢采参季节,女真倾部出动,百十为群,深入密林,挖掘人参。女真人在挖参前,虔诚地默默祷告;挖参时,顺着参茎掘其根部,小心翼翼地唯恐误伤根须;挖完后,将人参放在河溪中洗涤泥土,用桦树皮包装,再回到原地祷告。世界上可能再也找不出第二种植物像人参那样神圣,引出那么多的神话和传说。这是因为就某种意义说,人参是建州女真经济的生命线。为此,明廷官员试图以减买人参,遏制努尔哈赤就范:"奴儿哈赤擅参为利,该道欲于市易中默寓裁减之意,使商贩渐稀,参斤无售,彼之财源不裕,自将摇尾乞怜。"②明廷一度停止互市,建州女真两年间腐烂人参达十余万斤。努尔哈赤为打破明人对人参贸易的控制,对人参生产技术与保藏技术进行革新,于万历三十三年(1605)即改浸润法为煮晒法:

> 囊时卖参与大明国,以水浸润,大明人嫌湿推延,国人恐水参难以耐久,急售之,价又甚廉。太祖欲煮熟晒干,诸王臣不从。太祖不徇众言,遂煮晒,徐徐发卖,果得价倍常。③

努尔哈赤的上述改革,不仅是对中药学的宝贵贡献,而且使女真人获得实际的物质利益,更提高了他在女真人中的声望。

---

① 黄道周:《博物典汇·四夷附奴酋》,清刻本。
② 《明神宗实录》第531卷,万历四十三年四月丙申,台北历史语言研究所校勘本,1962年,第8叶。
③ 《清太祖武皇帝实录》第2卷,原清官内府藏写本,台北广文书局影印本,1970年,第6叶。

手工业也得到发展。建州女真早在明初就有冶匠,但"箭镞贸大明铁自造"①。后又能淬火,"设风炉造箭镞,皆淬之"②。

到万历二十七年(1599),女真经济中发生一件大事:三月,始炒铁,开金、银矿③。开始较大规模地采矿、冶炼,这更促进建州女真手工业的发展。当时主要有官营军事手工业和家庭民用手工业两种。如申忠一往佛阿拉,见"峰上设木栅,上排弓家十余处,栅内造家三座"④。其后,汗城的官营军械工匠,"北门外则铁匠居之,专治铠甲;南门外则弓人、箭人居之,专造弧矢"⑤。手工业内部有分工,"银、铁、革、木,皆有其工"⑥。工匠有女真人,如朝鲜通事河世国见佛阿拉的"甲匠十六名、箭匠五十余名、弓匠三十余名、冶匠十五名,皆是胡人,无日不措矣"⑦。但后来更多的工匠是汉人,也有朝鲜人。这些善手工匠加速了建州手工业的发展。"一自铁人入去之后,铁物兴产"⑧。他们制造的锁子甲等,坚硬精巧。明官员徐光启言,后金"兵所带盔甲、面具、臂手,悉皆精铁,马亦如之"⑨。《满洲实录》称征叶赫"盔甲鲜明,如三冬冰雪"⑩。这些都从一个侧

---

① [朝]《李朝成宗大王实录》第2卷,即位年十一月癸亥,日本学习院东洋文化研究所刊本,1959年。
② [朝]《李朝成宗大王实录》第255卷,二十二年七月丁亥,日本学习院东洋文化研究所刊本,1959年。
③ 《满洲实录》第3卷,中华书局影印本,1986年,第2叶。
④ [朝]申忠一:《建州纪程图记》,图版12,载《兴京二道河子旧老城》,日文版,建国大学刊印,1939年。
⑤ 程天祐:《筹辽硕画·东夷奴儿哈赤考》首卷,民国二十五年(1936)影印本,首都图书馆藏,第2叶。
⑥ [朝]李民寏:《建州闻见录》,日本天理大学图书馆藏玉版书屋本,第32页。
⑦ [朝]《李朝宣祖大王实录》第69卷,二十八年十一月戊子,日本学习院东洋文化研究所刊本,1959年。
⑧ [朝]《李朝宣祖大王实录》,第134卷,三十四年二月己丑,日本学习院东洋文化研究所刊本,1959年。
⑨ 《明经世文编·徐光启辽左陷危已甚疏》第6册,中华书局影印本,1962年,第5381页。
⑩ 《满洲实录》第4卷,中华书局影印本,1986年,第2叶。

面反映了后金手工业的迅速发展。特别是在进入辽沈地区之后，后金社会已能淘金、炼银①，掌握焊接技术②，炼制黄色火药成功③，并接管明朝辽东的铁矿、冶炼设备和大批工匠，从而手工业有了更大的发展。

在手工业中，车船、纺织、制瓷、煮盐等均有所发展。女真人的陆路运输用独轮车，"家家皆用小车"；水陆交通用船，制造的"小船可乘八九人，极轻捷"④。船的数量较多，据朝鲜备边司启文称其"造舡千艘"⑤。这或有所夸饰，但足以说明建州造船手工业的规模。天命初为进取黑龙江萨哈连部，在兀尔简河造船200艘。女真人的纺织，李民寏目睹记载："女工所织，只有麻布。"⑥自从汉族缫丝、棉织技术传入建州，其纺织业有了发展。如攻抚顺时遇雨，四旗后金军有雨衣，"弓矢各有备雨之具"⑦；攻辽阳时，自称"旌旗蔽日"⑧。显然后者含有夸张之意。后金进入辽沈地区，已能织蟒缎⑨。女真人制瓷是在占领辽阳之后。先前，他们用木制碗、盆，后来逐渐使用汉人烧制的瓷碗、瓷盆、瓷盘、瓷瓶、瓷杯等器皿⑩。女真人的食盐，先是来自"贸盐"⑪。后明廷断绝盐路，建州吃盐困难。努尔哈赤说："昔吾国家奴之遁逃，皆以无盐之故也！"⑫于是，万历四十八年即天命五年（1620）六月，努尔哈赤派兵去东海煮盐⑬。据朝鲜国

---

① 《满文老档·太祖》第45册，天命八年二月初十日，中华书局译注本，1990年。
② 《满文老档·太祖》第50册，天命八年四月二十七日，中华书局译注本，1990年。
③ 《满文老档·太祖》第53册，天命八年六月初五日，中华书局译注本，1990年。
④ [朝]李民寏：《建州闻见录》，日本天理大学图书馆藏玉版书屋本，第33页。
⑤ [朝]《光海君日记》第7卷，即位年八月辛未，日本学习院东洋文化研究所刊本，1959年。
⑥ [朝]李民寏：《建州闻见录》，日本天理大学图书馆藏玉版书屋本，第32页。
⑦ 《清太祖武皇帝实录》第2卷，原清官内府藏写本，台北广文书局影印本，1970年，第12叶。
⑧ 《满洲实录》第6卷，中华书局影印本，1986年，第15叶。
⑨ 《满文老档·太祖》第45册，天命八年二月十一日，中华书局译注本，1990年。
⑩ 《满文老档·太祖》第23册，天命六年六月初七日，中华书局译注本，1990年。
⑪ [朝]李民寏：《建州闻见录》，日本天理大学图书馆藏玉版书屋本，第32页。
⑫ 《满文老档·太祖》第21册，天命六年四月十一日，中华书局译注本，1990年。
⑬ 《满文老档·太祖》第15册，天命五年六月，中华书局译注本，1990年。

王李珲奏言，"俄顷之间，收得四百余驼"①。收得的食盐，按男丁分配②。努尔哈赤特命给修筑萨尔浒城者每人半斤盐③，以资恤励。至占领辽东海州、盖州、复州地区，许灶户不纳公差④，鼓励多煮盐。如盖州一次贡赋盐一万斤⑤。后金的食盐问题始得到基本解决。

建州手工业的发展，是与努尔哈赤重视工匠分不开的。他出于征战的需要，对进入女真地区的工匠，"欣然接待，厚给杂物，牛马亦给"⑥。夺占辽沈地区之后，更为重视工匠的作用。努尔哈赤在下达的文书中说：

> 素称东珠、金、银为宝，何其为宝，寒者可衣乎？饥者可食乎？国中所养之贤人知人所不知，匠人能人所不能，彼等实为宝也！⑦

后金汗在文书中视工匠同贤人，也视工匠为能人，列为国中之宝，这是难能可贵的。显然，提高工匠社会地位，给予各种优厚待遇，有利于建州手工业的发展。但是，实际上他们仍处于工奴的地位。

还有商品交换经济。建州通过"朝贡"、"马市"和行商，同明朝、蒙古和朝鲜等进行贸易，以貂皮、人参、东珠、马匹、皮张、干果、蜂蜜等，换取牛、铧、锅、针、盐、布、猪等。努尔哈赤在青年时期，就往来抚顺经商，后多次往来京师，

---

① 《明熹宗实录》第13卷，天启元年八月甲午，台北历史语言研究所校勘本，1962年，第22～23叶。
② 《满文老档·太祖》第17册，天命五年十月二十八日，中华书局译注本，1990年。
③ 《满文老档·太祖》第18册，天命六年闰二月二十七日，中华书局译注本，1990年。
④ 《满文老档·太祖》第58册，天命八年七月二十一日，中华书局译注本，1990年。
⑤ 《满文老档·太祖》第26册，天命六年九月十三日，中华书局译注本，1990年。
⑥ [朝]《李朝宣祖大王实录》第134卷，三十四年二月己丑，日本学习院东洋文化研究所刊本，1959年。
⑦ 《满文老档·太祖》第23册，天命六年六月初七日，中华书局译注本，1990年。

边"朝贡",边贸易,又曾一次派30名商人往黑龙江地区做生意①,还在家中同蒙古商人交易②。他也通过女真商人,把光海君咨文从朝鲜王京带回赫图阿拉③。建州商业的活跃,推动其生产的发展,促使其生活的提高。但是,长期以来,女真的商品交换主要是以物易物。所以"掠钱无所用,高积如山"④。随着商品交换经济的发展。万历四十四年即天命元年(1616),"铸天命通宝钱"⑤。今天见到的是用红铜铸造的"天命汗钱"⑥。它一面无字,另一面为无圈点满文:左为 abkai,汉译作天;右为 fulingga,汉译作命;上为 han,汉译作汗;下为 jiha,汉译作钱⑦,合汉译作"天命汗钱"。但努尔哈赤的铸币并未大量流通,后以"银子充足,不必铸钱",而停止铸币⑧。当时主要流通的货币,仍是明朝的白银。努尔哈赤攻占辽阳后,设置管理贸易的额真,商品的价钱和税收,援依明例⑨,并允许原有商人继续开店做生意⑩,只是对偷税者实行惩处⑪。

总之,后金汗努尔哈赤从巩固其统治和征战需要出发,重视建州社会经济的发展,也关注商品交换的发展。努尔哈赤同其他各部女真首领相比较,确实对建州社会经济的发展和女真人民生活的提高,更多地做了一些有益的事情。他因而赢得女真人的拥戴,击败角逐争雄的对手,取得统一女真各部战争的胜利,也夺

---

① 《满文老档·太祖》第5册,天命元年正月,中华书局译注本,1990年。
② 《明熹宗实录》第6卷,天启元年二月乙丑,台北历史语言研究所校勘本,1962年,第20叶。
③ [朝]《光海君日记》第139卷,十一年四月乙卯,日本学习院东洋文化研究所刊本,1959年。
④ 黄道周:《博物典汇·四夷附奴酋》第20卷,清刻本,第18页。
⑤ 《清朝文献通考·钱币考一》第13卷,浙江古籍出版社影印本,1988年。
⑥ 王钟翰:《清史杂考》,中华书局,1963年,第13页。
⑦ 俞正燮《癸巳存稿》第10卷载:"严君可均所藏钱,天命钱有清文,有汉字,清文为阿布喀衣之汗,稽哈福宁阿。"
⑧ 《满文老档·太祖》第65册,天命十年五月初二日,中华书局译注本,1990年。
⑨ 《满文老档·太祖》第23册,天命六年六月初三日,中华书局译注本,1990年。
⑩ 《满文老档·太祖》第26册,天命六年九月,中华书局译注本,1990年。
⑪ 《满文老档·太祖》第27册,天命六年十月初六日,中华书局译注本,1990年。

取对明战争一次又一次的胜利。女真的各部统一，对明的战争胜利，不仅促进其经济的发展，而且推动其经济的改革。所以，在建州社会经济发展过程中，其社会内部的经济结构，有许多严重课题摆在努尔哈赤面前，亟须加以解决。

第十三章　计丁授田

二 "计丁授田"汗谕的颁布

随着建州社会经济的快速发展和后金夺取辽沈的战争胜利,后金汗努尔哈赤颁布了"计丁授田"令。"计丁授田"令的颁布,有一个历史发展的过程。

前节所述,建州铁制农具和耕牛的广泛使用,生产技术的显著改进,手工业和交换的相应发展,使女真社会生产力进一步提高。生产力的发展,导致着生产力与生产关系、经济基础与上层建筑的矛盾日趋剧烈。这种矛盾必然表现为建州社会奴仆同奴仆主之间的利益冲突。早在努尔哈赤起兵之前,女真奴仆因被掳使唤,不堪其苦,而纷纷起来反抗。如汉人孙良被掳,卖与豆尚介家为奴,"杀其主母"[①]逃亡。汉人汪仲武,被掳转卖李豆里家为奴,改名斜往;他"以斧击杀"仆主李豆里及其子胡赤,黉夜逃奔[②]。汉人罗伊巨被奴役在金波乙大家里15年,"杀其妻子"[③]逃亡。

[①] [朝]《李朝世宗大王实录》第91卷,二十二年十月庚午朔,日本学习院东洋文化研究所刊本,1959年。
[②] [朝]《李朝世祖大王实录》第42卷,十三年四月癸卯,日本学习院东洋文化研究所刊本,1959年。
[③] [朝]《李朝成宗大王实录》第166卷,十五年五月丁酉,日本学习院东洋文化研究所刊本,1959年。

逃亡是当时女真奴仆反抗奴仆主的主要斗争形式。据《李朝实录》的不完全记载计算：15世纪前半叶，每年逃往朝鲜的女真奴仆约有15人；到15世纪中叶，逃亡奴仆增加5.7倍，而到16世纪中后期，逃亡奴仆约为15世纪前半叶的68倍，最高达到每年千人以上。奴仆的大量逃亡，沉重地打击了女真奴仆主阶级。奴仆们反对奴仆主的斗争，是奴隶制生产关系变革的基础。

女真奴仆反对奴仆主的斗争，是其奴隶制生产关系变革的内在根据，而汉族强大封建制生产关系的影响，又是其生产关系变革的外在条件。因此，女真族有远见卓识的政治家，在奴仆反抗斗争和汉族封建生产关系影响的双重推动下，不得不对女真社会进行改革。这个巨大社会责任，历史地落在努尔哈赤肩上。

努尔哈赤起兵之后不久，即着手对建州社会进行改革。这种改革，最早见于朝鲜南部主簿申忠一的记载。万历二十四年（1596），努尔哈赤在统一建州女真之后，推行屯田制。当时女真人中存在着"托克索"。"托克索"的满文体为tokso，就是汉语的田庄，又称"农幕"。这一年，申忠一从朝鲜到佛阿拉，沿途所经八十余处居民点中，仅见6处"农幕"。这些"农幕"规模不大，受农奴反抗斗争的打击，日趋衰落，如"大吉号里越边忍川童阿〔下〕农幕，而自上年永为荒弃云"①。废弃"农幕"，推行屯田，如"奴酋于大吉号里越边朴达古介北边，自今年欲置屯田云"②。

建州女真对屯田并不陌生。明朝在辽东地区，实行"分屯所领，卫兵所耕"③的封建军事屯田制。时"军屯则领之卫所，边地：三分守城，七分屯种"④。屯

---

① [朝]《李朝宣祖大王实录》第71卷，二十九年正月丁酉，日本学习院东洋文化研究所刊本，1959年。
② [朝]申忠一：《建州纪程图记》，图版17，载《兴京二道河子旧老城》，日文版，建国大学刊印，1939年，长春。
③ 张鼐：《辽筹》上册，钞本，第3叶。
④ 《明史·食货志一》第77卷，中华书局点校本，1974年，第1884页。

田的办法是"人授田五十亩,给牛种,教树植,复租赋"①。努尔哈赤的先世猛哥帖木儿在斡木河时即以"复业屯种"②。后来据朝鲜史书记载,建州女真"各处部落,例置屯田"③。所以努尔哈赤以明朝的军屯和先世的传统为借鉴,开始推行屯田制。屯田的部民,"每一户,计其男丁之数,分番赴役,每名输十条"④。在这里,地租与赋税是合并在一起的,主要是劳役地租。实行屯田,不是为了给农奴使用土地,而是为了使他们分摊劳役地租。

万历四十一年(1613),努尔哈赤在基本上统一扈伦四部和东海女真、设立四旗之后,在其辖区内实行牛录屯田。他规定:

> 每一牛录出男丁十名,牛四只,以充公差。令其于空旷的地方垦田耕种粮食,以增加收获,储于粮库。⑤

万历四十三年(1615),建立八旗制度后,努尔哈赤又重申:

> 又念国人苦于粮赋,特令一牛录出男丁十人,牛四头,以充公役,垦荒屯田。自是,粮谷丰登,修建粮库。并委大臣十六名,巴克什八人,以掌记录库粮,收发赈济事宜。⑥

---

① 龙文彬:《明会要》第41卷,中华书局,1956年,第988页。
② [朝]《李朝太宗大王实录》第9卷,五年三月壬子,日本学习院东洋文化研究所刊本,1959年。
③ [朝]《李朝宣祖大王实录》第71卷,二十九年正月丁酉,日本学习院东洋文化研究所刊本,1959年。
④ [朝]申忠一:《建州纪程图记》,图版17,载《兴京二道河子旧老城》,日文版,建国大学刊印,1939年。
⑤ 《清太祖朝老满文原档》第1册,台北历史语言研究所专刊,第58辑,1960年,第51页。
⑥ 《满文老档·太祖》第4册,乙卯年(万历四十三年)十一月,中华书局译注本,1990年。

按照牛录屯田，实行编户齐民，使政治上的统治权与经济上的占有权相统一。牛录屯田的劳动者主要是诸申。每牛录300男丁中出10名男子，4头牛，耕田植谷，粮交官仓。这是"三十税一"的封建领主劳役经济。努尔哈赤通过牛录屯田，使八旗的各级额真成为大小封建主；同时，使大部分诸申转化为农奴，并进行劳役剥削。因此，牛录屯田是把女真农奴"当作土地的附属物定牢在土地上面的制度"①。

实行牛录屯田之后，诸申要披甲执弓，从征厮杀；种田植谷，交纳贡赋；筑城应差，负担徭役。《建州闻见录》记载：

> 凡有杂物收合之用，战斗力役之事，奴酋令于八将，八将令于所属柳累将，柳累将令于所属军卒。②

这就是说，凡是应征的赋税、兵役和徭役，努尔哈赤派给八固山额真，八固山额真又派给所属牛录额真，牛录额真再派给隶属的兵丁，从而加强了对诸申的剥削、控制和奴役。

万历四十四年即天命元年（1616）前后，努尔哈赤在统一女真各部的过程中，把许多处于原始社会状态，"不事耕稼，唯以捕猎为生"③的"野人"女真部民，或"收取藩胡，留屯作农"④；或"编入户籍，迁之以归"⑤；或"选其壮丁，入旗披甲"⑥，把他们就地屯田、编丁入旗、纳为民户，区别不同情况，分别进行安置。这就使"野人"女真的路长和部民，转化为后金的封建主和农奴，或转化

---

① [德]马克思：《资本论》第3卷，人民出版社，1965年，第924页。
② [朝]李民寏：《建州闻见录》，日本天理大学图书馆藏玉版书屋本，第33页。
③ 魏焕：《辽东镇边夷考》，载《皇明九边考》，第6卷。
④ [朝]《李朝宣祖大王修正实录》第41卷，四十年二月甲午，日本学习院东洋文化研究所刊本，1959年。
⑤ 王先谦：《东华录·天命一》，光绪二十五年（1899）石印本，第6叶。
⑥ 何秋涛：《朔方备乘》第1卷，宝善书局石印本，第7叶。

为奴隶制下的奴仆主和自由民。所以,努尔哈赤伴随着女真统一战争而推行的社会改革,加速了"野人"女真各部社会的发展。

同时,努尔哈赤重视与牛录屯田、托克索田庄相并行的个体经济的发展。他特别"告谕"国人要养蚕、植棉。这同建州女真衣服奇缺有关:"闻胡中衣服极贵,部落男女殆无以掩体。近日则连有抢掠,是以服著颇得鲜好云。战场僵尸,无不赤脱,其贵衣服可知。"① 后金汗提倡要饲养家蚕,以缫丝织缎;种植棉花,以纺纱织布②,从而促进了男耕女织的、一家一户的、农业与家庭手工业相结合的封建个体经济的发展。自给自足的自然经济,是封建制的基础。努尔哈赤的上述政策,对于巩固后金农奴主政权、加强封建生产关系和加速农业、手工业的发展,有着积极的作用。

万历四十五年即天命二年(1617),后金汗颁布禁杀农奴的法令,规定:无故杀害农奴者,贝子以上罚"诸申十户",贝子以下"则戮其身"③。这是一项很严酷的法令。它旨在从法律上保护农奴的身份。奴隶与农奴在其身份上有着本质的区别:奴隶被奴隶主完全占有,即被当作牲畜来买卖屠杀;农奴则被农奴主不完全占有,即虽然"可以买卖",但"已不能屠杀"。因此,农奴与奴隶的主要区别在于是否可以屠杀。努尔哈赤这道禁止杀害农奴的"汗谕",对于保护社会劳动力,改革旧的生产关系,有重要的意义。

万历四十六年即天命三年(1618)四月,后金首破明辽东重城抚顺,得降民1000户。努尔哈赤对新降附的汉民没有降作阿哈,而是依照明制,采取了封建的生产关系。《清太祖高皇帝实录》记载:

> 命安插抚顺所降民千户,父子、兄弟、夫妇,毋令失所,其亲戚、

---

① [朝]李民寏:《建州闻见录》,日本天理大学图书馆藏玉版书屋本,第32页。
② 《满文老档·太祖》第5册,天命元年正月,中华书局译注本,1990年。
③ 《清太宗日录》,不分卷,清钞本,国家图书馆善本部藏。

奴仆自阵中失散者尽察给之。并全给以田庐、牛马、衣粮、畜产、器皿，仍依明制，设大小官属，令李永芳统辖。①

朝鲜《燃藜室记述》也记载，努尔哈赤"得辽之后，不杀一人，尽剃头发，如前农作"②。"不杀一人"显系溢词，不足征信；但是，"仍依明制"和"如前农作"，均说明努尔哈赤不仅在后金原有辖区，而且在新占辽东地区，都实行封建制生产关系。

天启元年即天命六年（1621）七月十四日，努尔哈赤进入辽沈地区之后，发布"计丁授田"令。他综合明辽东封建军事屯田制和后金八旗牛录屯田制的经验，颁布"计丁授田"制度，是对女真生产关系的又一次重大变革。他命将收取的海州地方田10万日③，辽阳地方田20万日，共计30万日，给予在该处驻居的兵丁。如田不敷用，再将松山堡以东，包括铁岭、懿路、范河、沈阳、抚顺、东州、马根单、清河，直至孤山堡之田都来耕种。如仍不足，则可出境耕种。努尔哈赤颁布"汗谕"曰：

> 本年所种之粮，准其各自收获。我今计田每丁给种粮田五垧，种棉地一垧矣。尔等不得隐匿男丁。隐则不得其田矣！嗣后以不使花子求乞，乞丐僧人，皆给以田，勤加耕作。每三丁，合种官田一垧。每二十丁，以一人充军，一人应役。④

同年十月初一日，后金汗再令辽东五卫的人，交出无主田地20万日，海州、

---

① 《清太祖高皇帝实录》第5卷，中华书局影印本，1986年，第18叶。
② [朝]李肯翊：《燃藜室记述》第5辑第21卷，朝文本，第662页。
③ 一日约合六亩。
④ 《满文老档·太祖》第24册，天命六年七月十四日，中华书局译注本，1990年。

盖州、复州、金州四卫的人,也交出无主田地10万日,共30万日[①],实行"计丁授田"政策。

后金汗努尔哈赤,发布"计丁授田"谕令,将辽东地区"无主之田",按丁授予满、汉人户。所谓计丁授田制度,就其土地所有制来说,后金国家是土地的最高所有者,把土地分为官田和份地,直接生产者除以无偿劳役耕种规定的官田外,便在所得份地上经营自己的经济,而并无真正的土地所有权。就其直接生产者的地位来说,直接生产者虽不像农奴有那种人身隶属关系,但不许隐匿人丁,被钉附在土地上,成为八旗封建主的依附土地的农奴。就其分配形式来说,生产者耕种规定官田作为劳役地租,份地则为"一家衣食,凡百差徭,皆从此出"[②]。

"计丁授田"制度表明,它的土地所有制、直接生产者地位和产品分配形式,都属于封建生产关系的范畴,而其基础则是满洲八旗封建土地所有制。因此,努尔哈赤继牛录屯田之后,又颁布"计丁授田"之令,进一步从法律上、从制度上确立封建土地所有制在经济基础中的统治地位,标志着我国东北地区满洲社会,封建制取得了主导的、统治的地位。

努尔哈赤继把牛录屯田发展为"计丁授田"之后,又发布"按丁编庄"令,下令将奴隶制托克索转变为封建制托克索。上节已叙及奴隶制托克索即"农幕"的衰落。建州的托克索有一个变化的历史过程。它先为奴隶制田庄,努尔哈赤起兵不久,在奴隶、农奴隐形的或公然的反抗斗争冲击下,逐渐废弃。尔后,奴隶制田庄仍继续存在着。八旗军进入辽沈地区之后,将大量俘获汉人降为农奴,编入农奴制田庄。但田庄的农奴不能聊生,大量整体逃亡,以致逃亡殆尽。努尔哈赤鉴于田庄农奴的反抗,辽东封建经济的影响,农奴制田庄濒临瓦解的状况,便发布"按丁编庄"令,将农奴制田庄过渡为封建制田庄。从此托克索发生了质的蜕变。

---

① 《满文老档·太祖》第27册,天命六年十月初一日,中华书局译注本,1990年。
② 《天聪朝臣工奏议》上卷,辽宁大学历史系铅印本,1980年,第7页。

天启五年即天命十年（1625）十月初三日，后金汗努尔哈赤发布"按丁编庄"谕：

> 一庄编男丁十三人，牛七头。庄头兄弟计入十三男丁之数内。一将庄头带来沈阳，陪住于牛录额真之家。二庄头之家住于一处。有事，则令二庄头轮番值班前往催办，诸申勿管之。然后庄头之名，庄内十二男丁之名及牛、驴毛色，皆缮清单，交该屯章京，然后由前往之大臣造册带来。
>
> 若置养育之人于中间之地，则受诸申之侵害。故皆建为汗与贝勒之庄屯，一庄给男丁十三人、牛七头、田百垧，二十垧为官田、八十垧供尔等食用。
>
> 以男丁十三人、牛七头编为一庄，总兵官以下，备御以上，一备御赏给一庄。①

后金的"按丁编庄"，每庄男丁13人，牛7头，地百日，其中20日交纳官粮，80日供壮丁食用。这是大规模地用划一标准建立起来的田庄。

"按丁编庄"涉及的问题很多，但就其生产关系来说，田庄的土地，分为纳粮和自食两个部分：纳粮部分，壮丁用自己的劳动、耕牛和农具，耕种农奴主的土地，产品作为劳役地租，归农奴主占有；自食部分，对壮丁来说它提供生活资料，对农奴主来说它提供劳动力。田庄的壮丁，有自己的经济，其身份已然不是隶属于主人的奴隶，而是附着在土地上，成为为封建主服徭役、纳租赋的农奴。这表明奴隶制田庄已转化为农奴制田庄，奴隶制托克索转变为封建制托克索。

田庄的数目，虽限定"每备御给与一庄"，但实际上远不是这样的。据《建州闻见录》所载后金的田庄云"将胡则多至五十余所"，田庄如云，遍布沃野。

---

① 《满文老档·太祖》第66册，天命十年十月初三日，中华书局译注本，1990年。

田庄中,"奴婢耕作,以输其主"①。在按丁编庄之后,"奴婢"也就是农奴。

总之,后金汗努尔哈赤进入辽沈地区之后,控制了其辖区内的全部土地。他通过后金政权,一面使牛录屯田发展为"计丁授田",就是将其中一部分土地,授给后金诸申和汉族民户,从而使屯田转变为旗地;另一方面使奴隶制托克索转化为封建制托克索,就是将其中另一部分土地,分给大小军事封建主,"按丁编庄",从而使庄田转变为官田。无论是"计丁授田"或是"按丁编庄",其共同特点是,直接生产者作为农奴被束缚在土地上,而且必须为土地占有者交纳劳役地租。这正如列宁在《俄国资本主义的发展》一书中,论述封建徭役经济特点时所论述的:

"在这种经济下直接生产者必须分有一般生产资料特别是土地,同时他必须束缚在土地上,否则就不能保证地主获得劳动力。因而,攫取剩余产品的方法在徭役经济下和在资本主义经济下是截然相反的:前者以生产者占有份地为基础,后者则以生产者从土地上解放出来为基础。"②

所以,努尔哈赤实行"计丁授田"和"按丁编庄",都是封建主占有土地,农奴分得份地,依附于土地,为地主纳租税、服徭役,并受其超经济的强制。这表明,满洲社会以牛录屯田为标志,开始由奴隶制向封建制过渡;又以"计丁授田"和"按丁编庄"为标志,初步完成由奴隶制向封建制的转变。至于后来实行部分汉民"分屯别居",《清太宗文皇帝实录》对此记载详明:

> 先是,汉人每十三壮丁,编为一庄,按满官品级,分给为奴。于是同处一屯,汉人每被侵扰,多致逃亡。上洞悉民隐,务俾安辑,乃按品级,每备御止给壮丁八、牛二,以备使,令其余汉人,分屯别居,编为民户,择汉官之清正者辖之。③

---

① [朝]李民寏:《建州闻见录》,日本天理大学图书馆藏玉版书屋本,第31页。
②《列宁全集》第3卷,人民出版社,1959年,第158页。
③《清太宗文皇帝实录》第1卷,天命十一年九月丁丑,中华书局影印本,1986年,第7叶。

这在生产关系上没有发生根本性的变化，只不过是为缓和满汉民族矛盾所采取的一种手段而已。当然，后金进入辽沈地区以后，仍有大量奴隶存在，如沈阳附近的开城，就有买卖奴隶的市场。但总的说来，奴隶制已不再是后金社会的主要经济形态，仅仅是保留在封建制中的残余。

后金汗努尔哈赤的"计丁授田"和"按丁编庄"，对于满洲社会完成由奴隶制向封建制的过渡，无疑是一个巨大的进步；但对于辽东地区相当发达的封建经济，又是一次历史的回旋。他在辽东地区的经济政策及其实施，主要引起三种人的不满。

其一是后金诸申的不满。如在计丁授田时，上等肥饶之地，或被本管官占种，或被豪家占据，余剩薄地，"绳扯分田，名虽五日，实在不过二三日"①。他们除纳劳役地租外，还应公差，服兵役。连年战争，马不卸鞍，卖牛典衣，买械治装，丧身疆场，妻子无依，其生活苦不堪言。

其二是汉族地主的不满。征发"无主之田"和实行"按丁贡赋"的政策，直接损害辽东汉族地主的利益。因为"无主之田"原是有主的，其主人多为原辽东官僚地主、缙绅豪富，还有极大数量的自耕农，他们或死或逃，同后金贵族利益相矛盾。同时，"按丁贡赋"对辽东汉族地主也是一个打击。如努尔哈赤向辽东汉民下达文书言：

> 我自来辽东察得，凡派官差，皆不按男丁计数，而按门计数。若以按门计数，或一门有四五十男丁，或一门有百余男丁，或一门有一二男丁。如此按门计数，富者行贿可以豁免，贫人无财而常充工。我不行尔等之制。初我颁行之制，不准诸贝勒大臣取财于下人，无论贫富，皆以男丁计数。②

---

① 《天聪朝臣工奏议》上卷，辽宁大学历史系铅印本，1980年，第7页。
② 《满文老档·太祖》第28册，天命六年十一月十九日，中华书局译注本，1990年。

尽管这项政策不能真正执行，但仍在不同程度上打击了隐匿丁额的辽东汉族官宦、缙绅、地主和豪强，他们的既得利益受到侵害，或遭到遏制，产生了对努尔哈赤的严重不满。

其三是辽东汉民的不满。辽东汉民无论是"计丁授田"的民户，还是"按丁编庄"的壮丁，其身份都被降作后金汗、贝勒、额真的农奴，所受人身奴役更为严重，也产生了对努尔哈赤的不满。特别是被后金占领地区的广大汉人，由于努尔哈赤强令推行"剃发"等一系列倒行逆施的政策，激起了辽东汉人的普遍不满。

总之，后金执政者给辽东地区汉族人民，捆上政治的、经济的、文化的、民族的四条绳索，激起了辽东汉民的普遍反抗。努尔哈赤在辽东广大汉人反抗和女真奴仆不满的背景下，率军进攻宁远。他在宁远之役中，输给了明朝辽东宁远道袁崇焕，自己也吞下了恶果。

第十四章 辽沈治策

一 迁都沈阳

随着努尔哈赤统一女真和对明征战的不断胜利，其人口日众，疆土日广，骑兵日强，国力日盛，其军政中心相应地进行转移：最早为佛阿拉，后迁至赫图阿拉，又移至界凡，再搬往萨尔浒山城，复徙至辽阳，最后迁都沈阳。

佛阿拉是努尔哈赤的第一个根据地。佛阿拉东依鸡鸣山，南靠喀尔萨山，西偎烟筒山（又称呼兰哈达、虎拦哈达），北濒苏克素浒河，位置在苏克素浒河支流加哈河与首里口河之间三角形河谷平原的台地上。[1] 万历十五年（1587），努尔哈赤在佛阿拉筑城三层，兴建衙门，启筑楼台，设堂祭天。《清太祖武皇帝实录》记载：

> 丁亥年，太祖于首里口，虎拦哈达下，东南河二道——一名夹哈，一名首里，夹河中一平山，筑城三层，启建楼台。[2]

---

[1]《兴京二道河子旧老城》首卷，日文版，建国大学刊印，1939年，第111页。
[2]《清太祖武皇帝实录》第1卷，原清宫内府藏写本，台北广文书局影印本，1970年，第80叶。

这年努尔哈赤29岁，已起兵5年，尼堪外兰授首，建州本部统一。努尔哈赤在这里"定国政"，佛阿拉成为建州第一个政治中心①。他在佛阿拉居住16年，统一建州，吞并哈达，创建军队，制定满文，后迁至赫图阿拉。

赫图阿拉是继佛阿拉之后努尔哈赤的第一个都城。它位于佛阿拉北面，在苏克素浒河与加哈河之间。万历三十一年（1603），努尔哈赤从佛阿拉迁往赫图阿拉。《清太祖高皇帝实录》记载：

> 上自虎拦哈达南冈，移于祖居苏克苏浒河、加哈河之间赫图阿喇地，筑城居之。②

后金汗努尔哈赤在赫图阿拉居住16年，灭辉发，并乌拉，创八旗，兴屯田，征抚东海女真，降服萨哈连部，发布"七大恨"誓师，获取萨尔浒大捷。努尔哈赤在赫图阿拉建立后金，强化汗权，奠下了他政治大业的基础。但是，努尔哈赤不循旧苟安，他为着锐意进取，又放弃赫图阿拉，徙驻界凡。

界凡城是努尔哈赤向明发动大规模进攻的前哨阵地。万历四十七年即天命四年（1619）二月，努尔哈赤派夫役1.5万人往界凡运石筑城③。他在三月获得萨尔浒之捷后，决意将后金政治重心西移，在界凡建衙门，修行宫④，屯田牧马，待机攻明。六月，界凡城修竣。界凡又称者片，在赫图阿拉西120里，位于苏克素浒河与浑河之间："者片城在两水间，极险阻，城内绝无井泉，以木石杂筑，高可数丈，大小胡家皆在城外水边。"⑤界凡城初步竣工后，努尔哈赤的迁驻之议，

---

① 阎崇年：《后金都城佛阿拉驳议》，《清史研究通讯》1988年第1期，又见《满学论集》，民族出版社，1999年。
② 《清太祖高皇帝实录》第3卷，中华书局影印本，1986年，第7叶。
③ 《满文老档·太祖》第8册，天命四年二月十五日，中华书局译注本，1990年。
④ 《满文老档·太祖》第10册，天命四年六月，中华书局译注本，1990年。
⑤ [朝]李民寏：《建州闻见录》，日本天理大学图书馆藏玉版书屋本，第30页。

受到诸贝勒大臣的阻挠，但他力排众议，决计迁居界凡。史载：

> 上谕贝勒诸臣曰："吾等勿回都城，筑城界凡，治屋庐以居，牧马边境，勿渡浑河，何如？"贝勒诸臣议曰："不如还都，近水草，息马浓阴之下，浴之、饲之，马乃速壮；且使士卒归家，缮治兵仗便。"上曰："此非尔所知也。今六月盛夏，行兵已二十日矣。若还都二三日乃至，军士由都至各路屯寨，又须三四日，炎蒸之时，复经远涉，马何由壮耶？吾居界凡，牧马于此，至八月又可兴师矣。"遂驻跸界凡，令军士尽牧马于边。①

诸王贝勒不理解后金汗的政治抱负与军事意图，力请解缰释弓，燕居家园。努尔哈赤说服贝勒大臣后，筑山城，建新居，接亲眷，摆大宴，迁驻界凡。关于界凡城的情形，朝鲜的朝军炮手任进，曾到过界凡城，他的报告被平安兵使禹致绩驰启朝鲜光海君，《光海君日记》记载：

> 九月分，奴酋率诸胡撤移者片城，时身亦随去。十二月初八日夜，独身脱逃，昼夜登山，第二十五日得达。在彼时目见，者片城内则石筑，高可三四丈，而四面皆险截，外人不得容足，只南面暂为平夷。所谓南面，则高可三丈，以木设栅，其长几一射场。②

另据《盛京通志·城池志》记载：

---

① 《清太祖高皇帝实录》第6卷，中华书局影印本，1986年，第20叶。
② [朝]《光海君日记》第147卷，十一年十二月丁卯，日本学习院东洋文化研究所刊，1959年，第8页。

界蕃城，（兴京）城西北一百二十里，在铁背山上。天命三年，我太祖取抚顺，自兴京迁至此。依山筑城，周围一里，东一门；又一小城，周围一百八十步，西一门。①

努尔哈赤迁居界凡后不久，即率师出征，两月之间，擒介赛，陷铁岭，灭叶赫。努尔哈赤在界凡栖驻一年零三个月后，又移居萨尔浒山城。

萨尔浒山城在界凡西10里许②。努尔哈赤为向辽沈地区进军，迁至萨尔浒山城③。据《盛京通志·城池志》载：

萨尔虎城，（兴京）城西一百二十里。天命五年，我太祖自界蕃迁此。内城周围三里，南东二门，西南、西北二门。外城周围七里，东、西、南、北各一门。④

不久，即连陷沈、辽。他在萨尔浒山城未及半年，便迁都辽阳。

辽阳原为明辽东首府。天启元年即天命六年（1621）三月，后金占领辽阳后，努尔哈赤立即拟议迁都辽阳，诸贝勒大臣因循旧习，不愿迁都。努尔哈赤说服他们，遂定迁都辽阳之计。《清太祖高皇帝实录》记载：

上集贝勒诸臣议曰："天既眷我，授以辽阳，今将移居此城耶，抑仍还我国耶？"贝勒诸臣俱以还国对。上曰："国之所重，在土地、人民，今还师，则辽阳一城，敌且复至，据而固守。周遭百姓，必将逃匿山谷，

---

① 康熙《盛京通志》第10卷，康熙二十三年（1684）刻本，第2页。
② [朝]李民寏：《栅中日录》，日本天理大学图书馆藏玉版书屋本，第26页。
③ 《满文老档·太祖》第16册，天命五年九月二十日，中华书局译注本，1990年。
④ 康熙《盛京通志》第10卷，康熙二十三年（1684）刻本，第1页。

不复为我有矣。舍已得之疆土而还,后必复烦征讨,非计之得也。且此地,乃明及朝鲜、蒙古接壤要害之区,天既与我,即宜居之。"贝勒诸臣皆曰:"善。"遂定议迁都。①

后金迁都辽阳议定,诸福晋在众贝勒等的迎接下来到辽阳。她们踏着芦苇席上铺设的红地毯,进入后金汗的衙门里②。翌年三月,努尔哈赤议另筑辽阳新城。他召集诸贝勒大臣曰:"天眷佑,遂有辽东之地。但今辽阳城大,年久倾圮。东南有朝鲜,北有蒙古,二国俱未弭帖。若舍此征明,恐贻内顾忧,必更筑坚城,分兵守御,庶得固我根本。"诸贝勒大臣以兴建城郭,辽民劳苦为谏。努尔哈赤执意建筑新城,他说:

今既与明构兵,岂能即图安逸?汝等所惜者,一时小劳苦耳!朕所虑者大也。苟惜一时之劳,何以成将来远大之业耶?朕欲令降附之民筑城,而庐舍各自营建。如此虽暂劳,亦永逸已。③

众贝勒大臣同意努尔哈赤另筑新城之议,后金汗即命在辽阳城东太子河畔,兴筑辽阳京城宫殿、城池、坛庙、衙署,是为东京。据乾隆《盛京通志》记载:

东京城在太子河东,离辽阳州城八里④,天命六年建⑤。周围六里

---

① 《清太祖高皇帝实录》第7卷,中华书局影印本,1986年,第22~23叶。
② 《满文老档·太祖》第21册,天命六年四月初五日,中华书局译注本,1990年。
③ 《清太祖高皇帝实录》第8卷,中华书局影印本,1986年,第17叶。
④ 《满洲实录》第7卷,第11叶,《清太祖武皇帝实录》第4卷,第5叶,《清太祖高皇帝实录》第8卷,第17叶,均言东京城距辽阳旧城"五里太子河边"或"五里代子河边"。
⑤ 《清太祖武皇帝实录》第4卷,第5叶,《满洲实录》第7卷,第11叶,《清太祖高皇帝实录》第8卷,第17叶,均记于天命七年(1622)始建。

零十步，高三丈五尺，东西广二百八十丈，南北袤二百六十二丈五尺。

城门八：东向者左曰迎阳、右曰韶阳，南向者左曰龙源、右曰大顺，西向者左曰大辽、右曰显德，北向者左曰怀远、右曰安远。①

营建东京，大兴徭役，征发降民，夫役繁苦，引起辽沈汉民的不满与反抗。

然而，后金迁都辽阳，是努尔哈赤的重要决策，也是女真发展史上意义深远的重大事件。这反映了他的远见卓识和英明果断。从此，努尔哈赤将明朝统治东北的政治中心，变为后金的都城；将明朝对抗后金的前线，变成后金进攻明朝的基地。努尔哈赤在东京驻居达4年之久，最后迁都沈阳。

沈阳城当时仅有辽阳城一半大。如熊廷弼所说："况辽城之大，两倍于沈有奇。"②但是，后金汗努尔哈赤最早看出沈阳比辽阳更有发展前途，于是提议迁都沈阳。天启五年即天命十年（1625）三月，后金汗与诸贝勒大臣就迁都沈阳一事，发生了一场激烈的争论：

> 帝聚诸王臣议欲迁都沈阳。诸王臣谏曰："东京城新筑宫廨方成，民之居室未备，今欲迁移，恐食用不足，力役繁兴，民不堪苦矣。"帝不允，曰："沈阳四通八达之处，西征大明，从都儿鼻渡辽河，路直且近；北征蒙古，二三日可至；南征朝鲜，自清河路可进；沈阳浑河通苏苏河（苏克素浒河），于苏苏河（苏克素浒河）源头处，伐木顺流而下，材木不可胜用；出游打猎，山近兽多，且河中之利亦可兼收矣。吾筹虑已定，故欲迁都，汝等何故不从！"乃于初三日出东京，宿虎皮驿，初四日至沈阳。③

---

① 乾隆《盛京通志》第5卷，康熙二十三年（1684）刻本，第3叶。
② 《明经世文编》第6册，中华书局影印本，1962年，第5315页。
③ 《清太祖武皇帝实录》第4卷，原清官内府藏写本，台北广文书局影印本，1970年，第17叶。

后金汗努尔哈赤分析了沈阳在地理、政治、经济、军事和交通上的重要地位之后，认为它是"形胜之地"，便于控制整个东北地区，决定后金政治中心由辽阳迁至沈阳。从此，沈阳发展成为我国东北地区政治、经济、文化和交通的中心。

努尔哈赤迁都沈阳，后称沈阳为盛京。盛京，满文音译为穆克屯和屯，简称穆克屯。其满文体为 Mukden hoton，Mukden 意为兴盛，hoton 意为城郭，合意译为盛京。后金迁都沈阳后，开始改建沈阳城，兴修沈阳宫殿。先是，努尔哈赤凡遇大事或宴赏，则张天幕八座，为八旗诸王大臣分列处座之所。他迁都沈阳后，住居在一座二进式宫院里，其前有宫门三楹，门内为一进院，院内正中突起高台，上有穿堂。其后，为二进院，中为正殿三楹，东西各有配殿三楹，均为悬山夹前后廊式建筑。但是，努尔哈赤为着典礼与议政之需，命将昔时设置天幕营帐之制，兴建为大政殿前之十王亭。这也是辽、金以来"帐殿"之遗意。大政殿和十王亭是沈阳宫殿的主体建筑，也是后金汗努尔哈赤进行统治的权力中心。大政殿坐北朝南，宏伟壮丽，金碧辉煌。基台周围用雕刻构件垒砌，纹饰生动，造型优美。台基上矗立朱红圆柱，正面有金色双龙盘绕，玲珑剔透、秀丽，象征威严吉祥。它为亭子式八角重檐建筑，殿顶满铺黄琉璃瓦，缘镶绿色剪边，上列16道五彩琉璃脊。这种重檐庑殿、木架结构、丹漆彩绘和五彩琉璃，是汉族传统的建筑形式。大殿内的梵文天花，又具有少数民族的建筑特点。大政殿八脊顶端聚成尖状，上面安设相轮宝珠与8个力士的宝顶，具有喇嘛教建筑色彩。大政殿左右列署为十王亭，即右翼王亭、正黄旗亭、正红旗亭、正白旗亭、正蓝旗亭、左翼王亭、镶黄旗亭、镶红旗亭、镶白旗亭、镶蓝旗亭。大政殿与十王亭合成一组完整的建筑群。它既是后金汗与八和硕贝勒等议政的殿亭，又是八旗制度在宫殿建筑上的反映。

总之，努尔哈赤从佛阿拉到沈阳，为加强和发展其统治权力而走过了漫长的历程。他进入辽沈地区后的许多重大军政，都是在辽阳或沈阳决策与实施的。

二 辽沈弊政

后金占领辽阳和广宁之后，控制了汉人聚居的辽河东西广大地域。女真族正式成为这里的统治民族。摆在后金执政者面前的新课题是，对辽东汉人采取什么政策，才能巩固其统治。努尔哈赤曾为反抗明朝统治者实行民族压迫政策而起兵反明；在夺取辽东统治权以后，又对辽东汉人实行民族压迫政策。民族压迫政策是剥削制度的产物。各民族的统治阶级都实行过民族压迫政策。因为只要民族内部的利益对立不消除，民族对民族的压迫就会存在。后金汗努尔哈赤自然不能例外。他为加强对辽东汉人的统治，一面谕令收养汉人、勿妄杀掠，但并未做实相应的举措；一面经常滥施淫威、举措失当，制定了一些错误的政策。其具体表现，兹列举6条：

第一，强令"剃发"。汉族和女真族既是中华民族大家庭中的成员，又在风俗习惯、语言文字、文化心理和服装发式等方面有所不同。努尔哈赤每攻占一个汉人聚居的地方，就下令"剃发"[1]。后金汗袭破抚顺，李永芳剃发投降[2]。努

---

[1]《满文老档·太祖》第20册，天命六年四月初一日，中华书局译注本，1990年。
[2] 于燕芳《剿奴议撮》，第1页："抚顺被虏军丁八百余人，又尽髡为夷。"

尔哈赤以"剃发"作为汉人降顺后金的标志。但强令"剃发",改变汉人传统习俗,引起汉族人民不满。如镇江汉人不"剃发"、拒降顺,努尔哈赤派吴尔古代额驸、李永芳副将率兵前往镇压。他们先宣布"汗谕",对拒绝"剃发"投降的汉人进行威胁利诱;随后驱骑挥刀,将拒不"剃发"归降的男人杀害,并俘获其妻子一千余人[①]。努尔哈赤命将这些俘获人口,分赏给官兵为奴。在强迫汉人"剃发",引起激烈反抗[②]这一点上,清太祖努尔哈赤不如金太祖完颜阿骨打。

努尔哈赤对辽东汉人不放心,令女真人与汉人在村屯同住,粮食同吃,牲口草料同喂[③],以加强对辽东汉人的监视和控制,致使许多汉人田宅被强占,粮食被掠夺,人身受凌辱,妻女遭奸污,造成民族隔阂,加重文化冲突。他为防范汉人,还下令禁止汉人制造、买卖、携带和收藏弓箭、撒袋、腰刀等武器[④]。他甚至连死心塌地降顺后金的李永芳也不相信,怀疑他私通汉人。李永芳遭到后金汗的呵斥[⑤],其诸子也被大贝勒代善捆绑圈禁[⑥]。先是,一些辽东汉人为挣脱明朝的黑暗统治,相率逃入建州;自后金实行上述政策,许多汉人宁肯自缢而死,也不愿"剃发"降顺后金了。据朝鲜史书记载:"开元城中最多节义之人,兵才及城,人争缢死,屋无虚梁,木无空枝,至有一家全节,五六岁儿亦有缢死者。"[⑦]在这里,虽"屋无虚梁,木无空枝",有所夸张,但反映出辽东汉人对努尔哈赤政策的顽强抵制。

第二,大量迁民。努尔哈赤为对辽东汉民加强控制,防止叛逃,曾多次下令

---

① 《满文老档·太祖》第22册,天命六年五月二十五日,中华书局译注本,1990年。
② 后清军入关,多尔衮仍不汲取这一历史教训,以至于出现"留头不留发,留发不留头"的民谚,酿成"扬州十日""嘉定三屠"的悲剧。
③ 《满文老档·太祖》第29册,天命六年十一月二十二日,中华书局译注本,1990年。
④ 《满文老档·太祖》第48册,天命八年四月初六日;第49册,天命八年四月十三日,中华书局译注本,1990年。
⑤ 《满文老档·太祖》第51册,天命八年五月初七日,中华书局译注本,1990年。
⑥ 《满文老档·太祖》第52册,天命八年五月二十三日,中华书局译注本,1990年。
⑦ [朝]《光海君日记》第169卷,十三年九月戊申,日本学习院东洋文化研究所刊本,1959年。

大量迁徙辽民。如天启元年即天命六年（1621）十一月十八日，努尔哈赤派阿敏贝勒带兵五千，前往镇江①，强令镇江、宽奠、叆阳、汤山、镇东、镇西、新城等地居民，在寒冬时节，携妻抱子迁往萨尔浒等地，并将孤山堡以南凤凰地区房舍全部纵火烧毁。②又如翌年正月二十四日后金占领广宁，二月初四努尔哈赤即强迫广宁等九卫居民渡过辽河，迁往辽东：锦州二卫的人口迁往辽阳，右屯卫迁往金州、复州，义州二卫迁往盖州、威宁营，广宁四卫迁往沈阳、蒲河和奉集堡。③除这两次大规模地迁徙人口外，零星迁移，经常不断。如天启四年即天命九年（1624），命将辽西大黑山堡人民搬移至辽河以东的虎皮驿。④

被迁地区的汉人，头一天得到迁移汗令，第二天就被驱赶上路。西起大凌河，东迄鸭绿江，南自金州，北至蒲河，河西居民迁往河东，城镇居民移往村屯，扶老携幼，扫地出门，城郭空虚⑤，田地抛荒，背井离乡，哭声震野。稍有恋居者，往往惨遭杀害。仅大贝勒代善在义州一次就杀死3000人。⑥被驱赶的移民，男子受鞭笞，女子遭凌辱，老幼填沟壑，童婴弃路旁；白天忍饥赶路，寒夜露宿荒郊。他们被迁往陌生的村屯，无亲无友，无房无粮。命大户同大家合，小户同小家合，"房合住，粮合吃，田合耕"⑦——这既扰乱了辽民的安定生活，又破坏了正常的社会秩序。被迁居的汉人，或为"计丁授田"的民户，或为"按丁编庄"的壮丁。无论是前者还是后者，都被降作后金的农奴。

辽民被迁之后，生活困苦不堪。辽西被迫迁移辽东的汉人，如锦州城13784口，其中男6150人；右屯卫17728口，其中男9074人，共计31512口，其中男

---

① 《满文老档·太祖》第28册，天命六年十一月十八日，中华书局译注本，1990年。
② 《满文老档·太祖》第29册，天命六年十一月二十一日，中华书局译注本，1990年。
③ 《满文老档·太祖》第35册，天命七年二月初四日，中华书局译注本，1990年。
④ 《满文老档·太祖》第60册，天命九年正月初一日，中华书局译注本，1990年。
⑤ 《满文老档·太祖》第72册，天命十一年八月初四日，中华书局译注本，1990年。
⑥ 《满文老档·太祖》第34册，天命七年二月初三日，中华书局译注本，1990年。
⑦ 《满文老档·太祖》第38册，天命七年三月初四日，中华书局译注本，1990年。

15524人。① 他们后被强迫安插在岫岩、青苔峪和复州、金州等地。② 以每丁给田6日计，上述男丁共应授田近十万日。努尔哈赤没有田地授予，命他们同当地居民合耕，这种政策的结果是，既剥夺了被迁徙辽民的田地，又掠占了当地居民的土地。实际上，大量迁居的汉人，耕无田，住无房，寒无衣，食无粮。他们"连年苦累不堪"③，生活悲苦到了极点。

第三，清查粮食。后金本来粮食就不足，大量迁民后出现粮荒。努尔哈赤为筹措粮食，除派夫役搬运缴获明仓粮谷外，还派人清查辽民的粮食。他下令汉人要如实申报所有粮谷的数量，然后按人口定量。④ 他不许汉人私卖粮食，要低价卖给汗的官衙。汉人缺粮食，向官仓购买，每升银一两。⑤ 粮食极为短缺，如杀耀州乔姓，得粮13石1升，分给驻居于当地的蒙古男丁，每人只得半升。⑥ 辽民因缺粮食，饿死的人很多。⑦ 粮食不足始终是努尔哈赤最头痛的问题之一。为解决粮食问题，天启四年即天命九年（1624）正月，努尔哈赤再命普遍清查粮食。对汉人的粮食，逐村逐户清查，全部进行登记，委派诸申看守。⑧ 规定：凡每口有粮5升，或每口虽有粮三四升但有牲畜的人，算作"有粮人"；每口有粮三四升而并无牲畜的人，算作"无粮人"。努尔哈赤命将"无粮人"收为阿哈。⑨ 不久，下令将各地查送的"无粮人"全部杀死。⑩ 屠杀"无粮人"可能是因为没有余粮养活这批人，或借以警告隐匿余粮不报的人。然而，不管原因是前者或后者，都

---

① 《满文老档·太祖》第35册，天命七年二月初五日、初六日，中华书局译注本，1990年。
② 《满文老档·太祖》第37册，天命七年二月二十七日，中华书局译注本，1990年。
③ 《明清史料》甲编，第8册，中央研究院历史语言研究所刊印，1931年，第765页。
④ 《满文老档·太祖》第30册，天命六年十二月初一日，中华书局译注本，1990年。
⑤ 《满文老档·太祖》第59册，天命八年九月初七日，中华书局译注本，1990年。
⑥ 《满文老档·太祖》第54册，天命八年六月十四日，中华书局译注本，1990年。
⑦ 《满文老档·太祖》第54册，天命八年六月十一日，中华书局译注本，1990年。
⑧ 《满文老档·太祖》第60册，天命九年正月初五日，中华书局译注本，1990年。
⑨ 《满文老档·太祖》第61册，天命九年正月二十一日，中华书局译注本，1990年。
⑩ 《满文老档·太祖》第61册，天命九年正月二十七日，中华书局译注本，1990年。

是对社会生产力的严重破坏，也是对普通人生命的极大摧残。

第四，征发差役。后金向辽民征发繁苛的差役，筑城、修堡、煮盐、刈获、夫役、运输，不一而足。以金、复、海、盖四州为例。后金占领辽南不久，盖州出牛车运送贡赋盐1万斤到辽阳。①天启二年即天命七年（1622）春，金州、复州每10名男丁中，出2人修城。②又命金、复、海、盖等州卫，派夫役、出牛车运粮。先是，明朝存粮在"右屯八十余万"③石。后金军打败王化贞，夺得右屯粮仓。努尔哈赤下令征派牛1万头、车1万辆，每10名男丁中出1人，前往右屯卫运粮。被征的牛，命烙上印记，将牛的颜色、大小及牛主姓名填写交上备查。但许多牛或死于路，或被夺占，或以羸弱顶替肥壮，牛主既耽误农作，又损失重大。1年后仍命要饲养公差牛1万头。④征发差役不仅碍误春耕，也影响秋收。盖州要在收成季节出男丁3177人、牛1032头，修筑盖州城。但工程未竣，又派这些男丁和牛到复州去收割庄稼。⑤辽民的劳力、耕牛、车辆在春耕和秋收时被大量征发，妨碍生产，苦累民众，影响生活，引起不满。

第五，强占田地。后金军进入辽沈地区，满洲贵族、八旗官兵等，分占田地，建立田庄。努尔哈赤汗谕"计丁授田"，将许多所谓"无主之田"，按丁均分，每丁授粮田5日、棉田1日。大量汉人田地，被占而分。努尔哈赤汗谕设立田庄。每男丁13人、牛7头，编为1庄。备御以上，给田庄1所。而官将实占田庄，"多至五十余所"⑥。努尔哈赤汗谕辽西汉民移至辽东，同辽东汉民"同耕"，汉人占汉人之田。后金强占土地的政策，使得满洲贵族与八旗官兵，占有大量辽河流域的沃土。这对后来清军入关，圈占畿辅田地，以及八旗驻防占田，都有直接影响，

---

① 《满文老档·太祖》第26册，天命六年九月十三日，中华书局译注本，1990年。
② 《满文老档·太祖》第39册，天命七年三月十二日，中华书局译注本，1990年。
③ 《明熹宗实录》第19卷，天启二年二月乙酉，台北历史语言研究所校勘本，1962年，第14叶。
④ 《满文老档·太祖》第46册，天命八年二月二十六日，中华书局译注本，1990年。
⑤ 《满文老档·太祖》第58册，天命八年七月二十二日，中华书局译注本，1990年。
⑥ ［朝］李民寏：《建州闻见录》，日本天理大学图书馆藏玉版书屋本，第31页。

产生长远恶果。

第六，诛戮诸生。后金进入辽沈地区后，由于占地、移民、剃发、苛役等，引起辽东汉人不满，起而反抗，许多人因此遭到杀害。至于攻陷城池之后，陷开原"城中士卒尽被杀"①，下铁岭"士卒尽杀之"②，事属战仇怨结，屠戮为快，过杀失当，另作他论。但努尔哈赤之行为，实属偏激。其子皇太极对"昔太祖诛戮汉人，抚养满洲"③，亦觉不当，略作前鉴。其时，据史载："闻十三站等处，杀辽人之不顺者，又执少壮、夺妻子，是以啸聚林莽山谷间。"④其被执、被夺者，不断反抗，设法出逃。努尔哈赤始定严惩逃人法："谕凡逃人已经离家，被执者处死；其未行者，虽首告勿论。"⑤而未逃幸存之文士生员，多被收在后金汗、八大贝勒下作包衣，或在满洲各级额真下为奴。《清太宗文皇帝实录》载述：

> 先是，乙丑年⑥十月，太祖令察出明绅衿，尽行处死。谓种种可恶，皆在此辈，遂悉诛之。其时诸生隐匿得脱者，约三百人。至是考试，分别优劣，得二百人。凡在皇上包衣下，八贝勒等包衣下，及满洲、蒙古家为奴者，尽皆拔出。⑦

上文记载，出自努尔哈赤之子皇太极的"实录"，当属真实，应该可信。由此可见，天命时期，屠戮儒生，极为酷烈。

综上所述，努尔哈赤进入辽沈地区后，强令"剃发"、大量迁民、清查粮食、

---

① 《清太祖武皇帝实录》第3卷，原清官内府藏写本，台北广文书局影印本，1970年，第5叶。
② 《清太祖武皇帝实录》第3卷，原清官内府藏写本，台北广文书局影印本，1970年，第6叶。
③ 《清太宗文皇帝实录》第64卷，崇德八年正月辛酉，中华书局影印本，1985年，第6叶。
④ 沈国元：《两朝从信录》第14卷，天启二年六月，明崇祯刻本，国家图书馆善本部藏。
⑤ 光绪《大清会典事例》第855卷，光绪二十五年（1899）刻本，新文丰出版公司影印本，第1页。
⑥ 乙丑年：为天命十年即天启五年（1625）。
⑦ 《清太宗文皇帝实录》第5卷，天聪三年九月壬午朔，中华书局影印本，1985年，第14叶。

征发差役、强占田地和诛戮诸生等六大弊政，搅得辽民倾家荡产、颠沛流离、衣食无着、愤不欲生。后金各级额真及军卒居汉人村屯，又享特权，逞威福，占田宅，索粮谷，纵酗酒，侮妻女。广大辽东汉人不堪忍受女真贵族的威逼、驱掠、焚劫、饥饿、欺凌、杀戮，纷纷起来通过各种形式，反抗后金汗努尔哈赤的残暴统治。

三 辽民反抗

辽东汉人以逃亡、投毒、暴动等多种形式，抵制后金的错误政策，反抗后金的暴戾统治。

首先是逃亡。辽民难以忍受后金贵族的盘剥和奴役，为图生存，成户、成村、成地区地逃亡。如连山的汉民男40人、女20人，驱赶马18匹、牛5头、骡4头和驴2头，集体逃亡。① 夹山河村20户居民，男女共80人，仅耕田7日，无法生活，把喂养的猪、鸡、狗宰杀后放在筐子里，密议逃亡，但被告密，捕捉定罪。② 红草岛附近五村汉人，用秫秸秆编成筏子渡河逃亡。③ 李永芳哀叹道：沿海一带汉民想杀女真官兵，逃往明朝。④ 据《满文老档》记载，有的辽民诱请后金驻守台堡官兵到家里饮酒，或鸩杀，或乘其醺醉杀死，然后弃家逃亡。⑤ 到天启五年即天命十年（1625），因闹粮荒，社会秩序混乱，逃亡的人更多。努尔哈赤

---

① 《满文老档·太祖》第60册，天命九年正月初九日，中华书局译注本，1990年。
② 《满文老档·太祖》第52册，天命八年五月二十日，中华书局译注本，1990年。
③ 《满文老档·太祖》第55册，天命八年六月二十二日，中华书局译注本，1990年。
④ 《满文老档·太祖》第49册，天命八年四月二十日，中华书局译注本，1990年。
⑤ 《满文老档·太祖》第49册，天命八年四月二十三日，中华书局译注本，1990年。

命在城门设锣，逃人出城要敲锣传报①，以派兵追捕。尽管如此，"逃去之人，络绎接踵"②。

其次是投毒。投放毒药暗杀后金官兵，是比逃亡更为积极的反抗斗争形式。后金占领辽阳刚两个月，就发现有汉人向努尔哈赤驻城的各井投下毒药。③不久，在水、盐和猪肉里都发现有毒药。努尔哈赤指令诸申和兵士，不吃当天杀的猪的肉，饮水和食盐要警惕中毒，甚至对蔬菜和鸡鸭也要注意，并命将文书下达至村领催。④为避免中毒，命店主将姓名刻在石、木上，立在店前；购买食物的诸申，需记住店主的姓名，以便中毒后追查。⑤投毒的斗争遍及各地，努尔哈赤谕示诸贝勒：各处都给诸申投毒。⑥甚至努尔哈赤到海州巡视，在衙门宴会时，有8名汉人向井中投放毒药⑦，可能是设计毒害后金汗努尔哈赤的。但他们在投毒时被八旗兵士捉获，惨遭杀害。

再次是袭杀。袭击和杀伤后金官兵，比投毒更直接地打击了女真军事贵族。在古河、马家寨、镇江、长山岛、双山、岫岩、平顶山等地的辽民，手执棍棒，聚众抵抗，袭击后金兵士，杀死后金官吏。努尔哈赤在文书中称：

> 古河的人，杀我派去的官员而叛。马家寨的人，杀我派去的官员而叛。镇江的人，逮捕我任命的佟游击，送与明国而叛。长山岛的人，逮捕我派遣的官员，送往广宁。双山的人，约期带来那边的兵，杀了我的人。岫岩的人叛亡，被魏秀才告发。复州的人叛变，约期带来明国的船。

---

① 《满文老档·太祖》第65册，天命十年五月初三日，中华书局译注本，1990年。
② 《明清史料》甲编，第1本，中央研究院历史语言研究所刊印本，1930年，第50页。
③ 《满文老档·太祖》第22册，天命六年五月二十六日，中华书局译注本，1990年。
④ 《满文老档·太祖》第23册，天命六年六月初七日，中华书局译注本，1990年。
⑤ 《满文老档·太祖》第42册，天命七年六月十五日，中华书局译注本，1990年。
⑥ 《满文老档·太祖》第52册，天命八年五月二十四日，中华书局译注本，1990年。
⑦ 《满文老档·太祖》第22册，天命六年五月二十八日，中华书局译注本，1990年。

平顶山的人,杀我四十人而叛。①

这份文书说明,辽民反抗后金统治的斗争此彼起伏,连绵不断。为防止后金官兵被个别地袭杀,努尔哈赤命令官兵不许单独行动,必须10人结队而行,否则要受到惩罚。②但这并不能阻遏辽民一浪高过一浪地反抗后金统治者的斗争。

复次是暴动。辽民的暴动给予后金统治者以最沉重的打击。辽民暴动自后金军占领辽阳始。后金军夺占辽阳,派一将领坐在西门,见状貌可疑的汉人,即点视军卒加以杀戮。然而,辽民不能忍受这种残酷暴行,其中勇敢者奋起反抗。《明史纪事本末》记载:

有诸生父子六人,知必死,持刀突而出,毙其帅,诸子持梃共击杀二十余人。仓卒出不意,百姓乘乱走出,五六百人结队南行,建州不之追。③

继辽阳之后,反抗后金的暴动如火如荼。在托兰山,百余人举行暴动④;在长山岛,莽古尔泰率兵二千前往镇压⑤;在岫岩,暴动失败后被掳者达6700人⑥;在镇江,仅镇压后被俘虏者即达1.2万人⑦。

在辽河以东,复州城的抗暴斗争声势浩大。天启三年即天命八年(1623)六月,复州城百姓无法忍受后金剃发、占房、查粮、差役等虐政,一万余男人举行暴动。努尔哈赤派次子代善、第十子德格类等率兵2万人前往,将复州城人民的暴动残

---

① 参见《满文老档·太祖》第66册,天命十年十月初三日。
② 《满文老档·太祖》第39册,天命七年三月十一日,中华书局译注本,1990年。
③ 谷应泰:《明史纪事本末·补遗》第4册,中华书局,1977年,第1428页。
④ 《满文老档·太祖》第49册,天命八年四月二十四日,中华书局译注本,1990年。
⑤ 《满文老档·太祖》第25册,天命六年八月十四日,中华书局译注本,1990年。
⑥ 《满文老档·太祖》第57册,天命八年七月初七日,中华书局译注本,1990年。
⑦ 《满文老档·太祖》第24册,天命六年七月二十七日,中华书局译注本,1990年。

酷地镇压下去。复州城男子当中，除病弱者和儿童外，全部被杀①，并将妇女和儿童掳走，分给各牛录为奴。复州城的民房充作营房，民粮充作军粮。

在辽河以西，除"辽民、难民入关至百余万"②和大量辽民迁徙辽河以东之外，所余人民在大小凌河、锦州、义州和广宁等地掀起反抗后金的暴动。其中以十三山军民的反抗斗争最为壮烈。数以万计的辽民据十三山以自保，绝不"剃发"降顺。努尔哈赤派兵围攻数次不克；李永芳再率军仰攻，被"山顶飞石打下"。这些反抗者久被围困，誓死不降后金，"有七百人黑夜潜偷下山至海边，渡上觉华岛。婴孩都害死。问其何以害死，曰'恐儿啼贼来追赶也'"③。宁肯扼杀婴儿，也不投降后金。这是努尔哈赤对辽民政策失败的血泪见证。

努尔哈赤对辽民的错误政策，激起辽东的农民、矿工、生员、市民，从辽阳到金州，自广宁至镇江，在城镇，在村屯，以逃亡、投毒、袭杀和暴动等手段，进行反对后金统治者的斗争。这场斗争的主体是汉族劳动人民，也包括女真的奴隶和农奴。辽东人民反抗斗争的结果是，既削弱了后金的国力，又教育了宁远的军民——为免遭八旗贵族铁蹄的蹂躏，只有拼死抵御后金军的南犯。

---

① 《满文老档·太祖》第56册，天命八年六月二十六日，中华书局译注本，1990年。
② 《明熹宗实录》第20卷，天启二年三月壬戌，台北历史语言研究所校勘本，1962年，第19叶。
③ 王在晋：《三朝辽事实录》第10卷，江苏省立国学图书馆藏本，第7叶。

第十五章 宁远兵败

一 袁崇焕营筑宁远城

广宁兵溃报至明廷,京师戒严,举朝汹汹。明以日讲官孙承宗为兵部尚书兼东阁大学士,预机务。

孙承宗(1563~1638),字稚绳,高阳人,"貌奇伟,须髯戟张。与人言,声殷墙壁"①。万历三十二年(1604)中一甲第二名(榜眼)进士,授编修。天启帝即位,以左庶子充任日讲官。初,天启帝每听孙承宗讲授,常言"心开",故眷注殊殷。孙承宗早在为县学生时,尝留意边郡。后常向材官老兵询问辽事形势与险要厄塞,因此通晓边事。至广宁兵败,廷臣知孙承宗知兵,屡疏谏,因命其主持辽东军事。他上疏言:

> 迩年兵多不练,饷多不核。以将用兵,而以文官招练。以将临阵,而以文官指发。以武略备边,而日增置文官于幕。以边任经、抚,而日问战守于朝。此极弊也。今天下当重将权。②

---

① 《明史·孙承宗传》第250卷,中华书局点校本,1974年,第6465页。
② 《明史·孙承宗传》第250卷,中华书局点校本,1974年,第6466页。

孙承宗从辽阳、广宁失守中引出的一条前车之鉴是，应当选边将，重将权。东阁大学士、兵部尚书孙承宗遴选和器重的既沉雄又有气略的杰出将领就是袁崇焕。

袁崇焕（1584～1630），字元素，广西藤县（祖籍广东东莞）人①。万历四十七年即天命四年（1619）中进士，后授邵武知县。他为人机敏、胆壮，善骑艺，喜谈兵。"崇焕少好谈兵，见人辄拜为同盟，肝肠颇热。为闽中县令，分校闱中，日呼一老兵习辽事者，与之谈兵，绝不阅卷"②。天启二年即天命七年（1622）正月，袁崇焕大计在京。他单骑出阅塞外，巡历关上形势③。回京后言："予我军马钱谷，我一人足守此。"④时广宁已失，廷臣惶惧，谈辽色变，袁崇焕请一人守关的壮语，对收拾珍宝准备南逃的朝臣，是一剂安神良药。同僚们赞叹他的胆略。在失陷广宁后的第四天，御史侯恂题请破格擢用袁崇焕，疏言：

见在朝觐邵武县知县袁崇焕，英风伟略，不妨破格留用。⑤

明廷授袁崇焕为兵部职方司主事，旋升其为山东按察司佥事山海监军⑥。

受职后，袁崇焕上《擢佥事监军奏方略疏》。他在奏疏中一扫文臣武将中普遍存在的悲观、恐惧气氛，力请练兵选将，整械造船，固守山海，远图恢复。他疏言："不但巩固山海，即已失之封疆，行将复之。"⑦袁崇焕赴任前，往见听勘在京

---

① 袁崇焕籍贯有广东东莞、广西藤县和平南县三说，拙文《袁崇焕籍贯考》，载《历史研究》1982年第1期。又见拙著《燕步集》，北京燕山出版社，1989年。再见《袁崇焕传》，中华书局，2016年。
② 夏允彝：《幸存录·辽事杂志》，载《明季稗史初编》第14卷，北京大学图书馆藏抄本，第3页。
③ 《新明史列传·袁崇焕》，钞本。
④ 《明史·袁崇焕传》第254卷，中华书局点校本，1974年，第6707页。
⑤ 《明熹宗实录》第18卷，天启二年正月甲子，台北历史语言研究所校勘本，1962年，第21叶。
⑥ 《明熹宗实录》第19卷，天启二年二月甲午，台北历史语言研究所校勘本，1962年，第21叶。
⑦ 《袁崇焕先生遗稿》，民国十四年（1925）刊本，第19叶。

的熊廷弼。"廷弼问：'操何策以往？'曰：'主守而后战。'廷弼跃然喜。"①为图先守后战，恢复辽东方略，二人商酌竟日。袁崇焕辞别熊廷弼，策骑驰往山海关，履任监军新职，偕同辽东经略，商度关外战守。

时兵部尚书王在晋代熊廷弼为辽东经略②。王在晋在疏言中夸大辽事中存在的困难："各隘口边墙未茸，器械未整，兵马未足，钱粮未议，将官惰窳，军士偷闲。"③他无远略，谋用蒙古骑兵袭击广宁，计不成；又请在山海关外八里铺筑重关，以兵4万人守御。王在晋在《题关门形势疏》中言：

> 再筑边城，从芝麻湾起，或从八里铺起者，约长三十余里，北绕山，南至海，一片石统归总括，角山及欢喜岭悉入包罗。如此关门可恃为捍蔽。第计费甚钜，而民夫当用数万人，夫国家为万年不拔计，何恤一二百万金，独是数万人夫！④

王在晋在山海关外8里处筑重城之议，是一个只图苟安、无所作为的消极防御方略，从而受到袁崇焕等人的反对。

袁崇焕力主积极防御，坚守关外，屏障关内，营筑宁远，以图大举。他虽深受王在晋倚重，题为宁前兵备佥事，但以关外8里筑重城为非策，极力陈谏。王在晋不听，袁崇焕两次具揭于首辅叶向高。叶向高不能臆决，同大学士孙承宗语及，孙承宗自请行边。六月，孙承宗抵山海关，力驳王在晋筑城议：

> 今不为恢复计，画关而守，将尽撤藩篱，日哄堂奥，畿东其有宁宇乎？⑤

---

① 张伯桢：《明蓟辽督师袁崇焕传》，《正风》半月刊1935年第7期。
② 《明史·王洽传附王在晋传》第257卷，中华书局点校本，1974年，第6626页。
③ 《明熹宗实录》第21卷，天启二年四月庚辰，台北历史语言研究所校勘本，1962年，第11叶。
④ 王在晋：《三朝辽事实录》第9卷，江苏省立国学图书馆藏本，第11叶。
⑤ 《明史·孙承宗传》第250卷，中华书局点校本，1974年，第6467页。

孙承宗支持了袁崇焕等人的意见，并同王在晋"推心告语，凡七昼夜，而在晋终缩朒不应"①。孙承宗还朝后借讲筵时机，面奏天启帝王在晋不足用，寻将其改调为南京兵部尚书。

同年八月，王在晋既去，孙承宗自请督师，获允。天启帝赐尚方剑；孙启行时，阁臣送出崇文门外。孙承宗抵关，重用袁崇焕，整饬边备。先是，孙承宗驳关外8里筑重城议，召集将吏谋御守，阎鸣泰主守觉华岛，袁崇焕主守宁远城，王在晋等力持不可，但孙承宗极力支持袁崇焕的意见。孙承宗在《又启叶首揆疏》中言："门生苦令抚官初移之中前为四十里，再移之前屯为七十里，又再移之中后为百里，又再移之宁远为二百里。"②后孙承宗巡视关外形势，略谓：失辽左，必不能守榆关；失觉华、宁远，必不能守辽左。其疏守关大略言：

盖前屯备而关城安，宁远备而前屯益安。倘不以此计，而以一步不出关，焉守关？遂以安插辽人为强迎，遂以经营宁远为冒险。夫无辽土何以护辽城，舍辽人谁与守辽土，无宁前何所置辽人，不修筑何以有宁前，而修筑之事不一劳何以贻永逸而维万世之安！③

孙承宗的奏疏，"得旨：览卿奏关外情形及区画防守，甚为明晰，依议。俱听卿便宜调度施行。其应议覆的，著该部作速具奏。"④孙承宗、袁崇焕守宁护关、筑城固御、相机进取、徐图恢复的大计，得到朝廷的旨准。

天启三年即天命八年（1623）春，袁崇焕受孙承宗命往抚蒙古喀喇沁部。先是，明失广宁后，宁远以西五城七十二堡尽为喀喇沁诸部占据。明军前哨不出关外八

---

① 孙铨：《高阳太傅孙文正公年谱》第2卷，清刻本，第16叶。
② 孙承宗：《高阳集》第19卷，清刻本，第22叶。
③《明熹宗实录》第40卷，天启三年闰十月丁亥朔，台北历史语言研究所校勘本，1962年，第6叶。
④《明熹宗实录》第40卷，天启三年闰十月丁亥朔，台北历史语言研究所校勘本，1962年，第7叶。

里铺。袁崇焕亲抚喀喇沁诸部，收复自八里铺至宁远200里；又拊循军民，整饬边备，成绩卓著。秋，孙承宗从袁崇焕议，排除巡抚张凤翼、佥事万有孚等力阻，决计戍守宁远。命祖大寿兴工营筑，袁崇焕与满桂驻守。但祖大寿臆度朝廷既不能远守又不能久守，便草率从事，工程疏薄，仅筑十分之一。袁崇焕手订规制，亲自督责，军民合力，营筑宁远：

  崇焕乃定规制：高三丈二尺，雉高六尺，址广三丈，上二丈四尺。大寿与参将高见、贺谦分督之。明年迄工，遂为关外重镇。桂，良将，而崇焕勤职，誓与城存亡；又善抚，将士乐为尽力。由是商旅辐辏，流移骈集，远近望为乐土。①

宁远城，孙承宗先目睹疏奏记载："又一日，过曹庄，遂抵宁远。曹庄为宁远后劲，官民自相团结五十余家。臣初以宁远去关愈远、去虏愈近，且城大而瑕，地广而荒。"②《孙文正公年谱》亦载述其前后变化云：

  往还绝塞，道旁多敌骑足迹。士卒皆恐，宿寨儿山，藉草而卧。风雨饥饿与从行士共之。凡战守之具，自关门渐移前屯，自前屯渐移宁远。袁崇焕领三参将，经营宁远。而公令马世龙等三大将，更番练兵于二百里内外。简阅宁前以西，可屯之田五千余顷，官屯其半。身督将吏分买牛、种，治耕具。诸部将轮防边堡，以护屯。辽人出关者又十余万。车牛属途，轮蹄相续，城堡辐辏，如承平时。行采青之法，不复仰给于关东，省度

---

① 《明史·袁崇焕传》第259卷，中华书局点校本，1974年，第6708页。
② 《明熹宗实录》第40卷，天启三年闰十月丁亥朔，台北历史语言研究所校勘本，1962年，第2叶。

支巨万。因煤以铸钱，因海以煮盐，因舟以贸易货物，而军需广矣。①

经过袁崇焕亲率军民经营，一度荒凉凋敝的宁远，变为明朝抵御后金南犯的关外重镇。

在"以辽人守辽土，以辽土养辽人"②的战略思想下，天启四年即天命九年（1624）九月，孙承宗派总兵马世龙"偕巡抚喻安性及袁崇焕东巡广宁"③，历十三山，经右屯，又由水路抵三岔河，以都司杨朝文探盖州。袁崇焕等东巡三州两河，相度形势，察访虚实，训练士卒，增长胆气，实为熊廷弼雪夜巡边后的又一壮举。自孙承宗督师以来，集流民，广屯种，筹粮饷，兴学校，定军制，建营垒，备火器，治军储，缮甲仗，筑炮台，买马匹，采木石，练骑卒，汰逃将，"层层布置，节节安排，边亭有相望之旌旗，岛屿有相连之舢舰，分合俱备，水陆兼施"④，辽东形势，为之一变。到天启五年即天命十年（1625），孙承宗与袁崇焕议，遣将率卒分据锦州、松山、杏山、右屯及大、小凌河，缮城郭，驻军队，进图恢复大计。但是，孙承宗罢去，阉党分子兵部尚书高第代为经略，辽东形势，急剧逆转。

明朝统治集团内部的党争，直接牵系着辽东的军事形势。魏忠贤自窃夺权柄之后，贬斥东林，控制阁部，提督东厂，广布特务，恣意拷掠，刀锯忠良，祸及封疆，败坏辽事。客魏擅权，内结宫闱以自固，外纳朝臣以淫威。他们恐妃嫔申白其罪孽，矫旨赐泰昌帝选侍赵氏自尽，浸假幽裕妃张氏别宫，设计堕皇后张氏胎，又杀冯嫔，禁成妃，将天启帝妃嫔女侍尽为控制，以擅权柄，戕害东林。他们为使"内外大

---

① 孙铨：《孙文正公年谱》第3卷，清刻本。又，《明熹宗实录》第40卷，天启三年闰十月丁亥朔："以守辽土固辽人，以养辽人固辽土。"
② 孙承宗：《高阳集》第19卷，清刻本，第21叶。
③ 《明史·马世龙传》第270卷，中华书局点校本，1974年，第6933页。
④ 茅元仪：《督师纪略》第6卷，清钞本，第1叶。

权，一归忠贤"①，安插率先附己的顾秉谦和魏广微等入阁，又将东林党的阁臣、六部尚书和卿贰以及秉宪、科道次第罢黜。天启四年即天命九年（1624）六月，正当孙承宗、袁崇焕营筑宁远、日复辽土的时候，左副都御史杨涟劾魏忠贤罪疏奏上。阉党凶焰更嚣，中官聚围首辅叶向高府第，后逐吏部尚书赵南星等。东林党首辅叶向高、次辅韩爌等先后罢去，阉党顾秉谦、魏广微柄政。天启帝登极仅仅3年，魏忠贤窃取内外大权。

魏忠贤专权后，因孙承宗功高望重，欲使其附己，令刘应坤等申明意图，孙承宗刚直不阿，魏忠贤由此衔恨。孙承宗疾恶如仇，拒同阉党合污。杨涟疏劾魏忠贤24大罪，孙承宗诗赞其"大心杨副宪，抗志万言书"②。御史李应昇奏疏抨弹阉竖，魏忠贤恚其与孙承宗同党③。十一月，魏忠贤尽逐左副都御史杨涟、吏部尚书赵南星、左都御史高攀龙、佥都御史左光斗等，孙承宗正西巡蓟、昌，想抗疏阉党，请以"贺圣寿"入朝，面奏机宜，疏论魏忠贤罪端。魏广微得报，奔告魏忠贤："枢辅拥关兵数万清君侧，兵部侍郎李邦华为内应，公等为齑粉矣！"④魏忠贤惶惧，绕御床哭，哀乞天助。天启帝为之心动，命内阁拟旨。次辅顾秉谦奋笔曰："无旨离信地，非祖宗法，违者不宥。"⑤午夜，开大明门，召兵部尚书入，命以三道飞骑阻止孙承宗入觐。又矫旨命守九门宦官："承宗若至齐化门，反接以入！"⑥孙承宗抵通州后，闻命而返。孙承宗在《高阳集》中记载请入觐不果时言："要人欲并杀予，曰杨、左辈将以某清君侧。"⑦

孙承宗返回山海关之后，天启五年即天命十年（1625）五月，高第为兵部尚书，

---

① 《明史·魏忠贤传》第305卷，中华书局点校本，1974年，第7821页。
② 孙承宗：《高阳集》第3卷，清刻本，第16叶。
③ 孙承宗：《高阳集》第3卷，清刻本，第18叶。
④ 孙铨：《孙文正公年谱》第3卷，清刻本，第14叶。
⑤ 夏燮：《明通鉴》第79卷，天启四年十一月，中华书局标点本，1959年。
⑥ 《明史·孙承宗传》第250卷，中华书局点校本，1974年，第6472页。
⑦ 孙承宗：《高阳集》第3卷，清刻本，第16叶。

阉党控制枢部。七月，魏忠贤将杨涟、左光斗等下狱。时东林"累累相接，骈首就诛"①。正值魏忠贤要借机削夺孙承宗兵权时，八月②发生马世龙柳河之败。

马世龙，宁夏人，由世职举武会试，历游击、副总兵。世龙貌伟，承宗奇其人，荐充总兵官。承宗出镇，又荐世龙为山海总兵。世龙感恩承宗知遇，颇效力，与承宗定计出守关外诸城。天启四年即天命九年（1624），偕巡抚喻安性及袁崇焕东巡广宁，又与袁崇焕、王世钦航海抵盖州海滨，相度形势，扬帆而还。其时，孙承宗统士马十余万，用将校数百人。世龙自信势强，遣师轻袭，兵败柳河：

> 世龙误信降人刘伯漒言，遣前锋副将鲁之甲、参将李承先，率师袭取耀州，败没。言官交章劾奏，严旨切责，令戴罪图功。时魏忠贤方以清君侧疑承宗，其党攻世龙者，并及承宗。承宗不安其位去，以兵部尚书高第来代。③

明山海总兵马世龙误信降人刘伯漒言，派鲁之甲、李承先率小股之师，自娘娘宫渡河，夜袭耀州，败于柳河，死士400人，弃甲六百余副④。这本不是一件兵戎大事，偷袭失利，兵家常事。但是，柳河兵败报闻，"朝议沸腾"⑤。谄附阉党的台省官员，章疏数十上，抨劾马世龙，并及孙承宗。十月，孙承宗罢去，以兵部尚书高第代为经略。

---

① 佚名：《东林纪事本末论》，清钞本，第2叶。
② 柳河之役，《明史·孙承宗传》《明史·马世龙传》记于九月，《明通鉴》记于九月壬子（初七日）；但《清太祖武皇帝实录》、《满洲实录》、《清太祖高皇帝实录》和蒋良骐《东华录》均记于八月；《三朝辽事实录》记为八月二十八日，《督师纪略》记为九月二十八日。
③ 《明史·马世龙传》第270卷，中华书局点校本，1974年，第6934页。
④ 《满文老档·太祖》第65册，天命十年八月，中华书局译注本，1990年。
⑤ 蔡鼎：《孙高阳前后督师略跋》，清钞本。

孙承宗因谗去职，同类史事屡现。昔宋、金对峙，兀术为岳飞所败，欲弃汴梁去，有书生叩马曰："自古未有权臣在内，而大将能立功于外者，岳少保且不免，况欲成功乎！"①岳鹏举如此，孙高阳亦如此。故辽事之弊，在权臣掣于内。明兵书《投笔肤谈》云，朝廷之于良将，应当"授之专阃，不中制，不外监，不分权，不信谗"②。小信，小胜；中信，中胜；大信，大胜。信，则胜；不信，则不胜。明廷不信贤臣能臣孙承宗，而信阉党奸臣党高第，这就给后金汗努尔哈赤提供了向西进军宁远的机会。

后金汗努尔哈赤知明经略易人，便准备亲率大军，西渡辽河，进攻宁远。

---

① 《宋史·岳飞传》第365卷，1977年，第11391页。
② 西湖逸士：《投笔肤谈·军势》，清钞本。

二 后金汗宁远城兵败

高第以兵部尚书经略蓟、辽，驻山海关。枢臣经略高第进士出身①，素不知兵，以谄附阉党得受封疆重任。高第曾力扼孙承宗守关外以捍关内、先固守以图恢复的积极防御方略，及抵关之后，借柳河兵败为由，下檄山海总兵马世龙，令弃关外城堡，尽撤关外戍兵。高第完全采取不谋进取、只图守关的消极防御策略。

先是，孙承宗和袁崇焕等督率军民，在关外辛勤经营4年，缮城修堡，备炮制械，设营练兵，拓地开屯，劳绩十分显著。《明史·孙承宗传》载：

> 承宗在关四年，前后修复大城九、堡四十五，练兵十一万，立车营十二、水营五、火营二、前锋后劲营八，造甲胄、器械、弓矢、炮石、渠答、卤楯之具合数百万，拓地四百里，开屯五千顷，岁入十五万。②

至是，高第同孙承宗相左，色厉内荏，畏敌如虎，折辱将士，撤防弃地。他

---

① 《明史·王洽传附高第传》第257卷，中华书局点校本，1974年，第6626页。
② 《明史·孙承宗传》第250卷，中华书局点校本，1974年，第6472~6473页。

命尽撤锦州、右屯、大凌河、宁前诸城守军,将器械、枪炮、弹药移至关内,放弃关外四百里。锦州、右屯、大凌河三城,为辽东明军的前锋要塞,如仓促撤防,使已兴工修筑城堡毁弃,布置戍守的兵卒后退,安顿垦耕的辽民重迁,已复二百里封疆丢失。袁崇焕力争兵不可撤,城不可弃,民不可移,田不可荒。他具揭言:

> 兵法有进无退。锦、右一带,既安设兵将,藏卸粮料,部署厅官,安有不守而撤之〔理〕?万万无是理。脱一动移,示敌以弱,非但东奴,即西虏亦轻中国。前柳河之失,皆缘若辈贪功,自为送死。乃因此而撤城堡、动居民,锦、右摇动,宁、前震惊,关门失障,非本道之所敢任者矣。①

经略高第凭借御"赐尚方剑、坐蟒、玉带、银币"②的势焰,不但执意要撤锦州、右屯、大凌河三城,而且传檄撤防宁(远)、前(屯)。宁前道袁崇焕斩钉截铁地表示:

> 宁前道当与宁、前为存亡!如撤宁、前兵,宁前道必不入,独卧孤城,以当虏耳!③

高第无可奈何,只撤锦州、右屯、大凌河及松山、杏山、塔山守具,尽驱屯兵、屯民入关,抛弃粮谷十余万石。这次不战而退,闹得军心不振,民怨沸腾,死亡塞路,哭声震野。

宁前道袁崇焕既得不到兵部尚书、蓟辽经略高第的支持,又失去其座师大学士韩爌和师长大学士孙承宗的奥援,在关外城堡撤防、兵民入关的极为不利情势

---

① 王在晋:《三朝辽事实录》第15卷,中华书局标点本,1959年,第11叶。
②《明熹宗实录》第64卷,天启五年十月甲申,台北历史语言研究所校勘本,1962年,第7叶。
③ 周文郁:《边事小纪》第1卷,"玄览堂丛书"本,第19页。

下，率领 1 万余名官兵孤守宁远，以抵御后金军的进犯。

后金汗努尔哈赤在占领广宁后的 4 年间，虽派兵夺取旅顺，但未曾大举进攻明军。这固然因后金汗忙于巩固其对辽沈地区的统治——整顿内部，移民运粮，训练军队，发展生产，实行社会改革，镇压汉民反抗；同时，更由于孙承宗、袁崇焕等边防工作井然有序，无懈可击。因此，努尔哈赤蛰伏不动，等待时机。善于待机而动的努尔哈赤，曾值熊廷弼下台之机，夺占辽、沈；这次又得到孙承宗罢去，高第撤军向关内，宁远孤守的哨报，决定师指宁远城，率军进攻袁崇焕。

天启六年即天命十一年（1626）正月十四日，后金汗努尔哈赤亲率诸王大臣，统领 6 万大军，号称 20 万[①]，往攻宁远。先是，初十日，努尔哈赤"从十方寺出边，前至广宁临近地方打围。十二日回到沈阳。当即吩咐各牛鹿并降将，每官预备牛车三十辆、扒犁三十张，每达子要叭喇三双，达妇也要各备炒米三斗"[②]。他做好军事与后勤准备，便率师出征。十六日，至东昌堡。十七日，西渡辽河。八旗军布满辽河以西平原，清官书称其前后络绎，首尾莫测，旌旗如潮，剑戟似林。八旗劲旅像狂飙一样，扑向宁远，"远迩大震"[③]。

明经略高第和总兵杨麒，闻警丧胆，计无所出，龟缩山海，拥兵不救。如关内道刘诏等要统兵 2000 人出关应援，高第令已发出的兵马撤回；李卑援兵蜷缩在中后，李平胡的援兵不满 700 人，又退至中前[④]。所以"关门援兵，并无一至"[⑤]。袁崇焕既后无援军，又前临强敌：八旗军连陷右屯、大凌河、小凌河、松山、杏山、

[①] 后金军的兵数，各书记载不一：《明熹宗实录》第 67 卷，天启六年二月甲戌朔，兵部尚书王永光据山海关主事陈祖苞塘报奏称："虏众五六万人，力攻宁远"；《清太祖武皇帝实录》第 4 卷，第 24 叶称引袁崇焕言："乃谓来兵二十万，虚也，吾已知十三万。"
[②] 毛承斗辑：《东江疏揭塘报节抄》第 4 卷，浙江古籍出版社，1986 年，第 65 页。
[③]《明史·满桂传》第 271 卷，中华书局点校本，1974 年，第 6958 页。
[④]《明熹宗实录》第 68 卷，天启六年二月甲戌朔，台北历史语言研究所校勘本，1962 年，第 1 叶。
[⑤]《明熹宗实录》第 68 卷，天启六年二月丙子，台北历史语言研究所校勘本，1962 年，第 4 叶。

塔山、连山等七座城镇。宁远形势愈加对努尔哈赤有利。

袁崇焕驻守孤城宁远，城中士卒不满2万人。但城中兵民，誓与城共存亡。尤以"自房中拨归者，俱愤怨，可一当百"①。他召集诸将议战守：参将祖大寿力主未可与争锋，塞门奋死守；诸将皆赞同祖大寿之议。宁前道袁崇焕面临强敌，后无援师，临危不惧，指挥若定。他采纳诸将的议请，作了如下守城准备：

第一，制定兵略，婴城固守。宁远战前，彼己态势，强弱悬殊。袁崇焕前临强敌，后无援兵，西翼蒙古不力，东翼朝鲜无助，关外辽西，孤城宁远，故只有扬长避短，凭城固守。他尝言："守为正著，战为奇著，款为旁著。以实不以虚，以渐不以骤。"②他汲取抚（顺）、清（河）、开（原）、铁（岭）、沈（阳）、辽（阳）、广（宁）、义（州）八城失守之惨痛殷鉴，决意凭城而守，拼死而守。敌诱不出城，敌激不出战。宁远守略，要在固守。

第二，激励士气，画地分守。袁崇焕偕总兵满桂，副将左辅、朱梅，参将祖大寿，守备何可纲，通判金启倧等，集将士誓死守御宁远。他"刺血为书，激以忠义，为之下拜，将士咸请效死"③。他命将"库银一万一千一百有奇，置之城上，有能中贼与不避艰险者，即时赏银一定（锭）"④，以赏勇退敌。又派满桂守东面，左辅守西面，祖大寿守南面，朱梅守北面；满桂督全城，分将画守，相互援应。袁崇焕则坐镇城中钟鼓谯楼里，统揽全局，督军固守。

第三，修台护铳，布设火炮。袁崇焕在宁远城上，实施"以台护铳，以铳护城，以城护民"⑤的措施，在宁远城设置西洋大炮，《明熹宗实录》载孙元化疏奏与旨批云：

---

① 茅元仪：《督师纪略》第8卷，清钞本，第2叶。
② 《明熹宗实录》第84卷，天启七年五月庚辰，台北历史语言研究所校勘本，1962年，第11叶。
③ 《明史·袁崇焕传》第259卷，中华书局点校本，1974年，第6709页。
④ 《明熹宗实录》第70卷，天启六年四月己亥，台北历史语言研究所校勘本，1962年，第33叶。
⑤ 徐光启：《谨申一得以保万全疏》，载《徐光启集》上册，中华书局，1963年，第175页。

守关宜在关外，守城宜在城外。有离城之城外，则东倚首山，北当诸口，特建二堡，势如鼎足，以互相救。有在城之城外，则本城之马面台、四角台，皆照西洋法改之，形如长爪，以自相救。固请以本衔协佐院臣料理。夏、秋贼来则却之而后归，不则安设犄角、教练兵将，使尽其法而后归。上命速赴宁远，与袁崇焕料理造铳、建台之策。①

先是，兵部主事孙元化疏请用红夷大炮守城，其疏曰：

弓矢远于刀枪，故敌尝胜。我铳炮不能远于敌之弓矢，故不能胜敌。中国之铳，惟恐不近，西洋之铳，惟恐不远，故必用西洋铳法。若用之平地，万一不守，反藉寇兵，自当设台。然前队挟梯、拥牌以薄城，而后队强弓劲矢继之，虽有远铳，谁为照放？此非方角之城，空心之台所可御，故必用西洋台法。请将现在西洋铳作速料理，车弹药物安设城上，及时教练。俟贼稍缓，地冻既开，于现在城墙修改如式。既不特建而滋多费，亦非离城而虞反攻。都城既固，随议边口。得旨：西洋炮见在者，查系果否可用，及查放炮教师果否传授，有人即当料理，以备城守。②

孙元化疏奏之西洋大炮即红夷大炮（红衣大炮），为英国制造早期加农炮，具有炮身长、管壁厚、射程远、威力大的特点③，是击杀密集骑兵的强力火炮。这些西洋大炮即红夷大炮，先是，澳商闻徐光启练兵，购进4门。又经李之藻购

---

① 《明熹宗实录》第68卷，天启六年二月戊戌，台北历史语言研究所校勘本，1962年，第30～31叶。
② 《明熹宗实录》第67卷，天启六年正月辛未，台北历史语言研究所校勘本，1962年，第19叶。
③ 王兆春：《中国火器史》，军事科学出版社，1991年，第228页。

进26门，共30门，其中留京城18门、炸毁1门、解往山海11门。此事，《明熹宗实录》作了记载：

> 澳商闻徐光启练兵，先进四门。迨李之藻督造，又进二十六门。调往山海者十一门，炸者一门，则都城当有十八门，足以守矣。①

这11门西洋大炮架设在宁远城上②，成为袁崇焕凭城用炮退敌的强大武器。敌兵逼临，袁崇焕从王喇嘛等议，将西洋大炮11门入城，制作炮车，挽设城上，备足弹药，由孙元化③、彭簪古、罗立等教习燃放。先是，茅元仪"亲叩夷，得其法"④，也在京营中受过葡萄牙人的训练。遂用茅元仪等议，在城上设置西洋大炮，防御后金兵的来犯。

第四，坚壁清野，严防奸细。袁崇焕令尽焚城外房舍、积刍，转移城厢商民入城，转运粮米藏觉华岛。又以同知程维模率员稽查奸细，"纵街民搜奸细，片时而尽"⑤；派诸生巡守街巷路口。所以，宁远城与辽东已失八城不同，唯"宁远独无夺门之叛民，内应之奸细"⑥。

第五，兵民联防，送食运弹。袁崇焕令通判金启倧按城四隅，编派民夫，将士饮食，保障供给，这实际上是军民联防，军兵居民，同心齐力，固守孤城；又派卫官裴国珍带领城内商民，备办物料，运送矢石，运输弹药。

---

① 《明熹宗实录》第68卷，天启六年二月戊戌，台北历史语言研究所校勘本，1962年，第30叶。
② 《颂天胪笔》，转引自《明季北略》第2卷，上海图书集成印书局本，第8页；又见《明熹宗实录》第68卷，天启六年二月戊戌，第30页。
③ 孙元化后因事下狱，受酷刑，遭弃市。见黄一农：《天主教徒孙元化与明末传华的西洋火炮》，台北历史语言研究所集刊，第67本，第4份，1996年。
④ 茅元仪：《督师纪略》第12卷，清钞本，第14叶。
⑤ 《明熹宗实录》第72卷，天启六年六月戊子，台北历史语言研究所校勘本，1962年，第17~18叶。
⑥ 《明熹宗实录》第68卷，天启六年二月乙亥，台北历史语言研究所校勘本，1962年，第2叶。

第六，整肃军纪，以静制动。 袁崇焕严明军纪，派官员巡视全城，命对擅自行动和城上兵下城者即杀。官兵上下，一心守城，"以必一之法，则心无不一，此则崇焕励将士死守之法。其所以完城者，亦在此"①。他又从后金细作处，获取先报，得以为备。一切准备就绪之后，偃旗息鼓，以静待敌。

袁崇焕在紧张而有序地防御宁远，后金汗在驱骑急驰而整肃地奔向宁远——一场宁远大战迫在眉睫。

努尔哈赤统率八旗军西渡辽河之后，原有辽军辽民，弃城弃械，扶老携幼，背井离乡，转徙关内。后金汗努尔哈赤统领八旗大军，"如入无人之境"②，沿途无阻，长驱直入，未遇明军，直奔四虚无援的孤城宁远。

宁远城，康熙《盛京通志》记载：

> 宁远州城池，即明之宁远卫城也。本广宁前屯、中屯二卫地，无城郭。明宣德三年，总兵巫凯请分二卫地，建宁远卫城。③

明宣德三年（1428），是为明建宁远城之始。

康熙《宁远州志》亦载：

> 城本广宁前屯、中屯二卫地。明宣德三年，总兵巫凯请建宁远卫，于此筑城。周围五里一百九十六步，高三丈；池周围七里八步，深一丈五尺。门四：东曰春和，南曰延晖，西曰永宁，北曰威远。外城周围九里一百二十四步，高如内城。明季增筑，门四：东曰远安，南曰永清，

---

① 《明季东莞五忠传·袁崇焕传》，民国铅印本。
② 《袁督师事迹》，南海伍氏粤雅堂刊本，道光三十年（1850），第35叶。
③ 康熙《盛京通志》第10卷，康熙二十三年（1684）刻本，第11叶。

西曰迎恩,北曰大定。四角俱设层楼。……钟鼓楼在中街,明都督焦礼建,天启间重修①。

袁崇焕增筑之宁远城②,成为婴城固守、抵御后金的堡垒。

天启六年即后金天命十一年(1626)正月二十二日,袁崇焕守城部署初定。翌日,后金汗努尔哈赤统率八旗军,穿过首山与螺峰之间,东西只有100米、形如关门之隘口,兵薄宁远城郊。努尔哈赤与袁崇焕展开了一场明朝与后金关系史上著名的宁远之战。

二十三日,八旗军进抵宁远城外后,努尔哈赤命离城五里,横截山海大路,安营扎寨布阵,并在城北扎设大营。努尔哈赤在发起攻城之前,释放被掳汉人回宁远城,传汗旨,劝投降;但遭到袁崇焕的严词拒绝。《清太祖武皇帝实录》载:

> 放捉获汉人,入宁远往告:"吾以二十万兵攻此城,破之必矣!尔众官若降,即封以高爵。"宁远道袁崇焕答曰:"汗何故遽加兵耶?宁、锦二城,乃汗所弃之地,吾恢复之,义当死守,岂有降理!乃谓来兵二十万,虚也,吾已知十三万,岂其以尔为寡乎!"③

袁崇焕拒绝努尔哈赤诱降之后,命家人罗立等向城北后金军大营,施放西洋大炮,"遂一炮歼虏数百"④。后金汗为避炮火,移大营而西。努尔哈赤见袁崇焕既拒不投降,又炮击大营,遂命准备战具,明日攻城。

二十四日,后金兵推楯车,运钩梯,步骑蜂拥进攻,万矢齐射城上,箭镞如雨注,

---

① 康熙《宁远州志》第2卷,《辽海丛书》影印本,辽沈书社,1985年,第1叶。
② 袁崇焕增筑之宁远城已毁,今存辽宁兴城(即宁远)之城为内城,而非为外城。
③ 《清太祖武皇帝实录》第4卷,原清宫内府藏写本,台北广文书局影印本,1970年,第24叶。
④ 茅元仪:《督师纪略》第12卷,清钞本,第14叶。

悬牌似猬皮。后金军集中攻打城西南角，左辅领兵坚守，祖大寿率军应援，两军用矢石、铁铳和西洋大炮下击。后金兵死伤累累，又移攻南面。努尔哈赤命在城门角两台间火力薄弱处凿城。守城军"则门角两台，攒对横击"①。后金兵顶炮火，冒严寒，聚拥楯车，用斧凿城。明军发矢镞，掷礧石，飞火球，投药罐；后金兵前仆后继，冒死不退，前锋挖凿冻土城，凿开高二丈余的大洞三四处，宁远城受到严重威胁。袁崇焕在严重危机关头，身先士卒，不幸负伤，"自裂战袍，裹左伤处，战益力；将卒愧，厉奋争先，相翼蔽城"②。他率勇士"缚柴浇油，并搀火药，用铁绳系下烧之"③；又选五十名健丁缒下，用棉花火药等物烧杀挖城的后金兵。据明方疏报载：

> 贼遂凿城高二丈余者三四处，于是火毬、火把争乱发下，更以铁索垂火烧之，牌始焚，穴城之人始毙，贼稍却。而金通判手放大炮，竟以此殒。城下贼尸堆积。④

是日，后金军攻城，自清晨至深夜，尸积城下，几乎陷城。

二十五日，后金兵再倾力攻城。城上施放炮火，"炮过处，打死北骑无算"⑤。后金兵惧怕利炮，畏葸不前，"其酋长持刀驱兵，仅至城下而返"⑥。后金兵士一面抢走城下尸体，运至城西门外砖窑焚化；一面继续攻城。但"又不能克，乃

---

① 《明熹宗实录》第70卷，天启六年四月辛卯，台北历史语言研究所校勘本，1962年，第19叶。
② 张次溪：《袁督师遗稿遗事汇辑》第3卷，拜袁堂印本，民国三十年（1941）。
③ 《明熹宗实录》第67卷，天启六年正月辛未，台北历史语言研究所校勘本，1962年，第20叶。
④ 《明熹宗实录》第70卷，天启六年四月辛卯，台北历史语言研究所校勘本，1962年，第19叶。
⑤ 张岱：《石匮书后集·袁崇焕传》第11卷，中华书局，1959年，第91页。
⑥ 《明熹宗实录》第70卷，天启六年四月辛卯，台北历史语言研究所校勘本，1962年，第20~21叶。

收兵"。二日攻城，共折游击2员，备御2员，兵500员[1]。

二十六日，后金兵继续围城，并命武讷格率军履冰渡海，攻觉华岛。

觉华岛[2]悬于辽东湾中，西距宁远15公里。"岛呈两头宽，中间狭，不规则的葫芦状，孤悬海中"[3]，即岛为龙形，"龙身"为山岭，穿过狭窄的"龙脖"，以北便是"龙头"。"龙头"地势平坦，三面临海，北端有天然码头，宜停泊船只。"龙头"开阔地上建有明屯粮城，城呈矩形，墙高约10米，底宽约6米。北墙设一门，通城外港口，是为粮料运输之通道；南墙二门，与"龙脖"相通，便于岛上往来；东、西两面无门，利于防守。城内有粮囤、草垛及守城官兵营房。[4]努尔哈赤在宁远城下失利，派骑突袭防守薄弱之觉华岛。守军凿冰为濠，阻遏敌骑；但严冬寒冰，随破随结。武讷格仅率800骑登岛破城，岛上军民、粮料损失惨重。此战，《明熹宗实录》载：

> 觉华岛兵之丧者七千有余，商民男妇，杀戮最惨；与河东堡、笔架山、龙官寺、右屯之粮，无不焚毁，其失非小。但此番奴氛甚恶，攻宁远不下，始迁戮于觉华。倘宁城不保，势且长驱，何有于一岛哉！且岛中诸将金冠先死，而姚与贤等皆力战而死。视前此奔溃逃窜之夫，尚有生气。金冠之子会武举金士麒，以迎父丧出关，闻警赴岛，遣其弟奉木主以西，而率义男三百余人力战，三百人无生者。[5]

后金汗努尔哈赤虽在宁远城下失败，却在觉华岛上得胜，使明守岛7000名

---

[1]《清太祖武皇帝实录》第4卷，原清宫内府藏写本，台北广文书局影印本，1970年，第24叶。
[2] 觉华岛：今辽宁省兴城市菊花岛乡。
[3] 安德才主编：《兴城县志》，辽宁大学出版社，1990年，第67页。
[4] 笔者亲登岛上，在安德才先生等陪同下，考察其明末遗迹，并做测量记录。
[5]《明熹宗实录》第70卷，天启六年四月辛卯，台北历史语言研究所校勘本，1962年，第20~21叶。

将士全军覆没，大量粮秣和二千余船只被焚，并使明经营多年之觉华岛，设施全毁，基地废弃。就官兵死亡与粮船遭焚而言，明军在觉华岛之受损，超过后金军宁远兵败之所失。

二十七日，后金军全部回师。

宁远之役，后金某重要人物为明炮弹击伤。各书记载略异，现征引如下：

明蓟辽经略高第奏报：

> 奴贼攻宁远，炮毙一大头目，用红布包裹，众贼抬去，放声大哭。分兵一枝，攻觉华岛，焚掠粮货。①

张岱在《石匮书后集》中记：

> 炮过处，打死北骑无算，并及黄龙幕，伤一裨王。北骑谓出兵不利，以皮革裹尸，号哭奔去。②

朝鲜李星龄在《春坡堂日月录》③中，记载宁远之役较详，兹抄录于下：

> 我国译官韩瑗，随使命入朝。适见崇焕，崇焕悦之，请借于使臣，带入其镇，瑗目见其战。军事节制，虽不可知，而军中甚静，崇焕与数三幕僚，相与闲谈而已。及贼报至，崇焕轿到敌楼，又与瑗等论古谈文，略无忧色。俄顷放一炮，声动天地，瑗怕不能举头。崇焕笑曰："贼至矣！"

---

① 《明熹宗实录》第68卷，天启六年二月丙子，台北历史语言研究所校勘本，1962年，第4叶。
② 张岱：《石匮书后集·袁崇焕传》第11卷，中华书局，1959年，第91页。
③ [朝]李肯翊：《燃藜室记述》第6辑，第25卷，第515页，转引自《清入关前史料选辑》第1辑，中国人民大学出版社，1984年。

乃开窗，俯见贼兵满野而进，城中了无人声。是夜，贼入外城，盖崇焕预空外城，以为诱入之地矣。贼因并力〔攻〕城，又放大炮，城上一时举火，明烛天地，矢石俱下。战方酣，自城中每于堞间，推出木横子，甚大且长，半在堞内，半出城外，中实伏甲士，立于横上，俯下矢石。如是层（屡）次，自城上投枯草油物及棉花，堞堞无数。须臾，地炮大发，自城外遍内外，土石俱扬，火光中见胡人，俱人马腾空，乱堕者无数，贼大挫而退。翌朝，见贼拥聚于大野一边，状若一叶，崇焕即送一使，备物谢曰："老将横行天下久矣，日见败于小子，岂其数耶！"奴儿哈赤先已重伤，及是具礼物及名马回谢，请借再战之期，因愬恚而毙云。①

宁远之役，后金汗努尔哈赤虽在觉华岛获取小胜，并以此慰诸臣、慰官兵、慰部民；但就总体而言，就战略而论，历史的结论是：努尔哈赤兵败宁远。明朝与后金的宁远之战，以明朝的胜利和后金的失败而结束。先是，"奴酋鸷伏，四年不动，一朝突至，宁远被围，举国汹汹"②；至是，庙堂闻报宁远捷音，京师空巷相庆。宁远之捷是明朝从抚顺失陷以来的第一个胜仗。明兵部尚书王永光奏言，宁远大捷是自"辽左发难，各城望风奔溃，八年来贼始一挫，乃知中国有人矣"③的一仗。明天启帝则旨称："此七八年来所绝无，深足为封疆吐气。"④与明相反，努尔哈赤原议师略宁远城，夺取山海关，不料败在袁崇焕手下。此时袁崇焕42岁，

---

① 努尔哈赤是否在宁远城下负伤，史学界意见不一。《中国历史文献丛刊》1980年第1期载孟森先生遗著《清太祖死于宁远之战不确》及商鸿逵教授附《赘言》，《社会科学战线》1980年第2期载李鸿彬同志《努尔哈赤之死》等文，均对努尔哈赤在宁远城下负伤持异议。努尔哈赤在宁远负伤，为什么仅见于朝鲜记载，而不见于明朝与后金记载？下述两个问题值得研究：其一，《满文老档》独于宁远之败断简；其二，袁崇焕部将周文郁《边事小纪》又巧于宁远之役存目阙文。
② 《明熹宗实录》第68卷，天启六年二月丁丑，台北历史语言研究所校勘本，1962年，第8叶。
③ 《明熹宗实录》第68卷，天启六年二月乙亥，台北历史语言研究所校勘本，1962年，第2叶。
④ 《明熹宗实录》第68卷，天启六年二月丙子，台北历史语言研究所校勘本，1962年，第4叶。

初历战阵;努尔哈赤已68岁,久戎沙场。努尔哈赤在宁远遭到用兵44年来最严重的惨败。对于军事统帅,最大的痛苦莫过于指挥失败。《清太祖武皇帝实录》记载努尔哈赤宁远之败时说:

> 帝自二十五岁征伐以来,战无不胜,攻无不克,惟宁远一城不下,遂大怀忿恨而回。①

后金汗努尔哈赤之所以在宁远受挫,其原因是方面诸多而又错综复杂的。

在政治上,后金进攻宁远的战争,已由统一女真各部、反抗民族压迫的正义战争,变成为掠夺土地人民、争夺统治权力的不义战争,因而遭到辽东汉民的强烈反对。尤其是努尔哈赤对辽沈地区汉民的错误政策,引起后金与明朝辖区两方辽民的不满和恐惧,从而促使宁远军民拼死抵御后金军的进犯。所以,人心向背是袁崇焕获胜与努尔哈赤失败的一个基本因素。

在军事上,三年之间,后金兵没有作战,额真怠惰,兵无斗志,器械不利②;袁崇焕却在积极备战,修筑坚城,整械备炮,训练士马。努尔哈赤打了一场兵家最忌的无准备之仗。

在策略上,以往后金向明进行攻坚战,在坚城深堑之前,炮火矢石之下,多以诱敌出城、歼其主力,或以智取力攻、里应外合取胜。这次袁崇焕坚壁清野,婴城固守,"无夺门之叛民,内应之奸细"③。努尔哈赤以劳对逸,以主为客,以箭制炮,以短击长,终至败北。

在武器上,明军已使用当时最新武器红夷大炮,而八旗兵照旧袭用刀戈弓矢。后金兵的进攻,被袁崇焕凭坚城、用洋炮所击败。袁崇焕说:"虏利野战,惟有

---

① 《清太祖武皇帝实录》第4卷,原清宫内府藏写本,台北广文书局影印本,1970年,第25叶。
② 《满文老档·太祖》第71册,天命十一年三月十九日,中华书局译注本,1990年。
③ 《明熹宗实录》第68卷,天启六年二月乙亥,台北历史语言研究所校勘本,1962年,第2叶。

凭坚城以用大炮一著。"①宁远获捷,使红夷火炮声名大噪。明廷封一门红夷炮为"安国全军平辽靖虏大将军"②。

在思想上,后金军居于劣势,努尔哈赤思想僵化,骄傲轻敌;明军处于优势,袁崇焕群策群力,小心谨慎。后金刘学成在奏陈中分析道:"汗自取广宁以来,马步之兵,三年未战,主将怠惰,兵无战心也,兼之,车梯藤牌朽坏,器械无锋。及汗视取宁远甚易,故天降劳苦于汗也。"③努尔哈赤犯了骄兵必败的错误。

在指挥上,后金汗在宁远的对手已然不是纸上谈兵的经略袁应泰,也不是浪言求宠的巡抚王化贞,更不是勇而无谋的总兵贺世贤,而是杰出的将领袁崇焕。袁崇焕在宁远之役中,婴(撄)城固守,凭城用炮,调度得体,指挥有方,确实胜过深谋老算的努尔哈赤一筹。

当然,上述诸因素中任何孤立的一项,可能不是后金宁远之败的必然因素。后金汗努尔哈赤的悲剧在于,他对上述条件的整合及其变化,尤其是对明军的指挥与武器这两个重要因素的变化,没有起码的认识,结果以己之短击彼之长,铸下了历史性错误。

但是,历史往往向着人们主观愿望相反的方向发展。袁崇焕在宁远打败努尔哈赤的奇勋,反成了他后来身死家破的一个因缘。他说:"凡勇猛图敌,敌必仇;振刷立功,众必忌。况任劳之必任怨,蒙罪始可有功。怨不深,劳不厚;罪不大,功不成。谤书盈箧,毁言日至,从来如此。"④袁崇焕后遭敌仇众忌,因后金反间,阉党诬陷,明帝昏庸,而被含冤磔死。

---

① 《明熹宗实录》第79卷,天启六年十二月庚申,台北历史语言研究所校勘本,1962年,第19叶。
② 《明熹宗实录》第69卷,天启六年三月甲子,台北历史语言研究所校勘本,1962年,第20叶。
③ 《满文老档·太祖》第71册,天命十一年三月十九日,中华书局译注本,1990年。
④ 《明熹宗实录》第75卷,天启六年八月丁巳,台北历史语言研究所校勘本,1962年,第12叶。

努尔哈赤在宁远兵败之后回到沈阳。他的统治权力从佛阿拉逐渐地移到沈阳，其间经历着关于汗位及汗位继承的激烈斗争。

第十六章 汗位之争

一 幽弟杀子

努尔哈赤为加强汗权、巩固汗位，同其胞弟舒尔哈齐和长子褚英发生了权力与财富之争。其与弟、与子之争，在下面分别叙述。

早在努尔哈赤起兵之初，舒尔哈齐处于其副手的地位。在明官书中，往往努尔哈赤与舒尔哈齐并称。舒尔哈齐曾以建州卫都督等身份，多次进京"朝贡"，如：

万历二十三年（1595）八月，"建州等卫女直夷人速儿哈赤等赴京朝贡，命如例宴赏"[①]。

万历二十五年（1597）七月，"建州等卫夷人都督、都指挥速儿哈赤等一百员名、纳木章等一百员名，俱赴京贡，赐赏如例"[②]。

万历三十四年（1606）十二月，"建州卫都督、都指挥速儿哈赤等入贡"[③]。

万历三十六年（1608）十二月，"颁给建州右等卫女直夷人速儿哈赤等

---

① 《明神宗实录》第23卷，万历二十三年八月丙寅，内阁文库本。
② 《明神宗实录》第312卷，万历二十五年七月戊戌，台北历史语言研究所校勘本，1962年，第9叶。
③ 谈迁：《国榷》第80卷，中华书局，1958年，第4966页。

一百四十名，贡赏如例"①。

舒尔哈齐多次进京"朝贡"，这在他兄弟5人中，除其长兄努尔哈赤外是仅见的。

另从朝鲜史籍中，也能反映出舒尔哈齐的显贵地位。如申忠一到佛阿拉所绘建州首领住家图录仅二幅，即《木栅内奴酋家图》和《外城内小酋家图》。他所见舒尔哈齐"体胖壮大，面白而方，耳穿银环，服色与其兄一样"②。比申忠一先一月到佛阿拉的朝鲜通事河世国，分别受到努尔哈赤和舒尔哈齐的接见与宴赏：

老乙可赤常时所住之家，麾下四千余名，佩剑卫立，而设坐交椅。唐官家丁先为请入拜辞而罢，然后世国亦为请入，揖礼而出。小乙可赤处一样行礼矣。老乙可赤屠牛设宴，小乙可赤屠猪设宴，各有赏给。③

朝鲜和明朝的史籍记载，都说明努尔哈赤与舒尔哈齐曾是主副配合、兄弟并肩、相辅相成的。

但是，努尔哈赤与舒尔哈齐之间的矛盾，在万历二十三年（1595）已见端倪。申忠一见舒尔哈齐家里"凡百器具，不及其兄远矣"；舒尔哈齐也向申忠一直言："日后你佥使若有送礼，则不可高下于我兄弟。"④ 这表露出舒尔哈齐对已获权位与财货的不满。尔后，万历二十七年（1599）建州兵征哈达时，努尔哈赤在哈达城下当众怒斥舒尔哈齐⑤，他们之间的裂痕已现于表面且加深。万历三十五年

---

① 《明神宗实录》第453卷，万历三十六年十二月甲戌，台北历史语言研究所校勘本，1962年，第5叶。
② [朝] 申忠一：《建州纪程图记》，图版17，载《兴京二道河子旧老城》，日文版，建国大学刊印，1939年。
③ [朝]《李朝宣祖大王实录》第69卷，二十八年十一月戊子，日本学习院东洋文化研究所刊本，1959年。
④ [朝] 申忠一：《建州纪程图记》，图版20，载《兴京二道河子旧老城》，日文版，建国大学刊印，1939年。
⑤ 《满洲实录》第3卷，中华书局影印本，1986年，第3叶。

（1607），努尔哈赤以舒尔哈齐在乌碣岩之役作战不力，命将其二将常书、纳奇布论死，后依舒尔哈齐恳请，二将免死，罚常书银百两，夺纳奇布所属牛录①。自此，努尔哈赤"不遣舒尔哈齐将兵"②，削夺其兵权。万历三十七年（1609）三月，舒尔哈齐被夺去兵权后，郁闷不乐，常出怨言，认为活着还不如死了好，遂移居黑扯木。努尔哈赤命收回其弟舒尔哈齐贝勒的财产、阿哈，杀了他的儿子阿布什，又将他的部将武尔坤吊在树上以火烧死③。同年，明辽东巡按熊廷弼行"间速酋以断其手足"之策④。万历三十九年（1611）八月十九日，舒尔哈齐贝勒死。据明人黄石斋《建夷考》载：

> 酋疑弟二心，佯营壮第一区，落成置酒，招弟饮会，入于寝室，铤铛之，注铁键其户，仅容二穴，通饮食，出便溺。弟有二名裨，以勇闻，酋恨其佐弟，假弟令召入宅，腰斩之。⑤

另如《三朝辽事实录》也载："奴酋忌其弟速儿哈赤兵强，计杀之。"⑥

据明人诸书所载，舒尔哈齐被其兄努尔哈赤加害，但清朝官方史书讳言。努尔哈赤为人威暴严厉，据《栅中日录》记：

> 奴酋为人猜厉威暴，虽其妻子及素亲爱者，少有所忤，即加杀害，是以人莫不畏惧。⑦

---

① 《清太祖武皇帝实录》第2卷，原清官内府藏写本，台北广文书局影印本，1970年，第9叶。
② 《清史稿》第215卷《舒尔哈齐传》，中华书局标点本，1977年，第8942页。
③ 《满文老档·太祖》第1册，己酉年（万历年三十七年）三月十三日，中华书局译注本，1990年。
④ 《熊廷弼书牍》第1卷，清钞本，第35叶。
⑤ 黄石斋：《建夷考》，清钞本。
⑥ 王在晋：《三朝辽事实录·总略》，江苏省立国学图书馆藏本，第16叶。
⑦ [朝] 李民寏：《栅中日录》，日本天理大学，第34页。

依据努尔哈赤的威暴性格及明代史书的有关记载，有些学者推断：努尔哈赤为了强化汗权，幽杀其胞弟舒尔哈齐贝勒是很有可能的。孟森先生断言舒尔哈齐之死，"实乃杀之"①。

舒尔哈齐死后，汗位之争的焦点移向努尔哈赤的长子褚英。

褚英，母佟佳氏，万历八年（1580）生②。汗父起兵时他4岁。19岁的褚英，于万历二十六年（1598），率兵征安楚拉库路，被赐号洪巴图鲁；万历三十五年（1607）在乌碣岩之战中立功，被赐号阿尔哈图土门；翌年，又偕贝勒阿敏等攻乌拉，克宜罕阿麟城③。旋因居长，屡有军功，被努尔哈赤授命执掌国政。褚英柄政后，因年纪轻，资历浅，心胸偏狭，操之过急，受到"四贝勒""五大臣"内外两方面的反对。"四贝勒"即努尔哈赤"爱如心肝"的代善、阿敏、莽古尔泰、皇太极。他们各为旗主贝勒，握军队、拥权势，厚财帛、领部民，建州又无立嫡以长的历史传统，不满于褚英当嗣子、主国政的地位。他们上告长兄褚英，似有争嗣之嫌，于是争取同"五大臣"联合，倾轧褚英。"五大臣"即努尔哈赤所"信用恩养、同甘共苦"的费英东、额亦都、何和礼、安费扬古、扈尔汉。他们早年追随努尔哈赤，威望高、权势重，历战阵、建殊勋，当克图伦时，褚英尚在襁褓之龄，他们自然也不满于褚英专军机、裁政事的地位。他们首告嗣储褚英，似有二心之嫌，于是也力求同"四贝勒"结合。

努尔哈赤嗣子褚英对这些建州的"柱石"和"元勋"缺乏谦恭之态，想趁父汗在世时逐渐削夺他们的财富和权力，以便巩固储位。这促使"四贝勒"与"五大臣"经过密议之后，联合向努尔哈赤告发褚英。努尔哈赤让他们每人各写一份文书呈送。他们各写文书、联合控告褚英的"罪状"是：第一，使"四贝勒""五大臣"彼此不睦；第二，声称要索取诸弟的财物、马匹；第三，曾言："凡与我不睦之

---

① 孟森：《明清史论著集刊》上册，中华书局，1959年，第182页。
② 唐邦治辑：《清皇室四谱》第3卷，文海出版社影印本，1966年，第3页。
③ 《清史稿》第216卷《褚英传》，中华书局，1977年，第8966页。

诸弟及众大臣,待我即位后皆诛之!"①努尔哈赤在权衡长子褚英与"四贝勒""五大臣"两方力量之后,断然寝疏褚英。尔后两次耀兵乌拉,努尔哈赤没有派褚英出征,让他留居在家中。"褚英意不自得,焚表告天自诉,乃坐咀咒"②之罪,万历四十一年(1613)三月二十六日,被幽禁在高墙之中③。万历四十三年(1615)八月二十二日,努尔哈赤下令将长子褚英处死,当时褚英年仅36岁。

褚英之死,是自死还是处死?《清史列传》中褚英失载,无从述其死;《清史稿·褚英传》作"乙卯闰八月④,死于禁所"⑤,不仅死月误系,且未及其死因。《满文老档》记载简略,且讳言其被努尔哈赤下令处死之史实。但是,此段史事《旧满洲档》(即《无圈点老档》《满文文档》《满文原档》)载述较详：

sure	kundulen	han	i	amba	jui	arhatu	tumen
淑勒	昆都仑	汗	的	长	子	阿尔哈图	图们

mujilen	ehe,	ini	waka	be	beye	de	alime	gaijarakū
心意	恶,	他的	过错	把	自己	于	承担	不受取

ofi,	amala	banjire	doro	be	efulerahū	seme	gūnifi,
因为,	将来	生活的	道	把	恐怕败坏	等情	想,

den	hashan	i	(boode	gajifi	tebuhe)	[boode	tebufi,
高	栅	的	(于房屋	带到	使住了)	[于房屋	使住,

juwe	aniya	arafi	ilan	aniya	otolo	seolehe。
二	年	过了	三	年	将及	思考了

---

① 《满文老档·太祖》第3册,癸丑年(万历四十三年),中华书局译注本,1990年。
② 《清史稿·褚英传》第216卷,中华书局标点本,1977年,第8966~8967页。
③ 《满文老档·太祖》第3册,癸丑年(万历四十三年)三月二十六日,中华书局译注本,1990年。
④ 闰八月:《清史稿·褚英传》中"闰八月"误,应作"八月"。
⑤ 《清史稿·褚英传》第216卷,中华书局标点本,1977年,第896页。

seoleci	（amba	jui）	bihede	gurun	be	efulemb。
思考得	（长	子）	若在	国	把	败坏。

iemu	jui	be	hairaci,	geren	juse	ambasa	amba
一	子	把	若爱惜,	众多	子们	大臣们	多

gurun	de	ehe	ombi	seme,	niohon	gūlmahūn
人	于	恶	将会	以为,	乙	卯

aniya	sure	kundulen	han	i	susai	nadan	se
年	淑勒	昆都仑	汗	的	五十	七	岁

de,	ini	jūsin	ninggun	se	de,	jakun	biyai
于,	他的	三十	六	岁	于,	八	月的

orin	juwe	de	umesi	mujilen	be	jafafi	enteheme
二十	二	于	坚决的	心意	把	拿定	永久地

efulefi	unggihe①]②。
除掉	送走了]。

上引《旧满洲档》之译文是：

聪睿恭敬汗以其长子阿尔哈图土们，心术不善，不认己错，深恐日后败坏治生之道，故令将其囚居于高栅（屋内）。经过二年多之深思，虑及长子若生存，必会败坏国家。倘怜惜一子，则将危及众子侄、诸大臣和国民。遂于乙卯年聪睿恭敬汗五十七岁，长子三十六岁，八月二十二日，始下决断，处死长子。

---

① 《旧满洲档》第 1 册，中国台湾影印本，第 73～74 页；参见广禄、李学智译注：《清太祖朝老满文原档》（第 1 册荒字档老满文档册），台北历史语言研究所，第 29～30 页。
② 方括号 ［……］内为《满文老档》讳删之文。

上述文中自"经过"以下，至"长子"以上的文字，在《旧满洲档》中被圈掉，故为《满文老档》所讳阙。

后金汗努尔哈赤为加强汗权而幽弟杀子，心怀惭德，久不平静。他年事渐高，不愿子孙们骨肉相残，要他们不咎既往，唯鉴将来，子孙环护，长治久安。天启元年即天命六年（1621）正月十二日，后金汗召集诸子侄及长孙，代善、阿敏、莽古尔泰、皇太极、德格类、济尔哈朗、阿济格、岳托等，对天地神祇，焚香设誓：

> 蒙天父地母垂祐，吾与强敌争衡，将辉发、兀喇、哈达、夜黑，同一音语者，俱为我有。征仇国大明，得其抚顺、清河、开原、铁岭等城，又破其四路大兵，皆天地之默助也。今祷上下神祇：吾子孙中纵有不善者，天可灭之，勿令刑伤以开杀戮之端。如有残忍之人，不待人①诛，遽兴操戈之念，天地岂不知之？若此者，亦当夺其算。昆弟中若有作乱者，明知之而不加害，俱坏理②义之心，以化导其愚顽。似此者，天地祐之，俾子孙百世延长。所祷者此也。自此之后，伏愿神祇，不咎既往，惟鉴将来。③

后金执政集团内部残酷的政治斗争，不会因努尔哈赤率领众子侄等对神祇设

---

① 《清太祖高皇帝实录》载："其不善之人，惟天诛之。若不俟天诛，存心戕害，天地鉴之，夺其算，无克永年。"《满洲实录》载："吾子孙中纵有不善者，天可灭之。勿念戕害以开杀戮之端。如有残忍之人，不待天诛，遽兴操戈之念，天地岂不知之。"《清太祖武皇帝实录》载："吾子孙中若有不善者，天可灭之。勿令刑伤以开杀戮之端。如有残忍之人，不待天诛，遽兴操戈之念，天地岂不知之。"《太祖高皇帝实录稿本三种》（甲种本）作"不俟天诛"，《太祖高皇帝实录稿本三种》（乙种本）也作"不俟天诛"。以上可证，"武录"此处的"人"字当为"天"字。
② 《清太祖高皇帝实录》作"以义理所在"，《清太祖武皇帝实录》作"俱坏理义之心"，《满洲实录》作"惟坏理义之心"，若准之《高录》的"以义理所在"，则《武录》应作"俱怀礼义之心"，《满录》应作"惟怀礼义之心"。
③ 《清太祖武皇帝实录》第3卷，原清宫内府藏写本，台北广文书局影印本，1970年，第30叶。

誓而自行消失。同样，"怀礼义之心"的诸王贝勒，对于觊觎汗位者，必不能"化导其愚顽"。在后金执政集团中，有汗位，就有激烈的争夺；有争夺，就有酷虐的斗争。满洲这种为争夺皇位而骨肉相残的宫廷斗争史，后来一再重演。

褚英被囚死后，后金汗努尔哈赤的"建储"之争更为剧烈。这主要在四大贝勒中的代善和皇太极之间进行明争与暗斗。"天命年间四大贝勒各拥重兵，觊觎大位。顾阿敏为太祖侄，莽古尔泰之母则得罪太祖，故以代善与皇太极最为有望。当开国之初，削平诸部，夺取辽、沈，二王功最高"①。代善与皇太极，以序齿言，褚英已死，代善居长，皇太极为弟行；以武力言，代善独拥二旗，为皇太极掌一旗所不及；以才德言，代善宽厚得众心，皇太极则威厉为人畏惮。努尔哈赤自然决定让代善继褚英执掌国政。代善因被赐号古英巴图鲁，朝鲜史籍称他贵盈哥。《建州闻见录》记载，努尔哈赤死后，"则贵盈哥必代其父"②。努尔哈赤说过："待我死后，将我诸幼子及大福晋交由大阿哥抚养"③。大阿哥即大贝勒代善，大福晋即努尔哈赤的大妃乌拉那拉氏阿巴亥④。努尔哈赤将爱妃大福晋和诸心肝幼子托付给代善，即预定他日后袭受汗位。代善性宽柔、孚众望，军功多、权势大，自协助父汗主持国政后，凡努尔哈赤不在时，一些重大军机便先报告给他⑤。然而，代善也有其弱点。随着代善的权位日重，他同其父汗及其弟皇太极的矛盾便趋向激化。

代善同努尔哈赤、皇太极之间的矛盾，以德因泽的告讦而爆发。《满文老档》记载，万历四十八年即天命五年（1620）三月，小福晋德因泽向后金汗告发道：

---

① 赵光贤：《清初诸王争国记》，载《辅仁学志》第12卷第1、2合期。
② [朝]李民寏：《建州闻见录》，日本天理大学图书馆藏玉版书屋本，第34页。
③ 《满文老档·太祖》第14册，天命五年三月二十五日，中华书局译注本，1990年。
④ 《满文老档·太祖》第14册，天命五年三月所载大福晋，未明言其姓氏。因有两种意见：一种意见认为大福晋为富察氏衮代，即莽古尔泰的生母；另一种意见认为大福晋为大妃乌拉那拉氏阿巴亥，即阿济格、多尔衮和多铎的生母。
⑤ 《满文老档·太祖》第16册，天命五年九月初三日，中华书局译注本，1990年。

"大福晋曾二次备办饭食，送与大贝勒，大贝勒受而食之。又一次，送饭食与四贝勒，四贝勒受而未食。且大福晋一日二三次差人至大贝勒家，如此来往，谅有同谋也！福晋自身深夜出院亦已二三次之多。"[①]努尔哈赤派扈尔汉、额尔德尼、雅荪和莽阿图四大臣去调查，后查明告发属实。而诸贝勒大臣在汗的家里宴会、集议国事时，大福晋饰金佩珠、锦缎妆扮，倾视大贝勒。诸贝勒大臣虽内心不满，却因惧怕大贝勒和大福晋而不敢向汗报告。努尔哈赤对大贝勒同大福晋的暧昧关系极为愤慨，但他既不愿加罪于儿子，又不愿家丑外扬，便借口大福晋窃藏金帛，勒令离弃[②]。小福晋德因泽因告讦有功，被升为与努尔哈赤同桌共食。或言德因泽告讦之谋出自皇太极。皇太极借大贝勒与大福晋的阴私，施一箭双雕之计，既使大福晋被废，又使大贝勒声名狼藉，并离间了努尔哈赤与代善的父子之情，为他后来夺取汗位准备了重要条件。

时后金汗努尔哈赤年事已高，选立嗣君的计划一次又一次地破产。这促使他试图废除立储旧制，改革后金政体，实行八大贝勒共治国政的制度。

[①]《满文老档·太祖》第14册，天命五年三月二十五日，中华书局译注本，1990年。
[②]《满文老档·太祖》第21卷载，天命六年四月十五日，努尔哈赤已复立大福晋。

二 改革政体

后金的国体,是军事农奴主专政。后金的政体,即其政权构成的形式,是君主集权制。但是,后金汗努尔哈赤,为使其汗权具有稳定性和延续性,解决择立汗位继任者的难题,试图改革君主集权制政体,实行八大贝勒共治国政的体制。

努尔哈赤的八大贝勒共治国政制,是同八旗制度密切关联的。

在经济上,八旗的每一个旗都是一个巨大的经济集团。旗主贝勒又都是本旗最大的财富拥有者。当时的习俗是,"有人必八家分养之,地土必八家分据之"①。努尔哈赤告诫子孙们:"预定八家,但得一物,八家均分公用,毋得分外私取。"②每次兵马出征所获,按照八旗,依照军功大小,在大汗主持下,进行公平分配。各旗的旗主贝勒,在该旗中是金帛、牲畜、房田和人口的最大占有者。如大贝勒代善为正红旗的旗主贝勒,他早在万历四十一年(1613),就占有诸申5000户,牲畜800群,白银1万两,敕书80道③。八旗军进入辽沈地区之后,旗主贝勒占

---

① 《胡贡明五进狂瞽奏》,载《天聪朝臣工奏议》上卷,辽宁大学历史系铅印本,1980年。
② 《清太祖武皇帝实录》第4卷,原清宫内府藏写本,台北广文书局影印本,1970年,第30叶。
③ 《满文老档·太祖》第3册,癸丑年(万历四十一年),中华书局译注本,1990年。

有的财富更加急剧膨胀。八旗的旗主贝勒既为该旗最大的财富拥有者,他必然要求在政权机关中,握有与其财富相应的政治权力。

在政治上,八旗的每一个旗都是一个庞大的社会集团。旗主贝勒又都是本旗最大的封建主。各旗的固山额真、梅勒额真、甲喇额真和牛录额真,各置官属,领有部众,分辖属民,等级严格,名分有定。旗主贝勒既是该旗的最高行政长官,也是该旗的最高军事统帅。后来盛京大政殿与十王亭的建筑形式,可以反映出在后金汗之下,八旗的旗主贝勒所具有的特殊政治地位、军事地位和经济地位。旗主贝勒既为该旗大小封建主的总代表,他必然要求在后金政权机关中,分享相应的决策权力,参与国事,统领军队。

在军事上,八旗的每一个旗都是一个强大的军事集团。旗主贝勒又都是本旗的军事统帅。努尔哈赤以"十三副遗甲"起兵,连年征战,南北驰突,占领辽沈,建立后金,主要是靠军事胜利发展起来的。后金对外掠夺,对内镇压,都需要有一支精锐的军队。后金汗努尔哈赤依恃铁骑劲旅,吞并诸部,攻城略地,掳掠金帛,俘获人畜,占有土地,因而八旗军队成为后金政权的八根支柱。所以,旗主贝勒在后金权力机构中,占有极重要的地位。旗主贝勒既为该旗的主帅,他必然要求在后金政权机关中,握有与本旗军事实力相应的执政权力。

在宗族上,八旗的每一个旗都是一个血缘的宗亲集团。旗主贝勒又都是本旗的宗亲总族长。努尔哈赤起兵以来,各归降部众,由其酋长统领,编丁入籍,披甲入旗。旗下之甲喇,甲喇下之牛录,往往是同一血缘的宗亲家族。若干宗族家族,组成宗亲集团。有的牛录额真,兼任族长。各级额真除管其所属的经济、政治和军事外,还兼理宗族内部事务。所以,旗主贝勒既为该旗的总族长(或委他人为族长),他就必然要在后金政权机关中握有与本旗宗族利益攸关、实力相当的执政权力。

在法制上,八旗的每一个旗都是一个法制的司法集团。旗主贝勒又都是本旗的司法总长。后金时期,虽然设立理事官制度,重大案件经理事官审议,但要奏报天命汗作最后裁决。在此之前，各位旗主贝勒对本旗重大的或一般的事件、重要的或一般的旗人，在调查取证、初步审理，直至决断，都具有巨大的权力。

由上，旗主贝勒在后金政权机构中的权力，是按其经济、军事、社会、宗族、法制的实力来分配的。努尔哈赤有鉴于此，又以嗣子褚英、代善的教训为戒，决定实行八大贝勒共治国政的制度。八大贝勒，又称八和硕贝勒。这八大贝勒都有谁呢？人事变动，时移无常。一般认为，努尔哈赤晚年的八大贝勒，当是天启元年即天命六年（1621）正月十二日，后金汗努尔哈赤召集诸子侄及长孙，代善、阿敏、莽古尔泰、皇太极、德格类、济尔哈朗、阿济格、岳讬等对天地神祇、焚香设誓所具名的上述八个人。这八大贝勒中的代善为努尔哈赤的次子代善（长子褚英已死，实为长子）、阿敏（系舒尔哈齐第二子）、莽古尔泰（努尔哈赤第五子）、皇太极（努尔哈赤第八子）、德格类（努尔哈赤第十子）、济尔哈朗（舒尔哈齐第六子）、阿济格（努尔哈赤第十二子）、岳讬（努尔哈赤长孙、代善第一子）。天启二年即天命七年（1622）三月初三日，后金汗努尔哈赤发布实行八大贝勒共治国政的《汗谕》：

> 众贝勒问上曰："基业，天所予也，何以宁辑？休命，天所锡也，何以凝承？"上曰："继朕而嗣大位者，毋令强梁有力者为也。以若人为君，惧其尚力自恣，获罪于天也。且一人纵有知识，终不及众人之谋。今命尔八子，为八和硕贝勒，同心谋国，庶几无失。尔八和硕贝勒内，择其能受谏而有德者，嗣朕登大位。若不能受谏，所行非善，更择善者立焉。择立之时，若不乐从众议，艴然变色，岂遂使不贤之人，任其所为耶！至于八和硕贝勒，共理国政，或一人心有所得，言之有益于国，七人宜共赞成之。如己既无才，又不能赞成人善，而缄默坐视者，即当易此贝勒，更于子弟中，择贤者为之。易置之时，若不乐从众议，艴然变色，岂遂使不贤之人，任其所为耶！若八和硕贝勒中，或以事他出，

告于众,勿私往。若入而见君,勿一二人见,其众人毕集,同谋议以治国政。务期斥奸佞,举忠直可也。"①

同日,努尔哈赤关于八大贝勒共治国政的《汗谕》,除《清太祖高皇帝实录》上述载引外,《满文老档》中还载有如下内容:

其一,八王共议,设女真大臣八人、汉大臣八人、蒙古大臣八人。在八大臣之下,设女真理事官八人、汉理事官八人、蒙古理事官八人。众理事官审理后,报告诸大臣;诸大臣审拟后,上报八王;八王定断拟定之罪。

其二,国主在一月之内,于初五日、二十日,两次升殿。正月初一日,向堂子叩首,向神祇叩首。随后,国主向诸叔诸兄叩首。然后,汗坐在御座上。汗及接受汗叩首之诸叔诸兄,均坐在一处,接受国人的叩贺。

其三,在父汗所规定八分所得之外,若另自贪隐一物,贪隐一次,革一次应得之一分;贪隐二次,革二次应得之一分;贪隐三次,则永革其应得之分。

其四,如不牢记父汗的训言,不听取兄弟的规劝,仍悖理行事,初则定罪;若不改,即没收其诸申;若再不改,即加以监禁②,等等。

上述八王即八大贝勒,又称八和硕贝勒③,和硕贝勒也称旗主贝勒或主旗贝勒。努尔哈赤颁布八和硕贝勒共治国政谕,改革政体,旨在提高八和硕贝勒的地位,限制继嗣新汗的权力,以维护后金之长治久安。通过这次政体改革,努尔哈赤使

---

① 《清太祖高皇帝实录》第8卷,中华书局影印本,1986年,第15~16叶。
② 参见《满文老档·太祖》第38册,天命七年三月初三日,中华书局译注本,1990年。
③ 福格《听雨丛谈·八分公》载:宗室公爵,有入八分、不入八分之称。或言如入八分者,如汉、魏九锡之赐,沿说以来,莫知其误。谨按《会典》注。天命间,立八和硕贝勒,共议国政,各置官属,朝会燕飨皆异其礼,锡赉必均,是为八分。天聪以后,宗室内有特恩封公及亲王余子授封,皆不入八分,其封至贝子降袭者,准入八分云云。今恩封王爵,其嫡世子替袭贝勒、贝子递降为入八分镇国公罔替,余子初封不入八分公。是八分之名,盖言得预朝政之称,非章服之荣也。

后金政权掌握在八和硕贝勒手中。八和硕贝勒拥有相当大的权力，如：

第一，**推举新汗**。努尔哈赤身后新汗的继立，在"八和硕贝勒内，择其能受谏而有德者，嗣朕登大位"。努尔哈赤身后皇太极的继立，皇太极身后福临的继立，都是按照此项制度推举的。八和硕贝勒握有拥立新汗的大权。新汗既不由先汗指定，也不是自封，而是为八和硕贝勒议后共同推举。新汗既被八和硕贝勒共同推举，继位之后便不能独揽后金大权，其权力受到很大的约束。

第二，**"并肩共坐"**。新汗与八和硕贝勒并肩共坐一处，同受国人朝拜。新汗在正旦，一拜堂子，再拜神祇，三拜祖先，四拜叔兄。随后升御座，与八和硕贝勒并肩一处共坐，共受诸臣叩贺。这项朝仪规定将八和硕贝勒位列堂子、神祇、祖先之次，而居于新汗之上；在接受群臣朝拜时，新汗与八和硕贝勒居于平等地位。从而在礼仪上给予新汗以严格的限制。

第三，**共议国事**。"一人纵有知识，终不及众人之谋"，因命八和硕贝勒"同心谋国，庶几无失"。努尔哈赤规定在会议军国大政时，新汗要与八和硕贝勒共同议商，集体裁决。这就使八和硕贝勒操持后金军国大事的最高决策权，从而限制新汗恣肆纵为，独断专行。

第四，**"八分"分配**。就是后金军掠获的金帛、牲畜等，归八和硕贝勒共有，按"八分"（就是八份儿）即八旗进行分配。这既为着防止"八家"因财富分配不均而祸起萧墙，更为着防止新汗一人垄断财货。这项规定使诸和硕贝勒与新汗在经济上享有同等的权力，从而对新汗的经济特权加以限制。

第五，**任贤退奸**。努尔哈赤规定八和硕贝勒要"斥奸佞，举忠直"。凡牛录额真以上官员，其任用、奖惩、升迁、贬斥，都由八和硕贝勒会议决定，而不由新汗一人专决。八和硕贝勒要撤换"已既无才，又不能赞成人善，而缄默坐视"的庸臣，并从八旗贵族子弟中选择贤能者加以补充。这样新汗丧失了任免官吏的独断权力，而人事大权掌握在八和硕贝勒手中。

第六，**断理诉讼**。努尔哈赤规定后金审理诉讼的程序分为三级：理事官初审，诸大臣复审，最后由八和硕贝勒定谳。新汗操生杀予夺之权受到限制，八和硕贝勒掌握最高司法权。

第七，禁止私议。努尔哈赤规定，八和硕贝勒如"有故而他适，当告知于众，不可私往。若面君时，当聚众共议国政，商国事，举贤良，退谗佞，不可一二人至君前"①。不许和硕贝勒在家中私议国政，也不许新汗同和硕贝勒单独密议，以防奸谋。军国大事需在庙堂聚集谋商，共同议决。

第八，废黜新汗。八和硕贝勒如认为拥立的新汗，"不能受谏，所行非善"，有权罢免，另为择立。

后金汗努尔哈赤改革后金政体，实行八和硕贝勒共议国政的制度。他将原来的君主集权，改革为八和硕贝勒共理国政，使其拥有国君立废、军政议决、司法诉讼、官吏任免等重大权力。由八和硕贝勒组成的贵族会议，成为后金国家的最高权力机关。努尔哈赤试图通过实行八和硕贝勒共治国政制，在新汗嗣位之后，改革君主专制，实行贵族共治。这在我国二千多年的帝制社会历史中，是一项重大的创举，也是一次可贵的尝试。

但是，上述努尔哈赤改革后金政体的措施有其局限性。

首先，这次改革仅局限在调整后金统治集团内部新汗与八和硕贝勒之间的关系。八和硕贝勒是后金汗下最大、最尊、最贵、最富的女真贵族，后金的统治权实际上掌握在几个宗室大贵族，主要是四大贝勒手中，同诸申毫不相干。

其次，这次改革将异姓贵族排除在后金最高统治集团之外。如努尔哈赤建立后金政权，由五大臣执政。其后，"诸子皆长且才，故五大臣没而四大贝勒执政"②。这时，费英东、额亦都虽死，何和礼、安费扬古、扈尔汉尚在，但并不预政。这表明最高统治权局限在爱新觉罗氏宗室大贵族之中，完全排除了异姓军功贵族。

---

① 《清太祖武皇帝实录》第4卷，原清官内府藏写本，台北广文书局影印本，1970年，第4叶。
② 《清史稿·列传十二》第225卷，中华书局标点本，1976年，第9190页。

再次，这次改革是以努尔哈赤《汗谕》形式进行的，意在平衡四大贝勒之间的关系，但这种权力平衡只能是暂时的。天聪六年（1632）正月，皇太极始"南面独坐"[①]，四大贝勒的平衡关系被打破，重新建立君主独裁，标志着努尔哈赤八大贝勒共议国政的改革失败。

努尔哈赤颁布八和硕贝勒共治国政《汗谕》时已届晚年。他逐渐将权力移交给八和硕贝勒，特别是四大贝勒，进行权力过渡，做出后事安排。

[①]《清太宗文皇帝实录》第11卷，中华书局影印本，1985年，第2叶。

第十七章 忧愤而死

一 疽发而亡

后金汗努尔哈赤于天命十一年（1626）正月宁远兵败，遭受起兵以来最重大的挫折。他自称"朕心倦惰"，心情沮丧，悒悒不自得，郁郁思往事。《清太祖武皇帝实录》三月三日，记载他的引咎之言：

> 吾思虑之事甚多，意者朕心倦惰而不留心于治道欤？国势安危民情甘苦而不省察欤？功勋正直之人有所颠倒欤？再虑吾子嗣中果有效吾尽心为国者否？大臣等果俱勤谨于政事否？①

他在昼夜殚思，稽省治策的失措、后金的困难、诸申的烦苦、忠奸的倒衡、臣吏的怠绌、子嗣的继任等问题。努尔哈赤既在思索宁远之败的教训，又在筹虑身后军国的大计。但百思不得其解，陷于苦闷之中。

努尔哈赤为掩饰宁远兵败的惭闷氛围，重振士气，把将士的不满引向蒙古。

---

① 《清太祖武皇帝实录》第4卷，原清宫内府藏写本，台北广文书局影印本，1970年，第25叶。

明辽东巡抚袁崇焕对此疏报言:

> 臣见奴儿哈赤,自宁远败后,平昔之力压势制者,保不生携二之心?其含愤蓄怒,思患预防,而急于一逞者,其心也。然攻其焚弃,丧失殆尽,非一傥可成,而锦右一带烧残,无可掠之野,其不能遽举者势也。故心急而力不赴,且阳为渡河西向,以懈䖝花。䖝果堕其彀中不备,奴得尽驱其众。彼又借攻䖝之威,以安其部落之心,且劫黄毛达子哈儿慎为之用。①

所以,努尔哈赤以其背弃"若征明与之同征,和则与之同和"②的盟誓,举兵西进,兴师问罪。同年四月初四日,他率领诸贝勒大臣统兵西渡辽河。前锋军射死蒙古喀尔喀巴林部叶赫巴图鲁幼子囊努克。努尔哈赤派大贝勒代善、二贝勒阿敏、三贝勒莽古尔泰、四贝勒皇太极以及济尔哈朗、阿济格、岳讬等统兵往西拉木伦河,获胜而归③。五月二十一日,蒙古科尔沁奥巴贝勒来沈阳,他出城10里升帐迎接④。但后金汗努尔哈赤这两次重大军政活动,《满文老档》阙载。看来,这时努尔哈赤或伤创未愈,或患病在身,或心绪不佳,抑或兼而有之。

劳师远袭和奥巴归服,这都不能排解努尔哈赤因宁远兵败而潜郁在心灵深处的悲苦。久经疆场、攻无不克的后金汗,竟然会输给初历战阵、婴城孤守的袁崇焕?努尔哈赤思索、惭赧、痛苦、焦躁,食不甘味,寝不安眠,肝郁不舒,积愤成疾。努尔哈赤创伤未愈,痈疽突发。他于七月二十三日往清河汤泉沐养。八月

---

①《明熹宗实录》第72册,天启六年六月戊子,台北历史语言研究所校勘本,1962年,第17叶。
②《满洲实录》第8卷,中华书局影印本,1986年,第8叶。
③《清太祖武皇帝实录》第4卷,原清宫内府藏写本,台北广文书局影印本,1970年,第26叶。
④《满洲实录》第8卷,中华书局影印本,1986年,第8叶。

初一日，努尔哈赤派二贝勒阿敏杀牛烧纸，祈祷神佑①，但毫无效果，病势危重，寻乘船顺太子河回沈阳。

天启六年即天命十一年（1626）八月十一日，后金汗努尔哈赤在由清河返回途中，至沈阳东40里的瑷鸡堡死去。

《清太祖高皇帝实录》记载：

（七月）癸巳（二十三日），上不豫，幸清河坐汤。八月庚子朔，丙午（初七日），上大渐，欲还京，乘舟顺太子河而下。使人召大妃来迎，入浑河。大妃至，溯流至瑷鸡堡，距沈阳城四十里。庚戌（十一日），未刻，上崩。在位凡十一年，年六十有八。②

此事，东江疏报：

（耿仲明）八月初二日，急归报：臣老奴背生恶疮，带兵三千，见在威宁堡狗儿岭汤泉洗疮……③

明辽东督师王之臣、辽东巡抚袁崇焕疏报：

奴酋哈赤死于沈阳，四子与长子争继未定。④

---

① 《满文老档·太祖》第72册，天命十一年八月初一日，中华书局译注本，1990年。
② 《清太祖努尔哈赤实录》第10卷，故宫博物院民国二十年（1931）排印，上海书店影印本，清内阁实录库藏，1989年，第79页。
③ 毛承斗辑：《东江疏揭搪报节抄》第5卷，浙江古籍出版社，1986年，第82页。
④ 《明熹宗实录》第76卷，天启六年九月丁酉，台北历史语言研究所校勘本，1962年，第15叶。

王之臣、袁崇焕又疏报后金汗努尔哈赤之死亡原因与死亡日期：

奴酋耻宁远之败，遂蓄愠患疽，死于八月初十日〔应作十一日〕。①

大妃乌拉那拉氏见努尔哈赤死去，悲痛欲绝，泣不成声。群臣抬着努尔哈赤灵柩回到沈阳宫中。努尔哈赤的尸骨未寒，就发生汗位继嗣之争。

时四大贝勒为代善、阿敏、莽古尔泰、皇太极，四小贝勒为阿济格、多尔衮、多铎、济尔哈朗。阿敏和济尔哈朗为舒尔哈齐之子，属于旁支，不能争位。莽古尔泰性鲁钝，或言曾弑其母继妃富察氏，也不能争位。承嗣汗位鼎争者主要是皇太极、代善和乌拉那拉氏所出的多尔衮。大福晋乌拉那拉氏是努尔哈赤晚年的宠妃，为阿济格、多尔衮和多铎的生母。努尔哈赤死时，多尔衮15岁，多铎13岁，因受父汗偏爱，两人领有正白、镶白二旗，又有其37岁正当盛年的生母乌拉那拉氏控制于上，地位尊崇，势力强大。这自为皇太极等所难容。诸王以"遗言"为由，逼迫大妃乌拉那拉氏殉死：

后饶丰姿，然心怀嫉妒。每致帝不悦，虽有机变，终为帝之明所制。留之恐后为国乱，预遗言于诸王曰："俟吾终，必令殉之。"诸王以帝遗言告后，后支吾不从。诸王曰："先帝有命，虽欲不从，不可得也。"后遂服礼衣，尽以珠宝饰之，哀谓诸王曰："吾自十二岁事先帝，丰衣美食，已二十六年。吾不忍离，故相从于地下。吾二幼子多尔哄、多躲，当恩养之。"诸王泣而对曰："二幼弟，吾等若不恩养，是忘父也，岂有不恩养之理！"于是，后于十二日，辛亥，辰时，自尽。寿三十七。乃与帝同柩。②

①《明熹宗实录》第76卷，天启六年九月戊戌，台北历史语言研究所校勘本，1962年，第15叶。
②《清太祖武皇帝实录》第4卷，原清宫内府藏写本，台北广文书局影印本，1970年，第33叶。

就这样，大福晋乌拉那拉氏成为后金汗位争夺的牺牲品。同时殉葬的还有2位庶妃阿济根和德因泽。

乌拉那拉氏死后，多尔衮与多铎年少，失去依恃，无力争夺汗位。汗位的争继主要在皇太极与代善二人之间角逐①。代善虽为大贝勒，但性情"宽柔"②，先已失宠，并被削夺一旗，无力与皇太极抗争。他在努尔哈赤生前，因恐皇太极图己，曾跪在其父面前泣诉③。这说明代善在与皇太极争夺嗣位时已居下风。四贝勒皇太极兼领镶黄、正黄二旗，"奢得众心"④，将卒精锐，"智勇俱全"⑤，战功独多，又得到其兄正红旗旗主贝勒代善的退让，遂得继嗣父汗以登大位，但汗权的执行形式是四大贝勒共同听政。他们并坐议政，实行贵族共治，暂未形成君主一人专制。

后金汗努尔哈赤死后，朝鲜《李朝仁祖大王实录》也作了记载，努尔哈赤于"七月间得肉毒病，沐浴于辽东温井（泉），而病势渐重，回向沈阳之际，中路而毙，立其第四子（按：应为四贝勒）"⑥。努尔哈赤之死与皇太极继立，对明朝和朝鲜的历史，后来均发生极大的影响。

努尔哈赤死后，梓宫暂安于沈阳城内。皇太极即位后，命诸贝勒大臣选择墓地，营建山陵。

> 初，上命诸贝勒大臣，敬卜吉壤，建造山陵，奉迁太祖高皇帝梓宫安葬。至是定议，卜吉于沈阳城东二十里，浑河北石嘴头山，遣官诣东京，奉迁孝慈高皇后梓宫，与太祖高皇帝合葬。大贝勒莽古尔泰母妃富察氏

---

① 《明熹宗实录》第76卷，天启六年九月丁酉，台北历史语言研究所校勘本，1962年，第15叶。
② [朝]李民寏：《建州闻见录》，日本天理大学图书馆藏玉版书屋本，第35页。
③ [朝]《光海君日记》第169卷，十三年九月戊申，日本学习院东洋文化研究所刊本，1959年。
④ [朝]李民寏：《建州闻见录》，日本天理大学图书馆藏玉版书屋本，第35页。
⑤ [朝]《光海君日记》第169卷，十三年九月戊申，日本学习院东洋文化研究所刊本，1959年。
⑥ [朝]《李朝仁祖大王实录》第14卷，四年九月庚寅，日本学习院东洋文化研究所刊本，1959年。

柩，亦同迁焉。①

上载史事为崇祯二年即天聪三年（1629）二月初十日。十三日，清明节，举行努尔哈赤梓宫安葬：

己亥，清明节，丑刻，以奉迁太祖高皇帝梓宫，上率诸贝勒大臣，诣太祖梓宫前，行告祭礼，奠酒，举哀，焚楮币，读祝。祝词曰："皇考升遐，于时三载，向以未获吉壤，敬奉梓宫，暂安沈阳城内。宏规钜制，有待经营。今谨卜地于浑河北石嘴头山，川萦山拱，佳气郁葱，敬建宝城。用诹吉日，奉迁皇考梓宫，奠兹佳域，伏愿亿万斯年，神灵永妥，庆流奕世，申锡无疆。谨告。"遂焚祝文，上与诸贝勒，亲奉太祖梓宫出殿，诸大臣奉安灵轝，列卤簿，奏乐。八旗诸臣，以次恭舁龙辀，至山陵。随奉孝慈高皇后梓宫，与太祖高皇帝合葬。大贝勒莽古尔泰母妃富察氏灵榇，亦祔葬于傍。葬毕，焚楮币以祭。于是，命官敬谨守护，陵东西两旁，立下马坊。禁乘车马行走，过必下。诸贝勒大臣以下，小民以上，违者治罪。②

努尔哈赤的梓宫，葬于沈阳东石嘴头山，后改名为天柱山，是为福陵，又称东陵。

福陵，山曰天柱，在奉天府城东北二十里。殿曰隆恩，奉太祖高皇帝、高皇后神位，太妃在陵之右。③

---

① 《清太宗文皇帝实录》第5卷，天聪三年二月丙申，中华书局影印本，1986年，第4叶。
② 《清太宗文皇帝实录》第5卷，天聪三年二月己亥，中华书局影印本，1986年，第4～5叶。
③ 康熙《盛京通志·山陵志》第3卷，康熙二十三年（1684）刻本，第1叶。

努尔哈赤死后，其谥号数变：崇祯九年即崇德元年（1636）四月，初谥为：

承天广运圣德神功肇纪立极仁孝武皇帝，庙号太祖。①

康熙元年（1662）四月，加谥为：

承天广运圣德神功肇纪立极仁孝睿武弘文定业高皇帝②。

雍正元年（1723）八月，再加谥为：

承天广运圣德神功肇纪立极仁孝睿武端毅弘文定业高皇帝③。

乾隆元年（1736）三月，复加谥为：

承天广运圣德神功肇纪立极仁孝睿武端毅钦安弘文定业高皇帝④。

以上，最后定谥共为27个字。

---

① 《清太宗文皇帝实录》第28卷，崇德元年四月丙戌，中华书局影印本，1986年，第17叶。
② 《清圣祖仁皇帝实录》第6卷，康熙元年四月丙辰，中华书局影印本，1986年，第19叶。
③ 《清世宗宪皇帝实录》第10卷，雍正元年八月己酉，中华书局影印本，1986年，第1叶。
④ 《清高宗纯皇帝实录》第14卷，乾隆元年三月乙巳，中华书局影印本，1986年，第18叶。

二 兄弟姊妹

努尔哈赤有四弟一妹，简述如下。

二弟穆尔哈齐，生于嘉靖四十年（1561），庶妃李佳氏生，比努尔哈赤小2岁。天命五年（1620）卒，年六十。有子11人。号青巴图鲁，后译称"诚义"，追封贝勒。

三胞弟舒尔哈齐，明汉译速儿哈齐，生于嘉靖四十三年（1564），比努尔哈赤小5岁。生母为嫡妃喜塔腊氏。受明封建州卫都指挥使。万历三十九年（1611）卒，年四十八。有子9人。号达尔汉巴图鲁，后追封亲王，谥号庄。

四胞弟雅尔哈齐，生于嘉靖四十五年（1566）①，比努尔哈赤小7岁，生母嫡妃喜塔腊氏。卒年不详。无嗣。

五弟巴雅喇，生于明万历十年（1582），生母次妃哈达那拉氏，比努尔哈赤小24岁。天命九年（1624）卒，年四十三。有子9人。号卓礼克图，后译称"笃义"。

努尔哈赤只有一胞妹，明万历十一年（1583）嫁于苏克素浒河部嘉穆瑚寨主，

---

① 雅尔哈齐生年待考，暂附于此。

伊尔根觉罗氏噶哈善哈斯虎。第二年，夫被杀。后再嫁苏克素浒河部沾河寨主常书，被称为"沾河公主"。万历三十五年（1607），常书以征乌拉无功论死，宥免。沾河公主"憎恨常书不仁，欲与离异，太祖不许，遂绝常书，不复见面"。天命八年（1623）九月卒，生有三子。后追谥为和硕公主。

三 后妃子女

努尔哈赤的后妃子女，简述如下。

努尔哈赤有 16 个妻子：

一、高皇后叶赫那拉氏，名孟古姐姐，为叶赫贝勒扬佳努女，比努尔哈赤少 16 岁，14 岁出嫁，是皇太极的生母。万历三十一年（1603）病逝，年二十九。

二、元妃佟佳氏，名哈哈纳札青，生子二：褚英、代善；女一：东果格格。

三、大妃乌拉那拉氏，名阿巴亥，乌拉贝勒满泰女，比努尔哈赤少 31 岁，12 岁出嫁，生子三：阿济格、多尔衮、多铎。天启六年即天命十一年（1626）殉葬，享年 37 岁。

四、继妃富察氏，名衮代，生子二：莽古尔泰、德格类；女一：莽古济格格。

五、寿康太妃博尔济吉特氏，蒙古科尔沁贝勒孔果尔女。

六、侧妃伊尔根觉罗氏，生子一：阿巴泰；女一：嫩哲格格，又称沾河公主。

七、侧妃叶赫那拉氏，为高后叶赫那拉氏之妹，生女一：聪古图公主，即努尔哈赤之第八女。

八、侧妃博尔济吉特氏，蒙古科尔沁贝勒明安女。

九、侧妃哈达那拉氏，哈达贝勒扈尔干女。

十、庶妃兆佳氏，生子一：阿拜。

十一、庶妃钮祜禄氏，生子二：汤古代、塔拜。

十二、庶妃嘉穆瑚觉罗氏，名真哥，生子二：巴布泰、巴布海；女三：穆库什及努尔哈赤之第五女、第六女。

十三、庶妃西林觉罗氏，生子一：赖慕布。

十四、庶妃伊尔根觉罗氏，生女一，即努尔哈赤之第七女。

十五、庶妃阿济根，努尔哈赤死时从殉。

十六、庶妃德因泽，努尔哈赤死时从殉。①

努尔哈赤有十六子②：

长子褚英，又译称褚燕，因赐号洪巴图鲁，也称红把兔。万历八年（1580）生，万历四十三年（1615）死，年三十六。

次子代善，又称贵永介，因赐号古英巴图鲁，也称贵盈哥，或称大贝勒，后封礼亲王。万历十一年（1583）生，顺治五年（1648）病死，年六十六。

第三子阿拜。万历十三年（1585）生，顺治五年（1648）卒，年六十四。

第四子汤古代。万历十三年（1585）生，崇祯十三年即崇德五年（1640）卒，年五十六。

第五子莽古尔泰，又称三贝勒、掌正蓝旗贝勒。万历十五年（1587）生，崇祯五年即天聪六年（1632）暴疾死，年四十六。

第六子塔拜。万历十七年（1589）生，崇祯十二年即崇德四年（1639）卒，年五十一。

第七子阿巴泰。万历十七年（1589）生，顺治三年（1646）卒，年五十八。

---

① 唐邦治辑：《清皇室四谱·后妃》，文海出版社影印本，1966年。
② 《玉牒》作15子，无第十六子费扬古。

第八子皇太极，又称红歹是、四贝勒，是为清太宗。万历二十年（1592）生，母叶赫那拉氏，崇祯十六年即崇德八年（1643）卒，年五十二。

第九子巴布泰。万历二十年（1592）生，顺治十二年（1655）卒，年六十四。

第十子德格类。万历二十四年（1596）生，崇祯八年即天聪九年（1635）暴疾死，年四十六。

第十一子巴布海。万历二十四年（1596）生，崇祯十六年即崇德八年（1643）伏法死，年四十八。

第十二子阿济格，后封英亲王。万历三十三年（1605）生，顺治八年（1651）因与多尔衮密谋罪，赐死。年四十七。

第十三子赖慕布。万历三十九年（1611）生，顺治三年（1646）死，年三十六。

第十四子多尔衮，又称多儿哄，后封睿亲王。万历四十年（1612）生，母大妃乌拉那拉氏。顺治七年（1650）卒，年三十九。

第十五子多铎，又译称多躲，后封豫亲王。万历四十二年（1614）生，母大妃乌拉那拉氏，顺治六年（1649）卒，年三十六。

第十六子费扬古①。

努尔哈赤有八女：

长女东果格格，又称东果公主，母为元妃佟佳氏，嫁何和礼。

次女称嫩哲格格，又称沾河公主，母为侧妃伊尔根觉罗氏，嫁常书之子都统达尔汉。

第三女名莽古济，母为继妃富察氏，先嫁哈达贝勒孟格布禄之子吴尔古代，

---

① 费扬古之生母待考。

称哈达格格，又称哈达公主；后夫亡，改嫁蒙古敖汉部琐诺木杜棱①。

第四女名穆库什，母为庶妃嘉穆瑚觉罗氏，先嫁乌拉贝勒布占泰，后因布占泰欲射之以鸣镝，被努尔哈赤取回；又嫁额亦都②；额亦都死后再嫁其第八子图尔格③，称和硕格格，又称和硕公主。

第五女为穆库什同母妹，嫁额亦都之次子达启。

第六女为穆库什同母妹，嫁叶赫那拉氏苏鼐。

第七女其母为庶妃伊尔根觉罗氏，嫁那拉氏鄂托伊。

第八女称聪古图公主，母为侧妃叶赫那拉氏，嫁蒙古喀尔喀台吉古尔布什④。

另抚弟舒尔哈齐第四女为养女，初封郡主，晋和硕公主，嫁蒙古巴岳特部台吉恩格德尔。

---

① 《清史稿·公主表》作"琐木诺杜棱"。
② 《钮祜禄氏家谱》，载《衍庆录》第3卷，清康熙刻本。
③ 《清太宗文皇帝实录》第35卷，崇德二年五月乙未，中华书局影印本，1986年，第17~18叶。
④ 《清史稿·公主表》载："太祖尚有女：一下嫁吴尔古代。吴尔古代，哈达纳喇氏，附见《万传》，《玉牒》不列，不知所自出。一下嫁图尔格。图尔格，钮祜禄氏，有传。主与之不睦，崇德间离婚。命兄巴布泰、弟巴布海养赡。是必庶妃嘉穆瑚觉罗氏所生，《玉牒》亦不列。"按：前一女即第三女莽古济，因其与兄莽古尔泰同处死，故《玉牒》不载；后一女即第四女穆库什，因罪与其夫图尔格俱免死，且革和硕公主名号，断离图尔格，归其兄巴布泰、弟巴布海赡养，事见《清太宗文皇帝实录》第35卷，崇德二年五月乙未条，故《玉牒》亦不载。

努尔哈赤大事纪年

嘉靖三十八年（1559）　　己未　　1岁

出生于明建州左卫苏克素浒河部赫图阿拉一个中产之家。

安费扬古生，后为五大臣之一。

明总督蓟辽保定①右都御史王忬被以贻误军机罪逮赴京师，以杨博代之，又以许论代杨博。明以路可由，又以侯如谅巡抚辽东。②

嘉靖三十九年（1560）　　庚申　　2岁

辽东大饥，"辽左全镇，三岁不登，巷无炊烟，父子相食"。蒙古数万骑犯广宁，大掠。明蓟辽总督兵部右侍郎王忬坐疆事死。

嘉靖四十年（1561）　　辛酉　　3岁

二弟穆尔哈齐生③。

何和礼生，后为五大臣之一。

明以杨选总督蓟辽、以吉澄为都察院右佥都御史巡抚辽东。

---

① 蓟辽总督：《明世宗实录》第368卷，嘉靖二十九年（1550）十二月甲子载，兵部集议"五重督抚之任。辽东、保定去蓟镇不远，请改蓟州总督御史为总督蓟、保、辽东，更敕给之"。是为蓟辽总督之始。又《明世宗实录》第404卷，嘉靖三十二年（1553）十一月癸亥载，"自庚戌虏创近畿，乃设蓟、辽、保定总督大臣"，蓟辽总督遂定设不除。

② 辽东巡抚：其全称为"巡抚辽东地方兼赞理军务"。《明会典·都察院》载，正统元年（1436），遣都御使巡抚，遂为定制，后加赞理军务。其职责为：统宁前兵备，广宁、锦、义兵备，金、复、海、盖兵备，辽海东宁分守四道，辽东都司之卫所城堡，安乐、自在二州，建州、毛怜、海西、朵颜、泰宁、福余诸卫贡市。

③ [朝]申忠一《建州纪程图记》载：穆尔哈齐"壬戌生"。壬戌年为嘉靖四十一年（1562），可备一说。

嘉靖四十一年（1562）　　壬戌　　4岁

额亦都生，后为五大臣之一。

建州王杲结土蛮犯东州、凤凰，明副总兵黑春死之。

明以王之诰代吉澄巡抚辽东。

嘉靖四十二年（1563）　　癸亥　　5岁

始习骑射。

明以蒙古骑兵自墙子岭溃墙入犯，京师戒严。总督蓟辽侍郎杨选以失事罪枭首示边，以刘焘代之。朱翊钧生，后为万历帝。李成梁任险山参将。

嘉靖四十三年（1564）　　甲子　　6岁

三胞弟舒尔哈齐生。

费英东生，后为五大臣之一。

明以刘应节为都察院右佥都御史巡抚辽东。

嘉靖四十四年（1565）　　乙丑　　7岁

明以张西铭为都察院右佥都御史巡抚辽东。

嘉靖四十五年（1566）　　丙寅　　8岁

四胞弟雅尔哈齐生[①]。

明以魏学曾为都察院右佥都御史巡抚辽东。

[①] 雅尔哈齐生年待考，暂附于此。

隆庆元年（1567）　　丁卯　　9岁

明廷从辽东巡按御史李叔和言，辽东总兵官在辽河冰合后移镇辽阳。

张居正为吏部左侍郎兼东阁大学士，预机务。

隆庆二年（1568）　　戊辰　　10岁

明以险山参将李成梁为辽阳副总兵。

明以谭纶为蓟辽总督，以戚继光为总理练兵都督同知镇守蓟门。

隆庆三年（1569）　　己巳　　11岁

生母喜塔喇氏死。

明以方逢时为都察院右佥都御史巡抚辽东。熊廷弼生。

隆庆四年（1570）　　庚午　　12岁

黄台吉等犯锦州大胜堡，辽东总兵官王治道等死之。明升李成梁为辽东总兵官。明以刘应节总督蓟辽。

明都察院右佥都御史方逢时调职，以李秋代之；又以毛钢①代李秋为都察院右佥都御史巡抚辽东。

隆庆五年（1571）　　辛未　　13岁

明以张学颜为都察院右佥都御史巡抚辽东。

明发兵讨建州，斩汪柱等近六百人。

土蛮等犯辽东，总兵官李成梁大破之，斩首五百八十余级。

明封俺答为顺义王，许纳款贡市。

---

① 毛钢：《明嘉靖癸丑刻进士题名碑》作"钢"，《明世宗实录》《国榷》《明督抚年表》等均作"纲"。

明修蓟、昌段长城敌台工成。

隆庆六年（1572）　　壬申　　14 岁

王台以千骑入建州王杲寨。

辽东巡抚张学颜奏：建州王杲犯抚顺，肆劫掠。

万历元年（1573）　　癸酉　　15 岁

土蛮等犯辽东，明死伤官兵 1114 人。

七月，明兵部侍郎汪道昆奏："阅过辽东全镇，修完城堡一百三十七座，铺城九座，关厢四座、路台、屯堡、门角、台圈、烟墩、山城一千九百三十四座，边墙二十八万二千三百七十三丈九尺，路壕二万九千九百四十一丈，俱各坚固，足堪经久。"

万历二年（1574）　　甲戌　　16 岁

七月，建州都指挥王杲杀明备御裴承祖。

十月，李成梁提兵火攻王杲寨，破之，先后斩首千余级，"杀略人畜几尽"。后王杲走哈达，投王台。

明以杨兆总督蓟辽。明升李成梁为辽东总兵官。

万历三年（1575）　　乙亥　　17 岁

哈达贝勒王台缚执王杲以献。献俘王杲于午门，旋杀之。明授王台为龙虎将军。

叶赫贝勒扬佳努幼女叶赫那拉氏孟古姐姐生，后为努尔哈赤之妻，死后被清尊为孝慈高皇后。

万历四年（1576）　　丙子　　18 岁

扈尔汉生，后为五大臣之一。

明于宽奠设仓、建学,并于永奠北互市,准市米、布、猪、盐等。

明命建州右卫阿台(王杲之子)袭都督佥事。

万历五年(1577)　　丁丑　　19岁

家里分居,得产独薄。与佟佳氏成婚,是为元妃。

明升大理寺少卿周咏为都察院右佥都御史巡抚辽东。明以梁梦龙总督蓟辽。

万历六年(1578)　　戊寅　　20岁

到抚顺关市易人参、松子、蘑菇等。

长女东果格格生,母佟佳氏。

觉昌安等于五月、七月入市贸易。

李成梁击斩土蛮等1893级。

万历七年(1579)　　己卯　　21岁

明封辽东总兵官李成梁为宁远伯。

万历八年(1580)　　庚辰　　22岁

长子褚英生,母佟佳氏,

建州王兀堂率千骑入永奠,李成梁大破之,斩首754级,俘160名口。

额亦都始从之。

万历九年(1581)　　辛巳　　23岁

明以"烧荒一事,边防要务",命蓟、辽二镇,派哨远出烧荒。明以吴兑总督蓟辽。

顺义王俺答汗死。

俄国武装势力越过乌拉尔山,进入西伯利亚。

万历十年（1582）　　　壬午　　24岁

叶赫贝勒扬佳努以爱女相许,并赠马匹、甲胄。

五弟巴雅喇生。

明总兵李成梁提兵出塞破阿台部,斩首一千五百余级。宣辽东捷,叙功晋张居正为太师,旋死；命宁远伯李成梁世袭锦衣卫指挥使。明以周咏总督蓟辽,又以李松为辽东巡抚。

哈达贝勒王台病死。

万历十一年（1583）　　　癸未　　25岁

正月,王杲子阿台等从静远、榆林入犯,李成梁督兵大败之。二月,李成梁复合兵破莽子寨,阿海死；陷古勒寨,阿台死。李成梁先后斩二千三百余人。

是役,祖觉昌安、父塔克世被明军误杀。

五月,以父祖"十三副遗甲"起兵,攻尼堪外兰,克图伦城。

七月,次子代善生,母佟佳氏。

八月,以计杀诺米纳,取萨尔浒城。以同母妹妻苏克素浒河部嘉穆瑚寨主噶哈善哈斯虎。

九月,明以兵部尚书张佳胤总督蓟辽。

十二月,李松、李成梁设"市圈计",伏兵开原中固城,诱斩叶赫贝勒清佳努、扬佳努并311级,又设伏邀斩1252级。

是岁,受明敕书30道,马30匹,后袭建州左卫指挥使。

万历十二年（1584）　　　甲申　　26岁

正月,征李岱,克兆佳城。

四月，明籍张居正家。袁崇焕生。

六月，率兵四百攻取马尔墩寨。

九月，领兵攻翁科洛城，被鄂尔果尼与洛科射中，伤重几死；创愈后，又率兵往攻，俘鄂尔果尼与洛科，授为牛录额真。

是岁，同钮祜禄氏成婚，是为庶妃；又同兆佳氏成婚，是为庶妃。

万历十三年（1585）　　乙酉　　27岁

二月，攻界凡，斩其城主讷申、巴穆尼。

四月，攻哲陈部，在浑河畔以少胜多。

六月，明以顾养谦为都察院右佥都御史巡抚辽东。

八月，第三子阿拜生，母兆佳氏。

九月，率兵攻取苏克素浒河部安土瓜尔佳城。

明以王一鹗总督蓟辽。

十一月，第四子汤古代生，母钮祜禄氏。

是岁，同富察氏成婚，是为继妃。

万历十四年（1586）　　丙戌　　28岁

土默特纠泰宁部等3万骑驰辽阳挟赏，李成梁败之。

五月，率兵攻克浑河部播一混寨。

七月，率兵取哲陈部托漠河城。统兵攻克尼堪外兰驻地鹅尔浑城，被创三十余处。时尼堪外兰出走并受明军庇护，派斋萨往取；明执尼堪外兰付斋萨，斩之。明自此岁与银800两，蟒缎15匹，通好。

九月，辽东水灾。

十一月，明以佟养真为参将，分守复州地方。

是岁，同伊尔根觉罗氏成婚，是为侧妃。

万历十五年（1587）　　丁亥　　29岁

正月，筑佛阿拉城，并建宫室。

四月，明以张国彦总督蓟辽。

六月，始定国政，立法制。在佛阿拉"自中称王"。率兵攻哲陈部阿尔泰，克其山城。

王台妾、康古六妻温姐死。

八月，派额亦都率兵攻取哲陈部巴尔达城。率兵攻克哲陈部洞城。

十月，辽东巡抚顾养谦统兵攻哈达部，哈达受重创。

十一月，辽东巡抚顾养谦奏言："奴儿哈赤益骄而为患，乞行巡、按查勘，相机处分。"

是岁，第五子莽古尔泰生，母富察氏。第二女生，称嫩哲格格，母伊尔根觉罗氏。岁以人参、貂皮等于抚顺、清河、宽奠、瑷阳四关与明互市。

万历十六年（1588）　　戊子　　30岁

正月，辽东巡抚顾养谦奏言："奴儿哈赤者，建州黠酋也，骁骑已盈数千，乃曰'奄奄垂毙'，倘闻者不察，谓开原之情形果尔，则辽事去矣！"

三月，李成梁率师攻叶赫，破其二山城，斩五百余级。

四月，娶哈达贝勒扈尔干女哈达那拉氏为妻。苏完部主索尔果归附，以其子费英东为一等大臣，后以褚英女妻之；董鄂部主何和礼归附，授为一等大臣，并以长女妻之；又雅尔古部主扈拉瑚归附，收其子扈尔汉为养子，后授为一等大臣。

明兵科给事中张希皋奏：建州夷奴儿哈赤等，不可一日忘备也。

五月，将犯明柴河堡之克五十斩首献明。

九月，娶叶赫贝勒扬佳努女、纳林布禄妹叶赫那拉氏孟古姐姐为妻，年十四，是为皇太极生母。率兵攻取王甲城（完颜城），灭其部。

同月，蓟镇总督张国彦、辽东巡抚顾养谦会题："盖自永乐以来，给海西诸夷自都督而下至百户敕书，凡九百九十九道，以强弱多寡分。臣等是以南北平分之，而北关少其一，即南关（哈达）五百道，北关（叶赫）四百九十九道，以存右南关之意。"疏下兵部。

万历十七年（1589）　　己丑　　31岁

正月，率兵攻克兆佳城，斩城主宁古亲。

二月，第六子塔拜生，母钮祜禄氏。

六月，第七子阿巴泰生，母伊尔根觉罗氏。

七月，分其兵为环刀军、铁锤军、串赤军和能射军。明以郝杰为都察院右佥都御史巡抚辽东。

九月，受明封为建州左卫都督佥事。

万历十八年（1590）　　庚寅　　32岁

四月，首次到京"朝贡"，受明廷宴赏。

六月，养女生，其父为舒尔哈齐，母瓜尔佳氏，后养育宫中。明以蹇达总督蓟辽。

是岁，乌拉贝勒满泰女乌拉那拉氏阿巴亥生。是为多尔衮之母。第三女莽古济生①，母富察氏。

万历十九年（1591）　　辛卯　　33岁

正月，遣兵并长白山鸭绿江部。叶赫、哈达、辉发三部遣使建州索地，挥刀断案斥之。

十月，明命成逊速赴辽东任总督事。

十一月，明辽东总兵官李成梁解任，以杨绍勋代之。

---

① 第三女莽古济的生年待考，暂附于此。

是岁，同嘉穆瑚觉罗氏成婚，是为庶妃。

万历二十年（1592）　　壬辰　　34岁

七月，明以郝杰总督蓟辽。

八月，上奏文四道，乞升赏冠服、敕书及龙虎将军职衔。明所司知之，并赐宴如例。

九月，明以鲍晞颜，寻以赵耀为都察院右佥都御史巡抚辽东。

十月二十五日，第八子皇太极生，是为清太宗，母叶赫那拉氏，名孟古姐姐。

十一月，第九子巴布泰生，母嘉穆瑚觉罗氏。

是岁，日军侵朝鲜，入汉京、抵平壤。明应朝鲜国王请求，发兵朝鲜。努尔哈赤请求明兵部尚书石星允准师援朝鲜，不答。

万历二十一年（1593）　　癸巳　　35岁

正月，明李如松率师入援朝鲜，攻日本军于平壤、开城，克之。明以顾养谦总督蓟辽。

六月，叶赫、哈达、辉发、乌拉四部兵劫建州户布察寨，率兵追击之。

九月，大败叶赫等九部联军于古勒山，自此威名大震。

十月，遣兵收取朱舍里部。明以韩取善巡抚辽东。

闰十一月，第二次到北京"朝贡"，受到明廷宴赏。命额亦都等率兵攻讷殷部佛多和山寨，围三月而下。明以尤继先为辽东总兵官。

十二月，明以蓟辽总督顾养谦兼理朝鲜戎事。

万历二十二年（1594）　　甲午　　36岁

正月，蒙古科尔沁部贝勒明安、喀尔喀部贝勒老萨遣使建州通好。

五月，明以李化龙为都察院右佥都御史巡抚辽东，以董一元为辽东总兵官。

七月，明以孙代顾养谦为蓟辽经略。

万历二十三年（1595）　　乙未　　37岁

六月，率兵攻辉发，克多壁城。

八月，弟舒尔哈齐赴京"朝贡"，受到明廷宴赏。

十一月，在佛阿拉接见朝鲜通事河世国，并致朝鲜国王书。

十二月，朝鲜南部主簿申忠一受命至佛阿拉。

是岁，以"保塞有功"受明晋封为龙虎将军。第四女穆库什生，母嘉穆瑚觉罗氏。达海生。明开辽东义州木市。

万历二十四年（1596）　　丙申　　38岁

正月，在佛阿拉接见并宴请朝鲜南部主簿申忠一等，申氏著有《建州纪程图记》。

二月，明游击胡大受遣余希元至建州，礼迎之。

七月，派人送布占泰回乌拉，并立为乌拉贝勒。

是秋，患疠疫，几至死。

十月，明革辽东总兵官董一元职，以王保代之。

十二月，乌拉贝勒布占泰送其妹与舒尔哈齐为妻。

是岁，第十子德格类生，母富察氏。第十一子巴布海生，母嘉穆瑚觉罗氏。日军复侵朝鲜。

万历二十五年（1597）　　丁酉　　39岁

正月，与叶赫、哈达、辉发、乌拉四部使臣盟誓通好。

三月，明以杨镐为右佥都御史，经略朝鲜军务。明以兵部侍郎邢玠为尚书，总督蓟辽军务。

四月，明以张思忠为都察院右佥都御史巡抚辽东。

五月，第三次到北京"朝贡"，受到明廷宴赏。

七月，弟舒尔哈齐赴京"朝贡"，受明廷如例宴赏。

八月，辽阳、开原地震。

十一月，泰宁部炒花纠土默特犯辽东，入沈阳，杀掠无算。

十二月，明内旨以李如松镇守辽东。炒花、土蛮等众逾十万，结营百里，犯辽东，略沈阳。第五女生，母嘉穆瑚觉罗氏。孙、褚英长子杜度生。

是岁，明任杨镐为经略、邢玠为总督、麻贵为总兵，援朝抗倭。

万历二十六年（1598）　　戊戌　　40岁

正月，命其五弟巴雅喇、长子褚英等率兵征安褚拉库路，获人畜万余而回。赐褚英号洪巴图鲁。

四月，土蛮犯辽东，总兵官李如松败殁；命其弟李如梅继之。

五月，明因李如松败死，罢张思忠职，以李植为都察院右佥都御史巡抚辽东。

六月，明以杨镐在朝鲜弃师，命回籍听勘。

七月，日本丰臣秀吉死，寻朝鲜事平。

十月，第四次到北京"朝贡"，受明泰宁侯陈良弼接待。

十二月，在佛阿拉接见乌拉贝勒布占泰，并以弟舒尔哈齐女妻之。

是岁，孙、代善长子岳讬生。明罢义州木市，又罢马市。

万历二十七年（1599）　　己亥　　41岁

正月，东海渥集部虎尔哈路长王格、张格至佛阿拉，贡狐皮、貂皮。

二月，命额尔德尼、噶盖创制无圈点满文。明辽东总兵官李如梅革任，后以孙守廉代之。

三月，始开金、银矿及冶铁。

五月，应哈达贝勒孟格布禄之请，派费英东率兵驻防其地，以防叶赫兵。

六月，明税监高淮至开原，以克剥激变。

九月，率兵攻哈达，克哈达城，俘孟格布禄，后杀之。明以马林为辽东总兵官。

十一月，在致朝鲜文书中自称"建州等处地方国王"。

万历二十八年（1600）　　庚子　　42岁

二月，耶稣会士利玛窦至京师。

七月，明以赵楫为都察院右佥都御史巡抚辽东。

八月，辽东金得时起义，旋被平息。

九月，炒花犯辽东，副总兵解生败殁。巡抚李植解官听勘。

是岁，第六女生，母嘉穆瑚觉罗氏。侄、舒尔哈齐第六子济尔哈朗生。

万历二十九年（1601）　　辛丑　　43岁

正月，以三女莽古济予哈达孟格布禄子吴尔古代为妻。灭哈达。

二月，遣官去朝鲜，以水灾救济粮米。

五月，明以万世德总督蓟辽。

七月，在抚顺斩白马，与吴尔古代和。

八月，李成梁复任为辽东总兵官。

十一月，娶乌拉贝勒布占泰之侄女（满泰女）乌拉那拉氏阿巴亥为妻。

十二月，第五次到北京"朝贡"，受明侯陈良弼宴待。努尔哈赤灭亡南关（哈达），蚕食北关（叶赫），"奴酋自此益强，遂不可制矣！"

是岁，令整编300人为1牛录，设牛录额真管辖。明复开辽东马、木二市。

万历三十年（1602）　　壬寅　　44岁

二月，何尔健巡按辽东，后上《按辽御珰疏稿》三十疏。

三月，辽阳罢市，达数月之久。

九月，明总督蓟辽右都御史万世德死，以蹇达代之。

十月，明巡抚辽东右佥都御史赵楫，以税监高淮请开广宁夏马市、义州木市疏奏。

万历三十一年（1603）　　癸卯　　45岁

正月，再以弟舒尔哈齐女与乌拉贝勒布占泰为妻。由佛阿拉迁至赫图阿拉，后赫图阿拉为后金－清之第一个都城。

三月，明辽东大福堡火，焚毁房舍、军器无算。

五月，明诸臣交章劾奏辽东税监高淮罪5款。明工科给事中宋一韩奏："奴儿哈赤犷悍难训，马市羁縻，尚虑寒盟，而顾挑之，汉祸先矣！"疏入，不报。

九月，妻叶赫那拉氏孟古姐姐死，年二十九，以四婢殉之，哀泣不已，停灵院内，三载方葬。

万历三十二年（1604）　　甲辰　　46岁

正月，率兵攻叶赫，克张城、阿气兰城而还。

三月，第七女生，母伊尔根觉罗氏。

是岁，孙、代善第三子萨哈廉生。蒙古察哈尔部林丹汗即位，号库图克图汗，明称之为虎墩兔。

万历三十三年（1605）　　乙巳　　47岁

二月，明辽东总兵官李成梁年八十，乞休，不许。

三月，发明人参"煮晒法"。筑赫图阿拉外城。

七月，第十二子阿济格生，母乌拉那拉氏。

八月，明辽阳副总兵刘应祺阻议弃宽奠第六堡无效，忧愤致病，至是而死。

此事，明广宁管饷通判徐应乾作诗云："深秋于役未曾休，历尽凄凉辗转忧。绝贡称王宁久服，媚□割地岂良筹？草头垂露含民泪，山脚流泉咽戎愁。郑侠丹青今若在，时艰早已达宸眸。"

万历三十四年（1606） 丙午 48岁

五月，朝鲜国王李昖遣陪臣尹炯具疏称"海西卫夷忽剌温与建州夷奴儿哈赤结为婚姻，屡谋侵犯朝鲜。"

八月，受明廷赐赏银两等。

十二月，受蒙古台吉恩格德尔率喀尔喀五部贝勒之使臣尊为"昆都仑汗"。弟舒尔哈齐赴京"朝贡"。明弃宽奠等六堡，汉人壮健者逃入建州。

万历三十五年（1607） 丁未 49岁

二月，致书朝鲜，咨明出兵边境无侵之意。明礼部差李维葵往辽东巡抚衙门，会同总兵官，宣谕努尔哈赤部夷骚扰驿递缘由。

三月，派弟舒尔哈齐、长子褚英、次子代善统兵搬接东海瓦尔喀归附部众，乌拉来争，遂激战于乌碣岩，败乌拉兵。因赐褚英号阿尔哈图土门，赐代善号古英巴图鲁。瓦尔喀斐优城主策穆特黑率众归服。

五月，派幼弟巴雅喇等统兵征渥集部，取赫席黑、俄漠和苏鲁、佛讷赫托克索，俘2000人而归。

八月，至明边强裁参价索赏，混同哈达敕书。

九月，率师攻辉发，灭之。

万历三十六年（1608） 戊申 50岁

三月，明大学士朱赓等言："建酋桀骜非常，旁近诸夷，多被吞并，恃强不贡。"努尔哈赤派兵攻占乌拉宜罕阿麟城。明礼部奏言："臣阅金、辽二史，辽人尝言，

'女直兵若满万，则不可敌。'今奴酋精兵业已三万有奇……敕户、兵二部，从长计议，整顿兵饷，以耀威武，而防侵暴，庶中国之体统，尊外夷之观听肃矣。"

四月，明辽东前屯卫军哗，誓食税监高淮肉；寻锦州、松山明军复变。后召还高淮。

六月，明辽东巡抚赵楫、总兵官李成梁解任。与明辽东副将、抚顺备御勒誓镌碑，各守边境。

七月，明蓟辽总督蹇达死，以王象乾代之。明以张悌为都察院右佥都御史巡抚辽东，以杜松为辽东总兵官。

九月，以第四女穆库什给布占泰为妻。明以李炳为辽东巡抚。

十二月，第六次到北京"朝贡"，弟舒尔哈齐亦赴京"朝贡"，俱受明廷宴赏。

是岁，以第五女给额亦都之子达启为妻。叶赫贝勒纳林布禄死。

万历三十七年（1609）　　己酉　　51岁

二月，上书明万历帝，请令朝鲜国王查出归还散入其境的瓦尔喀部民1000户，从之。

三月，幽禁弟舒尔哈齐。孙、皇太极长子豪格生，母乌拉那拉氏。

四月，明辽东总兵官杜松解任回籍，以王威代之。

五月，明兵部尚书李化龙援引辽东按臣熊廷弼言谓："今为患最大，独在建奴。"

六月，派莽古尔泰率万骑驻扎抚顺关外，并修复南关旧城。

九月，虎尔哈兵攻宁古塔城，建州兵败之。

十二月，派扈尔汉率兵征取滹野路。

万历三十八年（1610）　　庚戌　　52岁

正月，设汉幕千余所以防明兵。

二月，扈尔汉夺取滹野路，俘获2000人而还。明熊廷弼疏言："今日辽左兵马极其单弱，而奴儿哈赤方包藏祸心狡焉！"

三月，明起麻贵为辽东总兵官。

闰三月，明起杨镐为右佥都御史、巡抚辽东。

六月，明大学士李廷机已上百余疏乞归请辞。

十一月，派额亦都率兵略渥集部之那木都鲁、绥芬、宁古塔、尼马察四路，带回部民编户。

十二月，派额亦都等率兵击取雅揽路，获人畜1万而回。

是岁，同叶赫那拉氏成婚，是为侧妃；又同西林觉罗氏成婚，是为庶妃。

万历三十九年（1611）　　辛亥　　53岁

二月，命对因贫穷没有娶妻的千余人，给布匹，资婚娶。

四月，明大学士、首辅叶向高上疏言：同官大学士李廷机求去已百余疏，候命三年，流寓荒庙，凄凉苦楚，臣不得已敢为代言，并廷机自疏求放，俱不报。

六月，明兵部奏：建州努尔哈赤初以车价迟贡，又以疆界停贡。明兵部尚书李化龙就疆场之事，上一千二百余言，曰："奴酋狡悍，已非一日。……中国无事，必不轻动，一旦有事，为祸首者，必此人也！"

七月，派兵征取渥集部之乌尔古宸、木伦二路。

八月，弟舒尔哈齐死，终年48岁。

十月，第七次到北京"朝贡"，受明颁给双赏、绢匹、银钞。大学士李廷机乞告休致，长达4年，上疏凡一百二十三，仍不报。

十二月，第十三子赖慕布生，母西林觉罗氏。派何和礼等统兵征虎尔哈部，克扎库塔城，并招抚环近地区部民。

万历四十年（1612）　　壬子　　54岁

正月，娶蒙古科尔沁贝勒明安女博尔济吉特氏为妻，后称侧妃，是为首次同蒙古联姻。明吏部尚书孙丕扬奏言：臣以八十一岁之人，百病丛集，乞骸骨之疏，业十七上。……查各部院十四正卿，今两京止四员；部院左右盖二十一员，今两京止九员。得报："不惟催请，取厌圣心。"

五月，先是，麻贵以病乞罢，不久病死。明以张承胤为辽东总兵官①。明大学士、首辅叶向高奏言："臣杜门乞归，已满三月，企望虽切，天听未回。……惟望早放一日，早免一日耽误。"

七月，养孙女生，后称肫哲公主，为舒尔哈齐第四子图伦之第二女，母王佳氏。

九月，统兵征乌拉，克其临河六城。明以兵部右侍郎薛三才总督蓟辽。

十月二十五日，第十四子多尔衮生，母乌拉那拉氏阿巴亥。

十二月，第八女生，母叶赫那拉氏。明以张涛为都察院右佥都御史、巡抚辽东。

万历四十一年（1613）　　癸丑　　55岁

正月，统军灭乌拉，乌拉贝勒布占泰逃往叶赫。

二月，蒙古科尔沁部贝勒塞桑女博尔济吉特氏生，是为清世祖福临生母。

三月，下令幽禁长子褚英。

四月，第五女死。明总督蓟辽薛三才言：奴酋阴谋大举，此其志岂在一北关哉。无北关则无开原，无开原则无辽，无辽而山海一关谁与为守？是奴酋之穷凶，日见猖炽如此。

九月，率师征叶赫，克兀苏等十九城寨。叶赫奏报于明，明派兵助叶赫守城，并遣官责之。遂修书申辩，并派第十一子巴布海（明称巴卜海）入质于明。明以"其子真伪难辨，留之反为所绐，不如遣还便"，不纳而返。辽东大水。

十月，至明抚顺所，会见明游击李永芳，因上月兵攻叶赫，其贝勒向明求援，至是万历帝曰："北关为辽左藩篱，岂容奴夷吞并！其速令该镇救援。"薛三才

---

① 胤，《明史》讳雍正帝名讳而作胤。

借以请饷，命户部给之。

十一月，明以郭光复为都察院右佥都御史巡抚辽东。

是岁，令每牛录出十男四牛在空地屯田。以第六女与叶赫那拉氏苏鼐为妻。东北境大水，疠疫严重。

万历四十二年（1614）　　甲寅　　56岁

正月，先是，上年十月，亲至抚顺所，见李永芳，交《诉状》。永芳交辽东巡抚张涛，涛将其状原封报兵部，拆封后见其"哓哓诉苦"，未理。

二月，第十五子多铎生，母乌拉那拉氏。

四月，在赫图阿拉迎接明萧备御，以婉言折之。次子代善娶蒙古钟嫩贝勒女为妻。第五子莽古尔泰娶蒙古纳齐贝勒妹为妻。

六月，第八子皇太极娶蒙古科尔沁贝勒莽古思女博尔济吉特氏为妻，后清尊为孝端文皇后。

七月，捕杀部民盗叆阳马匹者于界碑下，并退地定界。

九月，时努尔哈赤之火，于明有燃眉之急。明巡按御史翟凤翀就辽事上疏"向来驾驭奴酋，不缓不急，且操且纵，使彼闻风而畏，慕义而服"云云，煌煌宏论，千有余言，明朝官员，空言误国。

十一月，派兵袭击锡林、雅揽二路。

十二月，第十子德格类娶蒙古额尔济格贝勒女为妻。

万历四十三年（1615）　　乙卯　　57岁

正月，娶蒙古科尔沁部孔果尔贝勒女博尔济吉特氏为妻，是为寿康太妃。是月，明辽东巡抚郭光复上千字疏，奏辽左女真诸部关系及其演变情形并及相应对策。

三月，第八次往北京"朝贡"，后遂绝。

四月，命在赫图阿拉始建喇嘛庙、玉皇庙等7大庙。明辽东总兵张承胤派官来建州，令还柴河、抚安和三岔等地。

五月，己酉（初四日），张差持木棍闯入明慈庆宫，打伤守门太监，是为"梃击案"。

六月，已聘叶赫贝勒布扬古之妹（叶赫老女），叶赫又将其改嫁蒙古，未及一年死，年33岁。

八月，将长子褚英处死，其年36岁。

九月，受蒙古科尔沁贝勒明安第四子桑噶尔斋台吉之叩谒。

十一月，派兵征渥集部额赫库伦，后俘获1万而还。

是岁，确定八旗制度。再命按牛录屯田。设置理政听讼大臣5人，扎尔固齐10人。

万历四十四年　天命元年（1616）　　丙辰　　58岁

正月，在赫图阿拉称"覆育列国英明汗"，建立政权。

二月，明以李维翰为都察院右佥都御史、辽东巡抚。

四月，明以李维功为辽东总兵官。

五月，发布"汗谕"，称用人之道，在随才器使。

六月，达尔汉率众捕杀明至清河采木兵五十余人。寻李维翰执系其使臣纲古里、方吉纳。命于狱中取前俘叶赫10人杀之抚顺关下。李维翰遂释纲古里、方吉纳。

七月，派扈尔汉等统兵征萨哈连部。

十月，扈尔汉等招服使犬路、诺洛路、石拉忻路路长40人。

十一月，扈尔汉等师回赫图阿拉。

是岁，命国人种棉养蚕，缫丝织锻。建州水灾，饥馑严重。铸"天命汗钱"①。

---

① "天命汗钱"始铸年代待考，暂附于此。

万历四十五年　天命二年（1617）　　丁巳　　59岁

正月，蒙古科尔沁贝勒明安至赫图阿拉，郊迎百里，盛宴接待。派兵往攻东海沿岸散居未服诸部民。

二月，以弟舒尔哈齐第四女嫁与蒙古喀尔喀部恩格德尔台吉为妻。派兵尽取东海沿岸散居之民。

明以兵部左侍郎汪可受总督蓟辽。

九月，明以杜松为新设山海关总兵。

十月，受蒙古科尔沁贝勒明安第五子巴特玛台吉的叩谒。

是岁，命杀死离间汗与四贝勒关系的大臣伊拉喀。颁布禁杀农奴的法令。后金灾荒严重。

万历四十六年　天命三年（1618）　　戊午　　60岁

正月，谕诸贝勒大臣："今岁必征大明。"

二月，命对归服之使犬路等路长40人各授官、赏赐有差。

三月，命整械肥马，准备攻明。

四月，十二日，颁布《兵法之书》。十三日，发布"七大恨"誓师。十四日，率师攻明。十五日，袭破抚顺，明游击李永芳降。明儒生范文程被掳。二十一日，明总兵张承胤率师援救抚顺败殁。二十八日，明以李如柏为辽东总兵官。

闰四月，明起升杨镐为辽东经略。明辽东巡抚李维翰移驻辽阳。将其第七子阿巴泰之女与李永芳为妻。

五月，率师攻明，连克抚安、三岔等十余屯堡。明命杨镐为辽东经略兼巡抚（辽东巡抚李维翰回籍听勘）。

六月，明革辽东巡抚李维翰职为民。明派陈王庭巡按辽东兼监军事。

七月，率兵攻取清河堡。

八月，明以周永春为都察院右佥都御史巡抚辽东。明开海运，通饷辽东。

九月，命筑界凡城。明始加派辽饷。明以兵部右侍郎文球总督蓟辽。

十月，御殿宴赐虎尔哈部长纳喀达等。

十一月，叶赫贝勒金台石派兵袭击辉发城。

是岁，李成梁卒于京师，年九十三。派官至朝鲜买纸。布占泰病死于叶赫，年四十四。

万历四十七年　天命四年（1619）　　己未　　61岁

正月，率兵征叶赫，以明军驰援而回师。派穆哈连带兵收取东海虎尔哈散处部民。明兵部刊印榜文："能擒斩奴儿哈赤，赏银一万两，升都指挥世袭。"明辽东经略杨镐派李继学等到建洲和谈。

二月，派夫役15000人筑界凡城。明经略杨镐于辽阳誓师，号称47万大军，分兵4路，分进合击，会攻赫图阿拉。得到明军师期之谍报。遣送明使李继学等返回，要求给予敕书1500道及金银等物。

三月，以"凭尔几路来，我只一路去"的战法，集中兵力，逐路击破杨镐四路之师，获萨尔浒大捷。

四月，明以李如桢为辽东总兵官。筑界凡城。

五月，接见朝鲜使臣。

六月，率兵攻陷开原。迁驻界凡。明命熊廷弼为辽东经略。盛宴款待东海虎尔哈部降民。

七月，率兵占铁岭。擒蒙古喀尔喀部贝勒介赛。

八月，率师攻克叶赫东、西二城，叶赫灭亡。从此，扈伦四部尽归后金。明逮问杨镐。

九月，明从经略熊廷弼请，以李怀信代李如柏为辽东总兵官。明遣给事中姚宗文阅辽东士马。

十月，以第七女给那拉氏鄂托伊为妻。以蒙古林丹汗来使语极傲慢，命留其使臣。

十一月，派额克星格等与喀尔喀五部贝勒誓盟。派骑入开原松山堡收获。

十二月，命遣还介赛子石克图。派谍工扮成妇女，谋焚明海州刍粟。明再加派辽饷。

万历四十八年　泰昌元年　天命五年（1620）　　庚申　　62岁

正月，遣使报林丹汗书。

二月，释放介赛之子色特希尔台吉。继妃富察氏死。

三月，一等大臣费英东死，年五十七。命修建温德亨、扎克丹、德里斡赫、扎库木等城。达海巴克什以通奸罪被免死锁禁。大妃乌拉那拉氏阿巴亥倾心于大贝勒代善，以窃金银、财物为名，与之离弃。明复加派辽饷。

四月，与喀尔喀五部诸贝勒书。明征石砫女土官秦良玉率兵援辽。

五月，派兵略明花岭山城。派兵入明边掠王大人屯，挖取窖藏粮食。

六月，派人去东海边开始煮盐。明经略熊廷弼奏："奴贼招降榜文一纸，内称后金国汗，自称曰朕。"辽东巡按御史陈王庭奏报，其兵2万分两股——抚顺、东州入，总兵贺世贤、柴国柱御之。

七月，朝鲜李民寏曾于萨尔浒之役被俘，至是获释归国，著有《栅中日录》《建州闻见录》、致朝鲜国王书。明总兵官李如桢罢。是月丙申（二十一日）明万历帝病死，年五十八。明辽东总兵官李怀信因病免。

八月初一日，明泰昌帝立。明户部奏："自奴贼发难，兵马钱粮，俱出创设，辽左兵18万人，马10万匹，每年用银几五百万，每年加派辽饷约400万两。"率兵取明懿路、蒲河二城，尽夺其粮食。

九月，明泰昌帝进红丸死，在位1月，年三十九，史称"红丸案"。明天启帝立，年十六，因先住乾清宫，又移慈庆宫，再回乾清宫，李选侍则移居仁寿殿，史称"移宫案"。后金陷十三山寨。弟穆尔哈齐死。明罢辽东经略熊廷弼。由界凡迁至萨尔浒城。明辽东总兵李如柏闻逮自缢。李如桢下刑部狱。明以袁应泰代周永春为辽东巡抚。

十月，第十六子费扬古生（因史料不明而暂附于此）。明以袁应泰为辽东经略。明以薛国用为辽东巡抚。

是岁，辽东大旱，赤地千里；后金尤甚，乞丐塞路。

天启元年　天命六年（1621）　　辛酉　　63岁

正月，率四大贝勒等焚香祝誓。致书朝鲜国王，申明结好。

二月，率军略明奉集堡。命按男丁分配食盐。

闰二月，筑萨尔浒城竣工。

三月，率八旗军连陷沈阳、辽阳及辽河以东大小七十余城堡，明经略袁应泰等死之。命将明朝法规律例削删呈报。明起用熊廷弼为兵部右侍郎。

四月，迁都辽阳。乌拉那拉氏已复立为大妃，并迁居辽阳。明以辽东巡抚薛国用为兵部侍郎，经略辽东；以王化贞为右佥都御史，巡抚广宁。

明金、复卫军民及东山矿工多结寨自保，拒不剃发投降。

五月，定诉讼审理程序。一等总兵官额亦都死①，年六十。派兵镇压镇江拒绝剃发投降之汉民。辽阳、海州汉民向井中投毒，以反抗后金汗的统治。明起用熊廷弼为辽东经略。

六月，任命管理贸易的额真。下达文书至村领催，严防汉人在食物中投毒。萨哈尔察部派人来贡貂皮。明以熊廷弼为兵部尚书兼右副都御史，经略辽东，驻山海关。明以兵部尚书王象乾总督蓟辽。

七月，命八旗设巴克什，召儿童入学。颁布"计丁授田"令。明毛文龙兵攻镇江，内应，克之。以镇江汉民执城守游击佟养真投毛文龙，派兵前往镇压，俘12000人。

---

① 额亦都之死：《清太祖高皇帝实录》、《清太祖武皇帝实录》和《满洲实录》均系于六月甲申（十四日），《满文老档》则系于五月十四日，从后者。

八月，明擢毛文龙为副总兵，驻镇江城。与介赛盟誓联姻后释放之。派兵镇压长山岛、盖州等地汉人反抗斗争。始命筑辽阳新城，是为东京城。

九月，准辽东商人继续开店做生意。派兵镇压汤站堡、镇江、复州等地汉民的反抗。

十一月，济尔哈朗等四贝勒以私授财物，命监禁之。命废止明以户征赋旧制，实行按丁贡赋制度。蒙古喀尔喀台吉古尔布什等率众归附，以第八女妻之，并予2牛录，授为总兵官。下令迁徙镇江、凤凰、汤山、长奠、镇东汉民至奉集、萨尔浒一带，五城空若无人。派阿敏率兵攻毛文龙，斩明官兵1500人。

十二月，下令清查粮食，诸申计口给粮。明辽东"经抚不和"。

天启二年　天命七年（1622）　壬戌　64岁

正月，率师破西平、占广宁。获明右屯卫粮食50万石。明以袁崇焕为兵部主事。

二月，命辽河以西汉民迁居河以东地区。大贝勒代善杀义州汉民三千余人。下令派夫役、牛车赶运右屯卫粮食。后妃等至广宁叩谒。宴迎蒙古兀鲁特部明安等十七贝勒率数千户部众归附。明以孙承宗为兵部尚书兼东阁大学士，预机务。明逮王化贞、罢熊廷弼职。

三月，颁行"八大贝勒共治国政"制度。令辽东新旧民户房合住、粮合吃、田合耕。命筑东京城。命在辽阳修喇嘛庙塔。始设蒙古旗。

先是，明兵部尚书张鹤鸣怕失广宁而追责，自请督师山海关，旋以病为由，辞职归里。继以解经邦为辽东经略，却三疏力辞，被"削职为民"。至是，明经会推并旨准以王在晋为兵部尚书兼右副都御史，经略蓟辽、天津、登莱军务。

明以王在晋为兵部尚书兼右副都御史，经略蓟辽、天津、登莱军务。

四月，发布文书称，北京应由女真与汉人轮换居住。

五月，明毛文龙从镇江袭击后金汤站等地。

六月，明加毛文龙署都督佥事平辽总兵官。命店主书名立牌于店前，以备稽查。

废止穿刺耳鼻之刑。明加毛文龙署都督佥事平辽总兵官。明大学士管兵部事孙承宗受命往山海关巡视。

七月，一等大臣安费扬古死，年六十四。明以袁崇焕为监军道兵备副使。

八月，明命大学士孙承宗督师，经略山海关及蓟辽、天津、登莱军务；孙承宗巡边，支持袁崇焕主守宁远之议。明以阎鸣泰巡抚辽东。

天启三年　天命八年（1623）　　癸亥　　65岁

正月，蒙古喀尔喀扎鲁特部贝勒巴克至辽阳朝见。"汗谕"称汗与贝勒大臣为君臣父子关系。明赐辽东总兵马世龙尚方剑。

二月，任命每旗都堂二人，断事官二人，蒙古、汉断事官各一人。定淘金、炼银男丁赋额。明赐平辽总兵官毛文龙尚方剑。明遣太监刺边事。

四月，派兵征喀尔喀扎鲁特部，斩贝勒昂安父子并获其妻子、军民、畜产。禁辽东汉民制造、买卖和收藏兵器。试验焊接技术。

五月，额尔德尼巴克什以私收财物，命杀之。第十二子阿济格娶蒙古孔果尔贝勒女为妻。

六月，明以张凤翼代阎鸣泰为辽东巡抚。始制作黄色火药。训教诸公主不得恣意骄纵。派兵镇压复州汉民反抗。

七月，令诸子与蒙古兀鲁特诸贝勒盟誓。派兵镇压岫岩汉民反抗，俘虏人畜万余。

八月，诸贝勒上书自责。

九月，卖仓粮与汉民，每升银一两。以蒙古扎鲁特贝勒老萨之女与代善子瓦克达为妻。同月，胞妹沾河公主卒，后追谥和硕公主。

十月，一等大臣扈尔汉死，年四十八。

十二月，明以魏忠贤提督东厂。

天启四年　天命九年（1624）　　甲子　　66岁

正月，额驸恩格德尔台吉偕妻定居东京，赏给田庄、奴仆、金帛等。再命逐村逐户清查辽民粮食，并下令屠杀"无粮之人"。

二月，弟巴雅喇死。派库尔缠等与蒙古科尔沁台吉奥巴会盟修好。明以喻安性为辽东巡抚。

三月，明以吴用先总督蓟辽。

四月，移景祖、显祖、孝慈皇后诸陵，葬于东京。

五月，明总兵毛文龙遣兵沿鸭绿江越长白山入辉发地方，被守将所击败。蒙古科尔沁部台吉桑阿尔寨送女与多尔衮为妻。

六月，明左副都御史杨涟，抗疏劾魏忠贤24大罪，东林党与阉党决裂。

八月，一等大臣何和礼死，年六十四。遣将袭击毛文龙，斩500级，尽焚岛中粮食而还。

九月，明袁崇焕筑宁远城竣工，并偕总兵马世龙东巡广宁。

十一月，明大学士孙承宗请入觐、奏机宜，受魏忠贤阻遏而回。

十二月，派兵征东海瓦尔喀部，进至柯伊。

是岁，荷兰侵占中国台湾地区南部。

天启五年，天命十年（1625）　　乙丑　　67岁

正月，朝鲜韩润、韩义来降，分别授予游击、备御之职。遣将率兵攻破明旅顺城。以第八女与蒙古台吉古尔布什为妻。派兵征讨东海瓦尔喀部。

二月，命子皇太极娶蒙古科尔沁部贝勒塞桑之女博尔济吉特氏为妻，后清尊为孝庄文皇后。攻破旅顺，歼守兵，毁其城。

三月，迁都沈阳，始建沈阳宫殿，征东海瓦尔喀军还，俘获甚众。明杨涟、左光斗下狱。

四月，宴赏出征瓦尔喀凯旋之将士及编户降民。明以王之臣为兵部右侍郎、总督蓟辽。

五月，因银子充足，命停铸铜钱。命对诸贝勒大臣家的太监严加限制。

六月，派将统兵出征瓦尔喀部。汉文师傅图沙以罪被杀。青加努和那代之妻，以杀毛文龙夜袭耀州兵功，命授为女备御。

七月，明左副都御史杨涟、佥都御史左光斗死于狱。

八月，明辽东总兵马世龙遣副将鲁之甲等谋袭耀州，败殁于柳河，明称其为"柳河之败"。出城迎接征瓦尔喀部凯旋之将士。迎宴出征卦尔察部归来将士。明前经略熊廷弼被弃市，传首九边，年五十七。

九月，蒙古科尔沁部台吉奥巴以林丹汗来攻，请援。

十月，颁布"按丁编庄"令。出城迎接子塔拜率师征东海北路虎尔哈部俘获而归。重新按汉制考选秀才三百余人，各优免二丁贡赋。明大学士孙承宗因忤魏忠贤罢，兵部尚书高第佩尚方剑，经略辽东。

十一月，林丹汗围奥巴城，遣将率兵往援，旋围解。

天启六年　天命十一年（1626）　　丙寅　　68岁

正月，率师攻明，围攻宁远城，被袁崇焕所败。又派军攻明觉华岛，焚其船只、粮草而还。

二月，谓"自二十五岁征伐以来，战无不胜，攻无不克，惟宁远一城不下"，遂胸怀忿恨而回沈阳。

三月，明升袁崇焕为右佥都御史巡抚辽东。明以王之臣代高第为兵部尚书、经略。明以阎鸣泰总督蓟辽。

四月，以蒙古五部喀尔喀贝勒背盟，率师征之，皇太极射死其贝勒囊努克。

五月，出城设帐迎接蒙古科尔沁部奥巴台吉，并以养孙女（舒尔哈齐子图伦之女）号肫哲公主嫁与为妻。明毛文龙派兵袭鞍山驿与萨尔浒，被守将击退。

六月，与蒙古科尔沁部台吉奥巴盟誓缔好。

七月，以病至清河温泉沐养。辽东霪雨成灾，城垣倒塌，人畜死伤。

八月，十一日，在由清河返回沈阳途中，至叆鸡堡而死。大妃阿巴亥及二庶妃殉之。后葬沈阳福陵，又称东陵。

崇德元年（1636）初谥，康熙元年（1662）加谥，乾隆元年（1736）最后定谥为："承天广运圣德神功肇纪立极仁孝睿武端毅钦安弘文定业高皇帝"。

明朝、后金与朝鲜纪年对照表

公元	干支	中国 明朝		中国 后金	朝鲜（高丽）（李朝）	
1368	戊申	太祖（朱元璋）洪武	1		恭愍王（王颛）	17
1369	己酉		2			18
1370	庚戌		3			19
1371	辛亥		4			20
1372	壬子		5			21
1373	癸丑		6			22
1374	甲寅		7			23
1375	乙卯		8		辛禑	1
1376	丙辰		9			2
1377	丁巳		10			3
1378	戊午		11			4
1379	己未		12			5
1380	庚申		13			6
1381	辛酉		14			7
1382	壬戌		15			8
1383	癸亥		16			9
1384	甲子		17			10
1385	乙丑		18			11
1386	丙寅		19			12
1387	丁卯		20			13
1388	戊辰		21		辛昌①	1
1389	己巳		22		恭让王（王瑶）	1
1390	庚午		23			2
1391	辛未		24			3
1392	壬申		25		太祖（李成桂）	1
1393	癸酉		26			2
1394	甲戌		27			3
1395	乙亥		28			4
1396	丙子		29			5
1397	丁丑		30			6
1398	戊寅		31			7
1399	己卯	惠帝（朱允炆）建文	1		定宗（李芳果）	1
1400	庚辰		2			2

① 1388年（戊辰）五月辛昌代辛禑立，翌年十一月恭让王又代辛昌立。

续（一）

公元	干支	中国		朝鲜（高丽）（李朝）	
		明朝	后金		
1401	辛巳	3		太宗（李芳远）	1
1402	壬午	4			2
1403	癸未	成祖（朱棣）永乐 1			3
1404	甲申	2			4
1405	乙酉	3			5
1406	丙戌	4			6
1407	丁亥	5			7
1408	戊子	6			8
1409	己丑	7			9
1410	庚寅	8			10
1411	辛卯	9			11
1412	壬辰	10			12
1413	癸巳	11			13
1414	甲午	12			14
1415	乙未	13			15
1416	丙申	14			16
1417	丁酉	15			17
1418	戊戌	16			18
1419	己亥	17		世宗（李祹）	1
1420	庚子	18			2
1421	辛丑	19			3
1422	壬寅	20			4
1423	癸卯	21			5
1424	甲辰	22			6
1425	乙巳	仁宗（朱高炽）洪熙 1			7
1426	丙午	宣宗（朱瞻基）宣德 1			8
1427	丁未	2			9
1428	戊申	3			10
1429	己酉	4			11
1430	庚戌	5			12
1431	辛亥	6			13
1432	壬子	7			14
1433	癸丑	8			15
1434	甲寅	9			16
1435	乙卯	10			17

续（二）

公元	干支	中国		朝鲜（高丽）（李朝）	
		明朝	后金		
1436	丙辰	英宗（朱祁镇）正统 1		世宗	18
1437	丁巳	2			19
1438	戊午	3			20
1439	己未	4			21
1440	庚申	5			22
1441	辛酉	6			23
1442	壬戌	7			24
1443	癸亥	8			25
1444	甲子	9			26
1445	乙丑	10			27
1446	丙寅	11			28
1447	丁卯	12			29
1448	戊辰	13			30
1449	己巳	14			31
1450	庚午	代宗（朱祁钰）景泰 1			32
1451	辛未	2		文宗（李珦）	1
1452	壬申	3			2
1453	癸酉	4		端宗①（李弘暐）	1
1454	甲戌	5			2
1455	乙亥	6		世祖（李瑈）	1
1456	丙子	7			2
1457	丁丑	英宗（朱祁镇）天顺 1			3
1458	戊寅	2			4
1459	己卯	3			5
1460	庚辰	4			6
1461	辛巳	5			7
1462	壬午	6			8
1463	癸未	7			9
1464	甲申	8			10
1465	乙酉	宪宗（朱见深）成化 1			11
1466	丙戌	2			12
1467	丁亥	3			13
1468	戊子	4			14
1469	己丑	5		睿宗（李晄）	1
1470	庚寅	6		成宗（李娎）	1

① 端宗即鲁山君。

续（三）

公元	干支	中国		朝鲜（高丽）（李朝）	
		明朝		后金	
1471	辛卯	成化	7		成宗	2
1472	壬辰		8			3
1473	癸巳		9			4
1474	甲午		10			5
1475	乙未		11			6
1476	丙申		12			7
1477	丁酉		13			8
1478	戊戌		14			9
1479	己亥		15			10
1480	庚子		16			11
1481	辛丑		17			12
1482	壬寅		18			13
1483	癸卯		19			14
1484	甲辰		20			15
1485	乙巳		21			16
1486	丙午		22			17
1487	丁未		23			18
1488	戊申	孝宗（朱祐樘）弘治	1			19
1489	己酉		2			20
1490	庚戌		3			21
1491	辛亥		4			22
1492	壬子		5			23
1493	癸丑		6			24
1494	甲寅		7			25
1495	乙卯		8		燕山君（李㦕）	1
1496	丙辰		9			2
1497	丁巳		10			3
1498	戊午		11			4
1499	己未		12			5
1500	庚申		13			6
1501	辛酉		14			7
1502	壬戌		15			8
1503	癸亥		16			9
1504	甲子		17			10
1505	乙丑		18			11

续（四）

公元	干支	中国		朝鲜 （高丽） （李朝）
		明朝	后金	
1506	丙寅	武宗（朱厚照）正德 1		中宗（李怿） 1
1507	丁卯	2		2
1508	戊辰	3		3
1509	己巳	4		4
1510	庚午	5		5
1511	辛未	6		6
1512	壬申	7		7
1513	癸酉	8		8
1514	甲戌	9		9
1515	乙亥	10		10
1516	丙子	11		11
1517	丁丑	12		12
1518	戊寅	13		13
1519	己卯	14		14
1520	庚辰	15		15
1521	辛巳	16		16
1522	壬午	世宗（朱厚熜）嘉靖 1		17
1523	癸未	2		18
1524	甲申	3		19
1525	乙酉	4		20
1526	丙戌	5		21
1527	丁亥	6		22
1528	戊子	7		23
1529	己丑	8		24
1530	庚寅	9		25
1531	辛卯	10		26
1532	壬辰	11		27
1533	癸巳	12		28
1534	甲午	13		29
1535	乙未	14		30
1536	丙申	15		31
1537	丁酉	16		32
1538	戊戌	17		33
1539	己亥	18		34
1540	庚子	19		35

续（五）

公元	干支	中国		朝鲜（高丽）（李朝）
		明朝	后金	
1541	辛丑	嘉靖 20		中宗 36
1542	壬寅	21		37
1543	癸卯	22		38
1544	甲辰	23		39
1545	乙巳	24		仁宗（李峼） 1
1546	丙午	25		明宗（李峘） 1
1547	丁未	26		2
1548	戊申	27		3
1549	己酉	28		4
1550	庚戌	29		5
1551	辛亥	30		6
1552	壬子	31		7
1553	癸丑	32		8
1554	甲寅	33		9
1555	乙卯	34		10
1556	丙辰	35		11
1557	丁巳	36		12
1558	戊午	37		13
1559	己未	38		14
1560	庚申	39		15
1561	辛酉	40		16
1562	壬戌	41		17
1563	癸亥	42		18
1564	甲子	43		19
1565	乙丑	44		20
1566	丙寅	45		21
1567	丁卯	穆宗（朱载垕）隆庆 1		22
1568	戊辰	2		宣祖（李昖） 1
1569	己巳	3		2
1570	庚午	4		3
1571	辛未	5		4
1572	壬申	6		5
1573	癸酉	神宗（朱翊钧）万历 1		6
1574	甲戌	2		7
1575	乙亥	3		8

续（六）

公元	干支	中国		朝鲜（高丽）（李朝）
		明朝	后金	
1576	丙子	万历 4		宣祖 9
1577	丁丑	5		10
1578	戊寅	6		11
1579	己卯	7		12
1580	庚辰	8		13
1581	辛巳	9		14
1582	壬午	10		15
1583	癸未	11		16
1584	甲申	12		17
1585	乙酉	13		18
1586	丙戌	14		19
1587	丁亥	15		20
1588	戊子	16		21
1589	己丑	17		22
1590	庚寅	18		23
1591	辛卯	19		24
1592	壬辰	20		25
1593	癸巳	21		26
1594	甲午	22		27
1595	乙未	23		28
1596	丙申	24		29
1597	丁酉	25		30
1598	戊戌	26		31
1599	己亥	27		32
1600	庚子	28		33
1601	辛丑	29		34
1602	壬寅	30		35
1603	癸卯	31		36
1604	甲辰	32		37
1605	乙巳	33		38
1606	丙午	34		39
1607	丁未	35		40
1608	戊申	36		41
1609	己酉	37		光海君（李珲） 1
1610	庚戌	38		2

续（七）

公元	干支	中国				朝鲜（高丽）（李朝）	
		明朝		后金			
1611	辛亥	万历	39			光海君	3
1612	壬子		40				4
1613	癸丑		41				5
1614	甲寅		42				6
1615	乙卯		43				7
1616	丙辰		44	太祖（努尔哈赤）	1		8
1617	丁巳		45	天命	2		9
1618	戊午		46		3		10
1619	己未		47		4		11
1620	庚申	光宗（朱常洛）泰昌	1		5		12
1621	辛酉	熹宗（朱由校）天启	1		6		13
1622	壬戌		2		7		14
1623	癸亥		3		8	仁祖（李倧）	1
1624	甲子		4		9		2
1625	乙丑		5		10		3
1626	丙寅		6		11		4
1627	丁卯		7	太宗（皇太极）	1		5
1628	戊辰	思宗（朱由检）崇祯	1	天聪	2		6
1629	己巳		2		3		7
1630	庚午		3		4		8
1631	辛未		4		5		9
1632	壬申		5		6		10
1633	癸酉		6		7		11
1634	甲戌		7		8		12
1635	乙亥		8		9		13
1636	丙子		9	崇德①	1		14
1637	丁丑		10		2		15
1638	戊寅		11		3		16
1639	己卯		12		4		17
1640	庚辰		13		5		18
1641	辛巳		14		6		19
1642	壬午		15		7		20
1643	癸未		16		8		21
1644	甲申		17	世祖（福临）顺治	1		22

① 是年，皇太极改后金为清。

努尔哈赤研究文献

（121种）

【说明】《努尔哈赤研究文献》共收书121种，主要采录与研究努尔哈赤直接相关的文献性、资料性的图书，不包括论著，个别的例外。

[1] 《清太祖武皇帝实录》，原清宫内府藏写本，现藏台北。

[2] 《清太祖武皇帝实录》，原清宫内府藏写本，广文书局影印本，1970年，台北。

[3] 《清太祖高皇帝实录》，大红绫本，中国第一历史档案馆藏，北京。

[4] 《清太祖高皇帝实录》，小红绫本，中国第一历史档案馆藏，北京。

[5] 《清太祖高皇帝实录》，《大清历朝皇帝实录》朱墨影印线装红栏本，日本大藏出版株式会社，1937年，东京。

[6] 《清太祖高皇帝实录》，中华书局影印本，1986年，北京。

[7] 《满洲实录》，中国第一历史档案馆藏，北京。

[8] 《满洲实录》，中华书局影印本，1986年，北京。

[9] 《满洲实录》，辽宁通志馆影印本，1930年，沈阳。

[10] 《满洲实录》（满文本），中国第一历史档案馆藏，北京。

[11] 《清太祖武皇帝实录》，故宫博物院影印本，1932年，北平。

[12] 《努尔哈赤实录》，故宫博物院排印本，1932年，北平。

[13] 《清太祖努尔哈赤实录》，清内阁实录库藏，故宫博物院民国二十年（1931）排印，上海书店影印本，1989年，上海。

[14] 《清太祖武皇帝弩儿哈奇实录》，故宫博物院印行，民国二十一年（1932），北平。

[15] 《太祖高皇帝实录稿本三种》，史料整理处影印，癸酉年（1933），北平。

[16] 《旧满洲档》（1~10册），原清宫内府藏，中国台湾影印本，1969年，台北。

[17] 冯明珠主编《满文原档》（1~10册），原清宫内府藏，沉香亭企业社影印本，2006年，台北。

[18] 《满文老档》，清内阁大库本，中国第一历史档案馆藏，北京。

[19] 《满文老档》（上下册），中华书局译注本，1990年，北京。

[20] 《内阁藏本满文老档：汉、满》（1~20册），中国第一历史档案馆编，辽宁民族出版社，2009年，沈阳。

[21] 《老满文原档译注》，台北历史语言研究所专刊，第58辑，1960年，台北。

[22] 《重译满文老档》，辽宁大学历史系刊印本，1978年，沈阳。

[23] 金梁辑《满洲老档秘录》，两册本，民国七年（1918），自刊本，北京。

[24] 金梁辑《满洲秘档》，民国十八年（1929），自刊本，北京。

[25] 《清太宗文皇帝实录》，中华书局影印本，1985年，北京。

[26] 《清太宗文皇帝实录稿本》（稿本），国家图书馆藏，北京。

[27] 《钦定满洲源流考》，商务印书馆"四库全书"影印本，2005年，北京。

[28] 《钦定满洲祭神祭天典礼》，文渊阁"四库全书"影印本，1986年，台北。

[29] 《八旗满洲姓氏通谱》，辽沈书社，1989年，沈阳。

[30] 蒋良骐编著《东华录》，清32卷木刻本。

[31] 《袁督师事迹》，道光伍氏粤雅堂刻本。

[32] 《汉译〈满文旧档〉》，辽宁大学历史系编，刊印本，1979年，沈阳。

[33] 《大金喇嘛法师宝记》，载《辽阳碑志选》，第1集。

[34] 《大喇嘛坟塔碑记》，载《辽阳碑志选》，第2集。

[35] 《八旗通志初集》，东北师范大学出版社，1985年，长春。

[36] 《钦定八旗通志》，吉林文史出版社，2002年，长春。

[37] 徐乾学修《叶赫国贝勒家乘》，清钞本，国家图书馆善本部藏。

[38] 《乌拉哈萨虎贝勒后辈档册》，钞本。

[39] 《满文谱图》，钞本。

[40] 《皇朝开国方略》，清乾隆五十一年（1786）刻本。

[41] 《盛京吉林黑龙江等处标注战迹舆图》，辽宁大学历史系铅印本，1981年，沈阳。

[42] 《清史稿》，中华书局标点本，1976~1977年。

[43] 《清史稿校注》，台湾商务印书馆，1999年。

[44] 《清史列传》，上海中华书局，1928年，

[45] 《皇朝开国方略》，清乾隆五十一年（1786）刻本。

[46] 魏源著《圣武记》，中华书局点校本，1984年。

[47] 《明太祖实录》（洪武），台北历史语言研究所校勘本，1962年，台北。

[48] 《明太宗实录》（永乐），台北历史语言研究所校勘本，1962年，台北。

[49] 《明仁宗实录》（洪熙），台北历史语言研究所校勘本，1962年，台北。

[50] 《明宣宗实录》（宣德），台北历史语言研究所校勘本，1962年，台北。

[51] 《明英宗实录》（正统、景泰、天顺），台北历史语言研究所校勘本，1962年，台北。

[52] 《明宪宗实录》（成化），台北历史语言研究所校勘本，1962年，台北。

[53] 《明孝宗实录》（弘治），台北历史语言研究所校勘本，1962年，台北。

[54] 《明武宗实录》（正德），台北历史语言研究所校勘本，1962年，台北。

[55] 《明世宗实录》（嘉靖），台北历史语言研究所校勘本，1962年，台北。

[56] 《明穆宗实录》（隆庆），台北历史语言研究所校勘本，1962年，台北。

[57] 《明神宗实录》（万历），台北历史语言研究所校勘本，1962年，台北。

[58] 《明神宗实录》（万历），内阁文库本，东京。

[59] 《明熹宗实录》（天启），台北历史语言研究所校勘本，1962年，台北。

[60] 《明思宗实录》（崇祯），台北历史语言研究所校勘本，1962年，台北。

[61] 申时行纂《（万历）明会典》，中华书局影印本，1989年。

[62] 《万历邸钞》，江苏广陵古籍刻印社影印本，1991年，扬州。

[63] 《万历起居注》（1~9册），北京大学出版社影印本，1988年，北京。

[64] 王在晋著《三朝辽事实录》，江苏省立国学图书馆藏，南京。

[65] 何尔健著《按辽御珰疏稿》，何兹全、郭良玉编校，中州书画社，1982年，郑州。

[66] 毛承斗辑《东江疏揭塘报节抄》，浙江古籍出版社，1986年，杭州。

[67] 《明代辽东档案汇编》（上下册），辽沈书社，1985年，沈阳。

[68] 《天聪朝臣工奏议》，辽宁大学历史系编，铅印本，1980年，沈阳。

[69] 《明清史料》，甲编，第1本等，台北历史语言研究所刊印本，1930年，北平。

[70] 《〈明实录〉中女真史料选编》，辽宁大学历史系编，辽宁大学历史系刊印本，1983年，沈阳。

[71] 《李成梁传》，钞本，辽宁大学图书馆藏本，沈阳。

[72] 周文郁著《边事小纪》，《小方壶斋舆地丛钞》本，光绪二十三年（1897）铅印本，北京。

[73] 瞿九思著《万历武功录》，中华书局影印本，1962年。

[74] 海滨野史辑《建州私志》，中国科学院图书馆藏，钞本。

[75] 王一元著《辽左见闻录》，不分卷，钞本。

[76] 《明经世文编》，中华书局影印本，1962年。

[77] 《李朝宣祖大王实录》，日本学习院东洋文化研究所影印本，1959年，东京。

[78] 《李朝宣祖修正实录》，日本学习院东洋文化研究所影印本，1959年，东京。

[79] 《光海君日记》，日本学习院东洋文化研究所影印本，1959年，东京。

[80] 《李朝仁祖大王实录》，日本学习院东洋文化研究所影印本，1959年，东京。

[81] 申忠一著《建州纪程图记》，日文版，建国大学刊印本，1939年，长春。

[82] 李民寏著《建州闻见录》，日本天理大学图书馆藏玉版书屋本，京都。

[83] 李民寏著《建州闻见录》，辽宁大学历史系铅印本，1978年，沈阳。

[84] 李民寏著《栅中日录》，日本天理大学图书馆藏玉版书屋本，京都。

[85] 《沈馆录》，《辽海丛书》影印本，辽沈书社，1985年。

[86] 鸳渊一、户田喜茂译《满文老档邦文译稿》，1937年，东京。

[87] 《兴京二道河子旧老城》，日文本，建国大学刊印本，1939年，长春。

[88] 藤冈胜二译《满文老档译稿》，岩波书店胶印本，1939年，东京。

[89] 和田清著《明代蒙古史论集》，商务印书馆，1984年，北京。

[90] 池内宏辑录《明代满蒙史料李朝实录抄》（1~15册），东京大学文学部出版，1953~1959年，东京。

[91] 河内良弘辑录《明代满蒙史料明实录抄》，京都大学文学部出版，内外印刷汉族式会社印，1954~1959年，京都。

[92] 《满文老档》Ⅰ，太祖一，满文老档研究会译注，东洋文库，1955年，东京。

[93] 《满文老档》Ⅱ，太祖二，满文老档研究会译注，东洋文库，1956年，东京。

[94] 《满文老档》Ⅲ，太祖三，满文老档研究会译注，东洋文库，1958年，东京。

[95] 《满文老档》Ⅳ，太宗一，满文老档研究会译注，东洋文库，1959年，东京。

[96] 《满文老档》Ⅴ，太宗二，满文老档研究会译注，东洋文库，1961年，东京。

[97] 《满文老档》Ⅵ，太宗三，满文老档研究会译注，东洋文库，1962年，东京。

[98] 《满文老档》Ⅶ，太宗四，满文老档研究会译注，东洋文库，1963年，东京。

[99] 今西春秋编《对校〈清太祖实录〉》，国书刊行会，1974年，东京。

[100] 阿南惟敬著《清初军事史论考》，甲阳书房，昭和五十五年（1980），东京。

[101] 今西春秋译《满和蒙和对译满洲实录》，刀水书房，1992年，东京。

[102] 河内良弘著《明代女真史の研究》，同朋舍，1992年，京都。

[103] 江嶋寿雄著《明代清初の女直史研究》，中国书店，1999年，福冈。

[104] 松村润著《清太祖实录の研究》，东北亚文献研究会，2001年，东京。

[105] 凌纯声著《松花江下游的赫哲族》，中央研究院历史语言研究所刊印本，

1934年，北平。

[106] 罗福颐著《满洲金石志》，"满日文化协会"印行本，1937年，长春。

[107] 唐邦治辑《清皇室四谱》，第3卷，文海出版社影印本，1966年。

[108] 广禄、李学智译注《清太祖朝老满文原档》，台北历史语言研究所刊印本，1970年，台北。

[109] 高文德、蔡志淳著《蒙古世系》，中国社会科学出版社，1979年，北京。

[110] 吴晗辑《朝鲜李朝实录中的中国史料》（1~12册），中华书局，1980年，北京。

[111] 李学智著《乾隆重抄本满文老档签注正误》，自刊排印本，1982年，台北。

[112] 阎崇年、俞三乐编《袁崇焕资料集录》（上、下册），广西民族出版社，1984年，南宁。

[113] 潘喆、李鸿彬、孙方明编《清入关前史料选辑》（第一辑），中国人民大学出版社，1984年，北京。

[114] 潘喆、李鸿彬、孙方明编《清入关前史料选辑》（第二辑），中国人民大学出版社，1989年，北京。

[115] 潘喆、李鸿彬、孙方明编《清入关前史料选辑》（第三辑），中国人民大学出版社，1991年，北京。

[116] 李树田编《海西女真史料》，吉林文史出版社，1986年，长春。

[117] 张存武、叶泉宏编《清入关前与朝鲜往来国书汇编（一六一九—一六四三）》，台湾"国史馆"印行本，2000年，台北。

[118] 齐木德道尔吉、巴根那编《清朝太祖太宗世祖朝实录蒙古史料抄——乾隆本康熙本比较》，内蒙古大学出版社，2001年，呼和浩特。

[119] 孟森著《明元清系通纪》（1~4册），中华书局，2006年，北京。

[120] 陈捷先著《满洲丛考》，台湾大学文学院刊印，1963年，台北。

[121] 黄一农著《红夷大炮与明清战争》，四川人民出版社，2022年，成都。

附录

《努尔哈赤传》的不同版本：

（1）《努尔哈赤传》，平装本，北京出版社，1983年，北京。

（2）《努尔哈赤传》，精装本，北京出版社，1983年，北京。

（3）《努尔哈赤传》，竖排繁体字本，文史哲出版社，1992年，台北。

（4）《天命汗》，平装本，吉林文史出版社，1993年，长春。

（5）《努尔哈赤传》（第二版），北京出版社，2006年，北京。

（6）《清朝第一帝：努尔哈赤》，华文出版社，2006年，北京。

（7）《努尔哈赤》，横排繁体字本，联经出版公司，2007年，台北。

（8）《努尔哈赤传》，中国友谊出版公司，2014年，北京。

（9）《努尔哈赤全传》（图文本），江苏文艺出版社，2014年，南京。

（10）《努尔哈赤传》（增订版），华文出版社，2022年，北京。

作为努尔哈赤研究的学术传记，实际上主要有5种版本：

（1）《努尔哈赤传》（第一版），北京出版社，1983年，北京。

（2）《天命汗》（第二版），吉林文史出版社，1993年，长春。

（3）《努尔哈赤传》（第三版），北京出版社，2006年，北京。

（4）《努尔哈赤传》（第四版），中国友谊出版公司，2014年，北京。

（5）《努尔哈赤传》（第五版），华文出版社，2022年，北京。